武汉大学百年名典
社会科学类编审委员会

主任委员　顾海良

副主任委员　胡德坤　黄　进　周茂荣

委　员　（以姓氏笔画为序）

丁俊萍　马费成　邓大松　冯天瑜

汪信砚　沈壮海　陈庆辉　陈传夫

尚永亮　罗以澄　罗国祥　周茂荣

於可训　胡德坤　郭齐勇　顾海良

黄　进　曾令良　谭力文

秘书长　沈壮海

刘涤源 1939年武汉大学经济系毕业，1942年武汉大学法科研究所经济学科研究生毕业，获硕士学位。1942—1944年任重庆大学商学院银行保险系讲师，并被聘为国民经济研究所副研究员。1944—1946年留学美国哈佛大学，1947年归国后一直任武大经济系教授，曾兼任系主任和政治经济学教研室主任。1978—1996年出版经济学专著9部，发表论文90余篇；应邀在10多所大学、科研院所讲学；主编原国家教委重点科研项目——《凯恩斯主义研究》12卷巨型丛书。1992年获国务院特殊贡献津贴。1997年被英国剑桥"国际传记中心"载入《国际知识分子名人录》，同年，被授予"国家级专家"称号。

武汉大学
百年名典

货币相对数量说 凯恩斯经济学说评论

刘涤源 著

武汉大学出版社
WUHAN UNIVERSITY PRESS

图书在版编目(CIP)数据

货币相对数量说　凯恩斯经济学说评论/刘涤源著．—武汉：武汉大学出版社,2012.8
武汉大学百年名典
ISBN 978-7-307-09862-6

Ⅰ．货⋯　Ⅱ．刘⋯　Ⅲ．凯恩斯主义—货币论　Ⅳ．F091.348

中国版本图书馆 CIP 数据核字(2012)第 118376 号

责任编辑：白绍华　　　责任校对：刘　欣　　　版式设计：支　笛

出版发行：**武汉大学出版社**　（430072　武昌　珞珈山）
（电子邮件：cbs22@whu.edu.cn　网址：www.wdp.com.cn）
印刷：武汉中远印务有限公司
开本：720×1000　1/16　印张：44.25　字数：632 千字　插页：4
版次：2012 年 8 月第 1 版　　2012 年 8 月第 1 次印刷
ISBN 978-7-307-09862-6/F・1681　　定价：125.00 元

版权所有，不得翻印；凡购我社的图书，如有质量问题，请与当地图书销售部门联系调换。

《武汉大学百年名典》出版前言

百年武汉大学，走过的是学术传承、学术发展和学术创新的辉煌路程；世纪珞珈山水，承沐的是学者大师们学术风范、学术精神和学术风格的润泽。在武汉大学发展的不同年代，一批批著名学者和学术大师在这里辛勤耕耘，教书育人，著书立说。他们在学术上精品、上品纷呈，有的在继承传统中开创新论，有的集众家之说而独成一派，也有的学贯中西而独领风骚，还有的因顺应时代发展潮流而开学术学科先河。所有这些，构成了武汉大学百年学府最深厚、最深刻的学术底蕴。

武汉大学历年累积的学术精品、上品，不仅凸现了武汉大学"自强、弘毅、求是、拓新"的学术风格和学术风范，而且也丰富了武汉大学"自强、弘毅、求是、拓新"的学术气派和学术精神；不仅深刻反映了武汉大学有过的人文社会科学和自然科学的辉煌的学术成就，而且也从多方面映现了20世纪中国人文社会科学和自然科学发展的最具代表性的学术成就。高等学府，自当以学者为敬，以学术为尊，以学风为重；自当在尊重不同学术成就中增进学术繁荣，在包容不同学术观点中提升学术品质。为此，我们纵览武汉大学百年学术源流，取其上品，掬其精华，结集出版，是为《武汉大学百年名典》。

"根深叶茂，实大声洪。山高水长，流风甚美。"这是董必武同志1963年11月为武汉大学校庆题写的诗句，长期以来为武汉大学师生传颂。我们以此诗句为《武汉大学百年名典》的封面题词，实是希望武汉大学留存的那些泽被当时、惠及后人的学术精品、上品，能在现时代得到更为广泛的发扬和传承；实是希望《武汉大学百年名典》这一恢宏的出版工程，能为中华优秀文化的积累和当代中国学术的繁荣有所建树。

《武汉大学百年名典》编审委员会

再 版 说 明

刘涤源是西方经济理论大家，曾执教武汉大学经济系数十年。《货币相对数量说》为其硕士论文，获中央研究院杨铨学术奖。《凯恩斯经济学说评论》一书被《世界经济》杂志称为"凯恩斯主义研究的新突破"，获国家教委1995年优秀著作二等奖。二书均为中国学界研究西方经济理论不可少的参考书。我社将此两本纳入《武汉大学百年名典》丛书系列，再版时合为一本，以简体排印，力求保持原貌。

武汉大学出版社
2012年5月

总　目　录

货币相对数量说 …………………………………… 1

凯恩斯经济学说评论 ……………………………… 217

货币相对数量说

目 录

第一章 导论 ····· 5
- 第一节 现行经济体系之特质 ····· 6
- 第二节 货币在现行经济社会中所占的地位 ····· 13

第二章 货币之本质及其职能 ····· 20
- 第一节 金属主义的货币本质论 ····· 21
- 第二节 名目主义的货币本质论 ····· 28
- 第三节 货币之意义及其职能 ····· 49

第三章 货币价值及其决定因素 ····· 61
- 第一节 货币价值之意义 ····· 61
- 第二节 物价之决定因素 ····· 75
- 第三节 本学说之研究范围及对象 ····· 83

第四章 货币数量说之批评 ····· 87
- 第一节 货币数量说之前提 ····· 88
- 第二节 货币数量说两大派别之比较 ····· 92
- 第三节 对于数量说之一般的批评 ····· 97
- 第四节 对于费雪派数量说之批评 ····· 108
- 第五节 对于剑桥派数量说的批评 ····· 115
- 第六节 论争的调和 ····· 121

第五章　货币数量与流通速度……………………………… 123
第一节　货币数量之特性……………………………… 123
第二节　发行制度与货币之供给弹性………………… 130
第三节　信用机构与存款通货………………………… 135
第四节　货币流通速度及其决定因素………………… 141

第六章　物价变动与经济发展……………………………… 161
第一节　物价变动与财富重分配……………………… 161
第二节　物价上涨与生产……………………………… 167
第三节　物价上涨与消费……………………………… 177
第四节　经济发展之测量问题………………………… 184

第七章　货币数量与物价水准……………………………… 189
第一节　货币数量增加之影响………………………… 190
第二节　货币相对数量说的要旨……………………… 205

第八章　货币相对数量与币值安定问题…………………… 212
第一节　货币价值安定的意义………………………… 212
第二节　由货币相对数量去安定币值………………… 215

第一章 导 论

在货币价值论中，数量说是历史最久、聚讼最多的一种货币价值学说。拥护者在一种假定的前提下，强调物价水准与货币数量间之比例关系；反对者却在另一种前提下，不承认物价与货币数量间有此种确切的比例关系之存在。但是一方面，拥护者在讨论数量说之应用时，往往指出物价水准在实际上对于货币数量变化之反应，并不如数量说所说的那样简单，而须将若干在假定中被抽象出去的因素一并补充，方可与现实的情形相吻合；另一方面，反对者尽管反对数量说之严谨的说法，而对于物价可因货币数量增加而上涨的事实，也往往加以承认。诚然，在现实社会中，物价水准对于货币数量变动之反应，虽有同方向的变动，但在程度和速度上，两者并不一定成确切的比例关系。所以，有些学者对于数量说所作的批评，实属正确。吾人对于数量说在货币价值论中的地位和价值，应有重新加以评定的必要。货币相对数量说，放弃货币之绝对数量的观点，改以货币相对数量（relative quantity of money），即相对于货币需要之货币数量（quantity of money relative to demand for it），去解释在整个经济体系中物价水准与货币数量间之动态关系，并明白地确定其适用的范围，其目的即在补救数量说之缺憾，使之以一种新的体系与新的姿态出现。

因为以现行交换经济机构之整体为研究背景，采取动态经济的观点，放弃其他事项不变之假定，而将有关的其他因素之变动，包括于讨论范围之内，故对于现行经济组织的内容与特质，不得不加以简单而扼要的分析。在此种分析中，尤其注重于生产规模、财富分配及消费标准之间可能的变动，以求出货币需要之变动情形。此种分析，已超出普通货币学的研究范围之外，有牵涉太广之嫌。但是，为求此种动态分析能面面俱到起见，这种广泛的牵涉，实为无可避免的事。

货币机构渗透于整个经济体系之任何部门，由于经济事象之错综复杂，故物价水准与货币数量之间的动态关系，亦非常复杂；欲求精确地作"量"的计算，实不可能。故本学说只是在整个经济体系中求物价水准与货币数量间之一般关系的确立，在货币数量、货币需要与物价水准三种变化之估算与表现方面，也就不得不以概略的变动倾向为准。

第一节　现行经济体系之特质

货币机构渗透于现行经济体系中之任何部分，两者水乳相融，彼此配合，而形成现行交换经济之整体。前者是后者所以能运行自如的工具，后者是前者所以能发挥作用的园地。无前者，后者则失其工具，整个交换机能势必立遭停滞；无后者，则前者失其依托，使其全无用武之地。所以，货币机构实存在于整个经济组织之内，而不存在于经济组织之外。吾人分析货币价值与货币数量间之一般关系时，即须以现行经济体系之整体为背景，去进行此种研究工作，尤其须特别注意现行经济体系之特质。因为本学说的主要论点，均由此种特质引申而来。

本学说之建立，既以现行交换经济或货币经济为背景，然则究竟何谓交换经济？交换与货币的关系究竟密切到何种程度？交换经济社会究竟具有些什么特征？兹将这三个问题分别解答如下：

关于第一个问题，我们须追溯交换之起源。在原始的自给自足经济时代，经济单位之生活由其自家之劳动直接去维持，与其他单位不发生关系，在此时代根本没有交换之存在。及后，各经济单位间逐渐形成分工的制度，各以其生产物供自家消费时，则产生不足或有余的现象。于是，同一地区内之各经济单位，互以剩余之货品直接去换不足之货品，因而形成所谓自然交换经济。在此种直接交换经济中，经济社会已较前扩大，经济成员间的关系已较此前密切，人民经济生活对于整个社会之依存性，亦已较此前为大。但是，物物交换有种种的不方便，彼此互相助益的功用，不免要减低许多。于是，用富于交换性的商品充当交换媒介，遂进入商品货币经济时代，最原始形态的间接交换，即告形成；最原始形态之货币，亦告出现。由时代之演进，货币体制日趋完善，同时，交换之范围也日趋扩大，乃渐次发展而成现在的交换制度。

  交换经济之形成，实为分工之结果。社会分工确立后，生产方面和消费方面都形成一种特殊的体制。在生产方面，原来在一经济单位中必须自造各种消费用品的全部，现在，则采取分工的方法，各依环境与禀赋，担任某一特种物品之制造，以求工作效率之提高。及后逐渐发展，而使生产与消费分开，各自独立，生产事业则由独立的企业机关加以经营。同时，大部分的劳动力被这些生产企业所吸收。其余部分的劳力则从事家庭服役及自由职业。在各生产企业之间，每一企业从事一种或数种物品之生产，由各企业间之合作而使人民之各种欲望得到满足。在消费方面，由于分工之结果，各人一己劳动之生产物，仅能满足自身欲望之极小部分，其大部分之欲望，须以自己消费所余之生产物，交换自己所需之别人生产的剩余物品，始能获得满足。于是各人皆需依赖交换而生活。在广泛的意义下，各人皆成为商人，即各人均出售其劳力、技术或产品，以换取自己所需之各种消费用品。这样，产品和劳务由生产部门有规律地流到消费部门；同时，消费者因为参加生产过程或从事其他工作，而获得消费之物资。在生产过程与消费过程之间，更有从事商品贩运之商人阶级，使生产者与消费者能圆润地获得联系。这样，在分工的大前提之下，借货币机构之助，使生产品和劳役能连续不断地、有组织地交换，于是经济成员之欲望获得满足。在此种经济社会中，人民经营经济生活时，务须以交换为满足自己欲望之手段，方能使个人劳力或资本报偿，变为最适合自己之用的特殊形态，这种经济社会，吾人谓之为现行的交换经济社会。在交换经济社会中，一切财富，不论是生产财富还是消费财富，除极少部分由自己制造即供自己消费而外，都须交换，均为商品；货币机构即为使这些财富能顺利地完成交换行程之设置。

  关于第二个问题，如上所述，所谓交换经济是在多数独立的经济成员之间，彼此经过一种交换行为以达到其获得财富或实行消费的经济。此种交换经济既以交换行为为其中心现象，而间接交换又须有适当的媒介物为之中介，为之评价尺度，方可运行自如，故货币机构应运而生。货币机构一经确立，间接交换亦即正式形成。于是，交换行为即为买与卖两个独立的过程所代替：卖者售出货物或劳务取得货币，却不一定立即买进其他物品；买者以货币购进物资，此货币却不一定为其在同时间内出售物资所获得。买卖之间，中间商人随交换过程之延长而增多，生产者与消费者间之距离愈远，买与卖两种行程之独立性愈大，货币机构所占的地位也愈重要。于是，一切货物交换均以货币为其共同的评价尺度。不仅如此，即消费者对其自制用品加以评价，比较其供自己消费抑或将其出售之得失时，亦以货币为评价尺度。故在现代经济社会中，货币便成为使货物能顺利地实行交换之唯一媒介，亦为使消费者、生产者等经营经济活动时有所遵循的共同计量标准。在现行体制之下，国民经济愈发达，则交换的范围愈广，可交换的商品种类愈多，人民对于交换之依存性愈大，货币机构对于经济体系之支配力也愈增加。推其极，一般人——不论是生产者、居间商人还是地主等，认货币为追求的对象，一切经济活动均受价格变化之指挥与支配，而不敢有丝毫的违抗。吾人如欲强化此种现象，则又可将交换经济名为货币经济或价格经济。

所以，间接交换经济与货币经济实为同时萌芽，同时确立和同等发展的孪生体制。关于此点，吾人可借卡塞尔（G. Cassel）的话来说明。卡氏谓"有些人每以为：在直接交换中根本尚无货币之存在，以直接交换为基础的交换经济，实远在货币经济确立之前，因而谓货币经济实有异于此种交换经济，而为一种较高级的独立的经济发展阶段。此种说法实与历史的事实不符。相反的，货币之发展时常与交换经济之发展保持着平行的步调，而且在每一发展阶段中，货物之交换与货币之使用彼此相互助长其发展；同时，现代形式（modern type）之货币制度的发展，实与间接交换经济之确立，不论在时间上、空间上及发展程度上，都差不多相同。交换经济的任一发展阶段，假如没有货币机构的存在，则根本不能运行自如，而失其所以成为交换经济之本质。故'交换经济'与'货币经济'两者,并非彼此相异的两种体制,两者实为同一事象的两面。"

由此可见,现行的交换经济与货币经济实为同时确立而且平行发展的两种制度。

关于这个论点,密塞斯(L. V. Mises)也有相同的说明。密氏谓:在货物与劳务之自由交换根本不存在的社会中,实不会需要货币。在原始时代,分工纯粹属于家庭以内的事,生产与消费均以家庭为单位,与其他经济单位不发生关系;在这类社会中,货币亦全属无用之物,其无用与货币对于"孤立人"(an isolated man)之无用完全相同。但是,如在另一经济秩序(economic order)中,生产手段已经归社会公有,生产与分配完全掌握于中央机关之手,不再容许个人将消费品相互交换;在这种社会中,货币之必要性也要归于消逝。

由此可见,货币经济与现行交换经济同时确立,且将会同时消灭。

由上所述,可知在间接交换制度确立时,货币机构即告确立,及后两者平行发展,到最后,经济社会进化到共产主义的时代,交换已不再存在,于是现行体制之货币也随之消灭。现在,吾人须问,在社会主义社会(socialist community)中,交换与货币是否存在?而且两者是否仍属平行发展呢?这两个问题的答案都是肯定的。所谓交换经济,其主要的特色为个人选择就业机会之自由,同时在其财力所及的限度,有选择消费之自由。在现行经济体系中,这两个特质自然能完全适合,在社会主义社会中,此种特质仍或多或少保存着。在社会主义的经济秩序中,全部生产手段均成为社会所有,整个生产机构由中央机关指挥;但是,在某种限度以内,必仍旧容许人民有工作选择与消费选择之自由,所以仍然有交换之存在,货币亦仍然有存在之必要。故社会主义经济可以说仍是一种货币经济,间接交换与货币仍旧存在,而且两者仍旧平行地演进着,只是货币适用的范围较狭窄而已。

不过,经济社会之进化是渐进的,是连续的,即在同一进化过程中,同一种制度在其初期、中期、末期所表现出的形态和范围各不相同。社会主义经济秩序中的交换制度和货币机构，也是如此。在社会主义经济之初期，承接着资本主义的经济体系，交换制度与货币机构之存在的必要性，一定较大，及后社会化（socialization）之程度与日俱增，个人就业自由与消费自由之范围，与日俱减；于是到了中期，则交换和货币之必要性，即告大减；及末期，则去共产大同的经济秩序已近，社会化的程度和范围更大，于是交换和货币之存在的必要性，已降到最低限度。及进入真正共产主义社会，则两者均告根本消灭，各种社会主义学者因其所主张的社会化之程度不同，故对于货币之态度亦不相同，因而发生许多争论。实则这种争论全是多余的，事实胜于雄辩。在当前的苏联，货币机构与交换制度仍旧存在，即为明例。在现阶段的苏联，已完成生产手段之国有，劳动力之计划分配和计划生产等步骤。但在某种限度以内，消费选择仍有自由。所以，尽管苏联之货币机构在将来会逐渐归于消灭，但以现阶段论，则仍有交换货物和使用货币的事态存在。

总之，间接交换与货币机构为不可分离的两种体制，由于直接交换之种种不便，而有间接交换的必要，于是货币机构才告产生。假若没有货币制度的形成，则间接交换必无法实现。所以，一方面，在有间接交换存在的社会中，必有货币存在；另一方面，在有货币存在的社会中，也必有间接交换之存在。同时，在发展的阶段方面，两者也是彼此平行，前者发展到了何种阶段，后者也随着发展到那一阶段。两者实为同时萌芽，同时形成，同等发展，同等衰落，而且同时消灭的体制。

关于第三个问题，货币价值理论之研究，当以现行交换经济社会之整体为背景。此种研究背景的选择，仅由于现行经济组织，对于货币经济的发展而论，是富于代表性的，并非谓研究范围以现实经济社会为限，而对于过去的和未来的经济组织一概不能适用。我们知道：商品生产虽确是资本主义社会的特征之一，但货物之交换却不始于资本主义时代；同样，货币的发展和其使用范围之扩大，虽为资本主义的特征之一，但货币的使用，却是资本主义社会建立以前的事。所以，在资本主义社会以前，交换制度与货币机构早已确立，只是当时这两种体制远不如现在的完备而已。同时由资本主义进入社会主义的经济秩序中，交换制度和货币机构并非立即根本消灭，而系依其社会化程度之演进，渐次缩小交换的范围，使货币使用之必要性，逐渐减小，而到最后则两者同时消灭。故在资本主义经济体系被破坏以后，在社会主义经济秩序中，仍或多或少有交换和货币之存在。本节特标"交换经济"与"货币经济"，而未标"资本主义经济"的字样，即由于货物交换与货币使用两种现象并不以资本主义经济社会为限，而且前者所包括的时代，远比后者包括的为长。在讨论现行交换经济社会之基本特征时，即须特别着重此点。

现行交换经济之基本的特征，各学者的见解并不完全一致。大体上有下列诸方面：

第一，分工。分工为交换经济之最基本的前提。分工制度确立，自给自足的孤立经济趋于消灭，经济成员之财货才会有剩余和不足的现象发生，才会感觉有实行交换之必要。所以，分工实为交换之最基本的条件之一。但是，只是为必要条件之一，却非充分条件。

第二，私有财产制度。单是在生产方面实行分工，尚不一定构成交换经济的要件。例如在共产主义社会中，生产手段社会化，生产依着一定计划进行，同时消费品亦由中央机关作公平的分配，任何事物都不能私有，则自然没有货物交换之必要。所以，构成交换经济的要件者，除了分工而外，还有私有财产制。所谓私有财产制者，即财产准许为人民所有，各个人皆得为财产权之主体，其财产权更包括处分权与使用权。此种财产制度，不论在任何国家，皆有悠久之历史，但至现代则发展已达于登峰造极之境界。在现代资本主义国家中，不仅具体的生产财产、消费财产皆归私有，就是无形资产如商誉商标特许权等，亦归私有。唯其是财产归于私有，如其他经济成员欲对此种财产加以利用，则非以另一财货与之交换不可；否则，所有者必不肯将其资产毫无代价地让出。在社会主义社会中，社会化之程度不及共产主义社会中之普遍而彻底，尚或多或少有私有财产制之残余形态存在。例如，在某种限度以内，消费财产尚归私人所有，即为明例。自然，此种私有制之残余形态，在整个经济秩序中所占的地位，已不十分重要；而且，其残存部分之大小，随社会化之扩大而日渐缩减，最后必将归于根本消灭。但是，社会主义经济体系中之仍有私有财产制残存着，却是不可否认的事实。社会主义经济之所以仍有交换货物，与货币使用的残余现象存在着，主要即源于此种残存的私有财产制有关。所以，私有财产制实为交换经济的基本特征之一。

第三，用货币为评价单位及交易媒介，一切经济活动均受价格机构的指挥。货币之行使，实由于货物交换制度所引起。但在货币制度确立后，交换经济方能趋于便利与普遍。故货币制度之确立与发展，亦为交换经济所以能形成与发展的基本要件之一。

第四，生产品之能自由买卖。在这一方面，有两种现象出现：第一为生产要素之买卖自由，生产机构之呈无政府状态，任凭企业家依营利法则而从事各种生产工作；第二为消费选择之自由，各消费者在其货币所得所容许之范围内，自由购买消费品以求获得其最大的满足。总之，在交换经济之极盛时代中，任何财货都或多或少具有商品的色彩，都成为交换的对象。生产品均商品化，除使用价值外，更需具有交换价值。生产系纯粹的商品生产，生产者之目的在于利润之追逐；生产者对于生产规模及生产品类之决定，只看重商品之交换价值，即只受生产品价格之指挥与支配。消费者之获取消费物品主要经由市场中之购买过程，且在此过程中，在其购买力（purchasing power）所许之限度内，有选择之自由；故在选择消费品时，不仅需考虑消费品之使用价值，而且需考虑其交换价值。不仅对于需待购买之消费品如此，即使对于自己制造而充当自己消费的物品，亦有同样的考虑。及交换经济之最高潮已经过去，即资本主义经济秩序破灭，而进入社会主义经济之阶段，生产手段公有，生产依计划进行，前此之无政府状态的生产机构趋于消灭，商品生产之特征随之消失；但在此时期中，人民对于消费财产之选择，在某种限度以内，仍有自由，仍有市场之存在，且仍从购买过程中获得此种消费用品。所以，生产品之能自由买卖，亦为交换经济的特征之一。

第五，有利于物价上涨而不利于物价下跌。此项特征可谓资本主义营利经济的主要特征。当物价上涨时，则企业家利润增大，产业扩充，就业量增大，经济顿呈繁荣景象；若物价长期下跌，则企业家利润减少，紧缩与倒闭随之，失业人数增多，势必演成萧条或恐慌的惨剧。此项特征，实由产业组织之营利性所派生而来。货币机构对于经济发展之助长作用或扰乱作用，即由于现行交换经济具有此项特征所致。所以，以本学说之建立为立场而论，这是现行交换经济之最重要的特征。也可以说，此种特征实为本学说之主要的理论根据。

第二节 货币在现行经济社会中所占的地位

从货币制度之确立，直到现行货币机构之形成，实经过一个长时期的演进。在此长时期的发展过程中，货币之形态有种种的演变，其使用的范围也日渐扩大，同时在整个发展过程之各阶段中，货币在经济体系中所占的地位，也有很大的差异。所以，在讨论货币在经济体系中所占之地位的时候，吾人务须首先确定此种题旨之时间与空间。因为在现行交换经济或货币经济的社会中，交换制度与货币制度两者固然是平行发展，不致有丝毫脱节的背离状态发生；同时，整个经济体系中之其他部分，如生产机构、分配制度和消费标准等，也是与交换制度、货币制度平行发展的。故在某种特定的经济发展阶段中，才会产生某种特定阶段之交换制度与货币制度；反之，亦唯有某种特定阶段之交换制度与货币制度，方可配合某种特定阶段之经济体系，方能使此种经济体系运行自如。因为货币制度与交换制度只属于整个经济体系之机构的一部分，彼此的发展程序，不论在速度上还是阶段上都是完全一致的，前者的发展包含于后者的发展之中，既不能超越，也不能落后。所以，发展阶段的预先确定，实为讨论本问题的基本工作。

虽然交换经济和货币经济之存续，不以资本主义经济的时代为限；但是，事实告诉我们，资本主义经济时代实为交换经济与货币经济之全盛时代，而且交换制度和货币机构实有助于现代资本主义经济之发展。所以，现阶段的资本主义经济体系，对于交换经济和货币经济，实有其代表性。因此，我们对于货币在现行经济体系中所占的地位，必须有所了解方可。

如前所述，因货币制度和经济体系之各发展阶段的不同，货币在整个经济体系中所占的地位，亦有很大的差异。故在讨论现代货币机构在现代经济体系中所占之地位的问题以前，吾人须对于过去的情况，简单地加以追溯，以便正式进入本题时有所比较。

在过去，货币制度确立以后，但尚未发展成为现在之完备机构以前，整个经济体系也远较现在为简单。在那个发展阶段中，货币制度在整个经济体系中所占的地位，也远不如现在之重要。那阶段中，分工制度虽已有相当的发展，间接交易对于人民之经济生活已有很大的重要性，但那时货币之作用，主要在于将货币机构渗透于整个经济体系中，借货币之交易媒介、评价尺度、一般支付手段和分配手段等功能（functions）①，使经济体系能够运行自如。至于现代价格机构对于整个经济体系所具有的支配力与指挥力，在当时则非常微弱，居于不甚重要的地位。所以，当时的货币制度，只是适应当时的经济发展阶段之需要而起，尚不够灵活。即使在当时，货币制度对于整个经济体系之作用力，主要在于使经济体系能运行自如，正如滑润油之于机械的运转然，以减少摩擦助长其转动力量为主，此时货币机构对于经济体系尚没有一种强大的支配力和发动力。至少，在当初，此种力量还较现在为弱。

关于货币机构在整个经济体系中之润滑作用，可以分成下列诸方面：

第一，货币对于消费者之利便。货币对于经济体系的第一个润滑作用，即为使消费者之购买力成为一般的形态，即为购买力之一般化（generalization）②，以便消费者在市场上选择消费品时，能随心所欲，

---

① 现代货币学者论货币职能时，每不将"分配手段"一项列入。笔者以为有列入之必要。当货币价值变动时，此种功能即能显著地表现出来。穆勒对此有较详细的叙述。

② 购买力之一般化，与马克思之所谓"等价形态"在某种意义上有些近似。

购买那最适合于自己需要之物品。假若没有货币，则人民从事各种工作时，其劳务的报酬必为实物；而在现行经济体系中，不论在质的和量的方面如何配合，总是不免浪费，且有种种的不方便。因为消费者个人之消费嗜好与习惯，彼此不同；而且同一个消费者在不同的时间和空间中，其消费需要又多有差异，不管实物报酬之分配如何合理，总会对有些物品感觉不足，而对另一些物品感觉过剩。而在货币经济社会中，人民的所得（income）全用货币形态体现出来，使之成为一般的购买力，于是保有此种购买力者，即可进入市场，在其购买力所容许之范围内，随心所欲，自由选购消费品，使其品质、种类和分量恰能符合自己的需要，以求获得最大的满足。这就是货币制度对于消费之润滑作用。

第二，货币对于生产者之利便。货币对于经济体系之第二种润滑作用，即使生产者之一切收入与支出，均用货币单位去计量，不用实物去做一切收支的对象，因而减少许多麻烦，使生产者能集中精力去经营他的事业，以求产品之增加。假若没有货币机构存在，则生产者之各种生产要素之获得，势必将产品用物物交易的方法去交换，必难得心应手，而会遭遇许多难于解决的困难。假若任何人大部分的时光和精力都要花费在此种生产品与生产要素之直接交换上，则分工的制度势必难有重大的发展，因而整个经济体系也势必难有长足的进步。所以，我们可以说，在整个经济史的某发展阶段中，货币机构的确立与发展，实为分工制度发展之必要条件，亦即为整个经济体系发展之必要条件。这就是货币制度对于生产者之润滑作用。

第三，货币对于储蓄与借贷之利便。货币对于经济体系之第三种润滑作用，即为购买力形成一般化状态以后，人民可借货币之价值储蓄与价值转移等功能，将货币所得之一部分加以储蓄以备日后之用。此外，储蓄者因储蓄空间在手，一时并无用途；此时恰好有另一种人感到购买力之不足，需要借进购买力，于是，借贷即告发生。此种储蓄与借贷均用货币形态体现出来。假如没有货币，则储蓄与借贷均需用具体的实物作为对象，必然发生种种的不便与纷扰。财富的累积亦必进展甚缓。固然，储蓄和借贷的真正对象，是实物而不是货币，货币不过是将储蓄与借贷的真正对象变成一般化的共同形态，使储蓄与借贷能很便利地进行而已；假如没有货币，储蓄与借贷仍可存在。但是，假若储蓄与借贷要大规模地进行，则非有货币为之润滑不可。

上述货币对于经济体系之三种润滑作用，只是为分析之方便而加以区分，实则三者具有联系性，而构成经济体系之整个的货币外幕（monetary veil）。例如，生产者购买生产要素时，对于生产要素所有者所支付的价格总额，即构成一般人的货币所得，同时，一般人又以此种转而购买生产者之产品，以供消费；其消费有剩余时，则将剩余部分加以储蓄，直接或间接地实行投资，成为生产者之资本。总之经济体系之运行，仍是以真正物品为其实体，货币机构渗透其间，仍不过是一具富于润滑性的外幕而已。但是，由于货币与货物之对立，使货币成为一般化的购买力，使任何经济活动均能借其润滑作用而顺利进行。所以，上述三种润滑作用，归根到底，即源于货币之成为一般化的购买力。

货币对于经济体系所具之润滑作用，是货币制度发展之最初阶段中所具备的作用。及后，货币制度与经济体系日益发展，日趋完备与复杂，货币在整个经济体系中的地位，日渐重要，其作用力也不再以上述者为限，而更具有积极的作用了。所以在现代经济体系中，上述三种润滑作用之重要性，已相形见绌，甚至全被一般人所忽视，一般货币学者对之也不十分重视，而将注意力集中于货币制度对经济体系之牵引作用、发动作用和扰乱作用。所以，在货币制度与经济体系进入较高的发展阶段以后，货币机构对于经济体系的作用，是双重的：一方面尽润滑之能事，另一方面则当货币机构运用得当时，可促经济之日趋繁荣，如运用不得其当，则使经济趋于萧条。此种积极的支配作用和指挥作用，也是经过长时间演进，才臻于现在的地步。在此演进的过程中，货币制度愈完备，经济体系愈发展，则货币机构对于经济体系之支配力与指挥力也愈强大。

此种强大的力量，大体上可从两方面来分析：一方面，假若货币机构运行得当，则经济日趋繁荣；另一方面，如运行不得当，则酿成萧条的厄运。故此种强大的力量可分助长作用与扰乱作用两个方面述之：

第一，货币制度对于经济体系之助长作用。现代经济体系为价格经济、营利经济与交换经济之混为一体，其产业组织之基本精神，尤其如此①。企业家与中间商人之一切经济活动，完全以营利为中心目的。借商品之交换及其价格之向上变动，以追求此种价格变动之差额，达到获得利润之目的。所以商品价格不断地徐徐上涨，足以刺激产业扩大生产规模，促成经济之繁荣。而商品价格之一般地上涨，唯有在货币相对数量——即相对于货币需要的货币数量（quantity of money relative to demand for it）② 不断增大的前提下，方有可能。在实际的经济体系中，货币相对数量的不断增大，有两种情形：第一种情形为货币数量之自动地增大，即经济发展水准（level of economic development）③ 达于某阶段时，已呈停滞的状态，货币当局增加货币数量，使货币之相对数量增大，促物价上涨，产业受此刺激，扩大其生产规模，同时消费状态改善，商品之流转加速，整个经济体系即趋于繁荣。第二种情形为货币数量之被动地增大，即经济发展水准日趋向上，如货币数量不随之增大，即使货币之相对数量日渐缩小，势必促使物价之下跌，此时货币当局即须增加货币数量，以求货币之相对数量保持于适当的水准。在这里，吾人当特别看重第一种情形。由此可见，货币相对数量在长时间内之徐徐增大，对于经济之发展实具有极大的助长作用，可使经济体系由一个均衡水准而进入另一个均衡水准。至于此两均衡水准间之各种过渡变化，如相对物价的变动，产业

---

① 参考：J. A. Hobson, The Evolution of Modern Capitalism, Book Ⅰ, pp. 1-2. 关于物价之能助长生产，哈耶克也有极详明的讨论。见 F. A. Hayek, Price and Production, London, 1932, pp. 1-31.

② 货币相对数量之详细解释，见本书第七章。

③ 所谓经济发展水准在本书中有其特殊之含义，即产业组织、产品流通过程及消费状态等在各发展阶段中，各有其不同的水准，即经济发展水准。其详细解释见第六章。

组织之量的发展与质的变化，消费状态之改观等，可以说都是由货币机构的力量所促成。总之，从大体上说，在货币机构运用得宜时，由货币相对数量在长时期中之徐徐增大，能使经济发展水准逐渐向上，日趋于繁荣。

第二，货币制度对于经济体系之扰乱作用。如前所述，现代产业只利于物价上涨，而不利于物价下跌。关于物价下跌，有种种不同的情形。例如，在通货膨胀（inflation）以后，如系采取通货紧缩的办法去整理，则势必促成物价的下跌。又如，因资本主义经济组织所特具的本质上之病源，而致发生经济恐慌①，物价惨跌。前一例，纯粹是由货币因素所引起，物价下跌之后果，即为产业遭受打击，经济组织陷入停滞的状态。无疑地，此种停滞状态主要是由货币机构之扰乱作用而起。至于后一例，最近有用货币因素去解释的②，虽然现在还在争论中，难以下肯定的判断；但我们可以肯定地说，商业循环之所以形成，固然是由于资本主义经济的特质所引起，可货币因素却是主要的原因之一，在后一例中，货币机构运用不当，实在也是主要的扰乱因素之一。总之，不论是前一例还是后一例，货币机构运用不当时，可经由物价之向下变动，对整个经济体系发生很大的扰乱作用。

更有一种扰乱作用，即财富重分配（redistribution of wealth）的

---

① 关于商业循环之原因的探究，各学者所见极不一致，有谓消费不足者，有谓投资过多生产过剩者，有谓源于利率者，有谓源于利润者……更有以货币因素去解释者。笔者认定此种种解释均为以现代资本主义经济体系为前提者，均仅在此大前提下作解释，而未见到资本主义经济社会之根本病源——生产与消费脱节和生产之呈无政府状态。故笔者认为商业循环之基本原因，在于现代资本主义经济社会之本质上的病源。请看前苏联与民主德国实行计划经济和统制经济，则无恐慌发生之虞，即为明证。

② 例如哈耶克、霍特里及凯恩斯等。参考：Hayek, Prices and Production; J. M. Keynes, The General Theory of Employment, Interest and Money, 1936.

作用①。货币机构之所以有此种力量,实由于货币具有分配手段及延期支付手段等功能而起,当货币价值不断地发生激烈变动时,此种尺度亦同样发生变动,于是财富即发生重新分配之变动,以致社会组织与社会秩序亦随之发生危殆。财富重新分配的变动方向有二:一为物价不断上涨时,则债权者及其他固定收入者蒙受损失,债务者、企业家及商人等获得利益,即财富由前一部分人之手中,转移到后一部分人之手中;二为物价不断下跌时,则债权者及其他固定收入者获利,而债务人、企业家及商人受损,即财富由后一部分人之手中,转移至前一部分人之手中。不论重分配之方向如何,均足以使整个社会陷入不安定的病态中,推其极可使经济体系陷入不可收拾的纷乱状态,前者如德国经济破产,后者如1929年后普及全球之经济大恐慌,对于经济发展均为极大的打击。

总之,货币对于经济体系之润滑作用,在现代经济虽已不再为人所重视,但在货币功能之本质上仍有其重要性。货币机构所以对于经济体系具有助长作用与扰乱作用,实导源于货币之润滑作用而来。所以,在现代经济社会中,货币机构实兼具有润滑作用和指挥作用,后者虽由前者派生而来,但以当代经济之发展而论,则后者远较前者为重要。整个经济体系之所以能运行自如,逐渐发展,实由货币之具有此两种作用使然。货币机构充分地发挥此两种作用,使人民的经济活动和经济生活完全受其支配,由此可见货币机构在现行经济体系中所占地位之重要。

---

① 参考: J. M. Keynes, A Tract on Monetary Reform, 1932, pp. 1-40; D. H. Robertson, Money, London, 1928, pp. 13-16, pp. 85-105; L. V. Mises, The Theory of Money and Credit, London, 1934, pp. 195-215.

第二章 货币之本质及其职能

货币学者对于货币本质之问题，意见甚为分歧，大致可分两大派别。唯在金属本位币与纸币并行之时期中，一般学者每力事调和，或竟二说并存，而不觉其矛盾，故其界限，并不十分明显①。迄至最近，金属本位制度根本崩溃，纸币本位（paper standard）盛行，货币制度发生划时代之变化。于是货币本质论之两大派别遂不能再有并存或调和的余地了。

货币本质论之两大派别：一为金属主义派（metallism），一为名

---

① 如穆勒（J. S. Mill）论货币与财富之区别，指出：（1）货币本身不能满足欲望，财富则能之；（2）货币与财富二者因数量增加而其价值之变化，所受法则之支配，彼此不同（参考：J. S. Mill, Principles of Political Economy, pp. 4-6.）。同时，穆氏在其《政治经济原理》第三篇第八、第九两章论货币价值时先用货币数量说去解释货币价值（第八章第二节），然后又用生产费说去解释（第九章第二节），最后又力求两种解释之调和（第九章第三节）。更于第十一章提及货币之代替品，如信用、汇票、期票及支票等，又于第十三章中论及信用对于价格的影响。其第十三章论不兑现纸币之价值，即采上述调和的说法。所以，穆氏的货币本质论，实不单纯地属于任何一派。故不论是商品货币说还是货币名目说，均可以在其书中得到论据。瑞典派其他学者的看法，亦大体同此。又本章第一节及第二节之第二段，大体系根据刘絜敖先生之"货币商品说述评"写成，不敢掠美，特此注出。

目主义派（nominalism）①。二种主张之不同，古代即已有之。近世重商主义时代，巴尔本（N. Barbon）与洛克（J. Locke）二人会有激烈之辩论。前者属于名目主义派，后者属于金属主义派。古典派之经济学者，对此二种主张，往往力事调和，或竟同时采用，不加区分。唯就大体而论，仍应列入金属主义派方面②。德之历史学派，则多主张金属主义说③。奥之心理学派，虽从货币数量方面去探求货币价值之变化，而对金属主义，并未完全加以摒斥。故在金属本位制度盛行的时代，金属主义派在理论上实占有决定的地位。1905年，克纳普（Knapp）之国家货币学说（Staatliche Theorie des Geldes）公世，名目主义始有明确之主张。此说之出现，虽在货币学说史上，开一新纪元，但当时恰为金属本位制之全盛时代；对于金属主义仍未予以重大之打击。自第一次世界大战以来，各国金本位制度相继崩溃，金属主义学说失所依据，于是名目主义学说即应运而生，取金属主义学说之地位而代之。

第一节 金属主义的货币本质论

金属主义学说与货币商品说两者的关系，依艾里斯（H. S. Ellis）的分类法，后者可以包括前者，两者的主要理论有些相同，但有些则并不相同。即货币商品说的理论大体上都可以适于金属主义学说；除

---

① 分类的方法，殊不一致。如艾里斯（H. S. Ellis）分为两派：（1）货币商品学说；（2）货币名目学说。前者又分：（A）金属主义学说，（B）社会主义学说；后者又分：（A）货币筹码说，（B）计算单位说（Theory of unit of account）。（参考：H. S. Ellis, German Monetary Theory: 1905-1933, Harvard Economic Studies, Vol. Ⅳ, 1934, pp. 3-4.）

② 如李嘉图（D. Ricardo）用劳动价值之法则以说明货币价值。西尼尔（N. W. Senior）用生产费法则以说明货币价值。穆勒（J. S. Mill）并用生产费法则及供求法则以说明货币价值。皆为将货币视同商品之征象。

③ 如 W. Roscher, Lotz, K. Diehl, G. Schmoller, R. Hildebrand, F. Oppenheimer, Stephinger, M. Block 等，均主张金属主义说。

此以外，金属主义学说更自有其特殊的论点，对于货币商品说并不适用①。所以关于货币商品说的各种理论，可以从金属主义学说的基本理论中，窥出一个大概的轮廓。

信奉货币商品说或金属主义学说之学者，为数甚众，其主张亦不尽相同。其理论有下列各共同的特征：

(1) 主张货币为一商品。货币商品说或金属主义学说均认货币为商品之一种。如罗雪尔（W. Roscher）谓"货币之谬误定义有二：一认货币为商品以上之物，一认货币为商品以下之物"②。前者系指重商主义之货币国富观而言；后者系指当时方在萌芽之名目主义。故依罗氏之意，货币之"不上不下"正为商品也可知。及至狄尔（Karl Diehl），则谓"货币为具有货币特质之商品，货币之与其他商品区别，即视其是否具有此特质为断，此特质者，即国家特许是也。货币因为国家特许之物，故货币即可谓国家特许之商品，或国家特许之经济财货"③。

(2) 货币之起源在于社会的惯用（social usage）。此派学者对于货币的起源，非常重视；货币之起源在人民使用交换性最大的商品所逐渐演化而成。此派学者即据此事实，而谓货币之起源，在于社会的习惯，在于交换性最大的商品之经济价值，由此种具有实质价值之商品，再配合用作价值尺度与交换媒介之习惯的确立，即形成货币。

(3) 货币应具有实质价值，且其价值为绝对的。此派学者主张货币须为具有实质价值（substantial value）、币材价值（stuff value）或固有价值（proper value）之商品，且此价值在客观上是带有绝对性的。例如克尼斯（Karl Knies）认定财货之经济价值，只能由有价值之财货去加以测度④；劳克林（J. L. Laughlin）认定本身无价值之

---

① 见 H. S. Ellis, German Monetary Theory, 1905-1933, pp. 4-5.
② 见 W. Roscher, Grundlagen der Nationalökonomie, 1925, s. 340.
③ 见 K. Diehl, Theoretische Nationalökonomie, Ⅲ, 1927, s. 267-268.
④ 见 K. Knies, Das Geld, 1855, s. 147-148.

物,既不能为价值之标准,亦不能作交换之媒介①;狄尔(Karl Diehl)认定货币若无价值,即不能尽价值比较之职能②,故主张货币须有实质价值,唯有实质价值之物始能充交换媒介,亦唯有实质价值之物始能尽价值测度之职能。二者中尤以后者为重要。

(4)货币之基本职能为价值测度。此派学者均一致重视价值测度之作用,而认为系货币之最原始的、最基本的职能。如马克思云:"金之第一职能,在为商品界供给表现价值之资料;换言之,即在将各种商品之价值,用同一名目之数量表示出来,故金即常尽一般的价值测度(allgemeines mass der werte)之职能;且唯尽此职能,此特殊的均值商品之金,乃能变成货币……货币之用作价值测度,乃商品之内在的价值测度——劳动时间之必然的现象。"③ 其他商品说学者如K. Knies、Lotz 等亦同样重视价值测度之职能。其中尤以劳克林之主张最坚决,最足以代表商品说之职能意见。

(5)名目价值与实质价值相符者始为货币。他们既主张货币须具有实质价值,同时又主张货币之基本职能为价值测度,故必须具此二项条件者乃为货币,其不具备者皆应否认其为货币。他们所谓的货币,不仅以具有实质价值之物质的交换媒介(physical medium of exchange)为限,而且以此种交换媒介之实质价值与名目价值相符者为限。狄尔谓:"发行未具质料价值(stoff wert)之货币,必将使经济社会受祸无穷。在私有资本主义的经济秩序下,对于国民经济最合理之货币制度,当以发行具有质料价值,且其质料价值与名目价值相符之货币为要务。具有质料价值之货币,可谓为真实货币(reales geld),唯此真正货币始能完全担任货币之各种职能;其他各法定之支付手段,皆以此真实货币为基础;银行券支票及账簿转账等,亦皆

---

① 见 J. L. Laughlin, Principles of Money, 1926, London, p. 14.
② 见 K. Diehl, Theoretische Nationalökonomie, Ⅲ, 1927, s. 268-269.
③ 见 K. Marx, Das Kapital, Bd I., 1867, s. 59.

以此真实货币为前提,而不过为一种信用手段。"① 波阶亦谓:凡货币均须尽交换手段与价值测度之职能,金银即最能尽此二职能,故金属货币当然为货币,其他只尽交换手段而不能尽价值测度之职能者,只能谓为"货币代用品"②。

故他们判定货币之标准有三:①能尽价值测度或价值标准之职能;②具有质料价值;③质料价值与名目价值相符合。凭此标准以衡各种交换媒介,则本位货币(standard money)当然为货币无疑;至于其他交换媒介如辅币、银行券及存款通货(deposit currency)等,不能称为货币,而只能称之为货币代用品或货币要求权(money claim;geld for der ungen)。

(6)货币之价值为其币材之价值所决定,故其价值受供给与需求、边际效用、生产费或劳动价值法则之支配。商品说或金属主义学者既认货币为一种商品,故其货币价值论亦不过为商品价值论之应用,即一般商品之价值法则,亦同样支配货币之价值。一般商品之价值法则,计有生产费法则、劳动价值法则、需要供给法则及边际效用法则等,故商品说学者对于货币价值之解说,亦分别本于此数种法则以行之。如李嘉图用劳动价值法则以说明货币价值,谓:"金银亦与其他商品相同,其价值之大小,全视生产并运至市场时所消耗劳动量之多少而定……金价约比银价贵15倍,其原因绝不在于金需要量之较多或银供给量之较多,乃在生产金一定量所耗之劳动量,须15倍于生产银一定量所耗之劳动量。"③ 如西尼尔氏本于生产费法则以说明货币价值,谓"货币之价值全系于内在的原因;就长期而言,币值实为其生产费所决定"④。此外,穆勒则用生产费法则说明货币的正常价值,复用供求法则说明货币的市场价值。穆勒氏云:"货币之

---

① 见 K. Diehl, Uber Fragen des Geldwesensund der Valuta, 1921, s. 136-137.

② S. Budge, Lehre vom Geld, 1931, s. 10, u. 33-34.

③ D. Ricardo, Principles of Political Economy and Taxation, 第二十七章论通货与银行。该章第1页即有如此的语句。

④ N. W. Senior, Three Lectures on Value of Money, 1929, p. 120.

价值，若在自由状态之下，必立与其构成金属之价值一致……此事可使吾人所研究之问题趋于简单；因金属亦为商品，故其价值亦为其生产费所决定。""货币之价值，亦与一般财货之价值相同，就具体的实情而言，币值常为货币之需要与供给所定；但就长期言之，则支配币值者实为货币之生产费。"① 此外，马克思氏亦本于劳动价值法则以说明货币价值，并说"如任何商品然，货币之固有价值，亦为其生产所必需之劳动时间（production）所决定，且亦同样表现于其所换得之其他商品所包含之劳动时间②"。

关于货币价值之决定问题，商品说者主张又极不一致。大体上可分数派：一为采供求法则以解释货币价值者，一为采劳动价值说者，一为采生产费说者，一为采边际效用说者。四者之中，以供求说者与边际效用说者在讨论货币价值时立论并不纯粹，所以，一般地说，主张用供求法则和边际效用法则以解释货币价值者，均为数量说的主张者。至于劳动价值说与生产费说者，则为数量说的反对者。

（7）货币之流通应采自由放任主义。此派学者对于货币之流通，主张采取不干涉主义。认为如采取自由放任的态度，任其自然调节，则货币数量即能保持最适度之状态。因货币既为贵金属所构成，如能自由铸造，自由熔毁，自由输出输入，则遇货币数量过多或过少之时，即能经过国内与国际流通之两种过程，而使其自然趋于适度。第一，就国内过程而言，若货币数量过多，则商品之价格必然高涨，而货币之价格则趋下跌；金属价格高涨，则货币之实质价值高于名目价值，即金属用作货币之利益较作他用之利益为小，于是人民相应熔毁货币以图获利，货币数量遂告减少，货币价值上涨而复与其实质价值趋于一致。若货币数量过少，则由相反之过程，而使正作他用之金属，纷纷请求改铸为货币，于是货币数量增加，使货币价值复趋于安定。第二，再就国际过程而言，若国内货币数量太多，则国内物价必

---

① J. S. Mill, Principles of Political Economy, p. 409.

② Karl Marx, Das Kapital, p. 57.

趋高涨，输入必增加而输出则受阻，势必引起本国货币之外溢，则国内之货币数量亦必逐渐减少，使货币价值恢复正常。若国内之货币数量过少，则由相反之过程，使贵金属内流增加，而货币价值恢复常态。由于此两种过程的自动调节，使国内之货币数量能随时保持最适度之状态，货币价值固能保持于安定的境界。

此种货币数量之自动调节理论，可谓为任何商品说学者之共同主张；唯表现得最明显者，则为英国之通货主义（currency principle）。

以上七项论点为货币商品说或金属主义说的共同特征①。金属主义学者对于纸币所以与本位货币能同等流通的事实，亦按照上述论点，加以种种之解释。其解释约可归纳为下列数点：

（1）纸币之币材与本位币之币材全异，无所谓效用或实质价值，故纸币仅为货币之代用品。

（2）货币代用品之价值由本位货币而来。

（3）货币代用品能减少货币材料之需要，故对于货币价值能间接有所影响。

（4）不兑现纸币之所以有价值，依存于兑现的展望（prospects of redemption），即依存该纸币之发行准备。

货币商品说或金属主义说的基本论点，已如上述。此派学说为历史上影响最大、支配时间最久的货币本质学说。

就货币进化与经济发展而论，此种学说实为必然的产物，而且有其特殊的价值与贡献。20世纪初期，欧洲各国交通不便，民智未开，信用程度既极低微，货币知识亦极幼稚，故充交换媒介之货币，本身须具有价值，始能使人乐于接受。且此时政治制度与货币机构均未臻于健全之境界，各国君主遇有财政困难，每将金银铸币之成色减低，使与旧币同价流通，以补财政之亏短。结果，不但依照格莱辛定律（Gresham's law），良币被劣币所驱逐；且因通货数量之增加，引起物

---

① 参考：H. S. Ellis, German Monetary Theory, 1905-1933, Harvard Uni. Press, 1934, pp. 4-12.

价之腾贵。同时，因铸造技术不良，金银货币之成色重量极不一致，各国币制遂呈混乱状态；名虽铸币，实则仍按所含金属之多寡，而充交换媒介，故与秤量制度，几无差别。故在此时代中，在一般人民之观感中，咸认货币即金银，金银即货币。因此，此种货币本质学说，一方面，为各国人民对于货币观感之反应；另一方面，在当时欧洲各国通货状态之下，有系统、有组织的货币制度尚未产生，政府控制通货发行数量之能力尚未具备，纸币与存款货币尚未普遍通行，故金属主义之学说不特为环境所必需，且为必然的产物。

由金属主义或商品说对于货币制度与货币理论之贡献，使19世纪的货币机构日趋健全，这可以说是此种学说的直接影响。由货币机构之日趋健全，进而促经济体系之日趋发展，这是此种学说的间接影响。此种学说所以能发生此种影响，笔者认定，使货币具有实质价值，人民因而乐于接受，进而促进交换经济之发达，固然是主要理由之一，但这种因素仅就货币使用者而言，实则就货币铸造与发行者而言，此种学说有一种力量，限制君王及其他持有货币铸造权与发行权的行政长官，使其不敢铸造劣质货币，同时在行使纸币之最初阶段，使其保持较大的发行准备。这两种限制均是使货币铸造者和发行者不敢跳出贵金属的圈子，而一方面，此贵金属的生产——尤其是金的增加速度，大体上与经济发展之速度保持均衡；另一方面，贵金属的稀少性却仍相当的大，即由贵金属——尤其是金在生产方面之"量"的特性，使金之相对于需要的数量（gold-quantity relative to demand for it），保持相当的稳定；由金之此种相对的稀少性，进而使货币之相对于需要的数量（money-quantity relative to demand for it）亦保持相当的稳定。所以，此种学说之所以有如此重要的功绩，其主要原因乃在于将货币与贵金属保持极密切的联系，因贵金属的稀少性，使铸造与发行者不敢轻易用贬值的方法增加货币数量，更不敢轻率地滥发纸币以图厚利。故笔者认为，因贵金属之稀少性，限制铸造与发行之自由，使货币相对数量（relative-quantity of money）相当安定，乃商品说或金属主义学说的主要功绩之一。

但是，在现在看，这些功绩只能算是币制史和货币学说史上的记载,绝不能再在现代货币机构中重现。所以,关于现代货币之本质的解释,金属主义学说或商品说已无能为力,势须由名目主义的学说取而代之了。

第二节 名目主义的货币本质论

货币商品说或金属主义学说虽勉强可以解释当时的货币现象,实则仍有其重大的错误存在;而且此种学说的基本论点与名目主义的基本论点恰好针锋相对,故指出此种学说之错误,能顺便使名目主义的基本论点体现得更清楚、更详明。所以,在正式指出名目主义的论点之前,应对商品说或金属主义学说作比较详明的评判。同时,货币之所以成为货币,必有其独特的特质,对于此种特质亦有先加阐述的必要。

一、货币之特质

不论在古代、近代还是现代的货币各发展阶段中,货币究竟是不是一种商品,名目主义学者的答案完全是否定的。笔者对此种答案深表同感。然则货币与商品究竟有何种差异,即货币究竟有何种特质,这是讨论货币本质时所应急切解决的问题。兹将货币之特质分别列举如下:

(1) 货币仅为交换之手段,而非交换之对象。如艾思德(K. Elster)所云:"同一事物(thing)既可为财货,又可为货币;当其为评价思维之对象,为交换之对象(als der gegenstand des wertenden gedankens, als gegenstand des tansches)时,即为财货;当其为社会生产物之参与手段,为支付之对象(als das mittel zur beteiligung am sozialprodukte, als gegenstand der zahlung)时,则不论其技术的性质如何,皆为货币。"故货币与商品之最基本的差异,在于商品为交换之对象,而货币则仅为交换之媒介。在现代货币机构中,此种特质已表现得非常明显,不容有丝毫疑问。但在商品货币时代或金属铸币时代,商品固用作交换之对象,亦得用作交换之手段;同时,货币固用作交换之手段，但亦得直接或间接使之回复为商品，故商品与货币之间易被混为一谈。实则，这种混紊由于未曾认识交换之本质与特性所致。一个物品可以有货币与商品两种用途，但两种用途绝不能同时出现；同一物品在同一时间内，只能具一种资格，绝不能兼具两种资格，故当其被人视为交换对象时，即为商品，绝非货币；必在其暂时的或永久的不被人视为交换对象，而视为交换手段时，始为货币。及此物品已被视为交换手段，已具有货币的特性时，则不复为商品——至少暂时如此，务必在此货币退出流通界，重新被人视为交换对象时，才根本丧失货币的特性，而为商品。诚如卡塞尔所说："对货币一词下界说时，应不根据其币材之任何特性，而应根据货币之主要功能……至于何种材料适于铸造或印制货币之用，则属次一等的问题。"① 所以，不论在商品货币时代、金属货币时代，还是信用货币时代，尽管货币在形态上、材料上互有差异，但在本质上则有一个共同的特质，即为交换之手段，而绝非交换之对象。由于货币之出现，同一时间内即使直接交换变成间接交换，此中关联即由于货币之具有此种特质使然。假若货币没有具备此种特质，假若货币仍为交换之对象，则此种交换仍属直接交换，并非间接交换。故货币之最基本的特质，在于仅充交换手段；如货币因币材之具有使用价值，被人转作他用，视为交换之对象时，则已退居于商品的地位，不能算是货币了。

由于此种特质，便产生另一种特质，即货币无使用价值，无效用，根本不能供消费之用（除非脱离货币的范畴，退居商品之地位）。故货币本身并不能对持有者提供任何物质财富，饥不能当食，寒不能当衣。社会之进步与发展，货币之功劳固然甚大，但在货币未出现以前，人类仍能度其简陋之经济生活；同时，在经济社会进步到一定阶段以后，在共产经济体系中，货币制度消灭，社会仍然可以繁荣，人类仍然可以获得幸福。经济体系的此种演化之所以可能，且不受货币之存在与否的影响，即由于货币本身没有使用价值使然。唯其

---

① G. Cassel, The Theory of Social Economy, New York, 1924, p. 356.

货币没有使用价值，故在另一种经济体系中，另采取一种新的分配制度，则虽货币制度根本废止，亦仍能使人类过着美满的经济生活。

（2）货币在个人的观点上为财富，在社会的意义上则为非财富。因为货币对于该社会的物资具有一般的购买力，故一定量货币的持有者，站在个人的观点上，即等于保有一定量的购买力，亦即等于保有一定量之所需的物资。假若货币持有者遗失了一定量的货币，则即等于丧失了一定量物资的保有权。但是，在社会的观点上，则不能算是财富；因为货币本身没有使用价值，不能成为交换之对象，而仅为交换之手段，交换手段之或增或减，对于整个社会中财富之"质"与"量"，如单就此交换手段数量变化之本身说，没有丝毫影响①。例如，假若某一部分货币因特种原因退出流通界，如单就此种变化之本身立论②，则社会中之财富依然如故，并未因此种变动而引起损失③。

由此种特质，便产生另一种特质。一般人每将货币与资本混为一谈，不免错误。资本固然可以用货币单位去表示，但绝不能漫无限制地谓货币为资本。固然，在个人的观点上，如货币的保有者已划定此货币用于资本财产之购置，则可视为资本；但若以整个社会立论，货币并不能算是资本。

（3）货币为一抽象单位。货币单位是一个非常抽象的东西。此与商品不同，商品实为具体的东西，譬如说"一头牛"而为商品时，这就是具体存在，而具有年龄、品种等特征，能构成交换者评价思维之内容。如"牛"而为货币，则势必将其特殊的性能抽出，而使之成为纯抽象的单位，才可圆满地成为交换手段。这是就货币的最初发展阶段而言。及后，货币愈发展，则抽象的程度愈大。例如，我国现行的货币单位为"元"。试问，这"元"究竟代表什么？这"元"

---

① D. H. Robertson, Money, London, 1928, pp. 31-32.

② 即不将此种变化通过物价机构，而及于产业与消费的影响，包括在内。如将此种影响包括讨论，则问题并不如此简单，此种讨论详见第八、九两章。

③ J. S. Mill, Principles of Political Economy, Introduction, pp. 4-5.

第二章 货币之本质及其职能

的本身究竟含有什么？假若它代表某特种物资，这物资之"质"和"量"究竟如何？假若它本身含有某种物资，这物资之"质"和"量"究竟如何？对于这些问题，即使是商品学说者或金属主义学说者，恐怕都不能自圆其说。

所以，在社会的意义上，货币既不是生产财也不是消费财①，而只是财货交换的一种媒介或手段，即用以表明财货交换比率的一种抽象单位。

（4）货币之材料变化莫定，而商品之材料则有一定。依前所述，货币的材料由商品，而金属、纸张经过了许多变化，但货币之为交换手段依然不变。商品则不如此，特种物品必须由特种材料配合制成；如改用别的材料，则制成品质上即有差异。因为货币之所以成为货币，在于其恪尽交换手段之职能，而不在于其材料之为何物，或材料之有无价值。所以，尽管货币材料在其整个发展史中变化莫定，但仍无伤于货币之本质。

（5）货币与货物是相对立的。在社会的意义上，人类经济活动的真正目标或目的物是实在的物资，货币则渗透于此实在物资之间，使经济活动得以圆满地完成任务而获得满足。故货币与货物为两个不同的范畴，而且所有的货币会被用来购买所有待售的货物，故两者是互相对立的；而且两者必须互相对立，才能完成货币的职能，使货物的交换得以圆满完成。

（6）货币数量是相对的。所谓货币数量是相对的，含有下列几种意义：第一，货币既为一抽象单位，且与货物相对立，然则一国究竟需要多少货币，才算最为适宜呢？货币因交换而形成，无交换即不需要货币；故一社会究竟需要多少货币，须视该社会中之交易量而

---

① 对于货币在经济财富中所占的地位，各学者之看法不一致，如门格尔将财货分为第一级财或消费财和高级财或生产财。此种分法不能将货币归入任一级财货。克尼斯用三分法，即生产财手段、消费对象及交换媒介。密塞斯则认为货币非生产财，又非消费财，而为一种经济财。笔者却认定货币根本不是财货，既非生产财，又非消费财，而为财货交换之媒介。

定,即须相对于货币需要,方能定出该社会所应有之货币数量。第二,货币既为交换之手段,同时此手段所担任的工作可多可少,故虽须相对于货币需要以定货币数量之多少,但此种标准仍不确切。如以纯理论为准,一时期中的货币数量,可多可少;如此时期中该社会之交换额一定,则货币数量增多时即每一货币单位之工作减轻,反之,货币数量减少时即每一货币单位之工作加重,即交换的价格有变化而已,此种变化本身对于交换额并无影响。但是,现行交换经济体系是有利于物价在长期中徐徐上涨,而极不利于下跌的,故欲适合此种特性,则此一期中所应有之货币数量,须以前一期中已具有之货币数量,即已有之物价水准的高度为准。即须相对于前一期的物价水准而定本期中应具的货币数量。第三,货币之流通速度可大可小,大时则货币数量可小,小时则货币数量可大;故须相对于流通速度而定货币数量。总之,货币数量是相对的,而不是绝对的;只要物价相当安定,货币数量之为多为少,物价水准之为高为低,均无多大关系①。而商品则不然,其数量之多少,足以影响人类之经济生活,量多则人类之经济生活即能及于较高的水准,量少则生活水准即须降低,与货币数量之可多可少根本不同。

(7) 货币有永久流通性。货币为流通界之永远的旅客,即永远流通于社会,永远不被人作消费之用。在此长期的流通过程中,货币也有被人暂存而储藏起来,使其暂时进入休息的状态,但此并无碍于货币的永久流通性;而且更可由此种休息时间之平均长度,计算出货币在特定时期内之流通速度。至于货币根本退出流通界,而被人转作其他用途,则此时货币属性已告丧失,已不复为货币,而退居于商品的地位。商品却不如此,虽短时内能在社会中流通,但终有停止流通而被人消费之日。

(8) 货币为共同单位,具有一般交换性和一般接受性。货币因

---

① rising price or falling price 与 high price or low price,彼此含义不同,其影响亦不同。前者系指变动中的物价,后者则系安定中的物价,此处乃指后者而言。

为共同的评价单位，且为一般的交换媒介，故其交换性与接受性，在某种极限以内，不受人、地、时和物的限制①。对物而言，在其发行者信用所及的地域内，可以交换任何待售的物资和劳务。对人而言，固发行者之信用，可以使不相识之人加以接受；支票的此种性能虽在程度上较弱，但如出票人的信用卓著，其流通力仍甚大。此外，商品在大体上须于需要时始愿获得，货币则无论何时皆为愿得之对象；从另一方面看，货币亦为在无论何时均可付出而为别人所愿接受之对象。

（9）货币价值之一致性。货币价值方面具有下列几种特性：①商品有一定的效用，此效用虽不决定商品之价值，但却为商品价值之前提；货币则除用以交换他物外，别无任何一定的效用。②商品皆自有价值，无价值之物，绝不能成为商品；货币则因不为评价之对象，故本身无价值，如欲谓其有价值，则其所以有价值，亦不过为商品之反射价值（reflected value），即为货币对于一般货物之购买力（purchasing power）。③商品之交换价值，为其需要供给之关系自动形成；货币之交换面值（face value in exchange），依克纳普之意②，全为国家之法律所制定。④商品之价值，用久则减，最后则根本消灭；在币值安定之前提下，货币价值不变，故用以储藏财产。⑤商品须有实质价值，货币则不然，有无实质价值，全与货币概念构成无关。由此种种特性，使货币价值在习惯上或法律上具有同一性（the legal identity of money-purchasing power of money）即在国家领域之内，

---

① L. V. Mises, The Theory of Money and Credit, London, 1934, pp. 170-171.

② 克纳普在其 Staatliche Theorie des Geldes 之卷首即谓货币为法律之产物。克氏谓因国家担保货币之 Geltung（validity）。各学者对于 Geltung（validity）一词之解释，彼此不同。有谓氏之意旨系指在国家之领区域内，国家能完全控制其货币之价值者，如 J. S. Lawrence；E. G. Rudolph Kaulla 等是。亦有谓氏之意旨仅在于指出国家能担保其货币具有价值，而不在于能决定其价值之大小。

法币（legal tender）对于一般货物所具之购买力实属完全相同①，银行货币以法币所定之单位去表现去计算，亦具有此种同一性。此之谓货币价值之同一性。商品价值则不如此：既有种种上之不同，复有品质上的差异。

（10）货币之存在有时间与空间之限制，而货物则不如此。所谓货币存在受时间、空间之限制，有两方面的含义：第一，就经济发展之阶段言，在原始的自然经济时代，货币根本尚未形成，则此时早已有货物之存在。及经济发展进入共产主义时代，生产财之所有权社会化，同时消费财亦由中央机关按一定标准分配，则货币即告根本消灭，但此时货物仍然存在。故货币在某种时代与某种地域内，其存在实受限制。第二，就发行者信用所及的时间和空间而言，货币之使用与其流通性亦受限制。现在货币本位制度下的纸币，每受发行者政权之与替及政令所及之范围的影响，例如帝俄时代所发行的卢布，在沙皇政权解体以后，即成为废纸；所以此种卢布在前一时代虽为货币，但在后一时代中即失去货币的特性。又如在我国未臻统一之时，中央政府发行的纸币，在政令未能达到的省份，即难流通。又如本国货币在外国市场中每难直接用作购买物品之用。但货物则不如此，只要货物具有持久性而又妥为保存，则其价值不受此种政治上之时代或领域的限制；又只要货物可被运输至边远地区或国外市场，则其价值不受政令范围的限制。

（11）在个人的立场方面货币之供给弹性极小，但在国家的立场方面货币之供给极大②。不论在短时期还是长时期，私人和各种企业团体绝不能自己制造或发行货币。在不兑现纸币的制度下，此种特质表现最为明显。即在金本位制度下，此种特质亦大体如此。此外，因引申存款（derivative deposits）所造成的信用通货（credit currency or

---

① G. Cassel, The Theory of Social Economy, New York, 1934, Book Ⅲ, p. 258.

② 参考：J. M. Keynes, The General Theory of Employment, Interest and Money, London, 1926, pp. 230-231.

bank currency）虽可由放款者（银行）与借款者共同协议而告成立，但仍受存款准备率等限制，使信用货币与法定货币在大体上保持着一定的比例。故以私人或企业为准，货币之生产弹性为零，或至少为极小；即私人或企业绝不能因货币涨价——购买力增大，而增加货币之供给量。而货物则不如此，在某种极限以内，遇物价上涨时，则企业受刺激而能扩大其生产规模，使货物之供给增多。

（12）货币之代替弹性（elasticity of substitution）等于零或近于零①。即当货币之价值上涨时，并无以其他物品来代替货币之倾向。由此特性，故货币之效用完全来自其交换价值，货币之效用与其交换价值两者同涨同落。

（13）货币之保存没有维持成本（carrying cost）②。各种财货之保存，即使不加使用，亦在各种程度上随时间之消逝，而遭受浪费或引起损失（因价格变化所引起之损失，不在此列），此种浪费或损失亦以各该商品本身去测算，可谓之为维持成本。但货币则不如此：不论是铸币、纸币还是支票，均全无此种维持成本之损耗（币值上之变动不在此列）。由此特性，使货币成为价值储藏之良好工具。

（14）货币虽非货物，但货币机构如运行得宜，可使经济日趋发展，如运行不得当，则能扰乱经济之发展。因货币具有上列诸种特质，故货币机构在交换经济体系中渗配得非常圆润。如运用得宜，则在消极方面可使消费、生产、分配诸活动运行自如；积极方面则能促产业之日趋发达，使人类的物质享受乃至精神生产的水准日渐提高。故货币本身虽非物品，虽无生产性，但货币机构之运行，在交换经济之整个发展过程中，确有促使经济日趋发展的重大贡献。但是，在此整个发展的历程中，货币机构对于经济体系亦有其扰乱和阻滞的作用。同时，如前所述，货币机构为现行经济体制所以能运行自如的枢

---

① 参考：J. M. Keynes, The General Theory of Employment, Interest and Money, London, 1926, pp. 225-239.

② 参考：J. M. Keynes, The General Theory of Employment, Interest and Money, London, 1926, pp. 225-239.

纽，吾人虽不能说此种体制——如私有财产制、消费选择自由、分配不均等系由货币机构所诱导而成，但至少可以说货币机构对于此种体制之发展与扩大具有极大的助力，而且发展到了较高阶段时，二者成为互相倚重、互相助长的综合体。所以，货币虽有促进经济发展之功绩，但对于人类之经济生活也有其扰乱与阻滞的罪过。

二、货币商品说或金属主义之错误

商品说或金属主义既不能解释现代之货币现象，故一时反对之声四起。对商品说之弱点加以抨击，于是独霸货币学界二百年之货币本质理论，遂更暴露其无力，而有终被一般学者所放弃的趋势。

然商品说或金属主义之重要错误为何？综合各家对于此种学说之批评，可得下列诸点。

（1）方法论之错误。商品说者所采方法有二，即：①发生的方法（genetic method）；②个体观的方法（individualistic method）。用这两种方法去分析货币的本质，必易陷于错误。

首先，说第一种方法之错误：本质为事物之现存（being；sein），发生为事物之原始，二者虽可相同，然而大可相异。人类虽源自猿猴，且均为脊椎动物，然吾人绝不能谓人类即为猿猴。货币虽起源于商品，然嬗变蝉蜕，已早失商品之性质，而为一特殊之机构，故绝不能拟之为商品。艾思德氏谓："历史方法自为极有效，极不可少之考察方法，对于由历史成立之事物，欲求完全理论，自必须研究其形成之过程。然过偏于历史的观察，则亦加以警戒。初期之事象与发展后之事象，其本质常能完全相异。命名与属词虽可相同，然其内容与实质则常能悬殊……人类之精神，常有只见发展之继续，而忽略发展结果之变化的倾向，故吾人对于由历史研究所得之结果，须再本于现在之分析的观察以检验之。发生的考察可补足存在之考察，但绝不能代替存在之考察。商品即采此偏重发生之不完全的方法，故乃有谬误之立论……货币之起源为商品，此自为文化史上之真理，然将商品之金银与货币同视，则实为经济理论上之错误。果虽自花而生，但吾人绝不能自花以识果……现在虽为过去之继续，然新事象则已不断发生。

故欲理解现在，须从现在自身入手。"① 所以，商品说或金属主义的学者，只偏重货币之起源一点，因而陷于错误。

其次，个体观的方法亦有错误。个体观认社会之个体为独立存在，为自有目的与价值之存在，且先于全体而存在，其与全体之关系为机械的；全体观则认社会之全体先于社会之个体，全体为目的与价值之所在，个体仅为全体之手段，若无全体，个体即不能存在或失其存在之意义，二者之关系为有机的。故本于个体观以观察社会现象，便常从个体出发以推论全体，或只观察现象之一部，只作个体之说明，若本于全体观以观察社会现象，则常从全体自身出发，以全体为对象，且作全体的说明，故不致为一隅之事实所蔽，而颇能把握现象之本质。

商品说或金属主义学者即本于个体观以观察货币现象。彼等皆认货币为一独立的、自有目的、自有价值之个体，彼等只认识"孤立化的货币"（isolated money），而不从货币经济之全体以求出货币之本质；彼等之认货币为商品，认货币之须有实质价值，认有实质价值之金属货币始为货币，认货币之价值决于其材料价值，认货币之流通应听任其自动调节等，皆为其以孤立化的货币为认识对象后之必然的结论。一孤立化的货币，自须具有"自己的完整性"（selbstgeschlossenheit），否则即不能成其为独立的，自有目的及自有价值之个体，欲求具有自己的完整性，则商品说各项主张自为其逻辑的必需之要求。若换采全体观之方法，从货币经济或交换经济之整体以认识货币，则货币即不为孤立化之物，而不需具有自己的完整性，则商品说各项主张，即非货币之所需的要求；不论其为金属所制抑或为纸片所制，均无关宏旨，但问其在整个经济机构中能否恪尽货币之职能云。

（2）认货币为商品或金属之错误。商品说或金属主义之最大论据，在于认货币为商品；商品说或金属主义认货币为商品，其论据有

---

① K. Elster, Die Seele des Geldes, 1923, s. 10-12.

三：①货币之基本职能为商品价值之测度；然欲测度他商品之价值，必须自身亦有价值，有价值之物即为商品，故货币为一种商品。②货币既为商品价值之测度，则其自身价值之道宜安定，自无疑义；然安定价值之道，端在其与币材价值相联，且须求名目价值与实质价值之一致，果如是则货币即无异于具有实值之商品。③货币购买商品，实即货币与商品之交换，然按交换原理，凡二物交换必其价值相等，今货币既与有价值之商品交换，故货币自亦为有价值之商品。

关于第一项论据，即犯下列二重错误，即：①货币之基本职能并非价值之测度，②货币之基本职能纵为价值之测度，亦不须本身为有价值之商品始能担任。此二点关系重大，于次项评价值测度职能时再行详论。第二项论据谓货币为求其价值之安定，须为与币材价值相联之商品；此论据乃就政策之观点而言，然安定货币价值之法甚多，与币材价值相联，亦未必能收安定之效，如第一次世界大战期间，保守中立之瑞典（Sweden）虽亦停止金本位，但因国际收支、收入多于支出，大批现金纷纷向瑞典输送。不兑现纸币之价值，反较以前之金平价为高，即纸克洛纳（Krona）之价值，反在金克洛纳之上。由此可知克洛纳并非所含金属之价值所能决定，二者并不相等。此种现象实非商品说或金属主义所能解释。至于对现代纸币本位制度之管理货币（managed money）① 诸现象，则更无力加以解释。故第二项论据实属错误。第三项谓货币与有价值之商品交换，故其本身自亦为有价值之商品。此论据颇位于交换经济之真义与货币之地位。今日之间接交换，一方面仅系由货币参与直接交换过程中，使之分成为买卖两个步骤②；另一方面买卖两个步骤中彼此交换之真正对象，则仍为可供生产或消费之其他物品，货币居于其间，不过专司媒介之职务，专行时空人物之缓冲而已，并非交换者之本来对象。明乎此理，则货币之非与商品交换，不言而喻。既非与商品交换，则货币自亦不须为有价

---

① 凯恩斯倡管理货币之说，此说对于各国当今货币政策之影响甚大。
② 密塞斯亦认为买卖两步骤彼此独立，缺乏联系之看法，实为错误之看法。

值之商品。

(3) 认为货币须具有实质价值之谬误。商品说或金属主义主张货币须具有实质价值,所根据之理由有二:①有实质价值始能尽价值测度之职能;②有实质价值始能作交换之媒介。这两个论据都有其谬误所在,兹分述如后:

关于第一个论据,吾人之辩驳如下:第一,货币之基本职能并非价值测度,严格说,货币根本无价值测度之职能,故自不必具有实质价值以测价值;第二,即使货币有价值测度之职能,然测度价值者,亦不须为具有实质价值之物。兹先引西梅尔之见解,以说明无实质价值之物,亦能测度价值。西氏曰:"凡相异之对象必须具有同一性质,始能作量的比较,此为自明之理。故欲行二量之直接比较,自须以性质相同为前提。然除此直接比较之外,第二种测量法亦有可能,即应测量者如为二量之变化,差异与其关系时,则只须测量手段之比例,反映于应测对象之比较即可,二者之间,并无性质相同之必要。即性质相异之二物,虽不能认为相等,但具有甲性质之物品间的比例,与具有乙性质之物品间的比例,则可为相等。今假定二对象 m 与 n,彼此立于因果之关系,象征之关系,或对于第三者之共同关系,然此二对象之性质,则绝对不同,故此二对象皆不能彼此测度。再假定 a 对象具有 m 的 1/4 之量,有 b 对象具有 n 之几分之一的量,此时 a 与 b 之关系,如亦相当于 m 与 n 之关系,则 b 便必然为 n 之 1/4。故 a 与 b 之性质虽不同,两者亦不能直接比较,然一者之量却颇能为他者之量所测定。"① 观西氏所论,可知测度(measure; messeen)之法,原有两种:第一种为被测对象与测度对象之性质彼此相同,因而用直接比较之方法,以测出其量的关系者,如以尺测长,以磅测重等是。第二种为被测对象与测度对象之性质不同,不能直接比较,因而利用居间连锁之法以测出其量的关系者,如以时间测路程是。天下各物量之测度,用直接比较法者固多,用居间连锁法者

---

① G. Simmel, Philosophie des Geldes, 1920, s. 103-104.

亦不少；如一定要说货币有价值测度之职能，则货币之测量价值亦系用居间连锁方法去测度，而非用直接方法去测度。如西氏云：各财货为可资利用之财货总量的一部分，故如以 a 表财货总量，则各财货量自为 a 的 $\frac{1}{m}$，即 $\frac{1}{m}a$；各财货之价格亦为财货总价格之一定部分，如以 b 表货币总量，则各财货之价格，自亦为 b 的 $\frac{1}{n}$，即 $\frac{1}{n}b$。各财货量既为 $\frac{1}{m}a$，其价格即可为 $\frac{1}{m}b$，今如 a 与 b 为已知，一定财货量在财货总量中所占之百分比亦为已知时，则此一定财货量之价格自不难由此而测定。由此以观，故货币是否与有价值之对象同质，即货币是否亦为具有价值之物，皆无关于价值之测度；盖只需有一定之货币量，即能测度定量财货之价格也。

据此可知商品说学者所谓"测度价值者其自身亦必具有价值"之论据，实不能成立。若就严格之价值测度而言，则此辈学者所倡导之金属本位货币亦未必能尽此种职能。盖如测度者必须与被测者同质，则金属之价值质（value quality; value character）与各被测商品之价值质，实大不相同。以尺测布之长，是因为尺不但有长，而且其长与布之长同质。以磅测煤之重，因磅不但有重，其重亦与煤之重同质。今一枚金属货币之价值，安能与一杯酒、一件衣之价值同质？质既不同，自然不能以彼测此。是知价值测度与测长测重不同，在测度手段与被测对象之间，可用间接方法去测度，而并不须有同质的关系。此外，关于货币是否具有价值测度的问题，将于次项再行详论。

关于第二个论据，有实质价值者始能作交换媒介的主张，亦犯对于交换经济认识不足之大错误。劳克林谓："天下绝无愿供给有价值之商品，而换得无价值之交换媒介者"；狄尔谓："生产者如不得相当之代价，即不愿供出商品。"此种理论，骤闻之诚觉有理，但细察之则错误重重。二人均认供出货币以获商品，或供出商品以获货币为交换，但实则货币本身无使用价值，不能为交换对象，故与商品间之关系，并非直接交换关系，故供出商品者之供出商品以获货币，其目的不在于获得货币之本身,而在于借货币以获取其所需之其他商品。故货币之恪尽交换媒介的职能,并不须其自身具有实质价值。

今日之交换,中间虽介以货币,然交换双方之真正对象(real object of exchange),则仍为可供人消费或可用以牟利之商品;故今日之交换,货币居中作介,仍无碍于交换之本质,不过使物物交换覆一层货币的面纱,以至吾人不易见其真面目,因而误认货币与商品间之关系为交换关系而已。设若商品供出者获得货币后,立即用以换取其他商品,则吾人即易明了彼所交换者乃为商品而非货币,货币不过使其交换趋于便利,而并非为交换之对象。故货币之是否具有实质价值,及其为何物所造成,自属无关宏旨之事,只需其能保证获得其他商品,只需其有兑换其他商品之可靠的能力,即有十足的货币资格,即能尽交换媒介之职能。

商品说者所主张之二项理由,既均不能成立,则货币之不须有实质价值,实为极显明之事。兹更举实例以资佐证:①1878 年,奥地利停止银之自由铸造,发行不兑现纸币,与银币(二者单位均为 gulden)并行,结果纸币在德国能维持 1.56 马克之价值,银币则下落至 1 马克以下;即无实质价值之纸币,反较有实质价值之银币为贵。及 1892 年,奥政府改行金本位制,铸造金币流通,然奥国人民仍喜用纸币而不喜用金币,致金币皆归储于中央银行。②第一次欧战时,瑞典输出激增,输入锐减,结果巨额现金内流,致蒙通货膨胀之威胁,瑞典政府为除此患计,曾采排金政策(gold-exclusion policy),对现金打折扣,对银行券则加以升水。③1889 年,比利时纸币之价值曾比金币之价值为高。④现代各国所行使之不兑现纸币及信用货币,均无实质价值,但仍能尽货币的职能。由此种种实例,便足以证明货币之不须具有实质价值。故哈恩于其所著《战时瑞典银行之货币政策》一文内,得二项重要结论:①金兑现虽有变化,但仍无影响于纸币之价值;②货币之价值并不取决于金之价值,金之价格反而取决于其货币用途。此项结论不独适用于当时之瑞典,亦适用于放弃金本位后之各国及 1934 年实行新货币制度后之我国。

(4) 认货币之基本职能为价值测度之谬误。商品说或金属主义从货币之基本职能为价值测度，可谓为其最重大的谬误之一；其他论据之谬误如认货币为商品，认为货币须具有实质价值，及认唯金属货币始为真正的货币等，均基于此价值测度职能之错误。故此价值测度职能之谬误，实为其他谬误之总根源，亦为商品说或金属主义日趋衰微之总症结，因其关系重大，故反对金属主义者，均无不集中于此谬误之攻击。

综观诸说所持之理由，约有四端：①能测度价值之物甚多，故价值测度非货币之基本职能；②价值均带主观性质，故不能以客观之物去测度；③货币本身之价值即不安定，自不能测度他物之价值；④货币之价值与商品之价格同时决定，故不能以币值测度价值。兹分述于次：

第一，瑞典已故著名学者威克塞尔（K. Wicksell）根据第一理由，以反对价值测度之职能的主张。威氏谓："货币之主要职能，通常皆分价值测度、价值储藏及交换手段三种；但在此三种主要职能之中，真能表示货币之本质者，则只交换手段一种职能而已，至于价值测度之职能，则凡为人嗜好之商品均能担任，故绝非货币之主要职能，且严格地说，此职能尚不能与其他二职能相提并论。"① 故货币之基本职能，乃为唯货币始能担任之职能；若其他商品均能担任之职能亦谓其为基本职能，则其他商品均可称为货币，因而货币所以成为货币之特征即告丧失。

第二，密塞斯（L. V. Mises）及赫勒（W. Heller）等奥国学派学者，根据第二理由，以反对价值测度之职能。如密氏谓："人常谓价值测度为货币之基本职能，此主张实完全错误。在主观价值论之范畴内，此价值测度之思想，实根本无产生之余地……凡评价行为皆不能测度，以其具有主观之性质，殊不能用客观之标准加以把握也。"② 赫氏谓："最可驳斥者为谓货币有价值测度职能之主张，此主张最不

---

① K. Wicksell, Vorlesungen über Nationalkönomie, Bd. Ⅱ, Geld and Credit, 1922, s. 61.

② L. V. Mises, The Theory of Money and Credit, London, 1934, pp. 38-39.

第二章 货币之本质及其职能

正确且易引起误解,因可测度者只事物之客观的特性,然事物之价值,乃系具有主观性质者,故殊无可资测度之共同的比较基础。"①"评价乃为吾人对于财货之心理关系的表现,故与其他心理现象不同,殊难加以数量的把握。是以货币绝不能为价值之尺度,而只能为价值表现之手段,且其所表现者,尚为商品之交换价值,易言之,即货币所表现者不过为货币与商品交换之数量的关系而已。"② 密氏为维也纳(Vienna)大学教授,为主观价值之信奉者;赫氏为匈牙利人,但受美国学派之影响极深,故均本于主观价值难测之理,以反对价值测度职能之主张。赫氏且更进而主张货币能为表现商品交换价值——价格之手段。此点殊具至理,确实的,货币并无价值测度之职能,但具有表现商品价格之手段的职能。关于此点,待下节讨论货币之职能时再行详述。

第三,威克塞尔与斯梯里根据第三理由以反对价值测度之职能。威氏谓:"欲求一物能测度价值,必须此物自身之价值没有变动方可,然货币之价值非不变动者,故货币殊难尽价值测度之职能。"③斯氏谓:"货币自身之价值即不安定,故若以货币作价值尺度,则于货币数量减少时,此价值尺度必亦随之而放大;于货币数量增加时,此价值尺度必亦随之而缩小……货币之价值既具有变动的性质,故若以货币为价值尺度,则由货币所测度之价值,自亦难臻于精确。"④

凡作尺度者,其本身自须固定不变,如尺为长之尺度,磅为重之尺度,若尺与磅即变动莫定,则长与重自难由其测度。货币本身无价值,其价值全为其所能换得之财货量所决定,然此能换得之财货量,并非固定不变,故货币之价值,自亦难固定不变。货币价值既变化莫定,则货币自不能允测度商品价值之用。有些人谓:就长时间而言,

---

① W. Heller, Theoretische Volkswirtschaftslehre, 1927, s. 106.

② W. Heller, Nationalkönomie, 1930, s. 180.

③ 参考:G. F. Knapp, The State Theory of Money, by H. M. Lucas and J. Bonar, London, 1924, Chap Ⅳ.

④ O. Stillich, Das Geldwesen, 日译本第38页及第24页。

货币之价值虽不免变动，然就一时点（time-point；zein-punkt）而论，则货币之价值能得瞬息之安定，则即无妨于其价值测度之职能。因为交换双方之讲价，在瞬息间即可竣事①。此种辩护实由误解价值测度之意义而来。价值测度并非止于一时交换财货价值之测度。

第四，日本理论经济学泰斗高田保马氏根据最后一理由，以反价值测度之职能。高田氏谓："用尺以测长乃因尺有一定之长，然后视被测物之长为尺长之若干倍，即可测出该物之长度。但货币之价值单位职能则不如此。货币价值之大小，乃与商品之价格同时决定，乃决定于交换价值总量与货币总量之均衡关系。故货币于此时仅能表示交换价值为若干元，在表示以前其本身之价值为多少，实为一未定之元。故此与尺之测长不同，尺长若干，乃先于物长而独立存在者；货币之价值几何，则不能先于物价而独立存在，而却与物价同时决定，货币价值之不固定者在此，货币之所以不能测定价值者亦在此。"②高田氏之反对论，可谓发前人所未发，实为价值测度职能说之致命打击。货币价值与商品价格既系同时决定，则货币自然不能测度商品之价值。

综括上述四点理由，故价值测度之不为货币的基本职能，已无疑义。可是货币虽不能测度价值，但却可以表示价格而成为价格之尺度（scale of price）。关于此点，容下节讨论货币之职能时，再行详论。

（5）认纸币等为货币代替品之谬误。商品说或金属主义因误认价值测度为货币之基本职能，故其对于货币形态之讨论，亦必然陷于一种连锁的谬误。商品说学者认为凡具有实质价值而能尽价值测度之职能者方为货币，否则均为货币之代用物或货币之请求权。以此原则相衡，则今日之各种货币形态中，可称为货币者，遂仅以金属本位货币一种为限，其余如辅币、纸币、银行券及存款货币等，自均属于货币代替品或货币请求权。此种说法实属错误。以今日各国之实际情形

---

① 此种辩护由 S. Budge 主之，参考 Budge, Lehre Vom. Geld, 1931, s. 8.
② 高田保马：《经济学新讲》（第三编货币日本理论），第38页。

言，此等辅币、纸币、银行券等皆先后法定为不兑现之通货，更证明兑换金属本位货币为既可不必又不可能之事。按今日各国之实情，纸币本位制度确立之后，不兑现纸币通行无阻，且远较前此金属货币之接受为方便；债权人于接受辅币（法定数额以内）、纸币、银行券或认为信用卓著之支票后，无不认为满足，转而直接或间接作购物之用，从未向银行兑换金属本位货币（如用作国际支付则另当别论）者。不但如此，债权人若接受金属本位货币，尚有换成辅币、纸币或银行券等，以期运输与保藏之方便者，故辅币、纸币、银行券等并非货币之代替品，而为十足的货币。

又所谓货币之请求权，必其请求权本身不能供直接之行使，必不能直接用作交换媒介或支付手段之用；必须将其易为货币后，方能行使。乃事实上全不如此，持有辅币、纸币及银行券等者，并不须兑成金属本位货币，即能以之十足地发挥其货币的性能。故货币请求权之说，亦属错误。

辅币、纸币、银行券及存款货币既不只为货币之代用物或货币之请求权，而为与金属本位货币相等之货币，实属不容争议。何况信用发达，即在金属本位制度时代，金属货币亦逐渐匿迹于市场，流通于社会者，大半为纸币、银行券及信用通货。近来各国相继采行管理货币制度，金属本位货币在国内已全失其流通力。此时若仍谓辅币、纸币、银行券及信用通货等非货币，而为货币之代替品，则可谓全无货币流通了；自属不通之论。

（6）认为货币之价值即其材料价值之谬误。商品说认货币为商品，商品之价值法则如生产费法则、劳动价值法则、需要供给法则及边际效用法则等亦同样适用于货币价值之说明；同时因构成货币之材料为金属，故货币之价值，即金属材料之价值，亦即由其金属材料之价值所决定。此种见解之谬误，已可由前述诸项之驳论中窥见其大概，兹不重述。本地森（F. Bendixen）在其大著《货币与资本》（Geld and Capital, 1922）一书中谓"货币之价值并非来自金属；反之，金属之价值实来自货币"对于谬误之驳斥，可谓一针见血。至于谓货币之价值，定于货币之边际效用，则尤属荒诞可笑。威克塞尔

（K. Wicksell）谓："货币之边际效用，乃系直接定于其交换价值——购买力者，故自不能反而规定货币之交换价值。"

威氏此语虽短，然其劲势之强，却可以驳倒边际效用说者。

最后，关于主张自由放任，从货币与金属间之自动调节，以求物价之定安。此种主张，不论其理论上之根据如何，单以事实论，现已完全过时。只要对于现代各国之货币制度与货币政策，稍加观察，即知此种见解已早成为历史上的陈迹。故根本无再加驳斥之必要。

三、名目主义之基本论点

货币之特质，商品说或金属主义之理论及其错误，已分别详述。金属主义与名目主义为彼此对峙的两种货币本质学说，故金属主义理论之分析与批评，实间接有助于名目主义学说之了解。更加上货币之特质的分析，使叙述名目主义之基本理论时，可以省去许多冗长的解说。

名目主义学者中，主张并不尽同，主要的可分两支：一为抽象的观念论（idealism），二为货币特许说（chartal theory of money）。前者认为货币只是一种计算的筹码，可谓正统的名目主义者，又分两系：一为唯心的，一为唯物的。唯心的观念论者，如赖甫曼、坎南等；赖氏甚注重银行信用，其说以奥国派主观价值学说为宗，谓："常人用货币购买物品，但购买物品者，实为所得（income），而非货币。"故货币为一完全的观念（idea），额数为一抽象的物品（abstract entity），为一普遍的计算单位。其所谓货币，非指现实之金银块片，乃指货物的计算单位而言；或用金银，或用纸片，均无不可；货币之面值，或等于货币之实质价值，或不等于其实质价值，均无关系。总之，货币不过为表示价值大小之一种计算单位之名称而已。又如坎南于其所著《货币学》一书中，亦认货币为买卖与其他商业交易所通用之计账单位，以使交易便于进行而已。据坎氏之解释，秤量货币时代所用之生金银，不能作货币论；须遵国家法令，有一定成色重量，铸成一定的形态，确定名称之铸造货币，始为货币。此种货币，不过为法律计算单位之名称。至其内容，并不须有实价之物，以充货币材料，仅有空名，亦能通行无阻。

唯物的观念论者，代表较多：如柏林大学禄旁（A. Lussbaum）氏谓货币乃为交易中接受之物；为一种观念的单位（an ideal unit）之分数、整数或倍数，而非指特种物质所构成之货币块状物。因为在交易中货币之授者与受者仅计及货币块之数目，而不计及其他性能，故尽管货币是由物质所构成，但仍系由纯粹的抽象单位去表示而不由金属块之大小或重量去表示。如华格曼（E. Wagemann）认货币之性质为经济的，而非法律的；因为货币为表现价值与价格的抽象单位，此种抽象实为经济的与心理的观念（an economic psychological concept）。货币为无数交换关系所凝缩而成，即为无数评价经验之总结。正如抽象的"1 小时"由无数的时间经验之具体化（reifined），故抽象的"1 马克"亦由无数交换经验之具体化而来，即由马克与货物之交换而使货币得有其实体（substance）。故货币与货物相对待时，则货币系一种要求权，为一种价值单位，而具有一般及无限制的付给力量；由此种抽象的价值单位与其物质相结合，即由物质而体现于抽象的价值单位，而构成货币。又如熊彼特（J. A. Schumpeter）谓，因货币具有交换价值，故人民能用货币换取货物；但是，唯其是因为人民能用货币去换取货物，故货币方有交换价值。熊氏认定购买力与物品价值无关，至于货币与货物之分别，则在于：①货币价值仅系反映的价值；②量增则效用跌落，但其程度较物品为缓；③其边际效用不仅视货币多少，亦赖货物数量而定；④社会对于货币无一定之需要，因货币若干并非即系若干之满足；⑤对于货币需要之要求，其功能盖与货币相等。又如卡塞尔（G. Cassel）亦属一名目主义者，卡氏认货币为一抽象单位（an abstract unit）；谓纸币代表纯粹货币（pure money）；货币之购买力由其稀少性（scarcity）所决定，与币材之为何物完全无关。此外，威克塞尔（K. Wicksell）等也属于此派。他将货币与货物立于对等的地位，而认货币价值与一般物价水准为同义而相关的两个观念，货币价值绝不是货币的一种内在价值（an inner value），而只是指其购买力而言。

关于特许主义（chartalism），可以克纳普（Knapp）的理论为代表。克氏认货币为法律之创造物，由国家保障货币之效力

(validity)，即全赖命令以保障货币之购买力。所谓货币之效力，乃指其获得价值之能力而言，系由国家公布者；又货币必须以平价使用之，故国家学说并非经济的，不过特别着重于法律观点而已。故货币为一种支付手段，但其构成，并不需要物质。此种支付手段，一经政府公布后，即成筹码，即成货币。政府将此支付手段，定一单位名称，例如元、镑、马克之类，此时，欲表示某物之价值为若干马克，并不需要现实之若干马克的生金。此种单位名称，可以任何形体为代表，即全无形体，亦无不可。纵令必须有一形体，以充单位名称之代表，可任意采取一物，例如金银纸片，皆无不可。形体之内容，并不以有重量与实价者为限。

总之，名目主义各学者的理论，虽多差异，但其共同之点尚多，且其基本观点亦大体一致；兹将名目主义的基本理论，归纳如下：

（1）以社会经济全体为立场，认货币现象不过为一般经济现象之一部分。即须从经济现象之全体，始能明了何者为货币。货币现象之内部，亦难例外。各个货币，不过为货币总额之一分子，前者不能脱离后者而独立。故货币之本质亦须以社会经济全体为立场去加以分析，方可得到正确的解释。

（2）观念论者认货币为对于货物之一种要求权（a claim）；特许说者认货币为清偿债务之合法工具。

（3）观念论者认货币由社会之习用（social usage）而生；特许说者认为货币由国家意志（the state's will）中产生出来。

（4）不仅认为纸币与金属货币具有同样资格，且认为纸币实为货币发展之最高形态。

（5）认为货币绝非商品；二者之性质、价值以及使用目的，均绝不相同。

（6）货币乃依其单位或平价而流通于市者，故须将此种动态的意义，包含于货币定义之内。

（7）货币价值系相对的（relative），而非绝对的。

（8）货币唯有在其充当交换媒介时，方能显出其价值之来源及其职能。

（9）货币价值为特殊的原因所支配，故其价值法则亦甚特殊，实非商品价值之诸种价值所能加以说明。

（10）货币之价值在于其购买力，所谓购买力系由货币恪尽其职能而形成，故货币价值并非源于货币本身之价值，而为源于货币职能之价值。

（11）观念论者认为货币之流通，在于交易中能为一般人所接受之故；特许说者认为货币之流通，在于其为法定支付工具之故。

（12）货币价值为该社会中交易媒介之全体所决定。交换媒介之全体能直接影响货币价值。

（13）货币有同一性（identity）。货币价值法则对各种形态之货币均能适用。故不兑现纸币之价值，并不如金属主义者所说，需要特殊的解释。

（14）在货币政策方面，主张放弃自由放任政策，而改采管理与统制的政策。

（15）关于货币价值之决定，观念论者每用数量说去解释；唯特许说者如克纳普对于"货币价值"一词即极力避免接触，故非数量说之主张者。

第三节　货币之意义及其职能

关于货币本质的两派学说及货币之特质，已在前述各节中详加分析。现在要讨论的问题是：（1）在这众说纷纭的货币本质之各种理论中，吾人究应采取何种立场？（2）货币的意义及其所包括之种类如何？（3）货币的基本职能如何？兹分述于后：

一、数量说与货币之本质

在货币价值论方面，商品说学者可以分为两支：一支为主张供求说与边际效用说者，他们用货币之"供给"、"需要"及"效用"等概念来解释货币价值之决定及其变化，因而很自然的即转化为数量说的主张者。例如，穆勒在货币本质理论方面，是一个商品说的主张者，在货币价值理论方面，他对货币的正常价值采生产费说去解释，在货币之市场价值采供求说去解释，由供求说转化为数量说。故他的货币价值论分成三种情形：第一为金本位或银本位的本位货币，其自然价值取决于金或银之最高生产费，其市场价值则取决于供求法则；第二为金属本位制度时代之兑现纸币，因兑现纸币与金属保持联系，故其价值之决定，与第一种情形相同；第三为纯粹纸币，其价值则取决于数量说①。穆氏的货币价值理论并不纯粹，其主要特色即为供求说与数量说两者之调和。和穆氏采同一态度者很多，这里不必一一列举。另一支视货币为商品，其所采观点更为彻底，为反对数量说者。这一支与本书论题没有关系，在此不加叙述。

在货币价值论方面，名目主义学者的见解也有分歧，主要的也可分成两支：一为货币数量说的主张者，一为主张其他学说者（如 income-theory）和根本对于货币价值一词避而不谈者（如克纳普的国定说）。

首先，货币数量说的主张者，因货币本质理论之不同，可分成经典派数量说、边际效用派数量说和名目主义派数量说。三者的结论，在某种意义上虽然大体相似，但其出发点与其基本态度却有很大的差异，绝不容混为一谈。商品说各项基本理论的谬误，已经详述，故此种货币本质理论，已无再加以复述之价值；其所主张之数量说，因货币本质理论之谬误，故亦混杂不清：将货币价值分成自然价值（正常价值）和市场价值两范畴②，又分成金属本位货币、兑换货币和不兑换纸币等情形，去分别讨论每一情形下币值决定之法则。在实际上，货币在本质上、职能上、价值上是具有同一性（identity）的。货币价值一词，实无所谓正常价值与市场价值之区别，而且更不能因货币形态与币材种类之不同，而作种种情形之区分，使货币价值之解释成为非常分歧的状态。所以，尽管经典派商品说者也主张数量说，

---

① 参考 J. S. Mill, Principles of Political, Economy, Book Ⅲ, Chaps 7-13.
② 如：李嘉图（D. Ricardo）、穆勒（J. S. Mill）等经典派数量说者均是如此。

但由于其对于货币本质的看法之错误，更由于其所主张的数量说之混杂而不纯粹，今以其整个货币价值理论为准，他们的货币价值论是不足取的。一般叙述货币数量说的人，对于经典派学者如李嘉图和穆勒等的货币价值理论之全貌，每加以忽视，而仅将其数量说抽演出来加以发挥，实不免有断章取义之嫌。故尽管这一部分金属主义派学者对货币数量说有过重大的贡献，但吾人对于他们的货币本质理论，仍不敢苟同。

其次，关于名目主义中"货币国定说"，立论实不免过于偏激。克纳普氏于其大著《国家货币学说》中开宗明义即谓：货币为法制之产物。历史过程之中，货币已具种种形态，货币发展史即为法制史而已，即货币乃法定之支付手段。此种学说，在货币制度发展已臻于较高阶段时，固具有一部分之真理，但以整个货币发展史及货币机构在现行交换经济体系中所处之地位言，此种学说实有种种缺憾，难令吾人全部加以接受。第一，从货币史的观点上看，在国家正式形成以前货币即已出现，如各原始民族之间即有种种货币，此种货币自非国家法令所制定，货币国定说实难加以解释；即使国家已告成立，在法制粗具之社会中，货币亦非国家法令所制定，国定说亦不能加以解释。第二，从货币在现行交换经济中所处之地位言，一国之货币，一方面固为该国法制所制定，而另一方面则又为一定经济社会之产物，亦即为人民互信之结晶，前者属于法律方面的属性，后者则为经济方面的属性。两种属性之中，后者尤为重要。由于后者之因素使货币能实际流通，然后由前者之因素，藉法令之制定，使货币之使用更趋于规则化，并在某种限度以内，使其富有强制性。故仅着重货币之法律性，实难把握着货币之本质。例如，支票期票及第 次世界大战后德国币制混乱时代之公债等，在法律上非支付手段，但其能尽货币之基本职能，应归入货币之列，为不容争辩之事实；但货币国定说对此种现象实难加以解释。又如第一次世界大战后之德国马克，虽为法定货币，但失流通之效力，国定说对之亦不能作圆满的解释。所以，不论从哪一方面看，货币国定说实嫌过于偏重货币之法律因素，忽视货币发展之历史事实与现行交换经济中货币之经济因素。故对于此种特许主义的货币本质论，吾人亦不能加以接受。

然则货币的本质究竟如何？此一问题须从交换经济之特质及货币在此种经济体系内所处地位之中去求解释。货币之所以发生乃由于欲使直接交换变成间接交换，故货币为使直接交换分离为买卖两过程之交换手段，而非交换对象。换言之，货币即为介于直接交换间之一种共同的抽象单位。此种共同的抽象单位之体制，与间接交换同时萌芽，同时发生，同时发展，同时衰落，而最后则同时消灭。同时，此种抽象单位所藉以体现（embodiment）之物质，可以随时变异（如某时用金属，某时用纸片），此与货币之本质无关。所以，假若没有间接交换为货币所以形成、所以发挥效能之背景，则"货币"一词是不可想像的。易言之，货币本身无实体（substance），唯间接交换之整个属性才使货币有其实体。间接交换之整个属性，仔细分析起来，包括：（1）间接交换之必要性；（2）货币充交换媒介后使间接交换能顺利地趋于完成；（3）货币充交换媒介后，物与物之直接对立，变成物与物之间接对立。因此，货币的本质具有抽象的与具体的两方面：一方面本身为交换媒介之抽象性，因具有此种属性，才可以充一般的交换媒介之用，具有极大的流通性，为人所乐于接受；另一方面为交换媒介之具体性，因具有此种属性，才与具体的物资相对立，而换取别人待售的物资与劳务。前一方面即货币的抽象性，唯其具有抽象性，才有最大的流通性，与普遍的被接受性，才可以渗透到交换经济的任何部门，无分于人、地、时、物，而使间接交换成为可能；后一方面即货币之具体性，即货币能尽其交换媒介之职能，而对一般物品具有购买力，使持有者可以轻易而方便地在市场中获得物资。货币有此种抽象性与具体性，两者相辅相成，不可偏废；否则将使货币全失其性能，而不复成为货币。

然则货币的这两种属性究竟是如何形成的呢？从货币之起源与发展的史实看，间接交换与货币之形成，乃因经济之逐渐发展（如人口、分工等），人民在直接交换之无数的苦痛经验中，逐渐演化而出。此种演化的过程中，先知者的创见与尝试，一般大众的逐渐仿行，久而变成习惯；故主动者在于人民，而不在于国家（此时根本没有国家之存在);而最后的发动力,则为经济上的各种因素:即一方面有间接交换与货币形成之必要性,同时,另一方面已有使间接交换与货币形成之可能性。所以,促使货币具有这两种属性的,在最初是经济因素,是经济生活对此有一种迫切的要求。可是,货币是一个历史的范畴,尽管货币最初之形成是由于经济因素的要求,但货币在最初的发展阶段仍有种种不便,仍不能普遍而简易地成为一般的交换媒介。人群组织逐渐进步,货币一元化的趋势亦随之进步,货币成为一般的交换媒介,在程度上亦逐渐扩广。及国家正式成立以后,国家法令对于货币制度之规范力量,逐渐增强,演成今日之形态。

总之,货币为充任交换媒介之共同的抽象单位,在本质上绝非商品,至其构成之元素,或为金银或为纸片,或竟并无形体,仅具若干文字数目,皆无不可。至其成立与发展,最初源于经济生活之必要,及后则藉法令之制定,使货币使用更趋于规律化与一元化,并在某种限度内,使其富有强制性。

由此,货币实为计算单位,或为计数的筹码。货币在社会的意义上并非财货,货币之基本职能在于充当交换媒介;假定社会中待交换之财富总量一定,则货币每单位所担任之工作量,随货币数量之增多而成比例地减少。于是构成货币数量说的理论基础,故采名目主义的货币本质说,可使货币价值之解释一元化,不必如商品说或金属主义者有混杂不清之病。至于货币数量说之解释,在方法上,笔者认定不妨以供求法则为工具,以求简便。但关于货币之"供给"与"需要"等概念,其含义与货物之"供给"与"需要"有所不同,万不容混为一谈。

二、货币之意义种类及其职能

关于货币之意义,各学者间意见颇多分歧。有谓货币为法定支付之工具者,即凡经国家法令所规定之支付工具,皆为货币,其未经国家法令承认其为支付工具者,皆非货币。此种看法纯以法律为基础,有忽视货币的实有经济因素之嫌。此种解说,对于下列事实即难予以解释:(1)国家未形成以前,货币早已形成,那时的货币并非法定之支付工具；(2) 国家既已形成以后，甚至在现有的国家组织之中，有些交换媒介或支付工具并非法令所制定者，如支票、期票等，但应归入货币之列；(3) 有些货币虽为法定货币，但因运用不善，终失货币之效力。所以，这种定义实太狭小。又有谓能充一般交换之媒介与最后支付工具者，始为货币。此种定义亦嫌狭隘：第一，在信用制度发达之国家中，支票为普遍的交易媒介，为不可讳言的事实，但因所能行使之范围有限，而且受限于信赖者之间，依此种定义则不能加以包括；第二，兑现纸币虽为一般交换之媒介，而非最后支付之工具，依此种说法则非货币，但在实际上，兑现纸币确能恪尽其为货币之职能。所以，这种说法实非吾人所能接受。

吾人认定货币之意义有广义与狭义的两种说法，均以间接交换之本质为依归。但因在时间、空间、人与物诸方面，间接交换之"买""卖"两过程之间隔有远近的不同，故货币恪尽交换媒介之职能，亦有大小轻重之别。易言之，吾人认定，凡能充一般的交换媒介者均为货币。所谓"一般的"所及的范围是相对的。社会中能充此种职能之媒介物种类不一，而且其恪尽此种职能所及的范围（即时、空、人、物诸方面）又有广狭的差异，故有将货币之意义分为广义与狭义者之必要①：第一，所谓广义的货币，即凡能充交换之媒介物者，均为货币，将支票、汇票（以背书而有流通力者为限）等一并包括在内；第二，所谓狭义的货币，即凡能充任交换之一般媒介物者，方为货币。以地域之范围论，后者行使之范围，在大体上以国家领域为限，非常广阔；以流通性言，具有强制性或半强制性，接受者对于"人"的因素不复注重。前者所包括者种类较多，各种货币之行使地域及流通性等亦不一致。但有一共同的特性，即能充当交换媒介，且其数量之变化能对于货币购买力有一种相关的影响。

本书研究之主题在于物价与货币数量之关系，对于货币意义之讨论，所采态度须力求与本书的研究主题相切合；拟将货币之界说定得

---

① 密塞斯对货币之意义主张广义与狭义两种，庇古亦然。

比较广泛，采取广义的货币概念，包括充任交换媒介之任何流通物。因为任何充任交换媒介之物，即可使直接交换变为间接交换，则已恪尽货币之基本职能；同时，此种媒介物在数量上之变化，如其他事项不变，则可促使物资作正比例的变化。故此种广泛的货币概念，一方面能与交换经济体系之一般特性相吻合，另一方面亦能与本书价格理论之最后结论相适应。

所以，一般交换之媒介，实为货币成立之最基本的要件；凡具有此种要件之媒介物，均属于货币的范畴。在现行经济社会中，具有此种要件之流通物，大概有下列几种①：

第一，国家货币（state-money）。所谓国家货币即由国家之法令所规定，经政府机关或经政府委托之金融机关所发行之货币。此种货币在某种限度内有法律上之强制力，能在时、地、人、物诸方面使其具有货币范畴中最大的流通力。此种货币又可分成两种：（1）本位货币，即具有无限法偿（unlimited legal tender）资格的货币，在过去为金属本位货币，在现在则各国大多均采用纸币本位（paper standard）的管理货币制度，而以不兑现纸币为法币。（2）补助货币，如用金属铸成各种货币，及由政府机关或经政府委托之金融机关所发行之辅币券②，均属于补助货币之列。此种补助货币每为有限法偿（limited legal tender），故在支付的数额上受法律的限制。

国家货币所具之强制性或半强制性，由政治与法律的权力所赋予。此种货币之流通力每受下列诸种限制：（1）在地域方面，大体上以政治法律权力所能统治之地区为限，在统一的国家中，以其国境以内为行使范围，在未统一的国家中，则以发行者政令所能统治之地区为范围。（2）在时间方面，受两种限制：其一，大体上以发行货币之该项法令继续有效为前提，如发行该币之法令失效，则该币之流通力即告丧失。法令失效可分两种情形：一为发行政府之政权根本解

---

① 关于货币之分类，可参考：J. M. Keynes, A Treatise on Money, London, 1930, pp. 3-22; D. H. Robertson; Money, London, 1928, pp. 41-59.

② 即以法币若干分之几的面值，印发之小额纸币，如我国中央银行发行之角票，亦属于此种辅币之一种。

体，新政权建立后，宣布旧日发行之法令作废，其所发行之货币即失去流通力，如苏联革命成功，帝俄时代之卢布，即不复为货币。二为发行之政府本身仍健在，唯将货币制度加以改革，而宣布旧货币法令失效，另以新货币法令代之，如"民国"二十四年冬之币制改革即为实例。其二，为货币政策之运用未能臻于完善之境界，致使人民对于货币不复信任而逐渐失去其货币之流通力，如行恶性通货膨胀政策，及最后则此种货币在行使上根本失去其强制性。所以，国家货币所具有交换性的一般性，固然比较大，但其行使的区域与时日，并非全无限制，而与政令之兴革发生直接的关系。

第二，银行货币（bank-money or bank currency）。即银行在国家法令与社会习惯所容许之范围内，利用银行自身所具有的信用，发行银行券和造成存款货币（deposit currency）等，与国家货币共同行使，充交换媒介之用。此外，经过承兑及背书等手续而未到期之汇票，如用作支付手段或交换媒介时，实系当作货币使用。例如有许多汇票在最后到期兑付时，常在背面签满名字，每次背书即表示已经交易一次，则此汇票已实行多次的支付，和货币的功能并无差异。至于期票（promissory note），金融业者往往发出一种见票即付的期票，如发行者信用昭著，亦能使人乐于接受，而担任货币的各种功能。如我国钱庄票号及商店等所发出的本票和市票，均可归入此类。

关于此种种流通媒介物之是否为货币的问题，各学者间意见殊不一致。因为此种媒介物之流通，根本没有具备强制力，仅可在一定范围之内，行使于相识者之间，故许多学者认为"此种媒介物之一般性"甚小，因而不承认其为货币。吾人以价格理论之整个范围为准，认为此种流通物实应列为货币。

关于支票之是否为货币的问题，笔者的答案是肯定的。支票之行使虽有种种风险（risks）[①]，但在文化与道德发展至较高阶段的社会

[①] 最普通之风险有二：(1) 出票人（drawer）的风险，即出票人是否确有存款存在及指定的银行的问题；(2) 付款银行的风险，即兑付银行之信用是否良好的问题。由此两种风险，使支票之普遍行使，唯在经济文化与人民道德已臻较高水准时方有可能。

中，确能尽交换媒介与支付手段之职能，而且大部分的交易均用支票去偿付①，可见支票在流通界中所占地位的重要。穆勒谓支票制度发展到最高阶段时，可以根本不再使用货币②。以本论文的立场，可将此语改述，即如果支票制度发展到最高阶段，则其他货币如国家货币已无再加使用之必要。不管将来是否会有根本不再使用国家货币，而完全以支票去代替的一日，但支票在货币机构中所占地位的日趋重要，使交易总值的绝大多数都用支票去清偿，致使国家货币的重要性日渐减低，却是不可否认的事实。所以，假若否认支票为货币，则不仅使价格理论中之货币因素有混杂不清之嫌，且与货币经济与交换经济之特质有所背驰。至于被接受之"一般性"，本是一个程度的问题；虽然在程度上较国家货币者为小，但在信用制度发达的国家，其"一般性"已日见增大。所以，吾人不仅确定地认支票为货币之一，而且认支票为货币中最重要的一种③。

至于汇票期票之充支付手段，且自然须归入货币之列。但此种流通物在整个交易总值中所占百分比，并不十分值得重视。所以，以后在讨论货币数量之变化时，吾人打算将此一部分的因素不加以特殊的单独列举。

总之，所谓狭义的货币，仅包括国家货币；广义的货币则除狭义的货币而外，更包括汇票、支票及银行券等。一般货币学者每采狭义

---

① 在英、美等国，用支票清偿货款者，每占交易总额中90%以上。

② 穆勒为金属主义者，故将支票与货币分别看待，此点自为吾人所不取。但吾人可由此语，以见穆勒在差不多一百年前，即已料到支票制度普遍通行之事。

③ 现在的中国，此种说法殊难适用，但信用机构正日趋健全而普遍，将来此种普遍采用支票付款的习惯，总可逐渐养成。故此种看法现在对中国虽不适用，但将来必有可适用之一日。又此种看法对德、法等国则不能适用，因为此等国家之人民无普遍使用支票之习惯。

的说法,而认支票等为货币代替品①;但是,此种见解主要是从货币的法律观点出发,致过分重视货币之强制力及其被接受之"一般性",而忽视交换经济之特质与当今货币机构的特征。所以,吾人在本书中乃采广义的观点,将任何流通物之充交换媒介而能影响物价者,均归入货币之列。

以下是关于货币职能的问题。

首先,吾人须从使用货币之一般经济的条件中去探求。从交换经济之特质与货币之本质的分析中,吾人亦可以看出货币的职能,应分成基本职能与次要职能两部分,前者为货币形成时所绝不可缺少的职能,后者则为货币形成后逐渐推广的职能。密塞斯谓货币之职能在于以交换媒介的资格,去使货物之交易趋于简便。所以充任交换媒介实为货币的基本职能之一。当货币充交换媒介由直接交换转化为间接交易时,究竟应如何去表现此两交换对象间的交换比例的问题,亦告发生;于是货币势必成为计算此种交换比例之尺度,即成为计算交换对象之价格的尺度,然后方可使交换得以简便地完成。所以货币的基本职能,为价格尺度(scale of price)与交换手段(means)二种,由于媒介物之恪尽此二种职能,使货币制度得告形成。

其次,从货币的基本职能中,更派生出多种附属的或次要的职能。以货币最初形成的史实论,货币职能之扩展也是逐渐加大,并非各类职能同时形成。大体上说,货币的基本职能系最先完成,即货币在最初形成时,就能尽其交换手段与价格尺度之职能;假若不如此,则货币根本不能出现。及具有此种基本职能之粗劣货币出现后逐渐发展,货币职能亦逐渐扩大。吾人认定货币职能之逐渐扩展,大概遵循下列三个步骤:

---

① 密塞斯亦分广义的货币与狭义的货币两种说法,狭义的货币即包括money-proper,即指国家货币为限;广义的货币则更包括汇票、支票等,但密氏自己则采狭义的说法。

第一步，交换媒介与价格尺度二种最基本的职能同时形成，而使货币得以成为直接获取货物之手段；必如此，货币始能正式形成。

第二步，由货币所具特质之日趋完备而显著，使其流通力日益增大，逐渐使货币成为一般的支付手段，即货币成为直接获取货物之手段的性能，更告"一般化"，于是货币即进而具有一般的支付手段之职能。

第三步，及货币成为一般的支付手段后，于是流通力、交换力与支付力日见增大，其行使范围与使用途径日见增广，货币之附属职能亦日见加多：（1）在时间之移转方面，成为：①储蓄之手段，使人民所得供消费而有剩余时，得以货币形态去表示去计算，从事储蓄，免去实物储蓄之不便与风险；②借贷支付之手段，即为一般延期支付之手段，使储蓄者可将储蓄用货币形态贷与借款人，日后偿还亦以货币形态出之，免除实物借与贷清偿之不便与风险，此对借贷双方当事人俱感便利而安全。（2）在空间之移转方面，即在货币所能行使之范围内，凡实物自甲地运送至乙地之种种麻烦与危险，可用货币之转移去代替，以求简便。（3）在人物之转移方面，使货币成为分配之手段（means of distribution），交换经济社会中，每一成员之所得均采货币形态，使生产物便于依照各人自己的便利而分配于各成员之间；因为所得而采货币的形态，则使享受者可在最适宜的时候，化为对他最有用的形式①。

综合以上货币所具各种职能，使货币机构与交换经济体系，二者

---

① 当代各货币学者，大多对此点加以忽视。实则此种职能极为重要，消费选择自由为交换经济体系的特质之一。此种特质与此种货币职能实息息相关。此种特质与货币此种职能，实同时萌芽，同时形成，同等发展，同等衰退，同时消灭。如共产主义时代消费根本自由，货币无存在余地，此种职能自亦随货币之消灭而消灭矣。又如在社会主义时代，消费自由或多或少受有限制，则货币之此种职能亦成比例地受到限制。

融会为毫无间隙的统一体而能运行自如，促经济发展之日趋向上①。

---

① 货币制度在运行不善时，固具有扰乱作用，且使分配不均之现象更形显著；但以整个经济发展史而论，则货币对于经济发展之促进，实为功能补过。社会主义或共产主义之信奉者，对笔者此种看法或亦能首肯。因为若谓不经货币经济阶段，而欲从自然经济时代一跃而为共产主义的经济体系，实为违背历史事实而为不可想像之妄念而已。

第三章 货币价值及其决定因素

第一节 货币价值之意义

货币价值为货物价格之反面。在货币经济的社会中，人民一切经济活动，不论直接还是间接，均与价格机构发生密切的关系。易言之，即人民的经济生活完全是一种与价格相适应的生活；价格苟有变化，则生产规模与消费标准均必或多或少发生"质"与"量"的变化，以求适应新的环境；故现代经济生活是一种十足的价格生活。例如个人维持家计，必定是以货币形态出之，在现代经济社会中，可谓全无例外。如果货币价值有变动而货币所得不随之变易，则其真正所得（real income）亦必有变动，如其他事项不变，则必使其消费标准在"质"和"量"上有所变动。在生产规模方面，如货币价值下跌，则必利润增大，而促其事业扩大；如货币价值上涨，则产业界必蒙损害，或紧缩，或倒闭，致陷于恐慌和萧条之惨境。所以，现行经济组织之最基本的特征，即为价格机构（mechanism of price），藉价格制度之确立，以运行整个经济组织，一切经济活动均须受此确定之价格的指挥与支配，以求与之相适应；同时，一切经济变化也必须由价格之变动，方可使其具体地表面化，而发生各种影响①。

由此可见，货币价值变动对于经济发展的影响之重大。为求对于

---

① G. Cassel, In Quantitative Thinking on Economics, Oxford, 1924, pp. 29-60.

"货币价值"一词有比较明确的了解计,本章拟对货币价值之特质及决定因素等,分别加以探讨。

一、货币价值之特质

在前章中,已知货币在本质上绝非商品,由此可知货币价值①在本质上与货物价值绝不属于同一范畴,支配货币价值之法则与支配货物价值之法则,两者亦绝不相同。但为求分析货币价值之简便计,对于货物价值仍有附带提及,以资比较的必要。

关于商品价值之分析,正统学派者每谓价值一词,有两种不同的意义:有时用以表示特定物品的效用,有时用以表示因占有其物而取得其对于他种货物之购买力;前者为使用价值(use value),后者为交换价值(exchange value),两者并不协调:使用价值很大之物,其交换价值往往甚小,甚或绝无;反之,交换价值很大之物,其使用价值往往甚小,甚或绝无。价值论之研究对象为交换价值,而非使用价值。使用价值虽非交换价值之尺度,但为交换价值所不可少。价值论所欲研究的交换价值,又分市场价值(market value)与自然价值(natural value)或正常价值(normal value)两种形态:前者指财货在市场中变动不定之价值,后者指长时间或通常状态中之价值②。

货币与货物不属于同一范畴,故尽管在形式上可以说货币也具有使用价值和交换价值,但在实质上和财货所具备者绝不相同。货币为交换手段,而非交换对象,其本身没有具备供消费之效用,无直接满足欲望的性能,故以交换价值为主。同时,自货币商品说者或金属主义者的货币价值论③开始没落以来,货币之交换价值更无所谓市场价

---

① 所谓货币价值,普通有对外价值与对内价值两种含义,故货币价值之表示法有二:一为用一般货物去表示,二为用外国货币去表示。

② 如亚当·斯密、李嘉图和穆勒的说法大致相同(价值的解释法不在此限)。

③ 如穆勒分货币之交换价值为自然价值与市场价值,前者由生产费说去解释,后者由供求说去解释。由后者而转化为数量说。

值与自然价值之别。所以货币价值理论之中心问题为货币之客观的交换价值，因为货币在本质上绝非商品，其本身没有效用，故货币之交换价值具有下列几点特性：第一，货物之交换价值，由于其本身具有效用，且富于稀少性，而为他人所愿取得，即其本身，成为他人之交换对象，因而可与他物相交换，以换得他种财货；而货币则不如此，其本身无效用之可言，但因其富于稀少性，且在习惯上或法律上成为交换手段，为他人所愿接受，因则可以换得他物，故二者在本质上根本不同。第二，货物本身具有效用，故有直接对人提供效用以满足欲望之性能，其自身不待交换即有使用价值；货币则否，其自身无效用，其作用在于充当交换媒介，其使用价值依存于其交换价值，故货币之使用价值与交换价值同生同没，同增同减。第三，货物之使用价值为其交换价值之前提，若某物全无效用，全不能满足人的欲望，则无论其稀少性如何，或生产时所必需之劳动量如何，终必不能有交换价值。故可以说，在此种意义上，货物之交换价值来自其使用价值。而货币则正相反，其交换价值为使用价值之前提，如货币根本无交换价值则势必不为人所乐于接受，失其流通力，不复为交换媒介，于是无使用价值；故货币的使用价值来自其交换价值。第四，货物之使用价值与其交换价值不相协调，有前者甚大而后者甚小者，亦有后者甚大而前者甚小者。货币则不如此，其使用价值与交换价值两者相等。货币价值问题实以其客观的交换价值为出发点，其与货币价值问题之基本差异即在于此。

但是，在货币理论中，货币之主观价值亦仍有其重要的地位。个人主观的评价实为货币价值的基础；货币充任交换媒介而购买财货，此财货对于购买者定有其特殊的重要性（significance），个人对于货币之主观评价即由其对于此种财货所感觉之重要性而来，而且两者之大小相等，故货币之主观的使用价值（subjective use-value）与主观的交换价值（subjective exchange-value）实相一致（coincide），两者均由货币之客观的交换价值中派生出来，如摒弃货币之客观的交换价值，则举凡货币之职能，及其主观的使用价值与主观的交换价值等，均将落空，而成为不可想像之事。所以，货物之使用价值的具备，与其有无交换价值全无关系；而货币则因其具有特殊的性能，其使用价值由其交换价值中派生出来；除非它具有客观的交换价值，则其主观的使用价值之讨论即无可能。一定量货币对于某人的重要性，以此货币所能换得之财货对于此人的重要性为准；故货币对于此人所生之主观价值，以其所换得之财货对于此人所生之主观价值为准；此种主观价值之估计，实以货币具有客观的交换价值为前提；货币能在市场中换取财货，故货币的交换价值即为此项财货之预期的使用价值。

货币之职能价值——由其充当交换媒介而具备之客观的交换价值，实为货币价值问题之最基本的研究对象，如货币之主观的使用价值和主观的交换价值等，均为此客观的交换价值之派生物，在货币价值中实居于不重要的地位。因为货币之主观价值，随人而异，即以同一所有者而论，亦因时间空间及所能购买之物品而异，根本无法加以衡量。所以，本章中所欲讨论的货币价值，实指其客观的交换价值而言。但是，货币之主观价值——不论是主观的使用价值还是主观的交换价值，在货币已被公认为交换媒介和支付手段而具有客观的交换价值之前提下，亦能对其客观的交换价值之大小，有所影响。在货币单位已经确立之前提下，人们对于货币所感觉之主观价值，可影响其使用货币之习惯，因而影响货币之流通速度或现金存储总额，进而间接地影响货币之客观的交换价值。货币主观价值之变动，进而影响其客观的交换价值者，可以下列二事为例：第一，如货币已具有客观的交换价值，而因特种原因（通货膨胀或通货紧缩）使其交换价值连续变动不定，如此种变动超过一定限度时，则人民将臆测货币在日后所能换得之货物数量将发生变动，其使用货币之习惯随之变动，如为币值继续下跌，则力求迅速地抛出货币，抢购物资，而使货币之流通速度增大，促货币之客观的交换价值益趋降低；如为币值继续上涨，则力求存储货币，抛出物资，而使货币之流通速度减小，促货币之客观的交换价值益趋上涨。此种变动之发生，最初虽由货币之客观交换价值的继续变动所引起，但在货币之主观评价发生变动以后，确实能透过（through）货币流通速度的变化，而对货币之客观的交换价值有所影响。在恶性通货膨胀时期，或在大恐慌时期，一部分学者每用心理因素去解释货币现象，其理论根据即在于此。第二，用钱者对于货币所感觉之主观评价，随人、时、地、物等之不同而异；主观价值较高之持有人，对于货币之使用，每采较为审慎之态度，货币存储量每较大，存储时间每较长，则可减小货币之流通速度，增加其客观的交换价值，反之，如持有货币者对货币之主观评价较低，则可增加其流通速度，减小其客观的交换价值。总之，使用货币者对于货币之主观价值，可因用钱习惯之变动，而使货币之流通速度发生变动，进而使其客观的交换价值发生变化。但是，此种主观价值之影响，毕竟是间接的，在整个货币价值问题中，所占地位并不十分重要；故本章研究的中心目标，仍是货币之客观的交换价值。

二、货币与货物之对立性

在现行交换经济社会中，一切交换均是用货币为交换手段而促成，买与卖两个过程均由交换手段与交换对象之对立而形成。换言之，此种过程之形成，交换手段与交换对象之对立与互换，实为必要条件，同时也为充分条件。货币经济与现行交换经济所以能水乳相融，结为一体，同生、同长，同衰、同灭，其基本的特质即在于此。吾人欲探究货币价值的真正意义，即须在交换经济与货币经济之此种特质中去发现，才能正确地把握着问题的核心。这是从交换经济与货币经济之基本结构的角度去观察。

让我们再从货币所得（money income）之用途的角度去观察。在一定时期内，特定经济社会①之货币所得必定是用以购买当时该社会中之真正所得（real income）。货币所得或采银行货币的形态，或采国家货币的形态，均无碍于此种事体的本质。货币所得或真正所得的用途，不论是用于消费，还是用于储蓄，从事投资以供再生产之用，亦均无碍于此种事体的本质。所以，一定时期中，特定经济社会之货

---

① 为求分析之方便计，假定此社会有其自立性与完整性，无国际贸易或国际汇兑之事情发生。

币所得，一方面必定是会用以购买当时该社会中之真正所得，另一方面也必定会恰够去购买此种真正所得，所谓"恰够"者，即指前者和后者配合和对立，恰好相等，不会太多，也不会不足。由此，货币所得与真正所得两者因购买关系而对立，亦即货币所得与该时期该社会中之生产物而彼此对立起来。

由交换过程中货币与货物之对立，或货币所得与真正所得之对立，吾人可以进而找出货币价值或物价之界说。所谓货币价值者，即须根据货币与货物之对立的事实，而表示由一货币单位究竟可以获取一般货物若干单位之谓；换言之，即一货币单位可以购买集体货物（a certain collection of commodities）若干（此种集体货物由各种货品按社会经济生活之实际情形而组合）之谓。货币价值即为一货物单位，对于一般物品之购买力。所以，货币价值为一相对的名词，即为货币与货物两者之交换比例（exchange-proportion）。货币单位为测量价格的抽象单位，对于某一商品之评价，即以若干货币单位去计算，此抽象单位之数目即谓之该商品的价格。此种单位已有独立之存在，评定价格（estimate of price）算抽象单位之过程。故货币价值和物价均为相对的概念（relative concept），均为交换手段与交换对象间之交换比例，均为价格尺度（scale of price）与评价对象间之衡量比例；一言以蔽之，即为交易过程中货币与货物互换之比例。

然则货币价值与物价二者的关系究竟如何？所谓货币价值，是以货币为主，从货币方面出发，用货币单位去测量其所交换的货物之获得量，即货币每单位对于货物之购买力，也可以说是"货币之货物价格"（commodity price of money）或简称"货币价格"（the price of money），以与"货物价格"相对峙，但此术语并不通俗，且易引起误解，故在实际社会中，"货币价格"一词实不为一般人所习用。总之，货币之客观的交换价值，为货币单位可以换取一般货物之一定量的力量（power），货币的价格即为所能换取之货物的实际数量（actual quantity）。在另一方面，所谓物价，是以货物为主，从货物方面出发，用货物单位测量其所能换取的货币数目，即货物单位对于货币之购买力，也可以说是"货物之货币价格"（money price of commodity），或简称"货物价格"（the price of commodity），即货物之客观的货币购买力。

货币价值与物价实为一件事的两面，但因着眼点之不同，表示方法即因之发生区别。实则以一货币单位为准去计量其对于货物之购买力，如一元法币可买两个鸡蛋；或以一货物单位为准去计量其对于货币之购买力，如一个鸡蛋，值法币半元，两者在实质上完全没有差异。所以，货币价值、货币购买力和一般物价水准之倒值（the inverse value），三者同时决定实为意义相同之术语。但是，为求术语之通俗计，在本书以后诸章中，或将偏重物价一词之使用。

物价或货币价值既为一相对名词，为交换手段与交换对象之对立与互换而形成，则此两种对立物的数量，均能直接对物价或货币价值发生决定的影响；故研究物价或货币价值之决定与变动，即须从货币与货物间之数量关系（quantitative relation）中去探索。此处所谓货币乃指流通中之货币，或储存备用之货币而言；所谓货物乃指成交中之货物，或待售中之货物而言。至于已退出流通界之货币，或储藏而不出售之货物，均应摒于诸讨论范围之外。

物价或货币价值之决定及变动，既受货币与货物两者之相对的数量关系所支配，则不论是货币数量还是货物数量均不能单独决定物价或货币价值之高度，而必须是两者相对的数量关系才能有决定的作用。今如货币数量增加一倍，而货物数量不变，则二者之相对的数量关系发生变动，即相对于货物之货币数量增大一倍，亦即使相对货币需要之货币数量增大一倍，于是促物价上涨一倍。又如货币数量不变，而货物数量增加一倍，则二者相对的数量关系亦发生变化，使货币相对数量缩减一半，物价亦将下跌一半。这是两个极端的例子，但由此可见交换手段与交换对象对立与互换的基本事态，实为研究货币价值理论的前提，亦即货币相对数量说之理论基础。

三、货币价值或一般物价水准之内容

货币价值的表示有多种方法：第一，由货币本身去表示（in terms of itself）；第二，由各种个别的财货去表示（in terms of individual goods one by one separatedly); 第三, 由一般货物去表示 (in terms of goods in general); 第四, 由外国货币去表示 (in terms of foreign money)。第一种方法实不可能, 第二种方法虽有可能, 但过于繁琐而不合实用, 第三、第四两种方法既有可能, 又合实用, 故为当今表示货币价值之主要方法。本书主题在于研究物价与货币数量之关系且将国际贸易之因素摒除, 故所谓货币价值自须采取第三种方法, 即由一般物价水准 (general level of price) 之高低去显示出来。前者为后者的倒值: 如后者增高则前者降低, 如后者降低则前者增高。

但是, 一般物价水准所包括物品之范围究竟如何? 对于这一个问题, 各学者的见地有很大的差异。

熊彼特主张个人的主观边际效用学说, 反对货币之一般购买力的说法。他认定: 在交换经济中对于家庭而言, 价格必须与消费品 (consumers' goods) 之界限效用成正比例; 对于厂家而言, 生产者货物价格 (producers' goods) 之价格必须与其边际生产力 (marginal productivities) 成正比例。任何人对于其所有之货币的评价, 每以其所能换取之货物的价值为准。故每个人对于货币之评价彼此相差甚大。尽管在同一市场中在同一时间内每一货物仅有一个价格, 但各货物价格对于各个人所感觉之重要性质彼此不同。所谓货币之一般的购买力, 在熊彼特看来实与实际情形不相切合。熊氏谓:"初看之下, 货币为获取货物之各种数量的一般命令 (general order), 即一般的购买力。每一个人均视货币为获取一般货物之手段; 如某人出卖其劳务或土地, 他并非为了欲获取特定物品而出卖, 乃在于为了欲获取一般物品出卖。但是, 如作深一层的观察, 则知物品种类与品质不一, 实不可一概而论。因为每一个人对于其货币所得之评价, 每以其实际所换取之特定物品为准, 而非以一般物品为准。"熊彼特之所以反对一般物价水准的说法, 是基于其个人的主观边际效用学说而演化出来的。实则货币之个人的主观边际效用, 因人而异, 即以同一个人而言, 亦因时、地、物之不同而生差异, 变化倏忽, 不可捉摸; 且主观边际效用根本为抽象的意识形态, 此种意识形态只可由想像力去心领神会，实难用具体的物品去适切地体现出来。所以以主观价值为研究对象，殊难把握住货币经济或交换经济体系之核心①，故尽管此种主观的边际效用于货币价值能发生某些影响，但货币价值论仍应以其客观的交换价值为研究对象，而且，此种客观的交换价值之研究，仍应以社会的一般的范围为准则，而不应以个人的特殊的范围为准则。在事实上，尽管每一个人对于货币的主观评价彼此不同，但在现行经济社会中，各种交易之成立，并不因此种主观价值而采行差别价格（differential prices or class prices）的制度②，故货币之个人的主观评价，对于物价之决定并无直接的影响，仅有间接的影响，其作用亦以整个社会一般人民的共同行动和共同意识为准，各个人的心理状态绝难在物价机构中独立地表现出来。

凯恩斯在其《货币论》（A Treatise on Money）中将物价分成四种范畴，即：（1）消费本位（consumption standard）；（2）通货本位（currency standard）；（3）趸售本位（whole sale standard）；（4）国际

---

① 参考：G. Cassel, In Quantitative Thinking on Economics, Oxford, 1924, pp. 30-31. 又马歇尔之均衡价格理论体系中，由供给价格与需求价格两者，再配合时间因素，而构成其均衡价格之三种形态。其需求价格即将消费者之欲望而由货币形态体现出来。以间接的方法去测量欲望，即以货币去测量主观的效用。（参考：A. Marshall, Principles of Political Economy, 8th. ed., pp. 92-132.）马氏的此种说法之是否能够成立，尚成问题。如 Davenport 即坚持着"货币不涨，一般的作为测量主观价值之尺度"的主张，倡机会成本与 indifference curve 的理论而别树一帜。

② 在现行资本主义中，间有差别价格制度之采行，但采行者之动机与目的已超乎经济的范畴以外，且此种实例殊不多见，如慈善性质之医院，出卖药品与征收诊费，每按病人之经济情形而采差别价格。但严格地说，此种差别价格在程度上并不见得恰与出钱者对货币之主观评价相吻合。又在社会主义之苏联，曾采差别价格之制度。但在实际上亦仅使收入较少者在大体上可获较多之实际所得而已，其所定标准并不与人民对于货币之主观评价的差异恰相符合。我国在抗战期间，有平价购销处及物资局之设立，将特定物品在特定地点，以低于市价之价格出卖，此亦属差别价格之一种。

货物本位（international standard）①。凯氏将交易总值本位（the cash-transaction standard）与存余总值本位（the cash-balance standard）归于通货本位之下②，认为通货本位不足以代表货币购买力，唯消费本位方足以代表货币之购买力③。凯氏所谓消费本位，其含义大概如下：①所包括之物品以最后之消费品（final-consumption-goods）为限，进入中间生产过程（an intermediate produce process）之物品概不计入；②所包括物品之计算，不论是直接的还是间接的，概以一次（once and once only）为限；③编制指数时，各项物品之加权比例，须以一般消费大众之货币所得的使用情形为准；④各国所编制之工人生活费指数与此种消费本位极相近似④。故凯氏将所有物品按其性质及用途而分成各种本位，各种本位之物价变动恒不一致，进而否认一般物价水准或一般物价之平均变动（objective mean variation of general prices）之存在，因为物价变动时，各本位（standard）所辖物品间之相对物价，其变动之大小常不一致，故因研究之目的不同，复合商品所组合而成之物价水准（price-levels of composite commodities）亦有多种。至于货币之购买力，则需用消费本位的物价水准去表示，去测量⑤。若用一般学者所谓一般物价水准去表示，如费雪之包括全部现金交易者，则将储蓄存款（saving deposits）及活期存款（cash deposits）两者混而为一，即未将消费货物（consumption goods）及资本财（capital goods）两者分别立论。总之，凯氏认定唯消费财之价格水准能代表货币之购买力，至于资本财等则当分别处理，而使之另属于其他的范畴内。故凯氏之反对一般物价水准，系以表示货币购买力之精确化与单纯化为准，以消费品之物价水准为表示货币购买力的工具，将其所包括的范围极力加以缩小，认定消费财之水准为货币购

---

① J. M. Keynes, A Treatise on Money. London, 1930, Vol. I, pp. 66-87.
② J. M. Keynes, A Treatise on Money. London, 1930, Vol. I, pp. 66-87.
③ J. M. Keynes, A Treatise on Money. London, 1930, Vol. I, pp. 66-87.
④ J. M. Keynes, A Treatise on Money. London, 1930, Vol. I, pp. 66-87.
⑤ J. M. Keynes, A Treatise on Money. London, 1930, Vol. I, pp. 66-87.

买力之倒值而已。

凯氏此种细分法，在表示货币对于某类物品之购买力方面，自然是比较精确而单纯，而且在实际上，物价指数之编制，每采分类的办法，如生活费指数、批发物价指数、国际贸易物价指数、工资指数等，并未混成一团。但是，此种细分法在学理上亦有种种缺憾，而且凯氏在就业概论中对此种见解已经放弃，而改采一般物价水准的观点。所以，货币之一般购买力，须用一般物价水准去表示出来，自属必要。

在现实的交换经济体系中，交换对象在大体上可以分成下列四大类：（1）货物；（2）劳务；（3）证券；（4）外国货币。第三类交易包括公债、股票及公司债等，其价格之变化，在公债方面每以一国之财政情形为准，与物价无多大关系，根本不应与物价水准混为一谈；至于股票、公司债等，每以该企业产品之物价为准，则其价格变化即直接受物价变化之感应，且股票或公司债即为产业设备之代表文件或权利证书，故不必计入一般物价水准之内①。至于第四种交易，则为以货币交换货币，虽然外汇价格之变动，一方面能由国内及国外之物价变动所引起，另一方面亦能进而促物价之变动，但此种现象实不应归入本书讨论范围之内。所以，第三、第四两种交易均不应计入一般物价水准之内。至于劳动之价格——工资的变化，虽为交换之对象，但具有种种特质，与一般货物有所不同；且其变化与物价变化比较，不论在发生的时间上、速度上还是程度上，都有所差距。吾人认定劳动力不可与货物混为一谈，两者必须分开，一般物价水准之计算，不宜将工资的变动混合在内。所以，一般物价水准之计算范围，唯有第一种交易而已。

第一种交易最为复杂，又可细分为下列诸类：（1）有形的货物，如土地、工具、机械、原料、半制品及制成品；（2）无形的货物，

---

① 霍特里谓此种交易不过为以货币易货币，对于币值的变化不发生关系。故主张不必计入一般物价水准之内。

如商誉、特许权、商标等；（3）期货，如投机市场中之买空卖空。此三类交易中，第二类之标价以该类产品价格之展望为准，与一般物价水准之高低虽有关系，但此类交易在整个市场中所占地位太小，故不必归入一般物价指数之内。至于第三类期货交易，其交易对象在名目上或品类上实以第一类者为依归；所不同者即在于前者为期货，可以买空卖空，到期时，可以用实物去交割，也可以不用实物去交割。而后者则为现货，不买空卖空，必须以实在物资为交换对象而已。两者对于物价的影响，每每混为一体，难以精确地加以分辨。所以，在将物品价格计入一般物价指数内时，实不必将两者严格分开。

第一种交易对象，如采另一种分类标准，则可分为生产财与消费财两类，两者物价变动在大体上有共同的趋势；且消费为一切经济活动之最后目的，消费财之购买为人民所得之主要用途，消费财价格之变化，对于人民生活有直接影响，故货币价值之表示，即以消费财价格之变动为准。凯恩斯在其货币论中所主张之消费指数，在某种意义上，与此种观点颇相近似。但是，在原理上，两者乃有其显著的区别：第一，吾人认定现行交换经济之组织极为复杂，交换对象之种类与品质极为繁多，若要全部包括，不仅是不可能，即使勉强做到，亦仅为混然一团之杂碎而已，并无多大用处，故亦大可不必。第二，在此纷纭杂沓的现行社会中，物价与货币数量之关系，只能求出一种大概的一般的倾向或趋势，欲求绝对精确，实不可能，故吾人之着重点在于物价与货币数量间之一般的关系，不作绝对的测算精确之企图。第三，一般地说，生产财价格与消费财价格两者之变动，有一致的趋势，故消费财价格之变动，大体上可以代表生产财价格之变动趋势。所以，凯恩斯的着眼点在于求精确，细分指数为若干种，而仅以消费指数去表示货币购买力；但吾人则明白承认过分精确，既不可能，又可不必①，故一方面认定货币购买力在理论上应包括全体货物的交易

---

① 固然，在可能范围内，吾人亦尽量求精确，但超过此范围或限度，则不过是奢求而已。

对象，而另一方面则认定在事实上殊不可能，而且在大体上消费品价格与其他交易对象之价格，二者变动息息相关，可用消费品价格变动为市场中一切货物价相变动之代表。凯恩斯为了求精确，将活期存款（cash deposits）与储蓄存款（saving deposits）两者分别看待，但吾人则不作此种细分法，而视全部货币为一体。至于此种指数的编制方法，在本书中只拟指示几项原则，如（1）以零售价格为准；（2）包括之物品以与一般人民生活有密切关系，且在一般物品中富有代表性者为主；（3）包括物品之种类，在可能范围内，愈多愈佳；（4）加权比例以实际社会之情形为准。

因为货币机构与交换经济内所包括之事物，极为纷繁，变化又非常乱杂而不规律，所以，欲精确地测量货币购买力的变化，殊不可能①；所可能的，只有采一种近似的方法（method of approximation）②，此等方法虽不能使吾人完全满意，但在其他更好的方法没有出现以前，总算是一种权宜的解决途径。

在交换经济体系中，交换对象种类繁多，品质复杂，而货币则须一视同仁地为其交换媒介。故在编制指数以测算货币购买力时，不得已只能选择主要物品以资代表③。同时，即在同一国境内，各社会中人民之风俗嗜好等彼此有差异，即使在同一社会中，各阶层人民之习尚与消费标准互有差异，即使同一阶段中的人民，各个人间有差别，甚至即使同一个人亦因时间与空间之不同而有差异，故种类品质各异之物品对于各个人之相对的重要性（relative importance），更无法加以精确的测算④。所以，一方面由于交换对象之纷繁复杂，另一方面由于人民主观的和客观的标准之差异而不规律，如欲用指数去精确地

---

① G. Cassel, Money and Foreign Exchange after 1914, pp. 57-60.

② 各货币学者大多承认采用此种方法，系出于不得已。

③ 如马歇尔在其均衡价格理论中，以代表商店（representative firm）为供给者方面之代表。在复杂纷繁之事态中，以抽象的平均单位为之代表，以求分析之便利。此实为不得已之办法。

④ 如费雪曾列举种种理由，指明货币价值之测量实无准确的标准。

测量货币之一般购买力，实为事实所不许。吾人所希望的，只在于指数之代表性力求增大，使能对货物之一般购买力作大概的测算而已。

用上述的指数去测算货币之一般购买力的变动，吾人以为测算变动之方向（direction），较测算变动之大小（magnitude）要来得确切。如要补救此种缺憾，仍可参酌凯恩斯之各种本位（standards）的细分法，分成种种范畴，而分析各范畴之物价指数的相对变动，将所包括的范围缩小，以观测货币对于某一范畴，物品的购买力之变动。所以，在讨论货币数量变动对于物价之影响时，如嫌观测消费物品价格水准变动之方向及大小尚感不足，则更可观测各范畴或各本位间之相对物价水准（relative level of prices）变动的方向及大小①。但是，不论范围缩小之程度如何，若要其具有十足的准确性，却是根本不可能的。因为测算货币之购买力，必须兼顾下列两种要件：（1）一般性；（2）精确性。而在同一指数中这两种要件往往是不可兼得的，合乎前者，即须多少牺牲后者；合乎后者即须多少牺牲前者。唯两者完全兼顾才能算得上真正代表货币之一般购买力，但是，这是绝对不可能的事。由于货币机构与交换经济之端的复杂性，使此种测算工作困难重重，难有使人满意的方法出现。在一般性与精确性两者不能兼顾而

---

① 杨端六教授将物价水准分为绝对的与相对的两大类，绝对的物价水准无甚意义，相对的物价水准也可分空际的、时际的与物际的三种。空际相对物价水准如成都、重庆两地物价水准之相对的差异；时际相对物价水准如某地某年某月之物价水准与同地另外某年某月物价水准之比较；又如出口物价水准与进口物价平均之比较，则为物际相对物价水准。（参考：杨著《货币与银行》，商务印书馆，民国三十年初版，第 86~91 页。）此处所谓各范畴或各本位间的相对物价水准，与杨著书中之物际相对物价水准之意义，大体相同。与欧美学者书中所谓"相对物价"（relative prices）之纯指个别物价（individual prices）而言，全无水准（level）观念，全无"货物的组合单位"（composite unit of commodities）之意义者，完全不同。故一般物价水准与特种范畴或特种本位之物价水准，两者同为"集合的（collective），而非个别的"；所不同者，即前者所包括之物品远较后者为广泛，前者为测度货币对于一般物资之购买力的变动；后者则测度货币对于特种本位物资之购买力的变动。

又须力求兼顾的两难之下，吾人预测无论将来统计学和货币学进步到何种地步，恐怕这个问题都难获得根本的解决。

第二节 物价之决定因素

在现行交换经济体系中，物价是支配人类经济活动的枢纽，人类一切经济活动的方向与范围，均须受物价机构的指挥与制约，推而广之，物价机构更可以直接地或间接地对于经济范畴以外之生活与活动，有所影响。在现在的社会中，物价机构渗透了整个社会的各部门，事物无分巨细，均须受其影响，其威力可谓无孔不入。但是，在另一方面，物价机构也是由整个社会体系中各种力量共同作用而成的综合体。社会中之各种活动，不论是属于经济的范畴，还是属于非经济的范畴，均可直接地或间接地对物价产生影响。故物价机构为整个社会中各种因素共同作用之结果。物价水准之决定，既不是货币因素所能解释，也不是单纯的经济因素所能解释，而必须从整个社会之各种因素的共同作用中去求解释。所以，一方面，物价的影响是富于多面性的；另一方面，影响物价的因素也是多面的。在本节中，拟对影响物价之种种因素，加以概略的胪列，并分析各因素之特性，进而确定本学说研究的对象和范围。

一、促使物价变动之各种因素

影响物价的各种因素，须推曾任纽约联合准备银行（the New York Federal Reserve Bank）行长之斯屈郎（Benjamin Strong）氏所列举者为最广泛。斯氏列举下列十项，定为物价变动的基本原因，如：①战争及政治之扰乱；②政府的财政政策；③货币增发与信用之膨胀；④新金银矿之发现或已采矿藏的枯竭，而引起金银产量之增减；⑤一般人民之心理状态——如买卖之方法，商人对商品欲求速售抑或求储存，消费者欢喜储蓄与否，生产部门常闹罢工抑或系努力生产等；⑥谷物收获之丰歉；⑦交通运输之便利与否；⑧流行疾疫之有无；⑨水、火、地震等及其他意外灾祸；⑩其他。斯氏更指出："我们应诚实地承认这种事实；这许多原因中，仅有第二项、第三项可以受统制（control）之支配……前五项中之其余三项，自然也或多或少地受信用政策的影响；但是，后五项则纯属另一范畴，就多半只能'付之天命'（acts of God）了。"斯氏所列举的各项因素，超越经济学科的范围以外，可谓极广泛了。以货币机构的灵巧，经济组织的复杂和整个社会体系之错综而言，斯氏此种广泛的列举，可谓极与现实相切合。

但是，站在经济学或货币学的立场上，除第二、第三两项属于货币的因素而外，其他各项因素对于物价产生影响，均须透过（through）货物之供求关系，而后方可具体地形成。如此，则物价水准之决定，可以简单地分为货币因素与非货币因素，前者为货币数量与流通速度等，后者则为货物供求之是否均衡。至于斯氏所列举之各种因素（除第二、第三两项之外），则可构成货物供求是否均衡之进一层的理由。

持货币因素与非货币因素之两分法的学者颇多，如凯恩斯（J. M. Keynes）、密塞斯（L. V. Mises）等均是。

凯恩斯在其《货币改造论》（Monetary Reform）中叙述数量说时，将各种因素分为 n、r、R、R' 四项，n 代表货币数量，R 代表本位货币存余总值所能购买之消费单位，R' 表示银行货币存余总值所能购买之消费单位，r 代表银行活期存款之准备比率，于是加上物价水准 P 而构成其在该书中的数量说①。凯氏论及中央银行安定物价之方法时，则将 n 及 r 两者并为一组，认此二者可直接由中央银行加以控制；另将 R' 及 R 并为一组，认为不能由中央银行去直接加以控制，而仅依存于大众与企业界之生活方式。所以，中央银行不仅要直接控制 n 及 r 二者，而且要变动 n 及 r 以冲消 R 及 R' 对于物价之扰乱作用。即不仅单在消极方面使 n 及 r 不扰乱物价而已，而且在积极方

---

① 参考：J. M. Keynes, Monetary Reform, 1932, pp. 74-83, pp. 85-86.

面，当 R 及 R′扰乱物价时，则须变动 n 及 r 以冲消之①。货币机构是否能具有这样大的威力，去冲消 R 和 R′变动时所引起之商业循环中的物价波动，这是货币政策方面的问题，此处不拟加以讨论；但是，凯氏将影响物价的因素分成货币的与非货币的两方面，却是毫无疑义的。凯氏在其《货币论》(A Treatise on Money) 中，也承认影响物价的因素可分货币的与非货币的两方面。又凯氏在其《就业概论》中分析价格理论 (price theory) 时，也或明或暗地将各种因素分成货币的与非货币的两方面，如谓货币数量增加时，一部分将被有效需求所吸收而对物价不产生作用，一部分将促物价上涨②。其所谓真正膨胀 (true-inflation) 或绝对膨胀 (absolute-inflation) 即为在非货币的一方面，就业已达饱和状态 (full employment)，生产弹性为零，而在货币因素方面则货币数量增加，致增加之货币数量全部促物价之上涨③。故尽管凯氏在三书中的基本理论各有差异，但将影响物价的因素分成货币的或非货币的两方面，则是前后一致的。

密塞斯的说法也大致相同。密氏谓："在研究货币价值变动之性质时，吾人每将决定货币与货物间交换比率 (exchange-ratio) 的两股因素加以分开：此两股因素，一为在货币方面发挥其力量者，一为在货物方面发挥其力量者。此种分辨对价格理论之助力极大；在事实上，如无此种分辨的方法，则价格理论的问题势将得不到解决。""货物与货物之交换比率，或货币与货物之交换比率，是由各种决定因素对交换双方的条件有所影响而告形成。但是，如果仅有一方面的决定因素发生变动，现在的交换比率亦将发生变动。故尽管另一方面的因素保持不变，但只要一方面的因素有变动，则交换比率即生变动。"④

---

① 参考：J. M. Keynes, Monetary Reform, 1932, pp. 74-83, pp. 85-86.

② J. M. Keynes, The General Theory of Employment, Interest and Money, p. 296, p. 303.

③ J. M. Keynes, The General Theory of Employment, Interest and Money, p. 296, p. 303.

④ J. M. Keynes, The General Theory of Employment, Interest and Money, pp. 123-124.

故密氏认定物价之因素，可分货币的与非货币的两方面，但只要有一方面的因素变动，即可使物价发生变动。

总之，此种分辨的方法，只在于求研究的便利而已，实际上，经济社会中之各因素与各数量，虽在一定的相关关系下存在着，但此各因素、各数量及其组成之相关的全体，则常呈现着一种最复杂的流动状态。经济社会中的一切现象皆非独立存在，而是与其他现象保持着一定的相关关系。在此相关关系之下，其中若有一现象发生变化，其他相关现象也就不能不受其波及而亦发生变化；同时，其他的现象若发生变化，此现象亦不能不受其影响而发生变动。决定物价的各因素，其间亦具有错综复杂的相关关系。经济社会是变动不定的，则非货币因素也是变化不定的，此种变动一方面可以直接地促使货币价值发生变动，同时另一方面亦能使货币因素发生变动，而间接地使货币价值发生变动。货币因素，一方面固然可以被动地发生变化，但另一方面也可以自动地发生变化，且此种自动的变化能进而促使货物因素发生变化。所以，物价机构的两面是互相联系地交织着，两者均可自动地变化，同时也可互相影响而被动地变化，而从物价变化中综合地表现出来。

二、各因素的特性

在整个经济体系和价格机构中，货币因素和非货币因素两者虽是互相交织互相影响，但性质上彼此差异甚大。

第一，货币因素之本身，在形态上比较简单，其变动或为国家货币之增减，或为银行货币之增减。至于货币流通速度之大小，往往依存于客观环境与人民用钱之主观态度，虽为非货币因素变动之反应，但对于物价之影响而言，则与货币数量之增减有同等的作用。非货币因素则内容甚为繁杂，可用供给与需要两方面去概括，供给方面以生产为主要项目，现有生产水准之高低，生产弹性之大小，交通、气候、企业组织之形态等，均为重要因素；需要方面以消费为主要项目，

第三章　货币价值及其决定因素

人民之消费倾向（propensity to consume）①或消费弹性，财富分配之状态等，均为主要因素。此外，如政治扰乱、军事行动及其他灾疫祸劫等每对供求两方面均可产生影响。

第二，非货币因素之变动，一方面固然可以自动地发生，但另一方面却受物价水准之高低的支配。因在现行资本主义经济社会中，生产以追求利润为唯一目的，故以物价上涨为有利。如物价长期下跌，则必招致恐慌，而使产业趋于衰退。消费方面，在短期中如货币所得不能随物价而上涨，则物价上涨对消费者颇多不利；但在较长期中，货币所得每可对物价变动徐加适应，唯程度与速度较小。同时，因物价上涨而使产业繁荣，生产品增多，可进而使人民之生活水准逐渐提高。如物价长期下跌，则产业衰退，失业人数增加，对于消费更加不利。而物价之或高或低，在某种限度内，钱币当局可以用信用政策或货币政策去自由调制。故国家之货币政策或信用政策，当以种种方式，采取主动的行动，在消极方面避免物价之过分波动，尤其是避免物价之长时期的下跌；在积极方面力求物价在长期中之安定，以促产业之发展。货币因素如假于货币数量之增减而对非货币因素有所刺激或压抑，在某种限度之内，非货币因素之诸方面非加遵从不可。反之，非货币因素之变动，如货币机构和信用组织不甚健全，货币因素每对立即有相应的变动出现。如在我国战时，沦陷区域增大，法币行使区域缩小，产业大部分被破坏，国际贸易路线被切断，则货币需要较诸战前已见减少。如欲求物价之安定，则须紧缩法币流通量，使货币之相对数量保持不变。但事实上，法币流通量不仅未紧缩，而且大见增加。但是，若因货物增多，而货币需要增多，则货币增加极为容易，货币机构在此方面之适应力极大。所以，在某种限度内，货币因素变动指挥或支配非货币因素的力量颇大，非货币因素变动支配货币因素之力量则须分别立论：若欲促货币数量之增加，则极容易，而且

---

① 此系借用凯恩斯在《就业概论》中所用之术语，所谓消费倾向即消费函数。

没有限度；若欲促货币数量之减少，则不如增加之容易。尤其在货币制度与信用机构不健全的国家，更是如此。

第三，货币数量之增加或减少，可使物价发生相应的变动，而且此种物价变动富有持久性，可使物价由旧水准进入新水准①。非货币因素之变动，亦可使物价发生波动，但如货币因素徐加适应，则物价又会回复到原来水准。

第四，在现阶段中，货币机构操于国家手中，国家对于货币因素具有最大的支配力。如①法币之名目为政府所规定所宣布，用为记账单位及债务债权之计算单位，人民莫敢违抗；②货币数量由政府斟酌决定；③货币之材料及本位制度由政府斟酌决定；④货币价值之高低，因政府能自由决定货币数量之大小，故亦能由政府间接加以控制。而非货币因素项目繁多，性质复杂，且呈无政府状态，任其自然发展，自然演变，政府无法直接加以管理或控制②。尤其是生产方面，更受资源、技术、设备诸种限制，生产物之量的增加，与生产物品类上之分配与转换，在某种限度以外，每难自由调度。总之，货币受国家之控制，数量可自由变动，尤其是可以自由增加，而非货币因素诸项，则受种种限制，不论在量的方面还是质的方面，均难调度自如。

总之，促使物价变动虽有货币因素与非货币因素之分，但物价之决定与其变动，均为两方面因素配合交织而来。今如以"经济发展"（economical development）一词代表非货币因素，两方面之配合与交织，在理论上大概可得下列种种情形：

（1）"经济发展"向前迈进，则货币需要增加，如货币数量不增加，或即有增加而程度与速度均不够，适应此新增之需要，则货币之相对数量缩小，于是物价或多或少趋于下跌。反之如"经济发展"

---

① J. M. Keynes, A Treatise on Money, Vol. I, pp. 80-87.

② 计划经济或统制经济之体系中则不如此。生产与消费诸部门每须遵从中央机关之指挥。

向后衰退,则货币需要减少,如货币数量不减,或仅稍事收缩而程度和速度均不够适应新形势,则货币之相对数量增大,于是物价或多或少趋于上涨。

(2)"经济发展"向前迈进或向后衰退,货币因素如能随之同方向、同速度、同程度而增大或缩小,则货币的相对数量仍可维持原来状态于不变,于是物价能维持原来之水准。

(3)货币数量增大,如"经济发展"完全停滞,或进展之速度与程度不足与货币因素之变化相配合,则货币之相对数量增大,于是物价或多或少趋于上涨。反之,如货币数量减小,而"经济发展"不变,或稍形衰退而在程度与速度方面均不够适应,则货币之相对数量缩小,于是物价必或多或少趋于下跌。

(4)货币数量增加或减少,如"经济发展"依同方向、同速度、同程度趋于向前或衰退,则货币之相对数量不变,于是物价水准亦维持原来状态。

在事实上,因为非货币因素的复杂错综,发展每不规律,而且彼此差异极大,所以货币因素与非货币因素之配合,每呈极端复杂的流动状态,而并不如上述各种情形之简单。但是,实际情形尽管复杂,吾人仍可由上列各极端的情形中窥见物价水准变化的大致形态。

总之,各因素之特性可分两方面去观察:一为货币因素之特性,一为非货币因素之特性。在货币因素方面,因为:①现行资本主义体系之经济繁荣依存在长期中物价之徐徐向上;②就国家而言货币供给比较自由;③政府之财政需要;④债务者在政治上之力量,故在整个货币发展史中,货币数量之增加在速度上和程度上均较非货币因素向前发展者为大,于是使货币的相对数量逐渐增大,物价逐渐上涨。凯恩斯谓整个货币发展史即为通货膨胀史,意义即在于此。故货币因素之变动,一方面因基于现行经济体系之特质,能通过物资机构,促非经济因素之变动,使货币因素变动对于物价之影响降低或提高;另一方面却能使物价自旧水准进入一新水准。同时，因货币增加之弹性甚大①，如经济发展向前进步不已，如货币机构甚为灵便，则货币数量每可自由增加，而保持物价之相当安定。货币因素既具有此种特性，故许多货币学者在货币政策上，对于用货币因素之相关变动，去冲销非货币因素变动对经济之恶劣影响，有很大的期望。例如，霍特里（R. G. Hawtrey）即主张用高利率去抑制商业循环之繁荣状态②，凯恩斯在其货币改造论中，主张用中央银行的力量，去变动 n 及 r，冲销 R 及 R′变动的影响，以求物价之安定；在其《就业概论》一书中，主张长期地运用低利率政策，延长经济繁荣的时间，使经济发展永远呈现半繁荣的状态，免陷入恐慌与萧条的惨境③。又如，卡塞尔（G. Cassel）主张当非货币因素发生变化时，货币因素应居于主动的地位去加以调节，如非货币因素向前发展，则应增加货币数量，如非货币因素向后衰退，则应减少货币数量④；故认定物价之不安定，基本原因实在于货币行政（monetary administration）之不善适应，即物价之一切变化均是属于货币性质方面（of monetary nature）的⑤。以上各家之看法，对于经济发展中货币因素所具之主动的调节力量，虽不免过分的重视，但是，货币因素在某种限度内，对于经济机构之具有主动的调制作用与刺激力量，却是不可否认的事实。

在非货币因素方面，各部门之变动对于物价亦能有所影响，同时，此种影响能在某种程度内由货币因素之相应的变动去加以冲销；但是，因为各部门过于复杂，其变动之速度和程度过于参差不齐，故上述货币政策之冲销作用的功效，极有限度。各部门之变动所以不能

---

① 货币缩小之弹性则较小，此实主要是由于财政的及经济的原因。

② R. G. Hawtrey, The Art of Central Banking, pp. 303-332.

③ J. M. Keynes, The General Theory of Employment, Interest and Money, 1936, pp. 22-24.

④ G. Cassel, Money and Foreign Exchange after 1914, pp. 168-169.

⑤ G. Cassel, In Quantiative Thinking Economics, Oxford, 1924, pp. 55-57.

均一的理由，概括地说，主要是由于各货物需要弹性与供给弹性的不均一。故非货币因素的变动，不论是自动的还是被动的，因为变动之速度与程度各部门彼此不同，故结果每可促使经济组织之各部门之内在的数量关系，不论在变动的过渡时期中，还是由旧的均衡进入新的均衡以后，均将为之改观。尤其是在过渡期中，各部门间内在的数量关系之变化更大。

第三节 本学说之研究范围及对象

由上节所述，可知影响物价的因素可分货币因素与非货币因素两方面，而且这两方面的因素均可自动地发生变化，进而影响物价。不论是哪一种因素发生变动，除开在特殊情形如生产弹性或货币变化弹性为零外，另一种因素势必受其影响，而或多或少随之作相应的变动来缓和其对于物价之扰乱作用。故物价变动的基本原因，不外乎非货币因素之变动与货币因素之变动两者，而且两者均可主动地发生变化，促使物价趋于变化。

过去的货币数量说——尤其是费雪所代表之机械的数量说，往往认定影响物价水准的各种因素中，唯货币数量是最重要的自变因素，而忽略非货币因素之自动性与自主性。此种见解势必演化而成为"知其一不知其二"的褊狭理论。另外，他们常采静态的观点，用"如其他事项不变"一语去抹煞货币因素变动对于非货币因素之影响；未将货币数量变动后经济组织各部门之可能的变化，一并计入，故其结论与现实的经济情况相差极远，因而在实用上的价值甚为微弱。

至于本学说所研究的价格理论，则当力矫过去货币数量说者的阙误，而采取比较客观的立场，力求与现实的经济情况相接近，故采取下列两种基本态度：

第一，物价变动的原因是多方面的，故应坦白地承认，此种学说只能解释其中的一个方面。其他方面之解释则有待于其他学说之努力。此种学说之提出人,绝不妄作褊狭的企图,抹煞一切,而谓此种学说即能解释物价变动之任何现象。确实的,所谓理论(theory)即为复杂事态之简单化(simplification)①、抽象化,价格理论即以货币因素变动为研究的出发点,采取动态的和全盘的观点,从这个特定的角度去分析此种变动在整个经济体系中对于物价的影响。自然,这只是问题的一面;此外尚有以非货币因素变动为出发点,从另外一种角度去分析物价变动的工作,留待其他学说去担当。

坎南教授对于此点有过最透彻的解释:"货币数量说只坚持着:'假若其他事项不变,X 因 A 之变而变';而不管另一种说法:'假若其他事项(包括 A)不变,X 因 B 之变而变',亦同样的可以成立。在事实上,X 价值之决定因素,种类繁多,除 A 与 B 而外,以其他每一因素为主题,均可以作同样的假定,成立同样的命题。经济学者往往忽视此点,主张其中的一个命题而自以为已把握整个问题的关键,其实并不尽然,其所主张者只看到问题的一方面而已。因此,甲学者着重 A 因素,而谓如其他因素(包括 B)不变,X 依存于 A;在另一方面,乙学者着重 B 因素,而谓如其他因素(包括 A)不变,X 依存于 B。于是甲学者主张'X 的 A 说'(A theory of X),乙学者主张'X 的 B 说'(B theory of X)。其实二者并不相冲突,仅为同一事理的两面,解释者则着重一面而忽略另一面而已。"② 吾人对于坎氏此种客观而透彻的见解,实有"先获我心"之感。无疑的,货币相对数量说只是从货币因素方面出发,着重货币数量变动对于物价之影响,只能相当于坎氏所谓"X 的 A 说",只是货币价值问题的一方面;更可有"X 的 B 说"等,去解释货币价值问题的其他方面。所以,凡关于因货币数量变动所引起的物价变化,则用货币相对数量说去解释,同时,此种学说所能解释的也仅以此种现象为限;至于因其

---

① G. Cassel, In Quantiative Thinking Economics, Oxford, 1924, pp. 1-11.
② Edwin Cannan, Money: Its Connexion with Rising and Falling Prices, 1926, pp. 46-65.

他因素变动所引起之物价问题,则须用其他学说去解释①,而非货币相对数量说所能胜任了。

第二,就研究的基本方法而言,货币相对数量说虽以货币因素之变动为出发点,但仍以整个经济机构为范围,采取动态的观点,将因货币数量变动所引起的其他变动之可影响物价者,一并加以包括,而绝不如过去的数量说之纯采静态的立场,用"其他事项不变"一语,去抹煞货币数量变动对于其他因素之影响。在事实上,货币数量变动以后,物价必或多或少有所变动,而现行经济社会之特质,此种物价变动对于生产和消费等活动必有所刺激或有所压制,即非货币因素的各部门,随即发生变化,而且对物价亦产生相应的影响。结果,除特殊的情形而外,最初的发动者虽在于货币数量之变动,但此种变动能通过物价机构,而使整个经济组织之各部门均生变化,再回头而对物价有所作用。故使物价所感受的作用力,并不单纯地限于货币因素;而系货币因素与非货币因素两种变化之混合作用,去决定物价水准之高低。

总之,货币相对数量说,是以货币数量之变化为出发点,采取动态观点,将货币数量变化所引起之种种变化,凡与物价有关者一并包

---

① 物价变动每为多数因素同时作用所促成,如我国战时物价上涨之原因,各学者每用种种原因去解释,如货币数量增多,物资减少,囤积居奇等。此外更有用心理因素去解释者,同时,在战时物价上涨时,各种物品价格上涨之程度不一致,这又需用各种物品之供给弹性及需要弹性等法则去解释。又如在饥荒时,粮食价格特别上涨,则用此类物品之供求情形等去解释。再如商业循环中之物价变动,又需用其他学说去解释。故特别现象需用特殊学说去解释;同时,特殊学说亦只能解释特殊现象。例如,货币相对数量说只能解释货币数量变化后之物价水准的变动现象,若要用它去解释此时之相对物价的变动,则难适合,若要用以解释饥荒中之粮价上涨(自然,若通货膨胀与饥荒二者恰巧在同一时期出现,则须将货币因素计入),或商业循环中之物价变化,则"风马牛不相及"了。故吾人以为货币价值论中,应将各种可以解释物价变动之特殊现象的各种学说,一并列入;俟实际解释物价现象时,则按当时当地之情势,酌量采用一种或多种学说去追究物价变动之原因。货币相对数量说正如过去的数量说一样,只是货币价值论中之一种学说。

括，即将货币供给之变化及因此而引起的货币需要之变化，一并包括，而构成相对于货币需要之货币数量（quantity of money relative to demand for it）的变化，以解释此时物价水准变动之现象。凯恩斯氏谓价格理论在于分析货币数量与物价两者间之关系，以决定货币数量变动时物价变动之弹性。故在整个经济的有机组织中物价与货币数量二者之动态的数量关系，即为货币相对数量说之研究范围与研究对象。

第四章 货币数量说之批评

货币数量有两种看法：第一是指在某一特定时点上货币之储存数量（the stock of money in existence at a given point of time），第二是指在某一特定时期内货币之流通数量（the flow of money being used during given period of time）。其第一种观点，货币是用以储藏购买力，以便随时购买各人所需之事物。其第二种观点，货币乃指正在作交易媒介之用，货币的流通数量必与交易总值相等。因为有上述两种观点之不同，货币数量说遂发生两大派别。基于第一种观点之解释，为存余总值①的数量说。基于第二种观点之解释，为交易总值（cash-transaction）的数量说。前一派以剑桥诸交易总值学者为代表，如马歇尔、庇古、罗伯逊、霍特里、莱费尔特、坎南及早期时代的凯恩斯②等

---

① 存余总值即英文"cash-balances"，"cash-holdings"，"cash-reserves"，"unspent-margin"之汉译。unspent-margin 一词为 R. G. Hawtrey 氏所习用，乃指整个社会之流通中的货币，加上银行的债权，亦即指在人民手中与银行手中之现金与信用之总和，至于银行用作准备金的货币，则不在此例。（参见 Hawtrey, Currency and Credit, 1923, pp. 38-39.）故与"cash-balance"等词之含义大致相同。

② A. Marshall 之数量说见其 Money, Credit and Commerce, 1923 年初版, Book I, Chaps III-IV; A. C. Pigou 之数量说见其"The Exchange Value of Legal Tender"，(Quarterly Journal of Economics, 1917.); D. H. Robertson 之数量说见其 Money Chaps III; R. G. Hawtrey 之数量说见其 Currency and Credit, pp. 8-79; Lehfeldt 之数量说见其 Money Chaps II-V; J. M. Keynes 在其 Monetary Reform 一书中主张数量说，及后主张即告改变；Edwin Cannan 之数量说见其 Money. Its Connexion with Rising and Falling Frices. Chap III.

均属于此派。后一派以费雪（I. Fisher）为代表，如凯默勒、瑞典的卡塞尔、威克塞尔、德国的熊彼特及维也纳大学的密塞斯教授等①均属于此派。

对于物价水准与货币数量两者间之关系，拥护数量说的各学者的见解尽管一致，但是他们的解释方法，即同属一派的各学者间也彼此互有差异。为求节省篇幅计，对各家数量说的内容拟不加以叙述②。读者可分别参考各家原著。本章评述数量说之缺点时，以庇古、霍特里和罗伯逊为前一派的代表，以费雪为后一派的代表。在本章中，拟将此两派学说加以比较，并将数量说之前提及反对理论详加介绍，最后由笔者对数量说之拥护者与批评者两方面的理论，站在货币相对数量说的立场上，在某种程度内加以调和。

第一节 货币数量说之前提

拥护货币数量说的各学者中，所持见解并不完全一致，其所立假定也不完全一致，本节所述仅就大体立论，以各派之代表学者的见解为准，尤其是对于交易总值学派的费雪之见解，特别着重。

大体说来，货币数量说的第一个前提，即为以静态均衡之经济社会为其研究的背景。各学者在其数量说中，每须加以"其他事项不变"的假定，即欲在分析货币数量与物价水准之关系时，除货币数量与物价水准二者外，将其他一切因素假定或判定其静止不变，而得到物价水准与货币数量成正比例而变化的结论。

---

① I. Fisher 之数量说见其 The Purchasing Power of Money；Kemmerer 之数量说见其 Money and Credit Instruments in their Relation to General Prices；G. Cassel 之数量说见其 The Theory of Social Economy, Book Ⅲ, Chaps. XI；K. Wicksell 之数量说见其 Prices and Interest 及其 Lecture on Political Economy, Vol. Ⅱ；L. V. Mises 之数量说见 The Theory of Money and Credit.

② 关于各家货币数量说，拟以《当代各家货币数量说》一书加以概述。本章批评各家学说时，未引注原书页数，原因在此。

第四章 货币数量说之批评

此种前提,大部分的数量说拥护者是出之于假定,如卡塞尔、庇古、霍特里、坎南等。其所以作如此假定,只是求分析之便利而已。例如,卡塞尔即明白地指出:静态分析不过指示我们一个研究实际情形的途径,且谓在动态经济中,一切假定的因素都要一齐变动,故货币数量变动究竟会发生何种反应,是很难预测的。如庇古所倡的数量说,注重货币之需要与供给双方的相互影响,且将时间因素计入,此种相互影响连续不断地发生变化,故在各时段中,货币价值之变动都不相同。且谓货币供给增大时,则货币需要方面亦必或多或少而随之发生变动,于是使因货币供给增大所引起之物价变动,在比例上或程度上必较货币供给之增大为小。如此,则庇古氏的数量说可谓非常客观,"而将其他事项不变"的假定缩小到最小限度,甚至根本抛弃了。又如霍特里在讨论货币数量说时,最初以静态经济为研究对象,假定经济情形不变,用"未消耗准备"(unspent margin)的理论去解释物价与货币和信用数量之比例的关系。随后即转入动态的分析,用"消费者所得"(consumers' income)与"消费者支出"(consumers' outlay)的理论去解释物价与货币和信用间的动态关系。且更明白地承认,决定货币价值的因素,并不限于货币数量一种,而尚有其他因素,亦均须加以观察方可。故霍氏之静态分析,是出于假定,是在求理论上之分析的方便,是极显而易见的事。至于罗伯逊的货币数量说,不论在其供求说还是数量说中,虽均有静态的假定,但在讨论货币价值之应用时,即明白指出:在实际社会中绝不如此简单而机械。认定在实际上,当货币数量增加时,物价固然上涨,但货币的生产必感受刺激而增加,而使物价上涨的程度减弱;或货币流通速度减小,而降低物价上涨之趋势。而在货币数量连续的增加时,则物价上涨的程度势必大于货币数量增加的程度。总之,正如其他许多数量说的拥护者一样,上述四位学者的静态的分析,纯粹是出于假定;绝非认定实际的经济社会中,会如此静止不动地去任人安排,而求出如此单纯而机械的结论。

至于费雪对于静态分析的态度,则与前述各学者有所不同。费氏将"正常变动"(normal fluctuations)和"过渡变动"(transitional fluctuations）分开，认数量说只能适用于前者，而不能适用于后者。由此而谓货币数量变动后，在过渡时期中虽可使其他经济事项发生暂时的变动，但以长时期着眼，则均衡终有恢复之一日，及新均衡一旦恢复，则一切均回复原来状态。在此种意义之下，故谓货币数量变化，对于 M′与 M 之比例，货币与存款之流通速度，及交易总额均不致有重大的变化，因此进而演化成为机械的货币数量说。所以费雪的静态分析，是出于认定的，而不是出于假定的。在此种认定的静态均衡之分析中，很巧妙地将货币数量变动所能引起之一切可能的变动，归之于过渡变动，避而不谈；且进而确认新均衡与旧均衡两期中之经济结构，不论在"质"的方面还是"量"的方面，大体上是相同的；纵有若干细微的变异，但在程度上必不足重视，其平均数值必定是前后一致的。

现在试再行分析此种被假定的或被认定的静态。经济之含义，依凯恩斯的说法，数量说之所谓"其他事项不变"，即指就业量已达饱和的境界（full employment），此时各种资源已被充分利用，生产弹性及就业弹性均等于零，工资弹性则等于 1。在这种场合下，则物价弹性亦等于 1，即物价上涨与货币数量之增加成正比例①。凯氏之《就业概论》一书，着重就业量之分析，故论及数量说之前提时亦以此种观点去解释。实际上所谓"其他事项不变"，更有其他的含义。

除生产方面而外，在分配方面和消费方面亦须大体上保持不变，方可与数量说的结论相符合。即分配方面亦须大体上保持原有之均衡状态，同时人民之消费习惯亦须无重大差异，方可使数量说的结论得以形成。此外各物品之个别物价间的相对关系（如小麦价格与奢侈品价格之相对关系）亦须在大体上永恒不变方可②。总之在此种静态均衡的前提下，假定下列事项均不变动：①生产规模。②产品自生产过程进入消费过程所经之周转次数。③人口。④自然资源被利用之程

---

① J. M. Keynes, The General Theory of Employment, Interest and Money, 1936, p. 209.

② J. M. Keynes, A Treaties on Money, Vol. I, pp. 89-92.

度。⑤技术。⑥人民之用钱习惯及消费标准。⑦财富的分配状态。⑧其他。一言以蔽之，即除货币数量与物价水准二者外，其他一切均保持常态而形成一个严格的静态均衡的经济社会①。

以上是指货币因素以外的经济事项而言，密塞斯更指出货币因素方面所假定的前提。密氏谓货币数量说之前提，除货币需要不变外，更有下列两项：①货币数量增加后，引起各个人之货币存储量作一致的增加（uniform increase）；②各个人之货币存储量一致的增加后，各个人对于货币之主观评价（subjective valuation）即生一致的变化②。这就是说：各个人之货币的主观评价，既生一致的变化，则他们的购买行为和消费活动即生一致的变化。

综括地说，数量说系以静态均衡的经济状况为其研究背景。故罗伯逊认为此种学说只能适用于比较安定之时期，而不能用以解释变动异常剧烈的时期之物价现象。推其是以静态均衡为前提所演化出来的理论，所以在应用时每与现实的动态现象，具有极大的距离与差池。

货币数量说之第二个前提，为自由放任。如穆勒氏所云："我们所假定的状态，不是人为限制的状态而是自由的状态。"③ 即在此种自由的状态中一切任其自由发展，绝无人为地干涉或统制的成分在内。亦即市场组织完备，毫无缺憾，同时竞争完全而自由。一切经济活动，不论生产、交换、消费还是分配诸过程，均以自由放任为基准。

货币数量说之第三个前提，为生产要素在各企业间之转移的完全。即各企业间资本劳动等生产要素之流动，除时间差延（time-long）而外，全无其他限制或障碍。由此，则各种物品之价格间恒能大体上保持着原有的相对关系，而不至于脱节过大④。

---

① J. M. Keynes, The General Theory of Employment, Interest and Money, 1936, p. 16, p. 289.

② L. V. Mises, The Theory of Money and Credit, London, 1934, p. 142.

③ J. S. Mill, Principles of Political Economy, Book Ⅲ, pp. 28-29.

④ J. S. Mill, Principles of Political Economy, Book Ⅲ, Chap. 9, p. 150.

货币数量说之第四个前提,为交换手段与交换对象在市场中之对立,同时在此种对立的场合中,货币本身无实质的使用价值,仅具有交换价值①。故其所谓货币价值,不是绝对的价值而是一个相对的(relative)观念②。但是所谓货币,可以由两种不同的角度去观察:一个是注重流通中的货币,即以为人们需要货币,是为着将它去作交易媒介,作流通工具去和货物相交换;于是形成如此的基本观念:在一定时期内,所有的流通货币购买市场中所有的待售之商品。另一个是注重在停留中的货币,即以为人们需要货币,是因为各人为购买物品、为从事商业、为预防意外事变所引起之支付,必须储存相当数额的货币以便随时随地使用,于是形成如此的基本概念:货币需要量是等于储存总值;更进而将储存购买力之情形与物价水准之升降作连带的讨论。由前一种角度去观察的即交易总值的数量说,由后一种角度去观察的即存余总值的数量说。但不论从哪一个角度去观察,均是将货币与货物对等起来,方使货币数量说得以正式建立。

第二节 货币数量说两大派别之比较

货币数量说分两大派别,其观察的角度和表示的方法虽然不同,但是两者的基本前提却是大体一致的。故在比较这两大派别时,应分别胪列其同点和异点,更须随时指出两者的关联性。

一、两大派别之同点

数量说两派学说之同点,主要有下列数项:

第一,两者在原理上或基本观点上完全相同;即着重货币与货物

---

① B. M. Anderson, The Value of Money, New York, 1926, p. 130, pp. 155-156.

② B. M. Anderson, The Value of Money, New York, 1926, p. 130, pp. 155-156.

之对立的事实，承认货币本身无所谓价值，其价值乃由与货物之对立与交换而生，此种价值不含有绝对的成分，而为相对的范畴。数量说两大派别立论方式虽各异，但此点则完全相同；假若其中之任何一派摒弃了此种基本原理，则必不复成为货币数量说而必为其他学说了。

第二，费雪之T为一般成交之物品的总和①，剑桥派之KR，以麦为抽象单位去代表社会上需要事物数量之总和。在这种意义上，两者是相同的。

第三，两者的认识对象相同，同为研究物价水准与货币数量之关系的学说，且彼此不冲突，两者均能成立②。

二、两大派别之异点

两大派别观察物价水准与货币数量之关系时，其所定之角度不同，因而其表示方法亦不同，故有下列各异点：

第一，费雪派认为货币的主要职能在于"购买物资"，故注重在流通中的货币；认为人们所以需要货币，是为着要它作交易媒介和流通工具；由此，遂不得不以一个"时期"为准。而剑桥派则认货币之主要职能在于：假若购买机会来临，则有购买物资之可能(possibility to buy if opportunity offers)：故对于货币需要之分析，注重在停留中的货币，认为人们所以需要货币，是因各人为购买物资，为从事商业，为预防意外支付，而储存相当数额的货币，以便随时随地使用，而求方便与安全；由此，遂不得不以一个"时点"为准③。在前一种观点中，一定时期内一个单位货币可以流通若干次，故注重货币之流通速度。在后一种观点中，一个时点上社会上需要事物数量之总和而以货币形态表现之，于是遂要注重货币停息的久暂。

---

① B. M. Anderson, The Value of Money, New York, 1926, p. 234.
② A. C. Pigou, Essays in Applied Economics, 1924, p. 179.
③ T. Greidaners, The Value of Money, London, 1932, pp. 165-167.

此种差异，在实质上并不彼此冲突，而是可以互相调和的。如威克塞尔、庇古、罗伯逊和卡塞尔等，对于此种差异之调和，均有极大的贡献。例如，威克塞尔把流通速度看作货币平均停息时间之反面。他指出各人于出卖货物后，不是立即用换得的货币去购买其他货物。各人出卖其所生产之产品或其劳动以换取货币，再用该货币购买其所需之物资，其间是要经过相当长的时间的。这个相隔的时间可以名之为"货币的停留时期"。此停留时期之反面即为货币之流通速度。货币之停留时期是平均一个月，那么它的流通速度为每年十二次①。在这方面，罗伯逊也具同感。罗氏谓不论是注重某一时点上之货币存储量，还是注重某一时期中之货币流通量，均是合理的，且各有其优点②。至于两者的关系，甚为显明而简单。今如人们对于其所需要之事物储存较大之货币量，则货币之流通速度势必减小；如储存之货币量减少，即为使用货币较前迅速，则货币之流通速度增大③。

　　第二，费雪派之所谓 P，为每货物单位所能换得之货币量，即以货币量去表示货物价格（the price of commodities in terms of money）；剑桥派之所谓 P，为每货币单位所需若干货物单位去交换，即以货物量去表示货币价格（the price of money in terms of commodities）。两者在实质上是完全相同的。例如 1 元法币可换得 2 枚鸡蛋和每枚鸡蛋值法币半元，并无实质上的区别。故两种表示方法的关系，可写成下列公式：

$$P（费雪）= \frac{1}{P}（剑桥）$$

　　总之，两派学说在实际上是彼此调和的。例如罗伯逊氏的数量

---

① K. Wicksell, Vorlesungen über Nationalökonomie；瑞典文初版，1906 年；英译本为 E. Classen 所译，1935 年，译名为 Lectures on Political Economy. 笔者所用者为英译本，见 Vol. II, p. 23, p. 60.
② D. H. Robertson, Money, 1928, pp. 29-38.
③ D. H. Robertson, Money, 1928, pp. 29-38.

说，分为两部分：第一部分为供求说，实质上即与费雪派的数量说极相似；第二部分为数量说，即为剑桥派之数量说。罗氏虽在最后站在剑桥派之一方，但他对于此两大派别之调和，已有相当的贡献。又如卡塞尔之数量说，从货币供给与货币需要两方面去分别观察：从货币供给方面出发时则着重某一时期中之货币流通量，即为费雪派之数量说；从货币需要方面出发时则着重某一时点上之货币存储量，即为剑桥派之数量说。同时更用公式去说明此两种观察方法的关系，使两大学派之调和更能具体化。

庇古氏在其《法币之交换价值》一文中，对于两派公式之调和，有极客观之分析。他确切地认定两派之公式实属相互一致（consistent with each other）①。庇古氏将两派公式之内容作一对比的分析如下：

（1）费氏的 T，用庇氏的话表示，即相当于小麦之总交易量；费氏的 M，即相当于庇氏的法币数量，费氏的 V，相当于此法币之流通速度；费氏的 M②，即为货物单位用货币计算之价格，故其交易方程式为：

$$\pi = \frac{MV}{T} ③。$$

（2）费氏的 π，为用货币计算之货物价格，庇氏之 P 为以货物计算之货币价格。故两者关系即前者为后者的倒值，即 $P = \frac{1}{\pi}$。按庇氏公式为 $P = \frac{KR}{M}$，而费氏公式为 $\pi = \frac{MV}{T}$，则得下式：

---

① A. C. Pigou, Essays in Applied Economics, p. 177.
② 庇古氏将费氏之 P，改写为 π。
③ K. Wicksell, Vorlesungen über Nationalökonomie, II；瑞典文初版，1906年；英译本为 E. Classen 所译，1935年，译名为 Lectures on Political Economy. 笔者所用者为英译本，见 Vol. II, p. 23, p. 60.

$$\frac{KR}{M} = \frac{T}{MV} \text{ 或 } KV = \frac{T}{R} \text{①}$$

（3）如生产量或贸易量为已知，则 $\frac{T}{R}$ 可视为不变即 KV 亦可视为不变，换言之，V 之某数的倍数，即 R 为此数的商数。例如，人们如决定将用货币形态储存之资源总额，较前减少一半，则 V 即增加 1 倍，故当 V 增为 2 倍时，R 即为 $\frac{1}{2}$；当 V 增为 3 倍时，则 R 即减为 $\frac{1}{3}$②。当商业信用（business confidence）下降时，依费雪之说法，即货币流通速度减小，如 M 不变，则物价下跌；依庇古之说法，即人们不愿出货物而保存法币，于是法币存储额对于其资源之比例增大，物价即告下降③。

（4）两派公式虽然彼此不相冲突，但两者之间究有若干区别。费雪派注重货币流通速度，未将人们的意志（volition）与之发生直接的关联；而庇氏注重存余总值，则与人们之意志发生联系，将人们

---

① K. Wicksell, Vorlesungen über Nationalökonomie, Ⅱ；瑞典文初版，1906 年；英译本为 E. Classen 所译，1935 年，译名为 Lectures on Political Economy. 笔者所用者为英译本，见 Vol. Ⅱ, p. 23, p. 60. 又此两式之演化过程如下：$\pi = \frac{MV}{T}$, $P = \frac{KR}{M}$，令 $P = \frac{1}{\pi}$，则 $\frac{RK}{M} = \frac{\frac{1}{MV}}{T} = \frac{T}{MV}$。以 MV 乘之，KRV = T. 以 R 除之，则 $KV = \frac{T}{R}$。

② K. Wicksell, Vorlesungen über Nationalökonomie, Ⅱ；瑞典文初版，1906 年；英译本为 E. Classen 所译，1935 年，译名为 Lectures on Political Economy. 笔者所用者为英译本，见 Vol. Ⅱ, pp. 177-178.

③ K. Wicksell, Vorlesungen über Nationalökonomie, Ⅱ；瑞典文初版，1906 年；英译本为 E. Classen 所译，1935 年，译名为 Lectures on Political Economy. 笔者所用者为英译本，见 Vol. Ⅱ, pp. 178-179.

需要货币之最后原因表现出来。这就是剑桥派公式的优点①。

第三节　对于数量说之一般的批评

反对货币数量说者对于数量说驳斥不遗余力，其目的大半在于根本推翻此种学说，如劳克林、安德逊等；此外，拥护数量说的学者中，亦有对此说加以批评者，如密塞斯、卡塞尔等。本节拟专述对于数量说之一般的批评，以下两节则分述对于数量说两派加以批评，这许多批评，除因对货币本质的看法根本不同所引起者而外，大多是以现实经济现象为背景的，多少带有正确性。在建立货币相对数量说之新的体系时，对此种种批评，应客观地分别加以考虑，在各种不同的程度内加以接受，以求数量说之拥护者与批评者的两种理论，在某种限度内，能趋于调和，而使新的体系得以确立。

对于数量说之一般的批评，综括约可得下列诸点：

第一，数量说之理论基础在于：社会中需要货币去完成的任务，始终一定。如货币数量增加，则每一单位货币之任务即告减少。反之，如货币数量减少，则每一单位货币之任务即告增加②。所谓社会中有待货币去完成之任务一定，即该社会之生产结构与消费标准一定。故在如此假定下，当货币数量倍增时，则仅此数量之一半，即可具有数量未倍增以前之同等效用③。假如经济社会完全是静态的，此种理论自属正确。但是现实的经济体系并不如此简单。以费雪的话为例，T 是随时在变动，不仅有"量"的变动，且有"质"的变动。此种变动以推动的力量为准，大体上可分两种：第一，由于现行经济体系之特质。当货币增加时，促物价上涨，在生产方面受利润增加之

---

① K. Wicksell, Vorlesungen über Nationalökonomie, II；瑞典文初版，1906年；英译本为 E. Classen 所译，1935年，译名为 Lectures on Political Economy. 笔者所用者为英译本，见 Vol. II, p. 179.

② J. S. Mill, Principles of Political Economy, Introduction, pp. 5-6; Book III, Chap. VIII, sec. 2.

③ L. V. Mises, The Theory of Money and Credit, London, 1934, p. 142.

刺激，而有所扩充或转移；在消费方面因财富重分配之作用，及国民利得增加，使各阶层人民之消费水准有所转变；当货币减少时，则物价下跌，产业衰退，失业增加，消费方面亦有相应的变化。第二，由非货币因素之刺激，如人口之增加、新机器之发明等，促使产业进步，生产增加，消费水准亦因之提高。这两种变化中，最低限度应将第一种变化列为数量说的讨论题材。乃竟假定其他事项不变，去抹煞货币数量变动对于经济体系之一切可能的影响，实属不当。

货币相对数量说即须力矫此弊，改静态分析为动态分析，将上述第一种变化并入讨论范围，以货币数量变化后所引起之一切可能的经济变化为研究对象，而求出物价相对于此种变化所起的反应。上述第二种变化则不拟并入讨论范围，而用其他学说去研究。

第二，在方法论方面，数量说学者大多有下列两种缺憾：

（1）采静态均衡的观点，在此方面，其方法有二：其一，用"其他事项不变"之假定，将货币数量变动对于经济体系所引起之可能的变化完全加以忽视，而形成一种完全静态的数量说。其二，将静态分析之方法，应用到动态的经济情形中去。前一种方法的错误在前面业已指出。后一种方法的错误亦极明显。密塞斯对于此点有过正确的指示："倘使我们比较两个静态的经济体系，在这两个体系中，除了一个体系所有之货币数量为另一个体系所有者之一倍而外，其他因素完全相同，则我们可以说，前者的单位货币之购买力必等于后者的一半。但是，我们不能由此便得到'假如货币数量增加一倍则货币价值减半'的结论。因为货币数量之变动使静态经济体系中加入了动态因素。当新的均衡成立时，新的情况不会和货币没有增加以前的情况相同。结果，在新的均衡点上，货币的需要情况也是与前有异了。"① 所以，许多货币数量说学者所犯的错误，即在于将静态分析的方法，应用到动态社会中去。

（2）纯粹采用演绎法，而不采用归纳法。即纯粹从其假定的前

---

① L. V. Mises, The Theory of Money and Credit, London, 1934, p. 145.

提，演绎而成如此的学说。究竟此种学说与现实社会是否符合，则不加重视，劳克林对此点加以严正的驳斥。劳氏谓："一个原理，不管它在过去是如何的被人所接受所承认；假若此原理不能解释现代社会之事实，则其错误势必由于下列两项之一：一为所根据之前提（premise）有错误，一为所藉以确立的推理（reasonings）有错误。归纳法是确切地鉴定此种原理是否正确的一种工具；此种原理是否为因果关系之正确的解说，可用归纳法去加以测验。但是，数量说的偏见者，不采归纳方法，此实为没有科学的精神……故数量说必须完全加以抛弃方可。"①

关于方法论的批评，第一项是很正确的，应当力求改正，而采用动态分析的方法。第二项则尚有待商讨。吾人以为在理论之研究方面，应以演绎法为主，而以归纳法为辅。例如物价之决定因素极多，如纯采归纳方法，纯藉统计数字去研究，实使物价理论无法出现。即有之，亦不过为杂碎的经验事象之记述而已。故在新的体系中，一方面固然极力求与现实接近，但另一方面仍须保持理论之本色。

第三，影响货币价值之因素极多，且各种因素对于货币价值所发生之作用，在程度上、在性质上、在过程上，彼此不一，故经济体系之价格现象，实极错综复杂。物价之外隐伏着许多决定的原因，数量说实未能对此种种原因的要旨（essentials）完全地加以掌握。安德逊对此点有详细的批评，谓数量说所讨论的各种因素，并不是独立的因素，而只是复杂事象之几个粗略的名词，欲将此种非常复杂性与多样性的事象，加以概括地解说，简直是不可能的。例如，货币交易量，一部分由上涨价格（rising prices）所促成，另一部分却可以促物价之下跌。总之，此项交易量主要系受价格变化之影响。在这种情形下，物价变化并不是交易量变化之结果。物价水准变化并不是一种结果，而只是许多个别物价变动之平均数；个别物价之变化，各受一大群原因之支配。故数量说只是努力将非常复杂的现象化为简单的一种学

---

① J. L. Laughlin, The Principles of Money, London, 1926, p. 313.

说。自然，化复杂事象为简单原理固为崇高的科学目的之一；但是，假若化简的程度过甚，仅将表面的事象加以联系，而对重要的内在因素完全略而不谈，则此种学说实全无用处①。

此种批评亦有值得商榷的余地。抽象的程度或简单化的程度，本是可大可小的。例如，经济学中之供求法则已无人再加怀疑，但此种法则亦只将供给与需要两方面作概要的记述，对于隐于此两方面背后之种种事象，并未毫无遗漏地加以记述。况且一般物价水准确实存在。尽管其个别物价有高有低，但大体上总有一致变动的倾向，尤其是长时间中此现象更为明显。所以将物价与货币数量之关系作概括的研究，实是可能的，也是必要的。至于其他所不能论及的事象，则可用其他学说去加以研究。

第四，对于一般物价水准，反对者的批评甚多，大概可分为下列六项：

（1）所谓一般物价水准，为无数具体的个别物价之平均数；而此无数的个别物价，各由许多因素所形成，故一般物价水准实即将极端复杂的事象简单化，故此一般物价水准在实际上并不存在②。此种批评吾人不能同意。一般物价水准之能具体地存在，实为不可否认的事。所以在新的体系之建立时仍以一般物价水准为主要的研究对象。

（2）有些学者认为物价之形成，缘于某种物品价值与货币价值之相等，例如1斤白糖与8元之价值相等。为什么此两者会相等？他们认为白糖与货币同是具有价值之物，同是具有绝对的质与量（absolute quality and quantity）之价值特质。故他们认为物价是一个绝对的"量"与"质"的范畴，而不是一个相对的"量"的范畴③。

（3）价格形成过程（fixing price process）不在于货币与货物之对

---

① B. M. Anderson, Value of Money, p. 127.

② "The general price-level has no real existence." B. M. Anderson, Value of Money, p. 127.

③ B. M. Anderson, Value of Money, pp. 158-159.

立，而由于其他因素之作用①。他们认定物价是该物所能换得之标准金属（standard metal）之量。认为交换之前已有"价格形成"（price-making）之存在，且唯有价格形成后方可发生交换。故认定尚有其他因素去影响黄金之价值②。即货币原来本为货物，必须具有价值③。如安德逊所云：价格实为极复杂之社会的与心理的因素（complex social psychological forces）所形成④。

以上两项，是金属主义学者据以反对数量说之重要论点。在货币本质之讨论中，已将商品说或金属主义的错误揭发无遗，故此种反对论乃由于货币本质论之基本立场的差异而起，实无损于在一定前提下之数量说的正确性。

（4）以费雪之学说为例，T之成分（elements），不论"质"的方面还是"量"的方面，均与时俱变，于是P之内容亦逐年变异。换言之，第一年中P之加权比例势难适用于第二年，以下各年均如是，概须因T之成分的变易而改用新的加权法。故前一年之P势不能适用于后一年⑤。

此种批评确属至理。但是，此种变化实是逐渐演变的，在短期中（如数年）变化并不会十分剧烈。同时，这仅是一个技术上的问题，统计学和货币学日渐进展，将来有得到比较满意的解决之一日。但是，在现在没有更好的表现方法以前，不得不权宜从事，采用比较粗略的方法去表现。说老实话，统计学上的许多概念为平均数、中位数、长期趋势、相关系数等，就本只属于粗略的大概情势，而根本不

---

① K. Wicksell, Vorlesungen über Nationalökonomie；瑞典文初版，1906年；英译本为 E. Classen 所译，1935年，译名为 Lectures on Political Economy. 笔者所用者为英译本，见 Vol. II, pp. 315-316.

② K. Wicksell, Vorlesungen über Nationalökonomie, II；瑞典文初版，1906年；英译本为 E. Classen 所译，1935年，译名为 Lectures on Political Economy. 笔者所用者为英译本，见 Vol. II, p. 321.

③ B. M. Anderson, Value of Money, p. 135.

④ B. M. Anderson, Value of Money, pp. 159-160.

⑤ B. M. Anderson, Value of Money, pp. 165-166.

能如自然科学方面之精确。马歇尔教授谓经济学上的所谓法则,只是一种倾向的叙述①。这是值得我们再三思量的名言。

(5) 凯恩斯在其《货币论》(*A Treatise on Money*) 中把货物分为消费财与资本财两种范畴,认为货币价值仅以对消费财之购买力去测算,即所谓"消费本位"(consumption standard) 是也②。凯氏根据此点批评数量说之一般物价水准,谓此一般物价水准包括消费财与资本财两方面之物价③,即将储蓄存款(saving deposits)与活期存款(cash deposits) 两者未能详细地分开④。故所谓一般物价水准实为"杂碎的物价水准"(hotchpotch price-level)⑤。

关于此项反对之理由,凯氏在其《就业概论》中已行放弃,仍采一般物价水准之观点;对于过去的数量说,虽提出若干修正,但在某种条件下仍承认其正确性⑥。所以这项反对理论已失去其重要性。在实际上同一货币可以作购买消费物之用,亦可作购买资本金之用,两种用途根本没有显明的界限,故凯氏这种细分法虽然使货币购买力之内容比较精细而单纯,但与现实经济社会中之货币使用习惯不相符合。故两者实无细分的可能与必要。同时即使在理论上要用消费品之物价去表示货币之购买力,这对于货币数量说的正确性并无伤损,只是在形式上和内容上稍有变异而已。所以这只是表示方式的问题,与数量说的基本理论仍相符合。在这种表示方法之下,则数量说的范围即告缩小,而成为市场中之消费货物与用于此途之货币两者的对立,即用于消费金之购买的货币如告增加,假如其他事项不变,则货币价值即告下跌。可是,尽管这种表示方法与过去的数量说不相冲突,但

---

① A. Marshall, Principles of Economics, 8th. edi. p. 33; or his Principles of Economics of Industry, pp. 23-24.

② J. M. Keynes, A Treatise on Money, pp. 220-236.

③ J. M. Keynes, A Treatise on Money, pp. 220-236.

④ J. M. Keynes, A Treatise on Money, pp. 220-236.

⑤ J. M. Keynes, A Treatise on Money, p. 221.

⑥ J. M. Keynes, The General Theory of Employment, Interest and Money, pp. 262-309.

吾人对此种方式仍不拟沿用，而仍采一般物价水准的概念。

（6）凯恩斯在《就业概论》中批评货币数量说，谓其对于由生产量变化所引起之物价变化和工资单位（wage-unit）① 变化所引起之物价变化，未能分别清楚②。凯氏所谓生产量变化所引起之物价变化，如以静态分析为例，在这里可以如此解释：当就业量尚未及于饱和的境界，生产弹性大于零时，如货币数量及其他事项不变，生产增加则可促使物价下跌。又当就业量已趋饱和状态，即生产弹性等于零时，如货币数量增加，则生产完全不能增加，同时货币工资势必上涨（因就业已趋饱和点），于是促物价之上涨。凯氏所说即指未将此二者分别清楚。许多数量说学者以静态均衡为其研究的前提，假定生产弹性为零，或就业量已趋饱和点，于是用"其他事项不变"去抹煞在经济结构方面之一切变化，而演绎出数量说的结论。

确实地说，过去的数量说未能将两者分辨清楚，更未将两种变化所引起之物价变化作一综合的研究。在相对数量说中应力矫此弊，从货币数量之变化出发，去研究经济结构因此所发生之反应，此种反应对于物价的影响，再计量物价水准对于货币数量变化所生反应的大小，即计量物价弹性之大小。所以货币因素变化后，能引起经济因素之变化，两者对于物价均有影响。过去的数量说即在于忽视后一种因素对于物价之作用力，未将两者分辨清楚而只重视前一种因素对于物价之直接的作用，这确属一大缺憾。故相对货币数量说即兼顾两种因素对于物价之混合影响，而求出物价与货币数量之关系。

第五，对于交易总额或人民所需之物资总量，凯恩斯在其《就业概论》中亦曾有批评。谓货币数量增多（或减少）则人民支出

---

① 凯氏的所谓工资单位，即每劳动单位（labour-unit）之货币工资额。凯氏将1小时的普通劳动定为1劳动单位，此劳动单位之货币工资额即为1工资单位。至于特殊劳动，则以其报酬额为准去折算，如1小时特殊劳动之报酬为1小时普通劳动之2倍，则视为2劳动单位。

② J. M. Keynes, The General Theory of Employment, Interest and Money, p. 29.

(expenditure) 增加或减少，但此项增加之支出并非依同一比例而分配于各工业部门，即对于个别工业 (individual industry) 产品所耗的支出，并不依同一比例而变动①。数量说每每认定或假定货币数量增加后，每个人货币所得依同一比例而增加，同时各个人对于各工业产品之支出亦依同一比例而增加。以凯氏此种批评为准，数量说的此种基本观点实属错误。

旧式数量说之此种基本观点确属错误。矫正此种错误的方法，唯有一方面研究该社会之生产弹性，一方面研究其消费倾向，以观察经济结构因货币数量增加所引起之"质"的变化和"量"的变化，再将货币因素变化对物价所生之直接影响与之综合起来，去研究物价变化的大小。

第六，凯恩斯更批评数量说为货币理论与价值理论脱节之最显明的表现。凯氏谓："当经济学者讨论价值理论时，每谓价格由供求情况去决定，尤其是边际成本和短时期中之供给弹性二者，对于价格决定具有很好的力量。但是当他们讨论货币理论时，则谓物价由货币数量、货币之流通速度等去决定；而绝无人将此种种概念去和此前的供给弹性、需要弹性等观念发生关联。假如欲进而解释此种脱节现象之所以发生的理由，则在于数量说之假定货物供给弹性为零，而认为物价将和货币数量成正比例而变动。"这种批评自然是正确的。故货币相对数量说须兼顾货物之供给弹性，即兼顾因货币数量变化所引起之货币需要的变动，不复用货币之绝对数量去解释物价的变动，而用货币之相对数量去解释。

第七，有许多学者批评数量说，谓其与事实不相符合。例如在通货膨胀之初期中，物价上涨程度较货币数量增加程度为弱；及到后期，则前者远较后者为强。及通货紧缩时，则物价下跌较货币数量减少之速度为大。此种事实绝难否认。故劳克林与密塞斯等均批评数量

---

① J. M. Keynes, The General Theory of Employment, interest and Money, p. 289.

说之与事实不相切合。数量说所以会有此种缺憾，其原因在于抹煞其他因素，仅以物价与货币数量本身两者之关系为研究对象。而在实际社会中则不如此，当货币数量变动时，其他因素亦告变动，于是使物价与货币数量之关系，并不如数量说者所说之简单。

在货币相对数量说中，务须力矫此项缺憾，尽可能地求理论之与现实社会相接近。但是，此种功夫之成就的限度，仍不能不受理论在本质上的限制。如本书第一章所云，货币相对数量说仍属于理论的范畴，认定静态与动态的分析只为理论研究的两个部门。而所谓理论云者，即为使复杂事象简单化，即用比较抽象的观点和方法，去求原理原则之确立。所以，货币相对数量说尽管力求与现实相接近，加以序整与把握，加以比较、区别与组织，而构成一合乎论理的思维对象或认识对象。故货币相对数量说所能做到的，只能在某种程度内去克服旧式数量说在这方面的缺憾，而不能抛弃理论的立场，去将包罗万象的经验对象作为研究的对象。

第八，密塞斯批评数量说，谓其为讨论价格变动之学说，而不是讨论货币价值之起源的学说。密氏认定货币价值之起源与货币价值之变动应加分开。密氏谓货币与货物在市场中之交换比例一经确立，则此已确立之比例即构成日后货币评价之基础，故货币在过去之客观的交换价值，对于其现在的和将来的评价，具有很大的重要性。换言之，今日之货币价格①实与昨日及以前者相联系，亦与明日及以后者相联系。密氏即认定货币数量说对于货币价值之起源不能有所解释，其所能解释的只是货币价值已经确立以后之货币价值的变动。关于这一点批评，在某种意义上是可以接受的。确实地说，数量说的主要功用在于解释货币价值之变动，而且只能解释因货币数量变动所引起之货币价值的变动，因其他因素所引起之物价变动，则不能用数量说去解释。单以解释物价与货币数量之关系的一种任务而言，已够使数量

---

① 笔者按，所谓货币价格即以其能交换之货物量去表示，意即普通所谓货币价值。

说有成立的必要。由特种事象产生特种学说或定律，同时，用特种定律或学说去解释特种事象，适用的范围并非漫无限制，这原是现代科学中极显明而普通的道理。自然，这种道理亦可适用于货币相对数量说。

安德逊亦有相类似的批评，谓货币数量说以货币已经流通（money being circulating）为出发点去开始研究；至于货币何以会流通，则别有原因，但数量说不去加以研究①。对于这种批评，吾人所采的态度，与对前一项批评者大体相同，不必赘述。

第九，1920年丹麦国家银行之报告中有一段记载，大意为："钞票流通量与贴现率高度、外汇率、物价水准之间的关系，不论从哪一方面看，我们都作不出一个直接的结论（direct conclusion）来。此四者无疑是相关的（correlated），但是他们相互影响的程度（sequence）如何？影响的力量有多大？这些问题都无法加以决定。"② 在前次欧战中和此次欧战后，各国政府对于通货膨胀所激起的物价上涨，大多采这种看法以资掩饰。所以这种见解是当时否定物价上涨由于通货膨胀的理由，也可以说这是否认物价与货币数量间必然的关系之理由。固然，在当时的实际社会中，尽管通货膨胀是最主要的原因，但并不是唯一的原因，而尚有其他因素混杂在内。但是这种事实的复杂性，并不碍于货币数量说的正确。过去的数量说之认识对象，即为物价与货币数量间之静态关系，货币相对数量说之认识对象，即为物价与货币数量之动态关系；此种认识对象之单纯化与严整化，与经验对象之错综复杂并不冲突。所以，诚如丹麦国家银行报告所云，这四者间的关系异常复杂；但是，将这种复杂关系而加以净炼与洗滤，单以物价与货币数量之动态关系为研究对象，即可以使之单纯化与严整化。

第十，威塞尔对于数量说亦有批评，威氏谓供求法则应用到货币问题，即成为数量说。数量说的内容实在不够充实，仅将供求变动所

---

① B. M. Anderson, Value of Money, pp. 127-129.
② G. Cassel, Money and Foreign Exchange after 1914, p. 128.

促成之物价变化的方向加以明示,而对于物价之如何决定,则未能加以解释①。无疑地,威氏此种批评实是对数量说的一种误解。在实际上数量说所能解释的,并不限于因货币数量变化所引起之物价变动的方向,而且对于物价水准变化之高度,亦能加以解释。

第十一,罗伯逊批评数量说,谓其适用于经济比较安定、物价变动较小的时间,较适用于物价变化太大太骤的时期,要来得比较适切②。此种批评没有把物价变动的原因辨别清楚,实不免有空泛之弊。假若用物价说去解释,假若物价变动起于货币因素之变动,则不论变动程度和速度的大小,均可用相对数量说去解释。而且在经济变动较缓物价比较安定的时期,货币数量变动不甚大,不甚快;此时期中经济因素对于货币因素变动之适应力较强,物价变动每难与货币数量之增加成比例,故旧式的数量说每难适用。而在货币因素变动极速极大的时期中,如通货膨胀时期,经济因素绝难作同等的适应,物价变动甚为剧烈;在此时期中,旧式数量说似乎更能适用一些。以货币相对数量说而论,只要是因货币因素所激起之物价变化,程度不论大小,速度无分快慢,时间不论长短,均可加以解释。至于除因货币因素所直接③或间接④引起之物价变化而外,非货币因素变化所引起之物价变化,则唯有用其他学说去解释。

综括地说,各学者对于货币数量说之一般的批评,有些是由于货币本质论的差异而起,有些是由于所假定的前提有差异而起,有些是由于表现此种学说之技术有差异而起。第一种批评是由商品说或金属主义学者所发,吾人对此无再加考虑的必要。第二种和第三种批评,则大部分确有详加考虑加以接受的必要。

---

① F. V. Wieser, Der Geldwert und seine Veränderugen, p. 514.
② D. H. Robertson, Money, 1928, pp. 28-29.
③ 此指由货币数量变动所直接激起之物价变化。
④ 此指由货币数量变动,激起生产结构与消费标准之变化,进而影响物价之变化。

第四节 对于费雪派数量说之批评

费雪派数量说当以费雪的货币数量说为代表，故在批评时亦以此代表的学说为对象。费雪的数量说缺点很多，兹将其主要者列举于后：

第一，影响货币价值的因素极多，但费雪之数量说将其他一切因素或假定其不变，或认定其变动不足重视，而归结到货币数量为影响物价水准之最重要的因素，而演成其机械数量说的最后结论。这种说法，使人对他有"知其一不知其二"之感。在事实上，以现实经济体系之复杂，价格机构绝不会如此简单。在此种复杂的机构中，各种因素对于物价之作用及物价对于各种因素之作用，是交感的、相互的、错杂的；以费雪所用的文字来表示，大致可得下列两种方向的变动（→表示可以激起其所指因素之变化）：

(1) 以 M 之变动为出发点，则 M→P。

(2) 以 T 之变动为出发点，则 T→P，①。

此外更有 V 之变动不计算在内。在此种种关联中，数量说所能适用的，只是以（1）项对于物价所引起之直接变化和间接变化为限。至于（2）项变化以及个别物价之特别变动，则必须用其他学说去解释。坎南教授在这方面的看法非常透彻。坎氏谓："货币数量说只坚持着：'假若其他事项不变，X 因 A 之变而变'；而不管另一种说法：'假若其他事项（包括 A）不变，X 因 B 之变而变'，亦同样可以成立。在事实上，X 价值之决定因素，种类众多，除 A 与 B 而外，以其他每一因素为主题，均可作同样之假定，成立同样的命题。经济学者往往忽视此点，主张其中的一个命题，而自以为已把握整个的关键；其实并不尽然，其所主张者只是看到问题的一方面而已。因此，甲学者着重 A 因素，……主张'X 的 A 说'（A theory of X）；乙学者

---

① 此仅指因非货币因素所激起之变化为限。

着重 B 因素,……主张'X 的 B 说'(B theory of X);其实二者并不冲突,仅为同一事理之两面,解释者正着重一面而忽略他一面而已。"① 无疑地,数量说仅为"X 的 A 说",并不能解释货币价值问题的全部现象;费雪对于此点,实在不够客观。

第二,费氏认 M、T 为独立的因素,M 增加不能增加 T,T 变动时不能使其他因素随之变动。此种假定或认定,可谓由于忽视现行交换经济制度之特性使然。在实际上,M 增加时,如该社会之生产弹性不为零,则或多或少定能引起 T 之变动;反之,T 变动时亦定能引起其他因素之变动②。此种事实至为显明,不必再加细述。

第三,V、V′并不是常数。当 M、M′有变动时,V、V′每常有所变动;而且 V、V′之本身即一种极富于弹性的事象③。在通货膨胀之初期,人民误认物价上涨为暂时现象而延迟购买,及在后期,已发觉此中秘密,则拼命购买;在前一期中,P 上涨程度较 M 增加程度为小,在后一期则前者较后者远大④,此则必须由 V、V′之变动去解释;而且 V、V′之此种变动实由 M、M′之变动所引起。费雪硬认 V、V′为常数,实为违反事实之论。

第四,金属主义学者对于费雪谓货币之为何物所制成实全无关系,唯数量为决定价值之因素表示反对。例如安德逊即谓货币价值之决定因素实为货币之质而不是量⑤。这种批评与货币的本质相违背,故吾人对之可以不加考虑。

第五,密塞斯批评费雪之数量说,谓费雪认定数量说仅能适用于

---

① Edwin Cannan, Money: Its Connexion with Rising and Falling Prices, 1926, pp. 64-65.
② G. Cassel, Money and Foreign Exchange after 1914, pp. 132-133; B. M. Anderson, The Value of Money, p. 125.
③ G. Cassel, Money and Foreign Exchange after 1914, pp. 132-133; B. M. Anderson, The Value of Money, p. 125.
④ J. M. Keynes, Monetary Reform, 1932, pp. 45-61.
⑤ B. M. Anderson, The Value of Money, pp. 125-126.

货币价值之解释,但费氏对于此种说法并未加以证明①。确实的,费雪对数量说之仅能适用于货币价值的理论基础,未能有详确的阐述。数量说之所以仅能适用于货币价值的解释,实由货币之本质与其特性使然。在第一章中,对这方面已有详细的阐述,兹不再加解说。

第六,费雪所举之货币数量增加的三个实例中,第一种办法是政府将货币之名目(denominations)加一个倍,例如将 1 元货币之名目改为 2 元,如此,则过去之半元货币必改名为 1 元,过去 1 元货币必改名为 2 元。第二种办法是政府将过去之每一个货币均改铸为两个。第三种办法是增加货币数量一倍,而将此增加之货币给予原来货币之持有者②。密塞斯批评此种实例之不当。密氏谓第一、第二两种仅为名目之变更,而非货币数量之真正的增加。第三例则为货币之真正的增加,但亦极易引起误解。他在此例中,将新增货币按各人所持旧货币之数目分配,使旧货币持有者的货币数量加倍;此实与现实情形根本不相符合③。在事实上,货币数量加倍,绝不是一次增加的,而是在一定期间内逐渐增加的;同时,在数量增加以后,绝不是原有货币持有人之数量均告加倍。所以,这种实例实使人容易发生误解。

第七,M 与 M′之比率,并不如费雪所说者之严格。费雪所提的两项理由,即:第一,银行存款准备金与存款每成一定的比例;第二,人民使用存款和现金每有一定的比例,在实际上并不如此严格。安德逊列举实际数字证明此两项理由均不能成立④,并批评费雪,谓其对于现代银行制度的内容未加重视,即对于具有弹性的银行信用及放款与存款之关系等,未曾充分地明了⑤。在银行业发达的社会中,由货币数量增加,而物价上涨,而企业受刺激进而趋于扩充,于是向银行借款之需要增大,银行放款增多,致使 M 与其准备金间之比率

---

① L. V. Mises, The Theory of Money and Credit, pp. 144-145.
② I. Fisher, The Purchasing Power of Money, New York, 1931, pp. 29-31.
③ L. V. Mises, The Theory of Money and Credit, p. 144.
④ B. M. Anderson, The Value of Money, pp. 174-179.
⑤ B. M. Anderson, The Value of Money, pp. 286-288.

发生变动①。总之，费雪在这一方面太忽略了现代银行机构及其运行之实际情形。在本论文中，对于 M 与 M′ 之比例不再加以重视，更不强调其间具有何种比例。我们所重视的只在于两者合计究竟有多少，至于两者之区分及其比例若何，实不重要。

第八，关于 P 之批评，大概可分下列诸项：

（1）费氏认定 P 为被动的（passive）因素，由其他各因素所决定，而不能进而决定其他因素，这是一种错误。一方面 P 为各因素所决定，成为被动的因素；但另一方面以已经确立其某种高度为起点言，亦能成为自动的因素，进而使其他因素发生变动。例如，物价上涨每能促产业之扩充与发展，促 V、V′ 之变动，这是极显而易见的事实。费氏谓人为地使 P 上涨 1 倍，而 M、M′、V、V′、T 不变，则 P 之上涨实不可能。事实上，在 P 上涨时，其他因素中自然必有早已变动者，P 之上涨方有可能，此种假定实无多大意义，即使由此种假定而证明 P 之为被动因素，但并不能即此而断定 P 之无自动性。所以，费雪认定 P 仅为被动的因素，实与事实相违反。

（2）费雪公式中的 P 是趸售物价指数包括 258 种商品、工资指数和股票指数的加权平均数②。趸售物价指数的权数为 30，工资指数的权数为 1，股票指数的权数为 3。有些人怀疑着，这样的一个物价水准究竟能否代表货币购买力？自然，这是很值得考虑的一个问题。但是，这是一个技术方面的问题。我们希望统计学的日趋进步，使这个问题能逐渐解决。在现阶段中，我们只能用一种粗陋的方法去表现物价水准之变动。我们可以说：至少在现阶段中，欲求此种表现方法之精确而全无缺憾，实为不可能的事。故当前的问题仅在于如何使表现方法之缺憾减至最低度而已。

第九，费雪自认其数量说仅能适用于"正常"时期，而不能适用于过渡（transitional）时期。所谓"正常"一词，究竟其用法如

---

① B. M. Anderson, The Value of Money, p. 280.
② I. Fisher, The Purchasing Power of Money, p. 487.

何，其含义如何，实极富弹性①。具体地说，究竟过渡时期有多长的时间，此种过渡时期是真有这样的时期，抑或为假设的理论的范畴所谓正常时期，究竟每隔若干时日才出现一次，出现的时候，各因素是否真的彼此调节适应而形成一种静止的均衡状态（stable equilibrium）②，对于这些问题，费雪自己没有明确的答复。总之，即使真有所谓"正常"时期出现或保存，这时期出现的机会也太少，存在的时间也太短，这时段在经济体系运行的整个时间中也太不重要；故数量说所能解释的，以整个经济发展史而论，也实在太微乎其微了。更何况所谓正常时期是否真正存在，真正出现，尚成问题呢！

在货币相对数量说中，将矫正此种缺憾，根本不分所谓正常时期和过渡时期。以货币数量增加之时日为起点，假定货币数量增加以前，经济结构呈现着相当安定的均衡状态，于是进而在理论方面去研究各时段中物价之变化，直至经济结构进入另一新的均衡而后已。自然这是一种理论的范畴，使人用以解释物价与货币数量间之关系的一种工具；至于在实际上，货币数量之增加是连续的，前一次增加的影响未终结，后一次增加的影响又被加入，于是前后累积，永无止境。同时，以发动力之性质为准，货币数量之增加可分两种：一为货币数量自动地增加，即非由于工商业之需要而增加货币数量，使货币之相对数量增大；一为货币数量被动地增加，即源于工商业的扩展与发达，货币需要增大，而促使货币数量增大，但货币相对数量不致增大。货币相对数量说的研究对象仅以前一种货币数量之增加为限，后一种增加则不列入讨论范围之内。在实际的社会中此两种货币数量之增加，在某种程度以内每难有确切的界限。可是货币相对数量说既是一种理论的范畴，对于此种复杂的实际情形自然不能面面顾到；此则唯有希望此说在实际应用时需特别小心而已。

---

① A. Marshall, Principles of Economics, 8th. edi., Book V, Chap. V, pp. 363-366.

② B. M. Anderson, Value of Money, pp. 187-188.

第十，费雪用统计数字去证明其公式之正确①。此种证明不仅毫无裨益，而且使其数量说之"机械性"的程度更见深刻，缺憾更显暴露。如前所述，影响物价的因素至多；同时，货币的增加依其发动力之性质为准可分为两种：一为自动地增加，促货币相对数量之增大；二为被动地增加，不致促货币相对数量之增大。另外，以经济发展之发动力为准，亦可分两个方面：一为由货币因素所刺激而成者，二为由非货币因素所促成者。在如此复杂的场合中，竟由各种因素共同作用而构成的物价统计数字，来证明物价与货币数量之单纯关系，实把经济事象看得太简单了。货币相对数量说是一种理论的范畴，其所能解释的原有一定范围，我们绝无意于利用统计数字来证明其正确。

第十一，费雪公式中仅以货币与存款为研究对象，而未将汇票期票等流通工具并入讨论范围之内，这是很大的缺憾。费雪以为这种信用工具虽然对于物价有影响，但这种信用工具的使用，不过是使用支付工具的迟延，票据到期以后仍须以支票或现金去收回。例如商人以三月期票购买棉花，三月到期，仍须以现款去收回此项票据。结果仍与以现款购买无异，故费氏认定此种信用工具不必列入。但是，在事实上，这种信用工具如经银行承兑是可以转让的，故一张票据每不只发生一次交易，而可以有两次以上的交易②。安德逊主张将费氏的交易方程式加以扩充，如：

$$MV+M'V'+BV''+EV'''+OV''''=PT③$$

B代表账簿信用，V''代表此时期中一平均的账簿信用额之次数，E代表汇票，V'''代表其流通速度，O代表其他流通工具，V''''代表其流通速度。此种扩充的公式，与现实经济情形自然能够符合。但在理论方面，却可以不必如此细加列举。我们以为用广义的含义之货币一

---

① 费氏原书第十一章及第十二章。
② J. S. Mill, Principles of Political Economy, Book Ⅲ, pp. 11-12.
③ 穆氏谓账簿信用、汇票、期票和支票均可代替货币。B. M. Anderson, Value of Money, pp. 167-171.

词,去包括一切流通工具,似乎比较简单而明了,而且使适用的时间和空间之限制亦告减少。

第十二,费雪公式的作用,有一个单位时间的假定(费氏以一年为例),那就是说在一单位时期内,货币的支付数量等于货物的交易总值。然而在实际上,在一个单位时期内,有许多的交易,只有单向的移转,或只有交货而不付款,例如赊卖(sell on credit);或只有付钱而不提货,例如解账,这些交易就不能包括在费氏公式之内。但是,却不能说这种交易不会影响到一般的物价。自然,这也是费氏数量说的一个漏洞。

总之,费氏数量说之所以特别惹人批评与攻击,大部分是由于其欲用简单而机械的原理去表现复杂的事实,而且要用内容复杂的统计数字去证明此单纯原理之精确,因而显得缺憾重重,反不如剑桥派数量说仅作原则上的概略叙述之为愈。我们认定社会科学与自然科学不同,社会科学中之学说或法则只是一种倾向的陈述,只能求到相当程度之精确;如欲过求精确,则不仅是不可能而且也不必要。货币数量增加(或减少)将使物价上涨(或下跌),这是千真万确的事实,则陈述此种倾向的数量说,谁也不能加以否认。但是我们也应承认:这种倾向仅是复杂的价格机构之一个方面,故数量说也只是解释货币价值问题的许多学说之一个,并不足以解释价格机构之整个现象。数量说应该是一种理论的范畴,务须将经验对象中之复杂性与多样性尽可能加以洗滤和净炼;既如此则理论与现实多少总有些距离,故绝不宜用现实的统计数字作证明。所以费氏学说遭人批评可分四方面:第一是缘于货币本质论的差异,此种批评全可不加考虑;第二是缘于假定前提之采静态分析;第三是既采静态分析而又要毫不加以补充去应用于动态事象之解释,更用实际的统计数字去证明其精确;第四是为了要精确,使表现此种物价倾向之技术上的方法,非常重要,而事实上又无法使此种表现方法能做到天衣无缝的境地,于是漏洞毕露,致在其他各家数量说中根本不成问题的,在费雪学说中却都成问题了。

但是,费雪对于货币理论亦有其不可磨灭的贡献。在事实上,影响货币购买力的因素，何止千万？如不抱定一定的观点，从一定的出发点和角度去分别观察，将不知从何处说起！无论何种社会现象或自然现象，其构成因素都是很复杂的。如果不加以洗滤和净炼的功夫，而将此种错综复杂的现实事象为研究对象，则一切社会科学和自然科学的定律，都无法确立。例如，心脏跳动与其所受刺激的数量是成正比例的，此为医学中所公认的定律。但是，常因主观的和客观的种种因素，可以抵消或加重刺激的影响，而使在事实上的刺激与反应间之关系，不如理论所言者之确切。又如经济学中的供求法则，认供过于求则价格下跌，求过于供则价格上涨，久为世人所公认。而实际上，也有需要增加，而价格不变或者反跌的。故尽管理论与事实不十分符合，但理论仍可确立不移。所以尽管因其他因素之不固定，致物价与货币数量之间呈不成比例的变动，但吾人绝不能否认数量说之成立。而且，在其假定的前提下，费雪派数量说在原则上（除表现之技术方法的某些缺憾而外）是正确的。同时，费雪氏于影响货币购买力的许多因素之中，从交易的立场，确定五个因素为直接的因素，连成一个公式；再从这五个因素分别去探究各项间接因素，使这个千头万绪的问题，能有条不紊地体现出来。虽然数量说的基础已由前人奠定，但费雪之整理与阐述的功绩，却是不可忽视的。所以，在建立货币相对数量说之新的体系时，吾人并不抱根本推翻旧式数量说之念头，只打算以"逐渐逼真"的研究方法，将旧式数量说列为整个步骤中的一种形态，而改变其在货币价值理论中之地位，同时，在新的体系中，把"其他事物不变"的假定，逐渐减缩，到最后则根本放弃此项假定，以完成动态分析。在表现方法上采交易总值的观点，平易而与现实相接近，全无玄妙空泛的意味在内，亦多可取。所以在新体系之建立时，拟沿用此种交易总值的方法。

第五节 对于剑桥派数量说的批评

前面所述剑桥派各家数量说，基本精神与主要观点虽称一致，但终究若干论点彼此有些差异。故对于此派数量说加以批评时，有将各家分别立论的必要。

一、对于庇古数量说之批评

庇古的数量说有优点，亦有劣点，分条列述于后：

第一，庇氏假定全体货物之结合体的价值，由小麦之数量为代表去体现出来；法币价值之高低，由其能购到之小麦数量的多少去表示。此种办法，在纯理论的立场而言，因其根本不发生"物价水准"与"货物总体"之表示方法的问题，能免去许多枝节的表现技术问题，故在这一点上似较费雪派所采接近现实的表现方法为优。庇氏数量说所遭批评所以远比费雪所受者为少，一部分固由于其立论比较客观而不过于机械，另一部分则实由于其表现方法之逃避现实，将困难的各项表现问题轻轻地滑过，而得到一种玄虚的解决。但是，这是优点，也是缺点。用逃避现实困难之办法所得到的结论，在实用上的价值势必为之减色。社会科学本是以现实社会为研究背景的，其表现方法也以力求与现实相接近为佳。此种故弄玄虚的办法，实非吾人所敢苟同。同时，在现在，统计学已有相当进步，对于物价指数与生产指数等的编制已有相当程度之可靠性，用与现实相接近的方法去表现，并非全不可能，更用不着要用此种玄虚而远离现实的假设办法。总之此种假设的办法离现实太远，也非一般人所能了解，实用起来亦与现实情形完全不符，这实是庇氏数量说的重要缺憾。

第二，由供求法则之应用出发，演化而成货币数量说，这是很确切的。但用"人民以货币形态所保存之资源的比例"去代表货币需要，此种说法似乎也有些近乎玄妙，而不易为一般人所了解。此其一。同时，全体货币在各时点上总是被全社会中的人民保存着：资源被人保存的比例即使不变，若此比例之资源在流通过程（自离生产过程以后至最后消费过程以前）中，交换的次数有变动，物价水准势必有变动。庇氏对于资源在流通过程中之流通次数对于 P 的影响，并没有顾到，同时也无法顾到。此其二。同时，所谓全社会中之资源，究竟包括些什么，用什么方法去计算其被人民用货币形态所保存比例，更用什么方法去表示此种比例之变动，对于这些问题，庇氏均没有提供具体的解答，恐怕也根本提供不出完善的具体办法。此其三。此外，庇氏是以时点（a point of time）为准，而不以时期（a period of time）为准。但数量说之动态分析，务须将时间因素加入，而且所谓时间因素，必须具有长度（length），即必须是时期而非时点，始有意义。而时间为连续的，不可以"时点"为准去加以肢解。所以，以时点为准的研究方法，只适于静态分析，而不适于动态分析。此其四。总之，庇氏和其他剑桥学者所采之"货币需要"的含义与其表示方法，实有玄虚而不合实用的种种缺憾，非吾人所敢采择。故吾人在新体系中，拟采费雪的方法，视货币的需要包含于全体商业交易总量中，用此交易总量之大小去代表货币需要的大小。

第三，庇氏在分析中，将下列两项变动同等地包括于讨论之内：①货币需要变动引起货币供给与物价之变动；②货币供给变动引起货币需要与物价之变动。在实际上，因为经济组织与货币机构所具之特质，使上列第一项变动不应包括于数量说的研究范围之内。此中理由，约可分下列两个方面：

一方面在货币需要增加时，即资源总量增加或其被人民用货币形态所保存之比例增大时，因现行经济组织之基本特质在于追求利润，在于不能有物价长期下跌的现象发生，故货币供给有立即增加，以资适应，而免酿成物价惨跌的危机之必要。此其一。同时，由于货币机构之特性，使货币供给之适应比较容易。尤其在现代，支票制度发达，钞票印发与流通均甚普遍，货币需要一经增加，除经济恐慌时期而外，货币供给马上可加以适应。即在金属货币时代适应比较困难，但并非全不可能；如币值的减低，钞票和支票的发明与逐渐推广及应用，即为适应此种需要而来。此其二。货币需要之增加如系由于产业增大、人口增多等原因，则其速度每甚温和，而且是逐渐向上的，故极易适应。此与货币供给增加之情形实有所不同。此其三。此外，在事实上，由于种类力量和情势的驱使，整个货币发展史实为通货膨胀史，即在长期中，货币供给增加之速度和程度，大体上是较货币需要增加之速度与程度为快为大，即货币相对数量，在整个货币史上，实是与日俱增的。此其四。有此四点，故吾人对于货币需要增加而引起货币数量增加的一项，不应也不必并入讨论范围之内。只需以货币数量自动增加而引起货币需要与物价之变动为研究对象。

另一方面货币需要减少，即无异于货币相对数量增大，则货币数量说可以应用，而不必特别标明出来。所以，货币数量说所要研究的，应以货币供给自动变化为出发点所引起的货币需要及物价之变动为限：即从货币数量变化出发，去研究物价在整个经济体系中之反应状态。至于货币与物价两者之其他关系，则不应并入讨论范围之内。

第四，P 为一单位货币所能购到之小麦量，此种说法，一来与现实社会计算物价之方式不相符合，二来假定以小麦量去代表一般物资量，实太抽象。故在新的体系中，不拟加以沿用。

以上四项均系庇氏数量说之缺点。以下各项则为其优点。

第五，以人之全部骨骼为喻，指明各因素之相互关系，实属客观而正确。绝非费雪之机械的数量说所能望其项背。

第六，将法币分为广义的与狭义的两种范围，此与费雪之视货币为主币，其他为货币之代用品的看法不同。此种看法与现实情形较相切合。

第七，供求之综合分析是以弹性为解释的工具，可谓有独到之处。但谓货币之需要弹性常等于一，则与事实不符。

第八，庇氏谓因货币数量变动而发生之物价变动，因时距有长短之不同，变动情况亦有差异。分析物价动态而注重时间因素，实属庇氏之一大贡献。

第九，谓货币供给与货币需要并非独立的因素，实可以互相影响；故谓货币数量说应用时，务须注重供求双方面，可谓切合现实。

综括地说，庇氏数量说的优点在于客观而不机械，对货币供给变动所引起之各种变化，大体上能面面顾到；其劣点在于表现方法之逃避现实，迹近玄虚，使其在实用上的功能，为之减色。在新的体系之建立时，吾人当尽量采取其优点，对其劣点则极力加以避免。

二、对于霍特里数量说之批评

霍特里之数量说，有其优点，亦有其劣点。下列前二项为其缺点，其他则为优点。

第一，霍氏数量说的最大缺点即为不纯粹。霍氏将静态分析与动态分析分开，用"未消耗准备"学说去作静态分析，而将"消费者所得"与"消费者支出"的学说去作动态分析。霍氏谓"未消耗准备"学说不能应用于动态分析，于是不得不更采"消费者所得"和"消费者支出"的学说作动态分析，以资补充。此二种学说之间，实有种种矛盾存在。

在"未消耗准备"学说中，谓社会中流通之货币量即构成全社会之"未消耗准备"总量，假若将此种说法应用于动态现象，则货币与信用增加时，即"未消耗准备"增加，而促物价上涨。但在其"消费者所得"与"消费者支出"的学说中，则谓信用增加，一部分将使"消费者差额"增加，一部分使"消费者支出"扩大；后者扩大，即消费量增大，货物出售量增加，于是使零售物价与批发物价先后上涨；又谓信用增加时，"消费者支出"增加愈大，则"消费者差额"增加愈小，其对于物价之影响愈大；"未消耗准备"之总量增加愈慢，则物价上涨愈快。于是此中即包含种种矛盾，即①在"未消耗准备"学说中，视 P 与"未消耗准备"成正比例而变动；在"消费者所得"与"消费者支出"的学说中，则视 P 与"未消耗准备"成反比例而变动。②在静态分析中，以时点（a point of time）为准，而在动态分析中，则以时期（a period of time）为准。③在静态分析中，以暂息中的货币为准，而在动态分析中，则以被消费者支出之货币为准，即以流通中的货币为准。④在静态分析中，认为人们所以需要货币，是因为各人购买物品为从事商业必要储存相当的货币，以便随时随地使用，即货币之功能在于存储备用中；而在动态分析中，则认为人们所以需要货币，是需要它去作交易媒介和流通工具，即货币之功能在于购买中。

总之，第一种看法与剑桥派诸家相同，但仅用作静态分析，而未作动态分析之用。第二种看法与费雪派之立场大致相似，唯解释方法有所不同。故霍氏的数量说实有立场不确定、内容不纯粹的弊病。

第二，在静态分析中，将"未消耗准备"总值与该社会财富的总值对等起来；在动态分析中，将"消费者支出"与市场中待售的物资对等起来。霍氏在这方面只作原则上的提示，而全未涉及如何去表现的问题，使霍氏数量说在实用价值上为之减色。

第三，以现代货币与信用机构为其研究背景，尤其注重信用机构，可谓切合现实的情势。

第四，所下货币之定义，针对其所认定的货币职能而发，认由法律规定或由习惯形成之偿付债务的手段，均可谓之货币；将货币与信用同等看待，实较费雪等将二者分别看待为优。

第五，以货币、信用数量变动而引起物价变动为研究范围，未将其他部分混入，研究对象甚为单纯。

第六，认为静态均衡几乎从来未曾实现过，故以动态分析为主体。

三、对于罗伯逊货币数量说之批评

对于罗伯逊货币说之批评，约有下列数项：

第一，罗氏调和费雪派和剑桥派的两种观点，分采供求说和数量说，前者以时间为主，后者以时点为主；前者注重流通中之货币，后者注重暂息中之货币；实则二者同属货币数量说，应同由货币之本质与其特性所演化而成。罗氏谓供求说由货币与货物之共同点出发而形成，实则在实质中，货币之供求与货物之供求，含义根本不同，罗氏所见者仅供求之表面和形式而已。

第二，罗氏在费雪派和剑桥派两种方法之选择上：认为各有优点，可谓客观之至。但对费雪方法评其以无生命的商品之流转为准，而与人的心意之运行，比较疏远。吾人以为在社会科学中，各种定律或学说，与人之心意的运行比较疏远者，为数极多。如格莱辛法则（Gresham's law）谓劣币驱逐良币，已成为公认之定律；但并未将"人之心意的运行"直接在定律中表现出来。又如供求法则，亦已确立不移，但也并未将"人之心意的运行"直接在此法则中表现出来。故一种学说与"人之心意的运行"比较疏远，实不见得一定是该学说的缺憾；反之，另一学说而与"人之心意的运行"比较接近，亦不见得一定是该学说的优点。吾人以为一种学说之是否与"人之心意的运行"相接近，没有多大关系；能够比较接近固佳，即在某种限度内而比较疏远，亦未尝不可。吾人以为选择此两种方法时，当以数量说之整个体系之是否严整、单纯、切合现实情势而能作动态分析为准则。无疑地，费雪派数量说的方法，实比较能够适合此种标准。

第三，直接以当今之货币机构为背景去研究。不像有些学者之先以普通货币为讨论范围，然后再行推广及于银行信用对于物价之影响。此其优点。

第六节 论争的调和

数量说之拥护者与批评者间之争端，虽然在当代已趋沉寂，但争端迄未得妥善解决。除了由金属主义的货币本质论出发的各项反对论点不必多加考虑而外，其他批评论点实是值得数量说学者深思熟虑的。大体说来，批评数量说的大多以实际社会为背景，发出各种批评的论点，而未针对数量说所下之种种假定前提立论。所以批评者与主张者之不一致，主要是由于彼此所持之前提的不一致。故吾人认定在一定假定下，旧式数量说是可以成立的，其缺点不在于其推理部分之是否合理而在于其基本假定离事实太远（尤以费雪派数量说为甚）。因此当前的主要问题不在于数量说所持假定下的推理和结论之是否正确而在于其假定之是否合乎现实。数量说的假定离现实太远，为不可否认的事实；修正之道，不在于根本推翻数量说而在于取消数量说之"其他事项不变"之假定，并明白确立其研究对象，采取动态的观点，建立货币相对数量说之新的体系而已。吾人相信可使数量说之批评者与主张者在这一方面的争论，获得某种程度以内的调和。

在费雪派和剑桥派两种方法的选择上，吾人拟沿用费雪的表现方法，唯对于各种因素之相关的变动方面，极力避免其机械的气味，而尽量参照剑桥派之客观与面面俱到的态度。所以如此采选的理由，已详上述各节评论中，不赘述。

现将新的体系中之各基本论点，作一综合的列举，使此说眉目更形清晰：

（1）大体上沿用费雪的表现方法。

（2）承认 T 在某种限度内有因 P 变动而变动之倾向。

（3）承认 T 之变动有促 T、M、V、M′、V′等因素变动之力量。即 P 一方面为各因素之结果，同时亦能为原因。

（4）认为旧均衡与新均衡不仅有"量"的交易，而且有"质"的变易。

（5）认为 M 及 M′同等看待，以现代的货币和信用机构为研究背景。

（6）认为 M 及 M′变动后，V 及 V′将会发生变动，生产规模与消费标准等均将发生变动。

（7）货币需要包含于某时期中该社会之交易总量中，货币数量变动能使货币需要亦生变化。

（8）将时间因素并入讨论之内，以动态的观点观察 M、M′变动后物价在最短时间、短期和长期中的各种变化过程。

（9）确认此说属于理论的范畴。与现实物价的变动并不完全符合（因为现实物价变化更含有其他成因在内）。更不拟用统计数字去证明本说的正确。

（10）将国际贸易的因素加以摒除。

（11）采函数关系，而不采因果关系。

（12）明白地承认数量说之适用，有一定的范围和限度。即以解释从 M′、M 之数量变动在整个经济体系中到 P 之变动的事象为限。此外其他物价现象须由其他学说去解释。

总之，认为货币供给与货币需要二者并非彼此独立而是相互关联的。故以货币数量变动为出发点，进而研究货币需要之变动；以相对于货币需要之货币数量去解释物价变化的动向。旧式数量说以绝对的货币数量，去解释物价变化的动向。旧式数量说以绝对的货币数量去解释在这一方面的物价变动；在新的体系中则改以相对的货币数量去解释，此即二者间最基本的区别。

第五章 货币数量与流通速度

第一节 货币数量之特性

货币数量一词,难甚具体,全无抽象的成分在内,但其内容颇为繁杂,故吾人在本节中应对其意义、特性及变动之种种可能的情形,分别加以讨论。

一、货币数量之意义与内容

如前所述,本学说系以现代货币制度与信用机构为研究背景,以物价与货币数量间之动态关系为研究对象,故应将国家货币与银行货币同等看待,对本位币、辅币、银行券及存款通货等,一视同仁;认定流通中的货币,应包括各种货币的全部数量[1];而不复采取古旧的看法,视何者为货币,何者为货币代替品[2]。所以,笔者在本学说中,对于货币一词,采取一种非常广泛的观点,将凡可充交易媒介且其数量之变动对于物价能发生影响的任何流通物,均一并加以包括,

---

[1] J. M. Keynes, A Treatise on Money, Vol. I, pp. 9-11. Hans Glückstadt, The Mechanism of the Credit Standard, London, 1933, p. 10.

[2] 视本位币、辅币为货币,视银行券、存款通货为货币代替品者,在各货币学者中,为数极多,此种看法实与现代的货币与信用机构之基本精神,有所不符。因现在货币制度主要因素在于信任(confidence)之确立,信用机构之得以运行,信任亦为最基础的因素之一。两者之基本因素实属相同,唯程度上有差异而已。

视为货币,使成为价格理论之研究对象。

在实际社会中,能充交易媒介之流通物者,为数颇多,除本位币、辅币、银行券及支票外,更有账簿信用、汇票及期票等。账簿信用实为创造购买力的信用,在当时不转付任何货币,甚至在以后亦不转付任何货币,但在账簿上以往来的交易抵消,仅以现款结付差额而已。故账簿信用可分两种:一为仅在时日上延迟现款支付者,一为以往来交易互相抵消,不用现款清债者。前者并不节省货币的流通额,故不在讨论范围之内,后者则无疑地具有货币的作用,其数量对于物价有所影响。至于汇票,如经承兑后,不再转让,即行向银行贴现或自己加以保藏,等到期时前往收款,则此项汇票仅为货币之延缓支付,不得视为货币;但是,汇票经过银行承兑后,加以背书,是可以转让而流通的,故一张汇票不止发生一次交易,而可以有二次以上的交易,如此,则此汇票实具有货币的作用。此外,公司、商号或银行有时更发出凭票即付的票据,因其信用昭著,能使人乐意接受,充交易媒介之用。如我国在币制未统一前所盛行的市票,即属于此类。这自然也具有货币的作用,其数量与物价有直接的关系。

所以,在现实社会中,国家货币、银行货币以及一定条件下的账簿信用、汇票、期票等的数量,均对于物价水准有直接的关系,应将其全部数量并入讨论范围之内。但是在现代化的经济社会中,账簿信用汇票和期票等所完成的交易,在整个交易总量中所占的百分比并不甚大,在讨论货币数量之内容时,我们所特别注意的,当以国家货币和银行货币两者为主,其他信用工具只属于次要的因素,不必单独地提出讨论。在广泛的陈述中,唯货币数量一词,则泛指此种种交易媒介之全部数量而言。

本位货币和信用通货是现代货币制度与信用机构中之主要交易媒介。在现在,各国本位币均采纸币的形态,在形式上和实质上,货币之对内价值已与贵金属没有直接的关系,至多也不过保有间接的关系,即以金银数量充发行准备,藉作发行数量之限制,使货币之稀少性较大,以维持货币价值而已。这是现代货币制度的一个特色。同时,银行制度之健全与发达,支票使用之普遍,使本位货币的任务—

部分被支票所担承；尤其在英、美等国家中，89%以上的交易，由支票去清偿，使本位货币之地位日形低落。这是现代货币制度之另一个特色。

货币制度本是一个历史的社会的范畴：在货币发展的各阶段中，并行着各种形态之货币；同时，各种货币间之相对的重要性（relative importance），在各时期中也彼此不同。例如，在现代的英、美诸国中，银行发达，支票盛行，无疑是以支票为最主要的交换媒介，且其重要性与日俱增。而在德、法等国家，则支票制度不盛行，而以纸币为主要的交换媒介。其他国家因经济比较落后，信用机构之健全程度尚未臻于完善的境域，国家货币与信用通货之相对的重要性，亦因特殊环境而彼此各异①。但是，不论货币数量在内容上的组成如何，货币相对数量说对之均可适用，而不必有任何修正或补充。

二、货币供给之特性

本位币辅币的发行，支票和其他票据的签发，使其在市场中开始流通而充交换媒介，即为货币之供给。如以国家货币和银行货币为主，货币供给有下列四种特性。

第一，货币之供给具有一种累积性。国家货币及银行券具有此项特性。支票及其他票据之流通历程较短，支票尤甚，势难适用于此项特性。在贵金属货币时代，黄金或白银逐年产量之累积，使其总量远大于年产量，于是货币价值因能比较地趋于安定。在纸币时代中，历年发行额亦能累积，使其总数量远大于每年增发量。故在任何国家

---

① 如以使用钞票和使用支票为例，二者在各时期中之相对的重要性，彼此各异。凯恩斯谓从使用钞票到使用支票之间的货币演进，可分为四个时期。各时期中钞票之重要性，均有变易。故钞票发行之统计数字，在整个货币数量中之重要性，亦随时变易。（参考：J. M. Keynes, A Treatise on Money, Vol, I, p.40）由此可概其余。密塞斯亦有大体相同的说法，密氏视本位币为货币，视其他交换媒介如支票等为货币代替品，密氏谓后者与前者之间，并无确定的数量关系，即其间之相对的重要性，随时变易。参考：L. V. Mises, The Theory of Money and Credit, pp. 302-303.

中，此种货币之现存数量，均远大于其每年的新增供给量。因此，在讨论价格理论时，不曰货币供给，而曰货币数量。

第二，货币之供给增加比较容易。在金本位或银本位的货币制度下，增加此种本位币数量有两种途径：一为国内金银之增产，一为国外金银之输入。两者均各有其限度，除采用价值方法外，货币供给之增加亦有限度。但纸币发行之增加却远较金银币之增加为容易。增加纸币发行额有下列种种可循的途径：①增加准备；②使准备比率恰及于法定限度（假定原来为高于法定限度）；③贬值；④减低准备比例。故纸币之增发是极容易的事。尤其在政治机构、社会组织、财政制度不甚健全的国家，一遇非常事变，如对外战争等，每以印钞机为维持其浩大支出的法宝。货币发展史中，此种事例极为众多。至于支票之签发，则受银行活期存款之限制；此项存款则主要地受银行放款的限制，而银行放款则又受工商业发展情况等之限制。只要工商业发展情况良好，银行组织健全，使企业家有向银行请求通融资金之必要，且有提供良好的担保品之可能，则银行放款之增加是比较容易的事。故一般地说，银行扩大信用以制造购买力，实甚容易。

货币供给之增加，远较货物供给之增加为容易。货物供给之增加，受技术、资源和时间等方面的限制，每甚困难；而货币供给之增加，则此种种限制均已降低到最低限度。但国家立法机关对于货币制度之严加规定，和货币当局对于金融界之严加管制，每可使货币供给之新增量有所限制。假若立法不严谨或易于修改，又假若对金融界管理不严格，则数量增加极为容易。总之，以国家的立场言，货币之供给弹性实远较货物之供给弹性为大。

第三，货币供给增加之机会远较其减少之机会为多。由于财政上之需要，一方面用货币增发额来弥补预算中收支不平衡之一部分，另一方面要极力避免货币价值增加而加重政府之债务负担。同时更由于现行经济体系之盈利的特质，利于物价上涨而不利于物价下跌。故当物价逐渐向上，工商业情况旺盛时，企业家尽量向银行请求通融资金；当物价下跌，工商业陷于萧条状态时，政府每用种种方法，如公共工程政策等，从事救济，故在长期看，货币供给固属增加不已，而且其相对数量亦增大不已,即以短期为准,货币供给增加之机会亦远较其减缩之机会为多。

第四,货币流通数量之精确计算,殊为不易。货币流通数量不能有精确之计算,其原因如下:其一,货币种类的众多,除了本位币、银行券和支票的数额外,其他票据之可充交换媒介者,其数额实难有精确之统计。其二,各国银行公布存款数目时,每难将支票存款与别的存款作严格的划分,同时各银行公布之日期每难完全相同,则其数额难有精确之统计;此外有许多城市无支票交换所之设立,即已设立,亦有许多支票根本不经过交换所,故其流通速度亦难有精确之计算。其三,本位币和银行券等,虽发行数额有确实之数字可查,但其流通速度却只能求到一个粗略的平均数①。所以,货币供给之精确计算,不仅是非常困难,而且简直是不可能的事,至少在现阶段中是如此。

三、货币供给变动之种种可能的情形

货币供给之变动,可分两方面去观察:一为从促使此项变动之发动力着眼,二为从货币制度方面着眼。兹分述如下:

第一,以促使货币供给变动之发动力为准,货币数量变动可有下列诸种情形:

(1) 自动的变动:所谓货币供给之自动的变动,即指此种变动非缘于产业变动或货币需要之变动所促成,仍系由其他原因所刺激,致能改变原有之货币相对数量,而促物价之变化者。此种自动的变动,有种种不同之情形:如①政府方面:如遇重大事变,如对外战争,而无法用他法筹得战费,势必增发纸币,以充战费之一部分或全部。如在平常时期,财政预算之收支不能平衡,于是增发纸币以弥助差额,充用行政费用。如失业恐慌时期,救济需费,如此项救济金无法用他法筹措,则势必增发纸币。又如国有企业之创办与扩充,公共

---

① The active circulation 计算的困难,凯恩斯曾以英国为例,加以说明。

工程之兴建，均需巨款，苟无他法筹得资金，则增发纸币，以作投资之用。此四种情形，均足以使政府增加货币之供给额。②企业方面：由于工商业情况良好，一般企业家受利润率增大之刺激，从事企业之开创与扩充，于是尽量地向银行请求通融资金。长期资金每直接或间接来自人民之储蓄①，故不发生货币增加的现象。至于短期的流动资金，每由银行制造信用或扩大信用而来，实足以产生货币供给增加的事实。凡此种种情形所发生之货币供给增加，均能使货币相对数量发生变化，故均属于本学说讨论范围之内。

（2）被动的变动：所谓货币数量之被动的变动者，即产业发展或扩大在先，即货币需要变动在先，货币相对数量已有变动，即物价已有变动；为恢复其原来物价水准计，于是将货币供给作相应的变动，使货币之相对数量回复原来的比例。例如：由于人口增加、技术进步或其他原因，使货币需要增加一倍，于是货币相对数量即告变更。为使货币相对数量恢复原有状态计，货币数量即须新增一倍。此种新增之货币供给，纯系被动的，是在使已变更的货币相对数量恢复旧观，纯在弥补前此货币需要与货币供给之脱节，并不足以自主地促货币相对之变化，故此种情形下所发生之货币供给变动，不是货币相对数量说的研究对象。

但是，上面所述只是一个极端的例子。在现实社会中，产业扩展而使货币需要增加时，因货币制度与信用机构具有特殊的性能，货币供给弹性甚大，从货币供给增加方面去适应货币需要方面之变动，是非常容易的事。货币需要一有增加，货币供给方面马上可以适应，绝不会脱节太大。所以，上面所述之极端的事例，一方面在理论上固然不应包括于本学说的讨论范围之内，另一方面在事实上发生的机会也必极少。

此外，尚须特别提出两种情形：①货币需要变动后，货币供给之适应在程度上有所超过，或有所不足。有所超过时则使货币相对数量

---

① 此系指人民之自动储蓄而言。

增大，势必使物价水准回复原有状态而外，更形上升。有所不足时则使货币相对数量尚不足以回复原有状态，物价亦不足以回复原有水准。两者中尤以前者发生之可能最大。②因特别事故而使货币需要减少，此时因政府财政或其他理由，无法使货币供给作相应之缩减，于是即使货币供给不作新的增加，货币相对数量亦即告增大，物价亦势必上涨。假若在此种情形下，货币数量更有新的增加，则货币相对数量扩大的程度更大，物价上涨程度更大。这种种情形中，货物变动所引起之物价变动，无疑地须用货物的供求变化去解释。虽然此种变动可以促货币相对数量之变化，但这是货物变化之结果，而不是货币变化之结果，故此部分不能成为货币相对数量说之研究对象。但在货币供给之适应工作已经完成以后，物价变化，则与货币因素之关联增大，即可成为货币相对数量说之研究对象。

在现实社会中，除通货膨胀、通货紧缩的极端情形而外，货币供给之纯粹的自动变化或纯粹的被动变化，是极少发生的。两者混杂着的情形却非常普遍。但是，在理论中，吾人不能不作如此区分，而且在划定讨论范围时，不能不作如此选择。

第二，以货币制度与信用机构为准，货币数量变动有下列诸种情形：

（1）在金币本位或银币本位之国家中，货币供给数量以金或银之存在量为其限度。同时因金或银尚有其他用途，故金币或银币之稀少性更形增大。在自由铸造自由熔毁与自由输入输出之前提下，能由国内与国际两种自动的调节作用，使货币相对数量大体上保持稳定，物价亦告安定——至少在理论上如此。不过在现在，此种货币制度已成过去，故在下节中讨论货币制度时，不以此种本位制度为题材，而以纸币之发行制度为研究对象。

（2）在纸币本位之下，纸币之发行权为国家所独占，货币价值与贵金属不复有直接之关联存在。在此种本位制度下，货币数量全在于政府加以严格的管理，限制发行的数额，使货币之稀少性维持于适当的标准，使货币相对数量保持稳定，以求物价之稳定。增发纸币，成本低而且极为方便；故此种本位制度之采行，须以社会组织、政治机构、货币制度等方面均已发展至相当健全的境域，方能免除滥发纸币的流弊。在此种制度下，货币数量增加极为容易，而且在事实上也是增加之机会远较减少之机会为多。

（3）关于信用通货方面，在平常时期中，只要企业家有请求通融资金之需要，且能提供适当之担保品，则信用之供给每甚容易。

总之，因货币形态之各异，各种货币之供给弹性亦彼此不同，其所受之限制亦各不同。以下两节中当分别加以分析。

第二节　发行制度与货币之供给弹性

在现阶段中，各国之货币制度，单以国内流通之货币形态言，不论其为金汇本位制（gold exchange standard system）还是金块本位制（gold bullion standard system），还是金汇本位与金块本位之混合体制，大体上有一个共同的特色，即在国内市场中不再有金币流通，而以国家银行之纸币充无限法偿（unlimited legal tender），对内成为不兑现纸币。故纸币之发行制度与准备制度即为本节之讨论题材。

纸币发行制度，因分类标准不同，可有下列两种方法：

（1）政府发行和银行发行。纸币的发行有属于政府机关的，叫做政府纸币（government note; treasury note）；有属于银行的，叫做银行券（bank note）。这种区分，在第一次世界大战以前比较适合。在那时，各国有发钞权的银行，多半系由私人资本设立，故银行券似乎是专指私立银行所发行的钞票。在最近，这种分别已在许多国家不存在了。有许多国家的发钞银行，都是政府设立的银行，在表面上虽然可以叫做银行券，但实际上也就是政府纸币。因为这种区分在许多国家中已不存在，故二者之货币供给弹性的比较，亦不必要了。

（2）单发行制（centralized issue system）与多发行制（decentralized issue system）。前者的发钞权集中于一个银行或一个机关，后者则发钞机关不止一个。此两种发行制度中，自以前者较能适应现代的局势，故原采多发行制的国家大多已改采集中发行制度，或逐渐走向集中发行制度。集中发行制度有灵便统一之长处，便于管理与统制，使货币数量的增加与收缩，可由政府政策直接加以支配，运行自如，可收得心应手之实效。故以货币供给弹性而论，不论是供给增加还是供给减少，都以集中发行制为佳。

纸币之发行，在货币发展之各阶段中，其意义各有不同。在最初，贵金属铸币盛行，纸币不过为此种铸币之代替品，故须有较大数额的现金准备，以备兑现之用。及后，因银行组织及政府管制力量日臻健全，此种意义之准备，对于纸币购买力所起的决定作用逐渐消失，到现在，纸币已不复为货币代替品，而为具有无限法偿资格的货币，同时在国内流通方面，兑现的现象也不再存在。但是，因为传统习惯的关系，准备制度仍旧普遍地存在着。此种准备制度之存留，其对内的意义，绝非在于兑现，故需要一种新的解释。笔者以为：在现阶段中，发行准备对于货币价值之维持，有下列两种作用：第一，藉现金准备来限制纸币的发行数量，防止纸币的滥发，以增大其稀少性，使货币价值得以维持于较高的水准。第二，利用一般人民对于黄金白银之传统的迷信观念，以现金准备作为幌子，来增强人民对于纸币的信仰。使其流通速度保持于正常状态，免货币价值之跌落。两种作用中，尤以前者为最重要。不过此两种作用之效力均有其一定的限度。在事实上，纸币发行数量之限制，其基本的要件实为社会组织、政府机构与财政制度之健全，如具备了此种基本要件，则纸币数量自然易于限制；如未具备此种要件，则发行当局总可以想出种种巧妙方法，来敷衍此种法定限制，达到实际上增发纸币之目的。所以，只要社会组织、政治机构和财政制度已臻于健全的境界，只要对货币数量加以适当而严格的限制，纵将发行准备降低到最低限度，甚或完全废弃准备制度，货币价值仍是能够维持的。从纸币之最初形成起，愈到现在，各国发行准备比率则愈形降低；同时，现代化的程度愈大的国家，其发行准备率愈低，如德国近年来的发行准备，已降低至极低的程度，即为极显明的例证。由此，我们可以推测：在将来，发行准备势必更加降低，甚至有根本废弃之一日。但是，在社会尚未进化到根本废弃发行准备的时候，此种制度仍有其存在的必要，且可对货币价值之维持上，或多或少有所助益。

当今各国所行的准备制度，主要者有下列数种：

第一，固定保证准备制：此种制度行于英国。1844年之英伦银行条例（Bank of England Charter Act），将英伦银行事务分为两部：一为银行部，管理发行钞票以外之一切银行业务；一为发行部，专管钞票发行的事务。所有钞票之发行，除1 400万镑可以用政府欠款作准备外，其余每发行1镑钞票，必须有1镑现金的准备。即将保证准备的发行数量，只限于一个永久固定的数目，故谓之固定的保证准备制。此种制度之创立，其用意在于以为英伦人民所需要的支付工具，至少必须有1 400万镑，所以对于此数不必用现金准备；过此数额，则须按照自由铸造的原则，随时增减货币流通的数额，以应社会之需要。但因国富日增，工商业日益发达，人民对于支付工具之需要逐渐加多，此项固定的数额到了几年以后会嫌不够，以致金融恐慌不时发生。金融恐慌发生时则由财政部用紧急处置的方法，停止该条例的行使，以资解救。此项固定数额后虽屡有增大，但为数极小①。所以，以货币供给之弹性言，此种准备制度实嫌过于固定，此种准备制度之货币供给弹性，几乎小到近于零的境界，于是有下列三种弊害：①当货币需要增加时，货币供给不能消极地加以适应，货币相对数量遂致缩小，致使物价不能有所适应，甚至足以酿成恐慌与萧条的危机；②货币数量不能自动地作轻微的或温和的增加，使货币相对数量徐加扩大，物价徐徐上涨，发挥货币机构对于经济发展的助长作用；③在金融恐慌和经济恐慌发生时，货币供给弹性如此之小，除非另谋他法，则货币机构方面不能有所解救。所以，这种准备制度之货币供给弹性，实嫌太小，殊难适应现代货币需要之变化。但是，在英国，因为银行组织健全而普遍，人民与银行往来之习惯已经养成，支票制度日见发达，故能补救此种缺憾，不致阻碍工商业的发展。

第二，最高限度发行制（maximum issue system）。法国在某一时

---

① 英伦银行之保证准备发行额，第一次世界大战开始为1 845万镑，1923年增多1 975万镑，1928年扩大保证准备发行额，定为26 000万镑。

期会采行此种发行制度。即用法律规定一纸币发行额之最高限度。在此限度内，其准备之内容，法律上无明文规定，一任银行自由，在此限度以外，即不能发钞。其最高发行之数额，因时代变迁，时有扩充。但 1928 年整理币制时，废除此制，改采比例准备制，定现金准备为发行额的 35%。此种准备制度所定之最高限度发行额，往往使保证或无准备之纸币发行额，不令膨胀至最高限度。例如，1914 年 12 月，法兰西银行纸币之法定最高限度发行额为 120 亿法郎，所发纸币且已明令停止兑现；而此项之实际流通额，则仅 100 亿法郎，所有现金准备在 45 亿法郎左右。故在事实上，保证准备或无准备之纸币发行额，仅占 55 万法郎，离法定最高限度尚极遥远。此种制度之货币供给弹性甚大，若能运行得法，自能在消极方面适应货币需要之增加，在积极方面发生货币机构对于经济事业之助长作用。所可虑者，但恐此最高限度发行额的高度，难于恰到好处。过高或过低，均有弊病。

第三，比例准备制（proportional reserve system）。比例准备制，即规定纸币之发行额，至少须有百分之若干为现金准备，余则为保证准备。此种制度为当今最流行之一种准备制度。现金准备之百分比的大小，各国不一：大体上说，在货币机构健全的国家，百分比每较小；在组织不严密、货币与信用机构不健全、财政未上轨道、人民对于发行当局之信仰不坚定的国家，则百分比每较大。此种准备在理论上与事实上之有无缺憾，吾人在此不必加以论述。此种准备之最重要的优点，在于其货币供给之富有弹性。不论是对于货币之季节需要（seasonal demand）的变动，还是工商业日趋发达所引起之货币需要的变动，均可具有适应作用。至于各国所规定现金准备之百分率的高低，此与货币之本质无直接的关联，不过为藉以限制发行数量和藉以迎合人民对于贵金属之传统迷信心理的一种幌子，与货币价值之维系并无直接的关系。例如，德国在第一次世界大战以后，曾经将现金准备改为 30%，然自 1932 年 7 月国社党得志以后，中央银行（Reichsbank）现金准备降低为世界各国中的最小者。1934 年年底之现金准备仅为钞票发行额之 2.1%①，现在恐早已不及 1% 了。但德国因为汇兑统制的严格，其外汇率仍是相当稳定；同时因为发行数量有严格的限制，货币相对数量大体不变，国内物价亦相当安定。所以，现金准备之百分比的高低，与货币价值之大小，在本质上无直接的关联性；我们所重视的，仅在于货币数量之限制得宜，尤其在货币之稀少性或货币相对数量之保持适当而大体安定的水准。至于现金准备百分比之高低，我们的解释为：在社会组织严密，财政制度健全，人民对于货币之信仰甚为坚定的国家中，一方面政府对于增发纸币之诱惑，具有较大的抵抗力和自持力，另一方面人民对于纸币之前途，亦不多所忧虑，即一方面欲用黄金或白银之稀少性以限制纸币数量的必要性较小，另一方面用黄金或白银作幌子，炫耀于人民眼前，以期获得人民之信仰的必要性亦较小，故现金准备即使降低到最低限度，甚或根本废弃此种准备制度，纸币仍能维持其价值。反之，在社会组织不严密，财政制度不健全，人民对于货币之信仰不坚定的国家中，大量增发纸币之可能性与必要性均较大，故不得不将现金准备的百分率定得较高，以加大其对于增发纸币之限制力并加强人民对于纸币的信仰。

第四，美国的联邦准备制（federal reserve system）。美国于 1913 年通过联邦准备条例（federal reserve act），创立联邦准备制度，将全国分为 12 区，每区设立一个联邦准备银行，而在华盛顿设立联邦准备局以统治之。纸币的发行，分为两种：一为联邦准备银行券（federal reserve bank notes），以 5% 的现金与 100% 的政府债券充准备。一为联邦准备券（federal reserve notes），现金准备为 40%。此制的特点不在乎准备制度，而在于分全国为 12 区，既不似从前的多发行国之银行制，又不似单发行的中央银行制。美国的此种制度，为分散发行制，同时，其分散且带有十足的地域色彩，可谓别具一种风格。此种制度实即分区发行的比例准备制，其货币供给之弹性，实与

---

① Fifth Annual Report of the Bank for International Settlement, pp. 21-22.

集中发行的比例准备制者大致相同,无重述之必要。

总括地说,货币制度对于经济发展,在消极方面应具有一种适应作用,即经济向上发展不已,货币制度应具有弹性而随即加以适应,加以辅导;在积极方面应具有一种助长作用,即藉货币相对数量的徐徐加大,使物价常保于刺激经济发展之有利的水准。此两种作用的发挥,均有赖于货币供给之富于弹性,用货币数量作适当的调节,使货币相对数量永恒地保持着有利于经济发展的水准,在消极方面使物价不长期下跌,在积极方面使物价在长期中徐徐上升。故上述各种准备制度中,实以比例准备制为较能担当此种任务之制度。

第三节 信用机构与存款通货

在信用机构健全,支票制度甚为盛行的国家,如英、美等国,存款通货之使用,在整个支付总值中,占着非常重要的地位,已如前述。故支票存款数量之大小,对于物价水准之高低,具有极大的影响。站在分析物价与货币数量之关系的立场上,应将支票存款与法定货币同等看待。前节已将法定货币在各种发行制度与准备制度下之供给弹性,略加阐述,本节则拟讨论信用机构与存款通货之供给弹性的各种问题。

商业银行为信用机构的主角,信用机能之运行,主要的在于存款与放款的经营。此种信用机能之运行,有两个必要的条件,即(1)稳健;(2)活动。正如人的两条腿支持身体才能行动自如一样,这两个原则中假若残缺了一个,信用机构即将发生病态,而难圆满地完成其应尽的任务。例如,在运行的方式上,假若在存款方面,单靠顾客存进的实质货币①,然后在放款方面,把此种实质存款(primary deposits)除应有之准备金而外,全数贷予请求放款的顾客;在实质

---

① 所谓实质货币,仅以现金及与现金有同等流通作用之票据为限。顾客寄存,仅负保管责任,使用权并未暂时移转的货财,不能列入实质货币之内,亦不能列入存款之内,盖此与货栈业务相同,为信托而非存款也。

上完全以实质货币为存放的对象，这样，总算够稳健了，但却丧失了活动的性能，严格地说，根本上违反了信用的意义。引申存款（derivative deposits）就是以实质货币为根据，联结实质存款和放款，使商业银行能够活动金融的弹性绷带。藉它的调制，可以使商业银行能够利用少数的实质货币，发挥若干倍大的信用威力。所谓信用的制造，即包含于此种机构之运行中。但是，在另一方面，假若商业银行利用引申存款的法宝，无限制地膨胀，利用少数实质货币作基础，极力扩大放款和引申存款的数额，使准备比例远低于必要的限度，则虽尽活动之能事，但却违反了稳健的原则，将使此银行之信用基础发生动摇，甚至要发生倒闭的危险。所以，这调节信用的弹性绷带之运用和在运用上松紧程度之恰到好处，实与经济发展有极密切的关系。

引申存款为活期存款之一部分①。依存款的来源而论，可分存款为实质存款和引申存款两种。前者即存款人将现金或票据存入银行，作为活动存款，以便随时提用。后者来自银行之放款，即借款人将借款全部或一部转存于银行之存款部，以后随时开支票提取。

为应付存户之不时提出现金，银行方面对于存款不得不有一定比例的准备金，以免周转不灵之虞。基于银行之利益及金融之活动两种理由，在一定限度以内，准备金不能过大，也不必过小。此种限度之大小，随时、随地、随存款之种类而异。商业银行根据法定的或习惯的存款准备率的限度，利用实质货币化成若干倍大的信用，在不违反稳健原则的条件之下，完成活动金融的使命。所以，信用机构之运行与信用威力之发挥，即商业银行以实质货币为基础，以引申存款为契机，在不违稳健原则之前提下，扩大若干倍的购买力，以收活动金融之宏效。

一般人以为商业银行的业务，必定要先有存款然后才有放款，把低利收集的存款，用较高的利息放出，谋取利息的差额，此似为银行营利之不二法门；但是，此种见解仅能适用于储蓄银行，对于商业银

---

① 定期存款不在本节讨论范围之内。

行实不适用。在商业银行的存款方面，以实质货币存入的存款，仅占一小部分，其大部分则由放款转存而来。例如有商人甲，提供适当的抵押品，向银行请求通融 1 万元；若银行予以承诺，在惯用支票的国家，每不要求立即提取现款，银行不过予以账户上的信用（book credit），即银行一方面对商人甲放款 1 万元，同时一方面接受商人甲活期存款 1 万元。对顾客商人甲而言，即一方面接受银行放款 1 万元的债务，同时一方面付给银行活期存款 1 万元的债权。交易成立后，然后由商人甲随时签发支票，向银行支款。在未签发支票以前，商人甲仅借到银行账面上之信用 1 万元。对银行资产负债表而言，存款与放款两项目同时有 1 万元的增加。如商人甲即时提取现款，则银行的现金一项发生 1 万元的减少，放款一项发生 1 万元的增加，但此为极少见的事。故引申存款是依相互的债权或债务而成立的。所谓相互的债权或相互的债务，是依当事者的契约，如银行对于顾客，顾客对于银行，交换互相授受债权，互相受授债务。所以，此种存款固然可以表示国民的富力，但也是表示国民的负债。商业银行信用机能的运行，即是以此种"相互的债权或债务"之原则为基础。

顾客向银行借款，必有其一定的用途，故借到款项转存于存款部后，必定依自己的需要，迟早会签发支票，向银行支款。在银行方面，对于这些支票之处理，只有下列两种情形：

（1）顾客对此银行所签发支票之持票人，为本银行的顾客，即以支票的形态，存入本银行。

（2）如支票持票人非本银行之顾客，或为本银行顾客而有提现之必要，则或由票据交换所，或直接提取，此银行必如数照拨票据交换所的差额，或直接照付现金。

在第二种情形里，此银行现金外流为必然的事。但如以社会中银行全体（banking system）立论，商业银行放款，即使在第二种情形，在人民存款习惯甚好的社会中，常能引起同业存款增加的效果。例如，假如在该社会中，除甲银行而外，尚有乙、丙、丁三银行，同时，又假定此社会中的人民有欢喜和银行往来的习惯，则从甲银行流出来的现金，除极少部分流入别的社会中去以外，必成相当比例地流入乙、丙、丁三银行之手。

商业银行之引申存款制度的运行，实为信用机构中一个最重要的部分。此种存款对于信用运行的贡献，除开使银行在放款后，能藉此羁绊顾客，不立即全部提支现款，减少银行对于由放款而引起现金外流的顾虑，加强银行运行信用的力量外，对于经济的繁荣，主要的有下列两大贡献：

（1）引申存款与支票的使用并行，遂能尽其支付手段之能事，补救用现金支付之不便或缺憾，成为惯用支票各国国民最方便之交易媒介。引申存款的本身，很难说是一种流通资金，可是在惯用支票的国家，却是发出支票的主要源泉。支票制度盛行之国家的交易总额，大抵有90%以上是用支票结账，所余的小部分交易，始用法币清结。

（2）联结实质存款和放款，以少数准备金额为根据，发挥若干倍大的信用威力，活动金融。在社会需要信用的情形之下，例如甲银行有现金准备1万元，放出存款准备率限度以内之倍数的存款，再由放款转为存款，对于甲银行言，信用已扩大几倍。如以该社会中之银行全体为准，甲银行因此放款所引起之现金外流，必大部分流入乙、丙、丁等银行之手。各银行各以其所收到的现金为基础，也同比例地放款，进而转为存款。这样继续运行下去，信用威力的发挥，较个别银行（individual bank）还要来得强大。故以一定准备作根据，所扩大的信用，银行全体往往大于个别银行。

此种信用制造并不是漫无限制的。在实际运行上，银行并不能凭空放款，亦不能凭空而造成引申存款。其所受限制约有下列诸项：

（1）银行现金的限制。银行放款后，无论如何，一定迟早会惹起一部分现金的被提出，据菲利普斯的估计，以放款的整个期间为准，引申存款与放款的比率是5%～20%①，则放款的绝大部分，都

---

① 菲氏列举波士顿等26家银行引申存款与放款之比率，最高额者为20%，最低者为5%，于是谓："It seems safe to conclude that for our banks taken in aggregate the derivative deposit loan ratio lies between 5 and 20 percent." C. A. Philips, Bank Credit, pp. 45-46.

或迟或早会被提走，对于银行的现金，自然是一个绝大的漏洞。此外，转成存款的部分，又必须具备最低限度的现金准备额。故信用扩张的程度愈大，则现金的需要亦愈大。

（2）信用需要的限制。放款是需要对象的，假若企业家不感觉到信用的需要，绝不会无故向银行请求通融，信用需要的大小，实依存于交易总量和经济情况之上。故信用制度的运行，间接受经济发达程度之限制，直接受信用需要的限制。

（3）抵押品之限制。一般地说，银行放款是需要抵押品的。凡可充此种抵押品者，必为具有交换价值而且在商业上富有转移性的财富①。社会上财富有限，可以充抵押之用的财富更有限，自难无限制地提供信用的担保。

（4）社会习惯的限制。信用机构之运行，更以人民欢喜与银行往来为前提，如民智未开，人民对于银行不甚信仰的社会，银行业务很难发达，信用扩张之程度亦因之受了限制。

此外，商业银行扩张信用的程度，是要受中央银行之货币政策之支配的。在银行组织健全的国家中，中央银行货币政策之运用，不论在方向上、程度上还是速度上，商业银行的信用扩张必须遵行唯谨，莫敢或违，因为中央银行掌握商业银行之存款准备。同时中央银行经营重贴现的业务，成为银行的银行，具有改变存款准备比率及利率等特权，以控制商业银行之信用性能的运行。所以，信用性能之合理的运行，虽然在长期中不致有达到极限的一日，但在短期中，信用扩张之不能漫无限制，则为显而易见的事实。

整个信用制度实如一个倒置的金字塔：最低层是现金，现金之上为中央银行之各种信用，再以上为商业银行的信用，最上层即为银行以外的私人信用。现金、中央银行信用，可由中央银行直接加以控制；商业银行信用亦可由中央银行的货币政策，直接或间接加以控制

---

① 抵押品普遍可分下列三类：（1）财政的，如股票、债券及其他有价证券；（2）商业的，如提单、栈单及信托栈单；（3）个人的，如票据及不动产等。

和调节；但私人信用则只有通过银行信用，间接地加以控制。这金字塔的各层，在数量上均是非常容易变动的。在繁荣时期，中央银行的信用条件放松，其信用增多，而基于中央银行信用的商业银行信用也增加。基于商业银行信用的私人信用也告增加①。在整个信用机构中，中央银行具有操纵和支配的性能，中央银行信用扩张后，商业银行信用更能扩张若干倍大。故直接与物价水准之变动发生关系者，仍推商业银行之信用及私人信用；因为这两种信用形成后，即成为对于物资的购买力，其对于物价的影响实与法定货币相同。

　　社会是不断地进展的。经济体系是经常地向前发展和扩张的，信用需要也必定是随整个经济结构的扩张而扩张的，由于信用需要之扩张，无疑地，引申存款弹性率也必随信用需要之扩张而扩张。换言之，各种经济因素之发展，使经济繁荣的程度增加，于是信用需要增大，信用机构即须随时加以适应，扩大信用数量，使货币相对数量保持于适当的高度，以求物价的安定。信用机构对于信用之扩张或收缩，能由中央银行发动，逐步推行。此种信用数量之变化是被动的，是由信用需要变动所引起，可以说是信用机构对于经济发展消极的适应作用。由于现行经济制度具有营利的特质，物价逐渐上涨，能刺激生产的扩张，故信用数量之增加亦应采取自动的姿态，使货币相对数量徐徐增大，物价作温和的上涨，以刺激生产，提高消费标准，而诱导信用需要的更形增加。同时，银行信用的扩大，对于此银行实为一种利益，故银行则喜欢扩大其信用数量。此种信用数量之变化，是自动的，非因信用需要增大而起，且由采取种种方法诱导信用需要增大而起，这可以说是信用机构对于经济发展具有积极的助长作用。在实际的社会中，此两种作用混合地运用着，极难加以辨别。信用机构之运行，务须完满地担当此两种任务，尤其后一种任务，才算完成了金融的使命。在守旧的银行家看来，银行业务的发展是被动的，是跟着工商业的发展而发展的。此种看法只是注意信用机构对于经济发展之

---

① F. A Hayek, Price and Production, pp. 75-76.

消极的适应作用，实际上，信用机构的任务绝不能以此为限。在进步的国家，尤其是正待发展的国家，例如现在的我国，各种事业需要银行家去领导，必须制造信用，扶助各种事业，使经济发展得以蒸蒸日上，故必须着眼于信用机构对于经济发展之助长作用，始能恪尽其最高的职责。

第四节 货币流通速度及其决定因素

货币流通速度对于物价水准具有很大的决定作用，其增大或减少，如其他事物不变，可使物价上涨或下跌。此种事理至为明显。但是亦有持反对论者，如威塞尔氏谓货币流通速度实非一个影响货币价值之独立的原因，而认定货币流通速度实取决于货物①。此种见解复为罗伯里所夸大，而更谓货币流通速度与物价全无关系②。此种说法自属错误。固然，如货币数量不变，物价变化可促流通速度变化，但货币流通速度变化无疑地亦可促物价之变化。货币流通速度与物价间之此两种关系中，本学说特别着重后一种关系之分析。在本节中，拟将货币流通速度之特性、测量方法与货币数量之相互关系及其决定因素等项，分别加以阐述。

一、货币之特质与其流通速度

货币流通速度一词，在本质上实由货币之特质派生出来。兹将货币各特质中与货币流通速度有关的各项分列如下：

（1）货币为交换手段而非交换对象，唯其如此，货币本身无消费的性能，仅具有流通的性能，一旦丧失了此种流通的性能，则货币

---

① F. V. Wieser 谓 "Rapidity of circulation of money is not an indepen-dently operative cause of changes in the value of money...Money always takes its velocity from goods." 参阅：F. V. Wieser, Social Economics, New York, 1927, p. 145.

② 罗氏视货币流通速度为 "price-neutrality"，参见：R. H. Lounsbury, Velocity Concept and Prices, Quarterly Journal of Economics, Vol. 46, pp. 34-67.

性能亦随之丧失，不复成为货币。故货币之性能在于其具有永久流通性与一般接受性（自然此两者均各有其限度）。因货币具有此种特性，所以货币成为流通界的永远的旅客，从甲手转到乙手，乙手转到丙手……周流不已，反之假若货币是交换对象，具有消费的性能，则或迟或早终会由消费而归于消灭，流通速度的问题，自然不会发生。

（2）货币为个人观点之财富，故保有货币在个人观点上即为保有财富，且能免除实际保藏财富之风险与困难。

（3）货币为抽象单位，故能充各种物品之交换媒介。

（4）货币与货物在交换中之对立。

（5）货币之永恒的流通性。

（6）货币价值之一致性。

（7）货币之储藏没有维持成本（carrying cost）。

因为货币具有上列七种特性，故货币在充交换媒介，任务完成而为另一人所掌握时，能使此人将其储藏一个时期，然后再行付出。假如没有（2）、（3）、（4）项特质，货币不成为个人观点之财富，不能成为一般的交换媒介和支付工具，则货币根本不会被人储藏。假如没有（5）项特质，明知货币之流通期限非常短促，则此货币必不为人所乐于接受，更不会为人所乐于储藏。假如没有（6）项特质，各个单位货币所代表的物资在"量"或"质"方面有差异，则人民对之必用差别待遇的方法，使价值较小之货币在手中储藏之时间缩短。又如，没有（7）项特质，货币之储藏须费维持成本，储藏货币须受货币价值减少的损失，则人们必将储藏货币之时间短缩至最低限度，甚或根本不加储藏①。

---

① "carrying cost"一词，始见于凯恩斯之《就业概论》中，其原意在于货物具有自然的损耗，纵不加以使用，亦每使其性能减弱，其价值与时俱减。而货币则无此种特性。即货币不因储藏时间之久暂，而使其值有变异。（参考：J. M. Keynes, The General Theory of Employment, Interest and Money, pp. 225-228, pp. 240-241.）此处所谓货币价值之变动，乃指货币储藏本身所引起之货币价值变动而言，与因货币数量变化，物资供求关系等原因所引起之币值变动，全不相涉。

第五章 货币数量与流通速度

所谓货币流通速度,即为货币之转让(transfer)与货币之暂息二者所交织而成。二者为构成货币流通速度之必要条件,不可偏废。徒有前者或徒有后者,在现行货币经济体系中,同为不可想像的事。务必是两者交相配合,转让之后继以暂息,再续以转让;而且是前者衔接后者,或后者衔接前者,二者交相配合的序次绝不会混乱,绝不会转让两次或两次以上始来一次暂息,也绝不会暂息两次或两次以上始来一次转让,但是,以时间的长短言,一般地说,转让过程所经过的时间每甚短,如货币从甲手移到乙手,普遍在极短的时间内即可完成,而且各交换双方授受货币所需时间之久暂,大体上没有多大差异。停留过程所经过的时间每较长,如货币转入乙手后,在正常的情形下,每将货币储藏一个相当长的时期,然后再行付出;而且各个人储藏货币备用的时间彼此有长短之不同,即同一个人,其储藏货币备用的时间,亦因时因地而有长短之不同;更普遍的即同一个人一次收受一笔款项,获得若干单位的货币额,对于这些货币的储藏时间,亦采差别待遇的办法,使其中货币分成若干部分,付出之先后殊不一致,因此各部分货币在此人手中停留的时间,彼此不同,而且相差很大。所以,货币流通速度实由货币之转移过程与暂息过程之交相配合,而且永恒地连续运行所构成,其复杂性不在于货币之转移过程,而在于各货币在各暂息过程中所经时间有长短之不同,这些事象,即构成货币流通速度之实体。

货币离开发行机关以后,即告开始流通。自发行以后,到因其他原因退出流通界,而不再成为货币止,常常经过无数人之手;每经一人之手,即充当一次交易媒介或支付工具,就算流通一次。如上所述,转让过程与暂息过程交相配合,而成为货币流通速度之两面,故吾人如果知道哪个货币在单位时期(例如一年)内被转让或被储藏多少次,或平均被储藏多少时间,就可以将该时期内该货币之流通速度计算出来。过去的货币数量说学者,对于构成货币流通速度的看法,有的偏重一定时期内货币的转让过程之次数,有的偏重货币的暂息过程之久暂,前者如费雪派各学者,后者如剑桥派各学者,这两种看法虽不冲突,但均只见到货币流通速度的一面,而未见其整体。实则货币流通过程之整体，须包括货币之转让过程与停留过程二者，才算具有完全的意义。所以，本学说中之所谓货币流通速度，即指在某种单位时期内，货币之暂息过程与转让过程之交相配合与连续运行之整体而言，亦即指此两过程在此单位时期中所发生之次数而言。所谓货币流通速度，实即货币流通过程一次所费的时间，和单位时期的长度究为此过程所费时间之若干倍的计算问题。尽管此单位时间之长度系出之于假定或武断的拟定，但货币流通速度之得以具体地体现出来，时间因素实具有非常重要的关系。

在事实上，货币流通速度是极复杂的[①]，例如：

（1）货币种类不一，有本位币、支票存款及其他票据等，其流通速度彼此不一，计算方法亦应各异。

（2）各货币之用途不一，如工商业者与消费者使用货币之习惯与态度每不一致，前者注重利润之追求，对其储藏货币备用之数额，计算与管理比较周密；而后者则每不如此。

（3）即以同一种人（如消费者或工商业者）而言，各货币在各个人手中，其处理态度不同。

（4）即以同一个人言，其处理货币之态度，亦因时因地而异。

（5）以同一货币而言，前一流通过程与后一流通过程所费的时间，彼此又不相同。

货币流通速度是如此复杂而变化莫测，要作绝对精确的计算，实为不可能的事，但如利用平均数的概念，求出一个大概的数值，以窥测货币流通速度变化之一般的倾向，却有助于货币价值理论之阐述。而且用概略的计算方法，去观测此种复杂事实变化之一般倾向，也并不是全无理论根据的。尽管在严格而精细的分析方法之下，货币流通速度呈现着极端复杂的多样性，但如采取一般的看法，货币流通速度之变化仍有其共同的倾向。而且，货币相对数量说对于货币流通速度

---

① 转引自：Howard S. Ellis, Some Fundamentals in the Theory of Velocity, The Quarterly Journal of Economics, Vol. III, No. 3 (May, 1938) p. 461.

之重视，即在于此流通速度之变化，而不在于此流通速度之静止不变。因为货币流通速度如静止不变，则以此流通速度确立之时间为起点言，对于货币价值之变化根本没有影响，即根本不必加以重视。本学说中对货币流通速度所重视者，即在于其变化，而其变化又在大体上有共同的倾向或趋势，故一般地说，货币流通速度无疑地可成为货币价值变化之一个决定因素。

货币流通速度变化之具有共同的倾向，实系极为明显的事实。例如：第一，法定货币与银行货币两者之流通速度的变化，其方向与程度是大体相同的。第二，当工商业情况良好，用于工商业界之货币，其流通速度增大；同时，消费者所得增加，消费增加，故用于消费部分之货币的流通速度，亦告增加。当物价下跌，产业紧缩或破产，失业人数增加，不论何人均以保持货币而延迟购买为有利时，则货币流通速度必一般减少。第三，如通货膨胀之后期，人民心理上感受恐怖，不论工商业者还是消费者都是采取"右手收进左手付出"的办法，务使手中储藏的货币降低至最低限度，则货币流通速度必为一般的增大。由这种种例证，可见货币流通速度变化之大体上具有共同的倾向，是不可否认的事。但是，吾人亦须明白指出：此种共同倾向之中，尚包含着非常复杂的内容，故在实际应用时，理论与现实每有相当大的距离，这是值得特别注意的。

在现代社会中，货币种类虽然很多，但以法定货币和支票存款为主。故货币流通速度之分析，亦以此两种货币为主。上述的货币流通的速度之含义，固可直接地应用到法定货币之流通速度上，不必另加补充和说明。至于支票存款，则使用的形态上与法定货币有所不同，故须另加解释。支票签发以后至回到付款银行为止，虽可用背书的方法实行转让，但在事实上转让两次者很少，普遍只有一次，故支票不比货币可以无穷地转让。唯活期存款之效用并非出一次支票即告了结，乃是可因支票而作无穷转让的。例如甲的存款100元因签发支票予乙，使乙在银行的活期存款增多100元，乙再签发支票予丙，使丙的活期存款作同类增加。如此继续签发支票，此存款可以利用无数次。在单位时期（例如1年）内如果此存款由甲至癸，经过10个人的账，每人所签支票只转让一次，则此项存款之流通速度为10次。因支票转让普遍只有一次，故计算存款速度时只需问一笔存款在单位时间内开出支票多少次就够了。此种说法仍可以前述的货币流通速度之含义来解释。我们可以说，支票的转让过程即为存款的转让过程，支票进入付款银行再成另一人之活期存款，迄另一人再开支票为止，即为此存款之暂息过程，合此两过程而构成其流通过程之整体即算流通一次；再以单位时间的长度去折合计算，即可算出活期存款之流通速度。至于转让两次的支票，即算流通两次即两次转让间之暂息过程已告缩短，但并非暂息过程根本消失；此与法定货币在极短时间内流通两次，其暂息过程缩短至最小限度，性质相同。

二、货币流通速度之测量问题

如前所述，货币流通速度的精确计算，是不可能的。这就是说，要计算每个货币的流通速度，实是无法实现的事。这不仅是不可能，而且也没有这种必要。因为即使达到了这种精确的境界，究竟有多大的用处，还是极成问题的。所以，我们所要知道的，是一国或一个社会中的全部货币，在一个时期与在另一个时期的流通速度之比较，即货币全体之流通速度在各时期中的变化情形。换句话说，我们所看重的在于货币流通速度在各时期中的变化情形。如果货币流通速度静止不变，则对于经济发展全无影响可言，亦不必加以注意了。

关于货币流通速度之测量，可分两方面：第一为法定货币流通速度之测量，第二为存款通货流通速度之测量。两方面之测量方法略有不同。在实际上，货币种类并不以此为限，但以此二者为主，其余的交易媒介所担当的工作，在现代社会之整个交易总量中，所占百分比并不甚大，不必加以重视。故其流通速度之讨论亦可从略。

法定货币流通速度之测量，在技术上有种种困难。要测量货币流通的速度，应该先把流通的货币（money in circulation）这个概念弄清楚。所谓流通的货币，即指在市场中充交换媒介的货币，其反面即为在形态上仍为货币而在实质上失去货币性能的货币。奥地利经济学者门格尔认定：应将人民永远收藏不用的货币，例如古钱，悭吝者所储蓄于长袜内的钱,农家所储蓄的纸币,一概除外;其余公私机关之准备金,人民所储以待用的款项,均列入实际流通数量之内①。这只是一个原则,在实际应用方面,却非常困难。究竟储藏时期到了多久才算非实际流通,这是一个很难判明的问题。笔者的见解是如此:第一,假若货币在实质上已完全失去其性能,例如古钱等,应不列入实际流通货币的范围内。第二,悭吝者和农民所储蓄的货币及公私机关的准备,究竟是否属于实际流通的货币,须看它们在单位时期内曾否流通——至少流通一次——为准。只要至少流通了一次,则在这一时期中可以算是实际流通的货币,只是其暂息过程特别长久而已;如果连一次都不流通,则这种货币至少在此一单位时期内属于非实际流通货币之列。此种说法只是属于理论的范畴。在实际上,因为货币能代表个人观点的财富,可以贷出,可以投资,可以存入银行而获取利益;故死藏货币的人为数极少,而且社会愈进步,此种人在全体人群中之百分比愈小。至于公私机关之准备金,除银行本身之准备金外,绝大部分是被存入银行,而被银行加以运用,绝非全部死藏于保险箱中。所以,基于此种理由,暂息过程极长的法定货币,在全部货币中所占之百分比,必定是非常微小的,实不必过分加以重视。而且货币流通速度之测量,只能用平均数求一个概略的变动趋势,绝难将全部货币毫无遗漏地加以包括。所以,在实际应用上,即对于这一部分暂息过程极长的法定货币全不加以顾及,亦无多大关系。

  法定货币流通速度之测量方法,各学者间意见亦不一致。德国经济学者希尔德布兰德认为测量货币应以指定的时点(at a certain point of time)为准,用实际使用的货币数量计算,不应把人民收藏的数量加入②。但坎南教授则反对此说,谓时间的一点与几何学上空间的一点相同,是无用的东西,故主张测量货币流通速度应以某一时期(a certain period of time)为标准③,此种说法与吾人所持货币流通速度

---

① K. Helfferich, Money, pp. 450-460.
② K. Helfferich, Money, pp. 450-460.
③ E. Cannan, Modern Currency, pp. 8-10.

的基本概念相符合，应为吾人所采用。

费雪对于这个问题有详明的解释。费氏谓："流通速度是使用了的货币对于留存手中货币之一个平均的比例，即为货币周转率。周转率和俗见的流通速度不同，后者以为流通速度是货币经过许多人手的平均次数，而我们的观念，则是把一个人每天留存手中的平均数，去除那时期中货币经过他手中的总数。"① 他以测量火车为例，一个方法是跟随火车行若干里，再考虑其行了多少时间而计算其速度；另一个方法是站在火车外某一地点而测算其一定长度之车身经过此地点所需要之时间。前者可称为货币转移法（coin-turnover method），后者为人身转移法（person turnover method），两法测量所得的结果大略相同，唯前法包括不用以交易的货币在内，故不如后法的正确。后法的计算是如此：例如，有人从1月起至12月止，每月初收入30元，假定每月平均为30日，又假定每日用1元去交易，则每日留存手中之货币平均为14.5元，全年用去360元，两者之比为24.8，即流通速度为全年25次弱。但费雪亦指出另一个计算方法，"把一年间与交易有关的货币流通平均数，除交易总数"②，即得流通速度。19世纪末，法国经济学者勒鲁瓦-博利厄估计法国硬币的流通约有8 500 000 000法郎，而每年所消费的货物与劳役为25 000 000 000法郎，所以当时法国货币流通速度不过三次而已。

至于存款通货流通速度的测量方法，与法定货币者有所不同。测量存款流通的速度是用全国各银行活期存款（即支票存款）在1年内每日的结差（credit balance），相加起来，以365除之，即得1日的存款结差平均数，再以此平均数除全年支票交换总数，即得该年度全国存款的流通速度。照此方法，我们应该先知道：（1）每个银行逐日存款的结差；（2）每日全国支票交换数。关于第一项，各银行虽逐日有账可查，然不见得按日发表。故最简单的方法，是选定适当

---

① I. Fisher, Purchasing Power of Money, pp. 352-353, p. 17.
② I. Fisher, Purchasing Power of Money, pp. 352-353, p. 17.

的一日，搜集各银行公布的活期存款数，即作为全年的平均存款数。至于第二项，在英、美国家中，支票交换所虽不是全国大小都市都已设立；然重要都市都已设立，实可以包括全国的大部分，却也勉强可以应用。

自然，不论是法定货币还是存款通货，其流通速度之计算方法，都是非常粗陋，离精确的境界尚不知有几千万里！一方面我们期望着社会组织的进步和统计事业之日益发达，使此种方法之得以逐渐改善；但另一方面，我们仍须指出：不论学术发展到何种地步，社会进步到何种境界，货币流通速度始终只能是概略的平均数值。所以，在现阶段中，虽然上述各种方法在理论上或技术上的缺憾很多，但仍勉强可以应用。

三、货币流通速度之决定因素

凯恩斯在其《就业概论》中分析利息理论时，创一个新颖的术语，即流通性特好（liquidity preference）。此一概念与剑桥派数量说者所讨论之货币需要（demand for money）在实质上相一致，与费雪派数量说学者所讨论之货币流通速度亦有极密切的关联①。所谓流通性特好，与货币储藏（hoarding）这概念大体相似；如不曰货币储藏，而曰储藏倾向（propensity to hoard），则与流通性特好之含义完全一致。如仅曰"储存"，则其单纯的含义只是指现金储藏（cash-holding）量之为多少，很容易使人联想到只有"储藏"与"不储藏"两途而已，因而引起误解。在实际上，关于货币之储藏的决定，并不是一经决定即绝对不能变改，更不是根本不曾考虑到舍弃此种流通性的利益；这种决定只是将保持流通性与舍弃流通性两方面之利益，加以权衡后之结果②。所以，流通性特别是一种函数的倾向（functional

---

① J. M. Keynes, The General Theory of Employment, Interest and Money, 1936, p. 194.

② J. M. Keynes, The General Theory of Employment, Interest and Money, 1936, p. 174, p. 168, pp. 195-197.

tendency)①，即人民愿意保藏之货币量，因其他因素之变化而变化。人民在使用所得时，将依据当时其他有关因素之情况，以一定比例用现金之状态加以保藏，所得之流通速度即为测量此种比例者，故所得之流通速度增加，即为流通性特好趋于减小。由此，可知货币流通速度也是一种函数的倾向，即人民使用货币之习惯与观感，亦因其他因素之变化而变化。

如前所述，货币流通速度之总体，包含着暂息过程与转让过程二者，凯恩斯所谓保持资金之流通性，即指货币之暂息过程而言；其所谓舍弃资金之流通性，即指货币之转让过程而言，二者为流通速度之两面。舍弃资金之流通性与保持其流通性，两者各有其利便，亦各有其损害，而且两者之利害恰好相反，故在讨论货币流通速度之决定因素时，从舍弃资金之流通性——着重货币之转让过程——方面出发去研究固可，从保持资金之流通性——着重货币之暂息过程——方面出发去研究亦可，两者所得的结果是相同的。

任何人所以保持资金之流通性，一定有其特殊的动机。凯恩斯认定保持流通性特好——保藏现金之动机，可分下列四项②，如：

(1) 所得动机（income-motive）。保存现金而不立即全部耗尽之理由，在于欲渡过（bridge）进款与出款之间的间距（interval）。此种动机之强度主要依存于所得之数额，与进款出款间之间距的长度。所得之流通速度（income-velocity of money）的概念，对此能完全适用。

(2) 业务动机（business-motive）。企业家每先行支付成本，然后在制品出售后方可收回，商人每每先买后卖。不论是企业家还是商人，出款与进款之间总有一个间距。为了要渡过这个间距，于是不得不保存若干现金。这种动机是主要依存于产品之价值，产品制造程序

---

① J. M. Keynes, The General Theory of Employment, Interest and Money, 1936, p. 174, p. 168, pp. 195-197.

② J. M. Keynes, The General Theory of Employment, Interest and Money, 1936, p. 174, p. 168, pp. 195-197.

之长短及规模的大小。

(3) 预防动机 (precautionary-motive)。凡保存现金适应下列需要者均属于这一种动机：第一为骤然发生的意外支出；第二为始料所未及之有利的购买；第三为偿还日后的债务。此种动机之强度依存于下列两种情势：第一须看在有上列急需时获得现金之代价与可靠性而定，假若在急需时可用便宜而可靠的方法获得现金，则此种动机势必减弱。第二须看保存现金之相对成本 (relative cost) 如何，如现金之保存，必须舍弃某种有利资产之购买，则成本增大，此种动机必告减弱。

(4) 投机动机 (speculative-motive)。此种动机与前述三种动机在性质上有所不同。前三种动机所需之现金量，每为经济体系 (economic system) 之普通活动和所得水准 (the level of money-income) 的结果；除此两因素而外，对于其他因素之变动每每不感受多大影响。而投机动机所需之现金量，每每因利率之逐渐变化而起一种反应，即利率变动时，投机动机所需的现金量亦有变动，在此两种相关的变动之间，可以描成一条连续的曲线。

此种种动机之区分，并非谓人们将其所保存之现金严格分为四部分，彼此独立。凯恩斯在其《货币论》中，将货币之整个需要 (total demand for money) 分为所得存款 (income-deposits)、业务存款 (business-deposits) 及储蓄存款 (saving-deposits) 三项[1]，而以消费本位 (consumption standard) 去代表货币之购买力[2]，即将货币购买力之含义缩小，仅以所得存款为限。此种说法，凯氏在其《就业概论》中已经放弃。凯氏谓："为各种动机所保持之货币，构成一个单一的钱潴 (a single pool)，因为同一货币可为甲动机而应用，亦可为乙动机而应用，故保有者在心目中不必对动机方面作严格的区分，更

---

[1] J. M. Keynes, A Treatise on Money, 1935, New York, Vol. I, pp. 34-36、pp. 57-63.

[2] J. M. Keynes, A Treatise on Money, 1935, New York, Vol. I, pp. 34-36、pp. 57-63.

无将所存货币按动机而分成四部分之必要。所以,尽管保存货币有各种不同之动机,但我们最好将个人在一定场合中对于货币之总需要,视为一个单一的决策(a single decision)。"① 所以,在讨论货币流通速度之决定因素时,我们拟视货币为整体,不加以人为的区分。如近来有些学者将货币区分为两部分:一是为有规律性之支付而储藏者,谓之"流动余额"(working balance),一是为无规律性之支付而储藏者,谓之"呆藏余额"(idle balance)。前者包括为消费与投资两种用途所储藏之现金,后者则包括各种准备金。由经济体系之各种因素,决定两者间之比例,更由两者间之倍比(multiplier)决定货币之流通速度。此种分别看待的观点,实非吾人所愿采取。理由如下:

第一,尽管在特定状态下,整个货币数量中有一部分货币为应付不规律性的支付而被呆藏着;但是,吾人如以全部货币之流通状态而论,人们为各种动机所储存之货币,实是混为一体,并非彼此分立,更未指定某一些货币专充呆藏之用,不让其充其他用途,亦不让其他货币来改充此呆藏的用途。故以人们储藏之货币言,实为一个单一的钱潴,尽管有一部分被呆藏着,但并未划定必须是某几个货币或一些货币,而是混合地被使用着,有时是这一些货币充此项用途,有时是那一些货币充此项用途,根本无一定的区划存在。以单个货币言,在人们储藏货币之总额中,有时被用于消费财之购买,有时被用于资本财之购买,有时被用为准备金而暂时停止流通,根本无一定的任务。以人们呆藏之准备金言,即以同一个人而论,有时是甲货币去充用,有时又改由乙货币去充用,甲货币另有新任务而重新流通。所以,以单个货币之任务言,绝无终年被呆藏的货币,纵某货币一时被呆藏着,但过一些时,即为保有者另派任务,而以他货币改充此项呆藏之任务。即使偶然有因巧遇而被终年呆藏者,为数亦必极少,而且根本

---

① J. M. Keynes, General Theory, p. 195.

可不视为流通货币①。

第二，呆藏余额既为不规律之支出而存在，人们对于此种支付之预测，必大多以最近的将来为限。对于较远之将来的支付，如三五个月以后或一年以后的意外支付，预测既不可能，亦无必要。所预防之时期既短，则为数亦不甚大；在整个交付总量中，此种支付所占百分比实不堪重视。

第三，在银行发达的国家，人们储藏现金极少，每最大部分存入银行，则此项呆藏余额，在银行的立场或整个社会之立场言，并未陷于呆藏的状态，而系继续被人所运用。在银行不发达之国家，如我国，呆藏余额自较大，但亦因私人间之借贷及钱庄票号之经营，使此种余额有所减低。

第四，吾人在本学说中所研究者为货币之一般的购买力，故在理论上应以全部货币为研究对象。而单个货币并无一成不变之任务，更无特定充任呆藏余额而不能改作他用之货币，故吾人对于各种货币之单个货币应一视同仁，不必勉强有所划分。同时，因货币种类之繁多，与各个货币流通速度之差池，在技术上，只采取一种概略的平均数，以窥测其变动之共同的趋势，而呆藏余额在整个货币数量中所占地位极小，故纵加以忽视，亦无多大关系。

根据上述种种理由，故吾人将全部货币视为一体，去讨论其流通速度变动之共同倾向。现在我们要问，决定货币流通速度之变动倾向，究竟是些什么因素？如前所述，流通速度是一个函数倾向，然则究竟随何种因素之变化而变化呢？

流通速度之所以有快有慢，主要在其暂息过程之有长有短。故欲研究货币流通速度之决定因素，最好是研究此暂息过程所以有长有短

---

① 以每一单个货币之无特定任务，而且呆藏余额亦非由特定之单个货币所充任而论，可以否认呆藏余额之存在，但以储存货币之动机及支付之有无规律性，使其储藏时日有长短之差异言，则呆藏余额仍告存在。在第一理由中，采前一观点，否定其存在；在以下各理由中，采后一观点，承认其存在，但进而认定其不足重视。

的决定因素。货币因具有种种特质，故具有流通性特好（liquidity preference）使保有货币者能随时购买物资，支付债务，并享有其他种种便利（convenience）；但是，将资金死藏起来，而不加以使用，亦将蒙受种种牺牲（sacrifice）。故保持货币者，究拟使其暂息过程有多少时日，同时使在暂息过程中之货币有多少数量，均以其所享便利与所受牺牲两者之程度，加以权衡而决定①。自然，这只是一个共同的原则。在实际上，此共同的原则之应用，尚须参照种种可变的因素，方能作比较具体的判断。兹将此种种可变的因素，分客观和主观两方面论述如下：

第一，客观方面之因素。

（1）产业发展的情形。农业社会与工业社会中之货币流通速度是有很大的分别的。而同在农业社会或工业社会之中，又有发展阶段之高低的区分，以整个产业进化史言，由最低级之农业社会发展到高度工业化的现在，分工的程度是逐渐扩大的，交易的频繁是逐渐增加的，货币之流通速度也是逐渐增大的。产业发展之达于何种阶段，是决定前述原则时所应考虑的一个因素，亦即决定货币流通速度之一个因素。

（2）产业组织的情形。所谓产业组织的情形，乃指农业或工业的生产组织，尤其是指工业组织而言。假若是大规模经营，将生产品的各种生产程序作纵的并合（integration），使成为一个产业单位；或将同种类之小生产单位作横的组合（combination），使成为一个产业单位，这样，使储藏货币的数额可以减少。反之，假若小产业单位分立，各单位所储藏货币之总额，必较合并或组合成为大规模的单一单位者为多。故货币之流通速度，前者较后者为大②。

（3）交通发达之程度。在交通不发达的社会中，货币之流通速度，必较交通发达之社会中者为小。如费雪谓："交通愈迅速，交通

---

① J. M. Keynes, A Treatise on Money, New York, 1935, Vol. II, p. 44.

② Howard S. Ellis, Some Fundamentals in the Theory of Velocity, Quarterly Journal of Economics, Vol. II, No. 3 (May, 1938), pp. 447-450.

的范围愈广大，货币的流通亦愈快。凡可以便利货币之流通者，即能增大其流通速度。"①

（4）人口的密度。居民愈稠密，流通速度必愈增加②。

（5）支付制度。支付制度之影响货币流通速度，可分下列两方面：①以收入与支出的次数言，货币或支票的收入与支出的次数愈多，则收入和支出相隔的时间愈短，其流通速度亦愈高。例如工资和薪金若由每月发放改为每周发放，货币之流通速度即告增加③。②以收入和支出之时日的规律性（regularity）言，若两者有一定的常期，亦可增加货币之流通速度。若人们能预计其收入与支出之时日，则可以用精密的预算，分配收入，使每个支出时期之末，恰好无剩余。反之，若不能预计，则必须审慎而多存现款。前者之货币流通速度较后者为大④。总之，如收入与支出同时或有定期，或收入与支出的次数增多，皆可使货币流通速度增加。

（6）金融机关。主要者为银行之是否普遍而健全，和人民和银行往来之习惯已否养成。如银行组织健全，深得人民信仰，且设置甚为普遍，则一方面人民手中现款大部分存之于银行，需用再行提取；另一方面人民遇急需时纵无存款，亦可设法向银行请求通融，故两个方面均可使人民手中储存货币之数量降低至最低限度，亦即使货币流通速度增大。反之，则人民手中储藏现金之必要性增大，货币流通速度亦因之减小。

---

① I. Fisher, The Purchasing Power of Money, p. 88. 其他学者之持同样见解者颇多，如：Jevons, Money and the Mechanism of Exchange, New York, 1986, p. 133; Kinley, Money, New York, 1904, pp. 156-157.

② I. Fisher, The Purchasing Power of Money, p. 88. 其他学者之持同样见解者颇多，如：Jevons, Money and the Mechanism of Exchange, New York, 1986, p. 133; Kinley, Money, New York, 1904, pp. 156-157.

③ J. W. Angell, The Components of the Circular Velocity of Money, Quarterly Journal of Economics, Vol. 51 (February, 1937), pp. 224-273.

④ F. A. Lutz, Velocity Analysis and the Theory of the Creation of Deposits, Economics Vol. VI (New Series), No. 22 (May, 1939), p. 158.

（7）家庭制度。在大家庭制度流行之社会，其所储藏备用之现金量，以人数为比例言，必较小家庭制度盛行之社会所储藏者为少，即前者之货币流通速度较后者为大。

（8）天灾人祸及生活之不安定。在灾祸发生时，人民生活不安定，货币之"流通性特好"，特别大，人民每尽量保存现金以备不时之需，故货币流通速度变小。灾祸发生时，每感银根紧迫，其原因即在此。

（9）物价变动之趋势。如物价在变动中，人民使用货币之习惯亦必或多或少有所变动。如物价下跌，而一般人民判断其为暂时现象，日后仍会上涨，则人民必提前购买，于是货币流通速度增大。如物价下跌而人民判断其为长期现象，则人民必尽量延迟购买，于是货币流通速度减小。如物价上涨，而人民判断其为暂时现象，则人民必延迟购买，货币流通速度减小。如物价上涨而人民判断其为长期现象，则人民必争相提前购买，货币流通速度必增大。

第二，主观方面之因素。

主观方面的因素是非常复杂、非常微妙而很难分项胪列的因素。有人谓物价包含着极复杂的人情和心理的要求以及心理间之交互作用。在某种意义上，这种说法是正确的。所谓主观方面之因素，即个人因环境、性格、教育、道德修养和生活态度等之不同，对客观事物抱一种特殊的主观判断，进而对于货币存一种特殊的主观评价。此种主观判断和主观评价，对于货币之流通速度，进而对于货币价值，均有莫大的影响。此种因素大概可分两方面来说：

（1）对于货币之主观评价：各人对于货币之主观评价每难相同，如对于货币抱一种极低的主观价值者，往往挥金如土，其货币流通速度较大；又如节俭的人对货币有一极高的主观评价，往往谨慎储存款项，其货币流通速度较小。社会中各人对于货币之主观评价参差不齐，故各人手中之货币流通速度亦不一致；而且同一个人在异时异地的场合中，其对于货币之主观评价，亦可有很大的差异。唯其有此种种差异，方须用平均数的方法去计算其共同的倾向，故此种差异性与多样性之存在，非吾人特别注意之所在。吾人所应特别注意者，乃在于：①此社会之人民中，究竟是对货币抱较高的主观价值者较多，还是对货币抱较低的主观价值者较多；②在社会不断变化的过程中，人民对于货币之主观评价，一般地说，究竟是逐渐升高还是逐渐降低。在前一注意事项中，我们借此可以判别此一社会与他一社会之货币流通速度的差异，进而判断两社会之物价变动的差异。在后一注意事项中，我们借此可以判断此社会前一时期与后一时期之货币流通速度的差异，进而判断两时期之物价变动的差异。

（2）在前一方面，个人对货币之主观评价，主要的是指对于货币价值之主观评价而言，由此主观评价影响流通速度，进而影响货币价值。此种论点是以货币之客观的交换价值不变为其假定的前提，即个人之此种主观评价，完全未曾掺和有物价变动的考虑成分在内。现在，试讨论物价变动时人民之主观判断对于流通速度的影响。无疑地，当物价变动时，如变动尚属轻微，而有暂时性质之征象，人民之主观判断，每有很大的差异。但如变动甚为剧烈，而有长期性之征象，则人民之主观判断必大体相同，唯在程度上有所差异而已。在前一种情形下，各人对于货币在将来之价值变动趋势，判断不一致，使用货币之习惯的改变也极不一致，于是使此种差异可以互相冲销一部分，而使未被冲销的一部分主观判断，表现于货币流通速度之共同的倾向之上，进而体现于物价变化之方向与程度上。在后一种情形下，各人对于货币在将来之价值变动趋势，在原则上有一致的判断，唯有程度上的差异，则人民使用货币之习惯，亦有方向一致的改变，于是使货币流通速度有一致的变化，进而表现于物价变化之速度与程度上。

四、物价水准、货币数量与流通速度之关联性

在物价水准和货币数量之间，在正常的情形中，货币流通速度实为富于调节功能的弹性绷带。由于货币流通速度之增大或缩小，使物价水准与货币数量二者之间不能有确切的比例出现。物价水准与货币数量二者之关系，其发生的方向有两种，故流通速度之调节功能亦可分两方面去观察：

（1）货物方面之因素有变动，由物价水准之变动首先发动到货币数量之变动。例如由供求脱节使物价发生变动，而货币数量一时难于完善地加以适应，此时则由流通速度之增大或缩小，以资调节。

（2）由货币数量之变动首先发动到物价水准之变动。如货币数量增加或减小时货币流通速度每有变动，使物价水准之变化，在程度上和速度上超过或不及货币数量之变化，即冲销货币数量变化对于物价影响的一部分或加强其影响。

以人们使用货币之态度言，货币流通速度之变化，大体上可有三种：一为各货币之流通速度一般地增大，二为各货币之流通速度一般地缩小，三为全体货币中，一部分之流通速度增大，另一部分者则缩小。兹举实例分别加以说明：

第一，货币流通速度一般地增大。例如季节变动中之旺月，交易总量增大，此时货币本应同比例地增大，方可使物价不致下跌；但在实际上，货币数量仅可作一部分的适应，其余一部分的工作，则由货币增大其流通速度去调节。又如在通货膨胀之后期（second stage），人民见物价之长期逐渐上涨，货币在日后之价值势必逐渐降低，于是采取争先购买的对策，以资自保，推其极，甚至达到"左手收进、右手付出"的境地，使货币流通速度大见增加，物价上涨的速度和程度都远在货币增加之速度和程度之上①。故通货膨胀愈厉害，则货币流通速度愈增大，于是物价上涨与货币数量增加两者之关系愈形脱节。又如在商业循环之繁荣期中，因工商业情势良好，一方面信用膨胀，另一方面货币流通速度亦一般地增大，使繁荣的景象得以维持。

第二，货币流通速度一般地减小。例如季节变动中之淡月，交易总量减小，但货币数量每难作完善的适应，此时则货币流通速度一般

---

① 凯恩斯以德国在第一次世界大战后之情形为例，谓以1920年底为基期，德国通货膨胀最厉害时，货币数量增加200倍，而物价上涨则为2 500倍。

缩小，以资调节，使物价不致有大的变动。如政府实行通货膨胀政策之初期（first stage），物价上涨，但人民每疑此种波动为暂时的，希望或判断其日后可告下跌，于是采延迟购买的对策，使货币流通速度缩小，因而物价上涨之速度与程度较货币数量增加者为小。如通货紧缩（deflation）时期，物价下跌，人民采延迟购买，并减少购买量至最低限度，使货币流通速度缩小，致物价下跌的速度和程度远比货币数量减缩者为大①。又如商业循环之恐慌爆发以后，大家拼命抓取现金，使货币流通速度一般缩小；恐慌爆发前与爆发后之短期间，货币数量大体上无多大变化，而所以前后截然不同者，货币流通速度骤然缩小，实为主要的征象之一②。在恐慌爆发前和在恐慌爆发后，两者的货币数量变化之速度和程度，绝不如市场情形变化者之大，而两者间繁荣与萧条相去如此之远，而且转变如此之速，由此可见货币流通速度在经济体系中所占地位之重要。

第三，一部分货币之流通速度增大另一部分减小：在正常时期中，有一部分货币充流通之用，另一部分充准备之用，即前者之流通速度较后者为大。但在特殊环境中，如恐怖时期或动乱时期，人民一方面感觉保持较大量现金以资自保之必要，对自己所认定之最低限度的风险准备金，必以最大的决心去保存而不予以动用；同时，另一方面感觉对特种物品或一般必需物品有赶紧购买加以储藏之必要，于是将最低限度风险准备金以外之现金，加紧购买，放手动用。这样，前一部分货币之流通速度减小，后一部分货币之流通速度增加。就全体货币而言，其流通速度之变化的方向和程度究竟如何，则依存于下列两种情势：（1）前一部分与后一部分在数量上之比例；（2）两个部

---

① 卡塞尔对此种现象解释甚为详明，卡氏名延迟或减少购买为"the common purchasing strike". 见 G. Cassel, Money and Foreign Exchange after 1914, pp. 242-248.

② 这只是说 V 之缩小为其主要的征象之一，自然尚有其他征象。同时，此种征象所以发生之原因，此处不欲加以论述。

分的流通速度彼此变化之程度。在恐怖时期或动乱时期中，往往人民所储藏之货币数量增多，而其另一部分货币之流通速度特别增大，仍使其货币全体之平均的流通增大，致仍促物价之上涨。

第六章 物价变动与经济发展

第一节 物价变动与财富重分配

物价变动每可使社会中之一部分人民获得利益，使另一部分人民蒙受损失，发生财富重分配（redistribution of wealth）的现象。一般经济学者大多只将财富重分配与通货膨胀或通货紧缩联结起来讨论①，而未将财富重分配之函数扩大，与一切物价变动联结起来讨论。物价变动之范围，较通货之膨胀或紧缩为广，单以物价变动之外在形态言，前者能包括后者，唯后者变动之程度远较前者为剧烈，后者之影响亦远较前者为强大。同时，物价发生变动，其促成之因素则

---

① 如 J. S. Mill 谓货币（指不兑现纸币）之发行额超过某种限度，则发行者得利，债务人得利，但持有货币者则受损失。（见其 Principles of Political Economy, Book Ⅲ, p. 13.）虽语焉不详，但对此项问题已加重视，则无疑义。如 A. Marshall. 列举种种理由，认为现代社会中延期支付（deferred payment）日见重要，故货币制度之须具有良善的管理，亦日见重要，因而列举物价变动之种种影响，谓物价变动对于各阶段有不同的影响，有的得利，有的受害。（见其 Money Credit and Commerce, London, 1924, pp. 17-19.）如 E. Cannan 谓通货膨胀有两种不公平的影响，即使一部分人得利，另一部分人受害。（见其 Money, Its Connexion with Rising and Falling Prices, 5th edi. 1926, pp. 61-62.）如 G. Cassel 明白指出物价变动时于经济发展之影响。（见其 Money and Foreign Exchange after l914, pp. 251-252.）对物价变动与财富重分配之问题，分析最详明者，厥为（J. M. Keynes）凯氏在其货币改造论之第一、第二两章中，讨论甚为详尽。见其 Monetary Reform, pp. 11-72.

是多方面的，不必仅以货币因素为限，而后者之所以发生则由于货币因素所促成。所以，前者和后者是有区别的。在事实上，当物价发生变动时，每可发生财富重分配的现象，故仅以后者与财富重分配相联系，尚嫌不够，而必须将财富重分配与物价变动联系起来讨论方可。唯因平常时期所发生的物价变动，程度不大，一般人对之因无锐敏的感觉。同时，各物品价格变动之一致性，亦远不如通货膨胀或紧缩时期之普遍而明显，故其影响并不严重，遂更不为一般人所注意。但是，只要物价发生变动，不论其程度和速度如何微小，均会发生财富重分配的现象，而且在大体上，一般物价之变动与财富重分配两者，在程度上和速度上是彼此相同的。

一、物价上涨与财富重分配

一般物价上涨，不论其轻微到如何程度，均会使社会中之一部分人获利，另一部分人受损，但最显著者则为通货膨胀或通货紧缩时期。在物价变动中，假若各物品价格变动之程度及速度一致，又假若人民之货币收入亦与一般物价变动作相等的变化，而且各个人货币收入变动率相等，则财富重分配之现象绝不会发生。但在事实上，此种物价变化中，有些物品价格上涨较甚，另一些物品价格上涨较缓；同时，一部分人之货币收入在数额上，缺少弹性，另一部分人之货币收入的弹性较大，故使人民之真正所得（real income）发生一种对比的变动，而形成财富重分配的现象。兹将物价上涨中之获利者与受损者，及其所以获利或受损之原因，分别胪述如下：

第一，企业家。这里所谓企业家，系指制造业者而言。在物价上涨中，企业家是很容易获得利益的。其所以能够获利的原因，主要者如：①固定资本无形中涨价，假若该社会中重工业不发达，则固定资产中之机器设备等，制造困难，增加不易；而物价上涨每促投资之增加与产业之扩充，则对于此种机器设备之需要大增，使其供不应求，价格上涨程度较其他物品者为大。即在重工业发达之社会，因此种资产之制造需较长之时间、特殊的技术和设备，也每较其他产品增产为难，此种固定资产价格上涨每较大。所以在这方面企业家获得双重的利益：一方面固定资产价格随一般物价品而上涨，另一方面其上涨程度更超过一般物价水准之上。②债务负担减轻。在现代产业组织中，股本之募集，公司债之发行，及向银行通融之资金，均为其债务。物价上涨，则此种种债务之负担即成比例地减轻。③利息上涨较物价上涨为缓，所付利息数额之实际负担较前为轻，故在利息方面亦为获利的一个来源①。④工资上涨较缓与较迟。在物价上涨中，如上涨甚为轻微，工资则极少有所增加；如上涨甚为剧烈，则纵有增加亦必不如物价上涨之速，在工人组织不强固之社会中，尤其如此。纵然在工人组织强固之社会中，工资增加之倍数亦难于达到物价上涨之倍数，此种变动倍数之差异，即对企业家发生利益；同时，以两者变动发生之先后言，物价上涨在先，工资增加在后，在时间上两者每有相当的差池，此种差池中即包含着企业家之利益。⑤原料预先购进，制成货物出售，而物价日在上涨，则可获得利益。⑥赋税增加较迟较缓。在一般情形中，如物价上涨尚属轻微，则赋税不因之有所增加；即使在物价上涨剧烈之时期，赋税增加之程度或速度亦较小或较缓。总之在物价继续上涨中，企业家实处于绝对有利的地位。除上述各项利益外，更使期望（expectations）趋于良好，资本之边际效率（marginal efficiency of capital）提高②，投资增多，产业规模扩大。

第二，商人。在物价继续上涨中，商人所处的地位与企业家大约相同，但亦有其相异之处。债务负担减轻，工资薪金上涨较缓较小，

---

① 物价上涨中利息上涨每较缓。费雪氏对此种现象非常重视，认此种现象为商业循环之所以发生原因。参考：I. Fisher, The Purchasing Power of Money, New York, 1931, Chap Ⅳ, pp. 56-73; The Rate of Interest, New York, 1907, Chaps Ⅴ, Ⅺ. 凯恩斯亦谓物价上涨时，利率未能与之作等量的变化。见 The General Theory, pp. 142-143.

② 期望与资本之边际效率两词，均见于 J. M. Keynes《就业概论》中，在本章第一节讨论物价上涨与生产之关系时当对凯氏学说详加介绍，两词原意兹不另加解释，请参见 J. M. Keynes, The General Theory of Employment, Interest and Money, 1936, pp. 46-51.

赋税增加较缓较小，货物贱买贵卖，凡此种种情形均与企业家大体相同。但是，在此时期中，企业家对于所产货品价格之决定，具有较大的作用力，故对于替换成本（replacement cost）之计算纵不精确，亦无亏本之虞。而商人对于市场中行情之决定力则较小，在此时期，务须精细地计算其替换成本，方可免于赔本。例如匹头商人以700元买进阴丹士林布一匹①，数日后以800元之价格售出，以收付之货币数额言，该商人得利100元。但因物价日在上涨，如出售此货后不立即进货，则下一批货之进货价格也许会近于、等于或超过800元，将其他成本计算在内，势将全无利益，甚且要亏本了。所以，在物价上涨中，商人所负的风险仍然很大。（此种说法仅指物价之温和的上涨而言。若在物价暴涨时期，则产业家反居劣势，难以适应。）但是，大体说来，善于经营的商人，在此时期是可以稳操胜算而稳赚不贴的。而且商业资金周转较快，亦为其营利的主要因素之一。

第三，地主。土地为不动产之一种，不因货币购买力之下跌而贬值，其年产物之价值亦然。故一般地说，地主阶级不受物价上涨之影响，如土地及其年产物价格上涨程度等于其他物品价格上涨之程度，则有利可图；如低于其他物品价格上涨之程度，则须蒙受损害，然纵受损失，亦必有限。

第四，固定收入者。在物价继续上涨中，固定收入者最为不利。此种人中包括一部分投资者及薪资阶级全体。投资者即优先股票公司债之持有人，其投资的本金逐渐贬值，股息亦告贬值。此外，公债持有者亦遭受本息贬值的双重损失。至于银行存款者之损失，亦与此相同。薪资阶级之薪俸固定，其购买力与物价上涨程度成确切的反比例而变动。

第五，劳动者。劳动者在此时所处的地位，须以其团结程度、技工需要与供给之情形及转业转厂机会之大小为准，如团结坚固，技工

---

① 笔者写作的此时之价格大概如此，此仅属例证性质，纵与事实有所差池，亦对论点本身无多大关系。

需要大于供给及转业转厂机会较多，则工资上涨与物价上涨相差必不甚远。反之，则工资必远在物价之后。但是一般说，无论如何，工资上涨程度必定是在物价上涨之后，在变动发生之时间上有很大的差池，此种差池对于劳动者自属一种损失；同时，工资上涨与物价上涨，在程度上或速度上，不论劳动者之购买能力（bargain power）如何大，总是或多或少有所差池，此种差池对劳动者有所不利。

总之，测量个人之生活标准者，不是货币所得（money income），而是真正所得（real income）。此时因物价继续上涨而蒙受损失者，其真正所得逐渐减小，生活标准势必被迫压低。此种受害者所遭受的损失，成为另一部分人的"飞来"财，不知不觉地被一只"不可见的手"转入获利者的财产目录中去，整个社会中之财富分配状况为之改观。

二、物价下跌与财富重分配

物价继续下跌所引起的财富重分配，与物价继续上涨所引起的财富重分配，财富转移的方向恰好相反。物价继续上涨中，货币收入缺乏弹性者受损最大，富于弹性者获利最多；而在物价继续下跌时，则货币收入弹性最小者获利最多，富于弹性者受害最大，兹将各阶级之获利或受损之情形分别略述于后：

第一，投资者与债权人。物价继续下跌即货币购买力继续上涨，故债权人及投资者无形中可获得极大的利益。不论是公债、优先股票、公司债的保有者或其他债权人，其本金与利息均可获得较多之物资。唯在物价继续下跌，工商业感受不景气的高压下，纯益减少，故持有股票者势必减少或根本没有红利的收入，这是对产业投资者的一种损失。同时，产业既有紧缩或倒闭之危险，则股票与公司债之市场价格势必降低，如降低程度与物价降低程度相等，则既不受损，亦不获利；如不及物价下跌之程度，则尚有利可图；如超过物价下跌之程度，则必蒙受损失。故物价继续下跌，产业界陷于不景气之状态下，对于投资阶级未必有利。但对于其他债权人，则属有利可图。

第二，薪资阶级。物价继续下跌，薪资每难随之降低，故其真正所得即告增大。但因产业界之不景气而紧缩或倒闭，产业界雇聘之人员势必一部分失业，这实为一大损失。

第三，劳动者。物价继续下跌时，工人对于降低工资必极力加以抵抗，故工资下跌殊多困难，即使有所降低，为数亦属有限。此点对于有工可做的劳动者为一种利益。但在产业不景气之状态下，企业家势必裁减工人，极力紧缩，以求渡过难关，失业者即告增加。更因生产条件不良之企业单位的倒闭，失业人数尤形增多，对劳动者实为一种严重的威胁。

第四，企业家。在物价继续下跌之时期，企业家最为不利，其利害全与物价继续上涨时期相反。如：①债务负担加重，不论本金或利息均如此。②工资减低困难。③固定资产跌值。④原料购进后，即告跌价，亏本制造，产品之出售价格，势须低于成本。⑤纵加紧缩，然机器设备等完全停止运用，则仍感"维持成本"(carrying cost)之损失。以上种种尚属有形的损失。企业界之活动，亦如军队作战一样，需要有一种锐气，一种富有希望的期待（expectation），以为其积极活动之兴奋剂。而在物价继续下跌之时期，亏本是势所不免的事。期望自然非常暗淡，锐气亦消失殆尽，而使产业界充满着颓丧气象。此种颓丧气象不论是对产业界还是整个社会都是非常不利的。

第五，商人。在此时期中，其债务赋税等负担加重，现金储藏数额增大；进货销货的方策全与物价上涨时相反，此时进货唯恐不迟，销物唯恐不速，且必须使囤积之货物量降低至最低限度，以求减低损失。

第六，地主。土地及其年产物之价格的下跌程度如与其他物品价格变动，保持适当的比例，则地主可不受影响。如其下跌程度小于其他物品价格下跌程度，则尚有利可图；如其下跌程度大于其他物品价格下跌程度，则势必蒙受损失。

总之，物价继续下跌，对于国民经济有两重损失：一为财富重分配，使社会各阶层间之经济生活失去均衡；二为陷产业及其他经济活动于不景气的颓丧状态，推其极，可使产业组织陷于停滞的厄运中，损害至为惨烈。而物价继续上涨中（假若不是恶性通货膨胀的话），仅有财富重分配的弊害，对于产业组织则不仅没有扰乱的作用，而且具有富于刺激性的助长作用，使产业趋于活跃与扩张，整个国民经济趋于繁荣。故凯恩斯在比较通货膨胀与通货紧缩之弊害后，而谓通货紧缩较通货膨胀尤为不利①。这种现象，实均由于现行经济体系之物质使然。

第二节　物价上涨与生产

在整个经济发展史中，生产规模是在不断地趋于扩大，生产组织是在不断地趋于复杂，产品种类是在不断地趋于繁多。此外，更有一个特征，即在现行经济体系之下，生产之进行与发展对于货币制度与价格机构之依存性，是在不断地增大。在本节中，拟以物价温和地继续上涨为前提来分析生产规模趋于扩大与生产结构发生变化之各种问题。

一、生产扩充之种种因素

促进生产日益扩充之种种因素，主要者可归纳如下：

第一，人口之增加。人口增加，则维持人民生活之物资的需要，亦告增加，因而使生产扩大有其必要性。同时，劳动者在生产组织中有其重要的地位，在过去，此种重要性较现在尤大，由于人口之增加，使生产扩充中不感劳动力缺乏之虞。

第二，资本之增加。资本为生产要素之一，欲求生产能够扩充，必须有充分的资本方可。同时，由于产业之发达，资本累积因而更形

---

① "Both are unjust and disappoint reasonable expectation. But whereas inflation, by easing the burden of national debt and stimulating enterprise, has a little to throw into the other side of the balance, deflation has nothing." "Deflation is even worse than inflation."（见 J. M. Keynes, Monetary Reform, London, 1932, p. 149.）

迅速，使次一期中之产业得以更加扩充。如此互为因果，循环推演，使产业规模日趋扩大而无止境。

第三，生产方法之进步。因科学日益进步，在技术上，新机器不断出现，人类利用自然、控制自然、征服自然之力量日益增强；机器代替人工之成分，日益增大，使大量生产能普遍地实行。

第四，企业组织之进步。企业规模日趋扩大，分工日趋细密，成本会计与科学管理日趋严密，原料与产品之品质日趋标准化。总之，一切设施均趋于计算精确管理严格之一途，因能获得大量生产的利益。

第五，消费者欲望之增多。这是就生产扩充之需要而言。无疑地，消费者欲望之增多，主要的是受生产扩充产品增多的刺激使然，但欲望之增多，却又是产品之需要的来源，而更促产品之增加。故两者互相作用，使产业日趋扩充。

此外如社会组织之日趋严密，政治机构之日趋灵活，交通运输之日趋方便，天灾人祸之日趋减除，人民知识与道德之日趋进步，均与生产扩充有密切的关系。

但是，这许多力量或因素之运用，务须使其凝聚起来，结为一体，成为一个非常协调、非常匀称（symmetric）、非常整齐的综合组织，方能运行自如，发挥其最大的生产威力；此种组合工作则完全依赖着货币制度与价格机构之确立与运行。假如没有货币制度与价格机构之滑润作用与助长作用①；则社会经济必永久地停滞于原始的状态，绝难有所进步。换言之，假若没有货币制度和价格机构，则社会绝不会进步；即有货币制度与价格机构，假若运用不善，则社会进步亦必极为迟缓。所谓货币制度与价格机构之善为运用者，即物价在长时期中之徐徐上涨。必如此，方可符合现行经济体系之特质，方可刺激生产使之日趋扩大。

---

① 参见本书第一章第二节。

二、物价上涨与发展生产

凯恩斯（J. M. Keynes）在其就业概论中讨论投资量之决定因素时，谓投资量依存于利率与资本之边际效率（marginal efficiency of capital）两者间的关系。即投资量并非单独地由利率去决定，亦非单独由资本之边际效率去决定，而实由两者间的关系去决定。而资本之边际效率又依存于资本之供给价格与其预期的收益额（prospective yield）①。所谓资本之边际效率者，即企业家购买一项投资或资本财时，则从此有权收受其预期之连续的赢利。此项赢利在此投资之存续期内，即逐年地从出售其产品之收益中，减去该产品之各项成本后的余额。这逐年之连续的赢利（series of annuities），即为资本之预期的报偿②。该资本之预期的报偿与其供给价格或替换成本之关系，即构成该项资本之边际效率。企业家对某种资本财投下资本时，对此后该资本财逐年的赢利，加以估计，而折合之为现在的价值（present value of the series of annuities）；此种将来赢利的现在价值，当至少与制造此项资本财时之替换成本恰好相等。资本财之将来赢利折合为现在价值，此现在价值而又至少须相等于资本之供给价格，于是此项折合率（the rate of discount）即为该项资本之边际效率。每一种资本财均各有其特殊的边际效率，在这许多边际的效率中，最大的一个即可视为一般资本之边际效率③。所谓资本之供给价格，是指生产该资本

---

① J. M. Keynes, The General Theory, p. 147, p. 135.

② J. M. Keynes, The General Theory, p. 147, p. 135.

③ J. M. Keynes, The General Theory, pp. 135-143. 资本之边际效率的概念，并非为凯氏所独有，其他经济学者中亦有同样的说法，唯文字上表示方法有不同而已。例如马歇尔（A. Marshall）之"边际的纯效率"（the marginal net efficiency）或"资本之边际效用"（the marginal utility of capital），即与凯氏此种概念大致相同。又如费雪（I. Fisher）之"超乎成本以外之报偿率"（the rate of return over cost），与凯氏此种概念即属同一意义。参考：A. Marshall, Principles of Economics, 8th. edi., pp. 519-521; I. Fisher, Theory of Interest, 1930, pp. 155-163.

财时所费的成本,此项成本之支付,是现在即告发生的。而资本之预期的收益额,却是一种预期,是属于将来的事。故计算资本之边际效率时,当将后者折合为现在的价值,方可与前者相比较。但将将来收益额折合为现在的价值而与替换成本加以比较,仅为一种计量的步骤,估计将来收益额实为本问题的重心①。

资本边际效率之变动受种种因素之影响,如日后资本财制造之预期的成本、货币价值和利率等之可能的和或然的变动,均可使资本边际效率发生变动②。凯氏并认为:实际的投资率将会在投资需要表列中尽可能提高,提高到如此程度:使一般资本之边际效率与市场利率相等。易言之,即实际的投资率,将在资本之边际效率与市场利率相等之一点上,得到均衡;不及此均衡点时,则资本之边际效率大于市场利率,则投资率尚未达于饱和的境界,企业家增加投资尚属有利可图;在事实上企业家必为追求利润而继续投资,及达于此均衡点而后已③。企业家增加投资时,估计资本之预期的产额,系以种种期望(expectations)为依据;根据此种种期望,去估量资本投下以后可望

---

① J. R. Hicks 在其"Value and Capital"中,讨论企业计划生产规模时,对于"期望"(expectations)亦非常重视。该书中论及"期望"之处极多,实为凯氏的价值论中主要观点之一。参考:J. R. Hicks, Value and Capital 1939, p. 117, pp. 124-127, pp. 204-209.

② J. M. Keynes, The General Theory, pp. 135-143. 资本之边际效率的概念,并非为凯氏所独有,其他经济学者中亦有同样的说法,唯文字上表示方法有不同而已。例如马歇尔(A. Marshall)之"边际的纯效率"(the marginal net efficiency)或"资本之边际效用"(the marginal utility of capital),即与凯氏此种概念大致相同。又如费雪(I. Fisher)之"超乎成本以外之报偿率"(the rate of return over cost),与凯氏此种概念即属同一意义。参考:A. Marshall, Principles of Economics, 8th. edi., pp. 519-521; I. Fisher, Theory of Interest, 1930, pp. 155-163.

③ J. M. Keynes, The General Theory, pp. 136-137.

第六章 物价变动与经济发展

收回的数额①,所以,期望实为投资量或产业扩充率之一个重要的决定因素。

影响资本之边际效率者有种种因素,即影响投资量或产业状态者有种种因素,但本节中单以货币价值变化之一种因素为讨论的出发点。货币价值苟有变动或有发生变化的象征,则由此变化的期望,可以影响现有的生产量。货币价值下跌之期望,能使资本之边际效率表列(schedule)上升,即使资本之边际效率增大,刺激投资,因而使产业得以扩充。货币价值变动之期望,对生产量所以有影响,实由于利率未能在此时期内与物价作等量的变化。假如利率同样地上涨,则资本之边际效率实无由提高。所以,货币价值下降对于生产量之刺激,实依存于资本之边际效率的提高——边际效率相对于利率而告提高。物价上涨或物价有上涨的征象,均可刺激投资,使产业趋于扩充。当物价上涨时,生产规模在某种限度内,具有扩大的可能性与必然性,实为本学说基本前提之一。

---

① 凯氏分长期期望和短期期望两种。考虑资本之预期的产额时,其种种期望,一部分是基于为吾人或多或少所确知之现存的事实(existing facts),如资本财之现存量,现在消费者之需要的强度等,谓之短期的期望;一部分是基于为吾人或多或少所确料(forecast with more or less confidence)之将来的事件(future events),如在该资本财之存续期中,资本财之形式与在日后之数量变化,消费者嗜好口味之将来变化,有效需要之日后变化,工资单位之日后变化,谓之长期期望。将期望视为现在经济活动的决定因素之一,凯氏在其《货币改造论》中,即已有此种说法,例如谓"Both (inflation and deflation) disappoint reasonable expectation",又如将"inflation"分为两个阶段,以人民用钱习惯为分设标准,而用钱习惯之改变则依存于期望的判断之改变。(见 Monetary Reform, pp. 45-53, p. 149.) 其此种观点,并非为凯氏所独有,其他经济学者亦有之。如坎南(E. Cannan)即认"anticipation"为物价水准的决定因素之一。见其 Money, Its Connexion with Rising and Falling Prices, 5th. edi., 1926, pp. 22-24.) 又如卡塞尔(G. Cassel)亦谓预期的将来之稀少,对于价格之影响并不以将来者为限,亦能影响现在之价格;反之,预期的将来之丰裕,亦能影响现在之价格。(见 The Theory of Social Economy, p. 283.) 关于"expectation"更可参考: G. L. S. Shackle, "Expectation and Employment", The Economic Journal, Sept., 1938, p. 444f.

此时期中生产扩充之方式，主要有二：一为原有设备之充分利用，如增加工人，增加工作班次等；二为新设备之增加扩充，使该企业单位之生产规模扩大，或另外设立，使企业单位增多。在一般的情形下，当物价上涨时，第一种扩充方式较为便利而容易，实行时所需时间较短，故在市场中表现其效果为期较早；第二种方式较为困难，需时较长，故在市场中表现其效果为期较晚。

生产扩充，产品增多，交易总量增多，则货币需要增大。本学说中所谓货币需要，系包含于交易总量之中，交易总量增加，则货币需要即成正比例而增加。故此与剑桥诸学者之所谓货币需要，在含义上有所不同。另外，货币需要与价格水准亦有关系，如价格水准高，则每一交易所需要之货币数额亦告增大。故货币需要之决定因素有二：①物价水准；②交易总量。但吾人在本学说中当偏重后者，而对前一因素加以忽视，因为货币数量增加后，使物价变动，所以不与货币数量成确切的比例者，实因后一因素之作用，与前一因素毫无关系。

三、生产扩充之限制

在较短的时期（如一年或数年）内，物价可以上涨数倍、数十倍甚至千百倍，但生产规模之扩大，却须受种种限制，绝不能因物价之刺激而与之成正比的扩充。真正通货膨胀（true inflation）或绝对通货膨胀（absolute inflation）①之所以能形成，即由于货币数量增大之无限性与生产规模扩大之有限性交相配合使然。故吾人在分析物价水准与货币数量的关系之前，应对生产扩充所受之种种限制，有加以提及之必要。其所受限制大概如下：

第一，时间之限制。扩充生产是需要时间的。资本之募集，资本设备之制造与装置，劳动者之雇佣与训练等，均需要相当的时间。而各种产业部门因性质不同，扩充时所需时间的长短，彼此又有差异。

---

① 此两名词见之于凯恩斯《就业概论》中，即指就业量已达饱和境界，生产规模再不能有所扩大时，此时货币数量增大，则促物价与之成正比例而上涨。

第六章 物价变动与经济发展

此种差异大概依下列四种情形而定：①其生产程序较长者，需时较长，否则较短。②制造时需要固定资本较多者，需时较长，否则较短。③制造过程较复杂，需要较高之技术者，需时较长，否则较短。④制造过程中对于他种企业之依存性较大，即需要他种产品之协助与合作较多者，需时较长，否则较短。故物价上涨，刺激投资量之增加后，不论是原有资本设备之充分利用，还是新资本设备之增加，均需要相当长的时间，后者所需时间则更长。同时，因基于上述种种情形，各产业部门之扩充步骤即使同时发动，但增加产品之提供市场，却有先后之不同。故一般地说，以时间为准，当物价上涨时，货物供给增加在市场中所表现的增加率，至少在理论上，可分下列三个阶段：①现在存货之尽量供应；②现在设备之充分利用；③新设备之增加①。但是，此种时间的划分，只是为了研究和说明之方便，实则时间是连续的，时段之间无显明的区分线，三者彼此融合着，而至于无从辨识之境地。

第二，原料之限制。扩充产业需要原料，资本设备之制造增加，需要原料之增加；运输设备之增加或改良，需要原料之增加；消费财制造之增加，亦需要原料之增加。而每因农业生产与矿产开发之有限度，原料增加之可能毕竟有限。同时，产品是由多种原料组合而成的，而各种原料之出产地域、出产季节和出产数量彼此不同，对于特种货物之制造言，可资利用的（available）各种原料，数量与品质均有差异。李泌施在农业肥料学上之最小量养分法则（Leibig law of minimum nutrient）② 亦可适用于工业生产之原料配给方面，而使此特种工业产品之扩大率，受其各种原料中最少量的一种原料之限制，即其扩大率以此最少量的原料为其最大限度。此种法则之适用，更可推广。一种货物之制造，必须由若干已成的其他货物或设备为之辅助，

---

① 马歇尔将时间分为极短时期、短时期和长时期三种，即以此为分段标准。

② 即一种农产物在土壤中需要各种养分，而以各种养分中之最小量的一种，去决定此农产物之生长的限度。

方可有成。故论一种资产之生产力（productivity），必须兼顾其辅助资财之品质与数量，方有意义①。在一种制造方法之下，一种产品生产量之扩充率，受其所需各项设备中增加弹性最小一种设备之限制，即其扩充率以此增加弹性最小之设备为其最高限度。

第三，技术的限制。技术低劣，则有许多物资无法加以利用；纵使从别国输入机器，但如运用乏术，亦必效率低劣。同时，在科学发达技术优越的国家，技术进步已到相当地步，以后只能望其在长期间徐徐进步，若欲求其在短期间内更有惊人的进步，殊为困难。

第四，整个产业组织与经济活动是在无政府状态中，产业扩充时，势必增加浪费。在现行经济体系中，供给与需要之调节，以及各产业部门间之配合比例，原料劳动与资本之分配等，均主要依存于价格机构之指示，人民的一切经济活动均须与之相适应；而无一中央管制与计划机关去作通盘的筹划，作统一的指挥。所以，在产业扩充时，因判断不正确，在"量"与"质"方面与实际需要方面有所差池，是极普遍的现象；此外，各产业单位之自由竞争，亦每每增加物力与人力之浪费。总之，在无政府状态中之产业活动，物力人力发生浪费之事极为普遍，故产业扩充时，其效率较计划经济与统制经济者为低，致使产业扩充之实效为之减色。

第五，需要方面之限制。上述四项均属供给方面之限制，实则在需要方面亦有限制。在现行经济体系中，分配不均，使生产与消费二者每易脱节，所谓生产过剩，即为此种脱节现象之具体表现。故一方面有货物充斥，销路不畅；同时另一方面大部分人民之消费标准并未及于可能的最高限度——而且相去甚远，此种矛盾现象即为现行分配制度之必然结果。产业扩充遂亦受了限制。

总之，物价上涨虽然能刺激投资量之增大，使产业有所扩充，但因产业有机体内各部分具有决定的数量关系，相互依赖，相互助长，

---

① 参考：H. Makower and J. Marschak, Assets, Prices and Monetary Theory, Vol. V (New Series), No. 19 (August, 1938), pp. 261-273.

亦相互牵制，而成为一个交感关系的产业集团，其扩充须受种种限制。每有下列四种现象发生：①速度远不如物价上涨之大。②物价上涨在前，产业扩充在后，且两者间有相当大的时差。③产业扩充的准备阶段中，扩充速度不大，但及准备完成，则速度增大；即物价上涨后之相当时间内，产业扩充速度不大，但逾此时间则速度增大。唯此种速度维持相当时间后，势必又趋平稳。④产业扩充达到某种限度后，即达到产业饱和点后，不能再有所扩充。以凯恩斯之术语言，此即饱和就业量（full employment）之达到，如货币数量仍继续增多，则为真正通货膨胀或绝对通货膨胀之开始。

所谓产业饱和点者，即指在此时段中，可资利用的资源已获得最大可能的利用，产业扩充之活动已受最大限度的压制，再加扩充非常困难，故其扩充速度降低至最低程度——但不一定为零，此后即大体上永恒地（自然以此时段为限）保持此种速度，而不复再行增大。所谓可资利用之物资已获得最大可能之使用者，并非社会中之全部物资均被使用，而全无废弃之谓；在实际上，因有上述种种限制，尚有一部分物资未被动用，但此部分物资业已减低至可能的最小限度而已。产业饱和点一经达到，则在此时段中，物价上涨对于货币的投资数量尽管仍可刺激，但产业规模已不再行扩大，即社会中之物品总量已在大体上不复能有所增加——至少在理论上如此。

四、量的扩充与质的变迁

产业扩充，在"量"的方面固有大大的增加，即在"质"的方面亦有很大的改变。所以，质的变迁与量的扩充是连带发生，平行所出现的，在现行经济体系中，如谓出一个均衡进入另一个均衡，只有量的变化而无质的变化，实是违反事实，非愚即妄。所谓质的变迁，在含义上应包括下列诸方面：①原有产品在品质上之改良；②新产品之出现，使一部分旧产品归于淘汰；③原有各产业部门之扩充程度难于一致，故其相对的比例发生变动；④新产品之出现，使社会中各产品配合之整个状态发生变化。所以，在产业之量的扩充时，质的方面亦发生下列诸种征象：

第一，欲望扩充。每一个人的欲望，名目繁多，但这些欲望在一定的客观标准之下，对于生活之维持，其必要性在程度上有很大的分别；每一个人均可以将其欲望之全体，以此种标准，按其重要的程度，列成一个等级表，以其可消费的物资，按边际效用法则，适当地分配于各个欲望之满足上。假若可资消费之物资不足，则不得不牺牲其较不重要之欲望的满足。今产业扩张，产品增多，人民真正所得增大，则消费标准提高，人民所可满足之欲望种类增多，过去所不能满足之较不重要的欲望，现在亦能部分地或全部地得到满足。同时，因能满足之欲望扩充，则维持生命之最必需的欲望，在其整个支出中所占的地位，即告降低；在整个支出中，各个欲望之相对的地位，遂亦发生变化。例如，劳动者在失业或收入不丰时，集中财力满足其最重要的几种欲望；及收入增大时，则其他次要的欲望亦得满足，则在整个支出中，其各个欲望之相对关系，亦与原来者有所不同；单以食一项开支言，过去在总支出中所占百分比较大，现在则变小了。总之，由产业扩充而使可得满足之欲望得以扩充，于是人民消费标准提高，生活因之改善。

第二，生产组织之整体变质。产业扩充后，各生产部门之相对关系即告变动，如：①农业与工业之相对关系的变动。因农业受天然限制较多，扩充困难；故产业扩充每向工业方面发展，原料取之于国外，制成品亦向国外销售；于是农业生产在整个生产组织中所占的地位，相对地亦趋于低落，而工业生产的地位则趋于提高。②工业生产各部门之内在关系的改变。工业生产扩充时，各种产品在生产时之原料、设备、技术等彼此不同，扩充之速度与程度亦各不相同；故由旧的均衡进入新的均衡，工业生产各部门彼此间之相对的地位，亦告变化。③原有产品之改良，新产品之出现，使产品之品质一般有所提高。

在某种观点上，我们可以说，整个经济发展史，即为生产品之"量"与"质"的发展史；量的扩充与质的变迁，在整个经济史中，是两两平行着的。上面所述由量的扩展引起各种质的变迁，在整个经济中作长期观察，也是如此；所以特别指出者，仅因在物价上涨，生产扩充时，此种现象则更形显明而已。但是，"自然不飞跃"，一切事象均是在长期中逐渐进展，绝难在短期中有突变而使整个结构完全改观的。所以，尽管因产业扩充而使其发生质的变化，使新的均衡达到后，物价水准之组成分子与前有所差异，但在达到新均衡所需之时段（一年或数年）内，此种差异也不会大到如何惊人的境地。货币相对数量说本是由若干复杂而概要的事象①所组成，去求出物价与货币数量之关系的一种学说。故此种生产物之质的变化，在原理上固须加以顾及；但如因表现方法之困难，为求简便而加以忽略，亦无多大关系。在事实上，各种指数之编制②，物品之种类与品质选定以后，即长期的以此为准，不加改变；而此种指数之价值，并不因此而有多大的减损，即为明例。

以上所述，是以物价继续上涨为前提而立论的。物价上涨之促成因素，虽有多种，但如要物价继续不断地上涨，则非货币因素变动——尤其是货币数量增加不可。故也可以说，本节的分析是以货币数量之增加为出发点而立论的。假如物价上涨是由于货币因素以外的其他因素，如供求失调等原因所激成，则产业扩充，供给增多以后，物价即会下跌，绝无继续不断地上涨之可能。

第三节 物价上涨与消费

消费是一切经济活动的最后目的。以整个国民经济言，产业扩大的最后目的是消费之扩充，使生活水准为之提高，这样，才使产业扩充有意义有价值。同时，产业扩充后，所增产品运付市场，其需要的泉源在于消费之增大，这样，才使产业扩充有必要，有销路。故产业扩充时，消费势将随之增加，亦势须随之增加而后可。本节中拟对物

---

① 如 M，P，V，T 等均是非常复杂的事象，不得已只能用概略的方法去加以分析，社会科学各种法则之难于精细，原因在此。

② 劳克林记述世界各国指数编制与设计之情形甚详，见 J. L. Laughling, The Principles of Money, London, 1926, pp. 175-224.

价上涨产业扩充时消费之可能的变化情形,加以分析。

一、消费函数(consumption function)或消费倾向(propensity to consume)

如前所述,人民欲望种类繁多,但对于生活之维持上,其重要性有程度上的差异,故可按其重要性之大小排列成一个欲望等级表。人们进行消费生活时,则按其真正所得的总量①,依循边际效用法则,对各比较重要的欲望,作最适当的分配,以求获得最大的满足。因各种欲望之重要性彼此不同,人民消费时,每每是最先使最重要的欲望获得满足,然后逐渐推移及比较次要的各欲望。故欲望之满足,可扩充亦可紧缩,即消费量可大可小。当真正所得减少时,则将较不重要之欲望加以牺牲;及真正所得增加时,则得以满足之欲望扩充,其较不重要之欲望,原来不得满足者,现在亦得满足。换言之,当所得减少时,则对需要弹性较大之欲望加以牺牲,消费向需要弹性较小之各种欲望集中;及所得增加,则向需要弹性较大之各种欲望扩充。所以,我们现在所要研究的,是当总所得在一定水准时,人民将决定以何种数值用之于消费方面,即消费量与所得量间之函数问题。换言之,即欲研究消费如何随总所得之变化而变化的问题。亦即研究当总所得增加时,人民在消费方面增加若干,在储蓄方面增加若干;及总所得减少时,人民在消费方面减少若干,在储蓄方面减少若干的问题。消费量随总所得之变化而变化,故可名之曰消费函数②,虽然此种函数并不十分严格,但两者在大体上之具有函数关系,则为毫无疑义的事。

---

① 凯恩斯论消费倾向时,以货币价值之安定为前提,故以货币所得为讨论之准则。本章节讨论消费倾向时,以物价上涨产业扩充为前提,故以真正所得为立论之准则。以后提及之"所得"字样,其未特别标明"货币所得"者,均指真正所得而言。

② 可参考:W. E. Armstrong, Determinateness of the Utility Function, The Economic Journal, September, 1939.

个人消费的口味（tastes）彼此不同：在现行经济体系中，个人能按其所得之多少，去自由选择消费品之种类、品质与数量等，所以，各个人之消费生活彼此互有差异。但是，大体上说，消费者以其货币所得进行消费生活时，每有种种特好（preferences），使消费活动在时间与品种等作适当的分配。如第一，安全特好（safety preference）：即将一份所得以货币的形态加以储藏，作为应付意外事态之准备金，以求确保安全。第二，数量特好（quantity preference）：由于效用递减法则，使人将消费品类扩充及于多种欲望之满足，而不集中于一二种欲望之满足；即满足一种欲望之货币支出如数量太多，则效用减低，故将其一部分用于其他欲望之满足，以求总效用之达于最大限度。第三，时间特好（time preference）：人民收入每有一个确定的时期，各次收入之间每有相当长度之时距（interval），故人民以其所得生活时，每须对此时距中之各时日，作通盘的打算，使消费品之供应在整个时距有适当的分配。

消费者的口味各人不同，而同一个人又因时间、空间等之不同而变动不定；但大体上个人之消费量每以其所得总量为依据，即其变动终以其所得总量为准则。所以，一个社会的消费量，每依存于下列三种情形：①依该社会之所得总额；②社会之其他客观的环境；③消费者个人之主观的需要、习惯与心理的特性。为分析之便利计，可将其分为主观的因素和客观的因素两方面。

二、消费倾向之决定因素

如上所述，决定消费倾向之因素，可分客观和主观两方面，兹分述如下①：

第一，客观方面之因素。

（1）真正所得之变动。真正所得对于消费量之关联性，较货币所得者为多。如因种种原因而使真正所得有所变动，则消费量亦必将

---

① 消费倾向之决定因素，凯恩斯有详尽分析，本段大体上以凯氏所述者为准，唯因假定前提等与之不同，稍有变改，以期与本章中心论点相一致。

有所变动，两者变动方向每每相同，但变动比例却不一定相同。

（2）所得与纯所得（net income）之差额的变动。在一般人民决定消费量时，其心目中每每是以其纯所得为准则的。所以，社会消费量是依存于纯所得，而不是依存于所得；换言之，消费是纯所得的函数，亦即纯投资的函数。一个公司之财政的准备（financial provision）愈大，则纯所得愈小，对消费愈不利。

（3）资本价值之意外变动，而在计算纯所得时未及折减者。此种变动使纯所得与所得间的关系非常不安定、不规律，故对于消费亦有极重要的影响。尤其是资本金所有者的消费，更受影响。

（4）贴现率与利率之变动。贴现率即现货与期货之交易的比率，将日后货币价值变动估算在内的成分较多，故严格地说，贴现率与利率两者有些不同，但大体上两者的变动颇相一致。这个因素对于消费率之影响，是很复杂的。当利率不变动时，引起各种相反的变动，例如在储蓄方面虽受刺激，但投资方面却受抑制。故利率变动对于消费的影响，是很不安定的。以一般的情形言，利率之短期的波动，对于消费无甚影响。利率变动之所以能影响消费率，是由于证券及其他资产之价格，因利率变动而发生变动。至于利率之长期变动，则或许可以使社会习惯大加改变，因而使主观的消费倾向蒙受影响；但是，这些影响究循何种方向而表现出来，则唯有由实际经验去判断。

（5）财政政策之变动。个人储蓄之诱因依存于其所期望之将来的报偿，将来之报偿的大小，则不仅依存于利率，而且依存于政府的财政政策。所得税、资本利润税等，其变动之可能较利率者尤大，财政政策对于消费的影响故亦较大。

（6）现在所得与将来所得之间存有一种关系，此种关系之变动，可使特殊的个人感受影响。以整个社会言，则被中和而不显著了。

总之，上述种种因素，均直接或间接经由所得之变动而对消费量有所影响。故消费量主要地依存于所得总量，亦即依存于生产量。

第二，主观方面之因素。

讨论这一方面的因素时，为分析之方便计，以客观因素不变为前提，尤其是以所得不变为前提：即研究人民从一定量的所得中，将消费若干部分的问题,因所得之用途为消费与储蓄二项,二者之决定因素恰好相反,故从储蓄方面去研究,其结果亦相同。

主观方面的因素主要的大概有下列八点:

(1) 对不测事件之准备。

(2) 对将来之所得与支出间的关系,恐其有变动发生,如因老年退休后之赡养,后嗣之教育,依其营生者之给养等而加以准备。

(3) 为求日后消费之提高,而享受其利息与增价。

(4) 因为人类天性是期求着生活之逐渐改善,欲有所储蓄,以求享受那逐渐提高的生活水准。

(5) 独立意识(a sense of independence)与实行能力(the power to do things)之享受。

(6) 为实行投机或事业计划,而求资金之获得。

(7) 累积产业作遗赠之用。

(8) 纯粹的吝啬心理之满足。

以上八点是指储蓄之动机而言,即预防(precaution)、先见(foresight)、计算(calculation)、改进(improvement)、自立(independence)、企业(enterprise)、自尊(pride)和贪婪(avarice)。在相反的方面,则消费动机即:快乐(enjoyment)、短见(short-sightedness)、慷慨(generosity)、失算(miscalculation)、虚饰(ostentation)和奢侈(extravagance)等。

以上是指个人方面之储蓄;此外,在现代工业国家中,大部分(从1/3~2/3)的财富累积,系由企业公司所储蓄而来,其反面即为社会消费之减少,故有附带提及之必要。企业公司储蓄动机如:

(1) 企业的动机:即不用增加负债之方法,而求获得扩充资本设备之资金。

(2) 流通性的动机:获得流通资金,以作防备意外、困难和萧条之用。

(3) 改进的动机:求所得之日渐增加。

(4) 财政的谨慎(financial prudence)之动机:即在计算折旧准备时,超过资产因使用而减损价值的实际程度,而使资产之成本在其实际上废弃以前，即告清除。

以上各项动机使一部分所得不被消费，但也有因相反的动机使消费超过所得。

总之，不论是个人还是企业，这许多动机，须视下列诸情形而有程度上的差异：

第一，该社会在经济方面之制度与组织。

第二，因种族、教育、习俗、宗教与道德等因素而形成的习惯。

第三，过去的经验与现在对未来的希望。

第四，资本设备之规模与技术。

第五，财富分配之情形与生活标准之高度。

但是，各主观的和社会的因素之主要背景变动比较缓慢；同时，除所得变化一项而外，利率及其他客观因素之变化，对于消费的短期的影响，是居于次要的地位。故我们可以得一结论：消费之短期的变动，大半是依存于所得之变动。

但是，当真正所得增加减少时，消费量之变化究竟如何呢？这可以分两方面来观察：第一，富裕阶级之消费标准已达相当高度，欲望再事扩充之必要性较小，且因所得较多，其消费支出在总收入中所占百分比较小。故当所得有增加时，其消费标准纵更有所提高，但后者增加率比前者增加率甚远；又当所得减少时，如减少数目不大，则消费量之减少亦极有限。第二，贫苦阶级之消费标准不高，其欲望扩充之可能性极大，同时，缩减之可能性则较小；故当所得有所增加时，消费亦告增加，但消费增加率仍较所得增加率为小，唯相差程度不如富裕阶级者之大而已。所以，当社会之真正所得增加或减少时，其消费亦增加或减少，但在程度上后者不如前者之大而已。

三、消费与生产之联系

前面已将消费函数之特性及其变化之情形，略加阐述；现在，且再分析生产扩充与消费增加两者间发生联系之状态，即观察当物价上涨、产业扩充时，消费标准究竟如何通过（through）所得之增加而告增加的过程变化。

当物价上涨，产业扩充时，社会中之总所得已告增加，但各个人之所得增加率殊不一致，故消费增加之情形亦不一致。例如：

（1）工资增加之速度不如物价上涨之速度，故未失业之劳动者，其正常工作时间内之真正所得不仅没有增加，而且稍有减少。但因：①工人家属获得工作之机会增多，全家所得仍有增加。②该工人本人获得额外工资（如加班）之机会增多，总所得增加。③整个产业界在繁荣中，无失业之虞，使其谨慎之程度减低；故未经失业之工人的消费标准，因总所得之增加与储蓄心之减弱，在此时则有所增加。

（2）前时失业现在获得职业之劳动者，所得增多，除将所得之一部分偿还失业时的负债外，消费亦自然增大。

（3）企业家因利润增大，所得增多，其消费标准则有所提高，但提高之程度远较所得增多之程度为小。

（4）投资者及其他固定收入者，因物价上涨，真正所得有所减少。但因整个社会经济呈繁荣气象，以其他资格获得所得之机会增多，故消费标准仍能有所增加。

总之，此时整个社会经济繁荣状态中，纵一部分人民之经常的所得，因物价上涨而有减少，但社会中之总所得有增加，其总消费量亦必有增加。同时，以上述各阶级之划分言，每一个人每每兼具两项以上之资格，纵固定收入部分之真正所得有所减少，但以其他资格获得收入之机会增多，故个人之总所得仍有增加，其消费量亦有所增加。至于消费增加之程度，主要地依存于物价上涨之速度与程度。如物价上涨比较温和，则用货币形态储藏所得之行为不感重大威胁，人民心理比较正常，故消费增加之程度较小。若遇恶性通货膨胀，物价继续不断地猛烈上涨，则用货币储蓄财富之行为，感受重大威胁，人民心理不复正常，遂致减少储蓄，加强消费增加之程度较大。

所得之用途有二：一为消费，一为储蓄，二者之和即为所得之总数。以整个国家言，国民消费之极限，充其量只能以当时的国民所得为度，除特别的紧急关头如对外战争外，绝不应超过这个限度，这是从消极的方面而言。此外，从积极方面言，国民消费亦须在某种限度内有所节约，使消费总量不达所得总量，使其所得总量尚有相当距离,以求财富之积累,促经济社会进步;尤其是产业落后,正待建立国民经济之基础的国家,如我国,节约消费,厉行储蓄,更为必要。如前所述,当产业发达,国民所得总量增加时,消费总量亦有增加;但其增加之速度和程度较缓较小。如此,则所得增加之未被消费的部分,即构成国民储蓄,成为真正资本(real capital)之增加。用于投资方面,使下一期生产规模得以更形扩大,下一期之生产量和国民所得总量更形增加,进而使下一期之国民消费总量亦更形增加;如此继续不断地推演下去,使社会经济日趋于向上。这样,使生产与消费之间保持联系:一方面由产业进步产量增大,使国民所得增多,促消费总量之增加;另一方面由于产业扩充所得增多时,人民在消费方面之增加量较小,使所得增加量之其余部分变为储蓄,成为真正资本,而扩充下一期之产业规模。两者相互助长,使经济日趋发展,人民生活日见进步。

此外,在产业增大消费增加时,消费标准亦发生"质"的变异,使可满足之欲望扩充,且使各欲望之消费量彼此间之相对的数量关系发生变化,即其相对的比例关系发生变化。此种种变化必与整个产业中消费金生产之"质"的变化保持联系,一方面使消费品制造后得有需要,另一方面使消费方面得有供给,而使供给与需要打成一片。

*　　*　　*　　*

上面两个小节中已将物价上涨对生产与消费之影响加以论述。至于物价下跌对生产与消费之影响,大体上与物价上涨时相反,唯程度上尤形惨烈而已。同时,在现行经济体系中,纯因通货紧缩所引起之物价下跌,出现次数不多,此实由于财政政策、货币机构与经济体系之特质使然。经济发展史中,物价下跌之出现,多半是由于商业循环之恐慌的爆发,此实不属于本学说讨论范围之内。故在本书中无详加讨论之必要。

第四节　经济发展之测量问题

经济发展在经济社会中所表现的事象极多,如产业规模增大、产

第六章 物价变动与经济发展

品增多、消费标准提高、国民所得增加、就业量增大等，均各为经济发展的现象之一。但是，在测量此复杂之经济发展时，我们绝不能以各现象的全部为测量对象，而只能以其中之一个现象为测量之代表对象。因为在经济发展的过程中，各个发展现象在大体上都是互相关联的，在发展之方向、程度及速度等方面，都是大体一致的；以特定的一种现象为测量之代表对象，其可靠性并不逊于以全部现象为测量对象者。故择定其中之一种现象为测量之代表对象，实为比较妥善的办法。

从来各经济学者中，用一种现象去测量经济发展者极多，但对于代表对象之选择却彼此有差异，如有用国民利得（national dividend）者，有用真正资本存积量（the stock of real capital）者，有用就业量（volume of employment）者，有用交易量者[①]。此种种选择方法，各有其优点和缺点，且各与其选择者之理论体系，有莫大之关系，故吾人在选择此种测量的代表对象时，即须切实注意本学说所研究之中心问题的特性方可。为测量之简便计，笔者拟以交易总量为测量经济发展之代表对象，以期与本学说之研究主题相配合。因为假若商业组织与货物在交换过程中转手的次数大体上保持现状，则交易总量与国民利得或就业量等均有极密切的关联，其增加或减少更可同时代表此时期中该社会之生产总量与消费总量的变化情形。而且，以本学说之立场言，一个社会在某时期中之货币需要量，势必依存其交易总量，如交易总量增加，则该社会之货币需要量即告增加；反之，即告减少。故以交易总量为测量经济发展之代表对象，在本学说中，实为比较适切的方法。

[①] 如 A. Marshall 及 A. C. Pigou 以 national divident 为测量代表，（见 A. Marshall 之 Principle of Economics，pp. 80-81、p. 827 及 A. C. Pigou 之 Economics of Welfare，Part Ⅰ，Chap Ⅲ；J. M. Keynes 以 volume of employment 为测量代表，（见其 General Theory，Chap 4）；I. Fisher 以交易总量为测量代表（见其 Purchasing Power of Money，Chaps Ⅰ-Ⅱ）；G. Cassel 以 real exchange 为测量代表，算出英国自 1870—1910 年，每年经济发展率为 3.05%。

关于交易总量之组成问题，内容亦甚复杂，亦有再加选择或洗滤之必要。交易总量之组成物有二：①各种交换对象之数量；②各交换对象在流通过程中之交换次数。两者合计即为某时期中某社会之交易总量。自然，这是非常混杂的概念。交换对象之种类繁多，各种类对象之数量亦不一致，而且同一种类者又有品质上的差异；而对交换次数又各有多少之不同。如欲将其全部包括，在计算上实不可能。

各种交换对象，大体上可分为下列三类：①具体的货物，如原料、资本财和消费财等。②虚拟的资产或权利，如产业证券、无形资产及投机市场中买空卖空之期货。③劳动力。第三项与第一项在数额上有极密切的关系，凯恩斯用劳动者之就业量去代表生产量①，即为显明的例证。第二项之无形资产及投机市场之期货，在整个交易总量中所占的百分比极小，纵完全加以忽视，亦无多大关系，且其增减亦或多或少与生产量有关系；至于产业证券之增减，则与生产量之关系更为密切。故此三项中，吾人拟仅以第一项为代表，去测量经济之程度和速度。但是，如欲使社会中成为交换对象之具体物资全部为测量对象，在技术上仍是困难重重，而所获得的结果仍是浑然一团，含混不清，故尚有再加洗滤之必要。不论是原料还是生产财，都是用以制造消费财的；不论是"量"的方面还是"质"的方面，前者与后者有极密切的关联，所谓生产与消费的联系，即为显明的事实，故在各种具体物资之中，我们更以消费财产量之增加或减少，来测量经济发展之进步或退步，更进而得知进步或退步之速度和程度。

至于货物在市场中的交换次数之多少，对于物价也有影响。假若货币数量、货币流通速度与货物数量均不变，则物价将与货物在交换过程中之交换次数成反比，即各货物之交换次数增多，则物价势必下跌，反之即告上涨②。所谓货物在交换过程中之交易次数，即货物自离制造者之手以后，开始进入市场，直至被最后消费者或使用者所购

---

① 见 J. M. Keynes, General Theory, pp. 40-41.

② 可参考：Arthur W. Menget, The Rate of Sale and the Velocity of Circulation of Goods, Economics, Vol. Ⅵ (New Series), No. 24, (Nov. 1936), pp. 450-455.

第六章 物价变动与经济发展

买而退出市场为止。在此整个交换过程中所经中间商人之手的次数，如交换次数增多或减少，其对于物价之影响，实与货物之增多或减少完全相同；此种变化亦能使货币需要发生变化。但是，在一般的经济社会中，从产业和消费方面有所变化，货物在交换过程中之流通次数仍是大体上没有变动的。一种货物自制造商至批发商，转手次数每大体上有一定，因各埠批发商之进货埠头每已成为习惯，如丙埠之批发商向乙埠批发商进货，乙埠批发商向甲埠制造商进货；除交通形势变更，货运改道，或制造业中心转移等原因外，极少有所改变。至于零售商向批发商进货，亦大致有一定规律，绝不会甲零售商突然改向乙零售商进货。所以，货物在交换过程中之流通次数，除交通形势和产业中心变易外，大体上是没有多大变动的。固然，在物价继续温和地上涨，商业利润增大时，从事商业活动的人势必增加，批发商店和零售商店增多；但是，新设商店之进货埠头与旧商店所定者并无多大差异，只是使参加同种活动的人数增多而已，并不足以增长或缩短货物之交换过程，而增加或减少其交换的次数。故在一般的情形之下，此种因素可不必加以重视。

总之，我们对于经济发展如要作一个精细而绝对的测量，实是不可能的事，我们只需作一个粗简的比较（rough comparison）或记述（description）①。故在选择测量对象时，再三地从繁杂中求简单，并将货物交换次数的一项因素，亦加以忽略。并且，我们所用测量的方法，不是用绝对的数值，而是用指数，用百分值去表示此类货物在产量上之增加或减少。因为经济活动之各部门都是彼此富于交感性和联

---

① 凯恩斯在解释其采用就业量为测量生产量之代表时，谓："When, for purposes of description or rough comparison, we wish to speak of an increase of output, we must rely on the general presumption that the amount of employment associated with a given capital equipment will be a satisfactory index of the amount of resultant output—the two being presumed to increase and decrease together, though not in a definite numerical proportion."（The General Theory, p. 41）凯氏明白指出就业量与生产量二者并不成确切的比例而变化，但前者仍为后者之满意的指标，其理由即此种说法仅作叙述或粗简的比较，欲求精确实不可能，亦可不必。

系性的，各部门变动之方向每每相同，唯速度和程度之差异较大。由此类货物之生产指数去充测量的代表，大体上自能表示出经济发展之概略情形，更可看出货币需要之变动情形。

至于此种生产指数在编制上之技术问题，涉及统计学的范围，不欲详加讨论；但这里须提及几个重要的原则，即：①在内容方面必须与本书第四章之物价指数相适合；②包括之物品务富于代表性；③所包括物品之种类。

第七章 货币数量与物价水准

以上各章已将与货币相对数量说有关的各事象分别详加研究，现拟于本章中叙述本学说本身的内容。此学说的研究对象为物价水准与货币数量之动态关系，现拟以货币数量增加为例，来说明物价水准在整个经济体系中对于货币数量变化所生反应的大小——物价水准变动弹性的大小。

当货币数量变动时，物价水准变动弹性的大小，实主要依存于生产弹性的大小。此种依存关系可有下列三种形态：

第一，当生产弹性等于零，以凯恩斯之术语表示，即就业量已达饱和状态时，货币数量增加并不能通过物价机构而刺激产业之扩充，于是货币需要[①]弹性亦为零，如货币流通速度不变，则货币相对数量，成正比例而扩大，物价水准与货币数量增加成正比例而上涨，即物价弹性为1。

第二，当生产弹性为1时，货币数量增加，能通过物价机构而刺激产业作正比例的扩充，于是货币需要弹性亦为1，如货币流通速度不变，则货币相对数量不变，故在新经济均衡建立时，物价水准根本与前无异，即物价弹性为零。

第三，当生产弹性大于零小于1时，货币数量增加，一方面能通过价格机构而刺激产业有所扩充，但扩充程度不如货币增加程度之

[①] 如前所述，本学说中之所谓货币需要，乃包含于交易总量之中。二者同增同减，至于因物价上涨，使每一交易所需货币之数量增多，此种货币需要之变化，乃因物价变化而起，非因产业扩充，产品增多，交易总量增大所引起，故与本学说所谓"货币需要"之含义不同。

大，于是货币需要弹性亦大于零而小于1，此种货币需要之变动吸收新增货币数量之一部分，使其对物价水准不生作用；至于新增货币数量之另一部分，则将促货币相对数量之增大，物价水准因而上涨。但上涨程度小于货币增加之程度，即物价弹性小于1而大于零。

上列三种情形中，第一、第二两种情形在事实上极少出现，实不重要，故吾人分析物价与货币数量之动态关系时，当特别以第三种情形为准。但是，即以第三种情形为准，所谓生产弹性与货币需要弹性大于零而小于1，仅是一种概括的说法，实际上，在零与1之间仍可有许多的等级，即各社会之生产弹性各有不同，同一社会之生产弹性亦因时间不同而前后不一致，故物价水准与货币数量之动态关系，是非常复杂而变化莫测的一个问题。总之，在普通社会中，因货币数量增加而使物价进入一新的水准，形成一新的经济均衡，为一般学者所公认的事实；但当货币数量作一定量的增加后，旧物价水准与新物价水准究竟相去多大，旧经济均衡与新经济均衡究竟相去多远，则须看各社会之生产弹性与物价弹性之大小而后方能决定。此中详细情形当于下列各节中分别加以研究。

第一节　货币数量增加之影响

本节中分析货币数量增加之影响，乃指对于物价水准之影响而言。此种分析，是以一般经济社会为研究背景，将对于货币需要所引起之一切可能的变动，全部包括在内，故本节之研究对象乃为整个经济体系中货币数量增加对于物价水准之影响。

一、货币增加方式与物价之变化过程

如前所述，货币数量增加有自动的增加和被动的增加两方面，后者如作确切的适应，每不使货币相对数量发生变动，不会使物价水准上涨，故不在本学说讨论范围之内，唯前者能使货币相对数量发生变化，进而促物价水准上涨，始成为本学说之研究对象。故本节中所谓货币数量之增加，乃特指货币数量之自动增加而言，且假定其为一次

增加，以期研究之简便。

货币数量增加之方式有种种不同，促使物价上涨之过程变化亦随之有所差异。货币增加大概有下列几种方式：

（1）法定货币之增加。如增发钞票，以弥补财政预算之不足，每足使法定货币数量增加，此项增钞票之用途，可分下列四项：①平时政务费；②战时之战费；③公共工程费；④失业或灾祸救济金等，此种种用途对于物品之影响，可从两方面看：

第一，若新增货币用于：①官吏及教育技术人员之薪金；②兵士之饷项及工人之工资；③失业或灾祸救济金；④购置日常办公用具等。在前三项中，此新增货币直接成为消费者之货币所得，此新增货币所得之大部分，在市场中恪尽货币职能时，势必用以购买消费物品；其余部分则构成储蓄，实行投资，用于生产财之购买上，至于购买日常办公用具，则与消费者购买消费财之性质相同。单以用于消费之部分言，使消费品市场中之交换媒介增多，此时市场中待售之消费品并未增多；已增之货币数量与未增之消费品相对立，使货币单位与货物单位间之数的对比关系发生变化，即相对于此部分货币需要之货币数量增大，于是促消费品之零售物价上涨。在此变化过程中，消费财富发生重分配的现象，一部分消费财富被持有新增货币者购去，使旧货币之持有者所能购得之数量即告减少。在新增货币已入消费者之手，行将用以购买消费财富而尚未购买时，持有新增货币者对新币之主观评价与使用态度，仍以货币数量未增以前之货币购买力为准；同时，持有旧货币者对旧货币之主观评价与使用态度，亦以货币数量未增以前之货币购买力为准。此时社会中必有一部分人之货币所得增加，既以货币数量未增以前之货币购买力为确定其消费倾向（propensity to consume）之准则，则人民对于货币所得之增加，势将视为真正所得之增加，而欲增加（能不能增加是另一问题）其消费量。于是新旧货币温和地流入市场，对未曾增加之消费品争相购买，遂使消费品零售物价上涨，物价上涨后，在消费品供给不变的前提下，则财富重分配之现象遂告形成，新货币与旧货币具有同等的购买力，旧货币单位之购买力每必减少，握有旧货币者势必蒙受损失。在此时，尽管因财富重分配的作用，某一部分消费者个人之消费量可以增多；但以整个社会之总消费量言，则并未增加。

此上涨过程中，更可有下列诸现象发生：①新增货币尽管是一次发行，但每系一部分先进入市场，其余部分暂被储藏，使其停留暂息过程中，即新增货币则不会全部同时开始发生作用，故在最初阶段中，则能因此而使物价上涨之程度被冲销一部分。②交易媒介增多，人民之货币所得增多；同时，人民当物价上涨时，则因期待其下跌而延迟购买，故旧货币之流通速度减小，而将新增货币对于物价所发生的影响，冲销一部分，使物价上涨之速度和程度减弱。③货币数量增加后，假若人民消费生活时，特别偏重某几种消费品之购买，如粮食发生恐慌时，大家拼命购买粮食，以免日后有匮乏之虞，则货币数量分配于此种用途者较多；故货币数量增加后，则因消费生活之畸形发展，使一部分物品价格上涨较大，另一部分物品价格上涨较小。④有些物品存货较多，物价上涨后，供给在最短时（如一日或数日）内即可增加；市场中购买这些物品之货币数量纵告增加，但供给一旦增加后，则单以这些物品而论，货币相对数量即有恢复原状之趋势，物价变化亦较小。

消费品零售物价上涨后，零售商之货币收入增多，零售商之利润增大，所得增加，一方面其消费量可增大，用于消费之货币支出数量增大，可促消费品零售物价之上涨，此种影响与上述新增货币用于消费方面者性质相同；另一方面，各零售商为物价上涨所刺激，群向消费品批发商进货，各零售商手中之货币数量增多，均大体上依原有货币购买力为准而估计其进货量，希望进货量增大，而此时批发商之存货并未增多，于是因争相购买中之货币相对数量增大，遂促消费品批发物价上涨。自然，此种变化之过程中，各消费品批发物价上涨亦有差异：如有些物品上涨较大，有些较小；有些较快，有些较慢；更因货币流通速度有缩减可能，物价上涨程度和速度亦受影响。消费品批发商销货之货币收入增多，利润增多；所得增多，一方面消费量可增大，使消费品零售市场中货币相对数量增多，促使消费品零售价格上涨；另一方面，各批发商各以较多之货币，向制造商订购货物，而制造商此时所能供给之货物量未能增加，纵加紧扩充产业规模亦需相当时间始能提供产品，于是使向制造商购货之货币相对数量增大，遂促消费品此一交换阶段之批发物价上涨。

以上是说明新增货币最初流入消费品零售市场时，影响消费品各交换阶段之价格，其向上波动的变化程序。事实上，因为商业社会中各交换阶段在价格变动之交感作用异常锐敏，也许批发商见零售物价已上涨，不待各零售商前来争相竞买，即先将批发物价提高，以待零售商之莅临；制造商也许因见市面物价已涨，亦先提高价格，但是在货币流通速度不增大的前提下，批发物价提高之所以可能，则实由于货币数量增加所致。此中理由可分三方面看：①货币流通速度既未增大，假如进货者手中所持货币数量未增多，而批发物价一般地上涨后，进货者所能购得之货物量即减少，售货者待售之货物势必有一部分在此时无法销售，于是买者与卖者间之竞争形势即告改观，批发物价势必回跌；故在此种前提下，唯有货币数量增加方可支持此种批发物价之上涨，使其不致回跌。②在同一前提下，假若货币数量未增加，则纵然一部分货物之批发价格上涨，则其他部分货物之批发价格势必下跌，绝不能作一致的上涨。③在货币流通速度未增大的前提下，假如消费者所保有之货币数量未增加，则消费品零售物价势难作一般的上涨；假如一般的上涨，则售货者待售之货物势必有一部分无法销售，而促其价格回跌；纵然有一部分货物可因其他原因而价格上涨，但因有效需要一定，则势必有若干种货物价格下跌，绝难使各货物零售价格作一致的上涨。总之，当新增货币最初进入消费者之手，促消费品零售价格上涨后，势必或迟或早促批发价格一致上涨，至于其过程变化，究竟是批发商见零售物价上涨而先行提高价格，还是因零售商进货时各以较多之货币相竞争而促其上涨，则须视实际情形而定。

新增货币数量初进入消费者之手，但经过若干周转后，势必有一部分或全部进入生产者之手。如上所述，消费者获得新增货币后，势必有一部分成为储蓄，实行投资，进入生产者之手，成为长期资金。又消费品批发商向制造商进货，则迟早必付清货款，故迟早会流入生产者之手。固然，在现在商业组织中，制造商对批发商提供货物，每每货物起运在先，收到货款在后；在制造及运输期中，企业家必须另行筹措资金，方能周转自如。此则有待于银行之通融，及货款到手，则始将银行债务清偿。在此时期中，银行通融之资金，实代替了批发商之货款，故吾人在分析新增货币进入企业家手中后之影响时，可将此种资金代替之过程略去，而视为已由批发商立即付清订货款项，使企业家作制造货物之用。实际上，零售商向批发商进货时，其货款之清偿，亦在货物运到以后，运输过程中批发商亦有待于银行资金之通融，以资周转。此种复杂的事实，吾人在作理论分析时，拟一并从略。至于新增货币进入企业家手中之影响，则拟并入下面一项去讨论。

第二，若新增货币用于公共工程之经营、国防器材用品之制造、国营工业之扩充等，则此新增货币即为此种工程和器材之经营者所获得。经营者或制造者必以此款添购原料、设备及劳动力，加紧进行。在这种情形之下，新增购买力与旧有购买力一齐进入市场，争相购买，使货币相对数量有所增大，于是原料、设备和劳动力等之价格或多或少有所上涨：如就业量已届饱和境界（full employment）、原料设备等已被充分利用，则生产弹性为零，于是价格弹性为1，货币相对数量与货币绝对数量作同等的增大，则价格与货币绝对数量之增大率成正比例而变动。若就业量离饱和境界极远，生产弹性为1，则货币绝对数量虽告增大，但货币相对数量却未变动，于是价格弹性为零，即价格没有变化。如前所述，这是两个极端的例子，事实上，生产弹性每在这两个极端之间。故当新增货币进企业家之手后，每每扩充生产，增购原料、设备及劳动力等，促其价格上涨；因其未臻充分利用之境界，供给可以增大，但供给增大之程度却不与新增货币数量成比例，故此种物资劳务价格势必上涨，但上涨程度亦不与新增货币数量之绝对值成确切的比例，而以货币相对数量之增大率为准。

企业家扩充生产时，新增产品成本增大，则批发商向制造商进货之批发价格上涨，再进而促其零售价格上涨。同时，企业家增购原料设备及劳务等时，使此种物资劳务之持有者增大其货币所得，即新增购买力进入消费者之手，依前述理由，促消费品零售价格之上涨，依次而促其批发价格上涨，更进而促消费品企业之扩充。如此循环推演，促各种物品价格在大体上作一般的上涨。

综括上述，政府增发钞票，因用途不同，此新增货币有最先流入消费者之手者，有最先流入中间商人之手者，有最先流入企业家之手者；更因各消费者之消费嗜好彼此不同，政府机关所欲购置之物资品类亦甚繁多，故此种新货币第一次在市场中发生作用时，所能影响的物资，不论在品质上还是种类上，都是非常繁多而普遍的，且使用者对新货币与旧货币之评价，并无差异，使用时亦每不对其所持有之货币作新旧的分辨，故新货币开始流通后，即与旧有货币相混合而无从辨识，其对于物价之影响，即成为整个货币数量增大之影响。更因各物品之间具有互相依存、互相牵制、互相竞争、互相代替的作用，使价格机构具有锐敏的交感作用，故新增货币在市场中作多次的流转后，即因货币相对数量之增大，而直接或间接促物价水准作一般的上涨。这是法定货币数量增加的第一影响。另外，当新增货币开始流通后，物价上涨，财富发生重分配的现象，形成强迫储蓄，此种储蓄由获得者以货币形态实行投资或存入银行，即构成产业扩充之长期资金。至于供消费用之新增货币，每有一部分被存入银行，成为活期存款；此种实质货币之活期存款，银行即能利用之为扩大信用的准备金，使引申存款扩大若干倍，构成企业界短期资金之来源，以期产业界方能周转自如。这是法定货币数量增加之第二影响。此外，因为消费品及其他物资价格上涨，同时资金获得较易，利率与工资上涨程度较小或全未上涨，故企业家之期望（expectations）较前为佳，资本之边际效率（marginal efficiency of capital）增大，产业扩充之诱力增大，遂使产业扩充得以实现。因各产业部门间具有互相依存、互相竞争、互相牵制、互相代替之作用，各产业部门之扩充具有一种锐敏的交感作用，故在一般的情形下，各产业部门或先或后，或多或少均能有所扩充，促产品之增加，使货币需要有新的增加。以货币需要尚未增加之时期为准，货币相对数量即告缩小，一般物价水准或多或少有所跌落。这是法定货币数量增加的第三影响。

（2）银行信用之增加。银行应借款者之请求，以实质货币为准备金，实行放款，转成引申存款（derivative deposits），以备日后签发支票之用，即为新购买力之增加。以其数量对于物价水准之影响言，与法定货币数量增加之作用相同。银行放款之对象有种种不同，有贷予消费者，有贷予中间商人者，有贷予制造商者，其影响之过程亦各有差异。银行以信用贷予消费者，例证殊不多见。其对于物价发生影响之过程，与前述新增法定货币之最先流入消费者之手者，完全相同。若贷予中间商人，其用途则在于进货，故新增购买力即转入企业家之手，使其从事产业之扩充。至于银行贷款与企业家，则新增购买力即直接用于产业扩充之一途。产业扩充之影响，与前述新增法定货币之促产业扩充者相同，其变化之过程亦大体相同。

总之，法定货币数量增加与银行信用增加二者，对于物价之最后影响实完全相同，唯对于物价发生作用之过程变化，在一般的情形下，则有差异。例如，在国营事业不发达的国家，法定货币增加，势必使最大部分的新增货币最初流入消费者之手，先由消费品零售物价上涨，而依次使其批发物价上涨，更使物价变动的影响尽量扩大，促一般物价的上涨。若银行信用之增加，则新增购买力之最大部分势必最先流入企业家及中间商人之手，则先促批发物价之上涨，而后再促消费品零售物价之上涨，更进而辗转推移，促一般物价之上涨。故就其过程变化言，二者实不相同。另外，法定货币可充银行扩张信用之准备金，在银行制度发达之国家中，法定货币增加可使银行信用扩大若干倍，故就其对物价发生影响之大小论，二者亦不相同。

以上所述物价变化过程，将消费者、中间商人和企业家三者彼此独立地去分析，只是一种抽象的说法。事实上，并不如此单纯而有规律。因为：第一，企业家和中间商人在消费物资以满足其欲望时，亦为消费者，同一个人具有两重资格，其经营经济活动时究以何种资格出现，分辨殊感麻烦；第二，人民在社会中经营经济活动时，人与人之间具有互相依存、互相竞争、互相牵制、互相合作的交感作用；第三，企业与企业间、物品与物品间之横向的关系，具有极锐敏的交感作用；同时，生产要素、半成品与制成品三者间之纵的关系，亦具有极锐敏的交感作用。故货币数量增加后，在最初虽使各类物品价格上涨有先后之不同，但经相当时间后，即能分配于各经济成员之间，使物价作一般的上涨；同时在产业方面亦势必作普遍而一般的扩充，促产品供给之增多，货币需要之增大。

货物供给增多，即货币需要增大，对于物价的影响，恰与货币数量增大的影响相反；前者促货币相对数量缩小，使物价水准下跌，后者促货币相对数量增大，使物价水准上涨。两者配合起来，货币数量发生自动的变化后，通过物价机构而促货币物价供给之增大，遂使货币相对数量之增大率较货币绝对数量之增大率为小，故物价水准上涨之程度亦较货币数量增大之程度为小。至于物价水准上涨程度与货币数量增大程度相差的大小，须以该社会之生产弹性的大小为准：当货币数量增加时，生产弹性愈大，货物供给增多愈易，货币需要增加愈多，货币相对数量增加愈小，货币相对数量增加程度与货币绝对数量增加程度相差愈大，则物价水准上涨程度与货币数量增大程度相差愈大；反之，生产弹性愈小，则货币需要增加愈小，货币相对数量增大率与货币绝对数量增大率相差愈小，则物价上涨程度与货币数量增加程度相差愈微。所以，物价水准上涨的大小，依存于货币相对数量的大小，而不是依存于货币绝对数量的大小。物价水准实为货币相对数量的函数，而不一定是货币绝对数量的函数。如货币流通速度不变，物价水准上涨程度必与货币相对数量增大程度成确切的比例，而不与货币绝对数量增大程度成确切的比例。

二、新旧两经济均衡间物价水准之变化过程——时间因素之加入

货币增大每甚容易，增加数量之大小可随意决定且在很短时间内即可使新增货币进入流通界；而产业扩充则须受种种限制。一则货币供给增大在数量上不能随心所欲，产业扩充实有其最高限度，二则在此最高限度内扩充产业，亦需要相当长的时间方能见效；故货币数量增加后货币需要增大之程度则较小，而且此货币需要之增加率与时俱异，因而物价水准对货币数量增加所生之反应的大小亦与时俱异。这样因时间因素之加入，使物价水准与货币数量之关系更显复杂。

因为货物生产和提供于市场均需要时间，物价发生变化，供给对于此种变化的适应，也需要时间，故以货物供给增大之可能性为准，可将时间分为三种形态①：

第一，最短时间。如一天、数天或一周。当货币数量增加，物价水准上涨时，在最初的一天或几天内，供给方面对于此种变动的适应力非常微小，供给弹性非常之小，以当时所有的存货为限。在物价上涨时，中间商人及制造商也许将存货尽量提供给市场②，使这时间中待售和成交的货物量增多，交易总量增多，使货币需要增多，遂使货币相对数量增大之程度较货币绝对数量增大之程度为小，因之，物价水准上涨的程度亦较货币绝对数量增大之程度为小。其间相差的大小，须看货币需要增加之程度而定：如存货在此时间内提早供应市场之数量甚大，则货币相对数量增加之程度较小，物价上涨较小，与货币绝对数量增大之程度相差较大；否则货币需要增加甚小，物价水准上涨程度与货币绝对数量增大程度相差甚小。在一般情形中，存货在

---

① 马歇尔将时间分为最短时期、短期及长期三种形态，与其价值论整个体系相配合。希克斯（J. R. Hicks）在其《价值与资本》一书中，视之为"rigid tripartite division"，并有下列辩驳："There is scarcely, any period of time so short that it can give us temporary equilibrium (in Marshall's sense) for all commodities there will nearly always be some products whose supply can be increased within the period. There is scarcely any nameable period of time so long that the supply of all commodities can be fully adjusted' within it…"（见其 Value and Capital, p. 122.）Hicks 不沿用马氏时间的三分观念，但对于此中真理仍牢记于心中（While endeavouring to keep the truth it embodies—the time taken in adjustment—clearly in mind, 见该书 p. 122.），将时间改以 1 周为单位，于是以"周"（the week）"计划"（the plan）及"确定的期望"（the definite expectations）为其价值论之基本观点（见该书 pp. 122-127.）。笔者在讨论供给增加因时间长短而生不同的适应时，对于时间的区分大体上采取马氏的说法，但将其最短时间改为 1 天，数天或 1 周，而不复视为"时点"（a point of time），将其时间放长，期与现实情形较为符合。

② 例如，零售商进货一批，在平常情况中，需时半月，始可销售完竣，现因物价上涨，尽量抛售，数天之内即告售罄，如此，则在此最短时间内，成交货物量已大告增大，货币需要亦大见增加。

此时间中尽量增大供给量之弹性非常微小，故货币相对数量增加程度甚大，物价水准上涨程度甚大。

第二，短时期。如一月或数周，此时期中，各种生产器材和机器设备一定，纵物价上涨，亦无时间去适应，只能就既有生产规模之中，将生产设备充分加以利用，如增加工作时间和工作班次等，以期产品之增加。在此种情形之下，货物增加程度较前一情形者为大，即货物供给弹性较前增大，货币需要增加程度较前为大，于是使货币相对数量较前缩小，即货币相对数量增加程度与货币绝对数量程度之相差，较前扩大；使物价水准较前一时期下跌，即物价水准上涨程度与货币绝对数量相差，较前一时期增大。

第三，长时期。如数月一年或一年以上。当物价上涨，工商业情况良好，资金甚为活跃，资本之边际效率增大时，则生产规模方面有充分的时间去加以适应，不仅生产要素之供给可以适应，而且此生产要素之供给，亦能适应。所以，在长时期中，生产规模之扩充，产品数量之增加，在该社会此时期内潜在经济力量所能容许的限度内，可以达到最高的水准。此最高水准之达到，即为新的经济均衡之达到。此时生产水准提高，货物供给量增加较前为大，货币需要增加亦较前为大，货币相对数量较前一时期缩小，使货币相对数量增加程度与货币绝对数量增加程度两者之相差，较前一时期更形增大。以前述短时期之物价水准为准，这种变化，使物价水准下跌，因之，以货币数量未增时之物价为准，物价水准上涨之程度较货币绝对数量增大之程度，相差更大。

总之，货币数量增加，物价上涨，财富发生重分配的现象，货物需要或多或少有所增加，而供给方面之适应需要时间；且因时间长短之不同，此种适应力的大小亦有差异，从此种事象去观察，故将时间加以划分；此种划分绝不是基于自然科学的观点，而是基于经济学的观点，即基于在长短不同的时间中，货物供给弹性之有差异的经济事实。这只是一种理论范畴的说法，在实际上，时间是连续的，供给扩充是逐渐发生的，各时期之间有显明的界线存在。而且，各物品扩充所需时间之长短不一：制造时需要固定资本较多者，供给增多需时较长、制造过程较长者,供给增加需时较长;制造时需要较高之技术者,供给增加需时较长。故此种种时间形态之划分,只是在作理论分析时,求明显与方便的一种说法,在实际应用时,则务须特别小心。

货币数量增加,物价上涨之整个过程中,因为三种时间形态中,货物供给增加之程度不同,货币需要增加之程度不同,即货币相对数量增大之程度彼此不同,故物价水准对于货币绝对数量增加之反应,在程度上亦有大小的差异。在最短时间中,货物供给增加最小,货币相对数量增加最大,货币相对数量增大之程度与货币绝对数量增大之程度相差最小,物价水准上涨最大。所以,货币数量增加后,如货币流通速度不变,物价水准最初上涨最大,以此最高物价水准为准,随后即因时间之延长,货物增多,物价徐徐下跌,迄新的产业水准达到,则下跌达于最低限度,于是物价即与新的经济均衡相结合,而达到一种新的水准。此新的物价水准与旧的物价水准相差的程度,实与货币相对数量增大之程度成正比例:如货币相对数量增加甚大,则物价水准上涨甚大,新旧两种物价水准相差甚大之;反之,如货币相对数量增加甚小,则物价水准上涨甚小,新旧两种物价水准相差不大。

货币相对数量之增大,依存于下列因素之增大:①货币绝对数量;②生产弹性与产业扩充所需之时间。二者中任何一个因素均不能单独地去决定货币相对数量变动的大小,而必须由两者配合方能共同地加以决定。同时,因为货币制度与生产机构之特性,货币数量增加远较产业扩充为容易,为迅速。所以,在生产弹性一定的社会中,货币绝对数量增加之倍数愈多,相对于货币绝对数量增大之倍数而言,则产业扩充之倍数愈小,致货币相对数量增加之倍数愈大。反之,货币绝对数量增大之倍数愈小,相对于货币数量增大倍数而论,则产业扩充之倍数愈大,即货币相对数量增大之倍数愈小。例如,假若货币数量增加1倍,产业规模扩充半倍,此时货币数量指数增为200%,生产指数增为150%,货币相对数量约增为133%,即增加33%,物价水准上涨亦约33%。又假若货币数量增加2倍,产业规模扩充亦仅半倍,此时货币数量指数增为300%,生产指数增为150%,则货币相对数量增为200%,即增加100%,物价水准上涨亦100%。故货币数量增加后，物价水准上涨之高度，须以货币数量增大与产业扩充两者之比率（ratio）去决定，而不以二者中之任何一项去单独决定。这是对于过去数量说之第一项修正。另外，用货币相对数量之变化去解释物价水准之变化，不仅能解释新经济均衡达到后之物价水准变化，而且对于新旧两均衡间之物价的过渡变化亦能加以解释。这是对于过去数量说之第二项修正。

*　　*　　*

上面是以货币数量之自动的增加为例，去分析物价对于货币数量增加所生的反应。至于货币数量自动减少对于物价所产生的影响，大体上与货币数量自动增加者相反。唯因现行经济体系在特质上最忌物价下跌；当物价下跌时，酿成恐慌，一方面企业大肆紧缩或倒闭，失业者骤然增多；另一方面中间商人及企业家拼命抛出货物，抓取现金，消费者则延迟购买，致愈促物价之下跌，结果非常恶劣，因此，钱币当局对于货币之数量自动减少，每极力加以避免。并且，因为通货紧缩势必增重财政负担，故财政当局尤不愿采行此种政策。所以，在货币发展史中，货币数量自动减少的实例，远较货币数量自动增加为少。吾人分析物价与货币数量之关系时，以货币数量自动增加为例，而不以货币数量自动减少为例，理由即在于此。

三、其他因素之扰乱作用

上面两个小节的分析，是以货币流通速度不变为前提，且以货币数量一次增加为实例，去解释物价对于货币数量变化所生的反应。事实上，物价与货币数量之间的关系，并不如此简单，尚有其他扰乱因素存在，使物价与货币数量间之关系，显得更不确切。现拟将此种种扰乱因素分别加以讨论。

第一，上面两个小节的分析，是以货币流通速度不变为假定的前提，可是，在事实上，货币数量增加是能促使货币流通速度发生变化的。凯恩斯解释通货膨胀中物价上涨情形时，将通货膨胀分为两个阶段：第一阶段中，人民误认物价上涨为暂时的，期待其下跌，延迟购买，货币流通速度减小，致物价上涨程度较货币数量增加程度为小；

第二阶段中，人民发觉货币价值下跌为长期的，于是及早购买物资，使手中所存货币数量极力减少，且使货币在手中存留的时间极力缩短，货币流通速度因之增大，致物价上涨程度较货币数量增加程度为大①。单以货币流通速度一种因素对于物价之影响言，凯氏这种说法是对的。但若以解释物价与货币数量间之差池的原因言，则有残缺不全之嫌。吾人认定上述第一阶段中货币数量增加程度之所以超过物价上涨程度，主要的原因有二：一为货币流通速度之缩小，一为此时期尚未臻于饱和就业量的境界，生产弹性尚未变为零，货币需要尚在继续增长，致货币相对数量增大程度较货币绝对数量增大程度为小。及第二阶段，产业扩充已臻于饱和境界，货币相对数量之增大与货币绝对数量之增大，在程度上和速度上大体相同，不复有多大差池；更加上货币流通速度之增大，致使物价上涨程度远较货币数量增加程度为大。

货币数量增加能促货币流通速度发生变化，为无可否认的事实。假若货币数量增加之程度不大，货币流通速度之变化不致十分剧烈。如货币数量仅作温和的增加，则货币流通速度之变化势必甚小。货币数量增加所引起之货币流通速度的变化，各时段中彼此不同。一般地说，货币流通速度在最初每有相当大的缩小，以后则徐徐放大（以缩小时的情形为准而论），及新经济均衡确立时，则货币流通速度即恢复正常状态②。

货币数量增加后，在最初的若干周甚至数月之内，在一般的情形之下，货币流通速度势必大见减缩。此中原因有三：①货币数量增加，一部分人民之货币所得势必增加，此时人民对货币购买力之评价未变，则每视为真正所得之增加，此时人民消费固有所增加，但增加

---

① 见 J. M. Keynes, Monetary Reform, 1932, pp. 45-61. 又卡塞尔亦有类似的记述，见 G. Cassel, Money and Foreign Exchange after 1914, pp. 244-247.

② 如此时人口密度、支付制度等客观环境有重大变化，则新均衡确立时，货币流通速度亦有变化。但此种客观事实之变化与货币数量增加无多大关系，故讨论货币流通速度时不加以计及。

第七章 货币数量与物价水准

程度必不如所得增加之甚；其余成为储蓄之部分势必暂存手中，待其积成相当数目后，再行存入银行或另行处理。故此时暂存手中之货币量即告增加。②人民当货币收入增大时，在一般的情形之下，除经常开支外，其余用途之确定则须经若干时日之犹豫与踌躇，有时且须经若干时日之考虑、探访与计划，在此期间中，货币每被暂时搁置。③货币数量增加后，物价则有所上涨；此时人民误认物价上涨为暂时的，期望其下跌而欲延迟购买，使货币留存手中之时间增长。此三项原因均可使货币流通速度减小，其缩减的程度，以货币数量增加后之最初几天或一周内为最大，及后人民适应的能力逐渐增强，货币流通速度亦徐徐放大，最后则恢复正常状态。

在新旧两经济均衡之间，货币流通速度之缩减趋势，为由大而小，然后全复正常；但产业扩充，货币需要之增加趋势，为由小而大。两种变化均足使物价水准上涨程度小于货币数量增加之程度，而两种变化之趋势相反，故两者配合起来，互相补足，使物价水准上涨程度与货币数量增加程度二者在各时段中之差池，显得比较的平稳（smooth）。但是，货币数量增加以后，时间愈长，则货币流通速度一种因素对于物价与货币数量间之关系的扰乱作用，愈形微弱；到最后，新经济均衡确立，则货币流通速度一因素之作用已减低至最低限度。故吾人认定新均衡确立时，物价水准上涨的高度，大体上可由货币相对数量之增大率去单独地加以解释，货币流通速度之一种因素的作用，可以忽视。

第二，上面的分析是以货币数量一次增加为例，实际上并不如此，而系逐渐增加。例如，一年中货币数量增加一倍，并非在年初、年中或年底之任何一日，一次将此新增之货币同时倾出，而系在此一年中逐渐增加，及年底将此一年中逐渐新增之货币数量相加起来，始知为增加如此数目。货币数量增加既为逐渐的、连续的、累积的，故其对于物价水准所发生之影响，亦不如上面所分析者之严谨而有规律。同时，在整个经济发展史中，因为经济特质与财政金融之需要，货币数量永恒地逐渐增加：前年如此，去年如此，今年如此，明年亦如此。上一年货币数量增加对于经济结构之影响尚未结束，此一年者又被加入；此一年者尚未结束，下一年者又被加入；如此，前后累积，上下混合，使物价关系更形混杂。货币数量永恒地逐渐增加，货币相对数量亦长此增大，其对于物价所发生的影响，累积起来，而成为当今物价水准的高度。凯恩斯和密塞斯等谓整个货币发展史为通货膨胀史①，即是指货币数量之永恒地自动增加，货币相对数量永恒地逐渐增大而言。

第三，货币数量增加后，经济结构各部分之变动，事实上并不如前面分析者之规律而有条理，乃系浑然一团从事活动，且因没有一个中央机关有计划地去加以指挥、控制和调整，各部分发动的时机和变动的程度，彼此尤难协调。但在统制经济和计划经济的体系中，则此种不协调的弊端可以减低至最低限度。此外，货币数量、物价水准与产业规模三种变动之间，互有时差（time-lag）存在。如货币数量与物价水准之间，货币数量与产业规模之间，物价水准与产业规模之间，三者变动在时间上互有差池；至于此种差池之大小，则须视各社会中之实际情形而定。大体说来，凡交通方便，产业发达，社会组织严密的社会中，时差势必较小；否则较大。

第四，在物价水准上涨的过程中，各物品价格固同有上涨的趋势，但其上涨程度，并不完全一致，而且差异相当的大。而且，批发物价与零售物价之间亦有时差的存在。然而各物品价格间，及各类物价水准间，彼此仍有其密切的连环性和敏锐的交感性，故在一般的情形下，其差池也不致大到如何惊人的地步。本学说的研究对象以物价水准与货币数量之一般的关系为限；所能解释者亦以此种范围为限，其他物价变动的现象则须以其他学说去解释。

第五，产业之扩充与改进，一部分是由于物价上涨所刺激，一部分则由于科学发达、技术进步、管理方法改良以及人口增加等原因所促成，尤其是机械方面的新发明，助力更大。吾人在理论上研究物价

---

① 参见 J. M. Keynes, Monetary Reform, 1932, pp. 9-11; L. V. Mises, The Theory of Money and Credit, London, 1934, p. 164.

水准与货币数量间之关系时,关于产业规模扩充之分析,则以货币增加时原有的技术基础为准则。至于与物价变化无多大关系之技术发明和管理进步等因素,则未计算在内。但是,在事实上,由技术因素所促成之产业发展,与由物价上涨所促成之产业发展,两者结为一体,无从加以辨识。自然,技术因素所促成之产业发展,亦同样地构成货币需要之增加,促货币相对数量增大程度之缩减,使物价水准上涨程度与货币数量增加程度二者之差池更形扩大。故在应用货币相对数量说时,对此种事实务须加以顾及。

第二节 货币相对数量说的要旨

在上节中,已将物价与货币数量间之变化过程详加研究,货币相对数量说之理论基础业已确立。在本节中,当依逐渐逼真的方法,简要地陈述货币相对数量说的要旨。

第一步:假定:①生产规模不变,即货物供给量不变;②分配状态及消费标准不变,即人民对于货物之需要不变;③货币流通速度不变;而单研究物价与货币数量本身间之单纯的关系。

首先,在此种假定的前提下,经济结构绝对的静止不变,当货币数量增加时,物品与物品间价格的相对关系,亦静止不变,即各物品价格上涨的速度和程度彼此完全一致。相对物价不变,这是此种前提下物价变化的第一特征。其次,一般物价水准上涨的速度与程度,与货币数量增加的速度和程度,成确切的正比例,这是此种前提下物价变化的第二特征。再次,个别物价上涨的速度和程度,与一般物价水准上涨的速度和程度,势必大体相等,这是此种前提下物价变化的第三特征。最后,此种物价变化,自旧水准被破坏以至新水准建立,均具有上列三种特征,无所谓过渡时期与正当时期之分,这是此种前提下物价变化的第四特征。

以上四项特征中,唯第二项为过去数量说者——尤其是费雪所确认。单以此一特征言,此种前提下之物价变化,实与过去货币数量说者之主张相同。过去货币数量说者,每采静态观点,假定其他事项不变,去分析物价与货币数量间之关系,如果严格地遵守此种假定,其结论应与上述四项特征相符合。但是,他们的结论并不完全如此,这是由于没有严格地遵守其假定前提所致。总之,单以一般物价水准言,这种前提下的物价变化,与过去静态的数量说之分析结果,大体上实相近似。

第二步:货币数量增加后,人民货币所得有所增加,促物价上涨;但假定人民货币所得增加之程度并不一致,致使财富分配状态有所变化,则消费标准有所变化。此外,假定生产规模与货币流通速度不变。

生产规模不能有所扩充,即相当于凯恩斯的所谓饱和就业(full employment)之达到,生产不能有所增加,则消费量之最高限度并未上升,而仍以原有的生产量为限;此时消费标准之变化,须以总消费量不增加为前提。此时因财富重分配之作用,使一部分人民之真正所得减少,另一部分人民真正所得增多,即一部分人民之消费标准势必降低,另一部分人民之消费标准为之提高,消费增加部分与消费减少部分二者在"量"与"质"两方面未必彼此恰好相等和相同。如两者在"量"方面相等,在"质"方面相同,则总消费量仍旧不变,物价方面所生的反应,必与上述第一步假定前提之物价变化完全相同,即物价水准与货币绝对数量成正比例而变化。如两者并不相等相同,则某些物品消费量不达其生产量之最高限度,总消费量即告降低,于是相对物价即生变动。此时总消费量减少,成交之货物量即告减少,其余剩余部分之消费品则因一部分人之购买力不足,不能成交。此时消费品之交易量减小,生产要素之交易量则不变;两者总括起来,交易总量较货币数量未增前有所减小,即货币需要有所减小,故货币相对数量较前大增,其增大的程度,较货币绝对数量增大之程度尤甚,故物价水准上涨程度且超过货币绝对数量增加程度,至于超过程度之大小,则视消费方面之"质"的变化与"量"的变化而定。但是,这只是假定全部货币照常流通而一部分消费品因分配关系而暂时无法销售的说法。事实上,即使真有如此情形出现的话,此未经销出之消费物资,势必减价发售,而可或多或少弥补分配失衡的现象。

故物价水准到最后势必与上述第一步之情形大体相同。

第三步：当货币数量增加时，假定生产规模扩大，即货物之供给有"量"和"质"的变化。但假定此时人民在消费方面尚未发生变化，更假定货币流通速度不变。

此时消费品之交易量不变，但生产要素之交易量则有增加。一般地说，此时货物之交易总量已告增大，即货币需要已告增大。于是货币相对数量增大之程度必较货币绝对数量增大之程度为小，故物价水准上涨程度较货币绝对数量增加程度为小。

第四步：当货币数量增加时，假定：①生产规模扩充，即货物之供给增加；②消费标准提高，即人民对于货物之需要增加；③生产增加与消费增加二者在"量"的方面和"质"的方面，大体能相协调，且二者增加之速度和程度亦大体相同。此外，假定货币流通速度不变。

在此种前提下，不论是生产要素、半成品或制成品，其供给量均告增大，交易量增大，货币需要亦同等增大。故货币相对数量增加之程度较货币绝对数量增加之程度为小。两者相差之程度，则视该社会此时期之生产弹性与消费倾向而定。生产弹性愈大，则两者相差之程度愈大；反之，则两者愈告接近。如生产弹性等于1，则货币相对数量根本不变，物价水准保持原状。如生产弹性小于1，但近于1，则货币相对数量增加甚小，物价水准上涨甚微。如生产弹性近于零但不为零，则货币相对数量增大甚厉，物价水准上涨甚多，其增大或上涨之程度与货币绝对数量增大之程度颇相接近，但仍有若干距离。总之，在此种前提下，货币相对数量增大之程度较货币绝对数量增大之程度为小，故物价水准上涨之程度较货币绝对数量增大之程度为小。其差异的程度，则视生产弹性之大小或货币需要增大之程度而定。

第五步：当货币数量增加时，假定货币流通速度发生变化，但假定生产规模及消费标准均不变。

如前节所述，当货币数量增加时，货币流通速度势将有所减缩；减缩的程度以最初为最大，及后人民用钱的习惯逐渐恢复常态，故货币流通速度亦逐渐增大（以减缩时的情形为准），使其恢复常态。货币流通速度减缩，其对于物价水准的影响，与货币相对数量减小相同。此时，货币数量增加，因货币需要不变，货币相对数量与之同等地增大，物价水准亦应同比例地上涨；但因货币流通速度减缩能冲销物价水准上涨趋势之一部分，故物价水准上涨程度较货币绝对数量增加程度为小。两者相差的大小，则视货币流通速度减缩的程度而定。

第六步：当货币数量增加后，假定：①生产规模扩充；②消费标准提高；③上列两者在"量"和"质"方面能相调协；④货币流通速度发生变化。且加入时间因素，以观察物价水准在各时段中之变化情形。

如前节所述，货币数量增加促物价上涨，产业势必受刺激而有扩充；此种扩充之实现需要时间，在最短的时间中货物供给增加最少，货币相对数量增加甚大，故物价水准上涨甚多，此时物价水准上涨程度与货币绝对数量增加程度相差最小；在短期中，货物供给增加较前为多，货币相对数量较前一时期减小，物价水准较前一时期为低，此时物价水准上涨程度与货币绝对数量增加程度相差较前一时期为大；在长期中，新经济均衡确立，产业扩充完竣，货物供给增加达于最高限度，货币相对数量较前一时期又告缩减，物价水准又告减低，此时物价水准上涨程度与货币绝对数量增加程度相差最大。故货币数量增加后，自旧经济均衡被破坏起到新经济均衡确立止：货物供给增加之程度，自小而大，而至于最大；货币相对数量增加之程度，自大而小，而至于最小；物价水准上涨之程度，自大而小，而至于最小；物价水准上涨程度与货币绝对数量增加程度之相差，自小而大，而至于最大。

至于各数量变动的大小，一方面依存于货币绝对数量的大小，另一方面则依存于该社会中生产弹性的大小。两者配合作用而构成该社会中货币相对数量增加之大小，由此而决定物价水准上涨之程度和速度。

上述物价水准上涨之情势，未曾将货币流通速度变化的影响并入。货币数量增加后，在一般的情况之下，货币流通速度势将减缩。其减缩的程度，以最初时期中为最大，随后即徐徐恢复原来状态，故货币流通速度缩减对于物价水准的影响，以最初为最大，以后即徐徐减退，经过相当的时间后则根本消失。此种影响与货币相对数量增大者相反，故能冲销货币相对数量增大之影响的一部分，而使物价水准上涨在各时段中相当平稳（smooth）。

总之，货币数量增加后，决定物价水准上涨程度之因素有二：一为货币相对数量之增大，二为货币流通速度之缩小；自旧经济均衡被破坏迄新经济均衡建立止，物价水准受此二因素之作用而上涨的趋势是如此：物价水准上涨程度之决定，在最短时间内，货币流通速度缩减之作用较大，货币相对数量增大之作用较小；在短期内，货币流通速度缩减之作用较小，货币相对数量增大之作用较大；在长期中，货币流通速度缩减之作用降至最低限度，差不多单独由自由货币相对数量之增大去发挥作用。所以，在新旧两经济均衡之间：对于物价水准上涨程度之决定，时间愈短，货币流通速度缩减与货币相对数量增大，二者共同作用的程度愈大；时间愈长，二者共同作用之程度愈小，货币相对数量增大单独发生作用之程度愈大；到最后则货币流通速度之作用降低至最小限度，差不多完全由货币相对数量增大之程度去单独发生作用①。

上列各步骤已将物价与货币数量之关系，作了简要的分析；最后之第六步分析中所建立的理论，与现实经济现象的距离已减缩至可能的最小限度。但是，吾人须郑重声明，本学说实属于理论的范畴，与现实情况尚有若干距离，此乃为必然而且当然的事。兹将货币相对数量说的要旨，简要地条述于此：

（1）在一般的社会中，生产弹性小于 1 而大于零；货币数量增加后，一则促物价水准之上涨，一则促生产规模之扩大，货物供给之增多，货币需要之增加，吸收新增货币的一部分。故物价水准上涨程度每较货币数量增加程度为小。二者相差之程度视该社会中此时期中

---

① 这种说法是以货币数量一次增加为例，而非以货币量连续地大量增加为例，如为连续地大量增加，则形成恶性通货膨胀，新均衡势必无法达到，此种结论自难通用。

之生产弹性之大小而定。故货币数量增加后，一方面促经济发展之加速，另一方面则促物价之上涨。

（2）货币数量增加后，在长时期（以新旧两均衡间之时间长度为准）中，物价水准大体上与货币相对数量成正比而上涨。至于最短时间和短期中物价水准上涨趋势固由货币相对数量之增加去解释，但须在各种不同的程度内，将货币流通速度缩减之作用并入讨论。

（3）货币相对数量之决定，依存于货币绝对数量增加与货物供给增多二者之比率（ratio），由二者共同决定，而不由其中任何一个因素单独地去决定。

（4）如货币流通速度不变，在货币数量之增加量一定时，货币相对数量增大之程度，依存于此时期中该社会之生产弹性的大小。生产弹性愈大，货物供给增加愈多，则货币相对数量增大之程度愈小，货物相对数量增大程度距货币绝对数量增大程度愈远，物价水准上涨之倍数与货币绝对数量增加之倍数相差愈大。反之，生产弹性愈小，则货币相对数量和物价水准增加愈多，二者增加倍数离货币绝对数量倍数愈近。故如生产弹性为1，则货币相对数量和物价水准不变；如生产弹性为零，则货币相对数量和物价水准二者与货币绝对数量成正比例而增大。

（5）本学说之研究对象，以物价水准与货币数量间之关系为限：只注重货币数量自动增加，促货币相对数量增大，与物价水准上涨之整个变化过程的研究。其所能解释之物价现象，亦以此为范围。至于物价变动之其他现象，则须由其他学说去解释。

（6）应用货币相对数量说去观测物价水准之变动时，先求出货币数量指数与生产指数二者之比率，即得货币相对数量之增加率，以100%乘之，即得货币相对数量指数。由此货币相对数量指数变化之程度和速度，大体上即能窥测物价水准变动之程度和速度。货币相对数量变动与物价水准变动二者在程度上和速度上势必大体一致，两种变动为一种非常明显之正相关，其相关系数（correlative coefficient）在一般情形之下，每可达到"近于1"的境地；但是，因为有其他扰乱因素存在，两种变动之相关系数，不论在理论上还是事实上，均只会近于 1，而不能等于 1。

*   *   *   *

货币相对数量变动与物价水准变动之相关系数，所以只能近于 1，而不能等于 1 者，主要原因在于：

第一，货币流通速度之缩减或增大。此种因素每能使货币相对数量与物价水准二者之变动难于完全一致。尤其是通货膨胀之后期，货币在人民手中停息之时间，及人民手中储藏货币之数额，均减至最低限度，致货币流通速度大增，使物价水准上涨程度和速度，远在货币相对数量增大程度和速度之上。

第二，货币数量指数、生产指数和一般物价指数三者，并未将相关事象全部加以包括，且加权比例，亦未必与现实情形完全吻合。现实经济体系如此繁杂、微妙、变化莫测，乃欲以平均数去代表其变动趋势，自然难于十分精确。故以计算方法言，三种变量间误差在所难免。

第三，政治力量对于物价之干涉，在某种限度内，每易扰乱物价水准变动之正常发展。此种事例在实行计划经济或统制经济之国家中，尤为常见。

第四，前述分析，系以货币一次增加，从旧均衡被破坏到新均衡之建立为准，吾人作理论分析时，实亦不得不如此；但货币数量每非一次增加，而系连续地逐渐增加，其对于经济结构与物价水准之影响，前后累积，使物价水准之变化，在新旧两均衡之间，显得比较平稳。同时，在实际社会中，货币数量永恒地逐渐增加；新均衡尚未确立，另一新增货币数量又被倾入而发生扰乱作用，故在实际上，所谓新经济均衡得以正式建立的机会极少。故应用货币相对数量说，以解释货币数量连续增加所引起之物价变化时，务须通权达变，将此种学说加以灵活地运用方可。

第八章　货币相对数量与币值安定问题

上面各章已将货币相对数量说之理论基础及此学说本身之各项论点，详加叙述。本章则拟站在货币政策论的立场，将货币相对数量说在这方面试行应用，指出安定货币价值之基本方策，聊当本书的结论。

第一节　货币价值安定的意义

在交换经济或货币经济之社会中，一切经济活动不论直接还是间接均与价格机构发生关联；人民的经济生活完全是一种求与价格相适应以满足自己欲望的生活，简言之，即为一种十足的价格生活。故现行经济体系之最基本的特征，即为价格机构，藉价格制度之确立以运行整个经济生活，一切经济活动均须与此确立之价格相适应；一切经济变动也均必须由价格之变动，方可使其具体表面化而发生各种变动。所以，价格变动对于经济结构及人民福利实有极普遍的影响。

如前所述，因货币具有种种特质，且因货币机构渗透于整个经济且无微不至，故货币对于经济组织之运行，具有一种极微的滑润作用。此种滑润作用之体现，即以价格机构之确立为契机。同时，更因在现行资本主义之经济体系中，企业组织追求利润为目的，利于物价上涨而不利于物价下跌，故货币对于经济发展更具有一种助长作用或扰乱作用。此种作用之体现，则以物价变动为发动力。前一种作用为消极的，只要价格机构存在，则不论物价变动之方向及程度如何，此种作用均不致消失。例如，在政府实行通货膨胀或通货紧缩的时候，不论程度和速度如何，只要货币制度和价格机构没有根本崩溃，则一

第八章　货币相对数量与币值安定问题

切经济活动仍以货币为减除阻力而圆满达到目的之手段，即此种滑润作用依然存在。后一种作用为积极的，能由物价之上涨或下跌，促经济发展之变化。此种作用之发挥，固以货币机构之存在为前提，但主要导源于物价变化。前一种作用与物价变动无关，故在货币政策论中全不重要；讨论或实施货币政策时，对此种作用可根本不必注意。后一种作用与物价变动有不可分离的关系，故在货币价值论中极为重要；讨论或实施货币政策时，一切论点或措施差不多均以此种作用之最有利的发挥为出发点。

货币机构对于经济发展之积极作用，有助长和扰乱两种，前者为有利的，后者为有害的。一般地说，物价下跌为现行经济体系之大忌，故无疑地为一种恶劣的扰乱作用；物价在短期中相当安定，在长期中徐徐上涨能促经济发展之加速，自属一种助长作用；同时如物价上涨速度太快，上涨程度太大，则足使经济组织蒙受不利的影响，亦为一种扰乱作用。在消极方面，应如何避免货币机构对于经济发展之有害作用；在积极方面，如何使货币机构发挥其有利作用，且期有利程度最大，则当研究应如何调节货币数量，使货币相对数量在某种程度内保持安定，以求货币价值之安定的问题。

货币价值安定一词是富于历史性和社会性的。其意义随时代进展和社会变迁而不同。例如在金属本位时代，所谓货币价值安定是指本位币所含金属之合乎法定成色和重量；及纸币制度出现，则币值安定的含义乃指纸币能兑换成色与重量固定之金属货币。此种意义为金属主义者的见解已成为历史上的名称。因币值安定能使国际贸易感受种种利益，且纵未行金本位或无金准备者亦能对他国之金本位币保持安定之外汇率，故在此种观点上货币价值安定之含义乃指其外汇率之安定言。此外在名目主义的货币本质论兴起后，基于交易媒介与交易对象之对立性，货币价值乃指其所能购得之货物量言，故货币价值安定之含义遂指货币对物品之购买力的安定而言，其另一方面则指一般物价水准之安定而言。

上列三种货币价值安定之含义，可以分成两种范畴：一为货币对内价值之安定，上述第一、第三两种含义属之；一为货币对外价值之安定，上述第二种含义属之。依凯恩斯等诸学者的意见，货币对内价值与对外价值两者不能同时均告安定，一国货币政策只能于此二者中选择其一，以求安定。而各国学者和政府的态度，似乎对外汇安定看得很轻，特别重视国内物价之安定，故普通所谓币值安定多指货币对内价值之安定而言，在本书中讨论物价与货币数量之关系时，未将国际贸易的因素并入，故本章中所欲讨论的货币价值安定问题，无疑的是以货币对内价值之安定为范围。如前所述，所谓货币价值是指货币之客观的交换价值之安定而言。

　　有些学者认定物价安定是不必要也不可能的事；即使物价安定了，也并不能保证经济安定，因而反对物价安定。另外一些学者则认定货币政策是一个"万应膏药"，币值安定不但有必要，而且有可能，故当用币值安定的方法去避免商业循环之变动，求得经济发展之安定。这两种说法可谓各走极端，各有短处。确实的，欲求物价的绝对安定，是不可能的；同时，即使可能，物价稳定也未必能保证经济安定，这是事实。可是，物价安定对于经济发展确有其不可磨灭的贡献，而且要求物价在大体上的安定是可能的，这也是事实。所以，物价的绝对安定是不可能的，但大体上求到相当的安定，却是可能的。物价安定不是一种"万应膏药"，不能确切保证经济安定，不能消除恐慌与萧条之发生；但是，物价安定对于经济发展，在某种程度内能有助益，能使商业循环中的货币因素减到最低限度。故货币价值安定政策不是一种"万应膏药"，也不是一种诊治经济失却均衡之唯一的特效药方；而是一种药方，其效率原有一定极限，且只能减轻或消除整个复杂病症的某一项因素之病理作用。可是，吾人不能因其非特效灵药，非唯一的特效灵药，即对其特种效验亦根本加以否认。确实的，单凭货币价值安定在某种限度内的特种效验看，物价安定实有其重要性和必要性，而且吾人对此种必要性与重要性之评价和估量，亦只能以此某种限度内的特种效验为准则。吾人对物价安定之必要性和重要性的评价，绝不能高于此准则，而过于奢望；也绝不能低于此准则，而过分忽视。前面所述主张和反对物价安定的两种极端的见解，即患期望过高和期望过低的毛病。两者均非纯正之论。所以，吾人主张：货币价值应使其在短期内相当安定，但非绝对的安定，在长期中则使其具有徐徐上涨的趋势（此处所谓短期和长期与前章所指者不同）。所谓短期相当币值安定者即物价水准可以微有变动，且变动方向以上涨方面为限。各学者讨论币值安定问题，大多以避免商业循环之恶果为主眼。货币相对数量说不是讨论商业循环的学说，而只是研究物价水准与货币数量之关系的学说。促使商业循环发生的种种原因，自不能以此学说去解释，故对以商业循环为主题之物价安定问题的论争，自不必多加牵涉，但在明了交易媒介与交易对象之对立关系后，进而对基于此种关系和经济特质所应采之币值安定政策的大要轮廓，加以窥测自亦有必要。

第二节　由货币相对数量去安定币值

站在货币政策的立场，回溯货币相对数量说的内容，有两个重要的论点，足为币值安定之方法和方针的理论根据：第一是因交换媒介与交换对象之对立性，和物价是上列二者之交换比率，因而构成其由货币相对数量去决定物价水准的理论，这一论点能指示出用货币政策安定物价水准之方法；第二是因现行经济体系之营利性，利于物价上涨而不利于物价下跌的理论，这一论点能指示出用货币政策安定物价水准的方针。自然，在这里，对这两方面，吾人只能指出几项重要的原则，至于运用货币政策的实际技术和详细方法，则拟一并从略。

物价是货币和货物之交换比率。物价的高低，须由货币与货物二者之数量关系去决定，而不能由二者之任何一个因素去单独决定。以整个市场或整个社会言，物价水准是由货币数量与货币需要二者间之数量关系去决定，而不是由二者中之任何一个因素去单独决定。由此，物价水准是由货币相对数量去决定，而不是由货币绝对数量去决定。所以，在货币政策方面去安定物价水准时，当以安定货币相对数量为准则。

促货币相对数量变动之主要因素有二：一为货币数量之自动变动，二为货物数量之自动变动。前者变动所促成的货币相对数量与物价水准之变动，是货币相对数量说之研究对象；后者变动所引起之货币相对数量与物价水准之变动，虽在外表上和形式上，仍能以货币相对数量去解释物价水准之变动，但在实质上，此种物价水准变动之原因，却须从货币因素去探求，不能用货币因素去解释。故站在货币相对数量说之立场上，只须特别注意前一种因素变化所引起之物价变化，而后一种因素变化所引起之物价变化，则不必混为一谈。但是，在货币政策的观点上，则须兼顾两种因素之变动，尤须注意后者变动时，货币须在数量上作迅速而适当的适应，以保持货币相对数量之安定。换言之，当货币需要增加时，货币数量当随之增加；当货币需要减少时，则货币数量当随之减少。

因为现行经济组织具有下列诸特性：（1）在一般情形下，货币数量自动增加能通过价格机构促经济发展之逐渐向上，但货币数量自动减少，则能引起不景气的现象；（2）上一项的经济发展在一定时期中原有一定限度，物价机构刺激的效验亦有一定限度，过度的刺激非徒无益而且有害，物价水准之决定须特别注意下列几项原则：①物价水准不能下跌；②物价水准应使其在长期中徐徐上涨，即货币相对数量须徐徐增大；③物价水准在短时期中应保持相当的安定，但此所谓安定绝非固定之意，仍可稍具上涨的趋势。

所谓物价水准在长期中徐徐上涨，其解释则应抱极严谨的态度。此种原则之运行，应有极严厉的限制。限制之标准依各社会各时期之经济情形而定；但最要紧的，即绝对不可将财政需要方面之因素混入。

(1945 年 10 月初版，1947 年 2 月再版)

凯恩斯经济学说评论

前　言

我们确认，当代西方经济学说是属于意识形态的范畴，有一个明辨是非的问题。凯恩斯主义当然也不例外。我们研究凯恩斯主义，不仅要学懂弄通它的学说内涵，而且更重要的是，还要进一步进行深入细致的评论，提高我们自己明辨是非的理论水平。

评论的基本准则和要求

本卷专对凯恩斯本人的就业一般理论进行评论。初版《凯恩斯就业一般理论评议》自1989年由经济科学出版社出版以来，已届六年，现在增订再版，定名为《凯恩斯经济学说评论》，一来列入《武汉大学学术丛书》，二来列为《凯恩斯主义研究》这套大型丛书的首卷，改由武汉大学出版社出版。本卷的着重点是评论，介述其经济学说内涵是为评论提供确切可信的对象素材。就评论而言，我们的准则是马克思主义实事求是的科学分析方法；目标是明辨是非，是则是，非则非，有褒有贬，力求恰如其分；基本要求是力求深入细致而客观公允，以理服人。这是本卷评论实践中务必切实遵循、认真贯彻的基本原则。

增订的主要内容

在《凯恩斯主义研究丛书》总序中已经说明，最初拟定撰写上、中、下三卷专著《凯恩斯主义研究》，现在的第一卷《凯恩斯经济学说评论》就是原计划的凯恩斯主义研究的上卷《凯恩斯就业一般理论评议》的再版,不过作了较大的增订。

本卷增订主要在下列四个方面:

首先,关于"凯恩斯革命,"对其内涵重新评定,颇具新意。其一,发掘出它的第一个主要内涵:凯恩斯是经济危机内因论的首倡者,在经济危机病源诊断上,他实现了从外因论向内因论的转变。其二,集中归结出它的第二个主要内涵:他是西方经济机制营运上政府干预论新经济思潮的主要代表,他促进了从自由经营论传统经济思潮向政府干预论新经济思潮的转变。在近代西方经济思想发展史中,这确实是两项重大突破,树立了一个新的里程碑。凯恩斯堪称当代西方经济学界的一代宗师。本卷再版对"革命"内涵这样进行发掘和归结,能够有助于更确切地评价凯恩斯在近代西方经济思想发展长河中的历史地位。当然,凯恩斯的经济学说,从理论构思到政策设计,存在着重大缺陷和实质错误,这里从略,请参阅本卷有关章节。

其次,在半个多世纪中政府干预论与自由经营论两大经济思潮兴衰交替的演变线索方面,本卷初版已经归结第 1～2 两个回合。这次再版,以美国为例,我们进而揭示了第 3 个回合:1992 年美国大选,民主党获胜,克林顿入主白宫,共和党执政 12 年中占据"政府经济学"宝座的新型自由经营论传统经济思潮各学派退却下去,由温和政府干预论的 M.I.T. 派一批年轻经济学家掌管财经大权,实行短期刺激,增加就业,振兴美国经济。M.I.T. 派不是凯恩斯主义者,但属于温和政府干预论那种自由派经济思潮范畴,同上述传统的保守经济思潮各学派是对立的。因此,在这种意义上,1992 年美国大选政局更迭,导致当代西方经济机制营运两大思潮兴衰交替中第三个回合的转化:原来当权的新型自由经营论各学派退却下去,新型政府干预论派登上"政府经济学"舞台。

再次,赤字财政通货膨胀"吗啡"刺激注射疗法是凯恩斯需求管理方案的主药。这味主药具有正、负两面的双重效应。本卷再版,专辟一章"凯恩斯主义半个多世纪来的兴衰演变"(第十四章)进行论证:凯恩斯主义因这味主药的"正效应"——兴奋刺激作用而兴起、日趋鼎盛的上升过程,同时也恰恰因同一主药的"负效应"——侵蚀、危害作用而走向衰败的恶化过程,终至涌现出"滞胀"型空前怪诞的经济危机。事物的发展就是这样按辩证法规律进行、而不以人的意志为转移地演变着。对凯恩斯主义兴衰演变过程这样辩证地进行深入清理,揭示凯恩斯主义紧接着鼎盛高潮而转趋衰败,正是由于该鼎盛内部孕育着使之必然趋于衰败的种子。这一系统深入的发掘和清理,不仅揭示了凯恩斯主义兴衰过程演变的来龙去脉,还揭示了这种演变的"必然性"和"所以然",而且更揭示了凯恩斯主义在西方经济机制营运效应上的利弊得失:相对优势与重大缺陷。

最后,在本卷"结尾:关于参考、借鉴和利用问题",初版写得过于简要,再版适量增大篇幅。对这个问题,我们抱定实事求是的科学分析态度,一分为二:既不盲目崇拜,生搬硬套,也不全盘否定,一并排斥。一方面,必须明确,凯恩斯的经济学说,从其时代背景、理论体系、社会哲学到政策措施等,同我国国情是格格不入的,绝对不应成为我国经济建设宏伟事业的借鉴模式。如果有人妄图把它生搬硬套,胡乱引进加以利用,势必祸国殃民,危害极大。早在拙文《改革开放中借鉴凯恩斯主义教义的两大失误》[①] 中我曾明确指出:第一项失误是盲目鼓吹"高消费",导致严重的奢侈浪费,败坏社会风气,危害很大。第二项失误是胡乱引进"温和通货膨胀有益论",采用通货膨胀政策刺激高速经济增长,致使我国出现严重的通货膨胀局面,对经济的健康发展产生了很坏影响。另一方面,对待这个问题,我们也应当明确承认,它的其他某些论点和方法,确实可供我国经济建设中参考、借鉴和利用。如政府干预论的"看得见的手"——宏观调控,同"看不见的手"市场机制的自动调节,"双管齐下,配合营运"。如宏观经济分析方法,"总供给=总需求"的观点,对我国宏观调控的调节规范可资借鉴。如凯恩斯歌颂资本主义经济有"高效率"与"主动策动性"的优点,可供我国经济建设认真

[①] 拙文见《湖南社会科学》1991年第1期。

借鉴。又例如,投资理论的"倍数原理",尽管有它的局限性,但只要我们善于利用,对我国评估投资项目的总体效益可供参考和借鉴,等等。

理论意义与现实意义热烈的倡议与衷心的期待

> 现值本卷增订定稿、交付出版之际,特着重指出这种评论工作的重大意义,并郑重而殷切地提出相应的倡议与期待。临颖神驰,不胜期盼。

《凯恩斯经济学说评论》一书,选定凯恩斯这位当代西方最重要、最具权威性、最有深远影响、堪称"一代宗师"的经济学家作为评论对象,专对他本人的"就业一般理论",坚持马克思主义科学分析态度,进行全面、系统、深入细致的评论,实事求是,明辨是非,做到摆事实,讲道理,以理服人:既不骂倒一切,一棍子打死,也不盲目崇奉,拜倒在他的脚下。这种评论,不论是对该理论的整个体系,还是对它的每一个具体原理和政策主张,自始至终坚持马克思主义实事求是、一分为二的科学分析态度:明辨是非——是则是,非则非,有褒有贬,绝不含糊其辞。那就是,既对它那些似是而非,以至错误的理论,摆事实,讲道理,深入细致地加以辩驳,又对它那些具有现实感,合乎资本主义现实态势的论点和主张,认真分析,适当加以肯定。

这确实是一个意义重大的大胆尝试。本卷初版出版后,反应良好,得到经济学界的广泛赞誉,国内先后有10家以上的经济学术杂志发表了书评,如《世界经济》称其为"凯恩斯主义研究的新突破";《经济评论》题为"对凯恩斯主义最成功的研究";《经济学动态》称之为"一部研究西方经济学的开创性著作";《经济学家》认为该书是"评析当代西方经济学著作的典范";《世界经济研究》称之为"剖析凯恩斯理论的成功之作"等,1995年获国家教委优秀社科成果二等奖。看来，这一尝试是相当成功的。这样，在深入细致地评论当代西方经济学说这一重大事业中，这部专著总算开了一个头，也许可算是带了一个好头，起了一个排头兵的先锋作用。

值得特别强调指出的是，马克思《资本论》的副标题是"政治经济学批判"。马克思是在批判资产阶级经济学说的同时，创建其以剩余价值理论为核心的《资本论》科学理论体系的。但是，马克思以后，对19世纪中叶以后，以英美资产阶级经济学说为主导的形形色色各种理论，基本上没有进行认真细致的分析批判。这不能不说是马克思主义经济理论发展进程的一大缺陷。我国经济学界应当以马克思主义为指导，责无旁贷、当仁不让而理直气壮地肩负起对当代西方经济学说进行实事求是、明辨是非的深入细致评论这个重大历史使命。这是对马克思主义科学批判事业的继续和发扬，实属完全必要。尤其在当今，国际形势急剧变化，马克思主义理论的分析批判任务特别重要，这种评论工作更具有十分重大的理论意义和现实意义。

一花独放不是春，万紫千红春满园。殷切希望本卷在百花争艳的春色美景中能起一朵"报春花"的先导作用。为使这个思想领域和学术园地百花盛开，锦绣灿烂，现在大声疾呼地提出倡议：组织一大批经济学家，分工协作，在几年内或稍多一点的岁月里，研究、撰写、出版一大批高水平的评论专著，并尽量译成外文出版，扩大国际影响。这是经济思想领域中深具战略意义的一个战斗任务。衷心期待我国经济学界同仁们当仁不让，理直气壮，勇敢担当，胜利完成这一光荣而艰巨的神圣任务！

刘涤源
1995年11月29日于武昌珞珈山

目 录

导论：凯恩斯主义在资产阶级经济学说史中的独特地位 ………… 231

第一章 凯恩斯其人其事 ……………………………………… 244
第一节 生平：家庭和学校教育以及经历 …………………… 245
第二节 阶级立场与政治态度 ………………………………… 255
第三节 独特的治学风格 ……………………………………… 264
第四节 社会哲学与"乐观世界"的远景幻想 ……………… 274

第二章 时代背景 ……………………………………………… 280
第一节 巴黎和会中的战费赔偿问题 ………………………… 281
第二节 英国 20 世纪 20 年代独特的长期慢性萧条 ………… 283
第三节 1929—1933 年经济大危机特别深刻、
特别严重 ……………………………………………… 294
第四节 垄断资产阶级对经济大危机的抢救 ………………… 298
第五节 经济理论的混乱与危机 ……………………………… 314

第三章 思想渊源 ……………………………………………… 321
第一节 对早期经济思想的继承 ……………………………… 322
第二节 对马歇尔经济思想的背离和继承 …………………… 332
第三节 简要评议 ……………………………………………… 339

第四章　思想发展过程（上）
20世纪30年代以前的凯恩斯思想 ………………………… 344
第一节　"就业一般理论"思想发展过程的
　　　　主要特点 ……………………………………………… 345
第二节　第一次世界大战前的凯恩斯：剑桥传统的
　　　　新古典派经济学家 …………………………………… 361
第三节　第一次世界大战后和20世纪20年代的重大论战 …… 363

第五章　思想发展过程（下）
20世纪30年代经济大危机：加快新就业理论体系的形成进程 …………………………………………………… 388
第一节　对经济大危机的初步诊断和对策 ………………… 388
第二节　就业一般理论的形成过程：概要 ………………… 394
第三节　就业一般理论的萌芽 ……………………………… 396
第四节　就业一般理论的准备 ……………………………… 406
第五节　就业一般理论的创建 ……………………………… 417
第六节　就业一般理论的完成 ……………………………… 434

第六章　就业一般理论：综合述评 ……………………………… 437
第一节　主要特点和庸俗实质 ……………………………… 437
第二节　就业一般理论的基本内容 ………………………… 448
第三节　凯恩斯"革命"的实质含义 ……………………… 458

第七章　消费倾向理论评论 ……………………………………… 461
第一节　消费倾向理论的主要内容和独特地位 …………… 462
第二节　资本主义社会贫富悬殊十分严重，根本不
　　　　存在一个统一的、适用于全体消费居民的
　　　　"消费倾向规律" ……………………………………… 468
第三节　第二次世界大战后美国"寅吃卯粮"的赊购活动发展
　　　　十分惊人，证明消费倾向规律的虚妄性 ………… 474

第四节　消费倾向理论的内在矛盾 …………………… 479
第五节　提高消费需求的实施方案和值得肯定
　　　　的某些论点 ………………………………………… 490

第八章　投资引诱理论评论（上）
综合述评 …………………………………………… 498
第一节　投资引诱理论概要：独特格调和
　　　　基本轮廓 ……………………………………………… 499
第二节　生产衰退、失业严重阶段中，不是投资
　　　　不足，而是投资过多 ………………………………… 510
第三节　投资理论在凯恩斯就业理论体系中
　　　　的尴尬地位：投资增加的补差作用
　　　　及其两难处境 ………………………………………… 511
第四节　投资社会化的阶级实质：国家垄断
　　　　资本主义与保证高额垄断利润 ……………………… 516
第五节　倍数原理述评 ……………………………………… 524

第九章　投资引诱理论评论（中）
投资引诱的晴雨表：资本边际效率 …………… 535
第一节　资本边际效率的主要内容及其庸俗实质 ………… 535
第二节　资本边际效率的具体特点 ………………………… 539
第三节　利润理论的经济基础：未来经济事态的
　　　　不确定性 ……………………………………………… 546
第四节　预期的重要意义与明细分析 ……………………… 553
第五节　现实感与虚幻观的矛盾及其庸俗实质 …………… 560

第十章　投资引诱理论评论（下）
投资增长的制约与障碍：独特的利息理论 …… 565
第一节　关于利息的来源和性质问题：传统利息
　　　　理论的进一步庸俗化 ………………………………… 566

第二节	关于利率的决定问题及其实践意义	572
第三节	关于利息率成为生产和就业增长的障碍问题	576
第四节	关于食利阶级的自然消亡问题	580

第十一章 工资理论与就业理论评论 586
- 第一节 工资理论在凯恩斯就业一般理论体系中的重要地位和恶毒作用 586
- 第二节 传统庸俗经济学对 D. 李嘉图价值理论和工资理论的歪曲和庸俗化 590
- 第三节 关于凯恩斯工资理论的进一步庸俗化 593
- 第四节 凯恩斯工资理论和就业理论的主要错误 598

第十二章 货币理论评论 604
- 第一节 社会总产量货币理论体系的创立 604
- 第二节 货币理论在就业一般理论体系中的重要地位 605
- 第三节 关于"货币之最主要的属性在于巧妙地联系现在与未来"这一论点的评议 610
- 第四节 "半通货膨胀"的价格一般理论：内容、实质与"疗效"评价 613
- 第五节 从"半通货膨胀"导向"真正（绝对）通货膨胀" 621

第十三章 经济危机理论评论 624
- 第一节 凯恩斯对经济危机的基本态度 625
- 第二节 对待萨伊定律：既背离，又继承 630
- 第三节 关于经济危机的根源问题：资本主义社会中消费增长比生产增长缓慢的真正根源 634
- 第四节 关于经济循环波动的主要成因 641

第十四章 凯恩斯主义半个多世纪来的兴衰演变 ………… 647
- 第一节 生产的货币理论和"半通货膨胀"价格一般理论的实质 ………… 648
- 第二节 后凯恩斯主义的失误:"半通货膨胀"最后转化成严重的"滞胀"型经济危机 ………… 653
- 第三节 通货膨胀:凯恩斯主义兴衰演变的关键要素 ………… 656
- 第四节 新凯恩斯主义者对通货膨胀的态度转变 ………… 658

第十五章 凯恩斯主义的历史地位 ………… 661
- 第一节 严酷挑战与剧烈反应 ………… 661
- 第二节 从"异端"到正统 ………… 662
- 第三节 相对优势 ………… 665
- 第四节 从鼎盛到衰败 ………… 668
- 第五节 根本性的缺陷和错误 ………… 672
- 第六节 再论"没有凯恩斯主义的凯恩斯效应" ………… 679
- 第七节 新凯恩斯主义的崛起 ………… 687

结尾:关于参考、借鉴和利用问题 ………… 689

导论：凯恩斯主义在资产阶级经济学说史中的独特地位

资产阶级经济学说史主旨在于了解、研究资产阶级经济学说各个流派在理论上和政策上的发展线索、源流及其主要特点。经济学说史作为一个整体应该包括从古到今的所有重要经济学说，当代西方经济学说应被视为整个经济学说史的一个重要组成部分。基于凯恩斯主义在当代西方经济学说中居于主导地位，它在整个经济学说史中具有一种独特意义。

在当代经济学说特大论争中处于中心地位

作为资产阶级经济学说整个发展史的现代部分的"当代西方经济学说"，同前此阶段相比，有其独特的格调和内容。以英美两国为例，半个多世纪以来，资产阶级经济学说发展史中涌现出持续时间最长、牵涉面最广、内容最纷繁复杂、辩论最激烈、影响最深远的一次空前特大论争。论争的中心是凯恩斯主义。此中包括两条战线。其一是外部战线：凯恩斯主义同其对立的诸多经济学流派之间，主要是同以传统经济学教义为主导思想的新旧保守流派之间的论争，形成半个多世纪以来政府干预论与自由经营论两种经济思潮兴衰交替的风云变幻局势。这条外部战线的核心问题是凯恩斯主义是否正确。其二是内部战线：凯恩斯主义者内部各个支派之间的论争，主要是美国剑桥派同英国剑桥派的论争，形成"两个剑桥之争"。这条内部战线的核心问题是如何理解凯恩斯本人的教义才算正确。

总之，以凯恩斯主义为中心而展开的当代特大论争具有如下一些特点：其一，持续时间长，如果从英国20世纪20年代初期算起，已经经历了大约70年，而现在仍在继续进行，并且尚难看到尽头。其二，战线拉得特别宽：既有外部战线，又有内部战线，凯恩斯本人及其后继者两面开弓，艰苦混战，论争中在理论上和政策上不断有所发展。其三，内容特别复杂，涉及整个国民经济运行机制的理论考察和救治对策。其四，影响特别深远，直接关系到资本主义经济当前的兴衰及其今后的前程。其五，论争特别激烈，甚至势不两立，旨在使自己登上"政府经济学"宝座，被录用为救危扶倾的"处方"；而把对方从"宝座"上拉下马来，并且已经呈现两大经济思潮兴衰交替的格局。这样独特的特大论争，在资产阶级经济学说整个发展史中，确实是没有前例的。19世纪30年代那次著名的论争同这次特大论争相比，只不过是"小巫"而已。因此，我们选定这场特大论争的中心，对凯恩斯的经济学说及其发展进行比较全面而系统的深入研究，深感具有理论意义和现实意义。

新旧两大经济思潮兴衰交替的变幻线索[①]

在上述两条战线中，外部战线更为重要。这条战线集中体现为政府干预论新思潮与自由经营论旧思潮之间的大论争。现将这新旧两大经济思潮兴衰交替的变幻线索简要加以概括。

20世纪30年代是资本主义进入垄断统治后基本矛盾空前激化的阶段。1929—1933年经济大危机严重地震撼了资本主义体系。这次经济大危机是资本主义经济危机史上一个重大的转折点，导致了资产阶级庸俗经济学说的一次重大转化：原来占统治地位、以市场经营论为中心内容的马歇尔新古典经济学说顿行衰落，转换为以政府干预论为主轴的罗斯福"新政"，随之涌出"凯恩斯革命"，逐渐成为风靡

[①] 详见刘涤源：《试论近半个世纪来政府干预论与自由经营论两种经济思潮的兴衰交替》，载《世界经济》1982年第1期。

导论：凯恩斯主义在资产阶级经济学说史中的独特地位

西方各国的主导经济学说。从20世纪30年代初到20世纪70年代前期，传统的自由经营论旧经济思潮由盛而衰，长期处于弱小地位；与此同时，凯恩斯主义的政府干预论新经济思潮从兴起到鼎盛，长期雄踞"官方经济学"宝座，成为政府制定经济战略和政策的主要依据。这是西方各国，特别是英美两国当代资产阶级经济学界互相对立的两大经济思潮兴衰交替的第一个回合。

战后西方各国推行凯恩斯主义，在相当长的一段时间内，对缓和经济危机和失业问题，促进经济增长，确实收到了相当好的效果。但后来却产生了一系列恶果，特别是"滞胀"问题更为严重。1974—1975年战后最奇特的一次经济危机：经济危机与通货膨胀两症并发，是凯恩斯型国家垄断资本主义政策长期推行以后，经济危机史上的又一重大转折点。它导致了西方经济学说又一次重大转化：凯恩斯主义的政府干预论失灵，新型的自由经营论卷土重来，到20世纪70年代末、80年代初，再度成为英美两国政府奉行的"官方经济学"。这是英美两国当代经济学说中互相对立的两大经济思潮兴衰交替的第二个回合。英美两国当时政府奉行的新型自由经营论学说及其政策，同20世纪30年代经济大危机中开始衰落下去的传统自由经营论学说及其政策，只是大同小异，在实质上是一脉相承的。也可以说，英国撒切尔首相和美国里根总统奉行的经济战略思想及其政策措施，在实质上，是20世纪30年代经济大危机中美国胡佛总统奉行的传统自由经营论对策的继续。

这就是上述"外部战线"：主要以凯恩斯主义政府干预论新经济思潮为一方，以原来的传统自由经营论和后来的新型自由经营论旧经济思潮如现代货币主义、供给学派、理性预期派为另一方，长期争论不休为基本线索。半个多世纪中，对立的两大经济思潮这样走马灯式地兴衰交替，这在资本主义经济学说史上是没有前例的。30年河东，40年河西，风云变幻，简直有些令人眼花缭乱！这种兴衰交替的变幻格局，是饱经激烈的长期论争才形成的。

但是，凯恩斯主义者并未认输：一方面，对新型自由经营论各个流派的理论和政策进行针锋相对的抨击；另一方面，也适当吸收对方论点，对自身的理论体系和政策措施加以若干修补，从而出现各派学说融合的趋势。如 P. A. 萨缪尔森在其《经济学》中对自由经营论学说作了第三次折中性大综合，① 即为突出实例。看来，随着西方各国经济的发展和变化，一旦时机成熟，凯恩斯主义政府干预论经济思潮仍然可能以新的形式东山再起，再居主导地位。果然，20 世纪 80 年代后期，《美国新闻与世界报导》刊登《看，谁的理论又在流行起来》一文②，明确指出，如果经济学家死后升天的话，那么英国富于想象的约翰·梅纳德·凯恩斯近来大概会从九天之上喜滋滋地俯视大地。由于供给学派、现代货币主义等理论效微力乏，既无法避免，也无法解释目前美国的经济动乱，凯恩斯学说在美国又受青睐。布鲁金斯学会一位经济学家承认："目前仍有许多斗争，但是从事经济学决策研究的人几乎全部接受凯恩斯理论，投身于新的凯恩斯主义浪潮。看来，凯恩斯的'第二次流行'势头颇为强劲有力。"该文预言，随着现代货币主义和供给学派的退却，新凯恩斯主义将成为今后十年制订可信的经济竞赛计划的新处方。

这种预言近来在相当大的程度上正在趋诸实现。首先，凯恩斯主义经过一番休整后，在理论上和政策上有所更新和发展，正以"新凯恩斯主义"的名义迈向复兴。这是凯恩斯主义改弦更张，走出衰落低潮，力图东山再起的最新动态，特别值得我们注意。因此，《凯恩斯主义研究丛书》确定一专卷——《新凯恩斯主义》(冯金华著)，对它进行深入细致的述评。其次，美国上次大选，民主党获胜，克林顿入主白宫，共和党执政 12 年中占据"政府经济学"宝座的自由经营论传统经济思潮各学派退却下来，由麻省理工大学经济与管理教授莱斯特·瑟罗 (I. C. Thurow) 为代表的 M. I. T. 派取而代之。本届克林顿政府的经济班子中，瑟罗教授并未亲自出马，而由他的门徒：一

---

① 我认为，资产阶级经济学说史中前后出现过三次折中性大综合：第一次是约翰·斯·穆勒，第二次是 A. 马歇尔，第三次是 P. A. 萨缪尔森，其《经济学》在第 12 版以后尤其如此。

② 该文载于《美国新闻与世界报导》1988 年 2 月 1 日，第 43～45 页。

批年轻经济学家掌管经济财经大政方针。他们采取温和的政府干预和调节：短期刺激"处方"，试图克服各项重大经济弊端，重振美国经济。M.I.T.派不是凯恩斯主义者，但同保守的各经济学派是对立的。从瑟罗教授的论著思路①和克林顿政府奉行的经济战略与措施判断，M.I.T.派属于温和的政府干预论那种自由派经济思潮范畴。因此，在这种意义上说，美国大选政局更迭，导致资产阶级经济学说的再一次重大转化：原来当权的新型自由经营论各派退却下去，新型政府干预论学派登上"政府经济学"舞台。这是美国当代经济学说中互相对立的两大经济思潮兴衰交替的第三个回合。

当然，在政府干预措施的广度、深度和强度上，这第三个回合不如前两个回合那样界限分明。但是，克林顿政府是在世界萧条的阴影中诞生的。他表示正视美国经济力量的衰退，并发誓要使美国经济振兴起来。他把增加就业作为当务之急，重点投资于建设公路、铁路、通信等基础设施，并采取提高教育的地位等政策，加强美国经济的基础。美国经济学家们认为，克林顿奉行一条中间路线，既不是共和党坚持的正统的私人经营计划，也不是民主党热衷的政府干预计划。②这是克林顿就任初期的态势。后来，共和党在美国中期选举中获胜，控制了国会。克林顿的经济政策受到了牵制，他的就业计划也就难以贯彻。但是，他仍然在坚持着增加就业的努力方向。如1995年6月美日汽车贸易谈判达成协议，他立即为此发表谈话，明确指出："我们制定了一项战略，我们坚持了我们的原则，我们达到了我们的目标。这些目标导致为美国人创造更多的就业机会。"③ 概括地说，克

---

① 瑟罗教授论著颇丰，其中著名的三部书是：《得失相等的社会》，揭露美国经济的弊端；《得失相等的对策》，提出解救弊端的对策；《危险的思潮》，揭示保守派经济学的危害性。

② 美国《波士顿环球报》1992年11月4日文章，题：《克林顿面临的经济挑战》。

③ 参见法新社华盛顿1995年6月26日电，克林顿这次谈话的原文载于《参考消息》1995年6月27日。

林顿政府制定经济政策以创造就业机会、缓解失业问题、振兴美国经济为目标，同自由经营论传统经济思潮有着明显的区别。这无疑是属于政府干预论自由派经济思潮的一个类型。因此，把1992年美国大选的政局更迭归结为半个多世纪来上述两个经济思潮兴衰交替的第三个回合，这不是没有理由的。

然则今后的事态将如何发展、演变呢？我看，两大经济思潮的论争和兴衰交替，总的说来，还会继续下去，而且现在还很难看到在时间上的尽头；问题在于这种论争的具体形式势将在各个回合中涌现出差异和变化。这些演变的动态值得我们密切注意和深入研究。

总之，由于现代西方经济发展的错综复杂，坎坷多艰，半个多世纪来西方经济学说纷纭变幻，流派众多，形成当代经济学说的一个空前庞大谱系，在庸俗经济学说整个发展史中，其多样性、复杂性、变幻性达到了谱系庞杂、波澜起伏、气势汹涌的高潮，可谓盛况空前，整个进程都是充满着激烈的论争。凯恩斯本人及其门徒们自始就高举着论争的大旗，无休止地进行争辩、争辩、再争辩。在争辩中建立起就业一般理论体系，并在理论上和政策上不断有所发展。

凯恩斯革命的内涵与真谛[①]
—— 经济危机机理的内因论与西方经济营运机制的政府干预论新经济思潮

凯恩斯革命是在20世纪30年代空前严重的经济大危机、西方经济极度危难的时代背景中应运而生的。它在西方经济思想领域中实现了两大转变：一是在经济危机理论发展史中的病因诊断上，由外因论向内因论转变；二是在经济学说史中的经济营运机制上，由自由经营论旧经济思潮向政府干预论新经济思潮转变。它在西方经济思想发展

---

① 参阅刘涤源：《凯恩斯革命的内涵与真谛》，载《武汉大学学报》（哲学社会科学版）1995年第4期。

史中确是一个重大突破,标志着一个新的里程碑;对西方经济学说的发展和对西方经济营运体制的发展,都具有巨大而深远的影响。基于这种突出业绩,凯恩斯在近代西方经济学说史中确实堪称一代宗师。"凯恩斯革命"与"斯密革命"、"边际革命"三者并列,称为近代西方经济学说史中的三大革命,可谓当之无愧。

凯恩斯创建的就业一般理论有两个重大突破:一是在资本主义经济危机理论史中,他是从外因论转向内因论的首倡者;二是在西方经济思想发展史中,他是从自由经营论旧经济思潮转向政府干预论新经济思潮的主要代表。① 他的经济学说对西方经济的营运机制在理论塑造和政策筹措方面确实是一种改弦更张性的重大变革,使当代西方经济学术大大改观,影响巨大而深远。

现在,我从上述两个角度对凯恩斯革命的内涵和真谛分别进行论述。当然,两者在内容上难免有些交错与重叠;但我认为,在西方经济学说发展史中,凯恩斯在这两个方面的重大突破,确实有着重要的理论意义和历史地位。两者应当分别评价,才能显示各自的学术业绩。

一、经济危机病源诊断的重大突破

凯恩斯是受到 20 世纪 30 年代经济大危机的猛烈冲击而奋起探究经济发展的障碍何在,以及如何解救这个中心课题而创建其就业一般理论的。换句话说,他以 20 世纪 30 年代大经济危机为背景,研究何种因素决定总生产量和国民收入这个实际问题,对失业严重、"富裕中的贫困"的矛盾现象作出解释并寻求解救对策。他明确承认,他的这一理论是关于"经济繁荣内部为什么会孕育着使其自身趋于

---

① 凯恩斯的门徒们对"凯恩斯革命"的内涵枚举了一个个具体项目,如否定萨伊定律,如打破"货币二分法",如对李嘉图工资理论的修订,如倡导财政政策刺激经济增长,等等。这些都是实情。但我认为,最好把它们概括起来,并且提到政府干预论新经济思潮的高度,确认他是倡导这一新经济思潮的主要代表。概括到这个高度,就能更好地评价他在西方经济思想史中的历史地位。

毁灭的种子"（My theory of why the booms carry within them the seeds of their own destruction）的理论。① 既然明确表明繁荣转趋毁灭，要从繁荣内部（within them）去寻找病因，从而在经济危机这个严重病症的病情观察和病源诊断方面，同传统经济学说相比，他有着如下一些具有突破性的新观点和新见解：

其一，传统经济学依据萨伊定律："供给＝需求"，根本否定普遍意义的生产过剩经济危机；而凯恩斯则明确承认经济危机的确实存在，并且坦率地确认：经济危机已经严重到使现行社会濒临"全面毁灭"的极端危险境界。

其二，在这种病症的性质上，传统经济学根据亚当·斯密"看不见的手"机理，认为这是局部失衡的、由均衡失衡而趋于恢复均衡的暂时、过渡现象；它坚信市场机制的完善性与协调性，可以自动调节而使经济运行重新恢复均衡；于是主张自由放任，消极等待，反对政府干预。而凯恩斯则根本不相信市场机制的完善性和协调性，认定经济危机不可能通过市场机制的自动调节而恢复均衡，因而坚决主张：采用强有力的政府干预，对严重而深沉的危机进行紧急抢救。

其三，在经济危机的病因诊断方面，传统经济学家大多坚持外因论：从有规律的外部冲突去寻找经济危机的原因；而凯恩斯则把研究重点转移到内因论：在经济机制中寻找不稳定的内在结构，解释"繁荣内部为什么会孕育着使其自身趋于毁灭的种子"，即经济高涨何以必然会要趋于萧条的内在因素。他确认"有效需求不足"为痼疾的中心病象，从考察生产、就业和收入的决定因素入手，编制有效

---

① 《通论》出版后，《经济学季刊》于1936年11月号刊登莱昂节夫等四位经济学家的书评。凯恩斯旋即在该刊1937年2月号发表《就业一般理论》一文进行解答。在此文中，他把《就业一般理论》归结为关于"繁荣内部为什么会孕育着使其自身趋于毁灭的种子"的理论。参见凯恩斯：《就业一般理论》，转载于S. E. 哈里斯主编：《新经济学》，1947年英文版，第182页。由此可见，凯恩斯本人早在1937年初就已把"经济危机内因论"这一学术业绩归结出来，他的门徒们却没有重视它，一直没有把它列为"凯恩斯革命"的一个主要内涵。现在，我把它重新发掘出来，弥补这一疏漏。

需求原理以及消费倾向、资本边际效率和流动偏好三个基本心理规律，而分析消费与投资两方面需求不足的内在结构，其中，特别着重"$\Delta C<\Delta Y$这个边际消费倾向的不稳定作用。这样，包含在就业一般理论体系中的一个综合性内因型经济危机理论，就由凯恩斯创制出来了。

总之，凯恩斯在确切地肯定普遍性生产过剩经济危机和经济周期波动的存在这一前提下，在病因诊断问题上，摒弃了传统的外因论，把研究重点转向内因论，这是资产阶级经济危机理论发展史中的一次重大突破。对这一转折本身应当给予较高评价。当然，它也存在一些重大缺陷。其要害问题在于，他根本不承认经济危机是资本主义制度的必然产物，因而也就注定他根本不可能从资本主义生产关系及其相应的分配关系这种关键性机理中去寻找内在不稳定性因素。对这些缺陷，将在本书第十三章"经济危机理论评论"中进行深入细致的评论，请读者参阅。

最后，归结起来，我认定，对这一学术业绩应当这样评价：它尽管有这样或那样的缺陷，但在经济危机的病源诊断方面，从传统的外因论转向比较具有科学性的内因论，这一转折确实是一项重大突破，值得加以肯定。他的门徒们对之未加重视，这是一大疏漏。我们现在把这一学术业绩发掘出来，并且确认它为"凯恩斯革命"的主要内涵之一，理当如此。

二、政府干预论新经济思潮的崛起

在资本主义经济营运机理方面，传统经济学有两根理论支柱：一是亚当·斯密"看不见的手"，演化成为自由经营论经济思潮；二是萨伊定律："供给会创造它自身的需求。"两者合而升华为市场机制自动调节的均衡理论；进而推演到市场自动调节的完善性和协调性，把资本主义经济营运的市场自动调节机制推崇到完美无缺的最高境界。新古典学派代表阿·马歇尔以均衡价格理论体系为核心的传统自由放任经济学当时居于统治地位，面对20世纪30年代经济大危机那种严重危困局势，显示传统理论与经济现实完全脱节，处于十分可怜的混乱状态，势非改弦更张，重新塑造理论与筹谋政策不可。

凯恩斯为了抢救资本主义制度免于"全面毁灭"，创建就业一般理论，对资本主义经济营运在体制上大大背离了新古典传统经济学教条，如"供给＝需求"，如市场机制自动调节的完善性与协调性等。他确认，有效需求不足是经济发展的障碍之所在，其中，消费需求不足具有独特的重要作用，投资需求不足只不过是消费需求不足的派生现象。在解救对策方面则坚决主张采用政府干预：以财政政策为主药的需求管理模式，弥补有效需求之不足，达到并维持充分就业。

作为理论构思的基础和前提，对未来经济态势，必须作出估计和确认。在这种估计和确认上也发生了变革：用经济前景的不确定性取代了经济环境的确定性；这就用历史观——时间的存在：过去、现在和未来的差异去取代宿命论的均衡观。在战略思想上，对经济发展的动向，用深思熟虑、积极规划的政府干预论新经济思潮去取代因循等待、消极放任的自由经营论旧经济思潮。在战略目标上，通过政府干预，以达到并保持充分就业、消除经济危机和充分发挥经济潜力作为经济政策的战略目标。这就改变了传统经济学只求保持价格稳定、听任市场自动调节、保持经济均衡的战略目标。

归结起来，这是在资本主义制度框架内，进行体制方面的重大改革：摒弃传统经济学说把自由放任经济体制歌颂成完美无缺——市场机制自动调节的完善性与协调性那种说教；改弦更张，确认它具有亟待改进的缺陷，创建政府干预型的需求管理方案，消除经济危机，使资本主义进入尽善尽美的"乐观世界"。这就是说，凯恩斯革命就是用它那种新体制下资本主义的"尽善尽美"，去革古典—新古典旧体制下资本主义另一种"完美无缺"的命。凯恩斯主义新体制方案半个多世纪来的历史实践证明，对经济危机和失业问题确实能够起一定程度的缓解作用，但它的这种"疗效"不容夸大，他所沉湎于"乐观世界"的预言，实属虚妄无疑。对它的种种缺陷，将在本书第六章6.3"凯恩斯革命的实质含义"中进行深入细致的评论，请读者参阅。

综括上面分别从两个角度对"凯恩斯革命"在内涵上的论述，

它的实质含义在于：以20世纪30年代经济大危机那种极端危殆的紧急局势为时代背景，适应垄断资产阶级的迫切需要，从以马歇尔新古典学派自由放任为基本内容的均衡价格分析微观经济学中摆脱出来，创建以需求管理的政府干预为中心思想的收入（就业、产量）分析宏观经济学。凯恩斯对于消费者需求不足导致经济危机和失业严重以及资本主义发展前程的障碍这种弊端，赋予了一种十分独特的重要地位。他确认，基于"$\Delta C<\Delta Y$"这种消费倾向，社会愈富裕，则收入（生产）同消费之间的差距程度愈大，需要用投资去弥补的数额愈大；同时，每次用增加投资的办法去弥补这种差距，取得今天的均衡，这就会使明天达到均衡更加困难。① 这样，他探究出了西方经济发展前程的障碍之所在，创建了经济危机内因论，也就把资本主义经济确认为需求制约型，特别是消费需求制约型经济，这就在事实上承认了：资本主义经济在生产发展上的局限性。概括起来，再强调指出，凯恩斯革命实现了西方经济思想领域中的两大转变：一是在经济危机病因诊断上，由外因论向内因论转变；二是在经济营运机制上，由自由经营论向政府干预论转变。在西方经济思想发展史中，凯恩斯新经济学确实是一个重大突破。它标志着一个新的里程碑。因此，它对当代西方国家垄断资本主义经济的发展，以及对西方经济学说的发展，都有着十分巨大而深远的影响。当然，它的目的完全是为了拯救资本主义制度，使其免于"全面毁灭"。它的政策方案仅仅是在维系和加强垄断资本统治的大前提下做些修残补缺的剧烈调整措施，只能说是资产阶级经济学说发展史中的一个重大变革，确实够不上说成是从理论到政策旨在改变资本主义生产关系的一场革命。

实事求是，明辨是非

经济学说属于意识形态，是有鲜明的阶级性的。当代西方纷繁复

---

① 凯恩斯：《就业通论》，徐毓枬译，商务印书馆1977年版，第91页。

杂的各派经济学说有一共同的根本特点，即确认资本主义制度的永恒存续，抹煞剩余价值剥削的生产关系及其相应的分配关系，而只围绕着一些现象形态、次要因素，概括、编制出各种不够深刻的、似是而非的以至错误的论断、理论和规律。它们还有一个共同特点，那就是比此前的传统经济学说更为明显的反马克思主义的态度。凯恩斯经济学说也不例外，确实具有这两个特点。然则我们如何对待这种学说呢？这就存在一个明辨是非的问题。这里，我们必须坚持马克思主义实事求是的科学态度，摆事实，讲道理，以理服人，既不骂倒一切，一棍子打死，也不盲目信奉，拜倒在他的脚下。

在这个问题上，马克思和列宁给我们做出了榜样，值得我们认真学习。例如，马克思对约·斯·穆勒折中综合的庸俗经济学说严正地加以批判，但对他关于"现在劳动产品的分配是同劳动成反比例的"这一论断，作了公正的肯定。马克思先引述了穆勒《政治经济学原理》第二编第一章第三节中关于这一论断的原话："现在劳动产品的分配是同劳动成反比例的：产品的最大部分属于从来不劳动的人，次大部分属于几乎只是名义上劳动的人，而且劳动越艰苦和越不愉快，报酬就越少，最后，从事最劳累、最费力的体力劳动的人，甚至连得到生活必需品都没有保证。"然后，马克思明确指出："为了避免误解，我说明一下，约·斯·穆勒之流由于他们的陈旧的经济学教条和他们的现代倾向发生矛盾，固然应受到谴责，但是，如果把他们和庸俗经济学的一帮辩护士混为一谈，也是很不公平的。"① 又例如，列宁曾把泰勒的科学管理方法义正词严地指明为血汗制度。但同时对其科学成分则毫不含糊地加以赞扬，并号召苏联人民认真研究，努力推广。马克思、列宁这种实事求是的科学分析态度是值得我们认真学习，切实遵循的。

在明辨是非中，切忌简单生硬。我们应当以马克思主义政治经济学为准绳，既要对凯恩斯经济学说那些似是而非，以至错误的理论明

---

① 《马克思恩格斯全集》第23卷，人民出版社1972年版，第670页。

确加以辩驳，又要对它那些具有现实感、合乎资本主义经济现实态势的论点和论断，深入细致地认真分析，适当加以肯定。在本书中应自始至终坚持这条基本原则。首先，以凯恩斯就业一般理论的整个体系而言，应当如此。一方面，同当代经济学说其他流派相对比，它确实具有不可否认的相对优势；另一方面，它在理论塑造和政策筹划中抹煞资本主义生产关系及其相应的分配关系这种本质因素，从而包含着根本缺陷和错误。其次，以它的一个个具体论点和规律而言，也应当如此。以消费倾向基本规律为例，一方面通过对消费者的阶级分析，确认在资本主义社会根本就不存在一个统一的、超阶级的、适用于全体消费居民的这样一个规律；另一方面它的某些论点，如消费需求不足及其对经济危机和失业问题至关重要的论点，如把消费倾向同收入直接联系起来的论点，如就一般富裕户而论，当收入增大时，消费增量小于收入增量，因而形成两者间的差距的论点，等等，还是符合经济现实情况的，应该加以肯定。

*　　　*　　　*　　　*

总之，本卷主旨在于，评论凯恩斯经济学说：不论从整个理论体系而论，还是从它的一个个具体原理和规律而论，都力持科学分析态度、实事求是、明辨是非的原则，做到摆事实，讲道理，以理服人。当然，这只是一种主观愿望，至于在评论实践中，究竟做到了何种境界，则请读者明察，多提宝贵意见，以便改进，不胜祈盼。

第一章　凯恩斯其人其事

约翰·梅纳德·凯恩斯（John Maynard Keynes，1883—1946年）生逢大英帝国从兴盛到衰败的独特转变过程，他酷爱大英帝国及资本主义制度，忧心忡忡，为救治坎坷多艰、江河日下的这种独特"英国病"和资本主义痼疾出谋献策，度过他独特的一生。其中，特别是，其一，处在英国独特的20世纪20年代长期慢性萧条困境，加上20世纪30年代世界空前经济大危机使经济厄困变本加厉的独特危殆局势。其二，又遇上英国传统经济学教义所支配的保守主义执政当局长期推行其独特的经济紧缩政策。其三，凯恩斯具有务实、善变、多产、勇敢投入论战、喜玩花样而标新立异的独特治学风格，从而一而再、再而三地编制出对当时经济痼疾之救治方案的"三部曲"。

这种独特性之所以形成，既有资产阶级本质上的共性起着决定性的影响，也有其治学风格上的个性，使他表现出与众不同的独特具体形象。他的为人处世、济时治学，在作风上、行径上、观点上，充满着矛盾情调。在政治态度上，他既有坚定不移、始终一贯的阶级立场，又有随机应变的济世处方。对资本主义现状及前景，既具有一定的现实感，又存在着完全不切实际的幻想观。在兴趣和活动方面，既有孜孜为学的一面，又有从政、经商，甚至从事股票投机以积累财富的另一面。不论是同他的老师 A. 马歇尔，师兄 A.C. 庇古相比，还是同当时其他后剑桥派货币学家如霍特里（R. G. Hawtrey）相比，这种独特格调尤为突出。

总之，凯恩斯是资本主义20世纪前半期危难深重阶段垄断资产阶级经济思想家。从其兴趣和活动的主导方面而言，在他的后半生里，随着英国乃至整个资本主义世界经济痼疾的不断恶化，他是在经济救治方案设计上,费时最长、花费心思最多、产出最多、影响最大的垄断资产阶级思想家。

本章主旨在于对凯恩斯的生平:家庭和学校教育、政治态度、治学风格以及社会哲学等试作一简要的评介。

第一节 生平:家庭和学校教育以及经历

梅纳德·凯恩斯于1883年6月5日出生于英国剑桥城一个中产阶级典型的剑桥式家庭。

他的父亲尼维尔·凯恩斯(Neville Keynes)是剑桥大学一个有名的伦理学家和经济学家。1892—1911年曾担任剑桥大学地方考试委员会和校委会的秘书,又长期担任过大学部注册课主任。他最重要的著作是1884年出版的《形式逻辑》,曾多次再版。但在经济学家们看来,倒是他所著的《政治经济学的范围和方法》一书更为著名。这本书大体上是属于老一辈经济学家的著作。他是A.马歇尔的学生和同事,也是A.马歇尔及其新一代的亲密朋友。

他的母亲维尼尔·凯恩斯夫人热心于公共事务,在剑桥做过治安推事、市参议员和市长,一向有她自己的事业,并非只是当妻子和母亲而已。

他是三个孩子中的老大,在儿童时期充分享受了这样一个家庭所能提供的各种有利条件。他敏捷、聪慧、活泼,但绝不是什么神童。他的爱好从小就是在思维方面,他的玩具是理想,而不是布娃娃。据说,他从父系和母系两个家族吸收了不同的天赋素质。具有坚毅特质和学术素养的父系家族所赋予他的是精确的思维,对条理细节的欣赏,现实的看法,也许还有对优裕生活的爱好。至于思维敏捷迅速,善于举一反三地推断,以及对事物的特质与其不可避免的发展趋势具有几乎是女性的敏感等素质,却是更聪慧的母系家族所赋予的。

他在8岁时进入剑桥的圣·费思小学,踏上了这一类儿童通常所走的教育道路。在小学阶段,成绩优秀,数学成绩尤为突出。后入伊顿公学,他的数学才能一鸣惊人,该校所设置的各种数学奖金都集中到他的名下。

在他的早年教育中所受到的影响方面,家庭的熏陶作用固然不小,但伊顿公学的影响显然更大。伊顿公学给了他追求知识的信心和力量。正是在丰富多彩、无拘无束的伊顿环境里,他多方面的兴趣才能顺利地得到发展。

从伊顿毕业后,他以数学及古典文学奖学金进入剑桥大学的皇家学院,主攻数学。但他的兴趣是多方面的,且主要在于介乎数学和哲学之间的边缘领域。对一些哲学问题,他是通过父亲及父辈的熏陶而有所了解的。在这个阶段,他对政治方面有浓厚兴趣,他的政治理论修养已经远远超过一般学生。他对政府问题特别感兴趣。他撰写政治学说的论文,参加学生会的辩论,所有这一切都取得了新的现实意义,并且对凯恩斯的一生经历和抱负的定型有着重大的影响。首先,这使他看到"文官"的道路,而不把纯数学家的学术生涯当作他一生事业的出路。其次,这使他以后研究问题和解决问题时,都是从政府的角度出发去进行考察。凯恩斯后半生所设计的各种经济救治方案,从来都不是为学术而学术,而是为了要政府采用这些方案,去解决当时的实际经济问题。他这样关心实际政治问题,是一种十分重要的思想倾向,同他早年放弃纯数学的象牙塔生涯,改应文官考试,以及后来终身为英国厄困乃至资本主义危难出谋献策,心力交瘁的志趣是一脉相承的。同时,这种思想倾向同他日后在学术风格上的务实精神,也是密切相关的。

1905年,他参加全校数学优等生考试,名列第十二名。成绩虽好,但并不突出,不免有些失望,这就促使他决心不参加数学优等生考试的第二试。他一度心血来潮,想参加经济学优等生考试,抱着这个目的,读了不少经济学的书籍,在这个领域内涉猎很广,可是最后他决心参加文官考试。

参加文官考试的决心,使他这一生的历史为之改观,关系十分重大。正是为了准备考试,在剑桥的第四年度,他才正式接触到剑桥的经济学。这一考试的科目颇多,除数学外,还选考政治学、伦理学、哲学、逻辑学、心理学以及经济学等。为了准备经济学,他听过马歇尔的课。马歇尔对他的才华焕发具有预感。在他的一份试卷上，马歇尔写了这样的批语："这是很有说服力的答案。深信你今后的发展前途，绝不会仅止于一个经济学家而已。如果你能成为那样一个经济学者，我深感欣慰。"这就使他成了马歇尔的得意门生。

文官考试揭晓，他高中第二名。这不仅有些出乎他自己的意料之外，而且也是他的父母始料不及的。英文论文、逻辑、心理学、政治学等试卷都是最优等，"牛津式"的哲学论文得的分数是良好，数学的分数更差，而分数最低的则是经济学。关于经济学的考卷成绩，据说他曾表示，典试官员也许还不如他知道得多。在某种意义上，这可能是事实。其一，他是在经济学家或人文科学的准经济学家中间长大的。当他读本科时，正好赶上关税改革运动；虽然在学生会的辩论中，他的兴趣和贡献是在政治方面，可是经常涉及经济问题。他未曾掌握的或者不肯搬用的，正是典试官员所希望的老一套的现成答案。其二，他在1906年所理解的经济学主要是靠自修；只是在伦敦工作一段时间以后，才全副身心地认真钻研经济科学。他在大学里只听过马歇尔的课，而这个课的目标并不是全面系统地介绍经济学的内容。因此，凯恩斯从未像当时的庇古等人那样接触经济学的整个领域，学习过经济学的全部课程，或受过马歇尔时代的整套剑桥教育。直至逝世以前，对于经济学领域中的若干部分，他还从未有过涉猎的兴趣，不能像在他完全独树一帜的那些部分那样功力深厚，游刃有余。

高中文官考试后，他被分配到印度事务部工作。在该部工作不到两年。他对印度的货币与金融发生了极为浓厚的兴趣。他学会不仅从学者的角度，而且从行政官员的角度去看待经济问题。尤为重要的是，他这时年方25岁，就能通权达变，见解趋于成熟，殊为难得。后于1913年他出版第一本专业著作：《印度的通货与金融》，建议采行虚金本位制，一方面，使印度币制进一步纳入英镑轨道；另一方面，这是他日后倡导管理货币本位的思想萌芽。

1908年，他辞去印度事务部工作，旋由马歇尔的介绍，回剑桥任经济学讲师。他在剑桥任教到1915年，然后被征召入战时英国财政部工作，直到 1919 年 6 月愤然辞去巴黎和会代表职务为止，他始终在财政部工作。

1911 年，他担任《经济杂志》(*Economic Journal*) 主编，是他作为经济学家向前迈进的第一步。他之所以能任主编，主要是得力于马歇尔的信任和推荐。1913 年，皇家经济学会聘他担任学会秘书，同时兼任主编，后来移交秘书职务，改任主席。该学会在这期间内大有发展，主要应归功于他。

在剑桥任教期间，他花费了大量时间与精力在概率论的研究上。概率理论论文几经修改，他于 1919 年获取剑桥大学皇家学院院士资格。《概率论》一书于 1921 年出版。

1919 年初，他以英国财政部首席代表身份参加巴黎和会，并在最高经济会议中代表财政部长，有作出决定的全权。他并非赔偿委员会的委员，但对该委员会有关赔偿及疆界方面的建议强烈反对，认为不公平，会使战败的德国没有能力履行赔偿。是年 6 月，他由于强烈反对向德国索取过于巨大的战争赔款，愤而辞去和会代表的职务，返回剑桥大学任教。1919 年秋季，他在剑桥大学开设一门课程："和约的经济意义"，在剑桥轰动一时，该校学生宁愿牺牲别的课程而去听他的这门课，教室里挤得满满的，后到者连立足之地都不易找到。他在课堂上表露出，对世界的愚蠢感到焦灼不安。这门课程于 1919 年 12 月底以另一种形式问世，即《和约的经济后果》一书出版。这书使剑桥大学以外的人们也感到激动。此书一出，引起欧洲（特别是英国）以及美国各界的争论，使他一时成了欧洲经济复兴问题的中心人物，但他的辞职举动及其"异端"主张也使他牺牲了极有希望的宦海前途。

维多利亚时代（1837—1901 年）是英国经济的极盛时代。1901 年左右，英国的极盛时代达到了顶点，以后它再也没有越过这个顶点，而且不断地走下坡路，坎坷多艰，日趋衰败。在这极盛时代里，英国资产阶级对大英帝国资本主义的前途充满信心，似乎此后的一切都会如过去那样兴旺发达。梅纳德·凯恩斯的前半生是在这一极盛时代及其转变的初期阶段度过的。这就使他对英国经济的前程充满信心,并且培养了他对1914年以前的英国黄金时代的怀念心情。但事与愿违,一来英国经济受到了第一次世界大战的沉重打击,威望明显下降;二来英国经济在整个20世纪20年代陷入长期慢性萧条状态,厄困空前;三来20世纪30年代的经济大危机使英国经济病症变本加厉,急剧恶化。凯恩斯抚今追昔,忧心忡忡,以"异端者"自居,一而再、再而三地设计并提出一系列救治方案,期使起死回生,重趋经济均衡和繁荣。与同时代的其他资产阶级经济学家相比,他对当时英国乃至整个资本主义的经济病症,焦虑最痛切,发表政见同当局和经济学界进行争论最激烈,编制救治方案最多。他痛恨愚蠢,认为愚蠢使得这个世界不能尽善尽美。他始终坚持一种深信不疑的信念:对于经济萧条和失业问题,只要对病情作出正确的诊断,找到了病症的根由,而且开具并推行对症的处方——政策措施,就能祛除病魔,使资本主义制度永葆康泰。因此,从20世纪二三十年代,凯恩斯表现出这样一种独特形象:主要是当时财政、政治当局在经济紧缩政策上过多失误的无情批评家。

在严厉指责当时经济政策的各种严重差错的同时,他更对英国乃至整个资本主义经济发展的障碍,以及如何解救的问题,进行探索、探索、再探索,一而再、再而三地提出一系列救治方案。

1923年出版的《货币改革论》是第一个救治方案:《货币改革论》型的货币调节方案。它是后剑桥学派货币理论的具体应用。其战略目标是稳定物价水平以恢复经济均衡。当时处于20世纪20年代慢性萧条的初期阶段,他建议,以市场调节为主导,辅之以温和的货币金融调节,即能稳定物价水平,恢复经济均衡。这种货币金融调节政策的理论基础是传统的货币数量论。

1930年出版的《货币论》是第二个救治方案:《货币论》型的货币调节方案。一方面,由于前一方案并未受到政府当局的采纳;另一方面,慢性萧条旷日持久,病情日益恶化,他意识到该方案过于简单,忽略了一些重要因素,如储蓄与投资间的分离与均衡问题,如利率—市场利率与自然市场间的矛盾与均衡问题等,应该把它们增补进去,一并发挥作用,才能收到"疗效"。于是在《货币改革论》出版不久，他就开始撰写《货币论》，编制新型的货币调节方案。新旧两个方案的战略目标基本相同，都是旨在稳定一般物价水平，恢复经济均衡，但理论与政策所包含的因素，则新方案比旧方案要复杂得多、广泛得多，因而在货币金融调节的广度、深度、强度方面，也要增大得多。但是，《货币论》基本上并未背离新古典传统的经济均衡理论范畴，仍然属于货币流通速度型的理论体系。

凯恩斯经济思想发展脉络是充满着矛盾和曲折的。首先《货币论》的理论体系是在 20 世纪 20 年代后半期塑造成的，它以货币金融问题为主轴，以稳定一般物价水平而恢复经济均衡为战略目标。但早在 1925 年，他就基于实际需要，把注意力开始从货币金融问题转向优先考虑失业问题。尽管如此，他在《货币论》理论体系中还是严格地以一般物价水平的稳定作为方案塑造的核心。其次，他在 1929 年大选中，坚决支持劳合·乔治关于通过财政拨款主办公共工程以解救失业的计划，并且同汉德森合撰《劳合·乔治能办到吗？》的小册子，答案是肯定的，粗略地阐述了倍数思想。这显然是凯恩斯在战略目标上以增加就业水平取代稳定一般物价水平，在政策措施上以财政政策为主导取代货币政策为主药这种"新经济学"论点的萌芽。但是，这种新论点在《货币论》的整个理论体系中却丝毫没有反映出来。这样，在凯恩斯就业一般理论之思想发展源流的初期阶段，上述关于优先考虑失业问题和财政政策的救治对策等论点，毕竟没有正式成为《货币论》型货币调节方案的组成部分，只不过显示为一时涌现出来，旋又消隐，心潮起伏，有如此者！

《货币论》在 1930 年出版，时值世界经济大危机中的第三个年头，失业空前严重，此书出版可谓太不适时。凯恩斯在该书"序言"中明确地承认在该书撰写过程中随着经济情势的不断恶化，自己的经济思想已经有所变化。于是在《货币论》出版不久，就马上把它加以摒弃，重编新的救治方案。

1936 年出版的《就业利息和货币通论》(*General Theory of Employment, Interest and Money*)（以下简称《就业通论》），是第三个救治方案：《就业通论》型以财政干预为主导的需求管理方案。这是凯恩斯的代表作。这个方案日后在西方各国一度盛极一时,取得相当"疗效",同时也产生严重恶果。这是富有争议并具有深远影响的一个方案。它把"就业"摆在第一位,其研究对象为整个生产量与就业水平变动的各种决定力量。他自称这一就业理论是"一般性"的,既能解释充分就业的情况,也可解释低于充分就业的情况,而且低于充分就业的情况照样是稳定的均衡情况。就业一般理论这套体系中最重要的成分,是新古典学派理论所未曾触及的三种宏观经济范畴:一是消费倾向;二是资本边际效率;三是流动偏好。三者都是充满着心理色彩的。

他承认资本主义患着经济危机和失业严重这种痼疾,而且病势沉重,失业问题严重到"令人不能容忍",有引起革命,从而全面毁灭的危险。但同时确信,这种病症是可以救治的。他要对之作"一个更基本的诊断",编制一套理论,并且开具"处方",以抢救资本主义,并且使之尽善尽美,臻于"乐观世界"。就业一般理论的战略目标是解决失业问题,探索失业的原因并寻求解救失业的对策。失业的反面是就业,所以他以《就业通论》作为书名。他用有效需求原理去解释经济危机和大量失业这种病症。他承认有效需求的不足,消费需求不足和投资需求不足构成有效需求不足的两种原因,这就是"有效需求原理"的主要内容。他特别强调心理因素,提出消费倾向基本心理规律、资本边际效率规律和流动偏好规律,这三个心理规律成为"就业一般理论"的主要骨干。

就业一般理论有着明确的实践意义。它是对资本主义经济危机和严重失业问题的"诊断书"。"诊断"一词意味着:凯恩斯确实以抢救20世纪30年代经济大危机这种危症的"医生"自居,他那具有"诊断"性质的理论思想体系是直接为抢救病危"患者"(濒临全面毁灭的资本主义制度)开具"处方"(政策措施)的理论依据。在经济政策方面,它具有下列各项内容:其一,摒弃萨伊定律和自由放任政策,改为采取政府干预和调节经济的一系列措施,扩大政府的机能。其二,摒弃传统的节约原则,提倡消费,甚至浪费性的消费。其三,强调投资,弥补由于消费不足所留下的"缺口";同时,他认为不能把投资委交私人资本家手中,而必须实行"投资社会化",由国家来总揽。其四,财政政策是"反危机"的主药。摒弃健全财政原则,鼓吹扩大政府开支,主张赤字预算和温和的"半通货膨胀"。总之,《就业通论》型以财政政策为主导的需求管理方案是以弥补有效需求不足为中心内容的政府干预的特种经济纲领。

《就业通论》这部著作引起了激烈争论,而且深受传统经济学说熏陶的经济学家们当时根本就不大理解该书的基本内容。但不到十年,特别是第二次世界大战的战时动员和经济管制,强有力地证明:政府干预和财政开支能够有效地迅速地使整个 30 年代最感头痛而长期难以对付的失业和萧条严重病症得到解救。这一铁的现实经验促使当时政治界、经济界广大朝野人士改变了对凯恩斯需求管理方案的态度:由反对、怀疑转变为赞同,甚至信奉。从此,凯恩斯"新经济学"教义由"异端"变为"正统"。到 1944 年 5 月,英国战时联合内阁发表了《就业政策白皮书》(以下简称《白皮书》)。这标志着凯恩斯个人胜利的一个重要里程碑,他的"新经济学"学说从此登上了"政府经济学"的宝座。这里应当强调指出,《白皮书》的发表确实是凯恩斯政治生涯中的一个重大事件。它的重大意义在于:

其一,凯恩斯于 20 世纪 30 年代发展起来的就业理论体系经历了一个曲高和寡到人们奉为圭臬的演变过程,而《白皮书》的发表则是这一过程的最后阶段。凯恩斯常感慨地说,亚当·斯密的思想经过半个多世纪才从书斋到达下议院,而他自己的理论不到 15 年就完成了全部历程。

其二,《白皮书》只在很小程度上是出自凯恩斯手笔。它由许多人执笔,几经增删,是文官体系合作的作品。这就更能说明,凯恩斯的思想已经深入人心,为大家所接受。更重要的是,这是保守党与工党战时联合内阁发表的,首相是 20 世纪 20 年代、30 年代坚持保守观点的丘吉尔,他和其他保守党人这时也接受凯恩斯《就业通论》型以财政干预为主导的需求管理方案了。情势变幻,有如此者!

其三,《白皮书》首先从凯恩斯主义发源地的英国脱颖而出,这只是它成为"政府经济学"的第一炮。这一胜利马上扩展到西方整个世界,使凯恩斯主义的巨大影响国际化。随后,在后来成为凯恩斯主义典型实验场的美国,1945年9月由参议院通过了"芒内充分就业法案"的塔夫脱-拉特克利夫修正案,第一次由法律公开宣告:应付萧条和失业的不平衡预算并不违背正确的财政政策,这确实是一个必需的政策。美国国会"1946年就业法",由美国国会通过法案,确定联邦政府负有扩大就业、稳定经济周期、促使经济增长的官方责任。这是凯恩斯主义经济政策在美国法律依据上的一个重大转折。此外,在加拿大和澳大利亚等国,凯恩斯主义也先后登上了"政府经济学"的宝座。

总之,到1946年凯恩斯逝世以前,他的"新经济学"教义在西方各国已广泛地被接受,声望很高,确立了"正统"地位,并继续不断地向鼎盛顶峰迈进。凯恩斯自20年代起,就一而再、再而三地设计经济病症救治方案的"三部曲",主旨都在于要求政府采纳、付诸实施,实现他那救危扶倾的强烈愿望。前两个方案完全落空了,最后的这个方案在他临终以前就正式开始被接受为制定政府经济政策的主要依据了。这确实是凯恩斯把治学与从政两种生涯紧密结合的一生中特别是临终前夕的一项重大胜利。但是基于其阶级属性的局限性,凯恩斯这个以政府干预论为主导思想之"新"的救治方案,不论在病情诊断上还是在药物处方上,毕竟只是一个治标的方案,绝对不是一个治本的方案,实行起来,可以收效于一时,而不能使资本主义经济长治久安;持续日久,它就产生副作用,以至恶果累累,到20世纪70年代末80年代初,终于从"政府经济学"的宝座上倒塌下来,转趋衰落。凯恩斯在临终以前,亲眼看到了其"新"思想的胜利,但没有看到它的衰落。他一贯沉醉于资本主义前程的"乐观世界"幻景,理所当然地不可能预料到这种黯然失色的变幻局面。

《就业通论》出版不久,他于1937年患严重的心脏病,健康大受损失。1939年第二次世界大战发生时,他仍在病中。1940年,他任财政部顾问,对战时财政金融问题无不参与策划。是年,他发表一小册子《如何筹措战费?》,把一项新的预算政策纳入1941年的英国预算，避免通货膨胀。① 这时他开始考虑战后的经济重建问题。1941年秋，他草拟的"清算同盟计划"初稿完成，这是英国有关战后"国际货币基金"的最初方案。1943年，英国发表其"国际清算同盟方案"。约在同时，美国也发表其"怀特计划"（Harry D. White Plan）。两者的目的都在求得汇率的稳定而无须恢复金本位或牺牲各国经济政策的独立性，但在具体安排上两者有着差别。1944年，在美国布雷顿森林城召开有44国参加的国际金融会议，建立国际货币基金与国际复兴开发银行。他为英国代表团团长，在这次会议中居于领导地位，对这种战后国际金融体制的建立发挥了十分重要的作用。

1945年8月，他率领代表团赴华盛顿谈判一笔庞大的财政援助，以求渡过英国经济的难关。由于其中牵涉的问题非常错综复杂，谈判的最初估计和最后的结果相差太大，谈判过程十分曲折。这样，一方面他在会议桌上与美国对手的意见相左，另一方面又与来自英伦官方的指令有所径庭，使他原已不健康的身体，更增加了负荷。1944年3月，他出席在美国召开的国际货币基金与国际银行的第一次会议，与当时的美国财政部长发生尖锐的意见冲突；同时，会议的若干决议也使他对于这两个机构的前途感到失望，这对于他的精神打击很大。他自1940年以来，工作过度，再加上不断奔走折冲，而又未能尽如人意，实已心力交瘁。因此，返回英国不久，1946年4月21日以心脏病突发而逝世。

综观凯恩斯的后半生，从一个大胆无畏，甚至傲慢的在野批评家，转变而为在朝的顾问和政策制定人，自始至终为英国，乃至整个资本主义制度的前途出谋献策，运筹帷幄，奔走折冲，忠心耿耿，实不愧为资本主义制度最忠诚、最热烈、最坚决的捍卫者。特别在他的晚年，他同政府密切合作过程继续深入，受到了资产阶级朝野广大人士的普遍尊敬。1942年6月，为庆贺他的诞辰，他被册封为贵族，

---

① 他在《就业通论》中把"半通货膨胀"同"真正（绝对）通货膨胀"区别开来。从这本著作可以证明：他毕竟不是真正通货膨胀的主张者。

成为苏塞克斯郡的梯尔顿勋爵。这是他为英国鞠躬尽瘁、呕心沥血这种政治劳绩所获取的赏赐,也是他的老师马歇尔、师兄庇古等著名经济学家所不曾有过的际遇。

他多才多艺,兴趣很广泛。从大学生时期起,他就开始藏书,以后有了一个十分精致的私人图书室,逝世后捐赠给皇家学院。他对艺术也有兴趣。特别在结识莉迪娅·露波可娃,并于1925年同她结婚以后,就和芭蕾舞的接触密切起来,以后又进一步发展了。他对英国芭蕾舞的成长发挥了重大作用。他的夫人原是俄国圣彼得堡帝国芭蕾舞团的演员,由于她的关系,蜜月旅行是在苏联度过的。他善于理财,从事证券和商品市场的生意,颇有收获,家产甚丰。他还担任过不少厂商的金融顾问或董事长。1921—1938年间,他担任国民互助人寿保险公司的董事长,在每年的股东大会上他所作的财务报告,成为金融界人士必读,而且先睹为快的新闻。他曾任皇家学院的总务长,该学院的基金也因他而大量增加。当然,从他一生经历的主流来说,毕竟是个富有政治兴趣的经济学家,至于此外的一些活动,可以说只是他的业余爱好而已。

第二节 阶级立场与政治态度

凯恩斯是资本主义20世纪前半期危难深重阶段资产阶级的经济思想家。他是资本主义制度最忠诚、最坚决的卫士、谋臣和政策制定者。本节主旨在于,引述他自己的有关言论,论证其资产阶级的立场和政治态度。

他的资产阶级立场和政治态度最露骨、最坚定。他是那一时代资产阶级政治经济学界最典型的人物。同他的老师马歇尔、师兄庇古及其他同辈经济学家相比,这种典型性尤为突出。他的前辈和同辈许多资产阶级经济学家大多或多或少地掩饰自己的阶级立场,或多或少地讳言自己经济学说的阶级属性。其中有的甚至孤芳自赏,安于象牙之塔的清高生活,自命不屑过问政治。但是,凯恩斯却完全不是这样,他正式加入政党并积极从事活动,公开宣扬自己的资产阶级立场,明目张胆地承认自己经济学说的阶级企图,这是十分突出的。

一、高度关心政治,为学与从政紧密结合

前已提及,凯恩斯是一个高度关心政治,一而再、再而三地苦心焦思,编制过一系列解救经济厄困的方案,并从事过一些实际政治活动的经济学家。

这种政治动向应从他早年大学阶段就富有政治兴趣而加以追溯。他在大学时代虽然主修数学,但主要兴趣却在于数学与哲学之间的边缘领域。在大学阶段,他的主要兴趣在政治方面。他的政治理论修养已经远远地超过一般学生。1904年所写的论文《埃德蒙·伯克(Edmund Burke)的政治学说》曾经获得"会员奖金"。他对政府问题特别感兴趣,在学生会的辩论中,都取得新的现实意义。这对凯恩斯一生的抱负和行径有着重大影响。

这里必须强调指出,凯恩斯早年学生时代这种浓厚的政治兴趣和倾向,对他一生学术生涯和政治经历的定型,主要在下列两个方面起着决定性的影响:首先,这使他立即看到了"文官"道路,而不是把数学家的纯学术生涯作为自己一生事业的出路。参加文官考试是从政宦海生涯的必由之路。放弃数学家的纯学术前程而改应文官考试,这确实是凯恩斯一生所走道路这种方向性选择上一个十分重大的转变。其次,这使他此后研究问题和解决问题时,都是从政府的角度出发,从大英帝国的利益出发,乃至从整个资本主义制度的前途出发。他此后所提出的各项经济倡议,所设计的各种经济方案,如《货币改革论》型货币调节方案、《货币论》型货币调节方案,《就业通论》型以财政干预为主导的需求管理方案以及第二次世界大战后期的"国际清算同盟方案"等,从来不是为学术而学术,而完全是为了期待政府采纳,应用这种方案去解决当时的实际经济问题。他这样关心政治和政府,确是一个名副其实的政治经济学家。他的老师马歇尔把"政治经济学"的"政治"字眼删除,简化为"经济学",仿佛经济学可以独立于政治范畴之外似的。而凯恩斯一生却自始至终把经济学业务同政治密切地结合起来,恢复了政治经济学的原有特质。

凯恩斯把经济学同政治紧密结合,有直接的,也有间接的,方式多种多样。首先,通过文官考试,取得进入宦途的合法资格,成为英国政府部门的正式文官,过着道道地地的宦海生活,这是一种直接从政的方式。其次,他正式参加自由党,并积极活动,成为该党的重要成员。这是又一种直接从政的方式。再次,以经济学家的身份,在政府机构中担任顾问、各种特种委员会的委员,提供咨询,出谋献策,或由政府派遣,担任各种国际会议的重要代表,纵横折冲。这是一种间接从政的方式。最后,对20世纪二三十年代英国乃至资本主义世界的经济厄困忧心忡忡,运用经济学理论,撰写大量政论文章,对政府当局保守经济政策的各种失误严加指责,或编制一系列救治经济病症的方案,以期政府选择实行,拯救资本主义制度。这是又一种间接从政的方式。

凯恩斯一生中集上述四种结合方式于一身,灵活多样,有的两种同时进行,混杂在一起而难以分离,有的两种交错间隔,先后交替。但总的说来,他始终保持着经济学家的资格,并且利用日益提高的这种崇高威望,为他从事政治活动提供有利机会,发挥重大影响。与此同时,他始终高度关心政治,为拯救英国、乃至整个资本主义的危殆奔走操劳,鞠躬尽瘁,死而后已。经济学家身份与政治旨趣紧密结合:在本质上充满着强烈而坚定的政治意向,而表面上却披裹着卓越经济学家的外衣,藉以增大其感染效应。这就是凯恩斯一生把为学与从政两途紧密结合的独特格调。

然则他为什么不索性放弃学者面貌,用全部时间去从政呢?对于这个问题,他自己在一封私人书信中作了解答。他在1939年11月24日写信给普莱希(Dr. J. Plesch)说:"你知道,我是一个相当积极的政论家。但我也明确地认识到,只有当我超然于威斯敏斯特(这是英国议会的所在地,英国的政治中心——引者)的日常生活的时候,我的活动才能有所裨益,在我所擅长方面的影响才能发挥充分。"① 试看,他确实是有意识地用经济学家的"超政治"外貌,去

---

① 哈罗德(R. P. Harrod):《约翰·梅纳德·凯恩斯传》,1951年纽约英文版,第489页。着重点是引者加的。

掩盖着"积极的政论家"的实质,以期其感染效应能够发挥充分,真可谓煞费苦心!

现在,试把他各种形式的从政经历简要介述于下:

如前所述,凯恩斯早年参加文官考试,高中第二,被派任英国印度事务部文官,并任印度财政通货委员会委员,正式开始了他的从政生涯的经历。第一次世界大战期间,他担任英国财政部第一司司长,掌握着协约国的金融大权。战后他以财政部首席代表的资格,出席协约国的最高经济委员会和巴黎和会。在两次大战之间的时期,他是财政部财政工业委员会(麦克米伦委员会)的委员,又是内阁经济顾问委员会的主席。他出席了1922年在热那亚召开的国际经济会议。为了挽救1929—1933年的世界经济大危机,他策划并积极筹备了1933年在伦敦召开的世界经济会议。在第二次世界大战期间,他又回到英国财政部,当了该部咨询委员会的主要成员,为英国战时财政和战后国民经济的重建出谋献策。战争后期,以英国首席代表的资格,策划并参加1944年在美国布雷顿森林城召开的国际货币金融会议,提出了英国财政部的(实际上是凯恩斯自己的)旨在避免战后资本主义货币体系混乱的"国际清算同盟计划"。在这次会议中,他居于主导地位,为重建战后国际货币金融体制,出力很大。在1945年下半年英美借款谈判中,他任英国首席代表,肩负英国政府的使命,风尘仆仆,奔波于伦敦与华盛顿之间,进行艰巨的折冲工作。由于多年劳累,心力交瘁,终致心脏病突发而逝世。为了酬答他的劳绩,英国政府两度授予他勋章,并于1942年晋封他为贵族。

凯恩斯是自由党的成员,积极活动,以该党的智囊自居,数度在自由党暑期学校讲课。如被收集在其《劝说集》中的《我是不是一个自由党员?》一文,即是他1925年在该暑期学校所作的一次讲演词。在这篇讲演词中断言:"人生来是一个政治动物,而不加入任何政治党派,那就会感到非常不愉快——沉闷、孤寂,一切都觉得无从着力。如果你加入了一个政党,而且这个政党是坚强有力的,它的一些政纲和理论原则是值得同情的,能够同时满足你合群的、实践的和理智方面的本能要求，那是多么适意的一件事！"① 他并且把自由党同保守党和工党的优劣得失进行对比分析，② 建议"自由党可以对保守党政府供应阁员，可以对工党政府供应思想"③，可见他对自由党怀着深厚情趣。他参加了20世纪20年代晚期自由党党纲的制定。这份党纲称为《不列颠的产业前途》，出版于1928年，凯恩斯经济思想是这本书的主导思想。1929年5月英国大选，自由党领袖劳合·乔治参加竞选，凯恩斯代撰竞选纲领，提出通过财政拨款、举办公共工程以解救失业问题的方案。同时，他与汉德森合写《劳合·乔治能办到吗？》的论战性小册子，就政府兴办公共工程所需资金的来源和效应问题，提出"倍数思想"和"储蓄—投资"的新观点，针对"财政部观点"进行常识推理性的理论论战。这是以财政政策为主导之政府干预论这一"凯恩斯革命"的开端。这里必须强调指出的是，凯恩斯运用财政政策去解救失业问题这种倡议，作为自由党的竞选纲领，使"凯恩斯革命"成为自由党竞选的"政治资本"，凯恩斯经济学说同政党活动这样紧密结合，这是凯恩斯为学与从政两者密切结合的一个典型事例。在资产阶级经济学说发展史中，这种突出典型性的事例确实是罕见的。

正由于凯恩斯是一个十分积极的政论家，他特别强调政治经济学的实用性。他发表了关于当时政治经济问题的大量短文和小册子，希望尽可能多的人跟随他的思路来认识问题。虽然他从1912年起便担任英国经济学界学术性权威刊物《经济杂志》的主编，但他自己的重要论文却大多不在这杂志上发表，而在影响更大的日报（如《伦敦泰晤士报》等）和周刊（如《新政治家与民族》等）上发表，以

---

① 凯恩斯：《劝说集》，蔡受百译，商务印书馆1972年版，第243～244页。

② 凯恩斯：《劝说集》，蔡受百译，商务印书馆1972年版，第243～244页。

③ 凯恩斯：《劝说集》，蔡受百译，商务印书馆1972年版，第258～259页。

期扩大影响。他撰写过一些经济学专业著作，如《货币改革论》、《货币论》和《就业通论》，都是为了针对当时英国乃至世界严重经济病症，提供救治方案，期待政府当局采纳实行。每一实际方案都具有一套理论，这只是作为方案的理论依据，以期增加说服力，扩大政治影响。

他还把政论扩展到国际范围，采用写公开信的方式，用自己的见解去鼓励和劝说外国的政府当局和广大人士。如1926年1月为货币问题撰写《给法国财政部长的一封公开信》，1933年12月为"新政"写给《致罗斯福总统的公开信》。这些做法确实是他的前辈和同辈经济学家所不曾做过的，实属独特之举。

总之，他始终以统治阶级的谋士、资本主义经济病症的"医生"自居，他的论文、小册子和专著，都是为资产阶级的政治经济实践提供方向和论证，目的性十分明确，从来不是"为学术而学术"，这一点不应有半点含糊。

二、阶级立场的自我表白，对马克思主义和苏联的大肆攻击

凯恩斯关于自己的阶级属性十分明确，而且直言不讳。他在《我是不是一个自由党员？》一文中，谈到他应不应该加入工党时说："首先这（指工党——引者）是一个阶级政党，而这个阶级并不是我所属的阶级。如果我当真要追求阶级利益，那我就得追求我自己那个阶级的利益。谈到这样的阶级斗争时，我跟任何别人（除了某些热情的捣乱分子以外）一样，我阶级性的、个人的爱国心，是跟我自己的环境分不开的。我会受到在我看来似乎是公道的、良好的观念的影响，但在阶级斗争中会发现，我是站在有教养的资产阶级一边的。"[①] 试看，他关于自己的阶级立场说得这样毫不含糊，其前辈和同辈资产阶级经济学家都是不能同他相比的。

---

① 凯恩斯：《劝说集》，蔡受百译，商务印书馆1972年版，第244~245页。

关于马克思主义，他也尽情污蔑。他在《对俄国的简略观察》一文中说："……它的圣经（指《资本论》——引者），它认为至高无上、不容批评的那个学说，只是一册陈腐的经济学教本。我晓得，这本书不但在科学上是错误的，而且与现代世界已经没有关系或不相适应。像这样一个学说，我怎么能接受呢？它认为可取的倒是河底的淤泥，而不是河里的鱼虾。它把粗鄙的无产阶级捧起来，抬高到资产阶级和知识分子之上。后两者不管有什么缺点，总是生灵中的精粹，人世一切进步的种子，当然是要靠他们来传播的。试问对这样一个教义，我怎么能采纳呢？"① 同时，他又说："列宁主义是绝对地明目张胆地、'非灵异的'，它在情感上、道义上的精神，集中在个人和社会对金钱爱好的态度这一点上。"② 试看，他对马克思列宁主义仇恨到何等境地！

由于他的夫人露波可娃原来是圣·彼得堡芭蕾舞团的演员，1925年结婚后，曾去苏联蜜月旅行，后来撰写了《对俄国的简略观察》一文，对这第一个社会主义国家尽了污蔑、诽谤之能事。他说："列宁主义是两件事情——宗教与企业——的结合。"③ "它跟别的新创宗教一样，对积极反抗分子进行迫害，无所谓公道和哀矜。它跟别的新创宗教一样，是不留情的，不讲道理的。它跟别的新创宗教一样，充满着传道者的热情和普遍发扬教义的野心。如果我们说，列宁主义是在伪善者领导下进行迫害、进行宣传的少数狂热者的信仰，那就不多不少，正是说，它是一种宗教，而不只是一个党派，列宁是一个穆罕默德，而不是一个俾斯麦。我们坐在资本主义的安乐椅上，如果要

---

① 凯恩斯：《劝说集》，蔡受百译，商务印书馆1972年版，第244～245页。

② 凯恩斯：《劝说集》，蔡受百译，商务印书馆1972年版，第226页。重点是原有的。

③ 凯恩斯：《劝说集》，蔡受百译，商务印书馆1972年版，第224页。

自惊自怪,就不妨把俄罗斯共产主义想象成当年在阿提拉①领导下的早期基督教徒,他们使用了宗教裁判和耶稣传道的装备,强迫施行《新约全书》规定下的经济制度。"② 他又说:"红色的俄国,在我看来,其间可憎可嫌之处实在太多了。"③ "在经济方面,我看不出俄国共产主义对于我们的经济问题,在智能发展上,在科学价值上,究竟作出了什么贡献……在西方工业情况下,如果使用共产主义革命策略,将使整个人民陷入贫困与死亡的深渊。"④

他还把布尔什维克主义看成对于这一时代的歪曲,视同法西斯主义。他说:"在政治领域内对于这一时代的歪曲,表现在两个方面:一方面是法西斯主义;另一方面是布尔什维克主义。"⑤

以上都是凯恩斯1925年在苏联蜜月旅行后的污蔑言论。他对苏联的仇视情绪早已根深蒂固。他在《和约的经济后果》一书中坚决反对对战败德国索取巨额战争赔款。理由是德国无力支付这么大的负担。实则此中还有深一层的理由,即他考虑到战后欧洲的重建问题,必须把德国重新扶植起来,使成为对抗苏联和"革命动荡"的中坚力量。他说:"反对布尔什维克主义的唯一有效力量,在俄国内部是反革命分子,在俄国以外是确立德国秩序与权威的力量。"⑥ 他又说:"如果我们力图耗尽中欧,那我们很快便会自食其果。那时没有什么还可以长期推延反动势力和剧烈的革命动荡之间的最后内战。在这一内战面前,上次欧洲大战将黯然无光;而且无论是谁得胜,这一内战都将破坏我们这一代文明和进步。"⑦ 这里,凯恩斯认为,凡尔赛和约加于德国的战费负担,势必耗尽中欧,他主张保存德国实力,抵

---

① 阿提拉是5世纪时匈奴可汗,自号"上帝的刑杖",曾据有欧洲中部,侵入罗马帝国。
② 凯恩斯:《劝说集》,蔡受百译,商务印书馆1972年版,第226页。
③ 凯恩斯:《劝说集》,蔡受百译,商务印书馆1972年版,第226页。
④ 凯恩斯:《劝说集》,蔡受百译,商务印书馆1972年版,第231页。
⑤ 凯恩斯:《劝说集》,蔡受百译,商务印书馆1972年版,第253页。
⑥ 凯恩斯:《和约的经济后果》,1920年纽约英文版,第278页。
⑦ 凯恩斯:《和约的经济后果》,1920年纽约英文版,第289页。

制、对抗苏联革命力量，长期推延他所恐惧的"最后内战"。这在实质上就是重建德国实力，作为在俄国以外反对和抵制"剧烈的革命动荡"的力量。列宁在1920年7月19日所作关于国际形势的报告中，对凯恩斯的政治面貌作了精确的刻画。针对凯恩斯在《和约的经济后果》一书中的上述计谋，列宁指出："凯恩斯那样一个资本主义的坚决卫士，布尔什维克主义的死敌，在了解了凡尔赛谈判的底细之后，也不得不承认（重建德国实力的企图——引者加）。"①

在他的代表作《就业通论》一书中，只有极少数几处用简略词句歪曲过马克思和苏联（他用"极权国家"一词）的形象，相对说来，政治态度算是比较隐蔽的。但是，在撰写此书的过程中，他写信给萧伯纳说："你要想了解我的心境，你便应当知道，我相信我正在写着的这本经济理论书，会大大地改变……世人对于经济问题的看法。我的新理论被人接受之后……我无法预言这对于人们的行动和社会的情势会产生怎样的结果。但是，大的变动必定会发生，特别是会**摧毁马克思主义的李嘉图基础**。"② 试看，凯恩斯竟要运用这部代表著作去"摧毁马克思主义的李嘉图基础"。这里应当着重指出，凯恩斯《就业通论》被视为经济学术著作的这本专著竟包藏着这样的阶级企图，值得我们特别注意。

综括以上所述，凯恩斯基于其家庭环境、学校教育以及英国维多利亚鼎盛时代的陶冶，资产阶级立场十分坚定，阶级感情异常强烈，青年时代就关心政治和政府问题，学而优则仕，决心投身宦海生涯。他的后半生，适逢资本主义危难深重的阶段，他经历过两次世界大战的危殆岁月，又经历过20年代英国独特的慢性萧条和30年代经济大危机凄风苦雨的悲惨境况。他对英国乃至整个资本主义制度的前途，严重关注，忧心忡忡，而这时传统的新古典派经济学在英国占着统治地位，长期地持续地推行着经济紧缩政策，使经济病症日益严重。在

---

① 《列宁全集》第31卷，人民出版社1958年版，第195页。
② 哈罗德：《约翰·梅纳德·凯恩斯传》，1951年纽约英文版，第462页。着重点是引者加的。

这种坎坷多艰的时代背景下,凯恩斯采取各种方式——特别是间接的方式,把治学同从政紧密结合起来,忠心耿耿为拯救日益衰败的英国,乃至整个资本主义经济,撰写论文、小册子和专著,出谋献策,奔波效劳,鞠躬尽瘁,死而后已。在资产阶级经济学说史中,经济学家为当时的政治服务,本属常情,并不足怪。但凯恩斯把经济学术为政治服务结合得这样始终一贯而且日益紧密,这种独特风格使他成为资本主义危难深重时代经济学家中的典型代表人物。

第三节 独特的治学风格

如前所述,基于他那坚定的阶级立场和强烈的政治热情,凯恩斯高度关心英国乃至整个资本主义制度的前途,对经济发展进程中的障碍究竟何在,以及如何解救这一中心问题,不断进行探索、探索、再探索。他撰写了大量短文、一些小册子和几部专著,力陈时弊,慷慨激昂,勇敢投入连续不断的论争。如果以他的三部主要著作为标志,这就是他救治英国乃至资本主义经济病症,不断规划诊治方案的"三部曲":

第一步的"探索":是 1923 年出版的《货币改革论》;

第二步的"探索":是 1930 年出版的《货币论》;

第三步的"再探索":是 1936 年出版的《就业通论》。

凯恩斯在这种不断探索、寻求救治方案的过程中,突出地表现这样的独特治学风格:

一、极端乐观主义

这种乐观情调主要是指他对英国乃至整个资本主义经济,抱着一种前程似锦的极端乐观态度。他确信这个世界本来能够保持完美无缺,只因政府当局的愚蠢和顽固,推行错误的政策,才使这个世界不能尽善尽美。他相信,世界的很多灾难,只要排除人为的愚蠢障碍,都是可以避免或加以补救的。他痛恨无知,因为它剥夺、破坏了人类那么多最宝贵的东西,这使他不仅从美学的角度蔑视它的丑恶,而且在情感上对之深恶痛绝。

他对眼前的错误是不肯妥协的。正因为这个缘故,他不能够同在主要问题上和他意见不同的人们完全和平共处。许多一度和他很友善的人们,由于彼此的见解南辕北辙,至少在某个时期成为他的敌人,还有一些人不幸一直是和他敌对的。

也正因为这种缘故,在 20 世纪二三十年代,他成了对当时财政、政治领袖在经济政策上严重失误主要的无情批评家。例如,他在 1929 年 5 月大选时为自由党代撰的竞选纲领中,把长期慢性萧条归咎于保守党政策及其理论的错误,并严词指责。他写道①:"保守党政府把我们陷入了困境,这并不是偶然的,这是他们理论观点的必然结果……"在指出保守党政府的种种错误理论观点以后,指出:"这是象征着萧条与腐朽的教条,所体现的是在消沉中的一个行政组织的怯懦、愚陋和遇事的横生阻隔"。"消极、限制、懈怠——这些就是政府的看家本领。在他们的领导下,我们不得不勒紧裤带,过着艰苦的日子。他们疑惧交集,对什么事都畏首畏尾,简直缩在家里不敢出头"。"横在我们前进道路上的,只是道貌岸然,顽固不化的几个老头子,对他们也不必过于愤激,只消在平易的心情下带些轻蔑,就可以使他们像一排九柱滚球一样,一齐倒下"。

试看,凯恩斯对保守党政府紧缩政策及其严重后果的指责是多么声色俱厉啊!正是由于他自己深信,只要改正了这些失误,这个世界就会百事顺遂,永葆安康。他面对 20 世纪 20 年代英国的独特慢性萧条和 20 世纪 30 年代整个资本主义世界经济大危机的危殆局势,他一方面明确承认,情势空前紧急,资本主义制度有全部毁灭的危险,但另一方面又盲目乐观,硬说只要对之作出更基本的诊断,开具对症的处方——政策措施,这种病症是完全可以救治的。他的《货币改革论》型货币调节方案、《货币论》型更为复杂化的货币调节方案以及

---

① 后来把这份纲领改为"关于扩张计划",收集在其《劝说集》中。此处引文见《劝说集》,蔡受百译,商务印书馆 1972 年版,第 103~104 页。

《就业通论》型以财政干预为主导的需求管理方案，正都是在这种盲目的极端乐观主义情调指引下，绞尽脑汁而编制成的。在《就业通论》一书中，他不仅通过短期经济分析，在理论上和政策上提供了一剂自诩为"妙手回春"的良药，而且还对资本主义的远景作了"极乐世界"的长期预言。"充分就业"的短期论证与"极乐世界"的长期预言相结合，这就构成凯恩斯关于资本主义永恒康乐的极端乐观主义图景。乐观主义达到了登峰造极的这种境地，确实充满了唯心主义的虚幻情调，自欺欺人。

二、务实精神

凯恩斯是一个以货币学家起家的经济学家。货币金融这个领域，相对于经济学的基本原理来说，是比较接近于经济现实的。凯恩斯一生中所从事的经济研究，大多针对英国及国际上的重大而迫切的经济现实问题的。他不崇尚空谈，也不编写与经济现实问题无关的"纯"经济理论。概括起来，他治学风格中充满着务实精神，计有下列几个特点：

首先是研究课题有着严格而明确的针对性。他所研究的经济问题，都在当时英国乃至整个资本主义经济发展进程中发生了病态，遇到了障碍，而且事关重大，情势紧迫，凯恩斯对之进行研究，撰写论文或专著，陈述自己的见解，为解救病症而出谋献策。他的上述主要专业著作"三部曲"在内容上都是如此。他早期出版的第一部经济学专业著作《印度的货币与金融》，第一次世界大战后出版的《和约的经济后果》，以及第二次世界大战后期所发表的战后国际金融体制重建方案，也无一不是如此。总之，他确实为解决当时国内及国际间重大的实际经济问题，费尽心力，鞠躬尽瘁，直至他生命的最后一息。

其次是对问题采取比较现实的态度。其一，尽管他对英国乃至整个资本主义制度的前途充满信心，坚决拥护资本主义，但承认资本主义有失业问题和收入分配极为不均的缺点，明确承认经济发展中出现了病症，而且问题极端严重。其二，他虽然眷恋着英国在第一次世界大战以前的经济鼎盛景况，但明确地承认战后情况改变了，过去的老办法行不通了，必须改弦更张。以20世纪20年代英国长期慢性萧条阶段为例，英国朝野人士普遍留恋战前的黄金时代，大多主张"回到1914年"，认为只要恢复战前的原有体制，就可以恢复战前的经济均衡和繁荣。凯恩斯则同当时占统治地位的保守派不同，对解救问题的办法采取自由派的开明态度，反对全盘回复战前的旧体制和旧办法。如反对恢复金本位制，主张改采货币管理本位；如反对"财政部观点"，主张赤字财政和温和的通货膨胀政策，等等。这样，他在当时的经济学界处于"异端者"的孤立地位，其见解和主张不受当权派的重视和采纳。

再次是特别重视经济政策与经济理论的实践意义，尤其是它们在解救当时经济病症这一中心任务方面的实践意义。例如，以就业一般理论为核心内容的"凯恩斯革命"，首先是从经济政策（1929年通过的财政拨款、举办公共工程以解救失业的扩张政策方案）开始的，而不是从经济理论开始的。相对来说，经济政策比经济理论更富于实践意义，这是毫无疑义的。但是，凯恩斯在其所设计的救治病症的一系列方案中，既重视政策，也重视作为其理论基础的经济理论，使政策与理论紧密结合，两者不可偏废地构成其整个方案的完整内容。

不仅如此，在凯恩斯各个救治方案中的有关经济理论，都具有显著的实践意义，绝不是什么"纯"经济理论。例如，《货币改革论》型货币调节方案中的货币数量论，其实践意义在于通过调节货币数量以稳定物价水平的这种具有实效的关联性。例如，《货币论》型货币调节方案中的"货币价值基本方程式"，其实践意义在于运用这一系列方程中各种因素的调节作用，去寻求物价水平的稳定。又例如，《就业通论》这一救治方案，是先从政策开始，然后再去编造一整套理论，作为政策的理论依据的。它的核心理论是"有效需求原理"，更细分为"消费倾向"、"资本边际效率"和"流动偏好"三个基本心理规律。这些理论都具有充分的实践意义。

总之，凯恩斯一生治学，绝不是为学术而学术。他的中心目标十分具体，那就是，面对当时英国乃至整个资本主义世界坎坷多艰的现实困境，以救危扶倾为己任，绞尽脑汁，把经济学专业知识当作解救这种紧迫局势的武器和工具。这是他治学风格中一个十分突出的独特格调。

三、多产与善变

他是一个擅长写作而富有才华的经济学家。他高度关心英国乃至整个资本主义世界的前途，而又处于国内和国际多事之秋，客观形势迫使他屡屡通过写作以发表自己的见解，出谋献策，以图拯救危亡于万一。他的撰写成果是多种多样的：既有通俗性的大量政治经济论文和若干小册子，又有专业性的多部专著。此外，还有大量书信和演讲词。英国皇家经济学会把他的主要作品选编成《凯恩斯选集》，共计30大卷，同他的前辈和同辈资产阶级经济学家相对比，他算是"产量"最多的。如李嘉图的《全集》只有9卷，又如他的老师马歇尔和师兄庇古，著作数量比他更要少得多。

他的观点、学说、方案，以善变著称。他的主要专业著作"三部曲"，不论在理论方面，还是政策方面，前后改变很大。如前所述，他面对20世纪二三十年代英国乃至整个资本主义世界严重萧条的厄运，以"异端者"的身份，把困境归咎于执政当局的传统保守政策；坚信只要政策对路，困难是可以得到解救的。他对待资本主义经济危机和失业问题的这种基本态度，始终是一贯的，贯彻在"三部曲"的每一个救治方案之中。但是，"三部曲"体现着凯恩斯在救治方案具体内容方面的善变性。

1923年出版的《货币改革论》，是他救治英国20世纪20年代独特慢性萧条初期病症的第一个货币调节方案。这一方案面世后，并没有得到当时执政当局的重视和采纳；同时，即使果真付诸实施，也未必有多大效应。随着特种慢性萧条的旷日持久，情势日益严重，凯恩斯很快就改变了他的观点，1925年就开始了撰写《货币论》的准备工作。经过多年的探索和撰写，《货币论》终于1930年出版。这是针对20世纪20年代特种慢性萧条后期病症而编制的另一个类型的货币调节方案。这个救治方案仍然是以稳定物价水平、恢复经济均衡作为战略目标,是以货币调节为主要杠杆的,基本上并未同后剑桥派货币学说相背离。同《货币改革论》型货币调节方案相比,这个新型货币调节方案要复杂得多。但是,这时世界经济大危机正在加深,局势那样严重而深沉,这部宣传已久的两卷集巨著在此时出版,显得很不适时。凯恩斯很快意识到这种缺陷,把经过多年构思而凝成的理论体系和政策建议,毫不留情地加以抛弃,立即开始《就业通论》这部"新经济学"体系的酝酿和准备。

他的上述救治方案"三部曲",前后差异很大。《货币论》与《货币改革论》相比,《就业通论》同《货币论》相比,理论观点和政策建议都是各成体系,成为独立的专业著作。这就表明,凯恩斯在20世纪二三十年代英国乃至整个资本主义世界这个重大的历史转变时期,随着经济情势恶化的不断加深,经济思想也在不断地发生变化。在不到20年的短期岁月里,凯恩斯在探索经济发展中存在着的障碍并寻求解救方案这一个重大课题上,理论体系和政策措施连续发生了三次明显的、阶段性的重大变化。变化次数如此之多,变化如此之快,如此之大,可以说,真是前后判若三人。凯恩斯这样的"善变"风格,在资产阶级经济思想整个发展史中,真是前无古人,恐怕也可能会是后无来者。

试以他的老师 A. 马歇尔同他相对比,其代表著作《经济学原理》在1890—1920年期间,前后改版八次。他的基本理论体系始终是一贯的,每次新版只是作些较小的增订,根本用不着把前一版的内容基本摒弃,重撰新书。至于他的师兄庇古,其《福利经济学》和《失业理论》两部主要著作,改版次数很少,更没有凯恩斯那样"善变"和多产了。在这种对比下,凯恩斯的独特的善变风格,就更具有典型性了。

四、好辩:勇敢投入论争的一生

凯恩斯一生的整个学术生涯始终贯彻着激烈的论争。争辩的矛头直言不讳地指向当时执政当局所推行的经济政策和传统的经济学教义。他勇于向当权者挑战,保持着"异端者"的风度。

从大学时代起,他就是一个侃侃而谈、慷慨陈词、尖酸泼辣的演说家。他是学生会里的风流人物,经常参加辩论,在整个大学范围内享有很高的声誉。这种辩论实践对他后来长期的论争和挑战生涯是一种良好的训练和准备。他深谙经济学理论,而又能结合实际,超脱传统教义,对重大经济问题提出超群出众的新鲜见解。他工于文章,勇于向政府当局的错误政策挑战,展开论争。

以20世纪20年代的长期慢性萧条而论,论争十分激烈。

例如,英国战后初期经济严重失调,1920年爆发经济危机,随后处于慢性萧条的持久困境。这种经济灾难在好几年间刺激凯恩斯从事写作,发表他关于如何解救经济困境的对策。《货币改革论》主要是适应这种需要而出世的。在此书中,一来坚决反对当局采取的通货紧缩政策,致使物价水平不断下跌,招致产业萧条。同时,他偏好温和的通货膨胀,试图用这种货币政策去解救经济衰退。二来对当时英国朝野广大人士希望恢复金本位制,并回到战前金汇兑平价,坚决加以反对,主张改采管理本位的货币制度。他这些主张完全未被采纳,处境十分孤立。

例如,1925年英国决定恢复金本位制,并提高英镑汇价到战前平价,他坚决反对,认为金本位制这时已经是"一种野蛮作风的残余",把决定恢复金本位制看成"大难临头"。恢复金本位制是由英国当时保守党内阁财政大臣丘吉尔作出的决定。凯恩斯紧接着就写了《丘吉尔先生政策的经济后果》一篇长文进行辩论和指责,明确指出:"一个危害极大的下策","首先是出口行业将显著衰落"。他严厉地指责丘吉尔说:"您是在故意扩大失业。"在这一论争中,凯恩斯的论断后来果然灵验了。

例如,新古典学派关于失业问题的传统理论,认为失业是由于货币工资太高,只有降低工资,才可使企业家降低成本,增加利润,增雇工人,解救失业问题。1925年英国按战前金平价恢复金本位制,输出更为困难,于是不得不把解救输出困难的希望寄托在降低工资上面,藉以改善国际贸易的逆境。凯恩斯坚决反对降低货币工资,认为这会引起劳资纠纷。1926年5月,英国工人阶级因抗议降低工资并延长工时而激起全国总罢工,煤矿工人罢工持续大约半年之久。凯恩斯亲眼看到全国总罢工使整个国民经济陷于瘫痪的悲惨情景,心情当然甚为痛苦。他在这一事件上的论断无疑是正确的。

又例如,如前所述,英国整个20世纪20年代的失业率,除1924年外,从未低于10%,这是长期慢性萧条期间最令人苦恼的病症。1929年5月英国大选,凯恩斯代撰自由党的竞选纲领,阐明劳合·乔治提出的由政府财政拨款1亿英镑,举办公共工程,使50万失业工人获得就业机会的扩张计划。劳合·乔治为了采用公共工程政策作为失业的治疗剂,四处游说。政府各部门用著名的"财政部观点"为理由,发表白皮书反对这一方案。凯恩斯立即参与论战,强烈抗议。他和赫·汉德森合写了《劳合·乔治能办到吗?》一本论争性小册子,答案是肯定的。他认为,通过政府财政拨款,举办公共工程,能够对救治失业起积极的效应:不仅是政府支出本身能够直接增加就业,而且还有由此而派生的收入,进而导致一系列的连锁反应,间接增加就业。这样,最后之总的累计效应比原始支出所产生的效果要大得多。在关于救治失业的对策问题这次论争中,凯恩斯第一次逾越了货币调节的传统领域,进入了新的财政干预领域;同时,在讨论财政政策的效应问题时,也第一次含蓄地提出了"倍数"思想等新观点。这本论争性小册子所体现的"新经济学"思想是"凯恩斯革命"的开端。由此可见,"凯恩斯革命"是直接从救治失业病症的对策问题这种论争中脱颖而出的。

五、善于花样翻新,标新立异

凯恩斯善于把经济领域里的普通事态和平凡事理巧加装饰,编制成一系列新颖,甚至有的艰涩难懂、有的离奇怪诞的术语和理论。

以一个个经济范畴、一个个经济学说而言,他在专业著作"三部曲"中,前后标新立异到了极点。

例如,以"利润"这个经济范畴为例,在《货币改革论》中,利润一词还算是袭用一般含义,没有玩什么特别花招。而在《货币论》中，对"利润"一词就尽了标新立异之能事，把这个范畴区分为企业家的正常报酬和"利润"两部分，把正常报酬当作生产费和收入之一部分；把利润称为"意外利润"，是常年产量生产费与实际销货收益两者之间的差额，不算是生产费，也就不算是社会收入之一部分。他进一步推导，认为这"意外利润"实为经济波动的主要原因。"正"的意外利润将引起经济扩张的倾向，"负"的意外利润则促使经济衰退的倾向，只有产品的销售价格等于生产费，即"意外利润"为零，则经济处于静态的均衡状态，既不扩张，也不紧缩。因此，他提出经济均衡的第一个条件是要消除利润，即利润为零。

把"消除利润"规定为维持经济均衡的首要条件，利润范畴被定义得这样奇特，使他的经济均衡理论被推导得这样怪诞，在资产阶级经济学说史中恐怕要算是空前绝后了。无怪乎他在《就业通论》一书中，把利润范畴这种怪诞的上述"两分法"定义完全加以摒弃，使其回复到普通惯用的含义。

他在《就业通论》一书中，把利润这个范畴规定为"预期利润率"，同"现实利润率"区别开来。我认为这是符合企业家作出投资决策时的主要准则的。可是，在这个问题上，他又玩了一个花招，把"预期利润率"改换成"资本边际效率"，这就不能不算是标新立异了。

例如，以一般物价水平的决定因素问题而言，凯恩斯在《货币改革论》中以稳定物价水平为战略目标，以传统的货币数量论为理论基础。在《货币论》中，这个新型货币调节方案的战略目标和理论基础仍然基本上没有改变，但具体内容却复杂化了：在这个传统货币学说的基础上，增添了认为原被忽略了的一些因素，使之扩大化，编制成一系列的"货币价值的基本方程式"，经济均衡的条件也增多了，货币金融调节的广度、深度和强度也增大了。但这毕竟是一种不切实际的花架子，即使见诸实行，也准会丝毫无补于当时经济大危机的空前危殆局势，连凯恩斯自己对它也毫不留情地加以抛弃，这是势所必然的。到了《就业通论》型以财政干预为主导的需求管理方案时，货币仍然起重大作用，但与前两个货币调节方案不同，传统货币数量说被摒弃了，改换为以"半通货膨胀"为基调的"物价一般理论"，货币的最主要属性在于"巧妙地联系现在与未来"，货币"以重要而特殊的风格进入经济结构而发挥作用"。这样，把货币重新摆弄，算是彻底花样翻新了。

又如，20世纪30年代世界经济大危机的病症表现为市场的购买力不足，这是显而易见的病象，也是一般经济著作中惯常的说法。凯恩斯袭用马尔萨斯的观点，用"有效需求不足"去取代这种惯常说法。实际上，"购买力"、"有支付能力的购买力"、"有效需求"，三者只是说法不同，含义却是一致的。凯恩斯善于吸取别人的东西，巧加摆弄，变成自己独特的新颖产品。他以"有效需求不足"为核心，从消费与投资两方面展开有效需求不足在原因方面的诊断探索，构成他那需求管理的整个理论体系。实际上，这些主要是吸取别人的东西而重新编排的体系。他以马尔萨斯的"有效需求不足造成失业"这一论点为主要思想基础，更把霍布森和道格拉斯等"消费不足说"接过来，改装成为"消费倾向基本心理规律"，还把他的老师A. 马歇尔等的投资前景取决于利润率扣除利息率而得出的纯利润率这一投资理论承袭过来，加以补充增订，转化成为"资本边际效率"与"流动偏好"两个心理规律，再添加一些花絮，装配成一个崭新的"新经济学"理论体系。实际上，庸俗经济学的基本理论：四要素的生产论、供求均衡的价值论和"四位一体的公式"的分配论，马歇尔早已确立，名目主义的货币观更是由来已久，凯恩斯把它们基本上继承下来，然后增添一些新的花絮，重新进行装配。市场供求原理是早已普遍通用的，凯恩斯把它接过来，一方面承认经济萧条中供给大量过剩，因而视为已知，不多加考察；另一方面特别强调需求的不足，摆弄成为"需要创造供给"的有效需求原理和需求管理方案。消费不足说和庸俗投资理论早已形成，凯恩斯把它们改装成作为"就业一般理论"之重要内容的三个基本心理规律。此外，强调心理因素，把它贯穿在整个理论体系之中的这种格调，心理学派和马歇尔早已建立起来，凯恩斯承袭这种格调，并作一些标新立异的粉饰和摆弄，构成一个充满心理色彩的就业一般理论体系。

关于凯恩斯就业一般理论的思想渊源，下面还要专章进行论述。这里值得着重指出的是，正由于凯恩斯具有上述独特的治学风格，他才可能编撰成这样独特的新理论体系。试以罗斯福同他相对比，"新政"同凯恩斯的需求管理方案属于同一范畴，而且"新政"的政府干预，在广度、深度和强度方面比《就业通论》一书中所指出的要明确得多，但罗斯福及其经济学谋士们却没有编撰出一套深奥完整的理论体系，唯独凯恩斯能够取得这种成效。这就可以看出，凯恩斯的独特治学风格，对于他那标新立异的"新经济学"理论的形成，确实起了重大作用。

第四节 社会哲学与"乐观世界"的远景幻想

凯恩斯《就业通论》的主旨在于，探索资本主义经济病症的"根源"，通过审慎而正确的政府干预，驯服经济危机，达到并保持充分就业。他是袭用马歇尔的短期经济分析来完成这一探索的。与此同时，在该书末章"结语：略论《通论》可以引起的社会哲学"中，他论述了关于资本主义经济"乐观世界"远景的预测问题。

凯恩斯关于资本主义"乐观世界"前程长期预测的论点，是以经济病症的短期理论分析为基础而演化出来的。他认为，投资增加，资本边际效率有递降的趋势，而利率下降比资本边际效率下降为慢，于是他把利率看成投资增长的极限。这样，货币利率就对投资和就业的增加起着阻碍的作用。他从这个论点出发，进一步引申出"食利阶级消亡的理论"。

他摒弃资本的生产性的观点，认为利息是单纯依靠财产所有权而取得的，并不是真正牺牲的代价；取得利息收入的人并没有执行社会生产之必要的职能。他认为，资本主义体系之中有坐收利息阶级，乃是一种过渡时期现象。通过政府干预和调节，"充分就业"维持30年左右，资本财富大量积累到不再稀缺，利息率逐渐下降到零。这须和平地、慢慢地实现，也就是金融资产阶级无疾而终。食利阶级一经消亡，资本主义便将大大改观，不再需要革命。这使阶级关系发生一次"小革命"①。它是一个试图代替马克思主义的方案,它的基本目的在于消除资本主义最严重的缺陷,而同时又永葆产业资本主义的青春,从此进入"乐观世界",贫穷就会消失,文明生活就可能开始。

凯恩斯这种论点貌似新颖,实际上却是十分肤浅而错误的一种痴心妄想。他的嫡传弟子琼·罗宾逊对这个"乐观世界"评价说:"他沉湎于一个乐观世界的幻想"。② 这确实是一个十足的垄断资产阶级"乌托邦"幻想。他面对自由放任资本主义的经济萧条和失业严重,极度悲观,这是缘于他的现实感,而对政府干预的"疗效"却无限夸大,竟致对资本主义前程盲目乐观到如此荒唐可笑的境地,这是一种严重的虚幻观。关于这个虚幻论点,下面第十一章介述他的利息理论时还要再加评议。

凯恩斯上述幻想境界的具体论证,是他在 20 世纪 30 年代中期就业一般理论正式形成以后才编造出来的。实际上,他早就存在着资本主义经济"丰裕和有闲"理想境界的幻想,只是当时在说法上显得十分模糊,完全没有涉及就业与生产增加的极限问题,以及食利阶级逐渐消亡问题而已。例如,早在 1930 年,他在《经济前途展望》一文中,对这个"乐观世界"的经济前程展望就有过如下的一些模糊论述③:

> 本篇的主旨……是使我自己摆脱近视的看法,把眼光放在比较遥远的将来,对于百年以后我们经济生活的水平,可以作出些什么样的合理预期呢?在我们孙子一辈,经济上会有些什么可能

---

① 狄拉德称它为"小革命"。参见狄拉德:《凯恩斯经济学》,陈彪如译,上海人民出版社 1963 年版,第 145 页。

② 琼·罗宾逊:《经济理论的第二次危机》,胡代光译,载《现代国外经济学论文选》第 1 辑,商务印书馆 1979 年版,第 11 页。

③ 此文载凯恩斯:《劝说集》,蔡受百译,商务印书馆 1972 年版,第 269~281 页。这里所引凯恩斯原语,顺次见下列各页:第 270、274~275、276、277、278、280 页。

的发展呢?

我得出的结论是,假定此后没有大规模战争,人口没有大规模的增长,经济问题在一百年以内可能获得解决,或者至少在百年以内可以有解决的希望。这就是说,如果我们把眼光注视到比较遥远的将来,就可以看到,经济问题并不是在人类中永远存在的问题。

我们是明明白白地天生来靠我们最深刻的直觉和全副精力来解决经济问题的。一旦经济问题解决了,人类就失去了它的传统目的。

到了那个时候,人类自入世以来第一次,将碰到他的真正的、永久性的问题。问题是:从迫切的经济顾虑中获得解放以后,怎样来利用他的自由?……怎样来消磨他的有闲光阴?怎样使他贤明而又惬意地生活下去?

富裕而多闲的环境……到那个时候,将为我们自己制定完全属于另一种形态的生活计划。

当经济富裕的境地已经达到,财富的积累已经失去了高度的社会重要性时,社会的风尚也将发生重大变化。

当我们达到了那个经济富裕的境地时,在我看来,在宗教中和传统品质中那些最确切不移的原则,就可以重新获得真正的重视。……那时,……我们所得的将不在于是否有用,而在于是否善良。那时我尊崇的将是这样一些人,他们能抓取当前的顷刻,作尽善尽美的利用,他们心情愉快,对事物能从中获得直接享受,他们既不是辛苦如马牛,也不虚度岁月,那才是神仙中人。

但是要注意!所有这一些,实现的时间现在还没有到。

当然,这是要逐步实现的,不是突然来一个大变动。

综括上述,凯恩斯对资本主义经济社会的前景,早就充满着"丰裕和多闲"美妙境界的描述。这是他的前述"乐观世界"幻想在思想形成过程中的前奏曲,也是他那独特治学风格之一的极端乐观主义的一项"得意杰作"。但是,资本主义制度绝不可能会是这样前程似锦。说到底，凯恩斯这样的美妙预测只不过是他独特的狂想曲而已，确实没有什么理论意义和实际价值。

不过，尽管他在利息理论方面抱着这样那样的错误论点，但毕竟承认了资本主义生产的局限性，说出了利息是不劳而获的收入，而且倾向于同情劳动价值学说（尽管在内容上混杂不堪，而且极端错误地把雇主的"个人劳动"包括在他的所谓"劳动"之内），这是他胜过其庸俗前辈、同辈和许多庸俗后辈的，仍然值得肯定。

* * * *

综括上述，凯恩斯生不逢时，特别是他的后半生，生活在20世纪前半期资本主义危难深重阶段，经历过两次世界大战的空前严重破坏，英国20世纪20年代独特的长期慢性萧条、20世纪30年代整个资本主义世界经济大危机中风雨飘摇的危殆局势，他高度关心政治，热爱大英帝国（后来是大英联邦），坚决维护资本主义制度，忧心忡忡，苦心焦思，以救危扶倾为己任。

在这种历史背景下，凯恩斯成为20世纪最著名、有着深远影响，并且具有独特格调的一个垄断资产阶级政治经济学家。他集多种独特格调于一身，它们是：

第一，他的一生，是高度关心政治，将治学与从政两种生涯紧密加以结合的一生。他兼具经济学家和政论（政治）家两重身份的独特风格。他研究经济学，不论是撰写论文、小册子或专业著作；不论是编制方案，还是建立理论或学说都具有浓厚的实践意义，从来不是为学术而学术，他绝不孤傲自赏，安于象牙之塔的"纯"学术生活。

第二，他的一生，是探索、探索、再探索经济发展中的障碍，以及如何解除这些障碍，编制一系列救治方案，提供政府采择实行的一生。从20世纪20年代起到20世纪40年代的20余年间，他先后编制过两个货币调节方案，一个以财政干预为主导的需求管理方案，以及一个战后国际清算同盟方案。后两个方案确实发挥了实际的效应。

第三，他的一生，是他为解救经济困境，同论敌勇敢投入论争的一生。从《和约的经济后果》揭开他的"争辩"生涯的序幕起,到《货币改革论》、《货币论》而《就业通论》,凯恩斯在一系列辩论战役中,始终居于"异端派"的地位,向当时保守主义的经济政策及传统经济理论猛烈开火。到第二次世界大战后期和战后初期,为重建战后国际货币金融体制以及商借美国债款,又在国际金融会议中,在美国借款谈判中,同谈判对手展开激烈的争辩和折冲,而在英国国内又须在议会中对各种质询和责难,进行针锋相对的答辩和解释。在20多年论争生涯的过程中,从"异端"逐渐转变成"正统",进而确立"权威"地位,享受勋爵荣誉,受到英国统治阶级的青睐和奖赏。凯恩斯长期操劳过度,健康情况恶化,终致一病不起。因此,可以说,凯恩斯的一生,也是为英国和资本主义制度的前程鞠躬尽瘁,死而后已的一生。

第四,凯恩斯的一生,以其国内经济病症救治方案的"三部曲"而言,在探索经济发展中的障碍和寻求解救对策方面,是完全抹煞资本主义生产关系这个根本因素,而仅在一些次要因素、现象形态的框架内兜圈子的一生。1923年《货币改革论》型货币调节方案和1930年《货币论》型货币调节方案固然是这样,1936年《就业通论》型以财政干预为主导的需求管理方案也完全是这样。唯其如此,凯恩斯尽管确认了"有效需求不足"这个资本主义经济危机的病象,但在病根的诊断上,并未寻到真正的深刻根源,而只是把一些次要因素、表象形态拼凑成一个庞杂的理论体系而已。

确实,同当代其他庸俗经济学说相比,凯恩斯的就业一般理论,不论在理论体系上,还是在政策措施上,是比较符合20世纪30年代经济大萧条的实际需要一些。因此,它自问世以后,逐渐受到垄断资产阶级的青睐和重视,从"异端"转变为"正统",达到鼎盛高峰,对战后经济增长取得了相当良好的成效。但好景不长,长期推行使凯恩斯主义就会走向反面,恶果累累,特别是国际性的"滞胀"问题十分严重,它再也继续不下去了。于是在它的发源地的英国,典型实验场的美国,在20世纪70年代末、80年代初,它从"政府经济学"的宝座上相继垮台,在其他各国也先后遭到摒弃,从此转趋衰落,最近又以新凯恩斯主义的名义走向复兴。这是凯恩斯经济学说在半个世纪以来从兴起到鼎盛,转趋衰落,然后又走向复兴的独特发展过程。这种兴衰转化绝不是偶然的。促使凯恩斯主义取得胜利的因素中,同时孕育着导致它趋于失败的种子。此中利弊得失,是非曲直,将在本卷第十四章另行分析。

第二章 时代背景

　　一般地说，凯恩斯《就业通论》中所体现的就业理论是1929—1933年资本主义世界经济大危机的产物。这个论断无疑是能够说得通的。在《就业通论》中他描述了关于失业问题极端严重的危殆局势。如他坚决主张扩大政府机能去干预经济，认为"这是唯一切实办法，可以避免现行经济形态的全部毁灭……"① 又如他指出："在1820年至1914年之间……平均就业量要比充分就业量低得多，但也没有低到令人不能容忍，以致引起革命。"② 在这里，他惊恐万状，哀叹失业问题严重到会引起革命，使资本主义制度濒临全部毁灭。毫无疑义，这些阴沉描述完全是针对着那次经济大危机的极端危殆局势而发的。因此，凯恩斯对这垂危病症进行"诊断"，建立一套新的就业一般理论，并开具"处方"——需求管理的政策措施，进行抢救，确实是以那次空前严重的经济大危机为时代背景的。

　　但是，凯恩斯就业理论同新古典派传统经济学说相背离的某些重要论点，如用政府干预取代自由放任，如鼓励花费取代节约，如采取以公共工程为主要内容的财政支出去救治失业等新论点，早在英国20世纪20年代长期慢性萧条期间就已开始萌芽、逐渐形成，并且都是针对着这种长期慢性萧条而发展起来的。所以，为了全面地考察凯恩斯理论体系的整个思想发展过程，在清查时代背景这个问题上，就

---

　　① 凯恩斯：《就业通论》，徐毓枬译，商务印书馆1977年版，第262页。着重点是引者加的。

　　② 凯恩斯：《就业通论》，徐毓枬译，商务印书馆1977年版，第323页。着重点是引者加的。

必须首先追溯到20世纪20年代的英国长期慢性萧条，然后再着重介述20世纪30年代经济大危机的危殆局势。同时，考虑到凯恩斯后半生对英国新古典派经济学正统权威的背离过程开始于巴黎和约中德国赔款问题的论争，则须简要地追溯到战后巴黎和会中英法向德国勒索巨额战争赔款的经过情况。

此外，作为20世纪30年代经济大危机在美国之直接产物的罗斯福"新政"，对凯恩斯就业一般理论的脱颖而出，起了促进、借鉴和印证的作用。在本章里，我们拟对凯恩斯就业理论同罗斯福"新政"试作一次初步的对比分析。

凯恩斯就业理论从萌芽、发展，直到正式形成这一整个思想发展过程，自始至终贯穿着同英国新古典学派经济学传统教义的论争和背离。因此，在考察时代背景时，必须对当时作为论争对象的传统经济理论状况，简明扼要地加以清理，以资对应。

第一节 巴黎和会中的战费赔偿问题

1918年11月11日上午11点钟，英国发表了签订停战协定的消息，第一次世界大战至此终结。英国人兴高采烈，欣喜若狂。这种高兴心情是可以理解的，也是很自然的。他们在战争期间所受的牺牲和困苦实在是太重了。在英国，有许多人把战争的结束同对于美好未来的愿望联系起来。同时，这种美好未来的展望却蕴藏着对战前大英殖民帝国强盛兴旺局势的怀旧情绪。

当战争结束时，英国是由自由党、保守党和工党组成的劳合·乔治联合政府执政的。联合政府的存在，表明英国的统治阶级认为英国在战时的处境特殊，需要把各统治集团的所有力量联合起来。当第一次世界大战结束后，英国统治集团的情况极其复杂，因此他们认为在第一次世界大战后许多年间还必须保持联合政府，可是不能再维持战时那种旧的形式了。

1918年12月议会选举时，出现了一个人数不多的联盟，参加这个联盟的有保守党和一部分拥护劳合·乔治的自由党人。他们都力图尽快实行选举,以便利用因战胜德国而在英国人某些阶层中掀起沙文主义热潮,取得议会的多数,把政权控制在他们手里。

这个联盟提出了一个煽动性的竞选纲领,要英国劳动人民相信:一旦他们在选举中取得胜利,就会采取坚决措施来改善人民群众的生活状况,首先是改善全体工人阶级的状况。劳合·乔治高唱"把英国变成一个无愧于从战场上归来的英雄们的国家"的口号。对于从哪里取得资金把英国变成"无愧于英雄们的国家"的问题,联盟的回答是:"由德国人支付一切款项。"在竞选期间,劳合·乔治声称,应当向德国索取大量赔款。为了转移英国人民群众的视线,他们不去追究英国统治阶级跟德国、法国和其他国家的帝国主义分子共同发动这次世界大战的责任,联盟提出审判德国皇帝和其他战犯的要求。

在赔款方面,起初公众的讨论和政治上的争论是非常不切实际的。许多报纸和某些政客要求德国不但要赔偿侵犯法国与比利时所造成的损失,同时要赔偿炮轰、轰炸和潜艇攻击所造成的损失。英国本土并不曾为德国所侵犯,但也要求获得赔款。类似的要求越来越多,以致德国必须负担战胜国的全部战争成本,一种估计为240亿英镑。劳合·乔治关于要向德国索取大量赔款的口号,就是迎合当时英国统治阶级这种要求而发的。

联盟在选举中获得了胜利。在707个议席中,联盟得484席,其中自由党(劳合·乔治的拥护者)得136席,其余席位属于保守党。根据选举的结果组成了联合政府。尽管保守党的议会席位比自由党多两倍,两党却平分了政府中的职位,并且把首相职位交给劳合·乔治。保守党认为,在当前的战后困难时期,让善于用自由主义漂亮空谈掩盖保守政策的自由党来领导政府,对于英国资本主义更为有利。

1919年1月10日,劳合·乔治组织了新政府,次日他就率领英国代表团去巴黎出席和会。德国边界的重新划定问题、德国赔款问题、德国殖民地的命运问题、反对苏维埃俄国问题以及建立国际联盟等问题,成为这次和会的主要课题。而德国赔款的数额问题,是凯恩斯同战胜国当局,特别是英国当局发生尖锐分歧的焦点。凯恩斯一再强调,德国完全没有能力偿付这样巨大的赔款,特别是在其国土和资源丧失之后,更加如此。凯恩斯论争的重心是以战后德国在资源、工商、贸易等经济力量的明细分析和估算为依据,证明凡尔赛和约的赔款条款完全不公正,不可能实行。后来事实证明,德国不能、也不愿偿还这么巨大的赔款,引起战后赔款问题一系列严重纠葛。但当时凯恩斯在和会中处境十分孤立,他的主张不被当局者重视和采纳。于是,他愤而辞职,回到英国,开始自由地发表自己的见解。巴黎和会可以说正式揭开了凯恩斯论争生涯的序幕。

第二节 英国20世纪20年代独特的长期慢性萧条

英国在第一次世界大战结束后,解除战时经济管制,恢复市场自由经营,于是,被战时经济压抑了的消费需求,因此而大幅度增加,同时也由于建筑物和资本设备的大量更新,商品销售畅旺,英国从停战到1920年中期,是工商业繁荣时期。但好景不长,英国战后繁荣为时十分短暂,到1920年下半年就爆发了战后第一次经济危机,而且年复一年,长期得不到复苏,整个20年代英国经济陷入了独特的长期慢性萧条。

一、长期慢性萧条的主要特征

英国20世纪20年代的长期慢性萧条,同其他资本主义国家相对照,具有十分明显的独特性。20世纪20年代的美、日、法、意等国的工业都有相当大的增长,其中日本、美国和意大利增长最大,而英国经济在整个20世纪20年代却是停滞不前的,到1929年,英国的工业生产才勉强达到1913年的水平。现列举这些国家的1913—1929年加工工业生产指数(表2-1),以资对比。

表2-1　1913—1929年主要资本主义国家加工工业生产指数

国别	1913年	1929年
美国	100	180.0
英国	100	100.3
法国	100	142.7
意大利	100	181.0
日本	100	324.0
德国	100	117.3

资料来源：国际联盟：《工业化和对外贸易》，日内瓦1945年英文版，第134页。

从上表可以看出，日本和意大利两国经济在这期间内取得了很大发展，法国也有相当大的发展，连战败国的德国也有所发展，唯独英国处于长期停滞的慢性萧条困境，这是十分突出的特殊景况。

整个20世纪20年代英国经济慢性萧条的主要特征是：开工不足，生产设备闲置，传统工业品生产没有恢复到战前最高水平，出口萎缩，高失业率，经济效率低。现举若干统计数字[①]具体加以说明：到1929年，英国的工业产量才勉强达到1913年的水平。工业生产指数，1913年为100，1929年为100.5。英国出口指数，1913年为100，1929年为87，主要传统工业部门，例如，煤炭业、冶金业、造船业和纺织业，1929年同样没有达到战前水平。就产量来说，只有依靠所谓新兴工业部门——机器制造业、电机制造业、化学工业、汽车制造业和航空工业，才使整个工业生产勉强达到战前水平。20世纪20年代，英国许多生产部门开工不足。如黑色冶金企业开工只有一半。其他如煤炭、造船、机器制造业等也开工非常不足。这些慢性萧条行业的在业工人人数大为减少，如1923年到1930年期间，英国煤炭工业的工人数目减少30.8%，纺织业减少24.9%，黑色冶金业

---

① [苏]弗·格·特鲁汉诺夫斯基：《英国现代史》，秦衡允、秦士醒译，三联书店1979年中文版，第105～106页。

减少 21.2%。生产停滞，这就必然会导致工人大量失业。

整个 20 世纪 20 年代英国失业问题十分严重。英国在 1914 年以前，每年平均失业率一般不超过 3% 或 4%，而 1921—1929 年期间，除 1924 年外，年失业率从未低于 10%。凯恩斯在《关于扩张计划》（1929 年 5 月①，普选日）一文中指出："这个国家（指英国——引者）的劳动人民，至少有 1/10，八年以来（中间除 1924 年在恢复金本位前夕一个短促的复苏时期以外），没有能够获得就业机会。这是在我们历史上空前的一个现象。自从 1923 年劳工部建立统计以来，经常获得劳动保险的人们列入失业项下的人数，从来没低于 100 万关口，在今天（1929 年 4 月），失业者一共是 140 万。"②

二、大战的严重经济后果

英国 20 世纪 20 年代这种萧条困境，一方面，是同英国在第一次世界大战中所受严重打击和损失有关；另一方面，是同英国统治阶级对战前"黄金时代"的怀旧情调和战后各届政府实行的保守经济政策是分不开的。现把这些因素的具体情节分别介述如下：

关于英国国势、特别是经济力量在第一次世界大战中所受的严重打击和损失。第一次世界大战是英国殖民帝国由强盛转趋衰败的一个重大转折点。在一种意义上，英国是这次大战的胜利者；但在另一种意义上，却是失败者。英国为保卫其殖民帝国的既得利益而参战，但在战争的严重打击下，却损失了许多重大的既得利益。两相对比，实属得不偿失。

从国内经济状况来分析，英国为战争付出了极为沉重的代价。庞大的军费开支使财政赤字剧增，从而国债大量增加。同时增加了货币发行量，停止银行券的黄金兑现，实际上放弃了传统的金本位制度。

---

① 这里必须指出，1929—1933 年世界经济大危机爆发，始于 1929 年 10 月纽约股票价格的暴跌。1929 年 5 月尚处于英国 20 年代长期慢性萧条阶段。这种高失业率显然与 30 年代经济大危机无关。

② 凯恩斯：《劝说集》，蔡受百译，商务印书馆 1972 年版，第 92 页。

英国战时通货膨胀严重，物价普遍上涨。在生产方面，战时英国工业的发展极不平衡。由于大批劳动力被抽调到军队和军火企业中去，以及原料不足和机器设备的日益陈旧，传统的重要工业部门减产了。煤产量从1913年的28 026万吨减少为1918年的22 770万吨。造船业产量也急剧下降，1913年英国制造成的船只总吨位为120万吨，而1918年减为77.2万吨。战时英国生产的增长，主要是依靠扩大所谓新兴工业部门，如化学工业、汽车工业、航空工业、制造军火的工业以及供应兵工厂金属的炼钢工业而取得的。①

在国际经济方面，英国战时出口贸易大幅度下降，同时由于从国外购买大量军需物资和居民生活资料，英国战时输入大量增长。如1913年英国进口总值为69.6百万英镑，而1918年竟增到131.6百万英镑，几乎增加1倍。这就使英国战时国际收支急剧逆转。英国不得不出卖自己原来持有的一部分国外有价证券和向美国借债，弥补国际收支逆差。这次大战使英国和美国在国际金融中的相对地位恰好颠倒过来：英国从对美国的债权国变为美国的债务国，纽约成了重要的国际金融中心，伦敦不再是世界首要金融中心，英镑的稳定地位也随之发生了动摇。

战争给英国带来的严重经济后果，不能不使战后经济陷入十分困难的境地。英国20世纪20年代的经济困难主要在于传统商品的输出领域。一方面，在这次大战期间，英国的海外传统输出市场落于他国之手；另一方面，战争与战后数年间，工资与利润都几乎上涨了3倍，物价——包括输出品的价格也有同样幅度的上涨，而其他国家的工资和物价却上涨较少，于是英国出口商品的竞争能力大为降低。结果，20世纪20年代的输出额只及战前水平的2/3，传统的输出工业——煤炭、纺织和造船业受打击最重。英国战前输出占国民收入的1/5，战后输出锐减，这就必然对生产和就业产生极为严重的不

---

① [苏] 弗·格·特鲁汉诺夫斯基：《英国现代史》，秦衡允、秦士醒译，三联书店1979年中文版，第5~6页。

利影响。

三、怀旧情调与战后的保守经济政策

面对战后初期和20世纪20年代这种独特的经济困境,英国统治阶级朝野人士广泛地存在着十分浓厚的怀旧情调:留恋着大战前的经济兴旺景况,希望摆脱困境,恢复战前经济的原有优越地位。大英帝国在1914年以前,国际地位确实很优越,英国统治阶级战后对这种优越地位的怀恋,是自然的,也是必然的。

尽管20世纪初期已是英国经济"极盛时代"[①]的尾声阶段,但就英国国内经济的一般状况而言,20世纪初期(直至第一次世界大战爆发)英国的经济基本上是繁荣的。1907年的经济危机,生产下降和失业增长,在程度上比较温和,而且持续时间不长,不久就转入复苏。在经历了1907—1908年经济波动之后,英国工业很快又继续扩大生产能力和增加产量。直到第一次世界大战爆发,英国资本输出和出口贸易额都是增加的。从1880年到1913年,英国按人口平均的国民收入增加了1/3。英国历届政府的基本政策目标是维持帝国的现存地位和既得利益。直到第一次世界大战爆发,英国是第一殖民大国、第一海军大国、第一金融和贸易大国,伦敦是首要国际金融中心,来自美国和德国的对英国国际经济地位的实际威胁只是初露端倪,还不算严重。既然英国国内经济仍处于增长、繁荣之中,英国统治阶级的朝野人士对此感到相当满意,认为19世纪后期以来的政策对维持英国国势的优越地位,能够继续行之有效,无须加以修改。

第一次世界大战前英国统治阶级朝野人士满足于维持现状的保守思想,直接影响到战后年代英国正统思想界的那种"回到1914年"的恋旧情调。在战后经济困难的年代里,英国正统经济思想界中占统

[①] 维多利亚女王临朝的64年(1837—1901)是英国经济的极盛时代。她于1901年逝世。她当朝的年代,正是英国在经济上、军事上、版图上急剧膨胀的时期,她作为这个庞大殖民帝国的象征,受到一些狂热的殖民主义分子的崇敬。

治地位的仍然是对 1914 年以前兴盛优势的留恋。① 他们认为，那时具有常态和均衡。为了重新回到那种幸福境界，当时的制度和政策都应当恢复。具体地说，就是按旧英金平价恢复并维持金本位制、恪守健全财政原则——平衡预算、坚持自由贸易和遵守政府同企业的关系中的最严格的自由放任政策。同时，在经济学界里，在理论方面，以萨伊定律——"供给创造它自身的需求"为理论基础，以充分就业为假定前提，以均衡价格分析为中心内容的，以马歇尔为代表的剑桥学派经济学教义，占着统治地位。这种以 19 世纪自由资本主义为背景而编制成的传统经济学教义，是典型的自由放任经济政策的理论依据。这种教义在英国当时是根深蒂固的，它为英国第一次世界大战后所推行的各种经济措施尽力进行辩解。这就大大地增强了这些政府措施的保守性和顽固性。英国各届政府在第一次世界大战后和 20 世纪 20 年代主要采取了如下几项重大政策措施：

（一）坚持健全财政原则：节约开支，减低税收，平衡预算，并厉行经济紧缩政策

如上所述，英国在第一次世界大战期间，战费开支浩大，入不敷出，一方面国债大大增加，另一方面货币供应量也有所增长，从而引起通货膨胀，物价上涨。这是战时经济的必然结果。英国在战争结束后，在军队进行复员的同时，按照常规惯例，财政金融方面也要进行整理和改革，使之回到平时经济的正常轨道：紧缩开支、降低税收、力求平衡预算，并做到留有一定盈余去偿还战时遗留下来的公债。这是所有交战国在战后初期必须、而且应当遵循的共同原则，不仅英国如此。这里值得特别注意的是，英国战后希求"回到 1914 年"的怀旧幽灵，强烈地支配着战后经济政策的独特格调。其他如美、法、日

---

① 英国琼·罗宾逊在《凯恩斯革命的结果怎样？》一文中对英国这种怀旧情调的具体表现有较详细的介绍。见《现代国外经济学论文选》第 1 集，商务印书馆 1979 年版，第 18～19 页。凯恩斯对"回到 1914 年"这种怀旧情调，有过如下的记述："我们几位行长没有什么别的要求，口口声声只是要'回到 1914 年'，他们认为这是值得争取的一个目标……见凯恩斯：《劝说集》，蔡受百译，商务印书馆 1972 年版，第 179 页。

等国却没有战前"黄金时代"那种历史包袱,在迅速完成财政金融的复原任务以后,经济政策特别是货币金融政策,都是适应经济发展的要求,适当地扩张信用,特别在经济衰退的年份,不仅不追求预算平衡,而且不惜举债去应付困难。在这种扩张政策的影响下,这些国家的经济在20世纪20年代都有相当大的发展。而英国呢,不论在20世纪20年代初期的经济危机中,还是随后的长期慢性萧条期间,都是在传统经济理论的指导下,不论在财政方面还是货币金融方面,都是始终贯彻着紧缩政策。在财政领域内,坚持以健全财政原则为中心内容的"财政部观点",即使在经济衰退、失业人数大增的困难年份,也要紧缩开支,强求每年都做到预算平衡,并且还要继续偿还公债。同时,在金融领域则紧缩信用,厉行通货紧缩政策。历届政府推行这种紧缩政策的意图,在于希图藉此来为市场经济提供一个健全的环境,使其能自动调节,恢复到1914年以前经济稳定而繁荣的兴旺局面。但是,结果适得其反,不仅战前繁荣得不到恢复,而且使英国经济长期陷于慢性萧条的困窘境地。凯恩斯则坚决反对这种通货紧缩政策,围绕着"通货膨胀还是通货紧缩"这个具有战略意义的关键性经济政策问题,在整个20世纪20年代,以至20世纪30年代前半期,长期地、经常地、越来越强烈而深入地同传统经济学教义展开针锋相对的论争。凯恩斯1923年出版的《货币改革论》和1931年出版的《劝说集》"第二部分:通货膨胀与通货紧缩"所收集的各篇文章对通货膨胀或通货紧缩的经济影响进行了细致的分析,认为两者都会导致物价水平的变动(上涨或下跌),导致财富重新分配,而使一些阶级得益,另一些阶级受损;认为通货膨胀有欠公平,而通货紧缩则必然会造成经济衰退和失业增加,危害很大;从而权衡利害得失,在两者中宁取前者(假若比较温和的话),而坚决反对后者。这些分析和主张完全是以英国整个20世纪20年代,以至20世纪30年代历届政府推行财政金融紧缩政策导致失业问题严重为其时代背景的。

(二)恢复金本位制,而且回到战前平价

第一次世界大战期间,交战国家乃至中立国家,暂时脱离了金本位制,但各国脱离金本位的方式,却不一致。以英国而论,在大战期间，英镑的金平价并未变更，但停止银行券的黄金兑现，实际上等于结束了传统的金本位制。

英国第一次世界大战时和第一次世界大战后初期通货膨胀是严重的，物价普遍上涨，战时经济复原计划必须控制通货数量的增长，藉以遏制通货膨胀。英国朝野人士怀恋战前物价水平的稳定，进而寄希望于恢复战前的金本位制，此其一。英国第一次世界大战后输出贸易处境困难，大战期间许多传统的海外市场被别国夺去，同时，英国出口商品因价格高昂，在国际市场中竞争能力低落，第一次世界大战后输出总值只及战前的 2/3。而英国出口贸易在国民经济中素占很大比重，输出锐减使英国第一次世界大战后国民经济遭到很大困难。英国统治阶级怀恋战前"世界第一个贸易大国"的原有优越地位，希望恢复金本位制，能够提供一个自动调节的市场机制，消除或减小英国国际贸易逆差的失调病态，此其二。第一次世界大战后英国在国际金融关系中的地位大为降低。英镑的国际信誉大受损害；世界黄金储备的 40% 被美国所掌握，纽约一跃而成为国际金融中心。英国政府决定恢复金本位制，是寄希望于提高英镑汇率，使英镑价值固定在黄金上，从而达到提高英国在国际金融中的信誉，巩固伦敦作为世界金融中心的地位等目标。此其三。这些考虑中，第三种意图是最重要的。战时和战后，由于英国金融实力的削弱和国际金融地位的下降，战前英镑的稳定地位发生了严重动摇。英国政府希望通过恢复金本位制来恢复战前英镑的稳定地位，使之再成为世界贸易和国际金融的主要通货，并恢复伦敦在 1914 年前的世界首要金融中心的优越地位。

恢复黄金的昔日地位，作为国际的标准价值，是战后六七年来通货政策的正常目标。经过第一次世界大战后几年的筹划和酝酿以后，终于 1925 年 4 月由当时财政大臣温·丘吉尔决定：恢复金本位制，并且恢复到战前的金平价，即提高英镑的外汇价格 10%。

按战前金平价恢复金本位制的后果，事与愿违，使英国输出商品价格昂贵，进口商品价格低廉，国际贸易逆差变本加厉。凯恩斯对恢复金本位制一向持反对态度，尤其坚决反对使英镑汇率回到战前金平价。他早就明确指出，这种措施将会使输出更加困难，国际贸易和国际收支更趋恶化。他这种论断没有得到英国政府的重视和采纳。但是，他这种见解后来却完全得到证实，英国不得不于1931年9月放弃金本位制，实行英镑贬值。

（三）工人运动的高涨，强行降低工资激起空前大罢工

战争使英国垄断资本组织大发横财。在第一次世界大战期间，他们的利润增加了47亿英镑。战争年代，英国矿业主的利润达到1.6亿英镑，而他们的全部投资据估计仅为1.35亿英镑。这是战时阶级结构的一个极端。

而在另一个极端，战争给英国劳动人民带来了无可计量的牺牲和灾难。英国在战争中损失相当惨重，就人力而言，死亡近75万人，受伤近170万人；如包括殖民地和自治领地的军队在内的整个大英帝国而论，死伤人数就更多了。其中绝大多数当然是劳动人民。战时英国劳动人民的生活水平大大降低。以1900年的实际工资指数为100，1914年为90.1，1917年降为62，① 下降幅度之大实堪惊人！政府工潮委员会的报告中，这样描述战争结束时英国工人的悲惨状况："三年来工人一直在从未有过的条件下干活，工作时间很长，所有工作都极度紧张，速度也非常高。他们连一点休息和恢复体力的机会都没有……工厂工作的繁重条件，微薄，甚至有时极不合理的工资，恶劣的居住条件和生活条件，由于战争和严重损失造成的灾难，昂贵的食品价格，税务官的粗暴行为等，都使工人和他们的亲属的神经受到损害。"② 这是英国政府官方报告中承认的悲苦状况，实际上比这种描述还要严重。

战争使国内阶级矛盾大大地尖锐化。在战争最后阶段的1918年，罢工运动规模壮阔；第一次世界大战后几年和20世纪20年代，罢工运动更是声势浩大。随着罢工运动的蓬勃开展，起来同资产阶级进行

---

① R.福斯特：《帝国主义时代英国的阶级斗争》第2卷，1933年伦敦英文版，第10页。

② ［苏］弗·格·特鲁汉诺夫斯基：《英国现代史》，秦衡允、秦士醒译，三联书店1979年中文版，第9页。

斗争的工人，感到有联合起来的必要，工会的数目日益增加；同时，争取合并工会的运动也日益高涨。大战期间，矿工工会、运输工人工会和铁路工人工会达成了互相支援的协议，成立了三角同盟（Triple Alliance），这对于英国工会运动具有重大的意义，特别是对1926年的全国总罢工起了十分重大的作用。

成立三角同盟的目的是要制定下列共同要求：确定全国矿工、运输工人和铁路工人的劳动条件，废除当时调整煤炭业、运输业和铁路工人劳动条件的合同，并向各该企业主团体提出三角同盟的要求，在必要时三个部门的工人阶级将同时举行总罢工，强迫企业主接受他们的要求。总之，三角同盟的成立，反映英国广大工会群众越来越迫切地要求利用总罢工作为达到其政治经济目的的手段。

英国工人运动的蓬勃发展，受到了俄国十月革命的巨大鼓舞。同时，当英国及其他各国资产阶级联合进攻苏维埃社会主义俄国时，英国工人阶级坚决反对干涉苏俄，成立了"不许干涉俄国"全英委员会及地方委员会，进行了各种富有进步意义的活动，起了积极支援苏俄的作用。

英国工人于1900年建立工党的时候，原想有一个自己的政党。但工党一开始就落入反动工会领袖和小资产阶级政客的手里。十月革命以前，英国就发生过共产主义运动。英国工人中富于战斗性的革命分子，首先是车间代表，认为必须进行无产阶级革命和建立无产阶级专政。同时，英国有着大量的社会主义小组和知识分子的团体，其成员基本上站在马克思主义的立场上，并有结成革命的工人政党的要求。1919年共产国际的成立，是使英国共产主义分子的活动积极起来的新动力，它导致了大量新共产主义小组的产生。

英国共产党的成立，是英国工人阶级在战后工人运动高涨时期的巨大成就。俄国社会主义革命的胜利，使工人阶级的智慧和思想发生了重大转变，它标志着马克思列宁主义战胜了机会主义和社会民主主义。十月革命在政治上给予英国工人阶级以巨大的影响，加速了在英国建立英国共产党的力量的成长。1920年7月31日至8月1日，英国共产党举行了成立大会，把各种组织的共产主义者团结到党的队伍里。总之,共产党的成立是英国工人阶级之最重大的成就。正是由于英国工人阶级在战后革命运动高涨年代中阶级斗争的结果,建立了共产党。这标志着英国工人阶级革命运动进入了一个新的阶段。

英国20世纪20年代长期慢性萧条时期,工人失业问题严重。资产阶级谋求复苏工业,解救失业问题。英国剑桥学派经济学家认为失业是由于工资过高,只要工人肯降低工资,资本家就能降低成本,增加利润,从而增雇工人,失业问题就能得到解救。英国战时和战后工资增长,使工资水平比德法等国的工资水平为高,这就削弱了英国输出商品在国际市场中的竞争能力,英国统治阶级朝野人士早就着眼于降低工资去改善输出贸易的不利景况。1925年4月恢复金本位制以后,紧接着于同年6月,英国煤矿业资本家为了加强同德国煤矿业的竞争,要求取消最低工资限额,并减少工资的10%,以后又决定将工作日7小时延长到8小时。英国煤矿工人坚决反对这种无理决定,声明要以罢工相报复,而且为了自卫而复活了三角联盟,铁路工人和运输工人拒绝运煤加以声援。英国政府被迫暂时让步,作为缓兵之计:由政府拨款对煤矿给予津贴(到1926年5月1日为止)以降低矿主的成本,而不降低工资,并组织一个皇家委员会对煤矿工业进行调查,使这一劳资冲突暂时延缓。1926年3月该委员会提出报告,建议上项津贴在原定时限必须停止。政府采纳了这一建议。4月底矿主宣布降低工资、延长工时,并以大批解雇工人相威胁。英国工人阶级于5月4日开始全国性总罢工——除矿工外,铁路、运输、机械、建筑、印刷、电力等行业的工人都参加罢工,全国交通断绝,整个国民经济瘫痪。这次总罢工历时九天,煤矿工人单独坚持罢工,则持续了大约半年。英国劳工运动高涨,这次大罢工是这一高涨的必然结果。这一方面显示工人阶级团结的巨大力量,另一方面使英国经济遭受了严重的损失。

凯恩斯早就反对用强行降低工资的办法去谋求输出贸易的好转,也早就预言和警告过:强行降低工资势将引起劳资纠纷。他的论断没有受到重视和采纳。结果,在英国历史上空前的总罢工爆发了。凯恩斯目睹当时整个国民经济陷于瘫痪的那种危殆局势,基于他对英国资本主义制度的衷心热爱，当然感到痛心疾首，同时也基于他一向坚信英国当时的病症是可以治好、容易治好的这种虚妄信念，更加努力地力图对病症进行更"正确"的诊断——理论体系，开具更"有效"的处方——政策主张。

第三节　1929—1933年经济大危机特别深刻、特别严重

如上所述，凯恩斯《就业通论》一书，是1929—1933年经济大危机的产物。他的就业理论体系和政策主张是资本主义制度进入高度垄断阶段后，为了适应由私人垄断资本统治转化为国家垄断资本主义这种迫切需要而产生的。

凯恩斯的就业理论发源于英国，《就业通论》一书的撰写与出版当然首先以英国20世纪30年代大危机为其时代背景。英国是在20世纪20年代长期慢性萧条的基础上，进一步陷入20世纪30年代经济大危机的。这次世界经济大危机于1929年10月23日首先由纽约股票价格暴跌开始爆发，然后波及美国各个经济领域。通过国际贸易和国际金融等渠道，英国很快受到美国这次经济大危机的影响，而陷入这次空前严重的国际性经济大危机。英国国内经济原来早就存在着相当激化了的基本矛盾，这时加上外来的震动和冲击，有如火上加油，矛盾更加激化，经济危机更加严重。1930年第一季度起，工业生产指数和出口贸易指数都显著下降，失业人数激增。到1932年第三季度，英国的经济危机达到最严重的地步，失业人数接近300万人，失业率高达23%。凯恩斯认识到了当时英国经济空前恶化的极端严重性。他指出："今年（指1930年——引者）我们正处于现代历史中一次最严重经济灾害的阴影之下"[①]。"……现在要重视当前

[①] 凯恩斯：《1930年的严重萧条》，载《劝说集》，蔡受百译，商务印书馆1972年版，第119页。着重点是引者加的。

(指 1931 年——引者）局势的极端严重性，劳动人民已经大约有 1/4，现在闲着没有事做……"① 足见他对当时英国这种空前严重的大萧条确是非常重视，力图设法救治的。

当然，凯恩斯对这次经济大危机的注视，并未局限于英国经济的恶化局势，他的视野确实扩展到了整个资本主义世界各国的经济灾害。他曾明确指出："这次灾害（指这次经济大危机——引者）是扩大到世界范围的，因此不能单靠我们自己的力量来铲除病根"②。"首先要注意的是这次萧条情况的极端严重。就世界上三个主要工业国家，美国、英国和德国来说，失业工人共达 1 000 万"③。"商业衰落，失业增加，企业损失严重……形势的恶劣，是世界近代史上所从来没有遇到过的。没有一个国家能脱然无累……简直是处于极端恐慌的紧张状态中"④。同时，他也注意到了当时美国胡佛政府对付这次经济大危机的无所作为和软弱无力。他更对美国罗斯福总统的"新政"备加赞许。⑤ 由此可见，凯恩斯把 20 世纪 30 年代经济大危机看成一个资本主义各国所共患的国际性的经济灾害。在考察凯恩斯就业理论的时代背景时，除在上面指出当时英国这种经济危困的特殊情景外，更应找出整个资本主义世界这次经济大危机的共同特点。

这次经济危机是资本主义世界以往"所有一切危机中最严重的危机"。⑥ 主要特点如下：

（一）这次危机在深度上特别深沉、特别严重

这特别表现在生产大幅度下降，贸易空前萎缩和失业人数猛增上面。工业生产下降幅度之大为过去历次危机所未有，1932 年，整个

---

① 凯恩斯：《关于节约：一、节约与花费（1931 年 1 月）》，载《劝说集》，蔡受百译，商务印书馆 1972 年版，第 119 页。着重点是引者加的。
② 凯恩斯：《劝说集》，蔡受百译，商务印书馆 1972 年版，第 119 页。
③ 凯恩斯：《劝说集》，蔡受百译，商务印书馆 1972 年版，第 106 页。
④ 凯恩斯：《劝说集》，蔡受百译，商务印书馆 1972 年版，第 114 页。
⑤ 凯恩斯：《就业通论》，伦敦英文版，第 331~332 页。
⑥ 《斯大林全集》第 13 卷，人民出版社 1956 年版，第 253 页。

资本主义世界的工业生产比 1929 年下降 1/3 以上，有的国家的某些工业部门减产幅度更大大超过此数。国际贸易量下跌幅度之大也是史无前例的。

经济危机一经爆发，资产阶级立即袭用过去的老办法，把经济危机的损失转嫁到工人阶级和农民身上去。资本家大批解雇工人，把工人赶到街头，无数农民也陷入困境。1929—1933 年，资本主义国家总失业人数由 1 000 万人增到 3 000 万人，加上半失业者共达 4 000 万～4 500 万人。以美国为例，这期间由 150 万人增到 1 300 多万人，约占民用劳动力（约 5 000 万人）的 1/4，加上半失业者共有 1 700 万人，失业率高达 1/3。因失业而领取救济的队伍排成四行，长达几条街，为一勺菜汤和几片面包守候着，真是骇人听闻，惨不忍睹。

资本家对工人阶级的进攻，激起工人阶级的愤怒反抗，罢工风潮和失业示威此起彼伏，风起云涌，导致严重的社会危机。

这次空前严重、空前深刻的经济危机，具有极大的破坏力，使资本主义各国的工业和商业大开倒车，整整几十年生产力发展的成就付诸东流。第一次世界大战以前的各次经济危机，生产水平通常只倒退 1～2 年，倒退 4～5 年以上的情况是很少的。而这次危机却使整个资本主义世界的工业生产倒退到 1903—1909 年。其中德国约倒退到 1911 年，美国倒退到 1905—1906 年，法国倒退到 1896 年，英国倒退到 1897 年。

（二）这次危机的波及面也特别广泛，不仅限于工农业和商业范围，而且扩展于金融市场、资本市场和货币制度等领域

资本主义世界的股票市场，先后爆发行情暴跌风潮，不少国家的股票交易所宣告破产。金融市场也大多猛烈而持续地爆发挤提存款、抢购黄金的风潮，许多银行破产倒闭。第一次世界大战后恢复过来的金本位制，也在这一次再度垮台。

在过去各次经济危机中，货币金融系统虽也或多或少受些影响，但基本上还能正常运行，有的还能运用贴现政策和公开市场活动，调节金融去试图缓和危机。这次危机则使货币制度崩溃，在美国则更使整个银行体系陷入瘫痪，这是资本主义经济危机史中的第一次。

(三) 这次危机在时间上持续特别长久

以前的经济危机,生产下降的延续时间不过几个月,十几个月;而这次却是几十个月,以美国为例,由危机爆发到危机最严重的时间,长达五个年头(1929—1933年)。由危机的最低点恢复到危机前生产水平,所需时间:煤、钢、生铁等都要40多个月。因此,1929—1933年危机成为资本主义历史上持续时间最长的一次世界经济危机。

(四) 这次危机在地域上特别普遍

这次危机囊括了整个资本主义世界各国,没有一个资本主义国家不是经受着严重而深沉的经济危机。而且,由于帝国主义国家垄断资产阶级在国际市场上压低初级产品、特别是原料的价格,同时竭力维持工业品的垄断价格,使其少跌、不跌,甚至上涨,就使殖民地、半殖民地遭受不等价交换的剥削更加深重,吃尽了帝国主义国家转嫁危机的苦头。

总之,这次经济危机的极度深重、持久和广泛,使它具有极为严重的破坏力。一方面,商品堆积,生产力被大量闲置和毁灭;另一方面,却有千百万失业者无工可做,陷入饥寒交迫的悲惨境地。富裕中掩盖着极度贫困。正如马克思、恩格斯在《共产党宣言》中所指出的,"在危机期间,发生一种在过去一切时代看来都好像是荒唐现象的社会瘟疫,即生产过剩的瘟疫"①。

凯恩斯面对这种苦难深重的空前危殆局势,忧心忡忡,以"医生"自居,挺身而出,承认经济危机的存在及其极度严重性,但绝不承认经济危机是资本主义制度的必然产物,坚信这种社会瘟疫是可以救治的,于是撰编作为"诊断书"的"就业一般理论"及其"处方"的"需求管理方案"进行抢救,1936年出版他的代表作:《就业利息和货币通论》,这就标志着凯恩斯主义的诞生。

---

① 《马克思恩格斯选集》第1卷,人民出版社1972年版,第257页。

第四节 垄断资产阶级对经济大危机的抢救

这次空前深刻而严重的大危机,表明生产社会化和生产成果资本主义私人占有形式之间的矛盾已经那样深刻而激化,以致单靠资本主义市场机制自动调节的内在力量,辅之以货币金融领域的传统信用调节政策,已经不可能从危机中爬出来了。过去的老办法失灵了,传统的旧教义说不通了。所以,这次经济大危机的空前严重性和持久性,宣告了资产阶级自由放任传统经济思想的破产。

但是,垄断资产阶级是绝不甘心灭亡的。他们的阶级本性注定了:绝对不会承认经济危机是资本主义制度的产物,还要采取各种方式对这种极端严重的危殆局势进行抢救。德国希特勒法西斯专政型的国家垄断资本主义和美国罗斯福总统"新政"型的国家垄断资本主义,就是两个具体实例。

一、抢救经济大危机的两个重大先例

1933年初,在一片萧瑟凄凉的危机惨状中,资本主义世界出现了两起引人瞩目的事件:一是1月底希特勒在德国上台,一是3月初罗斯福接任美国总统。虽然一个公开宣扬法西斯主义,一个仍旧鼓吹资产阶级自由主义,但从他们实施的经济政策来看,都强调国家对经济的直接"干预",企图用加强国家垄断资本主义的措施来摆脱经济危机。

希特勒一上台,就立即在政治上推行法西斯专政,在经济上加紧推行国民经济军事化,加强国家对经济生活的全面控制、"干预"和"调节",对原料、资金、产品和劳动力实行类似战时经济统制的严格管制。这是希特勒法西斯专政型的国家垄断资本主义。最后,用发动新的帝国主义大战的办法来寻找摆脱危机的出路,结果,自取灭亡。

在美国,1933年3月4日罗斯福宣誓就任总统。当时美国经济处于濒临崩溃的极度危困境界:一般工商业下降到正常营业的60%

以下；1/4以上的民用劳动力陷于失业困境；出口下降到接近于20世纪30年代以来的最低水平；商品价格已经跌落到大萧条开始以来的最低点。

尤其紧急的是，经济大危机交织着极端严重的货币金融危机，信贷和银行机构陷于瓦解。在1932年，有1 400多家银行倒闭，到1933年头几个月里，情况更加恶化。到2月末和3月初那几天，由于广大群众对金融体系严重地失去了信心，全国人口中有很大一部分参加了挤兑金币、挤提存款活动。到3月3日，罗斯福总统宣誓就职的前一天下午，全国几乎没有一家银行开门营业，几乎各州的州长都发布暂时或局部地关闭银行的通知。人们对整个国家濒临毁灭的疑惧和恐慌情绪，简直无法形容。值此万分紧急的危难关头，罗斯福就职后立即采取紧急步骤处理银行危机。在就职后第二天，援引战时法令，下令全国银行"休假"，直到国会能采取行动为止。病急乱投药，和平时期援引战时紧急法令，这种做法是否符合美国宪法等问题，都顾不上去考虑了。

罗斯福一进白宫，就要求国会授以"紧急全权"，并宣布执行"新政"，同一切国家垄断资本主义一样，其目的在于通过加强国家对经济的干预来克服危机，缓和阶级矛盾，维护垄断资产阶级的统治。罗斯福为了对付经济大危机及由此引起或加剧的种种紧急问题，采取了由一系列形形色色的立法和行政命令所构成的"新政"，为时仅5年，其最终结果，虽未康复经济，但导致美国经济体制的一些重大转变。在新政改革后，一方面，企业家和大资本家的财产较为安全，高额利润更有保障，少受经济周期的损害，接受联邦政府更多津贴，也受到联邦政府更广泛而深入的调节和管理；另一方面，政府的福利政策在维持那些与资本主义制度的利益无缘的工人阶级和劳动人民的最低生活水平方面，多少有所助益。这就是罗斯福"新政"型的国家垄断资本主义的重要效果。

由于罗斯福"新政"型国家垄断资本主义同凯恩斯"需求管理"型的国家垄断资本主义都是20世纪30年代经济大萧条的直接产物，凯恩斯当时曾密切注视过"新政"的发展过程。"新政"计划在实践上对"就业一般理论"起过先导、促进、借鉴和印证的作用。因此，本章论述就业一般理论的时代背景时，首先，必须扼要介绍新政实验方案的主要内容及其实质意义；然后，把这两种类型的国家垄断资本主义的主要共同或类似的特点，加以简要的概括，并作对比分析。

二、"新政"的主要内容及其实质意义

为了应付非常紧急的局势，美国 73 届国会举行特别会议，会议期间差不多总共通过了 20 个应付经济恶化局面各方面的主要法令，从而开始了国家的"新政"时期。从 3 月 9 日到 6 月 16 日的总统和立法机关的"百日"紧急行动，为总统权力的扩大开创了一个新纪元。

新政整个计划的主要目的有三，即所谓"三 R"：复兴（Recovery）、救济（Relief）和改革（Reform）。这三个目的有时交织在一个单项法案中，有时则是分开的。所有这些措施都是通过美国国会立法授权，采取强有力的行政干预而发挥作用的。

新政的最初阶段（1933—1934 年）重点在于复兴，特别是采取紧急措施解救银行危机，维持银行信用，实现美元贬值，刺激对外贸易；限制农业生产以维持农产品价格，制止农场主破产；规定协定价格以减少企业间竞争，制止企业倒闭。

罗斯福就任总统时最紧急的事态是极端严重的货币金融危机和大批失业者面临着严峻的生存问题。他对付这种空前危难局势的基本态度，一是树立坚定不移的信心，二是要求国会授予紧急处置特权，向非常状况开战的广泛行政权力，迅速而果敢有力地行动起来，进行抢救工作。

他十分强调树立信心。在各次演说、"炉旁谈话"、致国会的咨文等中，处处表明他那种坚定的信心。例如，在 1933 年 3 月 4 日的首次就职演说中，态度坦率而果敢，他宣布："我们的国家过去经得起考验，今后还会经得起考验，复兴起来，繁荣下去。因此，首先，允许我声明我的坚定信念。我们唯一值得恐惧的就是恐惧本身——会使我们由后退转而前进所需的努力陷于瘫痪的那种无名的、没有道理

的、毫无根据的害怕。"①

他对付史无前例的银行风暴,是信心十足、无所畏惧的。他就职后第二天就发布通告,规定全国性银行休假。这是政府重整财经结构的第一步。第二步是3月9日国会通过一项"紧急银行法令",批准总统关于"银行休假"的公告,并且授权总统以管制信贷、通货、黄金、白银和外汇交易的紧急权力,还授权财政部长把全部黄金和黄金证券储藏起来,批准审计官有权为处于困境的银行和这种银行的改组指派管理人员。第三步是作出一系列规定,准许所有领到了执照的银行从3月13日起分三批(13日、14日和15日)重新开业,使整个金融体系恢复运转,以解决粮食和其他家庭必需品的销售和工资的支付,使日常经济生活初步恢复正常秩序。

在1933年3月6日到15日这短短10天中,从"银行休假"到银行重新开业,全国货币金融体系从崩溃状态中得到了拯救,并且继续运转。罗斯福的抢救行动极为迅速、果断而坚决。总统这样坚定有力地处理了银行危机,并在各条战线上开展克服萧条的行动,促使人们增强了士气,恢复了信心。这是罗斯福"反危机"新政"战争"中的第一个战役,也是关系到美国货币金融经济瘫痪危症能否得到初步扭转、关系到新政整个"战争"能否取得一定"战果"之关键性的一次战役。

大体上说,罗斯福毕竟赢得了初步克服货币金融瘫痪危症的紧急而惊险的这次战役,这就赢得了全国人心的初步安定,赢得了时间。这就为新政其他后继战役的部署和开展铺平了道路。

这次货币金融危机使美国货币金融在体制上的灾难性缺陷暴露无遗。货币金融体系恢复运转以后,紧接着就继续进行货币金融战线方面一系列的改革。新政的金融计划,就其有关的通货与信贷而言,具有三个目标:通货膨胀、银行制度的改革和加强对证券和商品的

---

① 富兰克林·德·罗斯福:《罗斯福选集》,关在汉编译,商务印书馆1982年中文版,第14页。着重点是引者加的。

监督。

在通货膨胀方面，除上述 3 月 9 日通过的紧急银行法令为扩大信贷提供便利所作的努力外，更于 1933 年 5 月通过的《农场救济和通货膨胀法令》，授权总统在他需要的时候，可以：（1）要求联邦各银行把信贷金额扩大到 30 亿美元；（2）发行单纯以美国信用为担保的美钞 30 亿美元；（3）把金元贬值 50%；（4）在六个月内接受价值 2 亿美元的白银；（5）总统可以决定按黄金的任何比例无限制地铸造银币；此外，还赋予总统有权用他所乐于采用的任何方法去利用通货膨胀，他能够印制更多的钞票。总统根据这种立法授权，先后发布各项行政命令，停止黄金出口（除经财政部批准而外），禁止囤积黄金和黄金券，取消公私债务中使用黄金支付的条款，从而使各项债务可以用纸币支付；用减少美元的黄金含量的办法进一步刺激通货膨胀，并于 1933 年 10 月开始执行黄金收购计划，他宣布他正在"朝着管理货币的方向前进"。这实际上意味着废除了金本位制，实行管理本位制。这些措施增大了通货供应量，对松动银根、活跃经济起了重大作用。此外，建立"联邦存款保险公司"，保护那些毫无保障的存款户，这不但改善了银行监督，而且结束了公众向银行挤提存款之由来已久的习惯，缓和了公众对于银行和银行家的怀疑态度。

在农业战线方面，1933—1938 年的各次农业立法，农业方面所实行的经济复兴、救济、改革工作，比其他任何经济部门都更为深入。首先，新政的农业立法，其主要目的在于恢复农民的购买力，用种种办法来缩小种植面积，减少农产品过剩，并由国家拨款支持农产品价格，使农民增加收入，农场主提高利润。其次，关于土壤防蚀和土壤保持的各项法令，政府设置专门机构，拨付巨款，从事保持与改善土壤肥力，促进土地的经济使用，防止河流和海港对土壤的危害。再次，新政农业计划的另一重大目的是减轻债务，提供便利的信贷，并解决农业抵押贷款问题。总之，在经济大危机中，农业部门的垄断程度较小，产品过剩比工业产品更为严重，从而农产品价格下降特别厉害，农业和农场主蒙受损失特别深重。因此，新政对农业的救济、复兴和改革就特别广泛而周到，引起的批评和争论也就最多、最激烈。

新政的工业政策以1933年的"全国工业复兴法令"为依据。罗斯福签署这个法令时指出：颁布法令的目的在于保证工业的合理利润和工人维持生活的工资，以消灭那些既妨碍正当工商业，又伤害了劳工利益的海盗式的方法与措施。具体地说，是要通过采用工商业的自行调整，减少生产过剩，增加工资，缩短劳动时间和提高物价，来促进工业的复兴。为了执行这个法令，成立"全国复兴总署"，颁布了一项关于禁止雇用童工，规定工时和工资的一揽子规定。后来又通过了许多项基本法规和补充法规。美国在制定工业统一法规方面，从来没有作过如此规模的努力，实行起来困难很多。而且，从一开始就有人提出了批评。以后，接二连三的猛烈批评导致了《全国复兴总署》的改组。最后，由于最高法院于1935年5月决定：认为《全国工业复兴法令》中制定法规的条款，把立法权从国会转给总统是无效的，很快就把"全国复兴总署"撤销了。

新政的劳工政策包括三个方面：第一是减轻失业情况，即失业救济。第二是通过失业保险、老年保险和其他方法来加强工资收入者的经济安全。第三是改善工会工人在美国经济制度中的不利地位。

首先，关于劳工政策的第一个方面——失业救济。罗斯福总统就职后，立即开始把失业严重作为紧急问题进行处理。经济大萧条使失业工人人数空前增多，处境非常悲惨，工人的斗争十分高涨，罢工、示威汹涌澎湃，社会危机严重。罗斯福一方面基于他的资产阶级人道主义，另一方面，更重要的，基于对付社会动乱，缓和阶级矛盾，首先采用"以工代赈"的公共工程政策，由政府出资雇用失业人员从事各种公共工作。如总统就职后，国会旋即通过一项法令，授权总统雇用青年人参加"地方资源养护队"，在第一年内就有30多万人参加这个队伍。如1933年5月，国会通过"紧急救济法令"，成立了"联邦紧急救济总署"；后来，先后设立了"公共工程总署"、"民用工程总署"、"工程进度管理署"等机构。这些计划表明的是把救济、贫困、就业和安全等社会职责都归联邦政府承担这一重大的、历史性的转变。这些机构支出了大量资金，举办各种公共工程，缓和大规模失业问题。如"工程进度管理署"建立后,直到第二次世界大战,开展了广泛的经济活动:从1935—1942年的7年中共花费了105亿美元。如1938年,它的活动达到高潮,曾为380万人(大约为当时失业人数的1/3)提供了就业机会。在某个时候,它曾雇用过850万人,把依靠工人赡养的人口计算在内,直接受益者在2 500万人以上。它所完成的大量工作,包括建筑了12.2万幢公共建筑,66.4万英里新道路,7.7万座新桥梁,285个新机场和2.4万英里下水道,还修理了几千种原有的设备。此外,还修建公园、游戏场、水库和无数最为人们所需要的建筑物。它不仅为熟练工人和非熟练工人提供了就业机会,还帮助了包括教员、演员、艺术家和作家在内的脑力劳动者。[1]

其次,关于劳工政策的第二个方面——社会保险。罗斯福1935年8月14日就签署社会保险法发表的声明[2]中说:"过去百年来的文明社会,由于它的惊人的工业变化,曾经趋向于使得生活越来越不安全。年轻人开始担心他们将来的老境如何。有工作的人则担心他们的工作能保持多久"。"这一社会保险措施至少将对我们的3 000万公民提供一些保障。他们将直接受益于失业补贴、养老金以及保护儿童和防止疾病的进一步措施"。"我们将永远做不到100%的人口不受生活中一切祸福兴衰的影响,但是,我们已经努力制定了一项法律,它将对普通公民及其家庭提供一定程度的保护,使他们不受失业和老年潦倒之苦"。"这个结构是为了减缓未来可能再发生的萧条的冲击。"1935年的"社会保险法令",经1939年和后来的修正案所提出的失业保险、养老金和其他福利,这是美国关于"福利国家"因素这种社会立法的一个标志。但是,尽管社会保险法令已经通过立法程序并成为行政措施,而在实际推行过程中却困难重重,进展缓慢。更重要

---

[1] [美] H.N.沙贝尔、H.G.瓦特、H.U.福克纳:《近百年美国经济史》,彭松建等译,中国社会科学出版社1986年版,第412~414页。

[2] [美] 富兰克林·德·罗斯福:《罗斯福选集》,关在汉编译,商务印书馆1982年版,第86页。

的是，从上述总统"声明"已经能够清楚地看出这种社会保险措施在效果上的局限性及其改良主义实质。

再次，关于劳工政策的第三个方面：加强工会力量的"全国劳工关系法令"，成为美国劳工立法历史中的一个里程碑。它试图使劳资双方在工资争议中有"平等"的权利，并消除劳资纠纷在这方面的因素。为了执行这项法令，成立了一个永久性的"全国劳工关系局"。这个法令鼓励了工会组织，迫使雇主接受集体争议工资制。罗斯福有一个重要观点："在一半兴隆一半破产的国家里是不能达到持久繁荣的。如果我们的人民有工作和合理的工资和合理的利润，他们就可以购买别人的产品，生意就是好的。"①他反对饥饿工资和长工时的劳动。他认定："高工资和短工时就不会伤害任何雇主。不仅如此，这比失业和低工资对雇主还更好一些，因为这造成更多的买主去购买他们的产品。这就是工业复兴法的真正核心的简单概念。"②"削减工资……使市场萧条并且破坏了购买力"③。试看，罗斯福在主张"合理的工资"的同时，主张"合理的利润"；而且，反对低工资、主张高工资，目的在于提高对产品的购买力，维持持久的繁荣，归根到底还是为了对资本主义有利。不过，总的说来，"全国劳工关系法令"和"全国劳工关系局"对保障劳工某种权益和促进工会工作的开展，确实起了一定的积极作用。

最后，也是最重要的，田纳西河流域治理发展工程。罗斯福新政计划中最有深远影响和最为著名的、对农业、工业和其他经济领域以及对公用事业有影响的法令之一，是1933年5月的《麻棱浅滩与田纳西河流域发展法令》。根据这个法令，成立了人所共知的"田纳西

---

① [美]富兰克林·德·罗斯福：《罗斯福选集》，关在汉编译，商务印书馆1982年版，第43~45、70页。着重点是引者加的。

② [美]富兰克林·德·罗斯福：《罗斯福选集》，关在汉编译，商务印书馆1982年版，第43~45、70页。着重点是引者加的。

③ [美]富兰克林·德·罗斯福：《罗斯福选集》，关在汉编译，商务印书馆1982年版，第43~45、70页。着重点是引者加的。

河流域管理署",维护和管理政府在阿拉巴马州麻棱浅滩所拥有的财产,加强国防和发展田纳西河流域的工业和农业,改善田纳西河的航运,并控制田纳西河与密西西比河的洪水。"管理署"除了为制造肥料、炸药而生产硝酸盐等产品外,还有更多的权力用以取得房地产、建筑水坝和动力厂、设置水电厂、制订洪水控制计划、防止水土侵蚀,以及协助重新造林等。它确实建成了完善的防洪工程和完整的航运系统,给田纳西河两岸城镇带来了持久的利益。电力开发是这一工程的优先目标。在最初两年后,管理署主要生产和销售电力。不久,流域地区就有了全国最廉价的电力和最高的人均用电量。廉价电力加上洪水治理,有助于吸引工业,也无疑有助于提高流域地区人民的生活水平。总之,这是"新政"最有持久意义的成就之一,整个工程既是"经济计划"的杰作,又是更新和发展某个地理区域经济的一个重要实验。

综括上述,我们现在可以概括如下几项特点:

首先,"新政"是救治美国经济大危机的空前危殆局势,运用政府强大权力对经济进行全面干预的一种国家垄断资本主义实验性措施。它标志着资产阶级经济思潮从自由经营论向政府干预论转变的一个重要里程碑。正如美国共产党主席威廉·福斯特的论断那样,罗斯福新政把美国从一般垄断资本主义推上国家垄断资本主义。① 它的实质意义即在于此。

其次,新政是一个庞大而复杂的综合体。为了对付经济大萧条引起或加剧的种种严重问题,新政由一系列形形色色的立法授权和行政命令所构成。罗斯福在经济大危机的紧急关头,临危受命,仓皇应战,新政表现为临时凑合,杂乱无章。它开始时并没有任何全面而周详的计划。它是试验性的,随着岁月的流逝和经济情势的变化而在不断修订。

---

① 威廉·福斯特:《美国共产党史》,中译本,世界知识出版社 1961 年版,第 315 页。

再次,基于新政的资产阶级改良主义实质,它是当权的资产阶级革新派用强大的权力行动,去克制资产阶级保守派因循等待经济复苏的一种"反萧条"的救济与改革运动。它一方面安抚和照顾那些因现行制度缺陷而受苦受难的人们,另一方面试图用某种温和的洗涤剂去清洗现行制度在大萧条中明显暴露出来的某些污垢。因此,新政的每一"改革"都遭受资产阶级既得利益者阶层的指责和反对。总的说来,新政初期基于经济情势的紧迫,反对势力暂时有所收敛,改革推行得比较顺利。随后,随着经济形势的稍趋缓和,指责和反对也就日趋激烈。到1936年,新政的很大一部分内容竟被指控为违反宪法。特别是后期,新政的每个项目几乎总是以某种程度的失败或大打折扣而告终。到1938年,新政竟告寿终正寝。

最后,新政作为"反危机"的救治方策,是有"疗效"的。它通过迅速而果断的强力政府干预,从美国空前危难的深渊中,拯救了资本主义,使其免于全面毁灭。但是,它的"疗效"毕竟是有限的。新政救治方案的所有项目都是属于治标性质的,只是头痛医头、脚痛医脚的修修补补处方,丝毫也没有根治资本主义基本矛盾。它可以在有限的程度内使矛盾有所缓和,但绝对不是根治经济危机的灵丹妙药。罗斯福推行新政以后,美国经济复苏甚为缓慢,转入长期的"特种萧条"。到1937年下半年尚未恢复到经济大危机前的经济水平,却又陷入美国历史上来势最猛的一次经济危机。从1937年8月危机爆发起,经济在九个月内下降幅度约等于它在1929—1933年五个年头内下降幅度的一半。在失业人数方面,经济大危机中美国失业人数最多高达1 700万人,新政方案费了九牛二虎之力,好不容易才在1937年初下降到600万~700万人,而到1938年又直线上升到1 100万人。工业生产1936年10月曾达到并缓慢超过1929年的水平,这次危机中却急剧下降1/3,几乎达到1933年的最低水平。这就有力地证明,新政的政府干预方案绝对无法消除资本主义周期性的生产过剩经济危机。经济危机的根源在于资本主义制度本身。只有从根本上消灭资本主义,才能消除经济危机。

三、罗斯福"新政"方案同凯恩斯需求管理方案的对比分析

如上所述,罗斯福新政型国家垄断资本主义同凯恩斯需求管理型国家垄断资本主义,在政策措施上,确实有很多相同或类似之处。在介述新政方案的主要内容及其实质意义之后,必须将这两种类型的"反危机"国家垄断资本主义概要地加以对比分析,从而清理出:在救治大萧条的改良主义对策方面,罗斯福早在凯恩斯《就业通论》正式出版之前的 3~4 年内已经实施了哪些组成部分,还剩下哪些东西留待凯恩斯去填补空白。

在作这种对比分析之前,还必须弄清一个问题:这两种国家垄断资本主义方案之间的相互关系如何呢?它们彼此间有没有相互影响,如果有的话,有什么影响呢?此中情况甚为特殊。

一方面,罗斯福推行新政试验对策的过程中,特别在前期阶段,他既不认识凯恩斯也不承认凯恩斯的新经济学。因此,罗斯福的新政方案同凯恩斯需求管理方案只是不谋而合,确实完全没有受凯恩斯方案的启示和影响。现举罗斯福 1934 年对凯恩斯及其经济学的评论为证。1934 年 6 月,凯恩斯访问美国,会见了罗斯福。当时罗斯福政府的劳工部长珀金斯(F. Perkins)在其《我所知道的罗斯福》一书中,对这次会晤作了记述。她回忆说:

"把失业救济项目同公共工程相结合,这对凯恩斯早就劝说并强烈要求英国政府这样实施的公共工程理论,构成一个有效的证明。"

"罗斯福本人并不通晓凯恩斯经济学。政府中的其他人员,读过凯恩斯的论著,但没有普遍加以接受。"

"凯恩斯 1934 年 6 月来过美国,后来再来过一次。"

"凯恩斯 1934 年拜会了罗斯福,时间短促,谈了些玄虚的经济理论。"

"后来,罗斯福告诉我:'我见到了你的朋友凯恩斯;他留下许多数字的一整套废话。他应当是一个数学家,而不是一个政治经济

学家'。"①

试看，一方面，罗斯福对凯恩斯及其经济理论，一点也不赏识，把他用数学公式解释的公共工程经济理论，贬低为"许多数字的一整套废话"，把凯恩斯奚落为"一个数学家"，而不承认他是一个政治经济学家。这就强有力地证明，罗斯福推行"反萧条"的新政实验，完全没有受凯恩斯新经济学的影响。

但是，在另一方面，罗斯福推行新政这一"反危机"实验性方案，正值凯恩斯就业一般理论接近完成的阶段，他对美国这一重大实验性方案的实施，确曾密切注视，而且高度赞扬。凯恩斯在英国呼吁了几年的公共工程理论和政策，此刻在美国由罗斯福总统进行大规模试验，如果行之有效，那就足以证明凯恩斯新经济学的正确性。这就无怪乎凯恩斯为新政实验欣喜莫名，赞赏不已。因此，罗斯福新政方案的实施，对凯恩斯就业一般理论的创建起了先导、借鉴和印证的作用。

下面让我们将这两种类型的国家垄断资本主义简要地加以对比分析：

（一）两者在战略目标上完全相同

新政的首要目的在于拯救资本主义制度。罗斯福自己指出，新政是"一场挽救民主的战斗。我们正在为自己和全世界拯救一种伟大而珍贵的政治体制而战斗"②。凯恩斯同样确认，他的方案是为使"现行经济形态免于全部毁灭之唯一切实可行的办法"③。两个方案都是 20 世纪 30 年代经济大萧条的产物。当时美英两国经济凋零，失业严重，阶级矛盾十分尖锐，有爆发革命、使资本主义制度趋于毁灭的危险。所以，两者的战略目标都是：一方面，拯救资本主义制度；另一方面，抑制和反对马克思主义和社会主义。这是一个铜钱的两

---

① 珀金斯：《我所知道的罗斯福》，1964 年纽约英文版，第 225 页。从 1933—1945 年 5 月，她担任罗斯福政府的劳动部长。着重点是引者加的。

② ［美］富兰克林·德·罗斯福：《罗斯福选集》，关在汉编译，商务印书馆 1982 年版，第 128~129 页。

③ 凯恩斯：《就业通论》，徐毓枬译，商务印书馆 1977 年版，第 323 页，参照原文，译文略有更动。

面,是由罗斯福与凯恩斯的资产阶级本性所决定的。这两个方案的阶级实质是完全相同的。

(二) 在为资本主义制度辩护的方式上,罗斯福与凯恩斯如出一辙

两人都具有一定的现实感,改变了资产阶级保守派把资本主义制度描绘得尽善尽美的那种一味歌颂的传统态度,都不再信奉资本主义经济市场调节的完善性与和谐性:市场机制的自动调节能使经济臻于充分就业最佳境界的教义。都承认资本主义有缺点,如失业问题和收入分配极为不均,必须加以改革,使之有所改良。

两人均坚定不移地确信:资本主义是可以救治的。他们正是基于这种信念,才对病势垂危的资本主义奋起进行抢救。

(三) 然则如何抢救呢

大体说来,主要有下列几点:(1)扩大政府机能,负起对经济运行的责任,加强政府干预,并使私人企业仍有充分的活动余地,构成公私混合经济;(2)提高消费与促进投资,双管齐下,增加购买力(罗斯福原词)或有效需求(凯恩斯原词),解决供大于求的矛盾;(3)在具体做法上,都主张扩大政府开支、赤字财政和通货膨胀,都反对紧缩经济政策;(4)都强调要建立信心,要大胆行动。

(四) 在对经济大危机的病情诊断上,罗斯福只作了一些常情推理的通俗论断,而凯恩斯却编制了标新立异的一整套玄妙理论。这可从三个方面进行对比分析

首先,在病象方面,两人的说法不同,但实际上是基本一致的。罗斯福判定经济大危机的病象是"生产超过了大众购买的能力";"他们双手生产的产品超过了他们钱包的购买力……根据不可抗拒的供求规律,供给超过有支付能力的需求,生产就会被迫停止。其结果是失业和工厂停闭。于是就发生了1929年到1933年的悲惨岁月";"消费大众的购买力赶不上生产的速度"[①]。罗斯福对经济危机在病

---

① [美]富兰克林·德·罗斯福:《罗斯福选集》,关在汉编译,商务印书馆1982年版,第176~177页。

象上的描述,归结为"商品供给>需求",结果,商品充斥市场,生产被迫减缩或停止。他这种说法通俗易懂,也是许多经济学家的一种共同的说法。凯恩斯把这种病象归结为"有效需求不足"。所谓"有效需求",通俗地说,就是有支付能力的、有购买力的市场需求。需求不足,这是相对商品供给过多而言,实际上就是"商品供给>需求"。所以在病象的描述上,罗斯福的"购买力不足"同凯恩斯的"有效需求不足",说法不同,实际含义是一致的。

其次,关于病因、病症根源的诊断方面,两人差异很大。

罗斯福把病根归咎于美国 20 世纪 20 年代的虚假繁荣。他指责说:"使我们遭受打击的十年的放荡不羁,十年的集团利己主义……'人不为己,天诛地灭。'"①"在那次'繁荣'的狂欢中,无法无天的投机家们积累着巨额利润,而你们广大民众,却落得'给别人背黑锅'……在那次'繁荣'的狂欢中,贫民窟的状况无人过问,教育的改进无人关心,高利贷利息飞涨,童工盛行,挨饿的工资不再是例外情况,而时常成为普遍现象。的确,在那些日子里,财神爷统治着美国"②。罗斯福对病根的诊断平淡通俗,没有什么深奥难懂的理论,但接触到了 20 世纪 20 年代虚假繁荣中资产阶级拼命追求利润、增加生产、投机取巧以及广大贫苦大众收入低微、生活贫困这种严重的社会弊端,只是没有深入地展开论证,没有形成一套完整的理论。

凯恩斯则完全不同。他编制了以有效需求原理和三个基本心理规律为中心内容的一整套就业理论体系,强调先验的心理因素,用消费倾向基本心理规律去解释消费方面有效需求的不足,用资本边际效率和流动偏好两个心理规律去解释投资方面有效需求的不足。他用这套理论体系去充当其经济政策的理论依据。不仅如此,他的《就业通论》主要是一部理论著作,对"有效需求不足"这一中心论断展开

---

① [美] 富兰克林·德·罗斯福:《罗斯福选集》,关在汉编译,商务印书馆 1982 年版,第 97~98 页。
② [美] 富兰克林·德·罗斯福:《罗斯福选集》,关在汉编译,商务印书馆 1982 年版,第 115 页。

细致而深奥的论证,在政策方面则仅作些简要的提示而已。

最后,两人的理论适用的时间长短不同。罗斯福对经济大危机病因所作的朴素诊断,只限于美国20世纪20年代虚假繁荣的各种弊端。而凯恩斯的就业理论则特别强调其"一般"性质,不仅适用于严重失业的境界,而且对凡处于充分就业与严重失业之间的所有不同程度的"非自愿失业"水平,都能适用,也就是说,对资本主义整个历史时期中存在着非自愿失业之所有不同的就业境界,都能适用。

(五)关于"反危机"的政策方面,前面已经论述了两种方案的相同或类似之处,这里还须对两者在政策措施上的如下一些差异,扼要加以补充。

首先,新政的许多措施大多是危难关头的紧急处置,有的甚至是临时对付,没有什么统筹规划。它表现为一个个由国会通过的法案、由总统签署的行政命令,有些显得杂乱无章。而凯恩斯的"反危机"经济政策则经过较长时间的深思熟虑,形成一个政策体系。

其次,新政各项措施系在较短时间内和盘托出,特别在"新政百日"中大量而集中地涌现出来。而凯恩斯在《就业通论》中的经济政策则只是提要性的,具体的详细内容完全从略。又新政各项措施没有提到政策水平的高度,而凯恩斯的经济政策则归纳为财政政策、货币政策和公共工程政策的水平。

再次,新政在实际上推行了赤字财政和通货膨胀的大胆措施,去解救经济萧条和失业问题,但并未明目张胆地摒弃健全财政原则。罗斯福在1933年3月4日首次就职演说中明确指出:"我们将致力于整顿财政,平衡收支"[①]。他信奉健全财政原则,但同时认为向大萧条开战是一种非常时期,正如战争状态是非常时期一样,必须暂时背离健全财政原则,而采取非常手段,坚决大胆地实行赤字财政和通

---

① [美]富兰克林·德·罗斯福:《罗斯福选集》,关在汉编译,商务印书馆1982年版,第16页。

货膨胀。正是基于这种信念,他也同样坚定大胆地承诺:一旦这种非常时期结束,政府将尽快恢复平衡财政。也正是基于这种信念,他严厉谴责其前任胡佛总统的听天由命,无所作为,厉行通货紧缩的政策。

而凯恩斯呢?他所主张的赤字财政政策,是确切无疑地摒弃了健全财政原则的传统教义,更深一层说,摒弃了"储蓄支配投资"的旧观点,改为采纳"投资支配储蓄"的新观点。因此,凯恩斯在《就业通论》中的赤字财政政策根本未区分正常时期与非常时期,只要生产资源(人力与物力)没有得到充分利用,就应该采取赤字财政去鼓励消费,提高投资引诱,增加有效需求,达到并保持充分就业。

最后,救济失业与公共工程项目相结合,是罗斯福新政方案的一个重点内容。1934年6月凯恩斯访问美国、同罗斯福晤谈时,凯恩斯对此种措施高度赞赏。这表明两人都主张采取此种办法去解救失业问题。但是,两人对此种办法所持的理论依据却彼此不同。

罗斯福认为,公共工程的"目的是使更多的人重新就业,既能直接地在这些公共工程就业,也能间接地在为这些公共工程提供材料的工业中就业"①。这表明,他认识到了公共工程对失业救济既具有直接的效应,也具有间接的效应。但他是从经济学常识推理的角度去理解这个问题,丝毫没有什么高深的经济理论。

而凯恩斯则不如此。他1929年对劳合·乔治公共工程计划的支持,最初也是从经济学常识推理出发的,但后来建立了"倍数原理",并且同"边际消费倾向"相结合,用数学公式推算出公共工程总经济效益的倍数率。这样,公共工程政策的理论依据深刻化了,经济效应具体化了,对当时反对者的说服力也增强了。他会见罗斯福时对公共工程方案的赞赏,正是把"国民收入、公共和私人开支、购

---

① [美]富兰克林·德·罗斯福:《罗斯福选集》,关在汉编译,商务印书馆1982年版,第73页。

买力以及用公式推导的精细论点,通过数学方法进行表述"①,但罗斯福的反应不佳,如前所述,贬低为"许多数字的一整套废话",不承认凯恩斯是政治经济学家,奚落他是一个数学家。由此可以看出,尽管对失业救济同公共工程相结合这种方案的实践本身,两人的主张几乎完全相同,但是,在这种方案的理论依据方面,凯恩斯比罗斯福要深入些、精细些、数理化些,这是罗斯福所不能理解,也就不愿接受的。

总之,罗斯福没有凯恩斯有效需求原理那一整套理论体系为依据,也能推行与凯恩斯相同或类似的国家垄断资本主义"反危机"一系列措施。在这点意义上讲,罗斯福"新政"是"没有凯恩斯理论的凯恩斯主义经济政策"。这样,厉行国家干预的"反危机"经济政策,罗斯福早在凯恩斯的《就业通论》一书面世之前三四年就已付诸实施,这不是凯恩斯的首创。凯恩斯首创的是,在一套就业理论体系的基础上,规划出一套经济政策。就业理论与就业政策二者紧密结合,构成一个完整"反危机"救治方案。这是罗斯福"新政"所欠缺的。凯恩斯所做的正是弥补罗斯福遗留下来的这种欠缺。

第五节 经济理论的混乱与危机

1929—1933年世界经济大危机不论在广度上、深度上和历时长度上都是资本主义有史以来空前未有的,资产阶级经济学自由经营论传统教义面对这种空前严重的危殆局势,实在再也无法自圆其说。比如说,传统经济学认定经济危机是经济机体临时失调,均衡遭受破坏,通过市场调节可以自动恢复均衡的一种过渡现象。这样,它势必

---

① 这是珀金斯回忆1934年6月凯恩斯同罗斯福谈话内容的原话。她又说:"凯恩斯同罗斯福交谈后,来到我的办公室,把对罗斯福这种方策的赞赏,重复说了一遍……我期望他在同罗斯福交谈中,把此中事理说得具体些,而不是仿佛作为居于经济知识的高一层人物去看待自己。"这表明,她也希望凯恩斯不用数学公式推导的方法去表述自己对这种方策的赞赏,而用经济常识推理去说明问题。参见珀金斯:《我所知道的罗斯福》,1946年纽约英文版,第226页。

是短暂的、局部的、温和的。而这次经济大危机持续 4~5 年,显然不是短暂的。它波及一切经济部门和经济领域,同时又是国际性的,任何一个资本主义国家都无法幸免,显然不是局部的,而且严重到资本主义制度面临"全部毁灭"的危险,也显然不是温和的。总之,这些传统经济学教义对这次空前严重的经济危机确实完全无法加以解释。又比如,传统经济学歌颂资本主义经济机体具备着充分的完善性与和谐性,可以保证资本主义经济运行得十分协调,而这次经济大危机严重到这种程度,使资本主义经济再也丝毫谈不上"完善性"、"和谐性"了。面临这次空前严重的经济大危机,资产阶级经济理论陷入极度混乱和危机。琼·罗宾逊后来回顾说:当时资产阶级经济理论处于"可怜的混乱状态",由于不能解释就业水平如此低落而趋于破产,她归结为自己平生所经历的"经济理论的第一次危机"①。

20 世纪 30 年代经济大萧条期间,以英国为例,经济学界在探索经济大危机产生的原因和对策方面陷入可怜的混乱状态,垄断资产阶级亟须一种新的经济学说,对这种空前严重的经济病症作出令人满意的解释,藉以解救岌岌可危的困窘局势。凯恩斯就业一般理论正是处在这种紧急关头,适应国家垄断资本主义的紧迫需要,脱颖而出的。因此,在清查凯恩斯就业一般理论的时代背景时,除上述关于英美等国当时的经济危急事态而外,还必须对作为凯恩斯的主要论争对象:新古典学派经济学的有关重点论点,作一简要的介述。

当时英国资产阶级经济学界占统治地位的是剑桥学派的经济学

---

① 罗宾逊夫人 1971 年 12 月 27 日在美国经济学会第 84 届年会作了题为《经济理论的第二次危机》的理查德·T. 艾黎讲座的讲演。这篇演讲词原载《美国经济评论》1972 年 5 月号,后被收集在美国经济学会编的《经济学的最近进展:读本》中,1974 年出版。她明确指出,她一生中经历了经济理论的两次危机:第一次危机是由那种不能解释就业水平的理论的破产而产生的,第二次危机则是这种不能解释就业内容的理论而产生的。参见上述《读本》第 30~31、35 页,或《现代国外经济学论文选》第 1 辑,商务印书馆 1979 年版,第 1~3 页、11 页。着重点是引者加的。

说，即新古典经济学。这个经济学说是从李嘉图以后的资产阶级庸俗经济学发展、演化而来的，马歇尔采用折中调和手法，编制成为空前庞杂的折中主义庸俗理论体系。

新古典经济学的主要支柱是萨伊定律："供给会创造它自身的需求。"萨伊以实物经济为出发点，认定交易总是以一种货物交换另一种货物，货币只是起一种交易媒介的作用：在以产品换钱、再以钱换产品的两道交换过程中，货币只一瞬间起方便交易的媒介作用。当交易最后结束时，将发觉交易总是以一种货物换另一种货物。① 因此，每一个卖主同时也就是其他商品的买主，而供给会创造它自身的需求；更多的供给表示更多的需求；总供给＝总需求。这就从根本上否定了需求不足，否定了普遍意义的生产过剩经济危机和大量失业这种事态的存在。他也承认，暂时的、局部的生产过剩和失业是可能的，但那只是由于其他部门的生产不足："某一种货物所以过剩……因为别的产品生产过少"②。因此，克服这种局部生产过剩的办法是扩大生产，增加供给。

此种学说，随后由 J. S. 穆勒和马歇尔等先后继承下来；但在马歇尔的后期著作和庇古的著作中，不再以如此简陋的形式出现，③ 在说法上有所改变，并发展出种种推论，使其含义更为广泛和隐晦。

一个推论是，把货物和劳务在流通领域中的总供给恒等于总需求这一命题，归结为在货币经济生活中人们总要花钱，把收入全部花光，不花于消费，就归入储蓄，而储蓄会全部自动转化为投资。这就意味着，人们取得收入后，总要把钱花光，不花于消费，就花于投资，只是花钱的途径不同而已。归结到底，在货币经济中，总供给还是会恒等于总需求，这就排除了普遍意义的生产过剩经济危机产生的

---

① 萨伊：《政治经济学概论》，商务印书馆 1963 年版，第 142~145 页。
② 萨伊：《政治经济学概论》，商务印书馆 1963 年版，第 142~145 页。
③ 凯恩斯：《就业通论》，徐毓枬译，商务印书馆 1977 年版，第 21~23 页。

可能性。

另一个推论是，在货币经济中，市场机制：供求机制自由调节能够充分发挥作用，臻于十分的完善与和谐的最佳境界。具体说来，即工资、利率与价格具有充分的弹性：随着市场上供给与需求的变化而伸缩、涨落自如，自动调节充分发挥作用，直到回复供求相等的均衡状态为止。

再一个推论是，社会经济的正常状态是充分就业的稳定均衡。新古典学派经济学建立在劳动和资源的充分就业假定前提上。如果存在失业，那只是暂时的、局部的，自由放任的经济政策会通过弹性工资的升降自如，保证正常的充分就业均衡。它反对妨碍市场供求力量自由发挥作用的国家干预和私人垄断，认为这会导致社会经济的动乱和不正常。马歇尔写道："当供求处于稳定均衡时，如有任何意外之事使生产规模离开它的均衡位置，则将有某些力量立即发生作用，这些力量有使它恢复均衡位置的趋势。"①

在充分就业假定前提下，新古典经济学的中心研究课题是：一定量的总资源如何在各种产品之间进行配置，生产出来的收入如何在各生产要素之间进行分配。调节资源配置和收入分配的市场力量就是供给与需求。一般供求关系决定各类资源与各种商品的相对价值，这些价值用货币来表示就是价格。价格体系在指导个人追求最大报酬与最大利润时，把社会的总资源作最适度的配置。这就构成新古典经济学的主要组成部分：四要素的生产理论、供求均衡的价值理论和"四位一体"的分配理论。

* * * *

总之，萨伊定律在新古典学派经济学整个体系中具有关键性的重要地位。凯恩斯认定，它是整个新古典学派经济学的骨干，没有它，整个新古典经济学就要崩溃。② 归根结底，凯恩斯认定新古典学派经

---

① 马歇尔：《经济学原理》，1920年伦敦英文第8版，第346页。
② 凯恩斯：《就业通论》，徐毓枬译，商务印书馆1977年版，第23~25页。

济理论依存于下列三个假定：（1）真实工资等于现行就业量的边际负效用；（2）严格意义的非自愿失业并不存在；（3）供给会创造它自身的需求。意思是说，不论产量与就业量在何种水平，总需求价格恒等于总供给价格。以上三个假定，实在是一而三，三而一。三者中的任何一个，在逻辑上必然蕴含其余两个。① 萨伊定律是新古典经济学说的理论基础。新古典经济学说对英国 20 世纪 20 年代长期慢性萧条、20 世纪 30 年代的经济大危机空前危困局势，在理论上实在再也不能自圆其说，在对策上确实软弱无力。凯恩斯在危难中既然要另立新的经济学说对病症重新加以解释，另筹对策以解救危局，他必须背离旧的经济学说。其中，萨伊定律当然是首当其冲了。

除萨伊定律及其上述推论外，还有同新古典经济学有关的各项论点，主要如下：

（一）健全财政原则与"财政部观点"

健全财政原则是资产阶级传统经济学坚持自由放任、反对政府干预："做事最少的政府就是最好的政府"这一基本教义在公共财政方面的具体应用。其主要信条是：第一，量入为出，收支平衡；第二，为了培养税源，税收力求其少；第三，开支力求其少；第四，公债是对子孙后代的负累，坚决反对发行公债。这些都是传统理财家不可逾越的戒律。

在英国，健全财政原理具体化为著名的 1929 年出现的"财政部观点"。1929 年英国大选，自由党党魁劳合·乔治在竞选纲领中提出由政府拨款 1 亿英镑，举办公共工程，为 50 万失业工人创造就业机会。他为这项公共工程政策而四处游说，向选民们保证，通过举办公共工程就能解救失业，增加国民福利。凯恩斯和赫伯特·汉德森（H. D. Henderson）合写了《劳合·乔治能办到吗？》的小册子，支持这一举办公共工程以解救失业的方案，认为政府这笔支出除产生直接

---

① 凯恩斯：《就业通论》，徐毓枬译，商务印书馆 1977 年版，第 23~25 页。

的就业效应外，还会产生一系列间接的就业效应，全部积累效应可以促使有效购买力的提高，会给经济以普遍的刺激。

但是，这个方案遭到新古典学派（主要是英国财政部官员）的反对。为了回答劳合·乔治，保守党政府发表了一份《白皮书》。在这份《白皮书》中，各部官员陈述了关于反对在他们所管辖的部门里花钱去举办公共工程的意见，他们的理由很简单，就是根据"投资受储蓄支配"这样一个信念，认为储蓄是既定的，总投资不能超过总储蓄；假若政府借债1亿英镑去搞公共工程，那么国外投资就会减少1亿英镑，出超也就会减少相应金额。因此，举办公共工程，就业只会转移，只不过是一部分花费和就业从私营部门转移到公共部门而已，总就业量不会发生变动。

当20世纪30年代经济大危机使英国政府收支差额剧增时，新古典学派提出的补救办法是削减政府开支以保证预算平衡。

在空前严重的大萧条中，公共财政的税收大为减少，而传统经济学教义仍然要坚持收支平衡，这就必然要采取严厉的紧缩政策，使经济萧条变本加厉。在这种情况下，紧缩政策显然是有害的。至于通过公共工程政策去解救严重失业，确实能使危殆局势有所缓和。凯恩斯在《劳合·乔治能办到吗？》这本小册子中对此中道理作了明白晓畅的解释。这本来是一种容易理解的常识。但深受传统经济学熏陶的保守党官员们却根据"储蓄支配投资"的教义坚决加以反对。这表明新古典经济学说对当时英国保守党人士的影响是何等的根深蒂固。当时英国经济思想的混乱，由此可见一斑。

（二）工资太高说

庇古等人认为，由于劳工采取集体行动，造成竞争不完全的劳动市场，使工资率不能自由跌落到竞争性的工资水平；由于工人不愿降低货币工资，使商品市场需求减少时物价难以下降，从而导致生产过剩，使一切愿按现行工资率工作的人能够在获得就业以前，对劳动的需求就已经满足了。据说，工资太高，这就是造成失业的原因，也就是解救失业对策的症结之所在。庇古写道："如果任何工人要求发给的工资率人为地高于经济力量自由发挥作用时所得出的工资率。那么，即使在完全静止的情形下也会发生失业现象。"① 新古典学派硬说，如果工人允许货币工资率跌落得相当低，失业就会消失。因此，关于解救失业问题，他们的对策是削减工人的货币工资和教员的薪金。凯恩斯不同意这种降低货币工资率可以解救失业问题的论点，而且早在20世纪20年代英国慢性萧条中就警告说，如果硬性降低工资率势将引起劳资纠纷。1926年果然因此而激起英国空前的全国总罢工和煤矿工人的长期罢工。但英国垄断资产阶级和新古典学派经济学家们仍然坚持这种观点，使经济学界思想陷于混乱状态。

（三）资源重新配置和生产合理化说

1932年，罗宾斯教授发表了他的《论经济科学的性质和意义》一篇著名论文，把经济学评述为研究稀缺资源在可供选择的各种用途之间进行分配的科学。这是一种由来已久的传统说法，但它发表在空前严重的经济大危机期间，同当时的经济困厄局势是完全不相适应的。这时，英国有300万工人失业，美国的国民生产总值统计数字下降到原来的一半，大量人力、物力被闲弃而得不到利用，这绝对不是什么稀缺资源的配置问题。但他认为，当时的经济困境，是由于资源使用不当，解决问题的途径是使资源配置最优化和使生产进一步合理化。

如此种种，在对经济危机和失业问题这样空前严重困境进行解释的经济理论领域中，呈现着一种可怜而又可笑的混乱状态。凯恩斯处此危难关头，一方面，对当时政府当局的各种保守主义经济措施进行严厉的指责；另一方面，对当时各种传统经济理论进行针锋相对的论争。正是通过这些责难和论争，凯恩斯就业一般理论的新经济学说才得以逐步由萌芽，发展到形成，最终脱颖而出。

---

① 庇古：《论失业问题》，商务印书馆1975年版，第112页。

第三章 思想渊源

前面第二章论述凯恩斯的"独特治学风格"时曾经指出，他具有善于思想翻新、标新立异的一套特殊本领，任何极平庸的概念或事理，一到他的笔下，就会添增一些花絮，巧加装饰和摆弄，成为一个新奇奥妙的范畴、规律或体系。因此，他的就业一般理论体系这个"新经济学"，虽然显得新颖而独特，但就其实质内容而论，不论是它的理论基础、探索思路和论证结构，还是它的一个个经济范畴的具体形式，大多可以或多或少、这样或那样、直接或间接，追溯到其思想渊源。但是，这里必须强调指出，思想渊源这种追溯工作的主旨，仅仅在于探究凯恩斯与其先驱者之间在理论上、政策上和方法上的思想脉络和发展线索，这绝不意味着要藉此去贬低凯恩斯对现代资本主义经济运行机制的严重缺陷所具有的敏锐的洞察力、强烈的现实感和思路的开拓性。我们希望这种追溯清理工作能够有助于对这一"新经济学"在资产阶级经济思想发展长河中的历史地位，作出比较公允、公正的评价。

概括地说，这些思想渊源可分为古远的和近代的两类：前者主要是诸重商主义者、孟德维尔和马尔萨斯等；后者则主要是他的老师马歇尔。此外，和他同辈的若干经济学家如威克赛克、罗伯逊等，对他的理论塑造和政策规划也有影响。本章主旨在于，对就业一般理论的思想渊源进行追溯和清理。凡凯恩斯本人在《就业通论》一书中曾明确提示的先驱论点，这里只扼要介述。他没有提示过的，如所受马歇尔经济思想的影响，情况甚为复杂：既有背离的一面，又有继承的另一面，则须明细分析加以澄清。现在，大体上按历史时代顺序，对这些先驱思想分别进行介述。

第一节　对早期经济思想的继承

这里包括诸重商主义者、孟德维尔和马尔萨斯等。凯恩斯就业一般理论的建立，受他们经济思想的影响比较明显，追溯思想渊源因而较为容易。

一、诸重商主义者

重商主义是欧洲资本主义萌芽时代的主导经济思想，支配了几乎300年的时间，从16世纪起，直到古典学派兴起，才衰落下去。尽管早期和后期有某些论点上的差异，英、法、德、意四种类型的重商主义者彼此间见解也有所不同，但更重要的是他们确实有其共同的观点。这里只扼要地列举凯恩斯本人曾经明确地或暗含地肯定了的各个论点①。他本人既然肯定了，那就理所当然地构成其就业一般理论的思想渊源。

（一）凯恩斯对重商主义采取赞扬的态度，确认其经济学说中含有科学真理的成分

凯恩斯说："让我先用自己的话，说出（我现在认为）重商主义学说里面含有的科学真理成分，然后再拿来和重商主义实际所用论证相比较。"② 既然总的说来确认其包含着科学真理成分，在具体论点上存在着继承关系也就势所必然了。

（二）关于货币与利息方面，凯恩斯继承了重商主义的下列论点

（1）货币方面：如认为货币是一个生产要素，与土地处于同等地位；把货币看作"人为的"财富，以别于"天然的"财富。利息

---

① 参见凯恩斯：《就业通论》，徐毓枬译，商务印书馆1977年版，第283～303页。

② 参见凯恩斯：《就业通论》，徐毓枬译，商务印书馆1977年版，第283～303页。

乃是租用货币之代价，性质一如地租。① 如认为物之所以贱，乃是因为货币稀少，对物之需求不大。反之，倒是货币充足，物的需求增大，物价上涨，贸易扩大。② 又如认为货币稀少乃失业的原因。③

（2）关于利率问题：如认为重商主义者从来没有以为利率会自动调整，达到适宜水平；反之，他们反复申述，利率太高乃是抑制财富扩张的主要障碍；他们甚至于知道，利率决定于流动偏好以及货币数量。他们所关切的，是一方面减低流动偏好，一方面增加货币数量；其中有几人还明确说出，他们之所以要设法增加货币数量，是因为要减低利率。④ 如认为利率不会自动调整到一种水平，最适合于社会利益；反之，利率常有太高之趋势，故贤明当局应当用法令、习惯甚至于道义制裁加以抑制。⑤ 如经济法令之见于记载者，防止高利贷办法要算是最早之一。流动偏好过度，以致摧毁投资引诱、阻碍财富生长。⑥ 如把利率和资本边际效率分别清楚；利率限制了真实资本的扩张速度；利率系于心理因素，相当稳定；利率完全是个货币现象。⑦ 又如认为货币利率限制了真实资本之扩张，假使把这个限制去掉，则在近世，真实资本即将迅速扩张，在相当短时期以内，利率恐

---

① 参见凯恩斯：《就业通论》，徐毓枏译，商务印书馆1977年版，第289页。

② 参见凯恩斯：《就业通论》，徐毓枏译，商务印书馆1977年版，第289页。

③ 参见凯恩斯：《就业通论》，徐毓枏译，商务印书馆1977年版，第285~302页。

④ 参见凯恩斯：《就业通论》，徐毓枏译，商务印书馆1977年版，第285~302页。

⑤ 参见凯恩斯：《就业通论》，徐毓枏译，商务印书馆1977年版，第285~302页。

⑥ 参见凯恩斯：《就业通论》，徐毓枏译，商务印书馆1977年版，第285~302页。

⑦ 参见凯恩斯：《就业通论》，徐毓枏译，商务印书馆1977年版，第285~302页。

怕要降到零点，方才合适。①

（三）关于国际贸易顺差问题

政府当局为维持繁荣起见，必须密切注意贸易顺差。如贸易为顺差，又不太大，就有鼓励作用；如为逆差，就可能很快会产生顽固的经济衰退。② 当时政府如不能直接控制利率，又不能直接操纵国内投资的其他引诱，则增加顺差是政府可以增加国外投资的唯一直接办法。同时，如贸易为顺差，贵金属就会内流，这又是政府可以减低利率、增加国内投资动机的唯一间接办法。③

（四）关于储蓄意愿与投资引诱问题

如凯恩斯认为在人类历史上，储蓄倾向总有强于投资引诱之长期趋势。投资引诱之薄弱，总是各时代经济问题之枢纽。④ 如认为私人可以从节约消费以增加其个人财富，但要国家财富增加，则必须雇主真正雇用工人，从事制造持久性资产；然而私人之储蓄意愿，总是大于雇主所感觉到的投资引诱。⑤ 如认为当一国国家财富正在急剧增加时，则在自由放任情况下，此种愉快状态，可因从事新投资之动机不足而告中断。若要国家继续进步，此种投资引诱必须充分。投资引诱可来自国内投资，又可来自对外投资，二者构成总投资。设总投资之多寡，完全由利润动机决定，国内之投资机会，在长时期内，定于国内利率之高低，而对外投资之多寡，须看贸易顺差之大小而定。⑥

---

① 参见凯恩斯：《就业通论》，徐毓枬译，商务印书馆 1977 年版，第 2892 页。

② 参见凯恩斯：《就业通论》，徐毓枬译，商务印书馆 1977 年版，第 285~302 页。

③ 参见凯恩斯：《就业通论》，徐毓枬译，商务印书馆 1977 年版，第 285~302 页。

④ 参见凯恩斯：《就业通论》，徐毓枬译，商务印书馆 1977 年版，第 285~296 页。

⑤ 参见凯恩斯：《就业通论》，徐毓枬译，商务印书馆 1977 年版，第 285~296 页。

⑥ 参见凯恩斯：《就业通论》，徐毓枬译，商务印书馆 1977 年版，第 285~296 页。

（五）关于政府干预问题

如凯恩斯认为政治家所关切者，乃是整个经济体系，如何使该体系中之全部资源达到最适度就业。重商主义者从禁止高利贷、维持国内货币数量、防止工资单位上涨等数方面，竭力设法压低利率；若国内货币数量因不可避免的贵金属外流、工资单位上涨等原因过分不足，则不惜诉诸货币贬值以恢复之。这种种都表示重商主义者的智慧。① 如认为重商主义者的政策是有国家主义色彩的，而且可以引起战争；他们承认，所追求者乃是国家的利益，以及国力之相对的增加。又如认为采取利率自主政策，不受国际关系支配，又采取一全面投资计划，使得国内就业量达到最适度水准，这倒是利己利人之道。②

综合以上所述重商主义者的各项论点，这里应特别强调下列三点：

第一，它们都是凯恩斯本人用自己的术语加以表述，而且备加赞扬的，足见凯恩斯"新经济学"对它们存在着继承关系，把它们列为一项思想渊源，完全可以确信无疑。

第二，这些论点重新体现在就业一般理论体系中，确实居于十分重要的地位。如关于确认自由放任经济自动调节失灵，必须政府进行干预，才可使整个经济体系的全部资源达到最适度就业水平的观点，这是以政府干预论新经济思潮为指导思想的《就业通论》型"反危机"需求管理方案的核心，关系极为重大。如在货币理论方面，把货币看成一种生产要素，认为货币稀少是造成失业的原因的论点，可以说是《就业通论》中打破传统的"二分法"，把货币纳入社会总生产理论的先导。如把利息看成租用货币的代价，认定利率容易太高，妨碍投资引诱，应该设法加以限制，甚至使之降低到零，这同凯恩斯的利息理论实有很大程度的吻合，甚至企图使坐收利息阶级无疾而终的幻想也已初见端倪，足见其对凯恩斯的经济思想具有很大的影响。

---

① 参见凯恩斯：《就业通论》，徐毓枬译，商务印书馆1977年版，第285~296页。

② 参见凯恩斯：《就业通论》，徐毓枬译，商务印书馆1977年版，第285~296页。着重点为原有的。

如强调投资引诱的极端重要性,视为总是各时代经济问题的枢纽,这个论点对凯恩斯充分就业管理方案影响很大,他的投资引诱理论成为《就业通论》的主导组成部分,其思想渊源即在于此。又如重视国际贸易顺差,虽然他的就业一般理论主要是一种封闭型理论,但这无疑也构成其整个经济思想体系的一个重要组成部分。

第三,凯恩斯的"新经济学"主旨在于摒弃自由放任经济体制及其传统的经济学说。但是这种"新"只是相对19世纪及20世纪初的传统经济学说而言,实际上他把16、17世纪重商主义许多论点重新发掘出来,用以解释垄断资本主义运行机制严重失灵而导致的20世纪30年代大萧条这种空前危难而已。美国经济评论家黑兹利特在评议凯恩斯时指出:"虽然凯恩斯在《就业通论》的'原序'中自我吹嘘为'自辟途径'和'摆脱旧说',但在《就业通论》的写作过程中已日益开始确认,在主要观点上,他实际上已倒退到古典学派以前的17世纪思想中去了,他的观点与重商主义有显著的雷同点,但他旨在把它们作为其'新'观点在正确性上的证实而已。"①

凯恩斯《就业通论》的主要观点同诸重商主义者有显著雷同点,这是确定无疑的。这些重商主义观点虽属古远,但他认定其能够适用于现代资本主义时代,于是把它们引述出来以证实自己"新"观点的正确性,这是顺理成章的,一方面增强自己的信心,另一方面使"新"理论更富有说服力。

二、孟德维尔的"蜜蜂寓言"

上段引述重商主义者各种论点,大致都是针对有效需求的一个构成分子,即投资引诱之不足而发。凯恩斯旋即引述了17世纪后期以来一些经济学家关于提倡奢侈,反对节约,确认节约是失业产生的原因等一系列观点,这就是针对有效需求之另一个构成分子:消费倾向

---

① [美]黑兹利特(H. Hazlitt):《"新经济学"的失败》,普林斯顿大学出版社1959年英文第2版,第337页。

不足，成为证实其正确性的有力论断。

凯恩斯摘要地引述了孟德维尔（B. Mandeville）《蜜蜂寓言》关于消费促进经济繁荣，当储蓄而没有适当抵消时，节约要造成贫困而不是生产财富的论点。18世纪初期，一个由荷兰移居英国的医生孟德维尔，写了一部讽刺性的寓言诗：《蜜蜂寓言》，当时极为流行，成为一时的争论焦点。他在这首寓言诗中，描述了一窝蜜蜂的盛衰史迹。最初因为都贪婪自私地追求繁荣，无不奢侈挥霍，炫耀富豪。这样整个社会反而兴盛繁荣，人人就业。后来，这群蜜蜂忽然改变原有习惯，放弃奢侈生活，崇尚节俭朴素，但结果却使宫室荒芜，货弃于地，商业萧条，民生凋敝。国家厉行节约，削减军备，以致敌人入侵，无力抵抗。最后，这群蜜蜂只好遁逸他去。凯恩斯还摘录了该诗末尾所附评语二则，以示该诗也并非没有理论根据。评语原词为：

> 因为在私人家庭之中，处处节约，从事储蓄，的确是致富之道，于是有人想，不论国家得天之厚薄，假使每个人都实行以上这个方法，则国家也可以致富。例如有人以为，假使每个英国人都择其邻居之节俭者而从之，则英国人比现在还要富。我认为这是错误的。
>
> 使国家兴盛快乐之道，唯有给予每人就业机会。为实现以上目标，政府应当第一，提倡各种制造、技艺、手工业，凡人类才智所能及者，皆予提倡。第二，奖励农渔二业，普及各部分，使土地也像人一样出力。要靠这种政策，国家才能伟大幸福；用一些琐碎规章，限制奢侈，提倡节约，是于事无补的。金银之价值可以任其涨落，盖社会享受之多寡，乃系于土地之出产以及人民之劳作，此二者联合起来，乃是可靠的、真正的、无穷的宝藏，彼巴西之金，普多西之银，安足道哉。①

---

① 凯恩斯：《就业通论》，徐毓枬译，商务印书馆1977年版，第306、109~110页。

《蜜蜂寓言》这种鼓励消费、提倡奢侈以促进经济繁荣的教义，当时被视为邪说，该书1723年竟被英国一个州的大陪审官们宣判为败类。18、19世纪以来，长期受到道学先生及经济学家们的一致抨击。凯恩斯引述此书的内容，特别是摘录它的两则"评语"，旨在印证其消费有效需求不足导致失业这种论断的正确性，同时也足证《蜜蜂寓言》确实构成其消费倾向理论的思想渊源。凯恩斯确实继承这种鼓励消费、提倡奢侈的教义，在理论上确认"私人致富之道，应用于国家行为上，失业乃成为不可避免的结果"，① 并且在政策措施上更前进了一大步，公然主张挥霍浪费，特别歌颂古时埃及建造的金字塔，认为这种非生产性开支是促进埃及富裕的一个重要原因，② 甚至硬说灾难性的消耗如地震和战争都可以增加财富；更有甚者，他竟倡议，如果没有其他更好的办法，则不惜由"财政部以旧瓶装满钞票，然后把它们埋在废弃不用的煤矿中，用垃圾填满，再把它们挖出来。他确认如果能够这样办，失业问题就没有了，而且影响所及，社会的实际收入和资本财富，或许要比现在大得多"③。这样，凯恩斯在提倡浪费、灾难性消费和消耗方面总算是"青胜于蓝"了。

三、马尔萨斯的"有效需求不足学说"

孟德维尔的论点经过一个世纪以后又在英国上流社会重新出现。马尔萨斯晚年，正式用"有效需求不足"这个观念去解释失业现象。凯恩斯在其《传记集》(*Essays in Biography*) 和《就业通论》第23章中对马尔萨斯的有效需求（有支付能力的需求）不足学说备加推崇，无疑是继承了"有效需求不足"这个基本观点的。

19世纪初期，资本主义经济在英国和法国成了占统治地位的生产方式，英法出现了像李嘉图（1772—1823年）、马尔萨斯（1776—

---

① 凯恩斯：《就业通论》，徐毓枏译，商务印书馆1977年版，第306页。
② 凯恩斯：《就业通论》，徐毓枏译，商务印书馆1977年版，第109~110页。
③ 凯恩斯：《就业通论》，徐毓枏译，商务印书馆1977年版，第110页。

1834年)、西斯蒙第(1773—1842年)和萨伊(1767—1832年)等著名的经济学家。虽然他们都以亚当·斯密的继承者自居,但理论很不相同,甚至截然相反,这就导致了19世纪30年代经济学界的大论争。论争的主题和论战的阵容相当复杂。其中,主要是两个主角——李嘉图和马尔萨斯关于资本主义生产与消费、市场总供给与总需求之间的关系问题的论争:李嘉图的"需求无限论";马尔萨斯的"有效需求不足论"。前一理论这里不拟涉及,现只介绍后一学说。

首先,马尔萨斯是在讨论"财富的增长"这一问题时论述有效需求不足论的。他认为,制约财富增长的两个根本因素是:生产能力和有效需求。如果两个因素不平衡,财富就不能迅速增长。这两个因素具有脱节的可能性;生产能力受制于资本积累、土地肥力、技术发明等,而有效需求则受制于消费。在资本主义社会中,资本积累和机器发明往往使生产能力,从而使商品供给发展得快,而有效需求则因消费热情的缺乏,总是倾向于不足。有效需求不足,商品价格和利润水平就会低下,甚至出现商品过剩、资本过剩、工人失业的危机局面。这会严重影响财富的增长。因此,要促进财富的增长关键在于促进有效需求的增长。由此可见,马尔萨斯的"有效需求不足",并非孤立地单指需求本身而言,乃指相对于生产之大肆扩张,供给之大肆增长,于是需求增长,相对于供给增长而显得缓慢。这同凯恩斯就业一般理论的"有效需求不足"相对应,在含义上实相类似。凯恩斯承袭了马尔萨斯"有效需求不足"这个经济范畴,这是毫无疑义的。

其次,关于有效需求不足的原因,马尔萨斯认为生产与消费间的不平衡主要是由封建地主和教会僧侣的储蓄过多所造成的。认定生产过剩是普遍的,不是局部的,根源只是在于地主阶级的消费不足。对于有效需求的不足,马尔萨斯不归咎于工人阶级贫困化。根据他的人口规律,这种贫困是必然的。同时他认为资本家从事节约和积累,这是理所当然的。于是,他把生产过剩的根源归结为地主阶级的积累过度,从而消费不足。马尔萨斯并不掩盖资本主义生产与消费间不平衡的矛盾;相反,总想要突出这种矛盾,以便一方面证明工人阶级的贫困是必然的,另一方面向资本家证明,为了给他们出卖的商品创造足够的需求,一个人数大的地主、僧侣、官吏等的奢侈生活是必不可少的。

再次,关于防止有效需求不足的对策,马尔萨斯认为,资本主义社会存在着有效需求不足的倾向,促进财富增长的关键在于千方百计增加有效需求,防止有效需求相对于供给而感不足。具体办法是,其一,竭力主张地主阶级等的挥霍浪费。其二,认为战争的破坏会在战后创造对资本的大量需求,为资本家提供最良好的投资机会。其三,主张增加公共支出以提高有效需求,认为筑路等公共工程,一方面既可使建造者获得收入,另一方面,因为公路并不是一种销售商品,故不会增加市场的存货。

此外,凯恩斯还引述了霍布森(J. A. Hobson)与马默里(A. F. Mummery)合著《工业生理学》一书中关于储蓄过度、消费不足导致失业和商业不景气的学说。他们认为,在现代工业社会中,在正常情况之下,是消费限制生产,而不是生产限制消费。又明确指出,资本之来,不是由于储蓄倾向,而是由于需求,需求则又来自现在和未来的消费。这里,应该明确指出,关于资本与消费需求之关系,而消费需求又被分为现在的消费和未来的消费,这些论点无疑对凯恩斯的有关理论发生了明显影响。

总之,马尔萨斯以积累过度、消费不足为基本内容的"有效需求不足"这一论点,以及霍布森等的消费不足说,对凯恩斯的就业一般理论体系的建立确实有着极为重大的影响。"有效需求不足"是凯恩斯就业一般理论体系的核心思想和理论前提,在这个基本论断方面,不论在词汇表述上,还是在原因探索和对策谋划上,马尔萨斯和霍布森等无疑是确凿不移的先驱者。

四、凯恩斯有效需求原理基本框架的建立

凯恩斯的门徒们歌颂凯恩斯在理论上的最大贡献,就是提出了"有效需求理论"。有效需求原理,既构成需求理论分析与需求管理政策的逻辑起点,又成为整个产量(就业)水平学说体系的基础与实体。如上所述,这些先驱者对凯恩斯就业理论的影响,孟德维尔

和马尔萨斯等主要在于提高消费方面,特别是马尔萨斯把消费同收入挂钩,消费不足乃指相对于收入而言的消费不足,把消费不足分解为现在消费的不足和未来消费(即投资——为未来消费作准备)的不足,并明确地确立"有效需求"这个基本经济范畴,指出"有效需求不足"的病态;重商主义则主要在于投资理论方面,特别是利息与利率同生产投资的关系,为凯恩斯的投资引诱理论确定了基调。这样,凯恩斯的"有效需求理论"的基本框架就告建立了。列表于下:

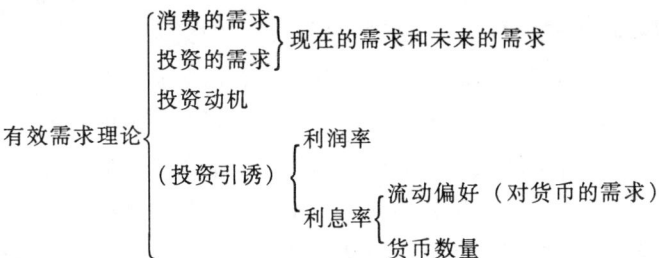

具体特征如下:

(1)资本主义经济存在着有效需求不足的倾向:储蓄过度,相对于收入而言的消费不足,生产与消费之间的不平衡。

(2)总量供求分析。总供给量>总需求量。特别强调需求——消费的需求:现在消费的需求与未来消费的需求。鼓励消费,提倡奢侈,甚至浪费性和灾害性的消费和消耗。

(3)市场机制不能自动调节臻于充分就业。对自由放任主义的摒弃。刺激投资的政府干预:调节利率与公共支出。

(4)利息的性质:利息是使用货币的报酬。利率决定于流动偏好与货币数量。利率的相对稳定性,不易下降。利率限制投资增加。利率应该降低到零。

根据以上所述,可以看出,凯恩斯在"有效需求"管理的"反危机"方案中,不论在理论塑造方面还是在政策规划方面,其基本框架几乎完全是承袭了重商主义者、孟德维尔和马尔萨斯等人的论点。但是，这些只是这个"新"方案的骨骼结构而已，还需要大量材料作为"血肉"来加以补充，才可把这座理论"大厦"装点、修饰成为完璧。这就必须对马歇尔等的思想影响，进行认真清理和明细分析。

第二节 对马歇尔经济思想的背离和继承

前节已经追溯凯恩斯有效需求理论在基本框架方面的古代思想渊源。本节主旨在于仔细清理马歇尔对凯恩斯就业理论的影响。

马歇尔经济学说对凯恩斯就业理论的影响甚为复杂：既有背离的一面，又有继承的一面。尤为复杂的是，背离中又还保留着继承的实质内容；继承中又伴随着发展，增添了一些新奇玄妙的具体花絮。更有甚者，有些基本理论实际上确实由凯恩斯继承了，但在表面上并不明显，有的几乎只是简单触及或含蓄暗示，这就使这种继承关系特别隐晦难辨。因此，这个独特而庞杂的就业一般理论在表面上显得特别新颖奥妙，同时凯恩斯自己再三强调"摆脱旧说"的"长期挣扎"，从而仿佛完全是出于他自己的"匠心独运"，完全背离了马歇尔，但实际上凯恩斯"新经济学"确实留存着马歇尔传统经济学说的深沉烙印。这就有必要对这种错综复杂的继承—背离关系进行认真清理和明细分析。

一、背离：同时仍然保留着继承关系

凯恩斯是马歇尔的得意门生，深受其传统经济学说的熏陶。他在《就业通论》的"原序"中承认："本书之作，对于作者是个长时期的挣扎，以求摆脱传统的想法与说法。"[①] 既然需要长时期的挣扎，才能摆脱传统教义的羁绊，这就从反面证明马歇尔传统经济学说原来对他的影响之深刻。然则他究竟摆脱了马歇尔经济理论的哪些传统论

---

① 凯恩斯：《就业通论》，徐毓枬译，商务印书馆1977年版，第5页。

点?摆脱的程度又究竟如何?

　　首先,他确立"有效需求不足"这个凯恩斯理论体系的基本前提,首先向萨伊定律发起进攻,否定市场机制自动调节促使"供给＝需求"这一传统教条。因此,我们可以说,"凯恩斯革命"主要就是革马歇尔几项基本理论中流通论——萨伊定律的"命"。马歇尔坚持他那以萨伊定律为核心的流通论,认为自由放任的资本主义经济,通过市场机制调节,自动促使供给与需求趋于、并保持平衡,不会出现"有效需求不足"(用凯恩斯的术语来表述)之普遍意义的生产过剩经济危机。而凯恩斯呢?在20世纪30年代经济大危机的危殆局势下,市场需求严重不足,突出地表现为最迫切、最困难、最需要深入研究并加以解决的问题,于是他抓紧"需求不足"这种病症作为研究对象,把"有效需求不足"作为贯穿在其就业理论整个体系的中心课题。他用"消费倾向基本心理规律"去否定并取代"萨伊定律",认定资本主义自由竞争的市场机制,不能保证供求均衡,而是经常处于有效需求不足:低于充分就业均衡的水平。这样,他以"有效需求不足"为轴心,在理论上,集中探索有效需求所以不足的各种因素和原因,构成其庞杂综合的就业理论体系;在政策上,制定弥补需求不足的各种政府干预措施,构成其需求管理方案。总之,凯恩斯否定萨伊定律,他就背离了马歇尔基本原理中的流通论,这是"凯恩斯革命"的一项基本内容,并由此而引申出这个"革命"的一整套理论体系的具体内容。

　　其次,进一步考察,凯恩斯对马歇尔流通论之萨伊定律的这种背离,究竟是否彻底呢?可以明确地说,这种背离绝不是彻底的。实际上,这种背离只是限于资本主义经济在运行方式上的变异,而不是实质上的改变。也可以说,凯恩斯对马歇尔在这一理论上的背离,实质上,只是一方面,在精神实质上继承这个定律的基本内容;另一方面,在这一继承关系的基础上,把资本主义导致并保持供求均衡,在运行途径上,由自由放任的一种方式改换成政府干预的另一种方式而已。

　　萨伊定律的基本内容是确认资本主义自由放任经济的完善性和协

调性,市场机制能够自动调节导致充分就业均衡——供求均衡,否定"有效需求不足",否定普遍意义的生产过剩经济危机。凯恩斯呢? 否定资本主义经济中市场机制的完善性,认为它不能自动调节而导致充分就业均衡,而必须依靠政府干预,使之成为"可调节的资本主义",达到并保持充分就业均衡,消除经济危机,解救失业问题。这样,马歇尔和凯恩斯两人共同的战略目标都是有效需求充足,从而充分就业均衡,消除经济危机和失业问题。两人的差异则在于:前者确认资本主义自由放任经济的完善性、协调性,能够自动调节导致充分就业均衡,不存在普遍意义的生产过剩经济危机和失业问题。后者却否定这种完善性和协调性,承认"供大于求",承认经济危机,但确认这种病症是可以救治的——通过政府干预能使需求不足得以补足,达到充分就业均衡,消除经济危机和失业问题。

由此可见,凯恩斯和马歇尔在流通论方面的终极目标是完全相同的:"供给=需求",保持充分就业均衡。这就是凯恩斯对马歇尔流通论的继承关系。凯恩斯对马歇尔流通论的背离则只限于达到这种均衡的方法和途径:用确认资本主义自由放任经济之市场调节的不完善性,去取代市场调节的完善性;用政府干预的需求管理以达到充分就业均衡,去取代市场机制自动调节以达到并保持充分就业均衡。因此,在这点意义上,我们可以说,凯恩斯对马歇尔流通论的背离,只是用他以政府干预为主要途径的新型"萨伊定律"去取代传统的萨伊定律。这就是凯恩斯对马歇尔流通论"既背离、又继承"的独特关系。凯恩斯"革命"的主要内容是以背离萨伊定律为主轴的。但即使在这个主轴方面,凯恩斯对老师马歇尔仍然坚持着"供给=需求"这种基本实质的继承,背离则只限于方法和途径问题。足见马歇尔对凯恩斯的影响确实是根深蒂固,使以"摆脱旧说"自命的凯恩斯就业理论"新说"仍然留下马歇尔旧说的深刻烙印。

二、继承与发展

凯恩斯对马歇尔的经济学说除上述背离的一面而外,更有继承的一面。继承的方式是多种多样的,主要可分含蓄的和明显的两种类型。两者都在继承以后,作了某些发展,增添了一些花絮,使之以新奇玄妙的面貌炫耀于世。

马歇尔经济学说中的基本理论计有以"欲望及其满足"为中心内容的消费(需求)论、"四要素说"的生产(供给)论、以市场机制自动调节导致供求均衡的萨伊定律为核心的流通论、以均衡价格为主体的价值论和"四位一体"的分配论。凯恩斯对待它们的基本态度有三:其一,如上所述,对萨伊定律保持着既背离、又继承的双重关系。其二,对生产论、价值论和分配论只是含蓄地继承,并有所发展。其三,对以消费为基本内容的需求理论则明确地加以继承,并大力加以发展。

此外,还有一些基本观点,如庸俗进化观点、福利观点、心理因素、时间观念、数量观念等,凯恩斯都明显地加以继承,并作出了某些发展。

(一) 含蓄的继承

关于生产论、价值论和分配论方面,《就业通论》阶段的凯恩斯对马歇尔基本上采取继承态度,但并不明显,有的甚至只是含蓄地触及,并在具体说法上有所发展。如对生产论,实际上信奉"四要素说",但有时却自唱反腔,竟说他同情经典学派以前的学说:一切皆由劳动产生。① 如对价值论,如完全抹煞价值,只涉及价格,如由供给和需求两种因素决定价格等基本论点,实际上是继承的,但不再按时间长短而把均衡价格划分为三种类型,并且把单一商品价格转换为总量价格。如对分配论,明显地把收入分为利润、利息、地租和工资四类,但有所发展。如在实际内容上把利润率改换预期利润率,进而在术语表述上转化为资本边际效率,而构成一个基本规律。如把利息不再说成是"等待的报酬",改换成为"放弃流动偏好的报酬",而构成"流动偏好心理规律"。这两个规律彼此结合而又互相矛盾,构成作为《就业通论》重点内容之复杂独特又十分重要的投资引诱

---

① 凯恩斯:《就业通论》,徐毓枬译,商务印书馆1977年版,第180页。

理论。

　　经济学的纯粹理论，从未成为凯恩斯主要关切的对象。在这个领域内，他对于时代所要求的实际问题，比对理论自身的讨论更感兴趣。他只在经济理论为当前问题引出有用结论上，可以充当最佳的唯一方法时，才去建立并发展理论。他时常强调，他不想对纯粹经济理论作什么贡献，而只想对特定的经济问题求出解答。① 凯恩斯正是基于这种态度，对马歇尔基本理论尽管基本上保持继承关系，但在表述上力求含蓄，有的甚至只简略触及或暗示而已。

　　美国著名的凯恩斯主义者汉森（A. H. Hansen）曾经评论说："凯恩斯小心地提到，他并不攻击新古典学说的价值论和分配论。他说，古典学说的这些部分，系'精心建立，逻辑异常合理'。假使所使用的资源数量为已知，新古典学说能够解释产品在诸要素方面怎样分配。而且，对于可供利用的资源（人口、自然财富、资本财货存量）的数量，也作了有用的和广泛的研究。他认为所缺少的是关于决定可供利用资源的实际就业的诸因素的纯理论。"② 确实的，凯恩斯自己在《就业通论》中也承认："如果正统经济学有错误的话，其病不在于上层建筑，而在于其前提之不够明确，不够普遍，——上层建筑在逻辑上总是很少可非议的。"③ "我们对于经典学派理论的批评，倒不在发现其分析有什么逻辑错误，而在指出该理论所根据的几个暗中假定很少或从未能满足，故不能用该理论来解决实际问题。但假设实行管理以后，总产量与充分就业下之产量相差不远，则从此点开始，经典学派理论还是对的。"④

　　显然，从汉森的上述评论与凯恩斯本人的自述，可以肯定：在价值论、生产论与分配论方面的继承关系尽管在表述上不很明显，但在

---

　　① 梅茨勒（L. A. Metzler）：《凯恩斯与经济周期理论》，见哈里斯（S. E. Harrise）编：《新经济学》，1947年英文版，第436页。
　　② 汉森：《凯恩斯学说指南》，商务印书馆1963年中文版，第25页。
　　③ 凯恩斯：《就业通论》，徐毓枬译，商务印书馆1977年版，第3页。
　　④ 凯恩斯：《就业通论》，徐毓枬译，商务印书馆1977年版，第332页。

实际上马歇尔仍然起了很大影响。

(二) 明显的继承

凯恩斯对马歇尔关于对资本主义弊端的态度、消费理论及一些基本观点，如进化观点、心理因素、福利观点、时间观念、数量观念等均存在着明显的继承关系，并且作了重大发展。

(1) 对资本主义弊端的基本态度。马歇尔把达尔文学说完全歪曲为"自然不飞跃"，只有量变、没有质变的庸俗进化观点，把经济学看成增进社会福利、消灭贫困的科学；承认贫富悬殊、承认贫困，但认为这是可以克服的，主张由政府向高收入者征税去对贫民施以"经济的侠义"，用公共开支去推广教育等以免除贫困。主张社会改革实有必要，但必须是逐步的、温和的。他对贫困问题日益严重既承认其迫切性，但又反对"夸大其辞"来冲淡这种迫切性。其真正态度是：贫困不是资本主义制度的必然产物，只要采取促进经济进步的一些方法就可加以克服，用不着从根本上推翻资本主义，因而反对社会主义革命。对资本主义前程，既深感关切与忧虑，但又信心十足。

凯恩斯面对资本主义灾难深重的20世纪30年代空前经济大危机，严重地震撼了这个社会制度的危殆局势，虽同马歇尔当时所面临的经济病症有所不同，但凯恩斯对待这种危难，以至资本主义前途问题的基本态度：不论在对资本主义前程的极度忧惧而又信心十足上，还是在病症根源的诊断上和救治对策的谋划上，同马歇尔在精神实质上几乎完全一致。此中无疑存在着一种明显的继承关系。现举凯恩斯下列论点，以资印证：其一，承认资本主义有缺陷，如失业问题严重，收入分配极为不均；承认经济危机形势极端严重，有引起革命，现行制度有"全面毁灭"的危险，但同时硬说此种病症是可救治的。其二，坚决不承认经济危机是资本主义必然产物，于是在病源诊断与救治对策方面完全回避资本主义制度这个根本因素，而搜罗一些次要因素和现象形态塑造一整套就业理论体系，并开具一帖只能治标、不能治本的救治处方。其三，在永葆资本主义青春方面更有所发展：虚幻地妄图资本资产的十足丰富，利率逐渐下降到零，坐收利息的金融资产阶级无疾而终，从此进入"乐观世界"，就不需要革命了。总之，凯恩斯同马歇尔相比，在对待资本主义根本缺陷、严重危难及其前程问题的基本态度上，具体说法虽有些差异，但在精神实质上确实如出一辙，学生继承了老师的衣钵，并且还作了垄断资产阶级乌托邦式的发展。

（2）对消费理论的继承与发展。凯恩斯对马歇尔的消费论的各项论点，如消费论的欲望与效用递减律、需求表与需求曲线、需求弹性等观点，通通默认，并加以继承，发展成为消费倾向基本心理规律，进而分析消费倾向的各项客观因素和主观因素，更进而发展为边际消费倾向及其与倍数原理的关系。这些发展使其消费理论大大复杂化了，并且继承了关于"消费论的首要地位"这一论断，确认消费倾向规律在经济运行中的极端重要性，竟说"解决实际问题的关键，就在这个心理规律上"①。

（3）供求原理。供求原理是马歇尔贯穿在其《经济学原理》中的一个基本思想。凯恩斯的就业一般理论整个体系中也是充分采用这种思路。这无疑是一种继承关系。他在这部著作中，突出地强调需求因素，但并非同供给因素完全割裂开来而就需求本身孤立地加以考察。正好相反，他论证需求因素时，总是或明或暗地意味着同供给因素对应起来的。例如，《就业通论》全书中所确认的"有效需求不足"这个中心病态，这无疑是相对于供给（商品）大量扩张而言，也就是商品供给大量扩张与市场需求相对缩小这个矛盾的具体体现。例如，"有效需求原理"的主旨是，"就业量决定于总需求函数与总供给函数相交之点，雇主们之预期利润达到最大量。在总需求函数与总供给函数相交点之值，称为有效需求"②。这表明"有效需求的含义仍然同供给因素紧密相关"。又例如，关于资本边际效率，"乃就

---

① 凯恩斯：《就业通论》，徐毓枬译，商务印书馆1977年版，第31页。
② 凯恩斯：《就业通论》，徐毓枬译，商务印书馆1977年版，第28、115~116页。

资本资产的收益及其当前供给价格来下定义的"①。总之，凯恩斯在《就业通论》全书中在实质上继承马歇尔的供求原理，而在理论塑造与政策谋划中着重研究需求方面的因素，但总是或明或暗地同供给方面的因素紧密对应起来，并且有所发展，比马歇尔运行得更为灵活。

（4）心理因素。马歇尔理论的中心点：供求规律起着决定性作用，而他把供求两者都加以心理化，使其整个理论具有浓厚的心理色彩。凯恩斯明显地继承了这种主观心理动态格调。在就业一般理论中，失业的产生是由于有效需求不足。然则有效需求又为什么不足呢？这就是他所要解决的中心问题。他提出三个基本心理规律进行解答，即消费倾向、资本边际效率和流动偏好。因此，他的就业一般理论体系也如马歇尔的全部经济学原理一样，充满着心理因素。

此外，马歇尔的其他重要观点，如福利观点、时间观念、均衡观念、数量分析方法等，都由凯恩斯以各种方式加以继承，并有所发展。因篇幅有限，这里不予评述。

除马歇尔外，在近代经济学家中，凯恩斯还受了威克塞尔（Kunt Wieksell）关于利息理论方面的影响，罗伯逊（Sir Dennis Robertson）关于银行利率政策方面的影响，费雪（lrving Fisher）关于资本效率观念的影响，等等。这些对就业一般理论的塑造不起主导作用，这里从略。

第三节　简要评议

前面对凯恩斯就业一般理论的思想渊源已经简要地进行了比较全面的清理，我们可以确认下列各点：

首先，凯恩斯这一新颖独特、错综复杂的理论体系，如以人的肌体为比喻，不论在骨骼主体结构方面，还是在器官系统和经络血肉方面，大多可以或多或少、这样或那样、直接或间接、明显或暗含地从

---

① 凯恩斯：《就业通论》，徐毓枬译，商务印书馆1977年版，第28、115~116页。

古远的和近代的先驱者那里找到思想渊源。具体分析起来，他从古远先驱者——重商主义者、孟德维尔、马尔萨斯和霍布森等继承了有效需求不足（消费不足和投资引诱不足等）论点，粗略地构成了新型有效需求理论的骨骼结构。同时为了使这个理论体系进一步臻于完备，他又从近代先驱者特别是他的老师马歇尔那里继承了许多十分重要的观点、思路和研究方法。我们可以这样说，凯恩斯就业一般理论体系，基本上是由古远思想渊源和近代思想渊源两大组成部分拼装而成，两者有机结合，缺一不可。

其次，这里也许有人要问：既然凯恩斯"革命"是革了以马歇尔为代表的新古典经济学的"命"，为什么还能从马歇尔学说中继承那么多论点、观念和方法呢？关于这个问题，我们必须明确以下几点：第一，凯恩斯同其老师马歇尔一致，热爱资本主义和大英帝国，对其缺陷和病症深感忧虑，衷心希望病症得到救治，并永葆康泰。两人的阶级立场完全一致，对待资本主义缺陷和病症的态度和观点也就必然会趋于一致。师徒之间这种承袭关系，这完全是必然的、也是十分自然的。这种继承关系至关重要，进而决定具体经济学术观点上的继承关系。第二，凯恩斯对传统经济学的背离，主要只是摒弃自由放任的基础：萨伊定律，革资本主义市场机制的完善性、协调性，自动调节导致充分就业均衡的"命"，用有效需求不足论去取代有效需求无限论，用对生产过剩经济危机的承认去取代对经济危机的否定，用政府干预和调节导致充分就业均衡去取代市场机制自动调节导致充分就业均衡。这种新的运行体制丝毫也没有从根本上改变资本主义生产关系及其相应的分配关系。因此，对马歇尔庸俗经济学基本理论方面的辩解如生产论、价值论和分配论等，可以默认，不予触及，并且必要时在具体表述上作某些修改和补充。至于消费论，在继承关系上所作补充更多一些。第三，在前两种继承关系的基础上，既然基本立场一致，基本经济理论大体一致，则对马歇尔一些基本观点和方法也必然地能够在很大程度上加以继承，并作些修饰和补充，纳入他的理论体系。总之，凯恩斯对马歇尔经济学说的背离，不论在范围上还是在程度上，毕竟有限，因而保持着既背离又继承的独特关系，这完全不是偶然的。

最后，既然就业一般理论是这样广泛地承袭了先驱经济思想，那么，这部号称具有"革命"意义的"新经济学"还有什么"新颖"可言？我们究竟应该如何评价呢？有人认为，凯恩斯并没有什么新奇理论，只不过是把孟德维尔和马尔萨斯的理论从坟墓里重新挖掘出来而已。我不同意这种不加分析地一味贬低的评价。我认为，他的经济学说尽管有着广泛的思想渊源，但毕竟具有不少新颖见解，确实是本世纪影响最为深远的重要著作。它的"新"意绝不应该忽视。

例如，最显著的"新"意在于经济危机的病情诊断以及"反危机"的政策措施。政府对经济周期波动，改变了过去那种放任自流、无所作为的软弱态度，改采大胆、积极、强有力的救治对策；过去那种因循等待的消极应付，改变为勇猛抢救的战斗势态，这是凯恩斯"反危机"战略决策思想的一项重大突破。此其一。至于政策措施的具体内容，也是焕然一新：由剑桥后期单纯的货币调节政策改变为以财政政策为主，货币政策为辅之强有力的对策。而财政政策方面则明目张胆地摒弃"健全财政"原则，代之以扩大开支与赤字财政的猛烈处方。罗斯福"新政"虽也采用过赤字财政措施，但一来他没有一套完整的理论依据，二来他还不够明确、大胆，还没有完全脱离"健全财政"的羁绊。凯恩斯却以大无畏的坚毅精神倡导财政政策，治重病，用猛药，这是经济危机史上的一个创举。此其二。

例如，以萨伊定律为骨干的传统经济学说，在经济学界已经根深蒂固，深入人心。凯恩斯自己承认："无论在理论方面或政策方面，经典学派支配着统治阶级和学术界之经济思想，已经有100多年，我自己亦是在这种传统中熏陶出来的。"[①] 凯恩斯面对20世纪30年代空前大萧条，占统治地位的传统旧经济学说对当时深重经济危症在理论的解释上不能自圆其说，在政策的救治上束手无策，深感必须改弦

[①] 凯恩斯：《就业通论》，徐毓枬译，商务印书馆1977年版，第9页。

更张,"自辟途径"①,"经过一个长时期的挣扎,以求摆脱传统的说法和想法"②,另立新的就业理论。我们应该肯定:相对于100多年根深蒂固的传统旧经济学说而言,就业一般理论确实是一个很大的突破,无疑是一个"新经济学"。凯恩斯在创立这个新经济学时,一方面,要同自己早已深受熏陶、备加信奉的旧经济学说作长期挣扎,以图摆脱其羁绊;另一方面,要不惜以"异端者"的身份孤身奋起,力排众议,同当时经济学界强大的习惯势力进行针锋相对的争辩和劝说。摆脱旧说、创立新说的挣扎过程,这需要对经济情势具有敏锐的洞察力、强烈的现实感和坚毅不屈的勇气。在资产阶级经济学说发展史中,具有这种大无畏的除旧布新精神,忍受长期被视为"异端"的孤立处境,到最后毕竟果真建立了一种内容这样独特新颖、影响这样广泛而深远的就业一般理论体系,这是没有前例的。所以,我认为,凯恩斯对早期和近期先驱思想的承袭,无损于这种新经济学在形形色色的经济学其他流派中毋庸置疑的相对优势,以及影响最深远的独特历史地位。

例如,关于现代宏观经济分析这种新思路的开拓也应归功于凯恩斯。1936年《就业通论》的出版是现代宏观经济学产生的标志。现代宏观经济学与20世纪30年代以前的宏观经济学显著不同:其一,过去经济学以微观经济学为主体,宏观分析所占分量不大。其二,现代宏观经济学所研究的是国民收入的变动及其与就业、经济周期波动、通货膨胀等的关系,因而又称为收入分析,并且得出论断:资本主义自由放任经济不可能自动调节导致充分就业均衡。而以往的宏观经济学主要只限于对货币数量和利率的分析,对20世纪30年代空前大经济危机无法加以解释。凯恩斯的有效需求理论研究总供给价格与总需求价格之间的关系,依据这种对均衡关系的解释,表述了由总供给价格和总需求价格达到均衡状态时的总需求量来决定总就业量的论点。在理论上,通过消费倾向、资本边际效率和流动偏好这些基本心

---

① 凯恩斯:《就业通论》,徐毓枬译,商务印书馆1977年版,第4页。
② 凯恩斯:《就业通论》,徐毓枬译,商务印书馆1977年版,第5页。

理规律的作用,在通常情况下总需求价格总是小于总供给价格,而市场机制却不能自动调节,使总需求价格大到足以与总供给相等的地步,于是出现小于充分就业均衡,即萧条与大量失业的现象,进一步推导出必须依靠政府干预才能使资本主义稳定发展的政策性结论。这种理论和政策的论证和推导只能通过宏观经济分析来完成。资产阶级经济学说发展史中,这种宏观分析在方法论上无疑是一项重大的突破,并为宏观经济学的进一步发展提供了一个良好的开端。这一重大业绩,无论如何是不能抹煞的。宏观经济分析这种方法,不仅可以用来研究资本主义经济,而且只要运用得法,对研究社会主义经济也可借鉴与利用。

第四章　思想发展过程（上）
20 世纪 30 年代以前的凯恩斯思想

纵观凯恩斯一生的经济学术生涯，可以确切地划分为两个阶段：（1）第一次世界大战以前，他是一个道道地地的后剑桥派自由经营论经济学家。（2）20 世纪 20 年代，逐渐同新古典派传统经济学在政策观点上出现重大背离；到 20 世纪 30 年代经济大危机期间，这种背离倾向加快了进程，最终形成一整套新的就业理论体系和政策措施，于 1936 年出版他的代表著作《就业通论》，在拯救资本主义经济危机和严重失业问题方面，成为 20 世纪西方世界一个具有高度权威和深远影响的政府干预论经济学家。

凯恩斯的兴趣和活动是多方面的，但就其主导方面来说，他是一个以传统的货币学家起家，然后转而以建立非传统的就业、产量一般理论为主攻方向的经济学家；是一个原先信奉萨伊定律、歌颂自由放任的自由资本主义，转而倡导政府干预的国家垄断资本主义的经济学家。如前所述，他不仅是论文多、著述多的一个多产的经济学家，而且是一个经济理论和政策前后变化多端而勇于争辩的经济学家。在其学术生涯的第二阶段中，他的三部主要著作：1923 年出版的《货币改革论》、1930 年出版的《货币论》和 1936 年出版的《就业通论》，在理论体系和政策主张方面，前后差异很大。

我们可以说，这三部著作是其经济学说不断演变、发展之总过程的"三部曲"：一方面，它们彼此有着巨大的差异和变化，内容各自构成完整体系，能够独立成书；另一方面，它们也有着前后继承关系，可以清理出凯恩斯从《货币改革论》、《货币论》到《就业通论》的发展线索与脉络。

凯恩斯型政府干预论的就业一般理论是以英国20世纪20年代独特的长期慢性萧条，特别是20世纪30年代资本主义世界经济大危机这种危困局势为时代背景而逐步发展成的。在这十多年的时期内，以马歇尔为代表的剑桥学派新古典经济学说仍然在英国占统治地位，政府推行着以萨伊定律、健全财政原则（财政部观点）等为理论基础的典型自由经营论紧缩经济政策。在经济厄困中，传统经济理论不再能够自圆其说，传统经济政策显得软弱无力，经济局势愈益严重。凯恩斯以"异端派"的身份，对这种紧缩经济政策提出猛烈的批评和指责，双方持续不断地进行着长期的激烈论战。论战过程就是凯恩斯对传统经济学教义的背离过程，也就是他的新经济观点的积累和发展过程。本章与下章的主旨在于，同上章"时代背景"的经济发展形势相对应，对凯恩斯的这种具体转变过程——从深受传统熏陶的后剑桥型经济学转变为凯恩斯主义新经济学，简要地加以介述。

第一节 "就业一般理论"思想发展过程的主要特点

在本章和下章中，将大体上从时间顺序和理论演变顺序的角度，纵向地概述凯恩斯就业一般理论的思想形成过程，清理出它的发展线索和演变脉络。但这一演变过程漫长，经历了十多年，在内容上前后差别巨大，头绪纷繁，错综复杂，而且有时还出现反复和矛盾，使人难以捉摸。这就有必要先就这一演变过程的主要特点，试作横向的概括剖析，作为正式论述这一复杂过程的提示和准备。

一、经济思想发展过程之总的战略目标：消除经济危机，拯救资本主义制度，进而使其臻于"乐观世界"

凯恩斯在20世纪30年代经济大危机期间明确地意识到了失业问题的极端严重性，由此而引起严重的政治危机和社会危机，有爆发无产阶级革命，使资本主义制度陷于全面毁灭的危险。如前所述，他一来在《就业通论》中承认，资本主义经济在19世纪虽然从来没有达到充分就业，但那时失业问题却没有如 20 世纪 30 年代那样严重到不能容忍，将要导致革命。二来在《致罗斯福的公开信》中承认，如果罗斯福"新政"失败了，则合理的变动将在全世界被破坏殆尽，"只得让传统教义和革命去决一雌雄"。这就可以明显地看出，凯恩斯的根本企图就是要创建一套以"合理的变动"为内容的改良主义新方案，取代经济学的传统教义，去消除经济危机，解决失业，遏制社会主义革命，免让"传统教义和革命决一雌雄"，这就是凯恩斯就业理论在思想演变方面的政治态度和阶级实质。

这里必须着重指出，这一特点最为重要，由此确定了凯恩斯就业理论在思想演变上的方向、极限、广度和深度，从而决定了"凯恩斯革命"的本质：它同无产阶级和劳动人民的根本利益相对立，绝对不是要改变社会制度，把资本主义改换为社会主义，而只是资本主义营运和治理方式的一次重大变革，由被认为与资本主义新发展形势相适应的一种新的统治形式，去取代被认为不再与当时现实相适应的传统形式而已。

正因为这一根本性的特点，凯恩斯以资本主义制度的永恒性作为自己研究的出发点和基本信念，他完全不触及资本主义生产关系及其内在的基本矛盾，完全不承认经济危机是资本主义制度所特有的产物，其根源在于资本主义基本矛盾：生产的社会性与生产成果的资本主义私人占有形式之间的矛盾。他也谈论到失业者的痛苦和贫困，但总的态度是，这是由某种错误的经济政策导致经济萧条所引起的，只要对这种病症作出"正确的诊断"，采取"对症下药"的医治对策，就能够达到并保持充分就业，失业问题就能得到解救。他也作了某种"阶级分析"，但中心思想是，矛盾不在于无产阶级与资产阶级之间的对立与冲突，而在于企业家（产业资本家）与食利阶级（金融资本家）之间的不相协调；只要采取措施使食利阶级无痛苦地自然消亡了，文明生活的"极乐世界"就可开始，资本主义制度就能永葆安康。

但是，事与愿违，《就业通论》出版以来半个多世纪的实践证明，凯恩斯的这种黄粱美梦业已破灭。连他的嫡传弟子琼·罗宾逊都哀叹这是一种不切实际的"白昼梦"(dailydream)。这是理解凯恩斯就业理论思想演变过程的一个关键性的特点。

二、为资本主义辩解在方式上的明显改变：明确承认资本主义制度有缺陷，病情严重，但同时硬说这是可以救治的

如前所述，凯恩斯是生活在英国资本主义垄断统治阶段，由货币学家起家的一个资产阶级经济学家，同当时的其他经济学家相类比，在政治素质上有着共性，但在治学风格上却有着独特的个性。上述关于他的经济思想演变中在战略目标上的特点，是由于其阶级属性所赋予的共性使然。至于对待资本主义病症所具有的现实感和洞察力，以及救治对策的多变性等特点，则主要是同他的独特个性分不开的。

试同他的师兄庇古相对比，两人对待英国20世纪20年代长期慢性萧条及20世纪30年代经济大危机，在态度上就显然不同：第一，以对待萧条与失业问题而论，在关注的程度上，在承认经济局势的严重性上，凯恩斯大大超过了庇古。第二，在失业的内情上，庇古认为不外乎自愿失业与摩擦失业两种范畴，而凯恩斯则在这两种失业范畴之外，更增加第三种范畴，即"非自愿失业"，而且确认，问题的极端严重性恰在于这种失业范畴的亟待救治。第三，在救治对策上，庇古墨守新古典派传统经济学教义，信奉萨伊法则，确信资本主义经济的完善性和和谐性，主张自由放任，依靠市场机制自动调节以恢复经济均衡，而凯恩斯则背离传统经济学教义，认为自由放任与健全财政原则不足以解救经济危机，必须运用市场机制以外的力量加以调节和干预，才能医治这场空前严重的经济灾难。

这样，凯恩斯为资本主义的辩护，在方式上同其前辈和同辈许多经济学家相比，具有明显的区别。他明确承认资本主义制度有缺点，萧条和失业问题极端严重，资本主义制度有全部毁灭的危险，非马上紧急抢救不可，而且在救治对策上绝不容许墨守成规，必须改弦更张，另行制订方案。同时，他硬说经济危机不是资本主义制度所特有的产物，而是由不正确的理论和政策所导致的结果。他确信，只要对这种痼疾作出正确的理论诊断，并开具对症下药的处方（政策措施），就能达到并保持充分就业，资本主义就能百事顺遂，永葆青春。这就是凯恩斯后半生整个经济研究活动的基本态度。凯恩斯策划的救治方策随机应变，前后经济思想变动很大，但始终恪守这种基本态度，真是万变不离其宗。这是理解凯恩斯就业理论思想演变过程之又一个关键性的特点。

三、救治方案：随着经济痼疾的日益深化而不断更迭

凯恩斯生逢大英帝国由鼎盛转趋衰败，坎坷多艰，江河日下的厄困时期。他热爱资本主义制度，尤其热爱大英帝国，留恋其过去那种黄金时代，面对 20 世纪 20 年代英国独特的慢性萧条和 20 世纪 30 年代西方世界普遍的空前严重经济大危机忧心忡忡，从而对整个资本主义经济发展的障碍究竟何在，以及如何解救这一核心问题，不断进行探索、探索、再探索。这就是凯恩斯为了抢救英国乃至整个资本主义经济痼疾不断提供诊治方案的"三部曲"：

第一步"探索"：是他 1923 年出版的《货币改革论》，即《货币改革论》型的货币调节方案。

第二步"探索"：是他 1930 年出版的《货币论》，即《货币论》型的货币调节方案。

第三步的"再探索"：是他 1936 年出版的《就业利息和货币通论》，即《就业通论》型以财政干预为主导的需求管理方案。

在这"三部曲"的不断演变过程中，凯恩斯始终贯彻着务实精神，方案有其明确的目的性：针对当时英国乃至整个资本主义经济的深沉病症，以"异端者"的身份，提出同传统经济学教义大相背离的方案，进行拯救。同时，不论在 20 世纪 20 年代还是 20 世纪 30 年代，都把当时的经济困境主要归咎于当局推行的传统保守经济政策，因而对当局及传统经济学人士严加指责，展开激烈的论争。他自认为，只要对病症在理论上诊断正确，在政策上处方对症，就可以药到病除，长治久安。

这"三部曲"是凯恩斯在 20 世纪二三十年代英国乃至整个资本主义世界这个重大的历史转变时期，随着经济形势恶化的不断加深，

经济思想不断发生变化的具体象征。在不到20年的岁月里,凯恩斯在探索经济发展中存在着的障碍,并寻求解救方案这个重大课题上,理论体系和政策措施相继发生了三次明显的阶段性的重大变异。每次变化如此之快,如此之大,可以说,真是前后判若三人。如前所述,他这种"善变"风格,在资产阶级经济思想发展史中,真是前无古人,恐怕也可能会是后无来者。

从政策措施的角度来说,这"三部曲"有其始终一贯的一个观点,即明确地承认经济病症的严重性,而且认为第一次世界大战后经济形势有很大改变,不可能再采用战前那种传统的自由放任经济政策,而必须改弦更张,转而运用市场机制以外的外生力量,进行调节和干预,才能恢复经济的健康发展。前后三个方案都贯彻着"调节"、"干预"这个词汇,其共同含义在于,在市场机制的自动调节之外,必须借助于外生力量的调节和干预。

但是,三个方案的具体内容是有差别的。三个方案在调节领域的选择上,在调节深度的确定上,在调节杠杆的调度上,彼此各有不同。此中有一个显著的趋势,那就是,随着经济病症的日益深沉,调节方案也就一个比一个在内容上变得更为复杂,在深度上变得更为强烈,在方式上变得更为直接。总之,对萨伊定律及市场机制自动调节导致经济均衡和充分就业最优境界这种传统经济学教义,从初步怀疑直到转变成明确否定,从而把政府干预经济活动强调到前所未闻的高度。

以《货币改革论》型的货币调节方案而言,它的内容比较简单,主张在货币管理本位制之下,坚持以市场机制自动调节为主,辅之以货币金融调节,促使物价稳定,恢复经济均衡。这是他救治英国20世纪20年代慢性萧条早期病症的方案。当时尚在病症初期,他原以为运用英格兰银行对货币数量的温和调节,即可克服萧条。但是,事与愿违,这套方案并未被当局采纳。而且,英国病症继续恶化,即使方案付诸实施,也未必能有显著的"疗效"。于是他对这温和的调节方案,认为所包罗的因素太笼统、太简单,忽略了应该考虑的一些复杂因素,对日益深沉的慢性萧条解释得不够深透,必须加以修正。于是,《货币改革论》出版不久,他就着手撰写《货币论》,编制另一套"新"型货币调节方案。在"新"型方案中,将原来被忽略了的因素细加分析,增补进去,从而使"新"的货币政策在内容上、格调上相应扩大化、复杂化了。

《货币论》型的货币调节方案有以下几个特点:第一,不再是笼统的货币数量,而进行了各种货币的明细分类。第二,不再是单一的银行存款,而是细分为收入存款、业务存款和储蓄存款。第三,不再是笼统的货物总量,而是分解为消费货物和投资货物。第四,不再是统一的支出,而是分解为消费支出与投资支出。第五,不再是统一的物价水平,而是分解为消费品物价水平与投资品物价水平。第六,不再是单一的利润,而是分解为企业家正常收入和"意外利润"。第七,不再是单一的利率,而是分解为自然利率与市场利率。第八,不再是储蓄与投资必然相等,而是把储蓄与投资两者间的矛盾,以及这两者间的矛盾与均衡构成"新"型货币调节方案的一个十分重要组成部分了。第九,不再是一个单一的均衡条件,而是分解为三个均衡条件,即:(1)产品的价格等于生产费,"意外利润"为零;(2)储蓄与投资相等;(3)自然利率等于市场利率。第十,理论基础不再是简单的货币数量论,而是错综复杂的一系列"货币价值的基本方程式"了。总之,《货币论》型调节方案在内容上、格调上比《货币改革论》型调节方案大大地扩大化、复杂化了。

《货币论》型货币调节方案的主要内容是关于价格决定的理论。建立"基本方程式"的目的在于表述价格决定的各种因素,研究价格变动的机制,从而由中央银行利用足够的权力控制价格水平,消除经济的周期波动,使经济臻于均衡的稳定境界。

《货币论》的撰写,经历了好几年的时光,凯恩斯在撰写过程中,不少论点已经有所发展和变化。同时,这本以后期剑桥学派经济学说为主导思想而编写的《货币论》型货币调节方案在1930年出版,适逢20世纪30年代空前严重的经济大危机,可谓太不适时。面临资本主义"社会瘟疫"这种垂危困境,凯恩斯觉察到了:《货币论》型货币调节方案,在病理诊断和治病处方方面,显得文不对题,药不对症,非改弦更张,重新制订医治方案不可。于是,他"对待自己的巨著,像是对待死敌的著作一样毫不留情"[①],迅速而坚定地摒弃以"货币调节"为主导的旧方案,改订以财政干预为主导的需求管理新方案,《就业通论》这一部影响深远的著作脱颖而出。从此,凯恩斯完成了从后期剑桥学派货币理论家到以就业通论为中心思想之"新经济学"的创始人这一重大转变。

凯恩斯经济思想发展过程的"三部曲"中的前两个方案基本上还是属于后剑桥学派货币理论的范畴,但其中具有若干新的观点,可以算是对剑桥传统教义的初步背离。而《货币论》型调节方案中这种背离倾向又要强烈一些,可以算是导向《就业通论》型需求管理方案的过渡形态。

《就业通论》型的需求管理方案在内容上、格调上同前两个方案有很大的差别:其一,在战略目标上不再是稳定物价水平,恢复均衡,而是以解救失业、达到和保持充分就业为目标。其二,研究主题不再是物价决定理论,而是产量(收入、就业)决定理论。其三,制订方案的假定前提不再是充分就业,产量既定,保持在最优境界,而是低于充分就业,产量波动不定。其四,方案的理论基础不再是货币数量论及其变种——货币价值的基本方程式,而是有效需求原理。其五,经济政策不再局限于货币金融领域内的间接调节,而是扩大政府职能,以财政政策为主导,辅之以货币金融调节,直接对投资和消费二者进行双管齐下的需求管理。

四、"凯恩斯革命"的全过程:从实际政策到理论塑造,两者紧密结合,构成方案的整体

"凯恩斯革命"的内容包括两个组成部分:政策制定与理论塑

---

① 奥斯汀·罗宾逊:《凯恩斯传》,滕茂桐译,商务印书馆1985年版,第20页。

造。西方有的经济学家①认为，有两个"凯恩斯革命"：一个是理论上的"凯恩斯革命"，即以有效需求理论来代替剑桥学派的经济自动调节趋于充分就业均衡的理论。另一个是政策上的"凯恩斯革命"，即要求政府的首要任务之一，转为控制有效需求即总需求的水平；如果有效需求不足，主要以财政政策来刺激它或直接创造它；如果需求过度，主要以财政政策来抑制它。

我认为，实际上，这两种"革命"是彼此紧密结合的，它们共同构成"凯恩斯革命"的整体。如果两者缺一，就不能算是完整的"凯恩斯革命"了。

经济政策总是在一定经济理论的思想指导下制定的。凯恩斯调节方案的"三部曲"当然也不例外，而且凯恩斯对于自己所开具的治病处方——政策措施，特别着重其作为病情诊断的理论依据，力求使之具有充分的说服力。例如，他在《劝说集》的序言中说道：他在1931年以前的"这些文章都是在匆忙中写成的，作者在不顾一切的迫切心情下，想对他的读者及时进行说服"；由于缺少一个理论基础，因而，"12年来，唠唠叨叨说了许多，但对事态的进程，丝毫也没有能发生影响"②。由此可见，他早在20世纪30年代初期撰写《劝说集》序言时，就已明确地觉察到，仅仅提出具体的政策建议，而没有理论基础作为依据，势必缺乏说服力而不能发生影响。他在《就业通论》末章论述其新经济思想的巨大威力时说：

> ……假使这种思想是对的……说这种思想在未来不会有多大力量，一定是错误的。在现在这个时候，一般人都渴望有一个更基本的诊断，非常肯接受，而且只要说得入情入理，很热心要试试……经济学家以及政治哲学家之思想，其力量之大，往往出乎

---

① 詹姆士·米德：《凯恩斯革命》，载：《关于约翰·梅纳德·凯恩斯的论文集》，剑桥大学出版社1975年英文版，第82页。

② 凯恩斯：《劝说集》，蔡受百译，商务印书馆1972年版，第2页。

常人意料。事实上统治世界者，就只是这些思想而已。①

在上段引语中他确认，一般人当时都渴望对严重的经济痼疾需要一个更基本的病理诊断，塑造一个正确的理论，就会在未来发生出乎意料的巨大力量，甚至进而统治世界。这可看出，他是多么重视作为政策建议之思想基础的理论塑造啊！

试看，他那医治萧条的前后三个调节方案，都是既有实际政策建议，又有理论论述作为思想基础的，两者共同构成一个救治方案的整体。

以《货币改革论》型货币调节方案而言，货币调节政策的理论依据是货币数量说。这一方案是凯恩斯救治英国20世纪20年代慢性萧条早期病症的病理诊断和政策处方。他撰写《货币改革论》的岁月，病症尚在初期，原以为以简单的货币数量论为理论依据，主要依靠市场机制的作用，辅之以英格兰银行货币政策的温和调节，就可以稳定物价，克服萧条，重新恢复英国经济的均衡与繁荣。

至于《货币论》型的货币调节方案，同《货币改革论》方案相似，仍然以稳定物价水平、恢复经济均衡为战略目标，但政策的具体运用，则要复杂得多。它确认对以中央银行为主导的银行体系在调节经济方面具有巨大威力，坚持把货币金融调节定为摆脱经济困境的有效途径。货币调节的主脑和操纵者是中央银行，货币调节的杠杆是利率；由中央银行指挥整个银行体系，操纵市场利率使之与自然利率相一致，进而促使储蓄转化为投资，做到"储蓄=投资"。这种政策措施是有着比《货币改革论》更为复杂的一套理论作为思想基础的。它们包括：首先，核心理论——从以传统货币数量论为基调转化而成的一套"货币价值的基本方程式"。其次，中介理论：其一，关于市场利率与自然利率两者之间矛盾与相等的利率理论；其二，关于储蓄与投资两者间之背离与一致的投资理论。正因为《货币论》中包含着远比《货币改革论》更为复杂而奇特的经济理论，使这部巨著显

---

① 凯恩斯：《就业通论》，徐毓枬译，商务印书馆1977年版，第326页。

得艰涩、混杂,甚至各个组成部分有互不协调的痕迹。

关于《就业通论》型需求管理的政策措施方面,凯恩斯本人在这部著作中只作了极为简要的论述。他自己明确指出:"至于应当采取何种实际措施才能把这些思想逐渐加以实现,即使提纲挈领地进行表述,也须另成专书。"① 正因为这样,他的这部著作主要是一部理论专著:阐述他那艰涩而复杂的有效需求理论,为他那以财政政策为主导的新型需求管理政策提供理论基础。

"凯恩斯革命"是 20 世纪 20 年代末期从解救失业的公共工程政策开始,然后进而探索出就业一般理论的。在 20 世纪 20 年代中期关于解救英国经济困境的讨论中,已有人主张通过采用发展政策(主要是公共工程计划)来解救失业。在 1929 年的英国大选中,自由党党魁劳合·乔治向选民保证,通过财政拨款、主办公共工程就能解救失业,增加国民福利。凯恩斯热烈支持这一倡议,为自由党代撰竞选纲领,并和汉德森合写了《劳合·乔治能办到吗?》的小册子,直接把失业问题作为主题,对失业损失作了明细分析,对采用公共工程政策去解救失业的好处——直接和间接增加就业进行估算,并且认定这会提高有效购买力,进一步产生一种积累效应,给经济活动以普遍的刺激。这本小册子首次明确地主张采用财政干预解救失业问题,粗略地描述了倍数思想和储蓄对投资的关系的理论。由此可见,凯恩斯首先提出的是对付失业的公共工程政策,然后才为这种政策寻求理论根据,支持这种政策的直接支柱是倍数原理,其进一步的支柱是通过倍数原理而发现的有效需求原理。因此,在凯恩斯就业理论的思想形成过程中,《劳合·乔治能办到吗?》这本小册子是一本具有"革命"因素的著作,算是"凯恩斯革命"的开端。

凯恩斯为通过公共投资支出去解救严重失业问题而寻求的第一个系统的理论依据就是倍数原理。为了使倍数原理能够成为新凯恩斯政

---

① 凯恩斯:《就业通论》,徐毓枬译,商务印书馆 1977 年版,第 326 页。参照原著,译文略有修改。

策之强有力的理论支柱，必须首先解决倍数的计量问题和需求何以会创造收入的问题，进而要回答在经济萧条时期为什么不能直接通过增加私人消费支出和私人投资支出来增加有效需求。凯恩斯对这些问题进一步探索，创造了边际消费倾向、资本边际效率的理论以及流动偏好等概念，其中，边际消费倾向概念尤为重要。

总之，凯恩斯从财政政策的公共工程建议开始，进而为之寻求理论依据，通过倍数理论的不断发展与完善，逐步形成"就业一般理论"这个新颖而庞大的理论体系，藉以增强其在当时论争中的说服力，并使之具有深远的影响。确实，在《就业通论》型以财政政策为主导的需求管理方案的形成过程中，凯恩斯花费在理论构思方面的精力，比在政策设想方面，要超出许多倍，而且在难度上前者比后者要超出许多倍。在《就业通论》这部代表著作中，在所占篇幅上前者比后者也要超出许多倍。在这部著作中，凯恩斯既有政策建议，又有被认为具有"充分说服力"的理论体系，两者密切结合，构成这个需求管理方案的整体。

试把罗斯福"新政"同凯恩斯需求管理方案两相对比：一方面，前者实行政府干预政策的涉及面甚为广泛，包括财政、货币、金融、工业、农业、价格等方面，而且雷厉风行；而后者则论述甚为简略，而且当时还停留在《就业通论》的书本上。另一方面，在理论上，前者仅简要提及购买力不足和资产阶级人道主义等论点，完全没有什么深奥难懂的论证；而后者则特别着重有效需求原理这一核心理论的塑造和论证。罗斯福"新政"型国家垄断资本主义与凯恩斯《就业通论》型国家垄断资本主义在实质上属于同一种范畴，但在理论依据上，前者甚为平淡，后者则特别明显，塑造成一整套艰涩复杂的理论体系。

五、就业一般理论塑造中的若干具体特点

除上述各项特点之外，就业一般理论的塑造本身还有一些具体特点，必须简要加以论述。

(一) 采用短期分析的方法

就业一般理论对经济运行中所出故障的病理诊断（理论分析）与救治处方（政策措施），采用短期分析的方法，即袭用马歇尔的短期分析方法。他在《就业通论》一书中塑造各种理论——各个经济变量之间的关系时，均以短期分析为范围去进行论证。如他明确指出："在短期内，因资本设备之改变，微小不足道，故用实物计算的真实所得与用工资单位计算的所得，二者增则俱增，减则俱减。"① 又说："在短期内，因设备等可以假定不变，故工业常受报酬递减律之支配……"② "设我们所研究者为短时期，例如就业量之循环性变动，则因在短期以内，人类习惯尚没有充分时间，与客观环境之改变互相适应，故以上所述法则（指消费倾向——引者）尤其适用。"③ 唯其是以短期分析为范围，其各个理论就呈现出在《就业通论》一书中所具的特定形式。这是理解凯恩斯经济思想发展过程之一个十分重要的特点。如果改换为长期分析，如某些后凯恩斯主义者那样，使凯恩斯理论长期化，则理论塑造势必会另有一番图景。

(二) 思想发展过程中，对当时经济痼疾的诊治，每每先作常识推理，然后才构成理论定型

凯恩斯在 20 世纪二三十年代对当时经济病症提供病情诊断与救治处方，每每以"异端者"的身份，先在报刊文章或演讲中抒发自己的见解，同论敌进行针锋相对的论争。这些见解每每以通俗易懂的常识推理进行辩解和劝说，然后再提升到理论高度，逐步形成理论体系。

例如，1929 年他支持劳合·乔治关于主办公共工程以解救失业的方案，同汉德森合写《劳合·乔治能办到吗？》的小册子进行劝说和辩解，就是先把倍数思想以通俗易懂的常识推理加以表述。确实，这种常识推理性的解说是缺乏足够的说服力的，因而运用公共工程政

---

① 凯恩斯：《就业通论》，徐毓枬译，商务印书馆 1977 年版，第 98 页。
② 凯恩斯：《就业通论》，徐毓枬译，商务印书馆 1977 年版，第 21 页。
③ 凯恩斯：《就业通论》，徐毓枬译，商务印书馆 1977 年版，第 85 页。

策以解救失业这个重大问题的论争究竟谁是谁非，仍然是悬而未决。这就促使凯恩斯进而一步一步地继续向前探索，经过几年的努力，最后才把原先以常识推理方式表述出来的粗糙倍数思想，塑造成为形式完备的、公式化的倍数理论，成为就业一般理论体系中一个关键性的重要理论。

又如，凯恩斯受到20世纪30年代经济大危机的冲击，早在20世纪30年代初期在论述经济大危机的报刊文章和演讲中，用通俗易懂的语言，对大危机的极端严重性、严重萧条在根源上的诊断、研究对象和方法以及救治对策等问题，作了些常识推理的解说。在对于大危机的严重性方面，他在20世纪30年代初期与20世纪30年代中期，前后论断基本上是一致的。在严重萧条的根源问题上，他认为困难的症结、祸害的根源在于企业家支出的生产成本，不能在出售商品时，以货价收入的形式如数收回。他指出："我们的生产力有了巨大增长以后，没有能力为增长的生产力寻求出路。"①"寻求出路"意味着找到销路，具备足够的购买力。这就是说，商品供给有巨大的增长，而市场没有足够的需求，从而引起物价下跌，使企业家缩减生产，解雇工人，失业人数增加。这就实际上已经接触到"有效需求不足"这种致命病象了。关于救治对策方面，凯恩斯强调对前途要有信心，反对节约、反对降低英国国民的购买力，提倡"花费些钱财"，反对紧缩政策，主张赤字财政和举债花费。这同以财政政策为"反危机"主药的观点已属基本一致。

这些常识推理性的论述，当然谈不上理论的高深境界和体系完整。这就有待于凯恩斯的进一步继续探索和塑造。《就业通论》中复杂而艰深的理论体系，就是在20世纪30年代初期这些常识推理的基础上，进一步探索和提炼的产物。

但是，这里应该指出，也有一些这样的情况：凯恩斯后来塑造的

---

① 凯恩斯：《1930年的严重萧条》，载《劝说集》，蔡受百译，商务印书馆1972年版，第121页。

理论观点同其原来的常识判断并不完全一致。这是因为，原有的常识推理是其旧理论之持续影响的产物，而后来的理论塑造却属于"新经济学"的范畴。

（三）理论嬗变过程中存在着反复性和矛盾性

凯恩斯就业一般理论的思想发展过程，就其总的演变趋势而论，当然是新观点取代旧观点，逐渐使新理论得以确立。但是，就一个特定的新旧交替阶段，特别是早期阶段而论，却是新旧杂陈，呈现着曲折、复杂、矛盾和回生状态。

例如，1929年，他十分明确地支持劳合·乔治关于动用财政拨款、举办公共工程解救失业的方案，并且撰写了《劳合·乔治能办到吗？》的小册子，阐述了这个方案在增加就业方面将会取得的直接、间接以及总的累积效应，这在实际上提出了倍数思想。罗宾逊把这一重大事态看成"凯恩斯革命"的开端。① 1929年，一方面，是他的《货币论》出版的前一年，也是其《货币论》型货币调节方案处于完成阶段的一年；另一方面，却是他背离"货币调节"这个后剑桥学派货币学说教义，改采财政干预，举办公共工程，直接以增加就业为目标的新观点的一年，这确实是凯恩斯就业学说的思想发展过程中一个重大的转折点。

1931年，凯恩斯汇编《劝说集》时，把这本小册子改名为《关于扩张计划》(1929年5月，普选日)，其中摘录了关于失业问题的严重性，劳合·乔治方案的优点，个人的储蓄并不一定转化为投资的观点和斥责"保守党政府把我们陷入了困境"等论点。② 但是，他却把其中关于隐约地指出的倍数思想的内容漏摘了。实际上，倍数思想

---

① 琼·罗宾逊说："1929年，劳合·乔治正为公共工程政策四处游说，凯恩斯和赫伯特·汉德森合写了《劳合·乔治能办到吗？》这本小册子。这本书首次隐约地描写倍数理论和储蓄对投资的关系的理论。"见《经济理论的第二次危机》，载《现代国外经济学论文选》，商务印书馆1979年版，第1页。

② 凯恩斯：《劝说集》，蔡受百译，商务印书馆1972年版，第93～104页。

是凯恩斯投资理论的一个重要依据。这种遗漏绝对不是一种偶然的疏忽，而可看出他在1931年汇编此书时对这一十分重要的思想发展并未赋予足够的重视。这显然是一种思想回生现象。

又如，1931年夏，他在美国芝加哥哈里斯纪念基金会发表题为"世界性的失业问题"的演讲里，分析当时经济萧条的极端严重性，并且预言整个世界遭遇的大灾难不能很快地被克服，萧条持续的时间也许比人们所想象的要长得多；同时预见到会有一个长时期的半萧条状况，可以称为就业不足的均衡。但是，由于他的《货币论》旧理论模型的持续影响，他的医治萧条的主要工具仍然是对利率的操纵。在《货币论》中，利率是促使储蓄与投资得到均衡的主要因素。他这时仍然继续强调利率对投资的调节作用，降低利率以促进投资，将投资提高到与储蓄相等之某一标志着繁荣的均衡水平。

在世界经济大危机爆发前夕的1929年5月间，凯恩斯已经振振有词地主张通过财政拨款的投资、举办公共工程以解救失业；而到大危机日益深重的1931年夏季，却反而强调采用货币政策的利率调节去恢复经济均衡，足见他的就业一般理论的思想发展过程是充满着反复和矛盾的，即以救治失业的对策而论，究竟是以传统的货币（利率）调节为主，还是以财政（公共工程投资）干预为主，至少直到1931年仍然是处于前后反复、矛盾的混乱状态。

（四）就业一般理论体系的表述程序同理论塑造过程的程序殊不一致

如前所述，凯恩斯就业一般理论的思想发展过程是从1929年主张通过财政拨款、举办公共工程、增加就业这种政策措施开始的。为了增强它的说服力，使这种措施能被采纳并见诸实行，必须寻求理论依据，于是塑造出粗略的倍数思想，以及储蓄同投资之间的关系这些新的理论观点。这是就业一般理论之思想发展过程的原始雏形状态。以后，经过几年的进一步探索，原来粗略的倍数思想逐步发展，日趋数理化、公式化，形态臻于完整，塑造为最后定型的倍数原理，构成"新经济学"投资理论的一个至关重要的理论组成部分。

因此，我们可以说，凯恩斯就业学说的思想发展过程是从公共工程经济政策开始,而后塑造其就业一般理论,而他的理论塑造过程,又是从粗略的倍数思想开始,然后逐步加深提炼,成为定型的倍数原理的;与此同时,在倍数理论的提炼过程中,进而逐步塑造消费倾向和边际消费倾向、资本边际效率、有效需求原理等一系列概念和理论,并最后编制成就业一般理论的整个体系。在这种意义上说,就业一般理论是发轫于财政拨款的公共工程投资,而以倍数理论为思想发展过程的主轴,不断纵向地加深探索,横向地扩大研究,增添一系列新的理论范畴,最终形成一个艰涩复杂的理论体系。这就是就业一般理论在塑造程序上的基本轮廓。

而凯恩斯在《就业通论》一书中对这一新理论体系的表述程序则大不一样。这是在就业理论的思想演变过程已经完成,整个理论体系已臻定型,然后才把整个理论体系的各个组成部分进行表述程序的安排,使其成为次序适宜的理论体系。先在卷首交代其对立面,即经典学派的中心论点以及定义和概念,然后再进入理论体系本身的表述,即首先阐述有效需求原理,其次论证消费倾向,再次考察投资引诱,最后才旁及工资、物价、商业循环和社会哲学等问题。

综括上述,凯恩斯就业一般理论在思想演变过程中的理论塑造程序,同《就业通论》一书中的理论表述程序是大相径庭的。一般地说,任何一个经济学家构思和撰写一部经济理论著作,都要经过这两种不同的程序,而且这两种程序都会存在着差别。这是自然的,也是必然的。但凯恩斯就业一般理论的上述两种程序相差如此之大,却是十分独特的,主要原因在于,他受传统经济学说的熏陶极深,原来许多年对之深信不疑,并且曾经塑造过两种传统形态的货币调节方案,必须经过长时期的挣扎,才能摆脱传统的想法和说法,建立"新经济学"的观点和理论。①

---

① 这是凯恩斯的自述,见《就业通论》,徐毓柟译,商务印书馆 1977 年版,"原序"第 3~5 页。

因此，他的就业一般理论的塑造是经过 6~7 年的漫长岁月，除旧布新，迂回反复，一个一个观点和理论，点滴积累，蹒跚前进。他的理论塑造过程特别艰难而缓慢，塑造程序也就十分独特而杂乱，与他在《就业通论》一书中的理论表述程序大相径庭那就势所必然，毫不足怪了。

第二节　第一次世界大战前的凯恩斯：剑桥传统的新古典派经济学家

凯恩斯原先是深受英国剑桥传统熏陶的一个新古典经济学家，特别是一个货币学家。至少在第一次世界大战以前是如此。早在 1905 年，他就被他的老师阿·马歇尔认为深具才华，劝他终身致力于经济学的研究。马歇尔曾为此写信给他的父亲老凯恩斯说："你的儿子在经济学方面表现突出。我曾告诉他：如果他将来决定投身于职业经济学家行业，我将欣喜万分；当然，我必须对他不加勉强。"① 后来，他果然成了马歇尔的得意门生。1924 年 7 月 13 日马歇尔逝世，凯恩斯为《经济杂志》(Economic Journal) 写了包括有马歇尔传略的讣告，长达 62 页，对马歇尔的经济学术业绩称颂备至。马歇尔夫人对此大加赞赏，写信给凯恩斯的母亲说：凯恩斯所写的讣告至为优美，马歇尔在其门生中以有凯恩斯而感到自豪。②

凯恩斯在第一次世界大战以前所写的论著完全遵循新古典经济学的传统观点。例如，他在 1911 年所写关于欧文·费雪 (I. Fisher) 的

---

　① 哈罗德：《凯恩斯传》(Sir R. F. Harrod: The Life of J. M. Keynes)，1951 年伦敦英文版，第 107 页，马歇尔 1905 年 12 月 13 日致老凯恩斯 (J. N. Keynes) 的信。

　② 哈罗德：《凯恩斯传》(Sir R. F. Harrod: The Life of J. M. Keynes)，1951 年伦敦英文版，第 354 页，马歇尔 1905 年 12 月 13 日致老凯恩斯 (J. N. Keynes) 的信。

《货币的购买力》的一篇书评①,对费雪的货币数量说加以称颂,并将马歇尔在金银委员会及印度货币委员会的证词,认为是李嘉图以来货币理论方面最好的论述。这种评论表明他这时确实是一个沉湎于新古典派传统经济学说的经济学家。

又例如,他在 1913 年出版《印度的货币与金融》(*Indian Currency and Finance*)一书。这是他的第一部专业著作。他建议印度采用金汇兑本位(虚金本位)的管理货币体制,已超出了正统的说法。但他的这种货币体制建议是根据简单的古典分析得来的。在这本著作中,凯恩斯信奉货币数量说,并在这种正统分析方法的基础上,为印度寻求价格稳定的途径。不论这种献策是不是一种最正统的计划,凯恩斯的经济分析无疑是从传统的新古典经济学说中演化出来的。②

总之,凯恩斯长期受新古典学派剑桥传统经济学说的熏陶,这种理论观点已深入脑际。在第一次世界大战以前,他是一个十足地信奉新古典派经济学的经济学家。

在第一次世界大战期间,即 1915 年初,他以经济学家的身份被征召到英国财政部任职,最初职位不高,但旋即晋升很快,负责战时经济最重要的方面之一,经管关于重要的输入、英国的外汇支出与其盟邦之协调的问题。他在这期间发表的文章在内容上趋于保守,没有多的新见。

到战争结束后,特别是英国 1920 年爆发第一次世界大战后第一次经济危机,随后遭受 20 世纪 20 年代长期慢性萧条,凯恩斯才在一些重要的经济问题上,陆续提出同新古典经济学传统教义大相背离的论点和主张,从此进入其新的就业理论体系的发展和形成过程。

---

① 《经济杂志》第 21 卷,1911 年,第 392 页。
② [美] 克莱因:《凯恩斯的革命》,薛番康译,商务印书馆 1980 年版,第 8 页。参照原文,译文略有更动。

第三节　第一次世界大战后和20世纪20年代的重大论战

英国战后和20世纪20年代长期慢性萧条期间，凯恩斯对当时一些重大经济事态提出了同传统经济学教义大相背离的一系列观点和方案。这是凯恩斯"新经济学"思想发展过程的初期阶段。现在逐一介述这阶段中各项重大背离的具体内容。

一、巴黎和会与《和约的经济后果》

巴黎和会可以说正式揭开了凯恩斯论争生涯的序幕。他的整个论争生涯直到1946年逝世才告终结。① 我们可以说，他的一生是在国际、国内一系列重大经济问题上，不断提出自己的独特见解，向当局者挑战，勇敢投入论争的一生。

战争快要结束时，德国赔款应为多少的问题提上议事日程。英国当局要凯恩斯考虑这个问题。他估计合理的数额为20亿英镑，分若干年支付。而一般在英格兰银行影响下所达成的一种估计为240亿英镑——全部协约国的战费。凯恩斯经常轻视银行家的经济盘算，对这次赔款问题亦复如此。他认为，赔款不只是签一张支票便算了事，必须包括在德国生产财货并无偿地运往国外，这同战后德国经济的规模及条件直接相关联。战后德国在若干年内支付20亿英镑，数额尚属合理，240亿英镑的数额无论如何是不合理的，战后德国实在无法负担。② 这是凯恩斯在战后赔款数额、也牵涉到战后整个欧洲经济的前途这个重大问题上同英国当局的一项尖锐分歧。凯恩斯这项意见没有被英国及其他协约国当局接受。

---

① 莱卡切曼：《凯恩斯时代》(R. Lekachman: *The Age of Keynes*)，1975年英文版，第28页。

② 斯图尔特：《凯恩斯理论及其以后的发展》(M. Stewart: *Keynes and After*)，阎子桂译，台湾银行经济研究室编印1971年版，第3页。

战后，英国政府派凯恩斯参加巴黎和会的工作。他对和谈的前途抱抑郁态度，深信那些显赫的媾和者如英国劳合·乔治、美国的威尔逊（Woodrow Wilson）以及法国的克列孟梭（G. Clemenceau）是在谋求达成一个不公平而不能履行的和约。

不久，他毅然辞去巴黎和会的职务，旋即开始自由地发表自己对和约的独特见解，撰写《和约的经济后果》（The Economic Consequences of Peace）一书，倾述他关于凡尔赛和约对战败国处理的控诉。他自称，此书的目的是要"指出迦太基人的和平（Carthaginian Peace）实际上并不正确，或者是不可能的"，并且指出，"时钟是不能倒转的"。① 凯恩斯在此书中充满着悲观情调。例如，该书第六章"和约后的欧洲"，开宗明义的第一句话就说："本章必须是悲观主义的一章"②。他坚信，试图榨取这些赔款，不仅不会成功，反而会招致不幸的结果。

此外，还有更重要的一个理由，如前所述，他害怕德国和欧洲其他国家的革命，并预防法国在欧洲大陆之地位的相对加强，对英国不利，于是寄希望于复兴德国，抑制苏联革命力量的增强。这一切决定了凯恩斯对巴黎和约的基本态度。

此书在英国议会和政府中引起了相当大的骚乱。它立刻成了一本畅销书，使凯恩斯成为毁誉不一的一个权威。凯恩斯对赔款问题勇于向当权者的主张挑战，保持着"异端者"的独特作风。一方面，第一次世界大战后德国难于负担这么巨大的战费赔款，这一估计是比较现实的；另一方面，在第一次世界大战后国际政治关系上，他心怀反苏阴谋，则是十分反动的。

二、英国第一次世界大战后及 20 世纪 20 年代初期经济失调与《货币改革论》型货币调节方案

英国 1920 年爆发经济危机，随后处于慢性萧条的困难。经济灾

---

① 凯恩斯：《和约的经济后果》，1920 年纽约英文版，第 36~37 页。
② 凯恩斯：《和约的经济后果》，1920 年纽约英文版，第 226 页。

难在好几年间刺激了凯恩斯的写作，1923年，凯恩斯的《货币改革论》出版，发表他关于如何解救此种经济困境的对策。既然以"货币改革"标名此书，它在具体内容上必然会包含一些新的见解和论断。主要如下：

第一，他在此书中主要考察了当时争论十分激烈的两个重要问题：(1) 通货膨胀还是通货紧缩；(2) 金本位还是管理本位。

关于第一个问题，凯恩斯一贯赞成物价稳定。但是，如果经济失调要通过价格控制来调整，则他总是赞成通货膨胀而反对通货紧缩。他明细地分析了通货膨胀（物价上涨）与通货紧缩（物价下跌）在各个阶级、阶层之间引起财富重新分配的影响，认为通货紧缩而物价不断下跌，会使失业增加，使食利阶级得利；而温和的通货膨胀则使物价不断上涨，使产业资本家增加生产，对降低失业有利，使食利阶级受损而感到失望。他明确指出："在一个变得贫困的世界里，引起失业比使食利阶级失望更要坏些。"①

这就是他为什么偏好温和的通货膨胀而反对通货紧缩的理由。

他认定，在资本主义经济中，高水平的投资活动对经济进步是必要的。虽然投资者宁愿价格稳定，但会认为价格上升对企业活动是一种刺激，而通货紧缩则对投资和企业是一种障碍。价格上升会给企业带来意外的利益，从而提高潜在投资者的期望，这对促进高水平的收入和就业是一个必要的刺激。

同时，他认定食利阶级在经济上是一个不活动的阶级。他赞成通货膨胀是以食利阶级为牺牲的。

第二，关于上述第二个问题："金本位还是管理本位"，他坚决反对恢复金本位，尤其反对把英镑汇率提高而回到战前平价。当时英国朝野人士正在企图恢复金本位制。他在《货币改革论》中的最后65页严厉地斥责这种货币制度为"古老而受尊敬的偶像"。反对的理由有二：一是对恢复金本位、通过市场自动调节使英国经济臻于安康

---

① 凯恩斯：《货币改革论》，1924年伦敦英文版，第44～45页。

局面的传统论点，表示深刻的怀疑，他主张实行货币管理本位，采用合理的货币调节政策，而不迷信市场力量的盲目运行。二是他对金本位的反对，主要在于19世纪与20世纪间的差异。第一次世界大战后美国大量吸收黄金的倾向，出现了美元本位制，由美国联邦储备银行当局所掌握。黄金的价值，将来的发展完全要取决于美国联邦储备银行当局的政策。同时，他主张，在稳定英镑汇价与稳定国内物价水平两者不可兼顾时，则应毫不迟疑地选择后者。

第三，货币数量论是《货币改革论》中一个重要的理论组成部分。凯恩斯关于反对通货紧缩、偏好通货膨胀的主张，关于反对金本位制、偏好管理本位制的主张，都是以他的货币数量论为理论基础的。

他在《货币改革论》中承袭马歇尔和庇古的剑桥方程式原理，酌加修订，提出自己的货币数量公式：

$$n = PK \quad \cdots\cdots\cdots\cdots\cdots\cdots\cdots\cdots\cdots\cdots\cdots\cdots\cdots (1)$$

$$n = P(K + rK') \quad \cdots\cdots\cdots\cdots\cdots\cdots\cdots\cdots\cdots (2)$$

他认为，货币本身没有效用，其效用全从其所购买之物得来。人们所需要的不是货币多少镑，而是需要足以支付一定用途的购买力数量。这一定数量的购买力，他以某几种标准消费品所构成的一定量"消费单位"加以测定，如上式（1），假定人们保持在手中用以换取消费单位的购买力为 K，该社会的通货数量为 n，若 K 不变，则 P 与 n 同升同降，即物价将随政府纸币的多少而同比例地涨落。

上式（1）只就现金而论，实则人们大多使用银行存款，而银行对存款则保持一定比率的现金准备，如上式（2），假定人们保持相当于 K 消费单位的现金外，更保持相当于 K' 消费单位的存款于银行，银行以现金对此存款保持 r 的存款准备率。这样，假定 K、K' 和 r 都不变，则 P 同 n 同升同降，即通货数量 n 与一般物价水平 P 之间存在着直接的关系。

凯恩斯的上述货币数量公式突出了货币数量调节的政策含义。它假定 K、K' 和 r 不变。n 与 P 成正比例而变动，但是，n 和 r 直接受货币当局的控制。K 与 K' 要随公众的消费和储蓄的心理而变动，亦随经济周期而变动。因此，货币当局可以运用利息率影响 K 与 K'，而且必要时还可以直接调节 n 和 r，以影响 K 与 K'，最后影响 P 的数值，获得价格稳定。① 由此可以看出，凯恩斯"货币管理"的政策主张是以其货币数量论为理论依据的。

第四，凯恩斯在此书的"序言"中提到："储蓄是私人投资者的事，我们鼓励他把储蓄主要地放在对货币的索取权上。推动生产的责任则属于企业主，他主要受预期能获取货币利润的影响。"② 关于储蓄与投资的关系这个问题，他仅在此书"序言"中作过这样简单的提示，并未在全书正文中深入地进一步展开论述。但是，这一段论述毕竟第一次表明了凯恩斯早在 1923 年就开始认识到了储蓄的抵消问题，并认识到了储蓄的决策与投资的决策两者的性质有所不同。这个问题构成他在《货币论》中详细讨论的中心议题，也成为他在《就业通论》中新经济学理论体系的一个重要组成部分。

综括上述，凯恩斯在《货币改革论》中的下列各项重要论点，在《货币论》中继续加以考察，然后再在《就业通论》中进一步发展，确立为就业一般理论体系的组成部分。

第一，在《货币改革论》型的货币调节方案中，坚持市场机制自动调节为主，辅之以货币金融调节，使物价稳定、经济均衡。这就表明，凯恩斯这时虽然基本上仍然是一个后剑桥学派货币调节论者，但他对自由放任的信念已开始有所动摇，已开始觉察到：单凭市场机制自动调节，难以保持经济均衡，非辅之以货币金融力量的干预不可。这是"经济干预"观点的萌芽，后来在《货币论》中继续发展，到《就业通论》就正式否定自由放任的传统教义，确立政府干预论的经济思潮。

第二，尽管战略目标在于谋求物价稳定，使经济趋于均衡，从而

---

① 凯恩斯：《货币改革论》，1924 年伦敦英文版，"序言"第 1 页。
② 凯恩斯：《货币改革论》，1924 年伦敦英文版，"序言"第 1 页。

消除经济波动,但在具体安排上,却偏好温和的通货膨胀而使物价上涨,以利于企业家的投资刺激。在《货币论》中仍然坚持这种安排,到《就业通论》则进而倡导"半通货膨胀"的"物价一般理论"了。

第三,在《货币改革论》中,从分析通货膨胀或通货紧缩在财富重新分配上的影响这个角度,论证了重视企业家投资对国民经济发展至关重要的观点,也论证了食利阶级是国民经济中全不参加经济管理活动的人的观点。这两个观点在《货币论》中继续占着十分重要的地位。在《就业通论》中,这两个观点进一步发展到:一方面,加强对企业家的投资引诱,成了提高有效需求的重点项目;另一方面,食利阶级却被摆弄而成为"无疾而终"的消亡对象。

第四,在《货币改革论》行将出版时所写"序言"中,凯恩斯才开始意识到储蓄与投资两者的分离与矛盾的问题。他在《货币论》中则把储蓄与投资的这种矛盾关系列为中心的研究课题,并运用"自然利率"与"市场利率"一套理论工具,进行了详细而充分的论证。到了《就业通论》,继续坚持储蓄与投资两者的分离与矛盾这种观点,并且进一步发展:一方面,背离"储蓄支配投资"的旧观点;另一方面,建立了"投资支配储蓄"的新观点。

三、恢复金本位,回到战前平价

1925 年 4 月,英国决定恢复金本位,并且把英镑的汇价提高,回到战前平价。这一措施是企图恢复英镑的战前地位、恢复伦敦战前国际金融中心的地位,并恢复英镑这一金本位货币在国际市场的自动调节作用,解救英国战后经济的困厄。凯恩斯自战争结束以来,一直反对通货紧缩,认为通货紧缩必然会扩大失业。他坚决反对恢复金本位,尤其反对把英镑汇价提高并回到战前平价。他主张以管理通货来改善英国经济的困难处境,认为金本位的自动调节作用已属陈旧过时,而且把英镑平价抬高只会使英国出口贸易更加困难。他说:"说老实话,金本位制现在已经是一种野蛮作风的残余……主张这个古老本位制的人没有看到,这个制度离开时代和时代要求有多么远。"①

恢复到战前平价的金本位制是由当时保守党内阁的财政大臣丘吉尔作出的决定。凯恩斯紧接着就写了《丘吉尔先生政策的经济后果》一篇长文进行辩论和指责。他明确指出提高英镑外汇价值的后果,"首先是出口行业将显著衰落"②。"这是一个危害极大的下策"③。他严厉地忠告丘吉尔说:"您是在故意扩大失业,那在政治上说来是不妥当的"。④

凯恩斯把决定恢复金本位看成"大难临头"⑤。这些辩辞果然灵验。恢复战前平价的金本位制以后,英国经济陷入了更大的困境。英国被迫终于在1931年9月21日取消金本位并实行英镑贬值。凯恩斯把这看成"我们终于解脱了黄金枷锁的束缚"⑥。在金本位制这一论争中,凯恩斯的论断最后还是胜利了。

四、降低工资与空前大罢工

新古典经济学派关于失业问题的传统理论是,失业是由于货币工资太高,只有降低工资,才可使企业家愿意增雇工人,解救失业问题。英国在第一次世界大战中和战后,工资有所增高,而且比法德等国的工资水平为高,因而使出口商品在价格上削弱了竞争能力。英国

---

① 凯恩斯:《劝说集》,蔡受百译,商务印书馆1972年版,第216、217页。

② 凯恩斯:《丘吉尔先生政策的经济后果》,载《劝说集》,蔡受百译,商务印书馆1972年版,第191页。

③ 凯恩斯:《丘吉尔先生政策的经济后果》,载《劝说集》,蔡受百译,商务印书馆1972年版,第194页。

④ 凯恩斯:《丘吉尔先生政策的经济后果》,载《劝说集》,蔡受百译,商务印书馆1972年版,第192页。

⑤ 凯恩斯:《劝说集》,蔡受百译,商务印书馆1972年版,第216、217页。

⑥ 凯恩斯:《劝说集》,蔡受百译,商务印书馆1972年版,第216、217页。

朝野人士早就主张降低货币工资，改善商品输出的困难。

按战前平价恢复金本位，导致英国出口商品在国外市场中价格提高，输出更为困难，于是不得不把解救出口困难的希望寄托在压低货币工资上面。凯恩斯早就对此提出反对意见。他说："我们必须向您忠告，后一政策（指压低工资而言——引者）所遵循的不是平坦大道。肯定说，这是要引起失业，引起劳资纠纷的。"①

《丘吉尔先生政策的经济后果》一文是凯恩斯在金本位制刚恢复之后写的。他这时就预见到了降低工资势在必行，而且也预见到了这势必引起劳资纠纷。果然，1925年6月，英国煤矿业资本家借口为了加强同德国煤矿业的出口竞争能力，要求取消最低工资限额，并减低工资的10%，后又决定将工作日从7小时延长到8小时，英国煤矿工人在铁路工人与运输工人的坚决支持下，强烈抗议资本家的这种无理决定。英国政府被迫作出让步，且以此为缓兵之计，几经周折之后，资本家终于1926年4月继续坚持延长工时和降低工资，并以大批解雇工人相威胁。英国工人阶级于是以5月4日爆发的全国总罢工来答复，使英国整个经济陷入瘫痪状态。总罢工只持续了九天，而煤矿工人单独罢工却延续了半年左右，最后结果工人阶级虽告失败，但这种大罢工事件本身却显示出了英国历史上罕见的工人阶级团结一致行动的巨大力量，而且使英国经济遭受严重的损失。

这次大罢工期间，凯恩斯的心情甚为痛苦，他亲眼看到了全国总罢工使整个经济陷入瘫痪的悲惨情景，印象势必是深刻的。由此可见，早在20世纪20年代中期，凯恩斯从英国劳工运动高涨这一冷酷现实中得到教训，就背离了传统经济学中的这个论点：失业是由于货币工资太高，降低工资就能使失业问题得到解决。这同《就业通论》中的工资学说是有关联的。在《就业通论》中，凯恩斯不把降低货币工资率当作解救经济危机和失业问题的一个办法，这个论断早在

---

① 凯恩斯：《丘吉尔先生政策的经济后果》，载《劝说集》，蔡受百译，商务印书馆1972年版，第191页。

20世纪20年代中期已经明确地建立起来。

五、20世纪20年代后半期经济厄困加深与《货币论》型货币调节方案

随着英国20世纪20年代慢性萧条的旷日持久，不断深化，凯恩斯意识到《货币改革论》型货币调节方案不再合乎时势的要求，于是很快就着手重新设计一个《货币论》型货币调节方案。经过5~6年的探索和撰写，《货币论》这部在凯恩斯主要专业著作"三部曲"中的过渡性著作，终于在1930年出版。现从各个角度对《货币论》型货币调节方案的基本内容，简要地加以介述，清理出从《货币改革论》到《货币论》、从《货币论》到《就业通论》在理论上和在政策上的主要发展线索和演变脉络。

（一）从《货币改革论》型货币调节方案到《货币论》型货币调节方案的转化

大体上说，英国在两次世界大战之间的长期慢性萧条病症可分三个发展阶段：从1920年经济危机爆发到恢复金本位制前夕为病症初发，有时略见好转的早期阶段；从1925年恢复金本位制到1929年经济大危机爆发，为病症不断深化、空前持久的中期阶段；1929—1933年经济大危机及随后的特种萧条，为病势垂危的晚期阶段。

《货币改革论》型货币调节方案是凯恩斯救治上述早期病症的理论诊断和政策措施。他撰写《货币改革论》的岁月，病症尚在初期，原以为用简单的货币数量论为理论依据，主要依靠市场机制的作用，并辅之以英格兰银行货币政策的温和调节，就可以稳定物价，克服萧条，重新恢复英国经济的均衡与繁荣。但是，事与愿违，这一套救治方案并未被英国当局所采纳，而且，英国经济病情继续恶化，即使方案付诸实施，也未必能有显著"疗效"。特别是1925年按战前金平价恢复金本位制，英国输出贸易更加困难。随后，政府和垄断资本家强行削减工资，延长劳动工时，激起1926年英国历史上空前的全国总罢工和煤矿工人的长期罢工，局势严重恶化。凯恩斯面对英国历史上最严重、最漫长的萧条困境忧心忡忡，感到救治这种病疾的紧迫感大大提高。在这种新的困厄局势中,他认为,原先的《货币改革论》型货币调节方案,作为理论基础的传统货币数量论及由此而引申出来的货币调节政策,所包罗的因素太笼统、太简单,忽略了应该考虑的一些复杂因素,对日益严重的慢性萧条痼疾解释得不够深透,必须进行修正。

于是,《货币改革论》出版不久,凯恩斯就开始着手撰写《货币论》,编制"新"型的货币调节方案。他把传统的货币数量论改换成"货币价值"基本方程式,将原来被忽略了的因素细加分析,增补进去,从而使以此为基础而推导出来的新货币调节政策在内容上、格调上也就相应地扩大化、复杂化了。

例如,原来属于笼统的货币总量,此刻进行了各种货币的明细分类;原来属于单一的银行存款,此刻分解为收入存款、企业存款和储蓄存款。

例如,原来属于笼统的货物总量,此刻分解为消费品货物和投资品货物;相应地,原来属于统一的支出,此刻分解为消费支出和投资支出。

例如,原来属于统一的物价水平,此刻分解成为消费品物价水平和投资品物价水平。

例如,原来属于利润的范畴,此刻分解为企业家的正常收入和"意外利润";原来属于单一的利率范畴,此刻分解为自然利率和市场利率。

又例如,原来只在《货币改革论》"序言"中简要地提到"储蓄—投资"的关系问题,此刻把储蓄和投资两者的均衡与矛盾问题大肆发挥,构成"新"型货币调节理论之十分重要的组成部分。

总之,在20世纪20年代英国独特的长期慢性萧条困境中,随着病情的旷日持久,不断加重,凯恩斯苦心焦思,不断探索新的救治方案,从而他的货币理论和货币政策也就不断演变:由《货币改革论》型货币调节论转化而成为《货币论》型货币调节论。两种类型的货币调节论既有着共同的实质和战略目标,显示其前后的连贯性,也有着不同的具体格调和表述方式,表明其发展趋势。

(二)《货币论》型货币调节方案的基本纲领和总体结构

《货币论》的中心内容是：将《货币改革论》中的货币数量论加以修订，增加一些认为被忽略了的因素，扩展成为"货币价值的基本方程式"，并以此为理论基础，论证物价水平稳定和经济均衡的基本条件。

他认为，物价水平是否稳定与经济是否均衡，取决于投资与储蓄是否相等，而投资与储蓄是否相等，则又取决于市场利率是否与自然利率相一致。

他主张，放弃金本位制，改为采用货币管理本位制，由中央银行采取适当的货币调节措施，使市场利率与自然利率相一致，从而使投资与储蓄相等，则物价水平就可以稳定于生产费水平，使经济趋于均衡。

《货币论》的全部目的在于，考察如何维持物价水平的稳定和经济的均衡，如何维持投资与储蓄之间的相等，如何促使市场利率与自然利率相一致。具体建议是实行银行体系的货币金融管理，操纵并调节利率去影响投资率，使投资与储蓄相等，并保持稳定，从而达到物价稳定与经济均衡的战略目标。罗宾逊夫人论断说：凯恩斯在此书中"关心的只是严格地限于一般物价水平"[①]。我们可以说，《货币论》是一部物价决定理论；以物价稳定为轴心，对影响物价波动之各种因素进行理论上和政策上的探索和分析。

《货币论》型货币调节方案所包罗的因素颇为复杂，现在试作如下的简要剖析：

第一，战略目标：物价稳定与经济均衡，解救英国的长期慢性萧条困境。

第二，理论结构：

---

① 她论断说："凯恩斯是以货币经济学家的身份起家的。在他写《货币论》时，他认为，他所需要关心的必须严格地限于一般物价水平"。参见琼·罗宾逊：《凯恩斯革命的结果怎样》，崔书香译，载《现代国外经济学论文选》第 1 辑，商务印书馆 1979 年版，第 19 页。

（1）一些奇特而怪诞的经济概念。

（2）根本理论：

①十足的名目主义货币本质观。

②以货币购买力为具体内容的货币价值论。

（3）核心理论：以传统货币数量论为基调转化而成的"货币价值基本方程式"。

（4）中介理论：

①利率理论——市场利率与自然利率两者间的矛盾与相等。

②投资理论——储蓄与投资两者间的背离与一致。

第三，政策方略：

（1）基本方针——市场调节为主，辅之以货币金融领域的调节，促使物价稳定，经济均衡。对以中央银行为主导的银行体系在调节经济方面具有巨大威力，信心十足，坚持把货币金融调节定为摆脱经济困境的有效途径。

（2）货币调节的主脑和操纵者——中央银行。

（3）货币调节的杠杆——利率：中央银行指挥整个银行系统，操纵市场利率使之与自然利率相一致。

（4）货币调节的对象——投资。凯恩斯诊断：病症在于投资与储蓄的差距。救治对策在于：促使储蓄转化为投资，做到"储蓄＝投资"。

投资（包括固定资本、营运资本和流动资本）因素及其波动的分析。

（5）货币因素及其波动的分析。货币因素的管理：特别着重对银行货币的管理，对收入存款、企业存款和储蓄存款及其各自的流通速度进行管理。

（6）货币管理的运用：国内金融管理与国际金融管理相结合，利率政策（贴现政策）与公开市场政策配合使用。

以上是"《货币论》型货币调节方案"的基本纲领和总体结构。第二项是《货币论》第一卷的主要内容，第三项是第二卷的主要内容。

(三) 经济均衡的三个条件与货币价值的基本方程式

凯恩斯在《货币论》中规划了经济均衡的三个条件,并将这三个均衡条件的各种有关因素加以编排,组成他那独特的"货币价值基本方程式"。

首先,从经济均衡的三个条件说起。

(1) 他承袭了 A. 马歇尔的生产四要素说,把收入分成四类,即工资、地租、利息和企业家的报酬。最奇特的是他把利润这个范畴,区分为企业家的正常报酬和"利润"两部分。把正常报酬当作生产费和收入之一部分,把利润称为"意外利润"——常年产量生产费与实际销货收益两者间的差额,不算是生产费,也就不算是社会收入之一部分。

所谓"企业家的正常报酬",即企业家获得符合当时通常的报酬率的收入,使其生产规模处于均衡、稳定的状态,既无扩大营业规模的动机,也无缩小营业规模的意向。若企业家所取得的实际报酬超过其正常报酬,则意外利润为"正",从而将扩大其营业规模;若实际报酬小于正常报酬,则意外利润为"负",从而将缩小其营业规模。因此,企业家之获取"利润",不是必然的,而是"意外的",因而称之为"意外利润"。

凯恩斯认为,"利润"实为现行经济制度下经济波动的主要原因。"正"的意外利润将引起一种促使就业率和经济扩张的倾向;反之亦然。若生产品的价格等于生产费,即"意外利润"为零,则经济处于静态的均衡状态,既不扩张,也不紧缩。因此,他提出的第一个均衡条件就是要消除利润,使利润为零。

(2) 凯恩斯在其主要经济专业著作的"三部曲"中,关于储蓄与投资二者间的关系问题,论点不断有所发展。他在《货币改革论》中没有正式接触这个问题,还是服膺着"储蓄全部自动转化为投资"、"储蓄＝投资"这个新古典学派论点。但到此书撰写完毕、行将出版而写"序言"时,他才开始意识到储蓄与投资两者未必相等的问题,凯恩斯关于储蓄与投资两者间关系问题的探索,初露端倪。

随着英国长期慢性萧条的日益旷日持久,凯恩斯在《货币论》

中把储蓄与投资两者间的分离与矛盾看成英国当时经济萧条的病根。按照他的定义，储蓄是人们货币收入与其常年消费支出两者的差额；"意外利润"不是收入的组成部分，它不用于常年消费，也不构成储蓄之一部分。至于投资、投资率分别是社会资本在一定时间内的新增量、新增率，投资的价值是在一定时间内社会资本的新增价值。他在《货币论》中将收入限于工资、企业家正常报酬、利息和地租，而不包括"意外利润"，则储蓄与投资必不相等。储蓄是收入减去消费的余额，收入中不包含利润，储蓄也就不包含利润，而投资是资本的净增量，即储蓄与利润二者的总和，故储蓄与投资自不相等。

凯恩斯认定，投资成为货币调节的对象，只要通过中央银行对利率的调节，使储蓄等于投资，经济均衡就可达到并保持了。因此，"储蓄=投资"便是物价稳定、经济均衡的第二个条件。

(3) 在利率理论方面，凯恩斯借用了威克塞尔（J. G. K. Wicksell, 1851—1926年）的理论。自然利率与市场利率等术语、两种利率的背离导致经济波动、两种利率相等则导致经济均衡等观点，均从威克塞尔借用而来。

凯恩斯认为，自然利率是使储蓄与投资完全相等的利率，从而也是总产品的价格水平与各生产要素的收入完全相等的利率。市场利率围绕着自然利率而上下波动，使储蓄与投资两者不能相等，物价不能稳定，经济失去均衡。据说，"意外利润"决定于市场利率与自然利率之间的差额。如果自然利率大于市场利率，则利润为"正"，经济趋于扩张。如果自然利率小于市场利率，则利润为"负"，经济就会趋于紧缩。如果自然利率等于市场利率，则利润为零，经济保持均衡。

凯恩斯坚信利率有调节储蓄与投资的巨大作用。中央银行调节市场利率使之与自然利率保持一致，则可使价格等于生产费、"储蓄=投资"，从而消除"意外利润"，使价格稳定、经济均衡。因此，"市场利率=自然利率"是经济均衡的第三个条件。

总之，凯恩斯在《货币论》阶段仍然基本上是后剑桥学派的货币学家，主张以货币金融领域的调节作为重要辅助性措施，去影响市场机制加强调节，维持物价稳定和经济均衡。这阶段中，从其主导思想而言，他仍然基本上是一个传统的经济均衡论者和物价决定论者。当然，毫无疑问，在其对这一战略目标的具体论证方面，却包含了不少同剑桥传统论点开始背离、向就业一般理论过渡的新论点。正因为这样，《货币论》在凯恩斯经济思想发展过程的"三部曲"中才成为一部十分重要的过渡性著作。

其次，关于货币价值的基本方程式。

凯恩斯在《货币论》中的"货币价值基本方程式"是他在《货币改革论》中货币数量论的一种扩展和修正。他在其主要专业著作的"三部曲"中，对待货币数量论的态度一变再变：在《货币改革论》中对它备加信奉；在《货币论》中对之加以修正，改换为"货币价值基本方程式"；而到《就业通论》阶段，则抱反对态度，改换为以"半通货膨胀"为内容的物价的一般理论。[①]

在《货币论》中，货币价值基本方程式虽然演化成十个方程式，但主要只有两个，即：

$$P = \frac{E}{O} + \frac{I'-S}{R} \quad \cdots\cdots\cdots\cdots\cdots\cdots\cdots\cdots \quad (1)$$

$$\pi = \frac{E}{O} + \frac{I-S}{O} \quad \cdots\cdots\cdots\cdots\cdots\cdots\cdots\cdots \quad (2)$$

上两式中：P 表示消费品价格水平；π 表示社会总产品的价格水平；E 表示生产要素的收入，即生产费；O 表示社会总产品数量；R 表示消费者购买消费品数量；I 表示新投资品增加量的价值；I' 表示新投资品的生产费；S 表示储蓄的数值。

上列第一方程式表明消费品价格水平是怎样决定的。第二式表明社会总产品价格水平是怎样决定的。此外，书中还用 P' 表示新投资品的价格水平，这里从略。由此可见，凯恩斯《货币论》的主要内容是关于以经济均衡为战略目标的价格决定理论；建立此"基本方程式"的目的在于表述价格决定的各种因素、研究价格变动的机制，

---

① 凯恩斯：《就业通论》，徐毓枬译，商务印书馆1977年版，第21页。

从而中央银行利用足够的力量去控制物价水平，消除经济周期的波动，使之臻于经济均衡的稳定境界。

在这两个方程式中，两种价格水平都由两个因素加以决定的：（1）生产费（即成本）；（2）新投资费用之超过、相等或不足于常年储蓄额而为正、为零或为负。由此可见，要稳定货币的购买力，必须使新投资的费用等于常年储蓄之量。这就必须是"意外利润"为零，价格水平等于生产费，满足前面所述的三个均衡条件。

在上述两个方程中，关于价格水平稳定的各种因素，凯恩斯没有考虑到产量（总产量"O"或消费品产量"R"）的变动问题，也就是说，"O"和"R"都被假定为既定的。所以，他在《就业通论》的"序言"中承认："该书所谓'基本方程式'，是在一定产量这个假定之下所得到的刹那图。"① 他明确承认，《货币论》型调节方案中，"对于产量变动的后果，并没有充分讨论"，认为这是一个显著缺点。②

总之，基本方程式主要是企图改进传统的货币数量论公式，把利率和现金余额数量与各种价格水平（特别是总产量价格水平和消费品价格水平）的决定联系起来，凯恩斯企图通过这些方程式表明市场利率相对于自然利率的变化，如何引起储蓄与投资水平之间的差距，这又会反过来引起价格水平的波动。因此，这些基本方程式表述了凯恩斯《货币论》型调节方案的中心理论和基本政策，是这种货币调节方案的集中表现。

（四）《货币论》的过渡性：为《就业通论》作准备

前面说过，在凯恩斯主要专业著作的"三部曲"中，《货币论》处于过渡性著作的地位。既然它们是"三部曲"，则一方面它们必然有着彼此差异的具体内容，即各自的独特性，因而各自成书；另一方面它们彼此存在着有机联系，前后有承袭性。

---

① 凯恩斯：《就业通论》，徐毓枬译，商务印书馆1977年版，第4页。
② 凯恩斯：《就业通论》，徐毓枬译，商务印书馆1977年版，第4页。

第四章 思想发展过程(上)

关于这种"前后承袭性",首先必须扼要介述凯恩斯"三部曲"中始终一贯的观点和论点,然后,针对《货币论》的过渡性,必须清理出他究竟为其后继著作(《就业通论》)做了哪些准备工作。

(1)"三部曲"中始终一贯的观点和论点。这些前后一致的观点和论点主要如下:

其一,他对20世纪二三十年代的英国(当然包括20世纪30年代经济大危机中的其他各国)经济困境,明确地承认资本主义有缺陷,出了毛病,认为不能够再放任自流,有必要运用市场机制以外的力量,进行调节和干预,才能恢复经济的均衡发展。与此同时,他坚信资本主义的病症是可以救治的,对这种调节和干预的"疗效"有充分信心,认为只要政策对症,就可以"药到病除",永葆安康,而行之有效的政策,必须以正确的理论为指导。于是,他探索、编制一套经济理论,作为规划政策措施的依据。因此,他的经济理论是对经济病症的诊断书,是为开具"处方"(政策措施)提供理论依据的,有着明确的针对性和实用性。凯恩斯一生中的三部主要专业著作是针对上述"病症"不同阶段的三个"救治"方案,处方的具体内容及其理论诊断彼此有所不同,但救治病症的基本态度则始终是一致的。

其二,在货币理论方面,首先,他始终坚持十足的名目主义货币本质观和以一般购买力为内容的货币价值论。在这种理论基础上,坚决主张货币管理本位制。其次,他是从货币学家起家的,自始至终认为货币对经济发展所起的作用很重要。尽管在"三部曲"中对待货币这个因素,在考察的角度上,在强调的程度上,在政策运用的种类和方式上,彼此各有不同,但货币在各个"方案"中始终居于重要地位,起着重要作用,则是前后一致的。

其三,他始终把产业资本家和金融资本家区别开来,采取不同的对待态度。他认为,投资波动是资本主义经济兴衰的原动力,强调高水平的投资对资本主义繁荣的必要性。他把产业资本家同金融资本家区别对待,认为前一阶级在经济上是一个活动的阶级,自始至终加以重视,采取办法加强投资引诱,而食利阶级是一个不活动的阶级,它的收入(利息)是属于不劳而获的,主张把它加以牺牲。

其四，对于物价变动的态度，他在原则上主张物价稳定，但如果物价稳定不可能做到，则宁可让物价温和地上涨，而反对物价不断下跌。他认为，通货紧缩（物价下跌）使财富从活动的阶级转移到不活动的阶级（食利阶级），这对经济稳定殊为不利。而物价上涨会给企业家带来意外的利益，提高潜在投资者的预期收益，对促进高水平的投资和就业是一个必要的刺激。他始终偏好温和的通货膨胀去刺激投资和就业的增长。

（2）为《就业通论》作准备的新论点。前面说过，《货币论》是一本通向《就业通论》的过渡性著作。尽管它基本上属于新古典学派的理论模式，但其中包含了一些新的经济思想，后来演化、发展而成为凯恩斯"新经济学"理论体系的重要组成部分。主要实例如下：

其一，储蓄与投资是由不同的主体完成的。他说："储蓄是单个消费者的行为，这是不肯将其全部当前收入用于消费的消极行为。另一方面，投资则是企业主的行为，他的职能是作出决策，进行或维持某种生产过程、或保留流动性物品的积极行为。这种行为是用其财富的净增加来衡量，无论是采用固定资本、周转资本或流动资本的形式。"① 这时，他已经明确地认识到：投资不必然等于储蓄。当然，二者的这种不相等是根据他关于收入、利润等概念的特殊定义而得出的。这与他在《就业通论》中关于投资不必然等于储蓄的认识是有区别的。

但是，在《货币论》中，关于投资与储蓄二者间的关系问题，下列四个论点是确凿无疑的：一是投资不必然等于储蓄；二是他很强调只有投资等于储蓄，才能使经济臻于均衡；三是投资与储蓄间的分离、矛盾问题，在经济稳定、均衡上关系十分重大，凯恩斯在此书中付出了巨大精力去加以探究和研究；四是不存在一个充分的市场调节机制能够促使储蓄全部自动转化为投资；这就势必要求助于市场机制

---

① 凯恩斯：《货币论》第 1 卷，1930 年纽约英文版，第 172 页。

以外的力量发挥作用，进行调节和干预，这就是凯恩斯后来倡导的政府干预论这种新经济思潮的出发点和理论依据。与此同时，这些论点后来在《就业通论》中进一步得到了演化和发展，形成了"投资支配储蓄"、"投资社会化"等重要理论。

其二，对人们保持现金余额的分析，在《货币论》中，凯恩斯已经把现金余额中的银行存款分为收入存款、企业存款和储蓄存款三种，并且还考察了三者各自的流通速度，足见《货币论》仍然服膺着货币流通速度这种传统范畴。

但是，《货币论》阶段的凯恩斯已开始摒弃粗糙的、简单的货币数量论，确认物价水平不再仅仅取决于笼统的货币数量和流通速度，而是决定于现金余额的上述明细划分及其相应的货币数量和流通速度。并且，他还进一步将保持现金的动机划分为交易动机、谨慎动机和投机动机。存款分类与持有资金的动机分类，两者是很容易联系起来的。银行货币的这种明细分类与保存现金的动机明细分类，后来演化、发展成为《就业通论》中流动偏好的利息理论。

其三，凯恩斯在《货币论》中袭用了威克塞尔的"自然利率——市场利率"等概念，并充分探究了利率这个杠杆对经济均衡的调节作用，把利率的适度调节规定为经济均衡的三个条件之一，强调利率对经济稳定等均衡的调节作用，这无疑是《货币论》的一个新见解。在《就业通论》中，凯恩斯抛弃了"自然利率——市场利率"等术语和通过它们的调节臻于经济均衡的具体论证，但保留了"利率调节作用甚为重要"这一基本论断，并且演化、发展成为利率调节机制的新理论：一来，抛弃简单的货币数量论——货币数量变动直接对价格（经济）发生影响，改换为"流动偏好"基本规律和"物价一般理论"——货币数量变动，通过利率变动的中介调节作用，间接对价格（经济）发生影响。二来，关于利率的调节作用，创建"粘性"利率的特殊概念——在短时间内，利率下降较为缓慢，并且降到一定限度后就不再下降，这就对投资进一步增长起着阻滞作用，从而进一步演化成为"食利阶级无痛苦地自然消亡"、经济永葆健全发展的长期设想。

其四,对于预期和"看跌"心理的强调。在《货币论》中,由于受威克塞尔的影响,凯恩斯已从市场利率与自然利率的关系来说明社会总产品的价格水平变动的原因和途径。这实际上已初步把货币因素引入经济体系,作为决定经济活动水平的一个因素。但他这时并没有突出这一点,"还是遵循传统路线,把货币的影响看作与供求一般理论无关的事情"①。不过他对预期和"看跌"心理的强调,已与把货币理论与经济理论彼此分离的传统学说有所不同。

他认为:"总产量的价格水平和总利润量决定于四个因素:(1)储蓄率;(2)新投资的成本;(3)公众的看跌心理;(4)储蓄存款的数量。或者可以说,决定于两个因素:(1)储蓄超过投资成本的数额;(2)这样一种公众方面过度的'看跌'心理,未能由银行的存款创造去加以满足。"② 因此,"新投资率及其生产成本如果为已知数,则消费品的价格水平就完全决定于公众的'储蓄'倾向。而银行体系所创造的储蓄存款数量如果为已知数,则投资品(无论新或旧)的价格水平就完全取决于'窖藏'货币的倾向"。③ 他在评述货币数量论关于货币数量与价格水平具有直接关系的见解时,认为这个理论意味着"在均衡中……公众对证券既不看涨也不看跌,因而保持储蓄存款形态为其总财富之不多、也不少的正常比例,和储蓄等于新投资的成本与价格……"④ 他在论述企业主的行为时,很重视预期对企业主关于生产规模决策的重要作用。他说:"就生产需要时间来说……就企业主在生产时期之初能预测储蓄与投资的关系,和在生产时期之末能预测对产品的需求来说,显然,影响他们决定生产规模和是否值得向生产要素提供报酬的,正是对新开业务之预期的利润或亏损,而不是已经结算的实际利润或亏损。因此,严格说来,我们应该说,正是预定的利润或亏损,才是变动的主因;也正是通过引起适

---

① 凯恩斯:《就业通论》,英文版,"序言"第 5 页。
② 凯恩斯:《货币论》第 1 卷,1930 年伦敦英文版,第 143~144 页。
③ 凯恩斯:《货币论》第 1 卷,1930 年伦敦英文版,第 147 页。
④ 凯恩斯:《货币论》第 1 卷,1930 年伦敦英文版,第 159 页。

当种类的预期,银行体系才能影响价格水平。的确,众所周知,银行利率迅速变动之所以能够改变企业主的行动决策,原因之一就是由于它们所引起的预期。"①

综括以上各段关于强调预期和"看跌"心理的论述,可以把它看作凯恩斯在《就业通论》一书中关于强调货币的特性——"把未来与现在巧妙联结起来"、"把货币理论推展而为社会总产量理论"、"货币以重要而特殊的风格进入经济结构而发挥作用"② 等重要论点的萌芽或粗浅表述。熊彼特(J. A. Schumpeter)评论凯恩斯在《货币论》的这些论述时说,"对于预期的强调,对于'看跌'心理(尚未从投机动机而形成流动偏好)的强调……我们可以当作《就业通论》中有关命题之不完整的、错杂的最初表述来读。"③ 熊彼特这种评论是确切的、值得信服的。

其五,反对节约,主张扩大消费。与传统经济学把节俭视为人类美德不同,凯恩斯在《货币论》中已对节俭进行了抨击。他认为,当储蓄进行时,"储蓄者单独地按所储蓄数额变得更富有了,但消费品的生产者……则将同量地变得更穷了。因此,在这种情况下,储蓄并无增加总财富的结果,而仅发生了一项双重的转移——由储蓄者将消费转移到全体消费者,和由全体生产者将财富转移到储蓄者,总消费和总财富二者均不变"。④ 因此,"储蓄活动行为本身并不保证资本品的存量将有相应的增加"⑤。

他在《货币论》第一卷第十二章第二节举了一个香蕉园的例子,他假定一个社会只生产香蕉和消费香蕉。由于节约(减少消费或增

---

① 凯恩斯:《货币论》第 1 卷,1930 年伦敦英文版,第 143~144、147、159 页。

② 凯恩斯:《就业通论》,徐毓枬译,商务印书馆 1977 年版,第 4 页。参照原文,译文略有更动。

③ 熊彼特对凯恩斯的评论一文,见哈里斯编:《新经济学》,1947 年纽约英文版,第 89 页。

④ 凯恩斯:《货币论》第 1 卷,1930 年伦敦英文版,第 174~175 页。

⑤ 凯恩斯:《货币论》第 1 卷,1930 年伦敦英文版,第 174~175 页。

加储蓄）将会导致香蕉价格下跌，但同时由于工资、进而生产成本并未降低，从而使生产香蕉的企业主蒙受意外损失。这个过程使企业主通过裁减工人或降低工资来保护自己，因而造成失业。如果节约运动继续下去，则无均衡状态存在。由此可见，他这时已认识到：失业和经济失衡会来自消费不足或储蓄过度，而储蓄行为本身并不一定引起相应的投资。

同时，关于"投资比储蓄重要"的论点，过多的储蓄甚至可压抑商品的销路，阻止投资的进一步增加。他说："经常认为，全世界所积聚的财富是由于个人节约当前享受而建立起来的。但是，这很明显，仅仅禁戒享受并不足以建造城市和排干沼泽，单个消费者的禁戒嗜好并不一定能增加所聚积的财富……"他又说："我们还要提出另一个经济因素，即企业……更糟糕的是，不仅在没有企业的情况下，节约可能存在；而且一旦节约超过了投资时，节约肯定抑制企业的复苏，造成对利润不利的循环……如果企业正在停滞中，节约使财富趋于衰败。"①

总之，他这种反对节约、鼓励消费、重视投资等观点，后来演化并发展而成为《就业通论》中提倡消费与增进投资，"双管齐下"，提高有效需求水平的重要理论。

其六，关于"投资的引诱力"。他论断："投资的引诱力取决于企业主预期从当前投资中所获得的未来收入与得到资金融通所必须支付的利率之间的关系……"② 这实际上就是《就业通论》中作为预期利润率的"资本边际效率"、扣除利息率而获得的预期纯利润率。他这时已明确地提出作为《就业通论》第四篇的标题："投资引诱"这个重要概念，以及作为新投资理论的基本因素："预期的未来收益。"显然，关于投资方面的这些论点，后来演化、发展而构成资本边际效率"基本心理规律"。

---

① 凯恩斯：《货币论》第2卷，1930年伦敦英文版，第148~149页。
② 凯恩斯：《货币论》第1卷，1930年伦敦英文版，第154页。

综括以上所述，《货币论》这部两大卷巨著在内容上涉及面很广，包括货币、银行、物价指数、国际金融以及英格兰银行业务等，既有理论，也有货币银行实务；体系庞杂，组织松懈。凯恩斯在此书行将出版时所写"序言"中明确承认其中的一些缺点，其中最突出的一个缺点就是，他撰写过程中，经历了好几年的时光，不少论点已经有所发展和变化。结果，它的各个组成部分之间并不能完全彼此协调呼应，前后观点不统一。并且，他还缺少一个模型来将各种论题作一正确的安排。当他写完此书时，所持论点同他开始撰写时有着巨大的差异。他甚至承认，如果他重新撰写此书，他将大加缩短，写得更好一些。[①]

凯恩斯对此书的自我评价，表明他自己的经济思想在这一阶段中的不断演变。这本以20世纪20年代后期英国长期慢性萧条为时代背景、以后剑桥学派经济学说为主导思想而编制成的《货币论》型货币调节方案，在1930年出版，适逢20世纪30年代空前严重的经济大危机，可谓太不适时。尽管此书中有了若干新经济思想，但就是从凯恩斯自己的观点看来，《货币论》也是一个失败。因为在它出版之时，正是英国遭受经济大危机的袭击、成百万失业者流落街头等待工作之日。而正在这时，他却把稳定物价水平作为研究重点，这实在显得文不对题。

如上所述，《货币论》中的经济思想基本上还没有超脱新古典理论的窠臼；但书中又有若干新经济思想，表明凯恩斯在急于寻求解救英国经济病症过程中，对病情症结的旁敲侧击。此时，他既对新古典理论有所怀疑，从而提出一些新思想，但又没有找到解决问题的合适途径，缺乏一个新颖的理论基础，因而不得不求助于传统理论。这就是凯恩斯在《货币论》"序言"中所表述的矛盾心理的原因。

但是，面临资本主义"社会瘟疫"这种垂危困境，既具紧迫感，又有现实感的凯恩斯毕竟觉察到了：《货币论》型货币调节方案，在

[①] 凯恩斯：《货币论》第1卷，1930年伦敦英文版，"序言"第1页。

病理诊断（理论体系）和救治处方（政策措施）方面，显得文不对题，药不对症，非改弦更张、重新编制医治方案不可。于是，他"对待自己的巨著，像是对待死敌的著作一样毫不留情"①，坚定地抛弃以"货币调节"为主导的旧方案，改为以财政干预为主导的需求管理方案，使《就业通论》脱颖而出。从此，凯恩斯完成了从后期剑桥学派货币学理论家，到以"就业一般理论"为中心思想之"新经济学"的创始人这一重大转变。

在这一重大转变中《货币论》究竟居于什么地位呢？凯恩斯在《就业通论》"原序"中明确指出："本书与我五年前所出版的《货币论》有什么关系，恐怕我自己比别人要明白些。在我自己看来，只是历年思索的自然演化……"② 在这种"历年思索的自然演化"中，一方面有上述"三部曲"中始终一贯的观点作共同基础，另一方面有上述各非传统的"新经济思想"作为出发点和赖以进一步发展的原始素材，重新考虑问题。《货币论》原来所追求的目标只严格地限于物价一般水平的稳定，很快就转移研究重心，承认就业问题终究是病症的中心点。③ 这就为《就业通论》新的研究对象指明了方向。这样，我们可以说，《货币论》是导向《就业通论》的一部过渡性著作。

　　　　　　＊　　　　＊　　　　＊　　　　＊

总之，凯恩斯对20世纪二三十年代经济病症的三个救治方案，其发展、演变过程是颇具连续性的。奥斯汀·罗宾逊形象地说："《货币论》和《就业通论》倒像是拍摄运动员连续动作的记录影片，

---

① ［英］奥斯汀·罗宾逊：《凯恩斯传》，滕茂桐译，商务印书馆1985年版，第48页。

② 凯恩斯：《就业通论》"原序"，徐毓枏译，商务印书馆1977年版，第4页。

③ 琼·罗宾逊："《货币论》初稿的墨迹未干，凯恩斯开始承认就业问题终究是个中心点。"见琼·罗宾逊：《凯恩斯革命的结果怎样？》载《现代国外经济论文选》第1辑，商务印书馆1979年版，第20页，参照原文，译文略有变动。

而不是表现各个分解动作的、仔细摆好姿势的单独照片。"① 这种形象化的比喻描述，对于凯恩斯就业一般理论在整个思想发展过程中各部专业著作之间的前后连续关系，特别是由《货币论》导向《就业通论》所起的过渡作用，论断是恰当的，富有启发的。

---

① ［英］奥斯汀·罗宾逊：《凯恩斯传》，商务印书馆1977年版，第50页。

第五章 思想发展过程（下）
20 世纪 30 年代经济大危机：
加快新就业理论体系的形成进程

1929—1933 年经济大危机于 1929 年秋冬首先在美国纽约股票市场爆发，迅速扩展到国民经济的其他部门，同时波及资本主义整个世界，没有哪一个资本主义国家能够免于这次空前严重的"社会瘟疫"。英国当然很快受到波及，在 20 世纪 20 年代原有的长期慢性萧条的基础上，有如火上加油，遭受空前严重的经济大萧条。而英国执政当局及英格兰银行在这次极端严重的经济局势面前，却实行着传统的保守经济政策，如健全财政原则，厉行节约，收支平衡，自由放任等，使困厄变本加厉。凯恩斯面对这种深重危难忧心忡忡，写文章、撰论著，表述自己关于抢救危难的见解，这就大大扩展、加深了他同传统经济学教义的背离，同时也就大大加速了他的"新经济学"体系的形成进程。

第一节 对经济大危机的初步诊断和对策

如上所述，20 世纪 30 年代世界经济大危机对凯恩斯来说是一次极端严重的冲击。1934 年他已写好《就业通论》的第一稿，但是，早在 1930—1931 年他对这次经济大危机就作出了初步诊断。这一诊断虽然没有使用《就业通论》中一些晦涩难懂的范畴和术语，但大体上描绘了《就业通论》中有效需求原理的基本轮廓。现以他的《严重萧条》（1930 年）和《关于节约》（1931 年）两文为例，引述他对当时严重萧条的主要诊断和处方。

一、对待这次空前经济灾难的基本态度

凯恩斯面对这次经济大危机忧心忡忡,他的基本态度是:一方面明确地承认资本主义出了重大毛病,情势极端严重,另一方面却相信这是可以救治的。他说:①

> 商业衰落,失业增加,企业亏损严重,这类情况目前正在演进中,形势的恶劣,是世界近代史上从来没有遇到过的。没有一个国家能不被波及,全世界无数家庭,现在都处于困难境地——情形还不止是这样,简直是处于极端恐慌的紧急状态中。就世界上三个主要工业国:英国、德国和美国来说,我们估计大约有 1 200 万工人,现在闲着无事可做。
>
> 今年(1930 年——引者注)我们处于现代历史中一次最严重经济灾害的阴影之下。
>
> ……我现在要告诉你的几点主要意见,首先要重视当前局势的极端严重性,劳动人民已经大约有 1/4,现在闲着没事做;其次,这次灾害是扩大到世界范围的;……再次,然而我们自己还是可以有所作为的,我们必须使自己活跃起来,行动起来做些事,花费些钱财,使大规模企业可以重整旗鼓。
>
> 对前途要有信心,我们现在譬如是一个青年,是由于发育过速而患了神经痛,并不是老年精力衰弱的时候,患了无可救药的风湿症。

从上面几段引语可以看出,凯恩斯对待这次经济大危机的基本态度是:一方面,承认当时经济灾害的极端严重性;另一方面,却坚定不移地打破宿命论和无所作为的保守观点,而主张要有信心,振作起

---

① 凯恩斯:《劝说集》,蔡受百译,商务印书馆 1972 年版,第 114、104~105、110、121 页。参照原文,译文略有改动。

来，医好创伤，企盼重振旗鼓。换句话说，承认病势垂危；但却坚信这是能够救治的。

试看，1930—1931年凯恩斯的这种基本态度，同1936年出版的《就业通论》中所抱基本态度可以说是完全一致的，足见前者早已为后者确定了基调，而且表述得更为明白晓畅一些。这同在其主要著作"三部曲"中，对待资本主义20世纪二三十年代的"社会瘟疫"，他自始至终抱着的基本态度，完全是一致的。

二、关于严重萧条在根源上的初步诊断

凯恩斯这里对灾害根源问题在理论上的探索，是他的《就业通论》中就业理论的雏形结构，也是他的新理论体系的先导。这里，只简要地介述这一诊断的主要论点，不对他的原话整段加以引述。为求不失原意，引述他的关键性词句时，用双引号加以标记，并加括号注明《劝说集》的页码，以便查考。它的要点如下：

（一）关于"困难的症结、祸害的根源"[①] 问题

凯恩斯对这个复杂现象的描述没有使用《就业通论》中那一整套晦涩难懂的新奇术语，而是从一般经济常识的角度，用通俗易懂的语言，对企业停滞、工人失业的严重灾害的根源进行剖析。他一再声明：这不过是些最平淡无奇的"常识"[②]，"最显而易见的常识"[③]。由此可见，《就业通论》中的就业理论体系尽管被表述得那样艰涩奥秘，实则凯恩斯在1930—1931年间的诊断构思，仍然是以"平淡无奇"、"显而易见"的经济常识为现实基础的。

[①] 参见凯恩斯：《劝说集》，蔡受百译，商务印书馆1972年版，第117页。

[②] 参见凯恩斯：《劝说集》，蔡受百译，商务印书馆1972年版，第109页。

[③] 参见凯恩斯：《劝说集》，蔡受百译，商务印书馆1972年版，第118页。

(二) 他用企业家的"生产成本—货价收入"的预期测算,作为生产决策的中心环节

"企业家支出的生产成本,并不一定会在售出商品时,在货价收入的形式下,由他如数收回"。"困难的症结,祸害的根源,就在这里。""货价收入会超过生产成本,这是市场兴旺的特征。"① 试看,这种"生产成本—货价收入"的盈亏分析,虽然凯恩斯这时还没有编制"有效需求原理"、"供给价格"、"需求价格"等新鲜名目,但实际上这种论断已经具备了"有效需求原理"的经济现实内容。

他这里的"生产成本"和"货价收入"已经明确地包含着"预期"成分——企业家对未来市场动态的心理判断,这就把他的理论分析投入了心理领域。后来,他在这种盈亏分析中,把利润率转化成以"预期利润率"为实际内容的"资本边际效率",也就顺理成章了。

早在20世纪20年代长期慢性萧条中,他对失业问题的解救,已经把重点放在刺激企业投资上面。这时,他更强调企业的创新精神。他说:"困难的根本原因是缺乏首创的企业精神,而企业精神之所以不足,是由于资本投资市场情况的不尽如人意。"② 这同《就业通论》中强调"投资引诱"如出一辙。

(三) 研究对象与研究方法上的重大背离

在研究对象方面,凯恩斯从传统经济学的充分就业——产量达到最高境界,产量是"既定的"这个假定前提,转变到产量波动——增长或下降这个现实前提,研究产量、就业量波动,特别是严重下降的原因。这是他对传统经济学的一个十分重大的背离。以此为先导,《就业通论》的研究对象就确定为"主要是研究促使全国整个生产量

---

① 参见凯恩斯:《劝说集》,蔡受百译,商务印书馆1972年版,第109页。

② 参见凯恩斯:《劝说集》,蔡受百译,商务印书馆1972年版,第110~111页。

发生变动的各种因素"①。

同时，凯恩斯背离传统经济学的微观、个量分析方法，改采新的宏观、总量分析方法。他所研究的是总就业量、总生产量、"整个企业的生产成本总计"、"货价收入总计"、"社会总所得"② 等。

此外，凯恩斯还背离了"储蓄通过市场自动调节全部转化为投资"的传统教义，认定储蓄并不一定等于投资，两者间"存在着一道广阔的鸿沟"。③

（四）生产力巨大增长，但没能为它寻求出路

凯恩斯提供一些具体数字，证明英国生产力确实有巨大的增长，但没有能将它充分加以利用。他说："我们的生产力有了巨大增长，以后，没有能为增长的生产力寻求出路。"④ "寻求出路"意味着找到销路，具备足够的购买力。这就是说，商品的供给有巨大的增长，而市场相对狭隘，没有足够的需求，从而物价下跌，使企业家缩减生产，解雇工人，失业人数增加。这里，凯恩斯还没有使用"有效需求不足"这个名目，但确实已经归结到了"有效需求不足"这种致命病象了。

三、救治的对策

然则如何救治呢？凯恩斯这时提出了如下的处方：

首先是"对前途要有信心……我们不可垂头丧气，消沉下去，必须振作起来，不论就个人说或就全国说，要医好创伤，唯一良方是

---

① 凯恩斯：《就业通论》，英文版，序言第6页。
② 参见凯恩斯：《劝说集》，蔡受百译，商务印书馆1972年版，第108～121页。
③ 参见凯恩斯：《劝说集》，蔡受百译，商务印书馆1972年版，第108～121页。
④ 参见凯恩斯：《劝说集》，蔡受百译，商务印书馆1972年版，第108～121页。

大胆活跃的企业精神"。①

其次是反对节约、反对降低英国国民的购买力,提倡多"花费些钱财"②,劝"爱国的主顾们"③鼓起"使用收入的勇气"④,多买那些堆积如山、任凭挑选、便宜得简直梦想不到的衣料、被单、毛毯,这对他们本人有利。更值得高兴的是,这种花费是在"促进就业,为国家增进财富,为种种有利活动开了一个头"⑤,使工业城市有了复苏的机会和希望。总之,凯恩斯在《就业通论》中鼓励花费的论断,在这些论述中已经正式形成,而且表述得十分通俗易懂,完全没有《就业通论》中在文字上和术语上那种艰涩隐晦而标新立异的学究气味。

再次是反对紧缩政策,主张赤字财政。他以"目前各国政府都有巨大赤字"⑥为例证,主张"政府通过各种方式借入资金,都可以说是一个自然的挽救之道。在目前这样严重的萧条中,由此防止损失,不致进一步恶化到使生产停顿的地步"⑦。这就是说,在严重萧条的情况下,政府采行赤字财政和举债开支的政策,对挽救经济颓势,是必要的,有助益的。

他又认为,处于这样严重萧条的情况下,没有别的途径可循,为

---

① 参见凯恩斯:《劝说集》,蔡受百译,商务印书馆1972年版,第108~121页。
② 参见凯恩斯:《劝说集》,蔡受百译,商务印书馆1972年版,第108~121页。
③ 参见凯恩斯:《劝说集》,蔡受百译,商务印书馆1972年版,第108~121页。
④ 参见凯恩斯:《劝说集》,蔡受百译,商务印书馆1972年版,第108~121页。
⑤ 参见凯恩斯:《劝说集》,蔡受百译,商务印书馆1972年版,第117页。
⑥ 参见凯恩斯:《劝说集》,蔡受百译,商务印书馆1972年版,第117页。
⑦ 参见凯恩斯:《劝说集》,蔡受百译,商务印书馆1972年版,第117页。

了应付难关，政府在这一目的或那一目的下的负债，实际上是不可避免的。

凯恩斯在20世纪20年代长期慢性萧条中，曾经主张通过公共工程去解救失业，到20世纪30年代经济大危机期间，失业问题更加严重，他把解救失业问题的途径，由货币政策占统治地位的传统方策，转向比原来更为大胆而明确的财政领域，公然主张赤字财政和举债花费。这同《就业通论》中以财政政策为"反危机"的主药，观点已属相当接近。

第二节 就业一般理论的形成过程：概要

1929—1933年的世界经济大危机，加速了凯恩斯从《货币论》型货币调节方案向《就业通论》型以财政干预为主导的需求管理方案的转变。这种转变过程一方面包含着他对传统理论的背离，另一方面包含着新理论的创立，两者不可分离地彼此融合在一起。① 凯恩斯在《就业通论》的"原序"中自己承认："本书之作，对于作者是个长时期的挣扎，以求摆脱传统的想法和说法"②。凯恩斯"就业一般理论"的创立过程是漫长的、渐进的、日积月累的。广义地说，英国20世纪20年代长期慢性萧条，失业问题严重，生产停滞使国民收

---

① 本节引用了安徽大学八一级研究生方福前同志硕士学位论文——《倍数理论与凯恩斯革命》的一些资料和论点。原先，我们接受了安徽大学经济系的委托，他在武汉大学经济系代培。在谭崇台同志和我的共同指导下，他完成了学位论文，由武大经济系代授硕士学位。他写论文时，参阅了我的《凯恩斯就业理论的思想发展过程》和《时代背景》两文初稿，并进一步钻研文献，掌握了这方面的一些第一手资料，论文达到了优秀水平，殊堪嘉尚。现在，征得了他的同意，回过头来，我采用了他所搜集的一些资料和论点，助益良多。因此，在相当大的程度上，这可以说是他和我合作的研究成果。不敢掠美，特此注明。

② 凯恩斯：《就业通论》，徐毓枬译，商务印书馆1977年版，"原序"第5页。

入损失巨大,早就使凯恩斯焦虑不堪。他对失业问题所招致的浪费和损失,估算得十分具体,认为异常严重,寻求解决这个失业问题的办法所费精力比当时任何其他经济学家为多。①

例如,1929年5月凯恩斯在《关于扩张计划》② 一文中,对20世纪20年代英国失业问题的极端严重性,综合地作了毫不掩饰的明细分析,真是惊心动魄,发人深省。此外,在他的20世纪20年代其他论文和专著中,都可以看出他对当时失业问题严重的高度关注。

上章已经指出,凯恩斯对英国20世纪20年代长期慢性萧条中失业问题的极端严重性,真是痛心疾首,急于找出一个解救之道。在这个意义上说,《就业通论》的准备开始于20世纪20年代。熊彼特追溯凯恩斯就业新理论的发展过程,认为通向《就业通论》的第一站是1923年的《货币改革论》,第二站是1930年的《货币论》③。但是,一来《货币改革论》和《货币论》尽管主旨在于借助市场机制以外之因素的调节,救治慢性萧条的经济失调,它们的假定前提毕竟仍然是充分就业,而没有确认非充分就业的现实情景;二来它们的战略目标毕竟还是严格地限于物价水平的稳定,而不是探究就业(产量、收入)水平波动的诸种因素,进而达到并保持充分就业;三来调节范围毕竟限于货币金融领域,而没有涉及财政领域的干预活动;四来货币因素毕竟被视为经济供求以外的力量,而未把货币理论推展为社会总产量理论。总之,它们尽管包含了若干新思想、新论点,但就其主导思想而论,毕竟仍旧属于后剑桥学派货币调节方案的范畴,只能算是朝着《就业通论》这个最终目标前进的两个准备环节,而

---

① 这是哈里斯对这阶段中凯恩斯努力方向的评论。参见哈里斯编:《新经济学》,1947年纽约英文版,第402页。

② 这是凯恩斯1929年5月英国普选中为自由党代撰的竞选纲领。世界经济大危机这时尚未爆发。参见凯恩斯:《劝说集》,蔡受百译,商务印书馆1972年版,第92~93页。

③ J.A.熊彼特:《凯恩斯:经济学家》,载S.E.哈里斯编:《新经济学》,1947年纽约英文版,第83、87页。

不应算是它的正式开端。

然则《就业通论》这部在当代西方经济学说发展史中影响最为深远的重要著作的创作过程,究竟应从什么时候、什么事态开始算起呢?琼·罗宾逊认为,"凯恩斯革命"的形成过程开始于1929年,他撰文支持劳合·乔治关于采用政府干预、财政拨款、举办公共工程、解救失业问题的主张,首次隐约地描写出倍数理论、投资产生储蓄、赤字预算能减少失业而不致引起通货膨胀等新观点。① 我认为,尽管这些新观点是粗略的,但毕竟可以看成后来《就业通论》型以政府财政干预为主导的需求管理方案这种思想发展的萌芽。

现在,拟将就业一般理论的形成过程分为萌芽、准备、创建、完成四个阶段,扼要地分节加以清理。

第三节 就业一般理论的萌芽

如前所述,西方经济学界有人认为,有两个"凯恩斯革命":一个是理论上的"凯恩斯革命",即以有效需求理论来取代剑桥学派的经济自动调节趋于充分就业均衡的理论;另一个是政策上的"凯恩斯革命",即要求把政府的首要责任之一转变为控制有效需求、总需求的水平:如果有效需求不足,主要以财政政策来刺激它或直接提供它;如果需求过度,主要以财政政策来抑制需求。② 事实上,两个"凯恩斯革命"紧密结合为一个整体,理论上的凯恩斯革命是为政策上的凯恩斯革命提供理论依据,而政策上的凯恩斯革命则是理论上的凯恩斯革命的具体应用。凯恩斯主义是一个主旨在于"反危机"的、以财政干预为主药的需求管理医疗方案。就业理论体系是它的诊断

---

① 琼·罗宾逊:《经济理论的第二次危机》(Ⅰ),胡代光译;《凯恩斯革命的结果怎样?》(Ⅱ)崔书香译。两文均载《现代国外经济学论文选》第1辑,商务印书馆1979年版,参阅第1~2页、第19~20页。

② 詹姆士·米德:《凯恩斯革命》,载米洛·凯恩斯:《关于约翰·梅纳德·凯恩斯的论文集》,剑桥大学出版社1975年英文版,第82页。

书，就业政策措施是它的处方。诊断书是开具处方的病理依据，处方是根据诊察判断而开具的治疗措施。因此，在医生对病人进行救治的医疗实践中，一般总是先作病理诊断书，然后才据此而开具治疗处方。可是，在凯恩斯主义这个医疗方案的思想发展过程中，上述顺序正好颠倒过来：先从财政政策（财政拨款、举办公共工程、解救失业问题）开始萌芽，然后再从理论上寻找论证，使整个就业学说的新体系得以确立起来。①

如前所述，在英国20世纪20年代中期关于解救萧条困境的讨论中，已有人主张通过国家发展政策（主要是公共工程计划）来解救失业问题。在1929年5月的大选中，自由党党魁劳合·乔治在竞选中向选民们保证：由政府财政拨款1亿英镑，举办公共工程，以使50万失业工人获得就业机会。凯恩斯支持这项公共工程解救失业的扩张计划，一来他为自由党代撰大选宣言：《关于扩张计划》一篇文告，阐明劳合·乔治竞选保证的理由和论点；二来他和《民族与文艺》杂志编辑汉德森合写了《劳合·乔治能办到吗?》的小册子，副标题是"对自由党保证的考察"。

当时英国人士对这个方案，有的持赞成和同情态度，有的则认为这项保证有些夸大，还有一些人根据传统经济学说观点表示反对。特别是保守党政府，发表《白皮书》，反对举办公共工程以救济失业的政策。这就是有名的"财政部观点"。理由很简单，即投资受储蓄支配的观点，认为储蓄的数额是一定的，假若政府借款1亿英镑去举办公共工程，那么国外投资就会相应地减少1亿英镑，出超也会下降相应金额。这只是就业在部门之间的转移，就业总量却不会有所增加。

《劳合·乔治能办到吗?》这本小册子是为了同《白皮书》进行争辩而写的，论点针锋相对，态度鲜明。它的目的是，"希望说明自由党的政策不仅是常识，而且，作为一种适当的疗法，它来自对我们

---

① L.R.克莱因指出："他（指凯恩斯——引者）并不是先有理论再有实用政策，而是先有目的在于医治经济病症的实用政策，再由此引出他的理论"。见他的《凯恩斯的革命》，薛番康译，商务印书馆1980年版，第36页。

状况之根本法则的广泛分析"①。这本小册子与凯恩斯此前出版的《货币改革论》和此后出版的《货币论》相比，有着显著不同的特点，主要如下：

第一，它不再把稳定物价水平作为追求对象，而直接把解救失业问题作为战略目标。他对英国20世纪20年代失业问题的极端严重性及其巨大损失，列举具体数字，加以明细分析。他写道：②

> 除了在回到金本位以前的1924年的短暂复苏以外，这个国家1/10以上的劳动人口失业了八年——一个史无前例的事实。自从1923年劳工部建立统计以来，经获得劳动保险而列入失业项下的人数，从来不少于100万，今天（1929年4月）有114万劳动人口处于失业。
>
> 这个失业水平每年花费我们的失业救济金约5 000万英镑，这还不包括贫民救济。自从1921年以来，我们对失业支付的现金数大约1亿英镑——而对这笔开支我们简直一无所得。
>
> 这还不是浪费的全部。失业对失业者本人有更大的损失。这主要体现在：失业救济金不及全部工资多。失业者的体力和脑力得不到利用了。同时，雇主的利润、财政大臣的税收，都不免要遭到损失。而延缓了全国的经济发展，更是无法计量的损失。
>
> 自从1921年以来，由于失业造成的浪费总计约达20亿英镑，这笔资金差不多足以把全国的铁路建造两次。它能偿清我们对美国所欠债务的两倍。它比协约国向德国索取的战争赔款的总数还更多。

从以上各段引述可以看出，凯恩斯对英国20世纪20年代期间失

---

① 凯恩斯和汉德森：《劳合·乔治能办到吗？》，载《民族与文艺》，1929年伦敦英文版，第7页。

② 凯恩斯和汉德森：《劳合·乔治能办到吗？》，载《民族与文艺》，1929年伦敦英文版，第12~13页。

业问题的极端严重性了解得十分具体、真切,并且痛心疾首,迫不及待地寻求解救之道。20世纪二三十年代整整十多年的时期内,全神贯注在解救经济萧条方案(诊断病理与开具处方)的编制工作上面。但在这种"社会瘟疫"的病情特征的诊断上,前后各不相同:《货币改革论》和《货币论》把注意力集中在物价水平的不断下跌,谋求稳定物价水平与经济均衡;而这本小册子则单刀直入地把失业问题的极端严重性及其巨大损失,直接列为救治方案的主攻方向。物价水平不断下降与失业人数持续巨大,这是20年代慢性萧条的两种征象。在这本小册子中,凯恩斯摒弃了上述两部专著中以稳定物价水平为战略目标的货币调节方案,直接以救治失业严重问题为中心课题,这是一个关系重大的转变。主攻方向由稳定物价水平转变为增加就业,把"反危机"的经济政策直接同就业问题紧密结合,这是《就业通论》思想发展过程中的一个萌芽。

第二,如何救治这个严重的失业问题呢?劳合·乔治主张:通过财政拨款,每年支出1亿英镑,用于资本发展计划,就可以使50万失业者恢复就业。凯恩斯支持劳合·乔治这一方案。他写道:"这笔开支按逐年不断增加的消费和损失的比例计算不是很大……这笔开支仅仅相当于自从1921年以来由于失业而造成的累积损失的5%。它大约等于国民收入的2.5%。如果这个试验按每年1亿英镑的比率继续进行3年,并且如果这笔开支完全被消耗,从此以后每年在它的上面所支付的利率将会增加国家财政预算不到2%。总之,这是一项非常稳健的计划。有人认为,消除一种并不怎样严重的罪恶,这是铤而走险。事实与这种思想相反,对于消除一种可怕的反常现象来说,这是一种微不足道的危险。"[①] 凯恩斯确信,同失业造成的巨大损失相比,劳合·乔治计划所需的费用是微不足道的。这就是他这时支持政府财政拨款、举办公共工程、解救失业这种计划的理由。

[①] 凯恩斯和汉德森:《劳合·乔治能办到吗?》,载《民族与文艺》,1929年伦敦英文版,第13页。

  这里，他跳出了后剑桥派传统调节的货币金融部门，进入了财政部门的政府干预和调节。调节杠杆、调节领域由货币金融的间接调节，转变为财政领域（财政拨款）的直接干预。这对后来就业一般理论的思想发展过程关系十分重大。这对凯恩斯以财政政策为主药的需求管理方案，是一个重要的思想萌芽。

  第三，在讨论到一笔一定的财政支出会提供多少就业量时，凯恩斯第一次引入了具有"革命"因素的新理由：倍数思想。自由党这本竞选小册子认为，在公路建筑上花费 100 万英镑，会直接或间接使 5 000 人就业 1 年。此中的理由是，安置 1 个人就业 1 年，需要费用 400~500 英镑，100 万英镑支出会使 2 000~2 500 人被直接雇用，其余的人会被间接雇用在原材料生产及其运输中。而工业调动局认为，花费 100 万英镑只能使 1 350 个非熟练劳动者就业 1 年。这样，前一估算的就业人数是后一估算的 4 倍。凯恩斯相信，"通过 100 万英镑的资本发展为 5 000 人提供就业，在自由党的计划中是一个可靠的平均数"①。他认为工业调动局的估算是忽视了："（甲）被直接雇用在筑路上的熟练劳动和（乙）制造建筑公路材料的全部间接就业②"。他进一步认为，工业调动局之所以低估一笔支出所带来的就业量，是由于他们在发展支出的总和结果中，忽视了间接就业的全部因素。他们不懂得这个道理："道路建设引起对公路材料的需求，对材料的需求引起对劳动和其他商品的需求；后者也引起对劳动的需求……对一套衣服的需求意味着对布的需求；而对布的需求包含着对纱和毛条的需求，而这又包含对羊毛的需求：农民、商人、工程师、矿工、运输工和职员的劳务。这些全部包括在内——这就是经济科学的 A. B. C."③

---

  ① 凯恩斯和汉德森：《劳合·乔治能办到吗?》，载《民族与文艺》，1929 年伦敦英文版，第 22~24 页。

  ② 凯恩斯和汉德森：《劳合·乔治能办到吗?》，载《民族与文艺》，1929 年伦敦英文版，第 22~24 页。

  ③ 凯恩斯和汉德森：《劳合·乔治能办到吗?》，载《民族与文艺》，1929 年伦敦英文版，第 22~24 页。

为什么一笔开支会产生一系列连锁反应，从而引起若干倍总就业量呢？凯恩斯认为，这就在于工业过程的性质。因为在经济世界中，各个行业和职业是相互联系的。

凯恩斯接着又以批评的口吻说："我们的部长们和工业调动局认为，制造一套衣服在缝纫店以外好像就没有雇用什么人，这就是基本的谬误。近些年来我们的政策就是受这种谬论所左右。"① 可见，这时的凯恩斯已经认识到了经济活动过程的相互联系，和供给与需求之间的相互促进作用，认识到了一笔投资支出不仅可以引起直接就业，而且还可以产生一系列连锁反应，导致若干间接就业，并把这种关系归结为经济过程的本质。由此，凯恩斯这时已初步有了倍数思想，并初步意识到这种倍数思想对于就业理论和政策的重要意义。他已把关于倍数思想的认识强调到"通向正确认识经济世界的第一步"，是"经济科学的 A. B. C."。他把当时政府坚持的传统经济政策归咎于不了解这种倍数思想的理论，把传统经济政策及其所依据的理论斥责为谬论。

凯恩斯还进一步认为，一笔投资会引起直接就业和一系列间接就业，这还不是它的全部效果。他指出："除了我们已经讨论的间接就业以外，一项发展政策会通过其他途径促进就业，许多现在失业的工人能得到工资而不是失业救济金的事实意味着有效购买力的提高。有效购买力的提高会给经济以普遍的刺激。而且，较大的经济活动会产生更进一步的经济活动；因为繁荣的各种力量，如同经济萧条的力量一样，会产生一种累积效应。在经济不景气时，人们倾向于推迟订货，不愿贮藏存货，对进一步投资或承担风险普遍感到犹豫。另一方面，当经济车轮开始轻快地运行的时候，相反的力量开始发生作用，有利于企业和资本扩张的气氛散布到整个经济社会，贸易扩张因此而

---

① 凯恩斯和汉德森：《劳合·乔治能办到吗?》，载《民族与文艺》，1929年伦敦英文版，第 24~25 页。

获得越来越高涨的推动力。"① 凯恩斯这段论断,可以视为投资增加,通过倍数作用提高有效需求,从而扩大生产和增大就业,这种累积效应可以在繁荣和萧条两个方向同样作用,这是《就业通论》主题思想的雏形表述。由此可以认定,凯恩斯在这本小册子中确实粗略地具有了这种倍数思想:一笔公共工程支出将会引起支出的进一步增加,而这又会促使就业的更进一步的增加。他的学生 R. F. 卡恩 1931 年的《国内投资与失业的关系》一文,正是参照这种初步的倍数思想,进一步完善化、系统化、数理化,创建成倍数原理的。因此,凯恩斯这里第一次粗略地提出投资的倍数思想,这是就业一般理论中至关重要的一种思想萌芽。

第四,凯恩斯支持自由党的方案,由政府投资举办公共工程。那么,为什么政府本身必须发挥作用呢?凯恩斯这时已认识到国家实际上在经济生活中发挥了重要的作用。他写道:"经济企业的很大部分(它们吸收大量的资本)已经受到政府各部的影响和控制。这已经是一种不可逆转的趋势。无论在什么政党执政下,这种趋势都会不断继续下去。""不论我们喜欢与否,运输系统的资本增长率,公用事业和国家的住宅建筑极大地取决于财政部和政府的政策,这是一个事实。""公路、造林、垦荒和灌溉、电气化、消除贫民窟和城镇规划、运河的开发、船坞及港口的建造,这些在今天都是需要吸取大量资本的事,在每一场合,创办者必然是政府。"② 但是,他强调说:"自由党的计划不具有社会主义的特征。"③ 这里,凯恩斯强调政府在救治失业、发展经济方面的作用,这是摒弃自由经营论传统经济思潮、倡导政府干预论这种新型经济思潮的萌芽。

第五,自由党公共工程方案涉及投资与储蓄的关系、公共投资的

---

① 凯恩斯和汉德森:《劳合·乔治能办到吗?》,载《民族与文艺》,1929年伦敦英文版,第 24~25 页。

② 凯恩斯和汉德森:《劳合·乔治能办到吗?》,载《民族与文艺》,1929年伦敦英文版,第 32~33 页。

③ 凯恩斯和汉德森:《劳合·乔治能办到吗?》,载《民族与文艺》,1929年伦敦英文版,第 32~33 页。

财政拨款是否会引起通货膨胀等重要理论问题。"财政部观点"反对这个方案，认为政府扩大支出，无论用得如何恰当，对失业也不会有任何补救；政府支出，要么以减少私人企业的投资为代价，要么以通货膨胀为代价。凯恩斯斥责这种论点。他指出，在当时的英国，存在着大量过剩资金，这些资金中每年有1亿英镑以上被借往国外。

他进一步分析，新投资之所以能对就业提供净增加量，是由于其资金来自下列三个渠道：一是用于支付失业救济金的储蓄；二是由于缺少适当的信用关系现在被浪费的储蓄；三是国外投资净额的减少。关于第一个来源，这部分储蓄现在是用作付给失业的代价，用来支持一部分人的消费超过他们的生产，而不是用来为国家增加资本设备。因此，将这部分现在用作失业救济金的储蓄用于政府投资，并不会排挤其他方面的投资。关于第二个来源，凯恩斯认为："个人的储蓄不是必然地会转化为投资；资本增值的投资量，一方面取决于英格兰银行所创造的信用数量，另一方面取决于企业主对投资的渴求程度，其中政府本身在今天就是一个最重要的投资者。因此，在这些因素支配下，总投资并不必然等于总储蓄，两者往往相差很远，而两者之间的不平衡成为我们重重困难的根源。"① "当投资跑到储蓄的前面时，我们就有了繁荣、高度就业以及通货膨胀的趋势。当投资落后于储蓄时，我们就有了萧条和反常的失业，像我们目前的处境一样。"②

关于通过信用扩张、扩大政府投资会不会必然导致通货膨胀的问题，凯恩斯写道："并不是一切信用创造都必然是通货膨胀。只有当人人都已经就业，我们的储蓄都已被彻底用尽以后，仍然进一步扩张我们的活动……通货膨胀才会发生。"③ 他认为，目前还谈不上扩张

---

① 凯恩斯和汉德森：《劳合·乔治能办到吗?》，载《民族与文艺》，1929年伦敦英文版，第35~38页。

② 凯恩斯和汉德森：《劳合·乔治能办到吗?》，载《民族与文艺》，1929年伦敦英文版，第35~38页。

③ 凯恩斯和汉德森：《劳合·乔治能办到吗?》，载《民族与文艺》，1929年伦敦英文版，第35~38页。

政策会引起通货膨胀的问题。现在首先要克服的是通货紧缩的严重萧条现象。因此，当前英格兰银行应当扩张信用，使现在这部分被浪费的储蓄转化为投资。

关于资金的第三个来源，他认为，将一部分国外投资转化为国内投资，其主要影响将不是减少出口，而是增加进口；因为国内扩张政策实施以后，将需要一定数量的进口原料和消费资料。

凯恩斯最后总结说，不想办法来利用这部分失业的劳动力，而坚持"安全第一"的健全财政原则，继续让这部分人无所事事，这实在是一种愚蠢的办法。"我们进行新投资时，所针对的恰恰就是处于失业状态的生产资源。"①

凯恩斯在《货币论》中详细分析了储蓄与投资二者的背离问题，这里只是就公共工程的政府投资如何动员处于失业状态的生产资源——被浪费的储蓄这个具体问题，作进一步的论证。这是日后《就业通论》中关于"投资支配储蓄"、"半通货膨胀"、"真正的通货膨胀"等重要理论的萌芽。

总而言之，1929年的《劳合·乔治能办到吗?》这本小册子确实包含了同《就业通论》直接有关的一些新思想、新论点。但是，一则它们毕竟是粗糙的、初步的，同后来完整的就业理论体系、抽象化和数理化的倍数理论相比，相距甚远。二则，后剑桥派货币调节学说在这阶段的凯恩斯思想中仍然占着主导地位，在凯恩斯自己看来，《货币论》是他对20世纪20年代许多论争的工作总结；但他并没有把这本小册子中的新思想综合进去。② 此阶段中，凯恩斯的经济思想处于矛盾、混乱、新旧交替的过渡状态：一方面，他仍然坚持《货

---

① 凯恩斯和汉德森：《劳合·乔治能办到吗?》，载《民族与文艺》，1929年伦敦英文版，第35、36、38页。

② 《凯恩斯全集》一书的编者对此点作了如下评论："在《货币论》中，包含在《劳合·乔治能办到吗?》中的思想处于次要地位，差不多作为一种经济特有的一个例外。"见英国皇家经济学会编：《凯恩斯全集》第13卷，第五章"通向一般理论"，编者说明。1973年伦敦英文版，第337页。

币论》这部后剑桥货币调节传统专著的撰写工作,直至1930年下半年正式出版;另一方面,在《货币论》中包含着《就业通论》的若干新思想,并在1930年9月14日写《货币论》"序言"时(《货币论》全书告成的日子),把自己在此书撰写过程中的思想演变情况简要陈述出来;更重要的是,在1929年的《劳合·乔治能办到吗?》这本小册子中,大幅度地背离了《货币论》所体现的后剑桥派货币调节学说传统,描制出同《就业通论》新思想紧密吻合的雏形蓝图。

《货币论》型以稳定物价水平为目标的货币调节方案与这本小册子直接以增加就业为目标的财政干预方案,两者体系各异,彼此格格不入;而两者却同时并存在凯恩斯的经济思想之中,显得十分矛盾。但是,凯恩斯在《就业通论》的"原序"中却说:"在我自己看来,只是历年思索之自然演化。"① 在思想演化、新旧交替的短暂过程中,这种矛盾现象,经常有之,并不足怪。

琼·罗宾逊对凯恩斯新旧思想既并存、又交替的矛盾状态,作了如下的一段回忆:"凯恩斯是以货币经济学起家的,在他写《货币论》时,他认为,他所需要关心的必须严格地限于一般物价水平。他不承认他所研究的题目同失业问题有关。但在1929年,他支持劳合·乔治的关于公共工程的主张,作为一个理论家他屈尊而谈实际政策,他和赫伯特·汉德森合写的小册子《劳合·乔治能办到吗?》提出了这样一个理论纲要,即投资产生储蓄,因而赤字预算能使失业减少而不至于引起通货膨胀。"② 这段回忆是切合凯恩斯经济思想领域内的矛盾状态的。既然这时旧的经济思想体系仍然占着主导地位,那么,新的经济思想只能说是处于萌芽阶段,实属理所当然了。

---

① 凯恩斯:《就业通论》,徐毓枬译,商务印书馆1977年版,"原序"第3页。
② 琼·罗宾逊:《凯恩斯革命的结果怎样?》,崔书香译,载《现代国外经济学论文选》第1辑,商务印书馆1979年版,第19~20页。

第四节　就业一般理论的准备

上面已经介述凯恩斯《劳合·乔治能办到吗?》小册子中涌现出具有"革命"因素的一系列新思想：如在调节目标方面，已经从稳定物价水平转向直接增加就业（解救失业）；如在调节领域方面，已经从传统的货币调节转向财政干预；如在调节主体方面，已经从中央银行调动银行体系融通资金转向政府、特别是财政部拨款进行公共工程投资，等等。与此同时，凯恩斯对此种方案的"疗效"，描绘了"倍数思想"，但论证毕竟只局限于常理推断，缺乏深刻的理论依据，因而使这些政策软弱无力。琼·罗宾逊对此作了评述，她说："这时的分析是很粗糙的。R. F. 卡恩把这个分析接过去，以更系统的方式完成了乘数理论，并使凯恩斯相信，他和汉德森的意见是完全正确的。所以，《货币论》初稿的墨迹未干，凯恩斯就开始承认就业问题毕竟是个重点，货币数量纳入利息率理论体系了，经济活动的变动看作受投资支出和消费品购进的支配，物价水平同银行政策毫不相干；它决定于货币工资率，于是这个旧的两分法被打破了，'货币理论'和产量分析合而为一。"[①]

由此可以看出，凯恩斯《劳合·乔治能办到吗?》中关于公共工程投资对解救失业方面在"疗效"问题的常理论证，尽管是粗糙的，在论争中说服力不强，但对 R. F. 卡恩有所启发，他撰写《国内投资与失业的关系》一文，1931 年在英国《经济学杂志》4 月号发表，在凯恩斯原来的初步倍数思想的基础上，进行了深入系统分析，并用数学推导，制成公式，算出总就业量对原始就业量（第一级就业量）的比率，以及就业倍数。从此，原先粗糙的倍数思想，变成了可以精确计量的倍数理论。这对凯恩斯就业理论的思想发展起了重大的促进

---

① 琼·罗宾逊：《凯恩斯革命的结果怎样?》，崔书香译，载《现代国外经济学论文选》第 1 辑，商务印书馆 1979 年版，第 20 页。

作用。

一、卡恩的倍数原理及其"革命"意义

如前所述，20世纪30年代初的英国面临最关键、最紧迫的问题是如何解救成百万人的失业。由政府举债举办公共工程，就是作为其中的方案之一。早在20世纪20年代中期就被提出来，在全国引起广泛的讨论。1929年大选，劳合·乔治把这一方案作为竞选纲领正式提出，凯恩斯大力支持，并用《劳合·乔治能办到吗?》这本小册子的初步倍数思想进行辩解。但是，它没有能够用具体而精确的论证方法来说明和估算关于解救失业之连锁反应的效果。因此，公共工程投资问题由于没有具有充分说服力的论据来支持，一直在反对与拥护两者间相持不下，悬而未决。

卡恩的关于《国内投资与失业的关系》一文，就是在这种背景下，把凯恩斯原先粗糙的倍数思想接过来，进行深入分析，为弥补拥护者所缺少的系统论证方法，为公共工程投资方案提供强有力的理论依据而提出的。因此，此文被西方经济学家公认为论述"倍数原理"的著名论文。

卡恩首先将公共工程投资所新增的就业分成两类：一是与实际必须增加的投资相关的就业为"第一级"就业，既包括"直接"就业，也包括在进行新投资所必需的原材料的生产和运输中的"间接"就业。二是由于第一级就业要引起工资和利润支出的增加，因而就要增加消费品生产，在消费品生产中提供的就业叫作"第二级"就业。"第二级就业对第一级就业的比率是衡量人们经常谈到的'有利的连锁反应'的尺度。"[1] 卡恩认为："由于第一级就业而带来了工资和利润支出的增加，就要增加消费品生产，而消费品生产的增加又引起工资和利润的增加，尽管是按照一个递减强度增加，但这个效果将继

---

[1] 卡恩：《国内投资与失业的关系》，载［英］《经济学杂志》1936年6月号，第173页。

续下去,以至无穷。"① 在这一论证中,卡恩求出了"平均的消费—收入比率",实际平均边际消费倾向。他设计了第二级就业对第一级就业之比率的计算方法,进而算出总就业量对第一级就业量的比率,即就业倍数。这样,一定量的第一级就业可以产生若干倍的总就业量。这就证明了1929年凯恩斯和汉德森在《劳合·乔治能办到吗?》中的意见是完全正确的。

然则卡恩关于《国内投资与失业问题的关系》一文对于凯恩斯革命的思想发展究竟具有什么意义呢?

首先,如上所述,它充分证明凯恩斯在《劳合·乔治能办到吗?》中的意见是完全正确的,而且表述得要精确得多,具体内容是多方面的:如在20世纪20年代慢性萧条、失业严重的情况下,在20世纪30年代经济大危机失业问题变本加厉的情况下,解救之道应直接指向减少失业(增加就业),而不应再如《货币论》中那样以稳定物价水平、进而追求经济均衡为战略目标。例如,调节领域、调节杠杆方面应从货币金融领域的资金融通调节,转入财政领域,举债筹款,扩充公共工程投资,进行财政干预;调节主体方面,应从非官方(至多是半官方)的中央银行统率整个银行系统采取调节行动,转为由政府,特别是财政部拨款进行直接投资活动;在公共工程投资对增加就业在"疗效"上的论证,从凯恩斯原来的常理推论,粗浅乏力,转变为卡恩的系统分析,确切运算,臻于精细明确的境界。这向倍数理论的抽象化、数量化迈进了一大步,使凯恩斯原先隐约表述的倍数思想得以明朗化,并且以数学的形式确定下来。

其次,卡恩的倍数论文首先了解到总产量既定的假定只适用于特殊情况,而不适用于一般情况。

凯恩斯原先深受以"总产量既定"(充分就业)为假定前提的传统经济学教义的熏陶,对之备加信奉。他写《货币论》时,不仅没有考虑到总产量会在不同水平上波动,而且还不肯接受这方面的建

---

① 卡恩:《国内投资与失业的关系》,载[英]《经济学杂志》1936年6月号,第173页。

议。在《货币论》出版之前,凯恩斯将该书校样送给霍特里(R. Hawtrey)征求意见。霍特里指出:"方程式(指"货币价值基本方程式"——引者)只考虑到和成本有关的物价降低,而没有认识到由需求减少而直接引起的产量降低的可能性。"① 凯恩斯因为忙以及其他事由,没有接受这点批评意见,对校样未作任何变动。②

不难理解,总产量既定(充分就业)的假定是横亘在通向《就业通论》道路上的第一个障碍。这个假定在理论上否定了非充分就业的可能性,从而否定了探讨失业和收入水平波动的原因之必要性,在政策上也就否定了扩大政府开支以增加就业这种新凯恩斯政策的任何有效性。既然总产量(总收入)既定,那么一定时期内可用于投资的资金是一定的,增加政府开支,只会等量地减少私人投资。同时,这个假定也可直接推导出消费品供给不变(无弹性),因而增加消费支出和投资支出,非但不会产生倍增的收入和就业,反而会直接、间接地引起通货膨胀,从而提高物价水平。

卡恩在倍数理论的论证过程中,曾试图把他考虑的决定倍数大小的因素嫁接到凯恩斯的《货币论》的基本方程式体系上,但这种尝试没有成功。他发现二者明显地不相容。他指出:"在正常年代,当生产资源充分就业时,短期内的消费品供给是高度无弹性的。因此道路建设带来很少的第二级就业,并且引起价格很大的上涨。而在严重衰退的年代,当几乎所有的行业存在大量过剩的、未被利用的工厂和劳动时,供给曲线可能是很有弹性的,因而第二级就业量增加很大,价格上涨很少。"③ 这就为新凯恩斯政策找到了理由。他接着写道:"这一点是明白的,如果'公共工程'支出作为减少失业的一个手段有其正当的理由,则当衰退严重时,这个理由最大,而这个政策就应

---

① 转引自《凯恩斯全集》第13卷,1973年伦敦英文版,第152页。
② 帕廷肯和利思编:《凯恩斯、剑桥和一般理论》,1977年英文版,第5页。这里,编者指出,凯恩斯因为忙和其他事项,对校样未作修改。
③ [英]《经济学杂志》1931年6月号,第182页。又《凯恩斯全集》第13卷,1973年伦敦英文版,第340~342页,编者对卡恩这种论证作了引述。

该在最广泛的范围内实施。"①

由此可见,正是卡恩在论证其倍数理论时,确认只有在经济衰退(特别是严重衰退)、小于充分就业均衡的情况下,公共工程开支才能在新增就业方面引导出"有利的连锁反应",这就率先突破了"充分就业的总产量既定"的假定——通向《就业通论》道路上的第一个障碍,使"新经济学"理论体系的建立成为可能。40 年后,英国资产阶级经济学家们认为,由于卡恩的倍数论文,打破了充分就业假定,从而成为"凯恩斯革命"的一个第一级推动力(a primary impulse)。②

再次,卡恩为了对公共工程投资计划在增加就业方面的有益影响能作出精确的估价,必须紧密结合总消费行为进行分析。政府公共工程支出的创业费将以工资的形式分配给工人。这些工人就将增加的收入,大部分用于消费品的购买。企业家又会转过来支出这一部分中的大部分,如此反复以至于无穷。卡恩的贡献在于计算出这种反复支出之总数的限定价值。他论证了政府赤字支出通过消费支出的相继周转会引起怎样的倍数效应,并且把这种思想形成一种确定的经济行为理论。卡恩这种对总消费行为的说明,完全改变了传统消费经济结构的看法。从卡恩的论述中,能够看到很重要的一点:消费肯定地决定于收入,而不是决定于利率,消费与收入之间必须具备这种函数关系,才会产生倍数序列的相继周转。我们一旦承认消费与收入之间的这种函数关系,就可以借助于数学的恒等式进到储蓄和收入函数;如果被当作消费函数中的重要变数,那么它在储蓄函数中也是重要的变数。这样,我们实际上就得摒弃通过利率杠杆的自发调节得到储蓄与投资相均衡这一传统说教。即使利率很低,投资机会也并不是无限的。萧条严重、收入水平很低时,就会出现这种情况。因此宁可说,投资也

---

① [英]《经济学杂志》1931 年 6 月号,第 182 页。又《凯恩斯全集》第 13 卷,1973 年伦敦英文版,第 340~342 页,编者对卡恩这种论证作了引述。

② 《凯恩斯全集》第 13 卷,1973 年伦敦英文版,第 340 页(参见编者说明)。

第五章 思想发展过程(下)

决定于收入水平和某些独立变数。这样一来,利率与投资之间的传统函数关系就不能与事实相适应。这就需要有一种收入水平决定理论来取代利率水平决定理论,即需要一种总产量理论或就业一般理论,以取代旧的利率理论。克莱因认为,一旦认识到这一点,经济理论中的革命就会发生。①

由此可以看到,卡恩在论证倍数理论的过程中已经初步创建了消费倾向理论,并且把消费倾向理论同倍数理论紧密结合起来,同时,也进一步扩展到总产量理论。

最后,卡恩本人对1931年倍数论文的重要性,作了自我评价,概括为三点②,现在先引述其具有新意的两点,其余一点在下面列入其局限性中。"(1)最终消除了'财政部观点'——在失业年代,增加一种投资将牺牲另一种投资。我论证了全部必需的资金如何以增加储蓄的方式提供。(2)最终清除了物价水平由货币数量决定的思想……我的解释是,与单个商品的价格决定一样,物价水平由供给与需求条件来决定。"

综括上述,卡恩的倍数论文确实把凯恩斯1929年在《劳合·乔治能办到吗?》中关于公共工程方案在增加就业上的经济效应,作了细微、系统的分析,把原来隐约粗糙的倍数思想明朗化,精确化,并且以数学公式的形式确立下来。这对凯恩斯就业理论体系的建立,确实完成了意义十分重大,而且必不可少的一项准备步骤。但是,毕竟还是有它的局限性,举例如下:

其一,卡恩毫不含糊地承认他阐发倍数理论的目的,是解决当前一个实际问题——对公共工程计划的有益影响能作出更精确的估价。他那时显然没有看到他的工作所蕴含的巨大理论意义。不论卡恩、凯恩斯或任何其他人都不会在这时看得出争论点,而把这一贡献纳入决

---

① L. R. 克莱因:《凯恩斯的革命》,商务印书馆1980年版,第41~44页。
② 1974年2月25日帕廷肯写信给卡恩询问,他1931年发表"倍数"论文的头等重要性是什么?卡恩作出回答。转引自帕廷肯和利思编:《凯恩斯、剑桥和一般理论》附录,1977年英文版,第147页。

定就业水平的新理论中去。①

其二，他还没有完全摆脱《货币论》的观点，还认为把他的思想转换成《货币论》的语言是必然的。当时他还没有意识到这一点：这样做的结果将是证实《货币论》的术语和假定是如何的不恰当。②

其三，卡恩"倍数理论"的不成熟还表现在他并没有创立"倍数"(multiplier) 这个专门术语。在《国内投资与失业问题》一文中，找不到"multiplier"一词，没有这个术语的理论当然不能算是全部完成了的理论。

其四，卡恩论证他的倍数原理时，认定增加公共工程投资支出，增雇工人，收入（工资和利润）增加，并且实际上暗含了人们的收入不会全部用于消费，即边际消费倾向小于1这个假定。他的倍数是根据一次性的公共工程支出而引导出工资和利润的一系列连锁反应，然后通过累计这个无限的级数系列推导出倍数，而不是直接从边际消费倾向推出倍数。卡恩倍数原理的主要缺陷是缺少一个精细确切的边际消费倾向概念，即消费函数。

总括上述，卡恩倍数理论的论证尽管还存在着这样、那样的缺陷，但论文提供了公共工程投资所引起的第一级就业与第二级就业的比率以及总就业量的计算方法，这向倍数理论的抽象化、数量化迈进了一大步，使凯恩斯原来隐约表述的倍数思想得以明朗化，并且用数学公式确定下来，为《就业通论》这座理论体系的建造做好了一项重要的准备工作；只要克服了上述缺陷，倍数理论就完善了，有效需求理论就形成了，资产阶级经济学的内容和体系就要发生"革命"。

但是，凯恩斯就业一般理论的思想发展过程，是摒弃传统观点，建立新的理论，是经过长时期十分错综复杂、反复曲折的挣扎的过程。这里必须着重指出，虽然凯恩斯本人在 1929 年早就具有倍数思

---

① L. R. 克莱因：《凯恩斯的革命》，商务印书馆 1980 年版，第 41 页。

② 帕廷肯 1974 年曾函询卡恩关于"倍数论文"的头等重要性问题，卡恩回答说，计有三点。前两点已见前述，这是他的第三点。见帕廷肯和利思编：《凯恩斯、剑桥和一般理论》附录，1977 年英文版，第 147 页。

想的萌芽，卡恩在1931年为《就业通论》提供了"倍数理论"这个准备步骤，但"革命"并未立即发生。经济学家在运用这一创见说明他们的政策时，仍然因袭旧学说去思考问题。凯恩斯本人在大约两年之后的《通向繁荣的道路》一书中，才大大地利用这个倍数观点，使新理论体系的创立过程正式迅速开展起来。倍数理论的幼苗已经发育，但新理论约到1933年才告出现。凯恩斯就业一般理论体系的创建和形成，其艰难曲折有如此者！

二、关于非充分就业均衡前提的确认

凯恩斯于1931年6月在芝加哥哈里斯基金会上以"失业的经济分析"为题作了三个演讲。这三个演讲的题目分别为"世界性失业的起因"、"萧条的抽象分析"和"通向复苏的道路"。在这些演讲中，他还是袭用着《货币论》的论点，但值得注意的是，他已经提示了"小于充分就业均衡"的存在。他说："过去，人们通常相信存在着某种预先规定了的协调因素，通过这个协调因素，储蓄与投资必然相等。人们总是说，如果我们把储蓄委托给银行，银行将自然利用这些储蓄。这些储蓄将完全进入工业和投资。但是不幸，事情并非如此。我敢肯定地说，事情并不如此。正是由于储蓄和投资的失衡（而不是别的），才产生了利润、产出以及就业的波动。"①

同年9月，凯恩斯和卡恩通信进一步讨论非充分就业均衡和总产量的变动。凯恩斯在9月20日给卡恩的信中写道："当资源充分就业时，从整体看，商品供给表是无弹性的。因此任何新要素只能有两类反应——引起产量在消费品和投资品之间分摊比例的变动，以及哄抬（或压低）生产要素的报酬。"接着他又写道："但是，如果生产成本是粘性的，或如果存在失业，则就有第三类可能的反应，称之为总产量的变动。"② 在同一信中，凯恩斯由非充分就业和总产量变动出发，

---

① 《凯恩斯全集》第13卷，1973年伦敦英文版，第355页。
② 《凯恩斯全集》第13卷，1973年伦敦英文版，第373~374页。

又同卡恩讨论到收入与消费（或储蓄）的关系，"如果每一个总产量水平有一个适当的储蓄对收入的比例与之相联系……那么，我们能达到均衡产量点，这些点位于最大产量和零产量之间"①。这里，凯恩斯已明白地表述了这样的思想，消费（储蓄）变动决定于收入水平的变动，即储蓄倾向（S/E）和总产量水平（O）之间存在一种函数关系；如果投资不能填补收入与消费之间的缺口，则总产量的均衡点将位于最大产量与零产量之间，这就是"小于充分就业均衡"的确认。

这就摒弃了市场机制调节能使储蓄必然全部自动转化为投资、臻于充分就业均衡的传统教义，确认了"小于充分就业均衡"的存在。凯恩斯《就业通论》一书主旨在于"着重研究何种力量去决定总产量与总就业量的变动"②，对小于充分就业均衡的确认，为新理论体系的创建完成了一个重要准备步骤。

三、货币理论与生产理论相结合

凯恩斯最初打算写的新书，不是《就业通论》，而是《生产的货币理论》(*Monetary Theory of Production*)。后者在《就业通论》创作史上的意义是把货币引入一般经济理论领域，从而把资产阶级经济学说史上长期分离的货币理论和生产理论结合了起来。

货币在《就业通论》中具有十分重要的地位。他在此书"原序"中，强调"货币以重要而特殊的风格进入经济结构而发挥作用"③，认定货币经济的特征，乃是在此经济体系之中，"人们对于未来看法

---

① 《凯恩斯全集》第13卷，1973年伦敦英文版，第373~374页。
② 凯恩斯：《就业通论》，徐毓枏译，商务印书馆1977年版，"原序"第4页。参照原文，译文略有更动。
③ 凯恩斯：《就业通论》，徐毓枏译，商务印书馆1977年版，"原序"第4页。参照原文，译文略有更动。

的改变,不仅可以影响就业之方向,还可以改变就业之数量"①。凯恩斯撰写这本新书,主旨在于打破货币理论与生产理论的两分法,从把货币看作与供求一般理论无关的传统教义,转变而把"货币理论推展为社会总产量理论"②。

在《货币论》中,货币基本上还是独立于一般经济理论之外的。《货币论》的第一卷就是以"货币的纯粹理论"为副标题的,到1932年的复活节(5月)演讲中,他第一次把他的演讲冠上"生产的货币理论"的标题,从而放弃了他原来使用的"货币的纯粹理论"的标题。自此以后,他就开始《生产的货币理论》的写作。同年9月10日凯恩斯在给母亲的信中称,《生产的货币理论》这本新书已差不多写了1/3。③

这本新书共有三个草稿,都写于1932年。这三个草稿仅有几个章节的内容被保留下来,其余绝大多数原稿都已散失。④根据英国皇家经济学会在《凯恩斯选集》中提供的材料看,《生产的货币理论》的主要成果是在把货币理论与生产理论结合方面取得了重要进展。

凯恩斯为什么要创立"生产的货币理论"呢?他写道:"为什么危机问题没有解决,或无论如何为什么这个理论(指传统理论——引者)不能令人满意,在我看来,主要理由在于缺少一种我可称之为的生产的货币理论。"⑤凯恩斯首先把社会经济分为两种类型:物物交换经济和货币经济。他有时把后者称作货币工资经济、企业经济;把前者称作实物交换经济、合作经济、中性经济、实物工资经

---

① 凯恩斯:《就业通论》,徐毓枬译,商务印书馆1977年版,"原序"第4页。参照原文,译文略有更动。

② 凯恩斯:《就业通论》,徐毓枬译,商务印书馆1977年版,"原序"第4页。参照原文,译文略有更动。

③ 《凯恩斯全集》第13卷,1973年伦敦英文版,第380页。

④ 1932年的第二草稿目录可参见《凯恩斯全集》第29卷,1979年伦敦英文版,第49~50页。第一个草稿的章次内容和排列顺序基本上与第二草稿者相同,第三草稿的目录则遗失了。

⑤ 《凯恩斯全集》第13卷,1973年伦敦英文版,第408~411页。

济。他认为，传统经济理论实际上研究的是物物交换经济，因为这种理论把货币只看作方便交易的手段，货币对经济活动的影响是瞬息的和中性的，货币不影响交易的实质，不参与修改当事人的动机和决策。而他自己的生产的货币理论则是研究货币经济。在这种经济中，货币发挥它自己的作用，影响动机和决策。总之，是这种状态下起作用的因素之一。因此，无论在长期或短期内，没有第一种状态和最终状态之间的货币行为的知识，我们便不能预言事件的过程。① 他认为，实物交换经济学混乱的主要原因之一，是它的假定同现实世界的实际关系不符。"它没有告诉我们：如果货币是中性的，则必须满足什么条件。"② 他认为，现有的社会实际上是一种货币经济的社会。因此，用实物交换经济学来武装经济学家和实务家的头脑，必然在实践上导致许多不正确的结论和错误的政策。他总的看法是："繁荣和萧条是一种经济所特有的现象，在这种经济中……货币不是中性的。"③

在1932年的米迦勒节（The Michaelmas Terms）演讲中，凯恩斯在"生产的货币理论"标题下，讨论了一种模式。在这个模式中，产量的变动取决于支出与收益二者关系的变动。这里的支出等于投资加上花费，这个模式已经有了流动偏好思想。他把《货币论》中的看跌状态与流动偏好区别开来。到1932年下半年，他已逐渐形成收入与消费关系的思想：消费以较少的数量，但在同一方向上随收入的变动而变动。但这期间他还没有一个明确意义的倍数这个术语。④

综括上述，凯恩斯在探索20世纪二三十年代经济厄困的病情诊断和救治处方方面，经过除旧布新的多年挣扎，在通向《就业通论》的发展征途上，完成了一系列的重要准备步骤。从此，凯恩斯就可以正式开始其就业新学说体系的创立工作了。

---

① 《凯恩斯全集》第13卷，1973年伦敦英文版，第408~411页。
② 《凯恩斯全集》第13卷，1973年伦敦英文版，第408~411页。
③ 《凯恩斯全集》第13卷，1973年伦敦英文版，第408~411页。
④ 《凯恩斯全集》第13卷，1973年伦敦英文版，第412~413页。

第五节 就业一般理论的创建

1933年初到1934年底是凯恩斯经济思想急剧变化和发展的时期，就业一般理论体系基本上就是在这两年中形成的。在这创建阶段中，完成了下列各项重要工序：

一、通向《就业通论》的重要里程碑——《通向繁荣的途径》和《论倍数》

1933年初，英国经济形势更加恶化，这促使凯恩斯又转入讨论公共工程问题。由于卡恩的倍数论文为公共工程政策提供了新的理论依据，为"新经济学"的发展开拓了新的途径，因而凯恩斯重新回到公共工程问题时，首先与卡恩讨论倍数以及有关问题。

1932年2~3月间，卡恩正在美国访问，凯恩斯和卡恩以通信方式就倍数问题进行了讨论。两人信件来往频繁。从《凯恩斯选集》的材料看，"Multiplier"（倍数）一词最早出现在1933年1月29日凯恩斯给卡恩的信中。[①] 在此信中，"倍数"一词出现三次。由此可见，首先把"倍数"一词引入经济理论的是凯恩斯，而不是卡恩。

1933年2月22日，凯恩斯致函伦敦《泰晤士报》编辑杰弗里·道森声称：他非常强烈地感到要就当前的形势写两三篇文章，并打算先提供给该报，然后扩展为一本小册子。道森同意这一写作计划。凯恩斯就倍数问题与卡恩讨论后，即转入文章的写作。他把这些文章以《通向繁荣的途径》(The Means to Prosperity) 为题，于3月13~16日在《泰晤士报》连续发表四篇文章。它们的标题是：《为政府活动辩护》、《提高价格水平》、《世界任务》和《新货币发行》，它们在英国经济学界和政界引起强烈反响。

1932年3月21日，凯恩斯将这四篇文章整理并增写两章，扩展

[①] 《凯恩斯全集》第13卷，1973年伦敦英文版，第412~413页。

成一本小册子《通向繁荣的途径》,正式出版。

《通向繁荣的途径》(以下简称《途径》)是对卡恩倍数思想的继承和发展,是通向《就业通论》的一个重要里程碑。主要内容如下:

(一)对失业和萧条原因之认识

他在《途径》中一开头就指出,当前的困境不是由于缺乏创造繁荣的物质条件和资源,而是在于理智方面的非物质机制的失灵和各种动机在运行上出了故障。① 这说明他这时已经把经济分析的重点放在需求方面,而且把失业归咎于非物质机制、动机等心理因素。

(二)对卡恩倍数思想的发挥

凯恩斯认为,不愿支持国内资本发展计划作为恢复繁荣的途径,一般基于两个理由:(1)一笔既定资金不足以创造就业;(2)这笔支出加重了国家和地方预算的负担。《途径》的主要内容即从反驳这两点而展开的,此种反驳所持的理论依据就是倍数原理。

反对公共工程政策的人们认为,提供1个人就业1年就要在公共工程上花费500英镑的资本支出;按当时英国失业人数100万计,则需政府支出5亿英镑。凯恩斯认为,他们的计算是根据在现场直接雇用的劳动人数,而不了解公共工程建造中所使用的材料和必需的运输也提供就业。如果认识到这一点,"那么增加每人年就业的资本支出……通常可按200英镑估算"②。

凯恩斯的理由是,如果增加的新支出不是替代其他支出,则就业的增加就不会停留在这笔新支出直接雇用的工人数上,因为"增加的工资和付出的其他收入会被花费在增加的购买上,这反过来又引起进一步就业"③。他接着分析说:"如果这个国家的资源已经充分就业,那么这些增加将主要反映在物价提高和进口增加上。但在当前的

---

① 凯恩斯:《通向繁荣的途径》,1933年伦敦英文版,第5页。
② 凯恩斯:《通向繁荣的途径》,1933年伦敦英文版,第9~12页。
③ 凯恩斯:《通向繁荣的途径》,1933年伦敦英文版,第9~12页。

环境下……国内大部分资源是处于失业状态。"①

一笔投资使一部分人就业，这些新就业者又通过花费他们收入使另一部分人就业，如此循环下去，形成支出——就业——再支出——再就业的一系列连锁反应。那么，这个总结果（总就业量）究竟有多大？凯恩斯认为，这个总结果不是无限大的。"因为在每一个阶段，存在一定比例的漏损（Leakage）。在每一阶段增加的收入中，有一定的比例没有流向增加就业。"②

凯恩斯总结说："根据目前的环境，取非常保守的数字，我估计倍数至少是2。因此，每人年就业的借款支出，不是我们开始说的500英镑，而是100英镑……为了给我们自己一个更安全的余地，让我们把论点建立在150英镑的数字上。"③ 这就是凯恩斯对第一点反对意见的回答。

公共工程支出除了增加就业，还可以带来什么利益呢？凯恩斯认为：第一，通过公共工程支出增加的就业量，可以节省的失业救济金约占这笔公共工程支出的1/3。第二，如果用在公共工程上的新资本支出，通过增加借款来偿还，而不是靠削减消费支出或现有资本支出来偿还，同样会使国民收入增加若干倍。这个投资倍数的计算，"与就业场合的倍数计算是完全相同的；只是这个倍数稍大一些，因为要取得国民货币收入，我们不必对价格上升作同样的扣除。但为了稳妥起见，让我们像以前一样，取倍数为 $1\frac{1}{2}$"④，即一笔投资可以产生 $1\frac{1}{2}$ 倍的国民收入。第三，在这笔增加的国民收入中，平均大约20%的收入将以税收的形式付给财政部，这就增加了财政收入。因此，增加一笔借款支出，会给财政部带来的收益将是这笔支出的半数。这笔财政收入大于财政部为公共工程提供的津贴。这就驳斥了反对意见的

---

① 凯恩斯：《通向繁荣的途径》，1933年伦敦英文版，第9~12页。
② 凯恩斯：《通向繁荣的途径》，1933年伦敦英文版，第9~12页。
③ 凯恩斯：《通向繁荣的途径》，1933年伦敦英文版，第9~12页。
④ 凯恩斯：《通向繁荣的途径》，1933年伦敦英文版，第12~13页。

第二个论点。

由此可以看出，凯恩斯在这里已经把倍数扩展为就业倍数与收入倍数两个项目，这是对卡恩倍数理论的一项发展。

凯恩斯进一步认为，如果减免税收（这种减免是由于暂停偿债基金和借款融通资金）而同时这种税收减免不是通过政府支出的等量削减来平衡的，那么就会提高纳税人的花费力（Spending Power），而这也与借债支出一样，会产生若干倍就业和若干倍国民收入。"因为提高纳税人的花费力，将与借款支出提高花费力一样，具有恰好有利的连锁反应；而在某些方面，这种提高支出的方法更有益些，更易于扩展到全社会。"① 由此可见，凯恩斯这时已从提高投资支出和消费支出这两个方面着手来增加花费力。同卡恩的倍数论文单纯偏重提高投资支出相比，这是又一项发展。花费力，实际上就是购买力，就是有效需求。正是投资支出与消费支出二者构成有效需求。事实上，凯恩斯这时已把提高有效需求作为解救经济危机和失业的途径。他写道："我们必须集中于提高总花费力（Aggregate Spending Power）。如果我们做到了这一点，则提高的总花费力将部分用于提高物价，部分用于增加就业。"② 这一论断同《就业通论》的"半通货膨胀"理论如出一辙。

（三）对平衡预算的健全财政原则大肆抨击

在增加就业和平衡预算二者之间，究竟如何选择呢？通过什么途径来平衡预算：是削减支出还是通过增加支出来提高国民收入？凯恩斯第一次对这个问题作了明确回答。他写道："相信在增加就业和平衡预算两种方案中存在困境，我们必须既慢而又谨慎地对待前者以免损害后者，是完全错误的。完全相反，除非提高国民收入，这与增加就业完全是一回事，否则要平衡预算是不可能的。"③ 在他看来，"力图通过征税限制和谨慎来平衡预算的政策肯定会失败，因为它一

---

① 凯恩斯：《通向繁荣的途径》，1933年伦敦英文版，第15页。
② 凯恩斯：《通向繁荣的途径》，1933年伦敦英文版，第18页。
③ 凯恩斯：《通向繁荣的途径》，1933年伦敦英文版，第14页。

定具有降低国民花费力,因而降低国民收入的效果"①。

(四) 明确强调国家干预论

凯恩斯认为,为了救济失业而增加借款支出,必须满足以下几个步骤:第一步,银行信贷应该廉价而且充裕,因为中央银行的储备极度短缺,在当前的环境下,这一步无法达到。第二步,通过内阁和中央银行的联合行动(主要是公开市场活动)来降低长期利率,但由于心理上的原因,增加借款支出不容易降低长期利率。第三步,提高企业主的投资利润,因为只有当利润已经开始恢复以后,企业才寻求扩张。只有在产量提高以后,才需要增加营运资本。但在萧条时期,利润是难以提高的,由于这三步在当前环境下都难以达到,凯恩斯转而强调国家直接干预经济生活。他写道:"当企业一个接一个地宣告破产……的时候,第一步必须是公共权力当局主动采取行为;如果它是为了打破恶性循环和制止局势不断恶化"②,这种行动必须是大规模的和有决心组织的。

为了达到增加借款支出解救失业的目的,凯恩斯主张废除金本位制,在国内增发纸币,这是《途径》第五章的主要内容。

凯恩斯最后总结说,当前需要解决 100 万人就业,如果安排 1 个人就业 1 年需要 100 英镑,则共需增加支出 1 亿英镑。这笔总支出可以通过两种方式来筹措资金:减税(暂停偿债基金)和为正当目的的借款 5 000 万英镑,私人企业、地方政府和中央政府增加借款支出 5 000 万英镑。他认为,"这将是迈向重建企业的重要的一步"③。

综括上述,《通向繁荣的途径》的主要内容是根据卡恩的倍数原理来为公共工程政策进行解释和劝说,同时对倍数原理有所发展,主要是:一来他提出"漏损",这说明倍数的作用不是无限大的。二来他把卡恩的就业倍数扩展成投资倍数;卡恩的倍数讨论总就业量与第

---

① 凯恩斯:《通向繁荣的途径》,1933 年伦敦英文版,第 21 页。
② 凯恩斯:《通向繁荣的途径》,1933 年伦敦英文版,第 33 页。
③ 凯恩斯:《通向繁荣的途径》,1933 年伦敦英文版,第 16 页。

一级就业量的关系，凯恩斯的倍数则进而讨论总收入与一笔原始投资支出的关系，后者把前者一般化了。三来他不仅认为投资支出对就业和收入有倍增效应，而且认为消费支出对就业和收入也有倍增效应。由此进而强调同时增加投资支出和消费支出二者，这就接触到有效需求问题。四来凯恩斯根据倍数原理引申出赤字预算和国家干预经济的政策结论。

尽管凯恩斯对卡恩的倍数原理作了若干改进，但这个倍数原理也还停留在推论阶段，其倍数值的大小是通过估算得来的。这时的倍数原理还没有解决以下两个问题：倍数的数值究竟有多大？为什么会是这么大？即还缺少一个边际消费倾向概念。

凯恩斯在《泰晤士报》上的文章和《通向繁荣的途径》小册子发表后不久，就遭到许多经济学家和务实家的批评。这些批评意见主要是怀疑凯恩斯的倍数数量，认为凯恩斯的倍数计算是先验的，夸大了由一笔既定投资支出提供的就业量。① 凯恩斯开始考虑对批评意见作出答辩，于 1933 年 3 月 23 日再次写信给杰弗里·道森，表示要就人们对倍数提出的各种疑问写两篇补充性文章。后来，凯恩斯把题为《通向繁荣的途径，凯恩斯先生对于批评意见的答复》的一篇文章在 1933 年 4 月 5 日的伦敦《泰晤士报》发表；题为《论倍数》(The Multiplier) 的另一篇文章则刊登 1933 年 4 月 1 日的《新政治家与民族》上。

在《论倍数》一文中，凯恩斯集中论述了倍数数值的大小及其决定问题，论证是这样的：

一笔额外的、由借款提供的第一级支出，能够分成两部分：第一部分由于以下原因而不能转化为英国人手头的额外收入：（1）进口原材料的成本；（2）商品成本，这些商品不是新近生产的而仅仅是转让的，如土地、取自存货而不再被补充的商品；（3）人手和工厂的生产资源成本，这些人手和工厂不是额外地被雇用，而只系从其他

---

① 《凯恩斯全集》第 21 卷，1975 年伦敦英文版，第 173 页。

工作中挪过来的；（4）工资成本，它取代了原来由为失业救济基金提供的收入。第二部分则实实在在转化为英国人手中的额外收入。而根据这笔额外收入究竟是被储蓄还是被花费，又必须分成两部分。"为了获得倍数，我们只要估计这两部分比例：即这类收入的什么比例变成人们的收入，这个收入的什么比例又被花费掉。"① 我们不难理解，凯恩斯这里所说的第一个比例即用漏损在借款支出中所占的比例，第二个比例即消费占收入的比例，即边际消费倾向。他认为："在现有条件下，我可以说，扣除支出的30%，由于种种原因，这部分支出不增加到收入上；剩下的70%作为当前收入增加给各种人，会是一个合理的假定。"② 他接着写道："这部分额外收入将有多少比例将作为额外支出而被支出：就它增加给工资收入者阶级来说，人们可以假定，其中绝大部分将被花费；就它增加利润、薪金以及专业收入来说，被储蓄的比例将是较大的……在当前的环境下，我们能肯定地假定：在增加的收入中至少有70%将被花费，而被储蓄的比例不大于30%。"③ 由于每一笔支出都会产生一系列连锁反应，于是凯恩斯根据以上假设推定倍数是2。其计算方法是：$1+\frac{1}{2}+\frac{1}{4}+\cdots\cdots=2$。他认为，"这就是存在于我的倍数估算中的一种理由"④。

显然，与《通向繁荣的途径》小册子相比，《论倍数》一文已向边际消费倾向，即向倍数原理的数量化迈出了重要的一步。因为在小册子里，凯恩斯还只是用漏损来说明倍数不会无穷大，而在《论倍数》中，凯恩斯已引入消费—收入比例来计算倍数。但在这个阶段，倍数原理尚未完成。因为用来计算倍数的两部分比例大小还是假定的，并且从0.7的边际消费倾向求出倍数等于2，这种计算容易引起混乱。

---

① 《凯恩斯全集》第21卷，1975年伦敦英文版，第174~175页。
② 《凯恩斯全集》第21卷，1975年伦敦英文版，第174~175页。
③ 《凯恩斯全集》第21卷，1975年伦敦英文版，第174~175页。
④ 《凯恩斯全集》第21卷，1975年伦敦英文版，第177页。

在《论倍数》中，凯恩斯已开始用倍数来解释就业水平和国民收入水平的波动。他写道："正如增加第一级支出对就业、国民收入以及国家预算的效果按以上描述的方式被加倍一样，减少第一级支出对就业、国民收入以及国家预算会产生倍减效应。实际上，如果不是这样，则将很难理解在这里以及特别在美国所爆发的衰退的凶猛性。正像一个小量级的原始推动力已经产生了这样一种破坏性的连锁反应一样，在相反方向上的一个适度的推动力也将引起一种惊人的复苏。这完全不是变戏法，不是故弄玄虚，而是一种可靠的科学论断。"① 不难理解，凯恩斯在这里对倍数作用的说明中，已经包含了有效需求原理。

为了表明倍数原理的有效性和正确性，凯恩斯又向传统经济学发动攻击。他认为，许多人认为倍数原理是新奇的、古怪的和荒谬的。这只能在这个事实中找到答案："我们关于经济学的全部思想，都浸透着若干理论上的事前假定。这些假定只能适合处于均衡状态的社会，这个社会的一切生产资源都已就业。这种思想通过教育、环境以及传统逐步灌输给我们。无论我们是否意识到它，许多人正在努力用一种理论——建立在不存在失业的假定上，来解决失业问题。显然，如果国家的生产资源已经被充分利用，那么在当前环境下，我们不能期望从增加借款支出中得到任何我所预言的好处。因为在这种场合，增加的借款支出将会自我耗尽在提高物价和工资以及从其他工作中转移到资源上。换言之，这纯粹是通货膨胀。但是这些思想（在它们的适当背景下是完全正确的）对当前环境是不适合的。这个环境只能用不大为人们所熟悉的方法来处理。这个方法就是我已经努力加以解释的方法。"② 这就含蓄地表明，反对意见所持的经济理论是以不存在失业（即充分就业）为事前假定，这种思想对当前环境是不适合的。当前失业严重、大量生产资源处于闲弃状态的这个环境，只能

---

① 《凯恩斯全集》第21卷，1975年伦敦英文版，第174~175页。
② 《凯恩斯全集》第21卷，1975年伦敦英文版，第178页。

第五章　思想发展过程（下）

用不大为人们所熟悉的方法来处理，这就是凯恩斯努力加以解释的"非充分就业均衡"的方法。

综括以上所述，凯恩斯关于倍数问题的几篇文章在许多方面已具有了《就业一般理论》的思想和论证，从而构成通向《就业通论》的重要里程碑。P. A. 萨缪尔森认为，从《通向繁荣的途径》到《就业通论》只不过是一步之遥而已。①

1933年9月10日，凯恩斯照例在米迦勒节上发表演讲，这次在"生产的货币理论"题目下所作的演讲，已经在很大程度上改变了他前一年演讲的内容。

首先，他强调了他的理论同新古典理论的重要区别。他认为与价值理论比较起来，就业资源的数量决定问题被新古典理论忽视了。其次，凯恩斯继续讨论了新古典经济学的两个根本前提，并建立了"非自愿失业"的定义。在第三个演讲中，他提出了有效需求概念，然后转向讨论他自己总体模式的定义和结构，并引入了预期因素。他重新定义了收入、投资、储蓄和模式中的其他概念以后，论述了若干关键变量的规模决定以及相互关系。他清楚地确定了边际消费倾向和倍数。他已把投资看作由预期准地租和利率来决定。同时，流动偏好具有了交易、谨慎、投机动机的类似物，并且在讨论流动偏好时，加进了"信息状态"这个变量。②

1933年10月前后，凯恩斯将他正在写作的新书书名由《生产的货币理论》改为《就业的货币理论》，突出了就业问题。不久，他又改名为《就业通论》(*The General Theory of Employment*)。③ 全书计5篇，21章，其内容同《就业通论》的最后定稿已很接近。

---

① 萨缪尔森对《一般理论》的评论文章，载 S. E. 哈里斯编：《新经济学》，1947年英文版，第160页。
② 《凯恩斯全集》第13卷，1973年伦敦英文版，第420～421页。
③ 1933年12月《就业通论》的完整目录参见《凯恩斯全集》第13卷，1973年伦敦英文版，第421～422页。

二、有效需求原理的形成

倍数原理是通过说明一笔支出（投资支出或消费支出、或二者）可以带来若干倍就业和国民收入，从而证明公共工程政策的正确性和有效性。但要倍数原理能够确立，首先必须解决两个问题：其一是倍数值的大小问题；其二是要从理论上说明增加需求为什么会增加就业和国民收入？因为增加投资支出和消费支出就是增加社会需求。能否圆满解决这两个问题，至关重要。它关系到倍数原理能否确立，公共工程投资政策能否可行。凯恩斯后来分别用边际消费倾向和有效需求原理解决了这两个问题。如前所述，凯恩斯在他关于倍数理论的四个姊妹篇中，已从增加投资支出和消费支出二者都具有倍数效应的角度接触到有效需求问题，但尚没有关于"支出（需求）创造收入"的系统论述。这项工作是在纪念马尔萨斯的过程中进行的。

1934年是马尔萨斯逝世100周年。凯恩斯在1933年就为马尔萨斯写好了传记。1934年11月凯恩斯又在马尔萨斯逝世100周年纪念会上发表演说。① 他从一个世纪前的马尔萨斯那里挖掘出"有效需求"原理，充作他就业一般理论的理论基础。《凯恩斯全集》的编辑们认为，《通向繁荣的途径》和《关于马尔萨斯的论文》共同构成通向就业一般理论道路上的重要阶段。②

凯恩斯是在将马尔萨斯和李嘉图进行对比的过程中，列举了马尔萨斯对于经济理论的贡献的。他认为，在讨论各种经济问题时，李嘉图是运用抽象和先验方法的理论家；马尔萨斯则是运用归纳和直观方法的调查研究者，根据他良好的常识直观，了解到价格和利润根本上

---

① 这篇演讲词原载［英］《经济学杂志》1935年6月号，总第45卷，后来，这两篇文章分别以"剑桥经济学家中的第一位经济学家"和"罗伯特·马尔萨斯：一百年训谕"为题编入《马尔萨斯传记》中，载《凯恩斯全集》第10卷"传记论文集"。

② 《凯恩斯全集》第13卷，1973年伦敦英文版，第419页（参见该书编者说明）。

是由"有效需求"决定的。"李嘉图研究的是均衡条件下产品的分配理论,而马尔萨斯则关心什么决定现实世界中每日产出的数量。马尔萨斯讨论的是我们生活在其中的货币经济,而李嘉图则讨论一种抽象的中性的货币经济。"① 凯恩斯写道:马尔萨斯已经了解到劳动阶级的痛苦——失业和贫困,不是由于储蓄不足,而是由于资源转移到别的用途上,资源用于战争,用于储蓄的积累。马尔萨斯提出,为了消除我们的困境,公共工程和土地所有者、财产持有人的支出则是适当的补救措施。② 正是由于马尔萨斯最早阐述了有效需求原理,所以,"我长期以来把罗伯特·马尔萨斯看作剑桥经济学家中的第一位经济学家"③。凯恩斯认为,李嘉图完全没有看到有效需求思想的意义,无疑是一个很大的缺陷。凯恩斯断言:"如果19世纪经济学的根源仅仅是来自马尔萨斯而不是李嘉图,今天的世界将会聪明得多,富裕得多!"④

凯恩斯在对马尔萨斯的有效需求原理大加赞颂以后,承认马尔萨斯的有效需求原理比较含糊,表达得不够清楚:其不足之处是完全忽视了利息率的作用。

在1934年11月纪念马尔萨斯的演讲中,凯恩斯认为,马尔萨斯作为一个经济学家,一生不断致力于两个问题:劳动阶级的生活水平过低和失业,他在前半生为了解决第一个问题,提出了《人口原理》,主张削减劳动人口的供给。他的后半生全神贯注于战后(指滑铁卢战争以后——引者)的失业问题。这个失业问题第一次以一种可怕的规模自我暴露出来。他在称之为"有效需求不足"中找到了解释。为了医治有效需求不足,他要求有一种"自由支出风气、公

---

① 《凯恩斯全集》第10卷,1972年伦敦英文版,第97~101页。
② 《凯恩斯全集》第10卷,1972年伦敦英文版,第97~101页。
③ 《凯恩斯全集》第10卷,1972年伦敦英文版,第97~101页。
④ 《凯恩斯全集》第10卷,1972年伦敦英文版,第100~101、106~107页。

共工程以及扩张主义政策"①。凯恩斯不无感慨地说：100 年来，马尔萨斯的真正贡献被人们误解。"马尔萨斯的名字由于他的《人口原理》而永垂不朽；而他对更有深远意义的'有效需求原理'的卓越的直观却被人们遗忘了"②。他认为，马尔萨斯是把成型的思想结构应用到复杂混乱的世界日常事件上的伟大先导，"马尔萨斯通过最好的途径探讨了经济理论的中心问题"③。

在重新阐述马尔萨斯的有效需求原理的过程中，凯恩斯形成了他自己的有效需求理论。1933 年 11 月 20 日，凯恩斯在给他的学生讲课时开始用他《就业通论》中的语言来表述他的有效需求理论。他说：

> 我们必须假定这一点——把人们的消费同他们的收入联系起来。尽管不是普遍地满足，但通常的心理规律是 $\Delta C < \Delta Y$，消费的增加量小于收入的增加量。当人们的收入增加时，他们（全社会）并不是把全部增加的收入都用于消费……上述规律不仅对于经济体系的稳定是必需的，而且也意识着，如果花费倾向（Propensity to Spend）具有这种特征：$\Delta C < \Delta Y$，则如果 ΔC 是正数，ΔY 只能是正数。④

由此可以看出，这时的凯恩斯已经达到了这个境界：（边际）消费倾向大于零而小于一，消费（C）不仅取决于收入（Y），而且取

---

① 《凯恩斯全集》第 10 卷，1972 年伦敦英文版，第 100～101、106～107 页。
② 《凯恩斯全集》第 10 卷，1972 年伦敦英文版，第 100～101、106～107 页。
③ 《凯恩斯全集》第 10 卷，1972 年伦敦英文版，第 100～101、106～107 页。
④ 这是 1933 年 11 月 20 日塔西斯的听讲笔记。转引自帕廷肯和利思编：《凯恩斯、剑桥和一般理论》，1977 年伦敦英文版，第 16 页。

决于预期因素（或信息状态）。如果 I（投资）是既定的，要保持 $Y=C+I$，就必须在 Y 和 C 二者之间作出抉择。投资主要是自变量利率（P）的函数，总就业人数取决于总需求量，即取决于消费支出加上投资支出。消费支出决定生产消费品的就业人数（N_1），投资支出决定生产投资品的就业人数（N_2）。当消费倾向一定，即消费支出一定时，总就业人数就主要取决于投资需求，而后者又主要取决于利率。

据此，有些经济学家认为，这时的凯恩斯已经完全理解了有效需求理论。

三、对罗斯福"新政"的建议加速了就业一般理论体系的形成

在本书"时代背景"一章中已经指出，罗斯福"新政"与凯恩斯《就业通论》同是1929—1933年世界经济大危机的产物，同是以那次空前大经济灾难为时代背景，为解救那一苦难深重的厄困局势、脱颖而出的救治方案。同时也指出了，罗斯福"新政"的第一阶段，并未受到"凯恩斯革命"的影响，它与凯恩斯新经济学只是不谋而合。但是，"新政"方案救治经济大危机这种国家干预的实验，对凯恩斯就业一般理论的形成过程却起了加速的促进作用。

自从经济大危机爆发开始，凯恩斯就非常关注美国的经济危机形势。他最初在《泰晤士报》上的《通向繁荣的途径》发表后，就将这四篇文章交该报业主威斯康特·阿斯托（Viscount Aster）转送给美国总统罗斯福和美国国家预算局局长道格拉斯。

1933年春，罗斯福一就任美国总统，就要求国会授予他以"紧急全权"，执行"新政"，以对付空前严重的经济困境和迫在眉睫的革命危机。对于罗斯福"新政"这一创举，凯恩斯备加关注，大加赞赏。他在1933年11月31日《致罗斯福总统的一封公开信》（原载1933年11月31日纽约《时报》杂志）中写道："如果您失败了，合理的变动将在全世界被破坏殆尽，只得让传统教义和革命去决一雌雄。""但是如果成功了，新的和大胆的方法将在各地被试用，并且

我们可以注明新经济时代的第一章开始于您的就职。"① 从这种论断可以看出，凯恩斯对"新政"评价之高真是无以复加。

  从 1933 年 11 月到 1934 年 11 月这一年内，凯恩斯为罗斯福"新政"所写的文章共计有八篇：《致罗斯福总统的一封公开信》、《罗斯福的经济实验》、《总统的议事日程》、《美国的复苏》、《美国能进入复苏吗？》及 1934 年访美期间向美国经济学会提供的三篇论文。这一年中，就一个专题撰写论文如此之多，在他一生中是罕见的。他于 1934 年 5 月 9 日至 6 月 8 日亲自赴美考察访问，曾与罗斯福总统会晤，就"新政"进行交谈。在当时英美经济学界中，凯恩斯对大萧条算是最感焦虑，最热衷于寻求解救方案的一个经济学家。他在英国为解救方案奔走呼号已有多年，但遭受重重反对，论争悬而未决，如今在美国由罗斯福总统进行实验，这就无怪乎他同"新政"一拍即合，欣喜若狂，为它呕心沥血，连篇累牍地撰写文章，发表演讲。

  凯恩斯为"新政"所发表的一系列文章和演讲，主要是以倍数原理为论据，阐述公共工程和救治失业之扩大化的累计效果，其主要内容是对《通向繁荣的途径》、《论倍数》的扩展和发挥。他一方面不断完善他的倍数原理，另一方面又通过倍数原理向《就业通论》大大发展了。

（一）有效需求原理的发挥

  凯恩斯原先运用倍数原理说明了政府扩大支出的必要性和利益，但他没有说明为什么不能扩大私人投资支出。显然，要使他的倍数原理立定脚跟，必须提供这方面的理由。正是在这些说明中，凯恩斯进一步发挥了有效需求原理。

  他在《致罗斯福总统的一封公开信》中写道：复苏的目的是要增加国民产出和使更多的人得到工作，而"在现代世界的经济制度下，产出主要是为销售而生产的；产出量依赖于与预期在市场上出现的生产之主要成本（Prime Cost）相比较的购买力数量"。他接着写

---

  ① 《凯恩斯全集》第 21 卷，1975 年伦敦英文版，第 289 页。

道:"因此,一般地说,除非通过以下三个因素中的一个或另两个发挥作用,就不能增加产出,必须引诱个人从他们的现行收入中花费更多,或必须引诱经济世界,这种引诱要么通过提高预期的信心,要么通过较低的利率,为雇主手头创造额外的现期收入……或求助于公共权力当局,通过举债支出或印刷货币来创造额外的现期收入。"① 那么,为什么必须由政府来扩大支出呢?他认为:"在不景气的年份,我们不能期望第一个因素以足够的程度发挥作用。第二个因素在潮流已经由公共权力的支出改变以后,仅仅作为进攻萧条的第二个浪潮而兴起。因此,我们能期望的主要原始推动力只能来自第三个因素。"②在《总统的议事日程》一文中,他从经济世界的信心和资本市场的障碍等方面把这个理由大大发挥了。他特别强调指出:"我把压倒一切的重点放在提高由政府支出引起的国民购买力上。这个政府支出通过借款来提供资金,而不是通过税收从现行收入中转移支出。"③

不难理解,这里的"购买力数量"、"国民购买力"和"总购买力"是"有效需求"的不同说法而已。他已把产量、就业量的变动归因于"购买力数量"的变动,这与《货币论》把同一现象归因于投资与储蓄间之差额的变动相比,已是一个质的飞跃。

在《美国能进入复苏吗?》一文中,凯恩斯又从理论上更系统地说明了一笔支出为什么会产生若干倍收入和就业,即需求会创造收入的原理。他首先问道:一个人浪费会使他自己变穷,那么为什么这使个人变穷的方法会使国家变富呢?他解释道:当一个人花费时,他所影响的不仅仅是他自己,而且还有别人。花费是一个两方面的交易,我的收入用来购买你的商品,就提高了你的收入;你的收入再用来购买我的商品,我的收入也被提高了。当我们把国家看作一个整体时,我们必须考虑这个整体的结果。④

---

①②③④ 《凯恩斯全集》第21卷,1975年伦敦英文版,第289、291~292页。

因此,"如果个人都自由地花费更多,每个人都会变得更富而没有更穷……按这种方式增加的国民收入只有一个限制,这就是由生产的物质能力所设置的限制。在衰退的时候抑制消费,从国家的观点看,不仅不能增加财富,而且是极其浪费的。这意味着可利用的人力、机器力的浪费,且莫说人类的苦难了。抑制消费是要对这种人类苦难负责的"。① 凯恩斯进而推论说:由于国家只是许多人的集合体,"如果由于某种原因,构成国家的个人(按每个人的能力来说)足够地花费以利用国家拥有的各种资源,那么就是政府,这个国家全体个人的集中代表,来填补这个缺口,因为政府支出的效果与个人支出的效果是完全一致的"。②

(二) 资本边际效率概念的形成

在《货币论》中,凯恩斯跟随威克塞尔,认为自然利率是使一定时期中储蓄量(按《货币论》中的含义)和投资量完全相等的利率,也就是使社会总产品的价格水平与各生产要素之效率收入的货币值完全一致的利率。这个自然利率实际上就是充分就业均衡下的唯一利率。而在《就业通论》中,凯恩斯放弃了威克塞尔"自然利率"概念,用"资本边际效率"概念取而代之,他认为自然利率对于他的分析没有多少用处,也没有什么重要性,因为自然利率只是一个维持充分就业现状的利率。③

这个资本边际效率的形成过程是这样的:

凯恩斯在着手他的《生产的货币理论》写作时,就放弃了自然利率概念,而借用了马歇尔的准地租概念。不过凯恩斯的准地租概念包含有预期因素,是预期准地租。凯恩斯的准地租定义是这样的:"一项资产在未来的准地租是它在那个阶段所提供的服务的货币价值或由它带来的货币收入。预期准地租是在这项资产的生产过程中所预

---

①② 《凯恩斯全集》第 21 卷,1975 年伦敦英文版,第 293、334、335 页。

③ 凯恩斯:《就业通论》,英文版,第 242~243 页

期的一系列这样的年收入。"① 显然，这个准地租是一个绝对数。他把资本边际效率定义为"一项资产的收益对它的生产成本的比率"②。他认为，"资本边际效率（他简写为 M.E.C）是均衡概念，准地租围绕着它上下波动。可以说，准地租是 M.E.C 的短期说法"。③因为准地租包括现期摊提（Amortization），而资本边际效率是提供摊提以后的净收益。

凯恩斯在创用资本边际效率概念的同时，也使用资本边际生产力（他简写为 M.P.C）概念。这两个概念的差别在于："当我们说产品增长时，我们可以使用资本边际生产力一词；当我们说价值增加时，我们就用边际效率或边际效用一词"④。我们知道，M.P.C 和 M.E.C 是新古典经济学的习用语，凯恩斯由准地租分析发展到 M.E.C 分析，又把 M.P.C 和 M.E.C 交替使用，表明凯恩斯正处在从旧经济学到新经济学的过渡阶段。凯恩斯在 1933 年 11 月的新书目录⑤中，把"准地租"列入正文第四章，而把"资本边际效率"列在附录Ⅱ名下，就可以明显地看到这种过渡痕迹。

大约到 1934 年底，凯恩斯才彻底转用"资本边际效率"，而抛弃了"准地租"、"资本边际生产力"和"资本边际效用"。据莫格里奇研究，直到 1934 年，资本边际效率才成为凯恩斯新书中成熟了的概念。⑥。

总之，在 1933—1934 年，凯恩斯对倍数原理的进一步论述，对马尔萨斯有效需求原理的重新说明，以及对罗斯福"新政"的建议和阐述，已经从许多重要方面构成了《就业通论》的内容。1934 年10 月，凯恩斯已将他的新书定名为《就业利息和货币通论》。从1934 年 10 月，凯恩斯拟订的新书目录⑦可以判明，《就业通论》一

---

① ② ③ 《凯恩斯全集》第 29 卷，1979 年伦敦英文版，第 111、114、113 页。
④ 《凯恩斯全集》第 29 卷，1979 年伦敦英文版，第 112 页。
⑤ 《凯恩斯全集》第 13 卷，1973 年伦敦英文版，第 421~424 页。
⑥ 莫格里奇：《凯恩斯传》，1980 年伦敦英文第 2 版，第 111 页。
⑦ 《凯恩斯全集》第 13 卷，1973 年伦敦英文版，第 421~424 页。

书的理论体系和内容结构,已经基本形成。

第六节 就业一般理论的完成

从 1935 年到 1936 年 2 月 4 日《就业通论》出版,我们把这一年多的时间划为"就业一般理论"的完成阶段。在这段岁月中,凯恩斯的主要任务是把他的新书草稿提供给剑桥同仁们讨论,进一步调整全书的体系结构,精制若干概念和完善若干原理。

一、倍数原理的完成

要使倍数原理抽象化和数量化,即完成倍数原理,必须依赖边际消费倾向概念的完成以及确定边际消费倾向与倍数的关系。一旦达到了这一步,倍数的大小就不需要概略估计和常识推理,而可以直接根据边际消费倾向作出确切计算。边际消费倾向的大小是根据消费(或储蓄)和收入的经验统计资料计算出来。这样,倍数原理就完成了精确化和数理化的制作过程。

从现有材料看,1932 年,凯恩斯还没有正式提及倍数这个概念。他似乎遗忘了 1929 年在《劳合·乔治能办到吗?》那本小册子中论述公共工程计划时处于萌芽状态的倍数思想。1933 年,他大量地论述了倍数,并有了边际消费倾向思想。但是直到 1934 年,他还没有根据边际消费倾向来确定倍数值的计算。这时,边际消费倾向和倍数还处于分离状态。我们可以在 1934 年的草稿中,看到凯恩斯不仅为边际消费倾向下了定义,而且把边际消费倾向数量化了。他写道:"……作为一个规律,当实际收入增加时,收入中一个更大的部分被储蓄起来。我们可以把下面这一点看作任何现代社会的一个基本心理规律:当人们的实际收入增加时,他们将不会在消费上增加一个相等的绝对数量,除非其他因素同时发生极大的和不寻常的变动。"

这时,凯恩斯并没有把公式化了的边际消费倾向同倍数计算联系起来。1934 年 6 月,凯恩斯在美国访问时向美国经济学会提出了一篇论文。在这篇论文中,他在"倍数原理"的标题下,讨论了倍数值的大小问题。他认为倍数值不会无穷大,是由于人们不会把他们的收入全部用于消费,存在若干漏损因素。但他没有根据边际消费倾向来制定倍数公式。

用边际消费倾向来完成倍数原理以及确定倍数的计算公式,这项工作大约是1935年上半年进行的。我们在1935年6月的凯恩斯新书目录中,才看到他把边际消费倾向和倍数结合在一起,单独列为一章;① 也大约在这期间,凯恩斯才系统地讨论了边际消费倾向的大小与经济活动水平的关系。

凯恩斯在1936年(具体日期不详)致斯拉法的一封信中有过如下论述:"如果这个边际消费倾向为1,那么均衡就是中性的。任何产出水平都能达到充分就业"。"另一方面,如果我们引入一种心理规律,即对于整个社会来说,边际消费倾向小于1,那么产出的任何扩张会使市场充斥和降低物价,直到投机被引诱将一部分产品变成存货,或消费者刺激他们的需求。这实质上是一样的。"在边际消费倾向小于1的情况下,"除非同时增加投资以适合这种社会边际消费倾向,否则任何产出扩张都会充斥市场"。"因此,既定的边际消费倾向和投资量共同决定总就业量的均衡水平。"②

二、货币利率理论的进一步完善

从就业一般理论的创作过程看,凯恩斯是从货币理论与生产理论的结合开始,把这种结合作为背离旧经济学说,建立新经济学说之突破口的。在1932年,他就有了流动偏好概念,但就业一般理论中的货币、利率理论直到1935年下半年才告完成。

1935年2月,凯恩斯与卡恩用通信方式讨论了货币与利息根本

---

① 这个目录见《凯恩斯全集》第13卷,1973年英文版,第525~526页。这是第五篇、第二十三章"边际消费倾向和倍数"。这份目录草稿及其内容与后来正式出版的《就业一般理论》已经没有实质性的差别。
② 《凯恩斯全集》第13卷,1973年伦敦英文版,第449~450页。

特征，然后重写了我们现在在《就业通论》中所看到的第十七章。①

1935年9月，凯恩斯开始系统地检讨新古典学派的利率理论和他创立的利率理论的区别。他于9月10日致哈罗德（R. F. Harrod）的信，实际上成了后来《就业通论》中第十四章的内容。在这封信中，他就已采用了哈罗德提供的利率水平决定图式（重现于《就业通论》1936年英文版的第180页）来说明两种利率论的区别。②

凯恩斯货币利率理论的变革为什么经历这么长的时间？主要原因在于，他早年以货币金融学家起家，深受传统思想的影响，要摆脱这些影响而建立新的学说，当然要经历"长时期的挣扎"。

1935年6月，凯恩斯重新编写了一份新书目录，计分六篇、二十八章。③不难看出，这个草稿目录及其内容与后来正式出版的《就业通论》已经没有实质性的差别。1935年11月26日，凯恩斯在给他母亲的信中说："我于星期四完成了我的著作——它已经花了5年时间……"。他在1936年1月18日又向母亲报告说："我的著作已经脱稿，将在2月4日出版"④。

1936年2月4日，《就业通论》正式由伦敦麦克米伦公司出版。至此，《就业通论》的创作史就告完结了。

---

① 《凯恩斯全集》第13卷，1973年伦敦英文版，第525页。
②③④ 《凯恩斯全集》，第13卷，1973年伦敦英文版，第525～526、557～561、653页。

第六章 就业一般理论：综合述评

凯恩斯1936年出版的《就业通论》一书，以20世纪30年代经济大危机为时代背景，旨在救危扶倾，倡导一个以财政政策为主药的需求管理方案，达到并保持"充分"就业，永葆资本主义青春，是20世纪西方世界影响最广泛、最深远的一部经济学著作。在理论上，它内容新颖独特，错综复杂，艰涩难懂，内在矛盾重重，既在西方形形色色经济学说众多流派中具有相对优势，又在实质上包含着一些带根本性的缺陷和错误。同时，在政策实践上，近半个世纪来对西方世界既有缓和经济危机，甚至促进经济增长的明显"疗效"；又引起过种种恶果，特别是国际性的"滞胀"问题严重。本书《凯恩斯经济学说评论》主旨在于对凯恩斯本人这个就业理论体系的各个组成部分，比较细致地逐一进行明辨是非的分析评议。但是，在分章进行这种明细的分析之前，须先对其中一些主要特点、基本观点、基本原理和结构等简要加以介评、澄清，使读者预先有一概要的了解。本章主旨在于预做这种准备工作。

第一节 主要特点和庸俗实质

同资产阶级其他流派经济学说相比，凯恩斯就业一般理论具有一些独特的格调，主要如下：

一、研究对象与中心旨趣

20世纪30年代空前大萧条那种经济性灾祸，绝对不是因为生产力的物理性破坏，而是由于物资过剩、销售阻滞所发生的经济性破绽。在这种"社会瘟疫"中,商品充斥,生产剧降,失业人数猛增,广大工人阶级陷于贫困绝境,整个社会处于萧条厄运。人们把这种生产过剩造成的贫困称为"富裕中的贫困"。凯恩斯在论述"有效需求原理"时指出:"这种分析可以解释为什么会有富裕中的贫困这种矛盾现象。"①《就业通论》出版后,《经济学季刊》组登了四篇书评加以评论。他于1937年初期在该刊发表题为"就业一般理论"一文,阐述他这种新理论的基本观点,以资答辩;他明确指出,这是一种"繁荣内部为什么会孕育着使它自身趋于毁灭的种子"的理论②。由此可以确认:就业一般理论的研究对象是自由放任资本主义经济"富裕中的贫困"——"繁荣内部孕育着使它自身趋于毁灭的种子"这种矛盾现象,也就是如何解救失业问题。凯恩斯理论的中心旨趣在于,探讨富裕中的贫困这种矛盾现象的原因何在,以及如何救治的问题,也就是探究失业的原因并寻求解救失业的对策。失业的反面是就业,所以他以《就业通论》作为书名。就业水平的高低,同生产水平的高低、收入水平的高低直接相关。所以,他把就业总量、生产总量和国民收入三个变量视为同义词,三个词汇可以互换。同马歇尔以研究经济均衡为中心课题不同,它的主攻方向在于研究经济波动:总就业量、总生产量和国民收入的波动,即由繁荣高潮转入萧条低潮的原因及其解救对策。换言之,它的根本目的是要解释什么因素决定就业量及其波动,也就是要说明什么因素造成失业,并寻找解救对策。

二、对待资本主义经济危机的基本态度:对现状极度悲观,对前程盲目乐观

凯恩斯对待这种矛盾现象的基本态度是,一方面明确承认资本主义自由放任经济患着经济危机和失业严重这种痼疾,而且病势深沉,

---

① 凯恩斯:《就业通论》,徐毓枬译,商务印书馆1977年版,第32页。原译文把"富裕中的贫困"译为"可富而不富",这里加以改正。

② 凯恩斯:《就业一般理论》,载《经济学季刊》1937年2月号;转引自哈里斯(S. E. Harris)编:《新经济学》,1947年纽约英文版,第182页。

失业问题严重到"令人不能容忍",有引起革命、导致现行制度全面毁灭的危险。但是,另一方面他却硬说,这种病症是可救治的。于是要对之作"一个更基本的诊断",编制一套理论,并且开具"处方",提出政策措施,克服资本主义的"缺点"(分配极为不均和失业问题),同时保存资本主义的"优点"——高效率、发财欲和个人首创精神。他承认这些"缺点",目的在于设法消除这些缺点,从而永葆资本主义青春。《就业通论》全书中充满这种论调:资本主义危在旦夕,抢救迫不及待,而传统自由放任的药方已告失灵,势必改弦更张,另筹新策,于是抛出以政府干预为主导思想的新就业理论,取代马克思主义和社会主义道路,以拯救资本主义危亡于万一。他在撰写此书时,曾写信给萧伯纳说:这"将摧毁马克思主义的李嘉图基础"。足见《就业通论》的旨趣直接是反马克思主义和社会主义制度的。因此,从实质上讲,《就业通论》是垄断资产阶级思想意识在经济学领域的具体体现。对这一点,我们必须十分明确,绝不应有丝毫含糊。

正因为如此,《就业通论》全书一方面对资本主义自由放任体制的经济运行充满着悲观情调;在这点意义上讲,它是一本包含着长期停滞论的"萧条经济学"。另一方面却对政府干预政策的"神效"盲目乐观,硬说这是救危扶倾的唯一法宝,并且进而幻想:通过30~60年左右的充分就业,资本资产充分丰裕,利率逐渐下降为零,金融资产阶级无疾而终,资本主义从此进入"乐观世界",开始文明生活,这就不需要革命了。在这点意义上讲,政府的干预和调节成了资本主义制度的救星,它是一个以"小革命"来抵制社会革命、反马克思主义的经济纲领。

三、以有效需求原理为核心的就业理论体系:"一般"性质和实践意义

首先,谈它的"一般性质"。在坚持上述基本态度的前提下,在确定研究对象以后,他究竟编制什么理论对经济危机和失业问题的病因去作解释呢?简明地说,他创造了以有效需求原理为核心的就业一

般理论体系来进行诊断。原来的传统经济理论信奉自由放任市场机制的完善性和协调性,以充分就业为假定前提,其理论依据是萨伊定律:供给会创造它自身的需求,否定普遍意义的生产过剩经济危机,否定有效需求不足,硬说失业只属于摩擦失业和自愿失业,失业只是局部的,由均衡暂时失调、通过自动调节恢复均衡的过渡现象。凯恩斯同这种传统经济理论相背离,明确地摒弃"充分就业"这个与一般经济现实不相符合的虚幻假定。他确认,在自由放任资本主义制度下,正常情况是经济活动的不稳定状态,包括从充分就业一直到普遍大量失业,而典型的就业水平大多是远远低于充分就业,即失业经常存在;而充分就业只属于一个特例,绝不是一般情况。他在《就业通论》①这本著作的标题中,强调"一般"二字,意指他的理论对于一切就业水平,即对充分就业、普遍严重失业以及介乎两者之间的各种就业水平,都能适用。此外,一般理论的另一个"一般"方面,是它解释通货膨胀与解释失业同样适用。两者主要都是有效需求的数量问题。需求不足引起失业,需求过多造成通货膨胀。总之,"古典学派"传统经济理论同凯恩斯理论的显著区别,大部分来自它们之间的假定不同:前者假定充分就业是正常情况,后者则认定非充分就业是正常状态,前者是静止均衡理论,后者则是一个移动均衡理论。在资本主义现实经济中,失业显然是最严重的问题之一。凯恩斯以非充分就业状态作为其理论构思的假定和出发点,同传统经济学说相对比,这无疑是一项明显的相对优势。这是他富有现实感的具体表现,应当加以肯定。

其次,就业一般理论具有浓厚的实践意义,这是又一个重要特色。凯恩斯确认,一切生产活动的目的是为了消费,首先强调消费需求对整个国民经济运行的极端重要性。他编造一个以消费有效需求不足为中心思想的消费倾向基本心理规律去否定并取代萨伊定律,承认

---

① 凯恩斯此书的书名,按其确切含义,应译为《就业、利息与货币的一般理论》,这才明确地显示出其所强调的"一般"性质;而徐毓枬译本译为《就业通论》,几十年来已成习惯,流传甚广,本书也就使用这个译名。

有效需求的不足,承认经济危机和"非自愿失业",并把消费倾向基本心理规律看成这种严重病症的最终根源。他把消费需求不足和投资需求不足构成有效需求不足的两大原因,当作构成有效需求原理的主要内容。他特别强调心理因素,提出了三个心理规律:消费倾向基本心理规律、资本边际效率规律和流动偏好规律。这三个心理规律成为就业一般理论的主要骨干。

凯恩斯的就业一般理论是他对资本主义经济危机和失业严重这个不治之症的"诊断书"。他在《就业通论》末章的最末一段明确承认,就业理论这种思想体系在于对资本主义经济危机这种痼疾"作一更基本的诊断"。"诊断"一词意味着:凯恩斯确实以抢救20世纪30年代经济大危机这种危症的"医生"自居。正如一个医生对患者病情的诊断书一样,他那具有"诊断"性质的理论思想体系是十分富有实践意义的:直接为抢救病危患者(濒临全面毁灭的资本主义)开具"处方"的理论根据。所以,凯恩斯的就业一般理论绝对不是什么只空谈的"纯"理论;恰好相反,它是目的性很明确,实践性很浓厚、政策性很强烈的一整套理论。其根本目的是要说明什么因素决定就业量;就它所涉及的实际问题来说,也就是要说明什么因素造成失业。在实践意义上就是要指明:哪些因素改变后或哪些措施采取后,就将会医好这个痼疾。换句话说,这就意味着要指明,需要通过政府干预对经济体制的某些方面进行改革或进行社会控制和调节,以便达到并保持充分就业水平。

凯恩斯说:"我们的最后任务,也许是在我们实际生活的经济体系中找出几个变数,可以由中央当局来加以统制或管理。"[①] 具体地说,就业理论体系有三个重要的独立变数,即消费倾向、资本边际效率和利率。他之所以选定这三个独立变数或重要因素,是由于他对实际政策怀有独特的兴趣。总之,他的就业理论的现实性和实践性,主要是由于他非常关心加强以弥补有效需求不足为中心旨趣的政府干预

[①] 凯恩斯:《就业通论》,徐毓枬译,商务印书馆1977年版,第208页。

这种独特经济纲领。

四、救治对策的总方针：增大政府干预职能，弥补私人需求之不足

凯恩斯在其就业一般理论这种诊断的基础上，究竟开具什么"处方"去救治这种痼疾呢？救治对策的总方针是：由政府干预、公共投资及其他调节措施去弥补私人企业经济的罅隙和缺陷。一句话，政府成了医治这一危殆病症的唯一救星。其具体政策的详细内容，以后将在本丛书的有关部分中加以介评。

其一，摒弃传统的自由放任政策，采取政府干预和调节经济的一系列措施，扩大政府的机能。把私人垄断资本主义变为"混合经济"的国家垄断资本主义。

其二，摒弃传统的节约原则，提倡高消费，甚至主张浪费性消费和破坏性消耗，认为建立金字塔、地震、"挖地洞"，甚至战争，均可增加财富。

其三，既然有效需求不足——消费需求不足和投资需求不足是造成失业的原因，则政策上的补救办法是"双管齐下"：增加投资，同时提高消费。但是，他又认为，在收入分配极为不均的现行情况下，消费倾向在短时期内是相对稳定的，不易提高很多，于是把重点转移到投资上面。他强调增加投资，弥补由于消费需求不足所留下的"缺口"。同时，他认为不能把投资交由私人资本家去自由放任地进行，而须实行"投资社会化"，由国家来总揽。

其四，财政政策是"反危机"的主要药方。摒弃传统的健全财政原则：量人为出，开支力求其小，收支平衡，税收应求轻而少，公债对子孙后代是一种负担，是件坏事；鼓吹扩大财政开支、赤字财政和增发货币的"半通货膨胀"，促使温和的物价上涨。这样去管理需求，增加有效需求，刺激经济，达到并保持充分就业。此外，货币政策如调节贴现率和公开市场活动等仍然有其重要性，但退居辅助地位。

五、理论与政策的紧密结合

就业理论与政策措施二者之间存在如下的独特关系：

其一，从就业理论与就业政策两者在发展上的程序而论，凯恩斯先提出解救失业政策措施的基本设想，然后为了寻找这种政策的理论依据，使之富有说服力，才进一步探索、塑造其就业理论。在本书第四章论述凯恩斯的思想形成过程中可以看出这种实情。如1929年他早就提出了用财政拨款举办公共工程、救济失业的倡议，但这方面的一些有关理论解释日后才陆续探究、塑造出来。

其二，就理论与政策二者间通常意义的逻辑关系而论，就业理论是就业政策的理论基础，就业政策是就业理论的具体应用。以医生治病为例，就业理论是"诊断书"：对病情进行诊断，查出病症根源；然后根据"诊断"结果，开具"处方"制定政策。

其三，凯恩斯以解救严重失业危症的医生自居，把他的就业一般理论的整个思想体系看成"一个更基本的诊断"[①]，力求完备、周全；至于具体的政策措施，则只简要地勾画一个粗略草图。他提出："至于应当采取何种实际办法方能把这些思想逐渐实施，即使提纲挈领地提示，也须另成专书。"[②] 因此，《就业通论》主要是一本就业问题的理论专著，而不是一本论述政策的著作。

其四，关于《就业通论》在经济学科图书分类学中的属性问题。这里必须着重指出，凯恩斯救危扶倾的《就业通论》型需求管理方案，在表述上具有这种独特格调：他自己并未把它塑成完美无缺的美玉；至于作为"处方"：政策措施的另一半，则仅仅勾画出一个草图，详细的实际办法则留待他的后继者去进一步探索、增订和补充。

在这种意义上讲，同 A. C. 庇古1933年出版的《失业理论》一书相类比，《就业通论》可以定名为"另一类失业的理论"，即"非

---

① 凯恩斯：《就业通论》，徐毓枬译，商务印书馆1977年版，第326页。
② 凯恩斯：《就业通论》，徐毓枬译，商务印书馆1977年版，第326页。

自愿失业的理论"。如果说庇古的《失业理论》是在继承马歇尔《经济学原理》基本理论的基础上，关于失业问题的一本专题著作的话，则凯恩斯《就业通论》就是在对马歇尔上述基本理论既背离、又继承的特殊关系下，关于"非自愿失业"的一本在内容上庞大复杂得多，在影响上巨大深远得多的专题著作。凯恩斯《就业通论》在资产阶级经济学科浩瀚文献中，既不属于马歇尔《经济学原理》"纯"基本理论全面论述的一类著作，也不属于琼·罗宾逊（J. Robinson）《不完全竞争经济学》、张伯林（E. H. Chamberlin）《垄断竞争理论》"纯"基本理论部分论述（体格论）一类的著作，而属于应用经济学的专题性著作。它在经济学科各类图书分类学中，归属即是如此。这个归属问题一经确定，它在资产阶级经济学说史中的理论意义和实践意义也就更为明确了。

六、不确定性、预期，以及货币与利息的重要地位

整个就业一般理论体系以经济前程的不确定性为背景，从而假定人们在经济生活中根据对未来的预期作出抉择。货币与利息同不确定性有着密切关系，它们在经济结构中发挥着独特的重要作用。

（一）经济前程的不确定性：就业理论的依据和背景

以马歇尔为代表的传统经济学主要在于研究常态与均衡，确信充分就业是一种自然趋势，只要没有人为干扰，它总是会通过自动调节而建立起来的。这种信念是以经济前景的确定性为依据的。而凯恩斯就业理论则主要在于研究经济失调和波动：由繁荣转趋萧条的循环波动；它打破均衡观的束缚，着重引进历史观：时间的存在——昨天（过去）和明天（未来）的区别，认定过去是不能召回的，未来是不可确知的。他的整个理论体系贯穿着经济前景的不确定性：消费—储蓄倾向与不确定性有关；投资规模容易发生波动，正是由于不确定性，流动偏好（人们用不提供收入的货币形式来储存财富的偏好）只有用经济前景的极不确定才能加以说明。因此，我们可以确认，经济前景的"确定性"、或是"不稳定性"这两种截然不同的论断，是传统旧经济学与凯恩斯"新经济学"两种思路的分水岭。琼·罗宾

逊认定,"凯恩斯所论证的问题的真正本质是不确定性"①,由此可见,用经济前景的不确定性去取代确定性,这是"凯恩斯革命"的一个重要标志。

(二) 预期在经济运行进程中的独特重要作用

凯恩斯十分重视企业家的预期收益对新投资决策的决定性作用,他特别强调预期在经济运行中的独特重要地位。他认为,在一定的消费倾向下,新投资量决定就业量;资本边际效率与利率共同决定新投资量。资本边际效率等于普通所谓利润率,说得更精确些,就是"预期利润率"。利润率既然是属于"预期性"的,不是"现实性"的,实际上就是新投资的预期收益。资本边际效率的最重要特征——不稳定性,来自预期收益的不确切性。在资本主义制度下,整个经济生活的不稳定性大部分要归咎于资本财产预期收益的不稳定性。《就业通论》所考察的各式人物中,企业家是主角,他的投资决策动向对整个国民经济的繁荣或萧条起着决定性的作用。资本财产是联系现在和不确定的未来的一根链条。企业主现今考虑是否新增投资、扩大或缩小生产规模时,正是根据未来的预期而作出抉择。在这种意义上,《就业通论》是用投资量变动来说明就业量变动的理论。这就可以看出预期在就业一般理论中的极端重要性。

在资产阶级经济学说史中,"预期"这个概念并非凯恩斯的首创,因他的老师马歇尔在《经济学原理》中早就提及过。但凯恩斯对预期这个经济范畴论证得这样深入,分析得这样明细,并且赋予它这样极端重要的地位,这里可以肯定地说,确实是前无古人。

(三) 货币与利息在经济运行进程中的重要作用

凯恩斯在其经济学术生涯的早期阶段,主要是一个货币理论与货币政策的经济学家。在《就业通论》发表以前,他对英国20世纪20年代慢性经济萧条开具的前后两个救治方案②均只着重货币调节,稳

---

① 琼·罗宾逊:《经济理论的第二次危机》,载《美国经济评论》1972年5月号。译文载《现代国外经济学论文选》,商务印书馆1979年版,第6页。
② 指1923年出版的《货币改革论》和1930年出版的《货币论》。

定一般物价水平，以求恢复经济均衡，以后他才从原来比较狭隘的货币理论领域转向比较广阔的一般经济理论领域。他在《就业通论》中把货币带到一般经济理论领域，使它在决定整个经济体系的总就业量与总生产量中占有非常重要的地位。他特别强调货币巧妙地联结现在同未来这个特性，认为货币经济的特征是在经济体系中，人们对未来预期的改变，不仅可以影响就业的方向，而且可以影响就业的数量。① 于是货币以重要而特殊的格调进入经济结构，在决定总产量与总就业量方面发挥重要作用。② 这样，他把他的理论叫作货币经济的总产量（总就业量）理论。③

至于利息，首先，在性质问题上，凯恩斯认为它是放弃流动偏好的报酬，是一种货币现象。据说，在经济前景的不确定性这种前提下，货币是储存财富之最安全的方式，只有这种不确定性才能说明人们为什么有"流动偏好"：用不提供收入的货币形式来储存财富的偏好。他明确指出：流动偏好"是一个晴雨表，它显示出我们不信任自己关于将来的计算和常规的程度……持有实际货币稳定了我们的不安心情；我们放弃货币所要求的利息乃是衡量我们这种不安心情的尺度"④。其次，关于利率特性在总产量理论中的作用问题，凯恩斯的论断也是十分独特的。投资引诱取决于利润率与利率二者间的关系，凯恩斯与马歇尔对这一总的原理是一致的。但此中却存在着两点差异：其一，凯恩斯把利润率改换为以预期利润率为实际内容的资本边际效率，这就在范畴表述上有所不同。其二，关于利率变动的弹性问题，彼此观点不同。马歇尔认为它具有完全的弹性，因而，对投资市

---

① 凯恩斯：《就业通论》，徐毓枬译，商务印书馆1977年版，第4、250页。

② 凯恩斯：《就业通论》，徐毓枬译，商务印书馆1977年版，第4、250页。

③ 凯恩斯：《就业通论》，徐毓枬译，商务印书馆1977年版，第4、250页。

④ 凯恩斯：《就业一般理论》，转引自哈里斯编：《新经济学》，1947年英文版，第187页。

场和生产动态起着充分调节作用；即利率弹性被认为是保持社会储蓄和社会投资相等的机制。而凯恩斯却认为它是"粘性"的，因流动偏好的特性而下降很慢，并且一旦下降到最低限度如2%，就不再继续下降；这就使利率对投资增长和生产增加起着阻碍作用。

凯恩斯的这一论点，十分独特，也十分重要；以后在货币和利息各章中将比较详细地介述。在凯恩斯理论中，对失业现象的根本理论说明，就在于货币与利息的这种特性。他认为，要是没有货币或任何形式的具有通常货币性质的财富，经济体系将倾向于自动调节到充分就业。[①] 他在《就业通论》书名中标出"货币和利息"字样，并与"就业"并列，这就意味着，在理论上强调将货币与利息作为说明失业现象的重要因素。

七、现代宏观经济学的开创

在观察和分析问题的方法方面，凯恩斯认为，以萨伊定律为理论基础，以均衡价格为中心课题的微观经济分析，不足以解释经济危机和失业问题，必须加以摒弃，于是改采总量分析的宏观经济方法。他的数量都是以整个国民经济为范围的，如就业是指全国的总就业量，生产是指生产总量，收入是指整个国民收入，消费是指全社会的总消费量。这和以微观经济分析为主的传统经济学有着十分明显的区别。他是现代宏观经济学的开创者，这在资产阶级经济学方法论的发展史上无疑是一个意义重大的突破。

同时，他提出了一整套新的经济范畴，如消费倾向、资本边际效率和流动偏好等，并且把它们贯穿起来成为一个新颖、独特、艰涩难懂的复杂理论体系，这确实是旧的传统经济学说中不曾有过的新东西。

八、相对优势与根本缺陷

综括以上凯恩斯就业一般理论各项主要特点，我觉得，就救治经

[①] 凯恩斯：《就业通论》，徐毓枏译，商务印书馆1977年版，第198页。

济萧条和失业问题这种病症而言，不论同前此的以马歇尔为代表的传统经济学说相对比，还是同后此的新型自由经营论如现代货币主义和供给学派等相对比，不论在理论或对策上，它确实具有毋庸置疑的相对优势。正因为如此，它才能够从"异端"变成"正统"，进而风靡于战后西方各国，臻于鼎盛高峰，雄踞"官方经济学"宝座持续三四十年之久，对经济危机和失业问题确实起到一定程度的缓和作用，并且促进了一个相当长时期的高速经济增长。

但好景不长，后来在实践中涌现出一系列恶果，特别是"滞胀"问题更为严重。1974—1975年出现战后最奇特的一次经济危机：生产衰退与通货膨胀两症并发。它导致凯恩斯主义的政府干预失灵，趋于衰败，从"政府经济学"宝座上倒塌下来。为什么呢？我认为，这主要是由于凯恩斯就业一般理论有其根本性的缺陷和错误：经济危机是资本主义制度所特有的产物，可是它完全不承认这种制度上的因素；经济危机的真正根源在于资本主义基本矛盾，可是它完全抹煞生产社会性与生产成果私人资本占有形式之间的这种根本矛盾，而另外找出一个似是而非的消费倾向基本心理规律。正因为理论上的这种根本缺陷和错误，它的政策措施势必只能是头痛医头、脚痛医脚的治标处方；在实践中也就势必会涌现出严重的"副作用"，导致由鼎盛转趋衰败。总之，它在这半个世纪中这样的兴衰变幻绝不是偶然的。此中情由将在以后有关各章再行详细评议。

第二节 就业一般理论的基本内容

前节已经简要介评了就业一般理论的主要特点及其庸俗实质，现在分述这一理论的基本内容。

一、充分就业的特殊含义

凯恩斯把解救失业问题，从而达到并保持充分就业，定为撰写《就业通论》的目的。他确认，资本主义在自由放任的情况下，不能通过市场机制的自动调节，达到"充分就业"——生产资源（人力、

第六章 就业一般理论：综合述评

物力）的充分利用。他要求实现的目标，就是要使资本主义达到并经常保持"充分就业"。

然则他的所谓"充分就业"究竟是什么意义呢？首先，他把充分就业定义为某一就业量，超过这点，有效需求再增加时，产量和就业量就不再增加，这就意味着生产资源潜力得到了充分发挥。但是，他的所谓"充分就业"并不意味着要完全消除失业，而使每个愿意做工的工人都能就业。他的"充分就业"具有其特殊的含义。

原来，传统庸俗经济学以萨伊定律为理论基础，硬说"总需求=总供给"：就业的任何增加都将带来更多的收益，足以诱使企业家提供更多的就业；即总需求和总供给将在一切就业量（N）下都是相等的。这就完全否定了普遍意义的生产过剩经济危机和失业问题。

但是，资本主义社会毕竟经常存在着大量失业的现象，这又如何解释呢？庇古把这些失业人口说成"摩擦失业"和"自愿失业"，而不是真正的失业。所谓"摩擦失业"，只是在生产过程中局部的、暂时的失调，如生产的季节性变化、原料暂时缺乏、机器设备发生故障，以及工作转换等引起的失业，它不是真正对劳动力的需求不足，因而不是真正的失业。所谓"自愿失业"，据说是由于工人受到各方面原因的影响，拒绝接受现行工资水平或劳动条件而产生的失业。意思是说，这种失业完全是由工人自身造成的，是工人"自愿"的。总之，庇古把失业一则归源于偶然的失调，再则归源于工人的"自愿"。

凯恩斯同意关于摩擦失业和自愿失业的传统辩护说法，继续袭用这两个传统的失业范畴，但认为，如果把资本主义长期存在着的大量失业简单地归于这两个概念，则完全与实际情况不符，特别是面对20世纪30年代经济大危机中那种严重而持久的失业，更难自圆其说，于是，凯恩斯除了袭用上述关于失业的两种传统范畴外，还提出第三种失业范畴，即所谓"非自愿失业"。这种失业是指失业工人愿意接受比当前实际工资为低的工资，但是仍然找不着工作。他把扣除"摩擦失业"、"自愿失业"以后的失业都归为"非自愿失业"。在凯恩斯看来，只要消除了"非自愿失业"，则可让它们继续存在。

相对于传统经济学只承认"摩擦失业"和"自愿失业"这两个范畴而言,凯恩斯则承认资本主义整个发展史中始终存在着"非自愿失业"这第三个范畴,在对失业这一资本主义不治之症的认识上,总算具有现实感,这是一种新的突破,应该加以肯定。但是,他由此而引申出来的"充分就业"概念,把相当多的失业工人排除在其救治方策之外,这实在是一个很大的缺陷。

总之,在承认有大量"非自愿失业"存在以后,凯恩斯就在这个基础上,以这种失业为轴心,探索和分析它所以发生的原因,并进而拟定救治的对策。因此,"非自愿失业"是凯恩斯所要研究的中心课题。他承认它的存在及其极度严重性,① 必须赶快加以救治,使资本主义得以长久保存。他进而提出"有效需求原理",确认病因在于有效需求不足,并以这一原理为逻辑起点,再进一步演化"三个基本心理规律"及其他论点,构成其一整套就业理论体系,对这病症作一次"更基本的诊断"。同时,他以这种诊断为理论依据,开具救治"处方":需求管理的一整套政策措施。

二、有效需求原理的基本轮廓

凯恩斯的门徒们歌颂凯恩斯在理论上的最大贡献,就是提出"有效需求原理"。如克莱因(L. Klein)曾认为,凯恩斯革命的贡献在于"发展了有效需求理论:决定整个产量水平的理论"②。

有效需求原理是凯恩斯就业理论的逻辑起点。现在把它作为出发点,逐项展开对就业一般理论体系的述评。同时,它也是就业理论的实体和基础。只有首先明确地理解这个原理,才能进一步了解凯恩斯理论体系的各个组成部分及其相互关系。

---

① 他说:"现行制度之缺点,不在于实际就业者的工作方向,而在于实际就业者的数量"(《就业通论》,第 322~323 页)。他承认,失业问题已严重到了不能容忍的地步,有引起革命,甚至"全部毁灭"的危险。

② 克莱因:《凯恩斯的革命》,薛番康译,商务印书馆 1980 年版,第 60 页。

第六章 就业一般理论：综合述评

资产阶级庸俗经济学大多从供给与需求两方面进行经济分析。但凯恩斯却假定供给因素是已知的，在其理论体系中只约略提及，不曾进一步细加分析。因此，在他的理论体系中，供给因素的分析不占重要地位。20世纪30年代经济大危机及随后的特种萧条中，产品严重滞销，存货大量堆积，生产猛烈下降，失业空前增加。在这危殆局势中，市场需求严重不足，突出地表现为最迫切、最困难、最需深入研究并加以解救的问题。凯恩斯面对这种危难困境，从当时经济现实出发，抓住"需求不足"这种病态作为研究对象，这是顺理成章势所必然的。因此，"有效需求不足"贯穿在凯恩斯整个就业学说之中：在理论上，集中探索有效需求所以不足的各种因素和原因，构成其就业一般理论体系；在政策上，制定弥补需求不足的各种措施，构成其需求管理救治方策。这样，有效需求原理居于总纲性的重要地位：既成为需求理论分析与需求政策制定的逻辑起点，又成为整个就业学说体系的基础与实体。

有效需求这个概念的含义是什么？首先，通俗地说，是指市场上有支付能力或购买力的需求而言，单纯的购买欲望和具有购买能力的欲望，两者是有区别的。只有既有欲望，又有购买能力的那种需求，才能算是真正"有效"的需求，才具有经济上的意义。因此，有效需求表现为收入的花费。这是有效需求这个范畴的一种含义。其次，这里的需求是指社会总需求而言。正如下面要加以说明的，"有效"这个形容词是用来表明总需求曲线与总供给曲线相交的一点的。总需求曲线上的其他各点并不是有效的，对决定总就业量不是有效的，因而它们并不构成真正的有效社会需求。这是有效需求这个范畴的另一个含义。

有效需求原理的主要内容是：总就业量决定于总需求；失业是由于总需求不足造成的。由于总需求不足，商品滞销，存货充斥，引起生产缩减，解雇工人，造成失业。当就业增加时，收入也增加。社会实际收入增加时，消费也增加。但后者增加不如前者增加那么多，这就使两者之间出现一个差额。总需求由消费需求与投资需求两者组成。因此，要有足够的需求来支持就业的增长，就必须增加真实投资来填补收入与这一收入所决定的消费需求之间的差额。换言之，在消费需求已定的情况下，除非投资增加，就业是无法增加的。这是有效需求原理的核心。凯恩斯就业一般理论整个体系就是紧紧围绕着这个核心而逐步展开的。

据凯恩斯的理论，任何一个时期都有一个唯一决定性的就业量，它是企业家在最大利润的前提下提供给工人的。一般地说，这不是充分就业或相当于充分就业的一点，而是低于充分就业的一点。总需求与总供给可能在充分就业时相等，但是，这只有在投资需求碰巧等于充分就业时的总供给价格与充分就业时的消费总需求之间的差额时才会发生。他认为，典型的投资需求不足以填补充分就业的收入与那一收入所决定的消费需求之间的差额。因此，总需求曲线与总供给曲线每每相交于小于充分就业的一点。在资本主义发展过程中，总就业量停留在小于充分就业的水平，这是一般情况，充分就业则只是一种特殊的极限。

有效需求原理是以整个国民生产水平的决定问题——由哪些因素去决定，怎样去决定——作为研究课题。凯恩斯在《就业通论》中自称："本书着重研究何种力量去决定总产量与总就业量的变动"①。就业总量取决于有效需求。就业总量决定于总需求函数（或需求曲线）与总供给函数（或供给曲线）相交之点；因为在这一点上，雇主们的预期利润达到最大量。这两根曲线相交之值即为有效需求。

因为整个经济体系的产量不能用"蒲式耳"或"吨"这种物质单位去度量，所以凯恩斯把雇用工人总数作为测量产量的尺度。企业家为了获取最大利润，经营企业，从事生产，总要考虑、权衡供给与需求两方面的情势。

首先，在供给方面要考虑供给价格，即经营生产时所付出的成本，并加上其预期的利润。总供给价格就是全社会所有企业家之供给价格的总和，亦即这些企业家所付出的生产要素总成本并加预期利

---

① 凯恩斯：《就业通论》，徐毓枬译，商务印书馆1977年版，第4页。

润。在私人企业的经营中，推动生产的是利润，每个企业家将雇用能使他获得最大利润的那么多工人。整个经济雇用的总人数是所有企业家雇用人数的总量。要诱使全体雇主提供一定的总就业量，就需要最低数额的收益，叫做这一就业量的总供给价格。总供给函数就是诱致不同就业量所必需的最低收益表（图6-1中的ZZ曲线）。随着收益额的增加，雇主提供给工人的就业量也增大。因此，总供给曲线ZZ，像总需求曲线（图6-1中的DD曲线）一样，随着就业量N的增加而向右上方倾斜，然而它同DD曲线不是同一方向。凯恩斯指出，所谓供给成本，并不是实际在市场上购买该资产所付的市场价格，而是适足引诱企业家增产该资产一新单位所需的价格，故资产的供给价格有时被称为它的重置成本。

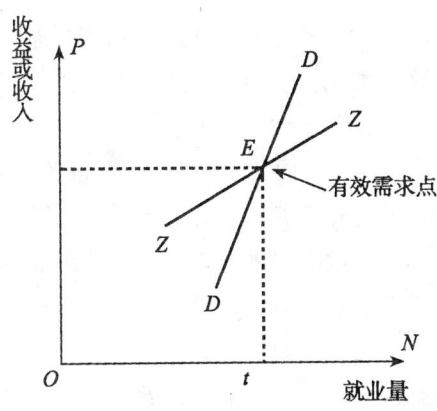

图 6-1 表示总需求、总供给和有效需求的关系

其次，在需求方面，企业家要考虑需求价格，即企业家预期社会上用来购买其商品的价格。总需求价格是指资本家预期社会上用来购买全部商品之价格的总和。在图6-1中，总需求价格或收益是用纵轴表示的，就业量是用横轴表示的。总需求曲线（DD）向右上方倾斜，它表明需求随就业而增加。这与一个行业（或一个商品）的需求曲线不同，后者向右下方倾斜，它表明销售量是随价格下跌而增加的。

453

在图 6-1 中：

  DD——总需求曲线，预期对不同就业量（N）所产生的产物所提供的收益或收入（P）。

  ZZ——总供给曲线，刚好诱致一定就业量（N）的收益或收入。

  图 6-1 中，在某些就业量下，预期收益会超过诱致一定就业量所必需的收益；在另一些就业量下，预期收益则不足以诱致该就业量。在这两者之间有一就业量使预期收益恰好等于企业家在获利的情况下提供该就业量所必需的收益。换言之，当总需求价格大于总供给价格时，企业家们就要扩大生产，增雇工人；反之，当总需求价格小于总供给价格时，企业家们就要压缩生产，减雇工人。只有当总需求价格等于总供给价格时，企业家们才既不扩大生产、增雇工人；也不压缩生产、减雇工人；企业家们只有在这个时候所得到的总利润为最大，从而生产和就业也只有在这个时候才达到均衡状态。总需求函数与总供给函数相交于这一均衡点，这个交点决定任何时期的实际就业量。这就是凯恩斯就业理论的难题。

  如图 6-1 所示，总需求曲线（DD）与总供给曲线（ZZ）相交于 E 点，这一点相对于就业量 E。交点 E 代表有效需求。在总供给价格和总需求价格达到均衡状态时的总需求，即为凯恩斯的有效需求。因为总就业量决定于总需求，总需求等于总收入，所以凯恩斯的就业一般理论也就是总需求理论或总收入理论。

  凯恩斯也用总供给函数和总需求函数的交点来说明有效需求。在总供给价格和总就业量之间的关系，称之为总供给函数。用 $Z=\Phi(N)$ 来表示它，其中 Z 为总供给价格，N 为总就业量，Φ 说明 Z 随 N 而变化的关系。同样，在总需求价格与总就业量之间的关系也是一种函数关系，称之为总需求函数，用 $D=f(N)$ 来表示，其中 D 为总需求价格，N 为总就业量，f 说明 D 随 N 而变化的关系。Z 和 D 不是在任何特定值均相等，只在 N 取某一特定值才相等。当 D 大于 Z 时，企业家们将增加就业，提高成本，直到 N 之值恰足以使 Z 等于 D。这样，就业总量就被总需求函数和总供给函数的交点决定；在这一点上企业家们预期的利润达到最大量。在总需求函数和总供给函数相交一点上，D 的价值称为有效需求。

总供给函数本身是没有什么新奇的。凯恩斯理论的新颖之处在于他对总需求函数的分析。他假定，考察问题所涉及的时间比较短，即在这时间内固定资本设备的素质和数量、生产技术、竞争程度、消费者嗜好和习惯，以及社会结构等，假定都是不变的，因而称为短期分析。

三、就业一般理论的体系结构：概要

前面已经指出，凯恩斯就业理论的研究对象是直接指向自由放任资本主义经济中"富裕中的贫困"："繁荣内部孕育着使它自己趋于毁灭的种子"这种矛盾现象。他对这个研究对象逐步进行探索，进而确认：在自由放任的资本主义经济中，一般地说，非自愿失业是经常而长期存在的。这就是说，在资本主义经济中，单是凭藉自发的供给与需求或自发的储蓄和投资之均衡所决定的有效需求，在一般的情况下，都不足以消除非自愿失业或实现充分就业。然则有效需求为什么不足呢？这就是凯恩斯所要解决的中心课题。

（一）就业一般理论整个体系的三类因素

凯恩斯围绕着这个中心课题，抓住一些经济因素和经济势态进行组编，构成其整个就业一般理论体系。概括起来，此中包括如下三类因素：

（1）不变因素，即整个就业理论的假定前提。他说：

> 我们所假定为不变的是：可支配的劳动力的现有技巧和数量，现有的可支配的装备的性质和数量，现有的技术，竞争的程度，消费者的嗜好和习惯，各种不同强度的劳动和监督与组织的活动的负效用，以及社会结构，包括除了下举的各个变数之外，决定国民收入的种种势力……在本书中，我们不考虑和不涉及这

些因素的变化的影响和效果。①

以这些不变因素的假定前提，可以判定，凯恩斯的就业一般理论类似马歇尔的短期分析。

（2）因变数，即被决定的因素：即就业总量、生产总量和国民收入；也就是凯恩斯热烈祈求其保持高水平并不断增长，从而解决经济危机和失业的因素。

（3）自变数，即凯恩斯认为直接决定国民收入和就业总量的因素，包括三个基本心理规律（因素）：人们心理上的消费倾向、企业家们心理上对于新增资本资产在未来收益（资本边际效率）上的预期，以及人们心理上的流动偏好（货币的需求）。此外，货币供应数量，即中央银行能够调节控制，并对国民经济活动（用国民收入和就业总量去加以衡量）起刺激作用的因素。这里必须强调指出，他在追溯病根上完全抹煞了资本主义生产关系及其相应的分配关系。这种根本因素，完全回避了阶级分析这种要害性的思路。这就注定了：上述自变数的种种因素势必只能属于次要因素和现象形态。以后将分别细加评议。

（二）用定理形式体现就业理论结构的全面提要

然则凯恩斯究竟怎样把这些因素构成种种理论，并进而组编、推广成为完整的理论体系呢？这里，扼要概说他的理论概要，使读者先了解其基本轮廓，然后再逐步较详明地述评其各个理论的具体内容。现引述狄拉德用定理形式对理论结构所作如下的全面提要：②

（1）总收入决定于总就业量。

（2）按照消费倾向，消费支出量决定于收入水平，从而决定于

---

① 凯恩斯：《就业通论》，徐毓枬译，商务印书馆1977年版，第206页。
② 狄拉德对凯恩斯就业一般理论用定理形式所作全面概要，简明扼要而又不失原意，有助于对就业理论基本轮廓的理解。现在加以引录，不敢掠美，特此注出。参见狄拉德：《凯恩斯经济学》，陈彪如译，上海人民出版社1963年版，第44～47页。

总就业量。

（3）总就业量决定于有效需求（D），有效需求是由两部分构成：①消费支出（D_1）；②投资支出（D_2）。$D=D_1+D_2$。

（4）在均衡时，总需求（D）等于总供给（Z）。因此，总供给超过消费有效需求的部分等于投资有效需求。$D=D_1+D_2$，或 $D_2=D-D_1$。因为 $D=Z$，所以 $D_2=Z-D_1$。

（5）在均衡时，总供给等于总需求，总需求决定于消费倾向与投资量。因此，就业量决定于：①总供给函数；②消费倾向；③投资量。

（6）总供给函数主要决定于供给的物资条件，它和消费倾向都是比较稳定的，因此，就业波动主要是由于投资量的关系。

（7）投资量决定于：①资本边际效率；②利率。

（8）资本边际效率决定于：①预期利润收益；②资本资产的重置成本。

（9）利率决定于：①货币数量；②流动偏好状态。

这些定理包含着就业一般理论的要点。在以后各章将进一步述评影响有效需求的一些因素。关于总供给函数，虽然凯恩斯的提法有点新颖，但是他不曾对这个主题的传统论述作出什么重要进展性贡献。

（三）整个理论各个组成部分之间的相互关系

现在进一步考察这个理论体系各个主要组成部分之间的相互关系。

首先，就业决定于有效需求，有效需求决定于消费倾向与投资引诱。要是消费倾向不变，就业与投资量将会发生同一方向的变化。投资倾向随利率下降，或资本边际效率上升，或随这两方面的变动而增加。然而资本边际效率如果与利率同时下降的话，可能抵消利率下降所引起的投资增长趋势。一般经济活动水准提高后，将会增加对作为交换媒介的货币的需求，于是可用于储藏价值的货币量减少了，除非金融当局和银行体系采取措施增加货币的总供给，否则利率将会上涨。尽管货币数量可能增加，但由于财富持有人对周转流动性的态度逆转，利率仍然会上涨。预期资本财产将来收益增加，倾向于提高资本边际效率，从而增加投资和就业。这种有利影响可能为资本财产现行供给价格（生产成本）的上涨所抵消。

其次，虽然投资的增加通常也会带来就业的增加，但若消费倾向下降，这种情况就不一定发生。另外，如果消费倾向提高，即使投资不增长，就业也会增加。不过一般来讲，在短时期内消费倾向或消费函数是稳定的。

最后，投资增长使收入增加，收入愈大则消费需求愈大，消费需求的提高又会使收入进一步增加。反过来讲，这个过程表明，投资收缩将会使收入减少，收入减少后，消费需求也将下降，消费需求的下降又会使收入进一步减少。收入与就业的运动一旦开始，它便有积累的趋势。这种积累运动说明就业的波动性质，波动幅度有其上限和下限：下限确定在收入跌到与消费相等的水平；上限就是充分就业。一般地说，实际波动不会是从一个极端到另一个极端。上升运动的特征是停止在不到充分就业的那一点，下降运动通常是停止在不到收入和消费相等的一点，实际波动的大小决定于一般情况下消费倾向和投资引诱的强弱程度。

总之，失业的产生是由于有效需求不足，有效需求不足是由于消费需求不足和投资需求不足，而这两种需求的不足，凯恩斯认为又是由他发现的三个心理规律——消费倾向基本心理规律、资本边际效率规律和流动偏好规律决定的。

第三节 凯恩斯"革命"的实质含义

《就业通论》提出的就业一般理论及其政策措施，同传统经济学说相对比，确实具有明显而重大的变革，他的门徒们将此歌颂为凯恩斯"革命"。在本书"导论"中，我们明确认定，它在西方经济思想领域中实现了两大转变：一是在经济危机理论发展史中的病因诊断上，由外因论向内因论转变；二是在经济学说史中的经济营运机制上，由自由经营论旧经济思潮向政府干预论新经济思潮转变。两者应当分别介评，才能显示凯恩斯在上述特定两个领域的学术业绩。确实，凯恩斯是西方近代经济危机理论发展史中在病因诊断上内因论的首倡者，同时又是西方经济学说史中在经济营运机制上政府干预论的主要代表。他的这些学说在西方经济思想发展长河中奠定了一个新的里程碑，影响巨大而深远，他不愧为当代西方经济学界的一代宗师。

在"导论"中对这些论点介评较为简要，现当再作补充。就凯恩斯革命的内涵与真谛作出深入细致的评论，这有助于实事求是、一分为二地评定凯恩斯主义的历史地位。在这里，先将政府干预论的主要内容明细加以介评，至于经济危机内因论则留待本书第十三章"经济危机理论评论"再行考察。政府干预论这一新经济思潮的主要内容分述如下：

其一，在为资本主义制度辩护的方式上进行了革命：摒弃了传统理论把自由放任资本主义经济歌颂成完美无缺——市场机制的完善性和协调性的说教，承认资本主义有失业和收入极为不均的缺陷；承认资本主义自由放任经济中的"富裕中的贫困"——繁荣内部孕育着使它自身趋于毁灭的种子这种矛盾现象；承认失业问题严重，如果不加救治，势必引起革命，使现行社会形态陷入全面毁灭。除摩擦失业与自愿失业两种传统范畴外，创立非自愿失业的新范畴，并且确认资本主义有史以来它经常存在，是资本主义自由放任经济中的通常现象。因此，在战略思想上，用政府干预论新经济思潮革了自由经营论旧经济思潮的命。同时，在战略目标上也发生了"革命"：通过政府干预，把达到并保持充分就业、消除经济危机和充分发挥经济潜力作为经济政策的战略目标，这就改变了传统经济学保持物价水平稳定、保证经济均衡的战略目标。

其二，在经济思潮方面发生了"革命"，政府干预论新思潮取代了自由经营论旧思潮。作为理论构思的基础和前提，对未来经济势态必须作出估计和确认，在这种估计和确认上发生了重大变革：用经济前景的不确定性去取代经济环境的确定性。这就用历史观——时间的存在：过去、现在和未来的差异去取代宿命论的均衡观。

其三，在理论上革了萨伊定律的命，摒弃"供给会创造它自身的需求"以及否认普遍意义的生产过剩经济危机这种传统教义，创建了"需求会创造它自身的供给"的"凯恩斯法则";用"有效需求不足论"去取代"有效需求无限论",并且以"有效需求不足"作为核心,制定"有效需求原理",进而展开以消费需求不足和投资引诱不足的三个心理规律为主要骨干的就业一般理论体系。

其四,在政策上革了传统自由放任体制的命,确认在没有政府干预经济生活的情况下,资本主义社会势必有效需求不足,不能达到充分就业,主张扩大政府机能对经济的干预,认为这是可以使现行经济制度免于"全面毁灭"的唯一途径。在经济政策的具体运用上,用扩张性的财政政策革了传统的健全财政原则——收支平衡、量入为出、开支力求节约、税收力求其少这种论点的命。在货币方面,提出"半通货膨胀"的价格一般理论去对传统货币数量论进行重大修正,并使原来居首要地位的货币政策退居辅助性的次要地位。

其五,在分析方法上,开创了现代宏观经济分析,研究总就业量、总生产量和国民收入及其波动的原因,以区别于研究单个商品、单个厂商、单个消费家庭之经济行为的微观经济分析。

总之,凯恩斯"革命"的实质含义仅仅在于:以20世纪30年代经济大危机那种濒临"全面毁灭"的极端严重局势为时代背景,适应垄断资产阶级的迫切需要,从以马歇尔新古典学派自由放任为基本内容的均衡价格分析微观经济学摆脱出来,建立以需求管理的政府干预为中心思想的收入(就业、产量)分析宏观经济学。在资产阶级庸俗经济学说发展史中,它标志着一个新的里程碑。它对国家垄断资本主义经济的发展,以及资产阶级庸俗经济学说的发展,都有着重大而深远的影响。但它的目的完全是为了拯救资本主义,使它免于"全部毁灭"。它的政策方案仅仅是在维系和加强垄断资本统治的大前提下作些修残补缺的调整措施。这只能说是资产阶级庸俗经济学说发展史中的一个重大变革,绝对够不上说成是从理论到政策旨在改变资本主义生产关系的一场革命。

第七章 消费倾向理论评论

消费需求不足理论是凯恩斯就业一般理论体系中的一个独特而重要的组成部分。在这一理论中，既有合乎经济现实的正确成分，又有构思虚幻的错误成分。现实感与虚幻观两者并存，这需要对它进行实事求是、一分为二、深入细致地剖析。

如前所述，凯恩斯面临20世纪30年代那种资本主义发展史中最深沉、最严重的生产过剩经济危机的空前浩劫，在《就业通论》中认为这种浩劫的病象在于"有效需求"不足，即"生产（供给）增长>需求增长"：一方面是消费资料的有效需求不足，即消费不足；另一方面是生产资料的有效需求不足，即投资不足。他对消费需求不足赋予独特的重要地位，确认投资不足最终不过是消费不足的派生现象。同时，他用投资增长去填补消费与生产之间的差距，以求取得均衡。但又确认，社会愈富裕，则收入与消费之间的差距愈大，需要用投资去填补的数额愈大，每次用增加投资的办法去填补这种差额，取得今天的均衡，这就会使明天达到均衡更加困难。"$\Delta C<\Delta Y$"，这是他所确认的经济发展的障碍之所在，并且以这个差距为突破口，去解释"在繁荣内部为什么会孕育着使其自身趋于毁灭的种子"。这就是他试图通过这一思路去创建其经济危机内因论的中心内容之所在。凯恩斯关于经济危机的这种病象洞察是合乎西方经济现实的，是正确的。如前所述，创建经济危机内因论的这种尝试，这是凯恩斯革命的两大内涵之一，应加以肯定，本书第十三章"经济危机理论评论"将再进一步详加评论。

他进一步探索病源：为什么会产生有效需求不足呢？他用消费倾向基本心理规律去解释消费不足的病源。用资本边际效率规律和流动偏好规律去解释投资不足的病源。这就构成凯恩斯就业一般理论整个体系的三个基本心理规律,也就是支撑这座理论大厦的三根支柱。但是,这三个规律都是错误的,其错误可分两种类型:首先,消费倾向基本心理规律的要害性错误在于它的虚妄性:资本主义社会中根本不存在这么一个统一的、超阶级性的、适用于全体消费居民的消费倾向基本心理规律,它根本不能成立。其次,资本边际效率与流动偏好两个规律的要害性错误在于它们的庸俗性;关于利润与利息的论证,是在有关的传统学说的基础上,围绕着一些次要因素和现象形态,煞费苦心地概括为使资本主义剩余价值剥削实质更为隐蔽的经济范畴。关于后两个规律,当在后面另行评议。

本章主旨在于,从各个角度,对消费倾向基本心理规律的虚妄性和消费倾向理论的内在矛盾,分别进行细致而翔实的评论。

第一节 消费倾向理论的主要内容和独特地位

一、主要内容及其要害性错误

凯恩斯用这个心理规律解释消费需求不足这种致命病象,他用自己的词汇,实际上承认了资本主义条件下,在流通领域内,"收入(生产或就业)增长大于消费(市场)增长"这一资本主义历史发展趋势。然而资本主义社会为什么会消费不足呢?他归咎于"人类天性"——人们天生就有爱好储蓄的心理倾向:收入增加,就倾向于把更多的钱储蓄起来,从而在整个收入中用于消费的份额就会递减。凯恩斯有关"消费倾向基本心理规律"的几段论断如下:

> 就业量增加时,总实际所得也增加。但社会心理往往如此:总实际所得增加时,总消费量也增加,但不如所得增加之大。
>
> 无论从先验的人性看,或从经验中之具体事实看,有一个基本心理规律,我们可以深信不疑。一般而论,当所得增加时,人

第七章 消费倾向理论评论

们将增加其消费,但消费之增加,不若其所得增加之大。①

设我们所研究者为短时期……上述规律尤为适用。

还有一点也很明显:一般而论,所得之绝对量愈大,则所得与消费间之差距亦愈大……故一般而论,设实际所得增加,则储蓄在所得中所占的比例增加。②

从上面各段引述中,可以把消费倾向规律简要地概括为下列各点:

第一,就业总量增加时,总实际收入也增加。人们的消费最主要地取决于其收入量。他的"收入"概念,一来是以工资单位去计算,二来是以"绝对量"而言,即消费者本人的收入量。收入增加时,消费也增加,但消费增加不如收入增加那么多。这是基于先验的人性或经验中的具体事实。他特别强调"人性",把它定名为"消费倾向基本心理规律"。因消费变动同收入变动保持着函数关系,又叫做消费函数。

第二,储蓄是消费的反面。他明确指出,当实际收入增加时,储蓄在收入中所占比例增加。这就是说,收入增加时,消费也增加,但消费增量在收入增量中所占的比例是递减的。这样,收入与消费之间就出现一个差距,社会愈富裕,收入愈增大,收入与消费之间的差距就愈大,这就需要用愈来愈大的投资去弥补这个差距。

这里必须着重指出两点:其一,凯恩斯完全局限于宏观的总量分析:总消费量同总收入量之间的函数关系,对资本主义社会收入分配极端不均、贫富悬殊,收入与消费两者的阶级差别,完全不予正视,他在《就业通论》中论述这一规律时,把资本家同工人、其他劳动人民混为一谈。他完全不作任何阶级分析,称他们为"人们"、"公

---

① 凯恩斯:《就业通论》,徐毓枬译,商务印书馆1977年版,第29、84~85页。
② 凯恩斯:《就业通论》,徐毓枬译,商务印书馆1977年版,第29、84~85页。

众",就充分表明了这个观点。其二,他归结到"人类天性"——人类生来就有爱好储蓄的心理倾向,似乎自人类社会产生以来就存在着这样一个规律,它不仅适用于资本主义社会,也适用于其他任何社会,而在资本主义社会中,不仅适用于资产阶级,也适用于无产阶级及其他劳动人民。因此,它是一个统一的、超阶级性的、超历史性的、适用于任何社会全体消费居民的唯心主义规律。它的要害性错误在于完全抹煞了资本主义社会消费居民贫富悬殊的阶级结构和各类居民消费习性的阶级差别。

二、消费需求不足的独特地位

他一方面把有效需求不足划分为消费需求不足与投资需求不足两个组成部分,但另一方面也把有效需求不足归根到底归源于消费需求不足,投资需求不足最终不过是由于消费需求不足引导出来的派生现象。因此,在他的理论体系中,消费需求不足确实具有一种独特的重要性。

为什么呢?虽然他把消费和投资两方面的有效需求并列,但首先却特别强调消费需求对投资需求之最终的制约作用。他说:①

> 一切生产的最终目的都是满足消费者。
>
> 消费乃是一切经济活动之唯一目的,唯一对象。就业机会必须受总需求量之限制,总需求只有两种来源:(1)现在消费;(2)现在准备未来消费……已经准备好了的未来消费愈大,则愈难寻找更多的未来消费来预先准备,而我们依赖现在消费以作需求之源的程度愈深。不幸所得愈大,则所得与消费之差距愈大。

---

① 凯恩斯:《就业通论》,徐毓枬译,商务印书馆1977年版,第44、90~91页。

第七章 消费倾向理论评论

由此可见，总需求来源于现在消费和为准备未来消费而进行的现在生产。因此，生产方面的有效需求，最终都来自消费方面的有效需求。"准备未来消费"的需求最终受"现在消费"需求的制约。这就意味着，有效需求的不足归根到底归源于"现在消费"的不足，投资（准备未来消费）需求的不足，最终不过是由于"现在消费"不足而引导出来的派生现象。这样，他把消费品的需求和投资品的需求二者联系起来，直接地或间接地都最终归结到"消费需求"。这就对消费倾向在整个经济活动中所起的作用，特别加以强调。他高度重视消费倾向规律对资本主义经济发展的影响，明确地强调它是解决实际经济问题的关键。

同时他又说：

> 资本不能离开消费而独立存在。反之，如果消费倾向一经减低，便成为永久习惯，则不仅消费需求将减少，资本需求亦将减少。①

由此可见，资本需求（或投资需求）最终来自消费需求。如果根本没有消费需求，则归根到底，最终将会使资本需求或投资需求完全化为乌有。此中道理甚为明显。例如，如果根本没有电冰箱这种耐用消费品的市场需求，则有关这一消费品的资本需求或投资需求，不论是直接的或间接的，都将完全陷于停顿。关于消费需求对投资需求这种最终的制约作用，就单个消费品而言是如此，就全体消费品而言也是如此。

因此，凯恩斯在《就业通论》中论述消费理论时，对消费需求不足这种病象特别重视。对解释这一病象之根源的这个规律更是赋予一种独特的重要地位。他明确指出："解决实际问题的关键，就在这

---

① 凯恩斯：《就业通论》，徐毓枬译，商务印书馆1977年版，第92页。

个心理规律上。"① 归根结底，由于这个心理规律而使总需求价格小于总供给价格，他用它去否定和代替萨伊定律："总供给价格≡总需求价格"或"供给会创造它自身的需求"这个传统教义②，用它去解释资本主义社会这种荒唐现象：社会愈富裕，则收入（生产）同消费之间的差距程度愈大，需要用投资去弥补的数额愈大；同时，每次用增加投资的办法去弥补这种差距，取得今天的均衡，就会使明天达到均衡更加困难。③

正因为凯恩斯本人对消费倾向这个心理规律这样突出地重视，他的追随者也极力加以赞扬，如美国老牌凯恩斯主义者 A. H. 汉森说："这是对经济分析工具的划时代的一个贡献，它与马歇尔对需求函数的发现可媲美，甚至更为重要。"④ 他又说："我重复说一遍，这是凯恩斯最大的贡献。"⑤ 又如美国另一个凯恩斯主义者 S. E. 哈里斯说："它是凯恩斯理论结构的一个基石。"⑥ 由此可见这个心理规律在凯恩斯理论体系中的极端重要性。

与此同时，凯恩斯还用消费倾向这个心理规律去解释资本主义经济如下的一系列致命病象：

第一，用它解释生产过剩经济危机和失业问题严重，大量商品充斥市场，找不着销路，就业严重不足，即他所谓"非自愿失业"严重。从这条基本心理规律，他自以为找到了资本主义经济发展的障碍。

第二，用它解释富裕中的贫困。⑦ 因此规律的作用，就业量愈大，则 Z（该产量的供给价格）与 D_1（雇主们可以预期从消费者身

---

① 凯恩斯：《就业通论》，徐毓枬译，商务印书馆1977年版，第31页。
② A. H. 汉森说："凯恩斯以消费函数代替萨伊定律"。参见汉森：《凯恩斯学说指南》，徐宗士译，商务印书馆1975年版，第26页。
③ 凯恩斯：《就业通论》，徐毓枬译，商务印书馆1977年版，第31页。
④ S. E. 哈里斯编：《新经济学》，1947年英文版，第26页。
⑤ S. E. 哈里斯编：《新经济学》，1947年英文版，第51页。
⑥ S. E. 哈里斯编：《新经济学》，1947年英文版，第105页。
⑦ 凯恩斯：《就业通论》，徐毓枬译，商务印书馆1977年版，第23页。

第七章 消费倾向理论评论

上收回的价款)的差距愈大。设消费倾向不变,则除非 D_2(投资支出)逐渐增加,以弥补 Z 与 D_1 间之差距逐渐增大,就业量势将不能增大。这样,投资的作用在于弥补消费增长小于收入增长两者间的差距。更进而承认,社会愈富裕,实际生产量与潜在生产力之间的差距也愈大,用以弥补这个差距所需的投资量也得愈来愈大。凯恩斯对在自由竞争条件下资本主义经济前程抱有相当浓厚的悲观情调,根据即在于此。

第三,庸俗经济学家把是否会有生产过剩的问题,归结为:供求是否相等的问题。他们把经济运行是否会产生生产过剩,并进一步归结为:人们花不花钱的问题。传统庸俗经济学家(如 A. C. 庇古)认为:人总要花钱,只是花钱的途径不同而已,因而否定生产过剩和经济危机。① 而凯恩斯的消费倾向规律则说:就业增加,所得增加,货币收入增加,因而消费支出增加较少。一部分新增加的收入没有消费掉,而又不用去投资,把这部分收入用货币的形态储藏起来。这就导致有效需求不足,这就是经济危机和失业问题严重这种灾祸的根源,也就是凯恩斯戒律中的原始罪愆。

第四,他用"边际"概念添加在这个心理规律上,形成"边际消费倾向"的概念。把它同"倍数原理联系起来,去计量投资对就业的增长作用之大小,到头来,又取决于边际消费倾向之大小。这样,用它来解释:社会愈富裕,消费倾向愈小,潜在生产力与实际生产量二者间的差距愈大,就业愈感不足,失业问题愈严重,经济制度的缺陷愈明显而令人气愤"。②

综括上述,凯恩斯对于消费不足导致经济危机和失业严重以及资本主义发展前程的障碍这种弊端,确实赋予了一种十分独特的重要地位。至少在《就业通论》的前面部分论述消费倾向规律时,他确实坚持这种论断。至于他在《就业通论》的随后部分论述投资理论时

---

① 凯恩斯:《就业通论》,徐毓枬译,商务印书馆1977年版,第32页。
② 凯恩斯:《就业通论》,徐毓枬译,商务印书馆1977年版,第32页。

却把重点转向投资需求方面，我们将在后面另行介评。

第二节　资本主义社会贫富悬殊十分严重，根本不存在一个统一的、适用于全体消费居民的"消费倾向规律"

在资本主义制度下，生产资料由资产阶级独占，无产阶级除劳动力外一无所有，只有出卖劳动力遭受剩余价值的剥削才能维持生活。资本主义积累的一般规律"制约着同资本积累相适应的贫困积累。因此，在一极是财富的积累，同时在另一极，即在把自己的产品作为资本来生产的阶级方面，是贫困、劳动折磨、受奴役、无知、粗野和道德堕落的积累"①。

"社会的财富即执行职能的资本越大，它的增长的规模和能力越大，从而无产阶级的绝对数量和他们的劳动生产力越大，产业后备军也就越大……产业后备军的相对量和财富的力量一同增长。但是同现役劳动军相比，这种后备军越大，常备的过剩人口也就越多，他们的贫困同他们所受的劳动折磨成反比（马克思亲自校正过的法文版中是：'成正比'）。最后，工人阶级中贫困阶层和产业后备军越大，官方认为需要救济的贫民也就越多。这就是资本主义积累的绝对的、一般的规律。"②

资本主义社会中的阶级结构是：资产阶级和土地所有者占全体居民中的最少数，工人阶级和其他劳动人民占绝大多数。基于资本主义生产关系及其相应的分配关系，国民所得在各个阶级的分配极不平等，以美国1984年的家庭收入分配官方统计数字为例（见表7-1、7-2）：

---

① 《马克思恩格斯全集》第23卷，人民出版社1972年版，第708页。
② 《马克思恩格斯全集》第23卷，人民出版社1972年版，第707页。

第七章 消费倾向理论评论

表 7-1　　　　　美国不同收入家庭的百分比

全 年 货 币 收 入	家 庭 的 百 分 比
5 000 美元以下	9.2
5 000～9 999 美元	13.7
10 000～14 999 美元	13.0
15 000～19 999 美元	12.0
20 000～24 999 美元	10.8
25 000～34 999 美元	17.0
35 000～49 999 美元	14.0
50 000 美元以上	10.3

资料来源：美国商务部：《美国统计提要》，1985 年英文版，第 136、443 页。

表 7-2　　　美国 1977 年、1993 年收入分配不平等的统计表

收 入 的 级 别 （每级占全体家庭的 20%）	占国民收入的 %	
	1977 年	1993 年
最低的一级	5.2	4.2
第二级	11.6	10.1
第三级	17.5	15.9
第四级	24.2	23.6
最高的一级	46.2	46.2

说　　明：最高的 5% 家庭分别占全部收入的 15.7%、19.2%。

资料来源：美国商务部：《美国统计提要》，1979 年版，第 432 页、第 741 表；1995 年版，第 475 页、第 733 表。

从表 7-2 可以看到，1993 年，前三级合计 60% 的家庭，只占全部收入的 30.2%，比最高一级 20% 的家庭的 46.2% 还低大约 1/3；前两级合计 40% 的家庭只占全部收入的 14.2%，比最高收入的 5% 家庭占全部收入的 19.2%，还少 5 个百分点。1977 年收入分配不平等的严重程度也大体相同。

从上面两项统计数字可以充分看出，美国全体消费居民中，贫富悬殊、收入分配极为不均已经到了十分严重的境地。

占全国人口的绝大多数的工人阶级和劳动人民，整个地说，收入是低的，许多人的就业机会很不稳定，经常失业或受到失业威胁，是属于相对贫困和绝对贫困之列的。具体分析起来，因从事工种和就业的稳定程度等情况不同，收入有高有低，贫困程度又有些差别。

以美国为例，在全体居民中，因阶级成分不同，贫困和富裕相差极为悬殊，消费水平和消费心理大体上可分下列四类：

（一）严重贫困户

他们的收入很低微，有的甚至完全没有劳动收入，全靠救济度日。其中一部分是经常失业或感到失业的威胁，有的失业时间很长，甚至长达丧失了领取失业保险金的资格。一部分是非技术工人、农业工人、临时工人、半日工人、工资低微；一部分是属于年老或工伤等而丧失劳动力，又无储蓄，只靠为数极微的退休金或救济金度日。这些人生活在美国资本主义社会的最底层，非常贫困，过的是挣扎在饥饿线上的悲惨生活。

美国官方统计对这类人口的数目常常是尽力压低的。如美国1984年生活在官方规定的贫困线以下的人数为3 526.6万人，占美国人口总数的15%以上，① 这是大大压缩了的数字。在经济危机深沉、失业人数剧增的年份，在通货膨胀严重、物价猛涨的年份，这类严重贫困的人数显著增加，接近美国人口总数的1/5。

这类严重贫困的人口，即使在暂时繁荣阶段，实际收入增加的机会和希望也是极小的。即使收入得到点滴增加时，也是挣一文，花一文，全部用在困苦生活的消费上。他们根本不可能有什么储蓄。

当然，这类极端贫困人口有其独特的消费倾向——消费习惯和消费心理，那就是：经常而长期地挣扎在贫困线上，精心盘算如何把极为低微的收入，优先用于那种维持生命所必不可缺的物质生活；如有余力，才极为有限地满足一点儿文化、娱乐、教育方面的需要。如果

---

① 美国产务部：《美国统计提要》，1985年英文版，第456页、第760表，这百分数可参见同上书第430页的图15-3。

实际收入有点滴增加，这时的消费倾向是：有的是用来偿还原来的负债，有的是用来改善生活——把物质生活的质量和数量稍事增长，把文化、娱乐、教育方面的生活略加提高。

凯恩斯的消费倾向这个基本心理规律，对这一类严重贫困消费居民的消费动态和消费心理活动，完全是不能适用的。凯恩斯用消费函数的混杂概念，强加在这一严重贫困户的头上，用"饱人不知饿人饥"的唯心主义规律，把这类严重贫困人口包括进去，简直是一种极端荒唐的嘲弄。

(二) 一般贫困户

他们大多是一般的技术熟练工人、一般自由职业者、一般政府工作人员和企业管理人员等，收入比严重贫困户要高一些，就业和收入的稳定性要大一些。随着经济周期的发展，由经济复苏升到暂时繁荣，收入有可能少许增加（当然，这也是通过他们的斗争而得来的）。但是，他们过的生活仍然是从手到口，仅能勉强维持生活。

他们的生活水平和消费动态也有些差异。大体上可分三种：大部分人在物质、文化生活方面感到缺这少那，为了满足生活上的需要，利用美国消费信贷、住宅抵押贷款等资本主义信用渠道，"寅吃卯粮"地把尚未到手的收入提前预支，购买各种分期付款消费品、住宅或汽车等，债台高筑，每月拿到工资时，须把相当大的一部分去清偿分期付款债务，负累很重；如遇意外事情发生，如生病、失业、死亡等，收入不足以支付这种阎王债时，则赊购的消费品、住宅、汽车等就会被没收，已付的价款付之东流。

小部分人能在节约度日的前提下，勉强维持生活，做到收支平衡。当通过斗争而薪金略有提高时，消费水平也就能稍微提高一点。

更小部分人含辛茹苦，尽量克制消费欲望，从收入中储蓄少许，作为自己年老、生病和失业等困苦情况的准备之用。

这种一般贫困户在美国人口总数中所占的比重是最大的。在一般年景中，大约占总人口的40%~50%。

这类一般贫困户是垄断资产阶级消费信贷机构猎取的主要对象。它们利用这类消费户的经济特点：（1）收入比较稳定，有清偿分期付款债务的能力和保证——消费信贷机构最看重这一条件。（2）他们消费水平不高，缺这少那，有改善生活的欲望和要求，而又苦于无力用现款购买，于是忍痛赊购，经受分期付款信贷的重利盘剥。事实上，这类消费户中大部分已经成为消费信贷或住宅抵押贷款的顾客。至于尚未进入赊购圈套的消费户，资产阶级的商业广告、商品装潢的花样翻新和推销人员经常多方对他们进行劝说，引诱他们进入赊购盘剥的圈套。

战后美国赊购办法极为盛行，消费信贷和住宅抵押贷款数字迅速增加（以后还要对它另加论述），大多是由这类一般贫困户的赊购消费所形成的。这些赊购户把尚未到手的购买力"寅吃卯粮"地预付了。如果实际收入有点滴增加的话，则他们的"边际消费倾向"不是小于一，其中有小部分人可能是等于一，而更多的人是大于一。这样，凯恩斯的所谓消费倾向基本心理规律与这类一般贫困户也不能适用，这是完全无疑了。

综括以上两类贫困消费户，在一般年景中，合计大约占美国人口总数的60%～70%。在经济危机和严重通货膨胀的年份内，比例还要增大一些。这两类居民占总人口的大多数，甚至绝大多数。他们构成资本主义社会的基本消费群众，他们的生活安排和消费动向完全不按凯恩斯的所谓消费倾向规律办事。凯恩斯消费倾向规律实在严重地歪曲了社会消费需求的最重要因素——工人阶级和其他劳动人民消费需要的真相。

（三）一般富裕户

这类包括一般资产阶级家庭、一般土地所有者家庭，以及为资产阶级服务的各类高级人员，如高级政府官员、高级企业管理人员、高级自由职业者（名律师、名会计师、名工程师等）等，他们收入很高，消费水平很高。他们每每用现款购置消费品，不愿忍受赊购消费的重利盘剥。他们有储蓄，当实际收入有所增长时，他们的消费会有所增加，但不会如收入增加之大，而把新增收入的一部分储蓄起来。这类消费户在美国人口总数中占少数。凯恩斯的所谓消费倾向这一基本心理规律对这类消费户是能够适用的。

（四）特种富豪户

这是指垄断资产阶级家庭、极高级政府官员、极高级企业管理人员、极高级自由职业者等，在全国人口总数中所占比例极小，他们的收入高得极为惊人。他们穷奢极欲，挥霍无度。一般而论，他们的生活水平和享乐境界完全不受收入增减的影响。所以凯恩斯的消费倾向这一基本心理规律与这类巨富们也是毫不相干的。

综括以上关于全体消费居民的阶级结构、收入水平、消费动向和生活安排的分析，凯恩斯的消费倾向这一基本心理规律，对占美国总人口大多数的贫困户（不论是严重贫困户或一般贫困户）是不能适用的，与一小撮特种富豪户也是不相干的，只对总人口中仅占少数的一般富裕户才算有意义。凯恩斯把只对总人口中占少数的一般富裕户能够适用的消费心理规律，用混杂的消费函数这种虚妄概念，强加到全体消费居民——特别是强加到无产阶级和劳动人民的贫困户头上，以偏概全，完全是错误的。

凯恩斯在侈谈消费倾向这一虚妄概念时，加以种种界说，硬说什么"一般而论"、"平均说来"、"总的实际所得"和"总的消费"等①，把这个抽象的、超阶级性的、唯心主义的所谓"规律"装扮成"科学定律"的假象。他的要害性错误在于完全抹煞了资本主义社会中消费习性和消费心理的阶级差别。在资本主义社会中，以美国为例，资产阶级和无产阶级之间的阶级分野是极为严酷而明显的，贫富悬殊。资产阶级有它自己的消费习性和消费心理，无产阶级有它自己的消费习性和消费心理，两者有着本质的区别，绝对不能混淆。这是铁的事实，稍有经济常识的人都懂得，甚至有的资产阶级经济学家也不得不承认这种事实。而自命为资产阶级经济学"大师"的凯恩斯面对这种事实却熟视无睹，闭口不谈，并且玩弄"总的概括"、"平均说来"等虚妄手法，硬把无产阶级的一般贫困户、严重贫困户同资产阶级的一般富裕户、特种富豪户的消费习惯和消费心理混淆起

---

① 凯恩斯：《就业通论》，徐毓译，商务印书馆 1977 年版，第 27、96 页。

来，加以"平均"，加以"总括"，以偏概全地虚构出消费倾向这么一个笼统的、超阶级性的、唯心主义的所谓基本心理规律，妄图用它来解释资本主义经济危机和"富裕中的贫困"这一痼疾的最后根源，确实是极端错误的。

总之，在资本主义社会中，由于资本主义的生产关系及其相应的分配关系，贫富悬殊，无产阶级和资产阶级的收入水平和消费心理动向有着本质的不同，根本不存在消费倾向这么一个笼统的、超阶级性的、唯心主义的心理经济规律。他的这个所谓基本心理规律，根本不能成立。凯恩斯主义者把消费倾向这个伪科学规律称颂为凯恩斯就业理论结构的一个基石。[①] 通过上述关于各类消费户之经济现实情况的阶级分析，证明这个虚妄的"基石"破产了，建立在这"基石"之上的就业理论体系也势必随之破产。

第三节 第二次世界大战后美国"寅吃卯粮"的赊购活动发展十分惊人，证明消费倾向规律的虚妄性

凯恩斯对消费倾向这一所谓基本心理规律作了如下的解释：

> 除了所得水平的短期变动而外……一般而论，所得的绝对量愈大，则所得与消费之间的差距也愈大……设实际所得增加，则储蓄在所得中所占比例增加……任何现代社会大概都适用下述基本心理法则：当一社会的实际所得增加时，其消费量不会以同一绝对量增加，故所储蓄的绝对量增大。[②]

---

① 如 S. E. 哈里斯说：消费函数或消费倾向是凯恩斯理论结构的一个基石。它解释：（1）大量货物不能出售；（2）资本边际效率下降；（3）长期停滞；（4）经济周期。参见 S. E. 哈里斯编：《新经济学》，1947 年英文版，第 51～52 页。

② 凯恩斯：《就业通论》，徐毓枬译，商务印书馆 1977 年版，第 97 页。

战后美国举债消费的赊购活动,如消费信贷、住宅抵押贷款等,发展十分惊人,花样日益增多,这也能够有力地驳倒上述凯恩斯消费倾向的虚妄说教。现将1950—1984年美国可供支配的个人所得和个人消费负债统计数字列于下表(表7-3)。

表7-3　　1950—1984年美国可供支配的个人所得同消费者信贷、住宅抵押贷款的统计数字　　单位:亿美元

	可供支配的个人所得	消费者信贷与住宅抵押贷款				
		消费者信贷		1~4户住宅抵押贷款	合计	
		数　额	占所得的%		数　额	占所得的%
1950年	205.5	25.6	12.0	43.9	69.5	33.8
1960年	349.4	65.1	18.5	142.	207.1	59.3
1965年	475.8	103.3	21.0	220.	323.3	68.0
1970年	695.3	143.1	20.6	298.	441.1	63.4
1973年	902.	203.1	22.2	417.	620.1	68.7
1975年	1 086.1	223.1	20.4	495.	718.1	66.1
1976年	1 184.	248.9	20.8	561.	809.9	68.4
1977年	1 303.	289.2	22.0	658.	947.2	72.7
1978年	1 474.	337.9	22.9	771.	1 108.9	75.2
1979年	1 650.2	283.2	23.2	891.	1 174.2	71.2
1980年	1 828.9	289.7	21.2	987.	1 276.7	69.8
1981年	2 041.7	416.4	20.1	1 065.	1 481.7	72.6
1982年	2 180.5	441.7	19.8	1 106.	1 547.7	71.0
1983年	2 340.1	492.9	20.7	1 215.	1 707.9	73.0
1984年	2 576.8	520.1	20.8	1 248.	1 768.1	68.8

资料来源:(1)1950年1~4户住宅抵押贷款数字见[美]《现代商情概览》,1969年5月号。

(2)其余数字见[美]《美国统计提要》。1950、1960、1965各年,见1979年版,第443、537页,第728、876、877表。1970—1984年见1985年版,第433、501页,第717、839、840表。其中1984年可供支配的个人所得数字见[美]《现代商情概览》,1985年11月号,第6页,第21表。

(3)两项债务总数及其占所得的百分比,由引者计算,四舍五入而得。

从表 7-3 中包括全体消费居民的将近 35 年笼统的、不作任何阶级分析的数字，可以看出：1950—1984 年期间，美国居民举债消费的个人债务的增长速度，大大超过可供支配的个人所得的增长速度。具体数字如下：

（1）可供支配的个人所得增长 1 254%，增长 12 倍半。

（2）消费者信贷增长 2 032%，增多 20 倍多。

（3）1~4 户住宅抵押贷款增长 2 282%，增长约 23 倍。

（4）两项个人负债总额增长 2 400%，增长 24 倍。

（5）增长得最惊人的是：消费者信贷占所得（可供支配的）的百分比，35 年期间，有的几乎增长了 1 倍，有的则超过了 1 倍。如前者由 1950 年的 12.0%，上升到最高年份的 1979 年竟达 23.2%；其他年份则盘旋于 19%~21% 之间。后者由 1950 年的 33.8%，上升到最高年份的 1984 年，竟达 68.8%，超过了 1 倍。

从上述统计数字所表明的具体特点，现在试作下列两个步骤的分析。

首先，上面的所有数字都是笼统的（包括美国全体居民在内的超阶级性的数字），这正符合凯恩斯所惯用的"总的说来"、"平均说来"的辩护手法。这就是说，这些笼统数字本身具有很大的欺骗性，掩盖了美国各个阶级的实际收入悬殊、消费信贷和住宅抵押贷款具有明显的阶级差别等真实情况。但是，尽管这些数字具有这么大的缺陷，但仍旧可以确切地得出下面的结论：美国战后几十年内，消费者信贷，1~4 户住宅抵押贷款等赊购活动的增长率大大超过了个人可供支配的总收入之增长率。这也就是说，美国第二次世界大战后几十年来的消费债务表明，即使"总的说来"、"平均来说"，通过举债消费的便利，当实际收入增加时，消费者会"寅吃卯粮"，消费债务增长率超过所得增长率。这是对凯恩斯消费倾向规律一个强有力的否定。

不论是消费者信贷还是住宅抵押贷款，都是消费居民把尚未到手的未来收入预付出去。从事这种赊购活动的居民，在这种债务负累的限度内，不仅没有储蓄，而且有"负储蓄"——负债。在这个限度

第七章 消费倾向理论评论

内,他们的"边际消费倾向",既不是小于一,也不是等于一,而是大于一。美国战后几十年来,这类居民购买力的预支幅度愈来愈大。如1950年消费者信贷只占可供支配的收入之12.0%,而到80年代则上升到超过20%了。如把住宅抵押贷款加在一起,1950年只把可供支配的购买力的33.8%预付出去,而到80年代前期,则这种预付率竟接近于或超过70%,1978年竟高达75.2%。

这样,凯恩斯所说的"设实际所得增加,则储蓄在所得中所占比例增大……储蓄的绝对量增大"这种理论,同上述预支消费购买力的实际情况,完全不相符合。足见消费倾向这种说教是完全错误的,是不能确立的。

其次,我们不能满足于上述笼统数字得出的结论,必须进一步对美国国民收入的分配和消费负债的分配,进行如下的阶级分析。

在这种收入分配极不平等的情况下,美国政府公布的上述关于可供支配的个人收入,消费者信贷和住宅抵押贷款等笼统的统计数字,实际上没有多大意义。

在信贷赊购方面,消费者信贷1~4户住宅抵押贷款主要集中在上述一般贫困户(参见本章7.2)的身上。严重贫困户挣扎在贫困线上,有提高消费水平、改善物质文化生活的强烈愿望,但是,他们没有偿还消费债务的经济能力,垄断资产阶级的赊购信贷机构不肯把信用贷给他们。所以,严重贫困户是被排斥在消费信贷的领域之外的。在资产阶级方面的特种巨富户,收入高得十分惊人,他们完全用不着利用消费者信贷和住宅抵押信贷去赊购消费品和住宅。至于一般富裕户,一来收入很高,生活富裕,家底很厚,并不缺这短那,添购并不殷切;二来垄断资产阶级的消费信贷机构对贷放债款,条件十分苛刻,利率很高,对赊购者十分不利。富裕户有用现款购买的能力,用不着经受消费债务的重利盘剥。所以,他们也基本上不属于消费债务范围内的顾客。这样,"寅吃卯粮"的赊购负债主要集中地压在前述第二类居民——一般贫困户的肩上。他们对这种赊购债务所受的负累程度,比上述笼统数字所表明者不知要严重多少倍。一家美国资产阶级刊物曾经说:日益增重的债务,"正在使愈来愈多的家庭受到破产的威胁，……过高的债务正在吞没着千千万万的家庭"①。

综括上述，在占美国总人口中绝大多数的无产阶级和劳动人民中，严重贫困户挣扎在贫困线上，根本没有取得消费者信贷的资格，告贷无门，消费水平只能以现有的微小收入为极限；一般贫困户则困扰在举债消费、负累还债的艰苦困境中。他们的消费心理中，哪里有什么"实际收入增加时，消费有所增加，但消费增加不如收入增加之大"的因素呢？凯恩斯的消费倾向规律对这两类贫困人口是完全不能适用的。凯恩斯在编造的消费倾向规律时，一口咬定说：当实际收入增加时，人们把新增收入的大部分用于储蓄，使边际消费倾向大于零而小于一。这样，储蓄就成了凯恩斯消费倾向规律中的"原始罪恶"，而战后美国几十年的现实经济情况证明：严重贫困户根本没有什么储蓄；一般贫困户则靠举债赊购来维持生活，处于债务负累沉重的艰苦困境中。这样，在全国总人口中占大多数、甚至绝大多数的两类贫困户，同凯恩斯的储蓄动机这种所谓"原始罪恶"，完全没有丝毫关系。

马克思在《资本论》第三卷第十五章绪言中指出："社会的消费力，既非由绝对的生产力，也非由绝对的消费力决定，而是由那种在对抗性的分配关系的基础上建立起来的消费力决定。这种对抗性的分配关系，会使社会大多数人的消费，缩减到一个只能在比较狭隘界限内变动的最低限度。"

消费负债的实质是什么？赊购者有增加消费的强烈欲望，但他们没有支付现款的"有效需求"，于是不得不"寅吃卯粮"，把尚未到手的未来购买力提前预付，即把未来的有效需求移作现在的有效需求。他们的收入为什么如此微薄，以致消费不足呢？资本主义生产关系及其相应的对抗性分配关系使社会大多数人的消费缩减到一个只能在比较狭隘界限内变动的最低限度，这就是资本主义社会中消费不足的关键。但凯恩斯根本不愿、也不敢正视。

---

① 引自《美国新闻与世界报导》，1970 年 6 月 22 日。

这就是凯恩斯消费倾向基本心理规律的致命要害之所在。

第四节 消费倾向理论的内在矛盾

资本主义社会贫富严重悬殊，收入分配极为不均，这是无可否认的社会弊端。本章第二节所引美国收入分配的两项政府统计数字，表明政府对这种弊端也并不隐讳。这种弊端严重地妨碍着社会基本消费群众（工人阶级和其他劳动人民）消费需求的增长，进而限制着整个社会总消费量的增长，从而形成消费需求的不足："生产（收入）增长>消费增长"这种病症，这是一种显而易见的事理。凯恩斯的消费需求不足理论的严重错误，在于他以十分离奇而矛盾的态度对待贫富悬殊、收入分配极为不均这种弊端：他在确认消费需求不足这种病象以后，一方面，在进一步寻求消费需求不足（病象）的病因（根源），编制消费倾向规律时，把收入看作消费的最主要的决定因素，但却回避、抹煞贫富悬殊、收入分配极为不均这种社会弊端，而把"人们爱好储蓄的天性"作为这种病象的根源；另一方面，他在进一步考察消费倾向函数的特征——在短期内相对稳定，要大量增长殊为不易时，却又不得不用贫富悬殊：富人与穷人在消费、储蓄习性上的差异去加以解释。

凯恩斯对贫富悬殊、收入分配极为不均这种社会弊端抱着这样十分离奇的矛盾态度：既要完全回避、抹煞它；却又无法回避、抹煞而不得不触及它。病情诊断思路上的这种牵强附会，导致他的消费需求不足理论存在着一系列内在矛盾。如果我们引述罗斯福和本·巴·塞利格曼对大萧条中消费不足病症的诊断进行对比，这些内在矛盾就更为明显。本节主旨在于着重剖析这些矛盾。

一、消费不足的病理诊断：罗斯福同凯恩斯的对比分析

如前所述，凯恩斯面对20世纪30年代英国以及整个资本主义世界经济大危机的危殆局势，明确承认这种病症的极端严重性，进而确认"有效需求不足"这种病象，并特别赋予消费需求不足以独特的

首要地位。同时，他把视野扩展到资本主义长期历史过程，确认"有效需求不足"是资本主义整个历史中经常存在的病态。他对这种病象的确认是具有现实感的。这是他对待这种病症在态度上值得肯定的一面。

但他进一步追查消费需求不足的缘由和根源时，却完全抹煞了资本主义消费结构的阶级实质，完全回避由资本主义生产关系及其相应的分配关系所形成的贫富悬殊、收入分配极为不均的严酷经济现实，而采取虚妄手法，用"人们爱好储蓄的天性"为中心思想，编制一个统一的、超阶级性的、适用于全体消费居民的所谓消费倾向基本心理规律。用这个"规律"来解释消费不足这种病象的根源或缘由，完全是文不对题，似是而非。这种虚妄性是他对待这种病症在态度上应当加以否定的一面。

凯恩斯对经济危机和失业问题在态度上的二重性：在确认病象上的现实感与在诊断病因上的虚幻观，这是他的消费理论的首要内在矛盾。其他诸多矛盾说法都是同这一矛盾密切相关的，也可以说，是从这一矛盾派生出来的。

如前所述，罗斯福的"新政"是凯恩斯《就业通论》型以财政干预为主导的需求管理方案的先导。现在，试将罗斯福对 20 世纪 30 年代大萧条病情的诊断简要地与之类比，这对揭示凯恩斯消费倾向规律的虚妄性是大有助益的。这位"反危机"政府干预论新经济思潮的先行者罗斯福总统对美国当时大萧条危症的病情作过如下的诊断[①]：

> 我们的农产品过剩太多，我们自己无法消费，而其他国家也没有现金可资购买，除非我们以破产性的低价出售。我们的工厂生产的商品超出了我们可能的消费，同时却面对着不断下降的出

[①] 富兰克林·德·罗斯福：《罗斯福选集》，关在汉译，商务印书馆 1982 年版，第 34~35、9、97~98 页。着重点是引者加的。

第七章 消费倾向理论评论

口需求。我们的运输能力大于我们可以运输的工业和农业所提供的商品……我们的人民受到错误的引导，相信他们难以无限期地继续增加农场和工厂的产品，总有什么魔术家会想出办法把这些增加了的产品消费掉，还保证生产者有合理的利润。

我们在致力于一项具体的目标，就是要防止重新出现会使我们所谓现代文明濒于毁灭的条件（"第二次'炉边谈话'：我们做了些什么，计划要做什么？"1933年5月7日）。

我们现在的任务不是发现或开采自然资源，或者生产更多的商品；而是更冷静、更平稳地管好已有的资源和工厂，为我们的剩余产品重新开辟市场，处理消费不足的问题，按照消费调节生产，更公平合理地分配财富和产品……（"新的情况对政府及其领导人提出新的要求"，1932年9月23日在联邦俱乐部所作关于进步政府的竞选演说）。

……在那次"繁荣"（指美国20世纪20年代的虚假繁荣①——引者）的狂欢中，无法无天的投机活动为投机家积累着巨额利润，而你们广大民众却落得"给别人背黑锅"……在那次"繁荣"的狂欢中，贫民窟的状况无人过问，教育的改善无人关心，高利贷利息飞涨，童工盛行，挨饿的工资不再是例外情况，而是常成为普遍现象。的确，在那些日子里，财神老爷统治着美国。

……当前一般美国公民吃的医生们所说的三等伙食。如果全国都吃二等伙食，你们知道那意味着什么吗？那意味着我们需要重新耕种比今天所用的更多的农田来为国内生产食品。如果全国都吃……一等伙食，我们就需要比我们历来所开垦的还要多的土地来生产更多的东西，供美国人吃食。

上述情况就产生了这样的问题：

---

① 罗斯福明确认定，美国20世纪20年代的繁荣是"虚假繁荣"。见《罗斯福选集》，关在汉译，商务印书馆1982年版，第90页。

为什么……我们在吃三等伙食？关于这一点，我所知道的最好答案是：广大美国人民购买力低，吃不起更多更好的食品（"进步不仅意味着稳定的工商企业和农业，而且意味着美国生活的稳步改善"。1935年11月29日佐治亚州亚特兰大市的演说）。

从以上各段引言，罗斯福对美国20世纪30年代大萧条的病情诊断，可概括为下列各点：

其一，在病象方面罗斯福确认，工农产品无限制地继续增长，而广大民众的购买力不足，消费不足，以致商品过剩太多。凯恩斯则确认为"有效需求不足"。这样，两人在病象的确认上基本上是一致的。

其二，在病势的极端严重性上，罗斯福认为这次大萧条使"我们所谓现代文明濒于毁灭"。凯恩斯断定它使现行经济形态陷于"全面毁灭"。两人论断可谓完全一致。

其三，罗斯福对病症根由的诊断，追溯到20世纪20年代的虚假繁荣，明确指出，财神老爷统治着美国，资本家积累了巨额利润，而广大民众却"落得给别人背黑锅"：贫民窟无人过问，教育改善无人关心，高利贷风行，童工盛行，饥饿工资成为普遍现象。他严肃而紧密地以美国贫富悬殊、收入分配极为不均这种弊端为依据，作出病因诊断。他确认，这种社会弊端构成广大民众购买力不足，消费不足，只能吃三等伙食这种病象的缘由。他用这种社会弊端去解释消费不足、产品严重过剩这种病象，在大萧条病情的深一层探索上，这是合乎当时美国经济的严酷现实的。

总之，罗斯福对待大萧条这种病症，在病象确认上具有现实感，同样，在病因诊断上也具有现实感。两者在经济探索的思路上是彼此调协的，绝没有什么互相矛盾。他丝毫也没有如凯恩斯那样，在病因的诊断上完全回避和抹煞上述社会弊端，而另外巧立名目，虚妄地以"人们爱好储蓄的天性"为中心思想，编制成似是而非的消费倾向基本心理规律，去解释其所确认的病象。这样，同罗斯福的上述病情诊断相对比,即可判定凯恩斯消费倾向规律同资本主义经济现实格格不入的要害之所在。

除罗斯福外,还有些西方经济学家在20世纪30年代大萧条病情的诊断上,也比较明确地把贫富悬殊、收入分配极为不均这种弊端归结为这次严重病症的病因。例如,本·巴·塞利格曼在论述美国大危机和新政时说:①

> 工业生产在20世纪20年代增加了40%左右……1925年到1929年,工业品产值增加了80亿美元……有了这些成就,本可以降低物价或增加工资。但在企业主的统治下,这些都不可能实现。绝大部分的好处,都以巨额利润的形式被抽走了。利润的增加确实比生产的增长要快2倍……收入分配的不均暴露无遗,贫富的鸿沟更加扩大,因而(生产的增加)事实上无补于提高总需求的水平。总之,在全体人口中间,购买力并未公平地分摊。

上述塞利格曼对大危机病情的论断指出,病象是"生产增长>总需求提高"。这同凯恩斯所确认的"有效需求不足"是一致的。但当他进一步追查病因时,就明确地归结为:20世纪20年代生产增长的好处,绝大部分以利润的形式被资本主抽走,收入分配的不均暴露无遗,贫富的鸿沟更加扩大,购买力并未公平地分摊。由此可见,塞利格曼探索大危机病情时,在病象的确认上是具有现实感的。他正是用贫富悬殊、收入分配极为不均这种社会弊端来解释大萧条病症的根源,因而在病因的诊断上也是同样具有现实感的。两者在经济探究的思路上是互相调协的,完全没有彼此矛盾的痕迹。

综括上述关于大萧条病因诊断的对比分析,可以确凿不移地看出,罗斯福和塞利格曼的诊断是合乎资本主义经济中贫富悬殊的严酷

---

① [美]本·巴鲁克·塞利格曼:《美国企业史》,上海人民出版社1970年版,第十四章"大危机和新政",第459页。

现实的，而凯恩斯则适得其反，病因诊断是背离这种严酷现实的。

总之，消费需求不足这种病象在病因诊断上的上述两种观点，差异十分明显，一经对比，就可以看出，凯恩斯消费倾向规律是同资本主义社会中收入分配极为不均这种弊端相矛盾的，是没有事实依据的，是不能言之成理的。

二、联系贫富悬殊社会弊端，论证消费函数的具体特点

凯恩斯对待贫富悬殊、收入分配极为不均这种社会弊端，采取这样一种离奇的独特手法：既回避、抹煞了；又没有回避、抹煞。在他确认消费需求不足这种病象以后，进一步探求病因时，完全把它抹煞了；在他建立消费倾向基本心理规律以后，再进一步论证消费函数的具体特点时，却又联系这个社会弊端来加以解释。

关于消费倾向的特征，他说：

> 消费倾向是一个比较稳定的函数，故一般而论，总消费量主要是决定于总所得量……消费倾向本身的改变可以看作次要的。①
>
> 除了几处偶然的题外之文以外，本书将不涉及重大社会改革产生的后果或长期进步中慢慢发生的影响。这就是说，我们把主观储蓄动机以及主观消费动机之主要背景看作已知数。财富的分配办法，既取决于社会结构，而后者又有相当永久性，故前者亦只能在长期中慢慢改变，故本书亦视为已知。②

从上述两段引语可以看出，凯恩斯坚信：消费倾向是一个比较稳定的函数，只能在长期慢慢改变，在短期内要它大量提高殊为不易。这就牵涉到财富分配办法，而收入分配又取决于带有永久性的社会结

---

① 凯恩斯：《就业通论》，徐毓枬译，商务印书馆1977年版，第84页。
② 凯恩斯：《就业通论》，徐毓枬译，商务印书馆1977年版，第32、85、95、317页。

构。凯恩斯坚决拥护资本主义这种社会结构,就必然认定它是"既定的"、"已知的",属于《就业通论》考察范围之外的既定前提。然则凯恩斯究竟如何用财富分配境况——贫富悬殊去解释消费函数比较稳定,短期内大量增加殊为不易这种特点呢?凯恩斯对这个问题作了如下的论断:①

> 个人往往先维持其习惯的生活标准,然后再把其实际所得与维持该标准所需费用之差,储蓄起来。即使消费开支随所得之改变而调整,但在短时期以内,调整程度不会臻于完美。故所得增时,储蓄亦增;所得减时,储蓄亦减;储蓄之增减程度,初大后小……满足个人及其家属之目前基本需要,乃第一要着,等到生活已达到相当舒适程度,行有余力,才积聚资本。
>
> 资本之生长乃系于个人储蓄动机之强弱;大部分资本之增加乃从富人过剩所得中储蓄而来。
>
> 在一富裕社会中,设欲令富人之储蓄倾向与穷人之就业机会不相冲突,则投资机会必须较之贫穷社会增大许多。

从凯恩斯上述三段引语,可以概括为下面两点:

首先,他承认个人与家庭对基本生活需要的满足乃第一要着,比储蓄更为重要、更为优先。只有舒适界限达到以后,尚有剩余的财力,才加以储蓄。

其次,大部分资本积聚乃从富人过剩所得储蓄而来。富人的储蓄倾向如果处理不当,则与穷人的就业机会发生矛盾,使投资机会大受损伤。

这里,我们可以把凯恩斯的消费倾向的理论构思分解为三个层次:第一层是确认消费需求不足这种病象,并强调消费需求在整个国

---

① 凯恩斯:《就业通论》,徐毓枬译,商务印书馆1977年版,第32、85、95、317页。

民经济中的独特地位及其重要性。第二层是追寻病根，编制消费倾向基本心理规律，其思路是十足的宏观总量分析，完全抹煞资本主义社会消费结构的阶级分野。第三层是论证消费倾向——一个比较稳定的函数、短期内难于大量增加的具体特性，这才联系到贫富悬殊、收入极为不均的社会弊端来进行解释。

同凯恩斯的推理思路不同，罗斯福在病情诊断上却只分两个层次：第一层，罗斯福确认病象是购买力不足，以吃食一项为例，美国广大民众只能吃三等伙食，吃不起更好更多的食品。这里必须指出，凯恩斯确认的"消费需求不足"，乃系笼统地、一般地、不分贫富地包括全体消费居民而言的。而罗斯福确认的"购买力不足"实际上却是特指家境贫寒、吃不起二等伙食、更吃不起一等伙食，而只能吃三等伙食的美国广大民众的购买力不足；并不包括那些境况丰裕，吃得起二等伙食、一等伙食的富裕户和巨富户。这里必须强调指出，罗斯福确认"购买力不足"这种病象时，就是特指广大贫苦民众而言，绝非把穷人与富人混为一谈，泛指全体消费居民而言，这使罗斯福的病情诊断在出发点上就显示出同凯恩斯有着重大的不同。第二层，罗斯福进一步追查病因时，直接追溯到穷人与富人间收入极为不均：在20年代虚假繁荣中，生产大增，投机盛行，财神老爷统治着美国，一方面利润大为增加，另一方面饥饿工资成为普遍现象。这样，贫富鸿沟日益扩大，购买力悬殊日益严重。本·巴·塞利格曼对20世纪30年代大萧条的病情诊断在推理思路上也只分两个层次，内容与罗斯福总统基本相同。他们两人在病因诊断上都丝毫没有涉及爱好储蓄的人类天性问题。

从上述凯恩斯、罗斯福与塞利格曼三人在消费需求不足这一病情诊断的对比分析，罗斯福和塞利格曼的两个层次病情诊断是把病因同贫富悬殊、收入分配极为不均直接紧密结合起来，是合乎资本主义消费的阶级结构的现实情况的。而凯恩斯的三个层次病情诊断，其第二个层次的消费倾向基本心理规律是同资本主义消费的阶级结构完全背离的，是十足虚妄的。因此，同罗斯福、塞利格曼的病情诊断相比，凯恩斯病因诊断的第二个层次完全是多余的。如果他摒弃消费倾向基本心理规律这个虚妄范畴，改采罗斯福和塞利格曼那种合乎经济现实的诊断思路，那对大萧条病情的诊察反而要显得顺理成章得多。

罗斯福根据其上述两个层次的病情分析，制订并大力推行了以拯救资本主义危机为战略目标的一整套"新政"政策措施。这些措施当时在美国确实收到了明显"疗效"，而且日后也具有深远的影响。同样，如果凯恩斯能够如罗斯福那样采取两个层次的病情诊断，完全摒弃"消费倾向基本心理规律"这个虚妄的经济范畴，在确认消费有效需求不足以后，直截了当地把贫富悬殊、收入分配极为不均这种社会弊端归结为病症的缘由，同样能够制订出一整套关于提高消费需求的救治措施。事实上，凯恩斯在《就业通论》一书所揭示的增加消费需求的救治措施，同罗斯福"新政"这一方面的对策相比，总方针很相类似，甚至大体相同，那就是，通过调整税制设置社会救济和保险福利措施，举办公共工程解救失业等各种形式，进行一定程度的收入重分配，缓解贫富悬殊的差距，使贫困户的收入有所增加，从而增大消费方面的有效需求。至于两者在具体细节上的一些差异，那是次要的。因此，我们可以说，即使凯恩斯完全摒弃以"人们爱好储蓄的天性"为中心思想的消费倾向基本心理规律那个诊断思路，改采罗斯福式的两个层次病情诊断为其理论基础，也同样能够开具在其《就业通论》一书中所揭示的那套消费有效需求不足救治方案，这是毫无疑义的。

但是，如果凯恩斯改采罗斯福式的上述两个层次病情诊断，则他的消费理论，甚至整个就业一般理论的内容和结构势必大大改观：其一，在病象确认上，消费需求不足就不会是笼统地、泛指全体消费居民的消费不足，而必然是特指广大贫困居民的消费不足。其二，在病源诊断上，就必然不会是"人们爱好储蓄的天性"，而会是归结为贫富悬殊、收入分配不均这种社会弊端。这样，凯恩斯特定意义的消费倾向基本心理规律就根本被摒除了。其三，凯恩斯在《就业通论》第八、九章论证分析的消费倾向：客观因素与主观因素，特别是以储蓄动机为主要内容的主观因素，势须全部改写，有的因素要根本加以摒弃。其四，"边际消费倾向"这个经济范畴也就失去了依据，必须重新加以论证，才能被保持下来；否则就须加以摒弃。如果它被摒弃了，则倍数原理的计量化、公式化也就大成问题了。如果倍数原理出了问题，则凯恩斯的投资理论，特别是财政拨款举办公共工程的投资效应理论，就得重新论证。总之，有效需求原理的三个基本心理规律是支撑凯恩斯就业一般理论整个体系的三根支柱。现在，如果消费倾向规律这根支柱折断了，那么，作为凯恩斯需求管理方案理论依据的"就业一般理论"，就得重新构思，重新组装，构成另一种形式的理论体系了。

这里还须提出一个关于经济危机病情诊断应当进一步深入探索的问题。我们不禁要问：如果凯恩斯果真按照罗斯福的探索思路，改采两个层次的病情诊断，那么他这种改进过了的消费有效需求不足理论能否就算是深刻到揭示了问题的实质呢？那又不然。我们认为，不论是罗斯福的病情诊断，还是凯恩斯的"罗斯福式"的消费不足理论，虽然具有现实感，把消费不足同贫富悬殊、收入分配不均这种社会弊端直接挂钩，值得加以肯定，但是，他们毕竟基于其阶级的局限性，存在着一种根本性的缺陷：围绕着现象形态兜圈子，不可能深入到问题的实质中去。试引马克思对这个问题的科学论断进行对比，就可以使问题探究得更深入。

关于"经济危机是由于缺少有支付能力的消费引起的"这一论断，马克思反驳道：

> 认为危机是由于缺少有支付能力的消费或缺少有支付能力的消费者引起的，这纯粹是同义反复。除了需要救济的贫民的消费或"盗贼"的消费以外，资本主义制度只知道进行支付的消费。商品卖不出去，无非是找不到有支付能力的买者，也就是找不到消费者。……但是，如果有人想使这个同义反复具有更深刻的论据的假象，说什么工人阶级从他们自己的产品中得到的那一部分太小了，只要他们从中得到较大的部分，即提高他们的工资，弊端就可以消除，那么，我们只需指出，危机每一次都恰好有这样一个时期做准备，在这个时期，工资会普遍提高，工人阶级实际

上也会从供消费用的那部分年产品中得到较大的一份。按照这些具有健全而"简单"(!)的人类常识的骑士们的观点，这个时期反而把危机消除了。因此，看起来，资本主义生产包含着各种和善意或恶意无关的条件，这些条件只不过让工人阶级暂时享受一下相对的繁荣，而这种繁荣往往只是危机风暴的预兆。①

这是马克思反驳洛贝尔图斯（Rodbertus-G. G. K.）经济危机学说的原话。洛贝尔图斯说：只要工人阶级从其产品得到较大的部分，即增加一点工资，经济危机就可以消除。马克思明确指出，经济危机表现为缺乏有支付能力的消费，这是一种同义反复；说经济危机是由于工人阶级的工资太低，这是洛贝尔图斯想使这个同义反复具有更深刻的论据的假象。马克思这种论断在很大程度上也可以适用于罗斯福和塞利格曼等对经济危机在病根上的解释。

本书第十三章"经济危机理论评论13.3"中，将分四个层次论证资本主义社会中生产增长与消费增长之间的对抗性的矛盾越来越尖锐，一旦达到了激化的境界，就必然爆发为生产过剩的经济危机。马克思明确指出："一切真正的危机的最根本的原因，总不外乎群众的贫困和他们的有限的消费，资本主义生产却不顾这种情况而力图发展生产力，好像只有社会的绝对的消费能力才是生产力发展的界限。"②

截至这个层次的诊断为止，罗斯福关于经济危机在病根上的论断，如一方面指责资本家漫无限制地扩张生产，另一方面揭露贫民窟、饥饿工资、贫富悬殊、收入分配极为不均等弊端，广大民众购买力不足，只能吃三等伙食等，同马克思的上述论断确实有些近似。罗斯福能够不加隐讳地揭露这些矛盾现象，确实具有现实感，是可贵的，应当加以肯定。如果凯恩斯在这个问题的探索上，能够改采罗斯福式的两个层次的推理思路，那就同样值得加以肯定。

---

① 《马克思恩格斯全集》第24卷，人民出版社1972年版，第456~457页。
② 《马克思恩格斯全集》第25卷，人民出版社1974年版，第548页。

但是，罗斯福式的"病源"诊断停留在这一探究层次上，而不能进一步地、更深一层地从资本主义基本矛盾去进行发掘，从生产力与生产关系间的矛盾去发掘，则毕竟只是围绕现象形态、次要因素兜圈子，因而只能算是粗浅的，而不是深刻的诊断。基于其资产阶级属性，穷源探索就只到此止步，不可能再深入下去，这是完全可以理解的，并不足怪。

试看马克思对经济危机的病情诊断却绝不浅尝即止，而是紧紧地抓住资本主义生产关系这根主线，进一步层层深入地进行阶级分析：其一，一方面，揭示资本家不断扩张生产，使商品滚滚洪流冲击市场；另一方面，从剩余价值剥削、被剥削关系，论证消费在生产过程中早已被破坏了，从而形成资本主义经济中生产与消费之间的对抗性矛盾：生产无限扩大与市场的相对狭隘之间的矛盾。其二，再进一步探索出资本主义基本矛盾：生产社会性与生产成果的资本主义私人占有形式之间的矛盾。最后，得出这样确凿不移的结论：资本主义经济危机的真正根源在于资本主义制度自身。

这个结论是凯恩斯、罗斯福等绝对不能接受的。他们的阶级本性注定只能作出上述粗浅层次的病情诊断，绝不可能深入到真正的病根，要害即在于此。

第五节 提高消费需求的实施方案和值得肯定的某些论点

尽管凯恩斯消费倾向基本心理规律具有十足的虚妄性，但是，一来他确认了消费不足的病象，二来他在论证消费函数的特点时，接触到了贫富悬殊、收入分配极为不均这种社会弊端。因此，他能在此基础上，设计出一种提高消费需求的具体方案。本节主旨在于介述这些措施，并简要地指出消费理论中值得肯定的某些论点。

一、关于提高消费需求的对策

凯恩斯消费倾向这一概念的实践意义在于提高消费支出率的必要

性，提高消费的有效需求水平，使收入与消费之间的差距力求缩小。他坚信必须通过各种形式的政府干预才能达到这一战略目标。关于究竟如何提高消费倾向的问题，他在《就业通论》一书中没有详细展开讨论，只作过一些扼要的提示：如通过租税，有限度地进行收入重分配；如提高投资引诱，增加投资与就业，使社会工资总额有所增加；如设置各种社会保险与救济，增加消费；如鼓励消费，甚至提倡浪费性、灾难性的消耗等。现在，分别扼要地加以介评。

（一）关于财富和收入的比较平均的重分配

D. 狄拉德对消费倾向的实际意义评论说：凯恩斯"是用这一概念来表明高度消费支出率的必要性，而高度消费支出率也许要靠收入和财富的比较平均的分配来实现"①。凯恩斯多次提到要通过重新分配所得，借以提高消费倾向。他说："……采取严峻步骤，如重新分配所得或其他办法，刺激消费倾向"② 他又说："……真正的补救法，是用各种方法，例如所得之重分配等来增加消费倾向，使得一个较小的投资量就可维持某特定就业水平。"③

至于用什么办法去重新分配所得呢？他主张："自从19世纪末叶以来，所得税、超额所得税、遗产税等直接税，在除去财富与所得之绝大差异方面已有长足进步，尤以英国为然。许多人都愿意将这种办法再推进一步。"④

然则他对贫富悬殊、收入分配不均这一社会弊端究竟抱什么态度呢？他说："就我本人而论，我相信的确有社会的以及心理的理由，可以替财富与所得之不均辩护，可是不均得像今日那样厉害，那就无法辩护了。"⑤ 可见他是衷心赞同收入分配不均的，只是觉得贫富悬

---

① [美] 狄拉德：《凯恩斯经济学》，陈彪如译，上海人民出版社1963年版，第48页。
② 凯恩斯：《就业通论》，徐毓枬译，商务印书馆1977年版，第273页。
③ 凯恩斯：《就业通论》，徐毓枬译，商务印书馆1977年版，第276页。
④ 凯恩斯：《就业通论》，徐毓枬译，商务印书馆1977年版，第317页。
⑤ 凯恩斯：《就业通论》，徐毓枬译，商务印书馆1977年版，第318页。

殊像当今那样厉害，那就会导致收入与消费之间的差距太大，使潜在富裕不能充分发挥，失业问题严重，贫困与潜在富裕之间的矛盾日益深沉。因此，他主张采取步骤，重新分配所得，以提高消费倾向，缓解失业严重的困窘程度。

由此可以看出，凯恩斯衷心拥护资本主义制度，必然要为收入分配不均辩护，但他认为贫富悬殊太厉害，则妨碍资本主义经济的发展，甚至使它濒临全部毁灭，因而主张通过租税体制及其他办法，使这一社会弊端在一定程度上有所缓和。这就是他关于收入分配比较平均化这种主张的改良主义实质。

（二）提高投资引诱，如降低实际工资，降低利率，增加就业和工资总额，增大消费有效需求

凯恩斯在其《就业通论》第二章列举经典学派就业理论的两个基本前提中，继承了第一个前提："工资等于劳动的边际产物"，而背离了第二个前提："当就业量不变时，工资的效用适等于该就业量之边际负效用。"他摒弃和背离这第二个前提，认为实际工资不是恰好等于，而是大于该就业量之边际负效用，即因物价上涨而使实际工资有所降低，在一定限度内，工人也不会提出抗议而不肯继续工作。基于这种信念，他倡议温和的通货膨胀，一方面促使物价上涨，降低实际工资；另一方面降低利率，这两者均会提高投资引诱，增加投资，从而增加就业和工资总额，使消费有效需求有所增加。这是通过投资增加进而促使消费增加的一种情况。

此外，通过政府的财政拨款，举办公共工程，使一部分失业工人重新就业，工资总额有所提高，并由倍数原理发挥作用，收入累计成倍增加，使消费需求效应成倍增长。这是通过公共投资而促进消费的另一种情况。

（三）鼓励消费，甚至鼓吹浪费性的消费，乃至灾害性的消耗

凯恩斯一向鼓励消费，认为消费可以促进生产，增加就业。他更鼓吹浪费性的消费。他说："若富豪之家，生时建大厦作住宅，死后造金字塔为坟墓；或为忏悔前非，建造教堂，资助寺院，接济传教团体，则因资本丰富，以致物产反而不能丰富之日，也许可以延迟。故

利用储蓄，'在地上挖窟窿'，不仅可以增加就业量，还可以……增加真实所得。"① 更有甚者，他鼓吹用灾难性的消耗去促进国民财富的增加。他说："如果政治家……想不出更好办法，则建造金字塔、地震，甚至战争，都可以增加财富。"②

此外，还有开设各种社会保险、举办各种救济，使人们在疾病、死亡、失业等方面的意外损失得到缓解，维持一定的消费水平。

总之，凯恩斯在提高消费有效需求的对策方面的主要论断可概括如下：

首先，他对待财富与收入分配不均这种社会弊端的态度具有二重性：一方面他恪遵资本主义所有制的社会结构，确信财产与收入分配不均有利于资本积累与"发财欲"的发挥，为之辩护。另一方面他认为，收入分配不均太厉害则不利于提高消费有效需求，妨碍资本主义经济的发展，主张通过租税体制有所缓解。所以，他维护现行经济制度中收入分配不均这种社会结构，这是坚定不移的，但同时却主张贫富悬殊不要过于厉害，于是通过政府干预的租税措施，使之有所缓解。这种措施完全是属于改良主义性质，救治消费需求不足的"疗效"是十分有限的。

其次，凯恩斯提高消费有效需求的对策虽然是多方面的，但是我认为，重点却在于提高投资引诱，特别是投资社会化——"投资由政府来总揽"，增加投资与就业，增加国民收入，特别是工资总额，从而促进消费有效需求的提高。他在《就业通论》中多次提到要用"双管齐下"的办法，增加投资，同时提高消费。他说："投资既经增加，则即使在目前消费倾向之下，消费亦必提高，以与此投资增加

---

① 凯恩斯：《就业通论》，徐毓枬译，商务印书馆1977年版，第185页。
② 凯恩斯：《就业通论》，徐毓枬译，商务印书馆1977年版，第109～110页。商务版译文为："……建造金字塔，甚至地震，战事等天灾人祸……"不确切，不符合凯恩斯原意，原文没有"天灾人祸"贬词，这是译者加的。由此可见凯恩斯并没有认为地震、战争是危害很大，务须避免的天灾人祸，而是不顾一切恶劣后果加以提倡。请参见凯恩斯：《就业通论》英文版，第129页。

相符合；所谓提高消费，不是仅仅指此，而是还要提高一层。"① 这是消费水平提高的长期对策。而且，凯恩斯不惜用温和通货膨胀、降低实际工资、提高投资引诱，促使就业增加，增加工资总额来达到这一对策的目的。

至于在失业严重的期间，则通过财政拨款、举办公共工程，使部分失业工人重新就业，获得工资收入，这也可促进消费有效需求的提高。凯恩斯甚至提倡灾难性消耗，这是十分独特的，特别是关于地震和战争的消耗，更是十分怪诞，甚至是荒唐的。鼓吹用地主、资本家大量浪费性消费，甚至战争消耗来解救消费不足的困境，这并不是凯恩斯的新发明，他只是继承了马尔萨斯消费不足论的衣钵而已。至于不惜"在地下挖窟窿"，寻求消费有效需求的提高，在资产阶级经济学说史中，可以说是前无古人。在后凯恩斯主义者中，没有见到有人继承他的这个观点，当代其他经济学流派更不会附和他的这个观点。因此，也可以说，恐怕将会是后无来者。

综括上述关于提高消费有效需求的政策措施，最重要的特点是高度重视这一工作，提到政府干预，通过增加消费与鼓励投资，"双管齐下"，多渠道地来提高消费水平。这势必是会有效果的。但是，它们毕竟只是治标的。经济危机的真正根源在于资本主义制度本身。资本主义生产关系及其相应的分配关系所形成的贫富悬殊、收入分配极为不均这种社会弊端，这些政策措施充其量只能使之在程度上略有缓解而已。因此，这些对策的效果毕竟是有限的。凯恩斯《就业通论》型需求管理方案出世已经超过半个世纪，第二次世界大战后西方各国普遍推行了三四十年，曾取得长达1/4世纪的高经济增长，但是，资本主义生产关系及其相应的分配关系保持不变，贫富悬殊、收入分配不均这种社会弊端依然保持不变。凯恩斯确认消费是收入的函数。从上述第二节可知，美国1983年收入分配统计数字，将全体家庭按收入高低分成五级，每级占20%的家庭。这些统计数字表明，最低的一级和第二级、第三级合计60%的家庭只占全部收入的33.0%，比

---

① 凯恩斯：《就业通论》，徐毓枬译，商务印书馆1977年版，第277页。

收入最高一级的 20% 家庭所占的 42.7%，还低大约 1/5。1977 年属于凯恩斯主义在美国广泛进行实验的末期，收入分配极为悬殊的社会弊端大体与 1993 年相同。收入分配极为不均到这种程度，要使广大低收入家庭的消费得到根本性的改善，那是不可能的。凯恩斯当年希望通过政权干预的各种措施做到收入比较平均的重分配，几十年的实践证明收效十分有限。

二、值得肯定和可资参考、借鉴的某些论点

尽管凯恩斯的消费理论存在着这样、那样的缺陷以至错误，甚至作为其消费理论的中心支柱的消费倾向基本心理规律同资本主义经济中贫富悬殊、收入分配极为不均这种社会弊端完全不相符合，根本不能成立，但是，其中有些具体论点仍然同资本主义经济现实相符合，不无道理。因此，在一定前提下，在一定程度上，仍然值得加以肯定。只要我们善于运用，有些论点是能够给我们社会主义市场经济的具体运行提供参考和借鉴的。

例如，凯恩斯确认消费与所得的关系，认定所得是决定消费之最重要的因素。这个论点，就其本身而言，是合乎经济现实的。他进一步从宏观经济的角度，确认"$\Delta Y > \Delta C$"：当国民收入（生产、就业）增加，消费总量也增加，但消费的增加小于收入的增加。再进一步确认"富裕中贫困"这种矛盾现象，然后得出结论：收入愈高，则消费与收入的差距愈大；社会愈富裕，有效需求愈感不足，阻碍生产愈严重；社会愈富裕，则其实际产量与可能产量的差距愈大，经济制度之弱点亦愈易暴露而令人愤慨。① 这个论点是属于凯恩斯关于病情诊断的第一层次——确认病象。这是合乎资本主义经济现实情况的，同马克思所确认的生产无限扩大与市场相对狭隘之间的矛盾现象有些类似。只要严格地不涉及病源诊断的他那第二层次——笼统的、超阶级的、强加于全体消费居民的"消费倾向基本心理规律"，上述第一层次的观点是应该加以肯定的。

---

① 这里所引述的论点，参见凯恩斯：《就业通论》，徐毓枬译，商务印书馆 1977 年版，第 31~32 页。

例如，关于在经济危机病情诊断方面，凯恩斯赋予消费需求以一种独特的重要地位，这是合乎资本主义经济现实情况的。他确认资本不能离开消费而独立存在，如果消费需求减少，资本需求也将减少。他指出，"一切生产的最后目的，都在满足消费者"①；"消费是一切经济活动的唯一目的、唯一对象"②。他这一论断的实际含义是，消费是一切生产活动的最后归宿。在这种含义上说，这种论断是合乎经济现实的，应该加以肯定。他从消费的角度将总需求归结为两种来源：一是现在消费，二是现在准备未来消费。③ 前者指消费本身，后者指投资和资本设备的生产而言，两者密切相关。他说："已经预先准备好了的未来消费愈大，则愈难寻找更多的未来消费来预先准备，而我们依赖现在消费以作需求之源的程度愈深。"④ 这种论断合乎经济现实，并且相当深刻。

例如，关于贫富悬殊、收入分配极为不均这种社会弊端，虽然凯恩斯错误地把它摆在他那病情诊断的第三层次里，但是，他毕竟接触了，并且重视了这个病态。就这一病态的论述本身而言，还算得相当深刻。一方面，他把收入分配极为不均看成资本主义制度重大缺点之一，⑤ 只是剑桥传统经济学说从来不曾这样明确承认过的。另一方面，他赞同财富与所得之不均，但不赞同"不均得像今日那样厉害"，⑥ 主张通过遗产税、累进所得税来实行所得比较平均的重分配。⑦ 他承认所得比较平均的重分配，有助于消费需求的增长，他毕竟承认了富人与穷人在消费安排与生活习惯方面的重大差别。⑧ 就这些论断的本身而言，它们是符合资本主义经济现实的。

---

① 凯恩斯：《就业通论》，徐毓枬译，商务印书馆1977年版，第32页。
② 凯恩斯：《就业通论》，徐毓枬译，商务印书馆1977年版，第44页。
③ 凯恩斯：《就业通论》，徐毓枬译，商务印书馆1977年版，第90页。
④ 凯恩斯：《就业通论》，徐毓枬译，商务印书馆1977年版，第91页。
⑤ 凯恩斯：《就业通论》，徐毓枬译，商务印书馆1977年版，第32页。
⑥ 凯恩斯：《就业通论》，徐毓枬译，商务印书馆1977年版，第85页。
⑦ 凯恩斯：《就业通论》，徐毓枬译，商务印书馆1977年版，第277页。
⑧ 凯恩斯：《就业通论》，徐毓枬译，商务印书馆1977年版，第318页。

第七章 消费倾向理论评论

又例如,凯恩斯在《就业通论》的第八、第九两章中对影响消费需求的客观因素和主观因素作了相当明细的论证。对消费领域这样系统地进行分析,在资产阶级经济学说史中,凯恩斯堪称首创。这些因素分析的主旨是针对消费倾向这个虚妄规律的,尽管这种分析对整个消费需求不足的病源诊断来说大多是文不对题,但是,对于前述一般富裕户的消费抉择和生活习性却基本上是适用的。

* * * *

总之,正因为凯恩斯消费理论包含着可资肯定(在一定条件下)的诸多成分,消费经济学在当代西方经济学领域内有着相当重大的发展,并且已经成为一门独立的部门经济学。在我国,作为社会主义经济学的一门部门经济学,消费经济学已经开始建立起来,只要善于运用,凯恩斯消费理论的某些论点,对于我国消费经济学的发展与充实,我相信是能够起到参考和启发作用的。

第八章 投资引诱理论评论（上）
综合述评

　　如上所述，凯恩斯就业一般理论体系中，在均衡时，总供给等于总需求。他假定总供给函数为已知，没有展开讨论，独特地专对总需求进行探究。总需求决定于消费倾向与投资量。总供给函数与消费倾向被认为都是相对稳定的，从而就业波动主要是由于投资量的关系。因此，投资引诱理论在就业一般理论体系中居于主导地位，投资展望与投资决策对就业波动起着关键性的重要作用。投资量决定于资本边际效率与利率。此中内容比较具体，不如《就业通论》中其他理论那么抽象，而且因素甚为复杂，并具独特格调。在《就业通论》一书中，对有效需求不足具有自变数作用的三个心理规律：第三编"消费倾向"，包括三章（第 8~10 章），考察消费倾向基本心理规律；而第四编"投资引诱"，包括八章（第 11~18 章），考察资本边际效率规律和流动偏好规律。这样，投资理论比消费理论在论述上所占篇幅相差如此之大：一来因为投资引诱比消费倾向在内容上要复杂得多；二来可以判明投资理论实为《就业通论》全书的重点。唯其如此，这里特辟三章述评投资引诱理论：先辟一章综合论述投资领域内的若干重要理论问题，如在经济危机阶段中，究竟是投资不足，还是投资过多的问题；如投资活动在凯恩斯就业理论中的补差作用问题；如"投资社会化"方案的实质及其严重局限性问题；如对倍数原理的评价问题等。然后设两章分别对关于利润和利息的两个"规律"及其有关问题进行评论。

第八章 投资引诱理论评论（上）

第一节 投资引诱理论概要：独特格调和基本轮廓

凯恩斯在其所考察的资本主义运行体系中，从人物来说，除处于受雇（就业）或解雇（失业）之被动地位的劳工外，计有三种角色：一是消费者，把企业生产出来的商品加以消费，使其得到最终的归宿。他们是配角，一方面起着促使企业家组织生产、提供就业的作用；另一方面却规定并赋予企业家以增加投资，从而填补有效需求"差距"的任务。二是食利阶级的金融家，向企业出贷货币资本，索取利息。他们也是配角，一方面融通资金，便利生产；另一方面却因利率变动是"粘性"的，对生产和就业增长起着制轮机的阻滞作用。三是作为职能资本家的企业家，组织生产，确定生产规模，作出投资决策。他们是这个经济运行体系的主角，依靠他们提供就业机会。他们在信心和情绪上的高昂或低沉，在行动上的积极或消极，直接关系到企业营运的兴旺或衰败，进而关系到生产量、就业量的增长或缩减。因此，凯恩斯《就业通论》一书的重点课题就是，考察并论述从事生产和投资的企业家在心理活动上、行动决策上的准则和规律。这就构成他那投资引诱理论的复杂图景。本节主旨在于先将这个理论的独特格调和基本轮廓简要地勾画出来，以便下面章节对它的具体内容逐一进行述评。

独特格调（一） 由消费倾向规律引导出投资引诱理论的极端重要性

凯恩斯的投资引诱理论在其就业一般理论体系中，居于极端重要的地位。投资理论的这种重要性，在很大程度上是由消费倾向的特性引导出来的。前章已对消费倾向理论详加评议，但这里对消费倾向的独特格调仍有简要加以回顾的必要。

他在《就业通论》第三编论述消费倾向时，十分强调消费倾向基本心理规律的重要性。他用这个规律去否定，并代替萨伊定律，解释"富裕中的贫困",承认普遍意义的生产过剩经济危机及其严重性。他明确指出,一切生产的最终目的,都在满足消费者。总需求来源于:(1)现在消费;(2)为准备未来消费而进行的现在生产。① 因此,生产方面的有效需求,最终都来自消费方面的有效需求。"现在准备未来消费"之需求最终受"现在消费"需求的制约。这就意味着,有效需求的不足归根到底来源于"现在消费"的不足,投资(准备未来消费)需求的不足,最终不过是由于"现在消费"不足而引导出来的派生现象。这样,他把消费品生产的需求和投资品生产的需求二者串联起来,直接或间接都最终归结到"消费需求",对消费倾向在整个经济活动中所起的重大作用更加强调了。他说:"解决实际问题的关键,就在这个心理规律上。"② 可见他高度重视这个规律对资本主义经济发展的作用。

但是,他是从消费乃生产品之最后归宿这个角度去强调消费倾向之重要性的。基于消费倾向的这种独特格调,使之同投资引诱从下述两方面紧密结合,使投资具有极为重要的作用和意义,从而投资引诱理论就突出地成为《就业通论》一书的重点组成部分。

其一,消费最主要地取决于收入量。简单地说,消费倾向表示消费如何随收入而变化的一种函数关系。凯恩斯确认,当实际收入增加时,消费也增加,但消费增量在收入增量中所占比例是递减的。这样,收入与消费之间就出现一个差距。社会愈富裕,收入愈增大,收入与消费之间的差距就愈大。这就需要用愈来愈大的投资去弥补这个差距。只有这个差距能够由投资十足地加以弥补,才能使有效需求达到并维持充分就业的水平。消费倾向规律赋予投资以"弥补差距"的重要任务,使投资引诱理论处于一种独特的重要地位。

其二,凯恩斯认为,消费倾向是一个比较稳定的函数,在短期内

---

① 凯恩斯:《就业通论》,徐毓枬译,商务印书馆1977年版,第31、90页。根据原文,译文略有更动。
② 凯恩斯:《就业通论》,徐毓枬译,商务印书馆1977年版,第31、90页。根据原文,译文略有更动。

要大量增加殊为不易，因此，就业量主要决定于投资量，就业波动主要是由于投资量的波动不定。这样，在增加和稳定就业方面，就不得不把希望寄托在增加和稳定投资上面了。

在凯恩斯的全部理论分析中，消费和投资的区别是基本的，但同时两者却又巧妙地紧密结合着，凝成就业一般理论的独特结构。这个独特结构中包含着这样一个定理：设消费倾向为已知，就业的变动取决于投资的变动。这就可把凯恩斯的就业一般理论归结为最简单的说法：就业决定于投资量，或失业是由投资不足造成的。当然，这是大大简单化了的定理，然而它意味着特别强调投资。因此，理解什么东西决定实际投资量，显然是极端重要的。凯恩斯《就业通论》一书中最重要的组成部分就是"投资引诱"的第四篇。

总之，我们不妨说，投资是就业的决定因素，就业波动就是因为投资波动，就业的高水平决定于投资的高水平。而投资引诱理论在就业理论体系之所以具有这样独特的极端重要性，乃由于凯恩斯把消费理论同投资理论紧密结合，由其消费倾向规律的独特格调所规定所赋予的。具体地说，就凯恩斯主要关心的短期而言，消费量的变动主要决定于收入量的变化，而不是一定收入下消费倾向的变化。这里必须强调指出，这个结论就使投资成为就业一般理论中的关键性变数：只有投资增加时，就业才能增加。这个重要命题是以稳定的消费倾向为前提的。特别是，消费倾向曲线在相对低的水平下是稳定的，这一特点使投资的关键性质得到加强。

独特格调（二）　复杂而新颖的理论结构

前面在论述就业一般理论的思想渊源一章中明确指出，在经济思想的发展脉络中，凯恩斯对他的老师阿·马歇尔保持着既继承、又背离而有新的发展的关系。在利润和利息两个理论方面也是如此。一方面，凯恩斯继承马歇尔这两个理论的基本观点，如把利润同利息明确地分离成为两个独立的经济范畴；如在事实上坚持生产四要素说，把利润归结为某一生产要素的报酬，利息为另一生产要素的报酬；如在具体计算方面，用收益同成本开支之比去确定纯利润，按货币资本贷放的供给与需求之比去确定利率水平之高低，等等。另一方面，凯恩斯在这一基本理论结构的基础上，增添了一些因素，如时间因素、心理因素、边际概念等，形成其投资引诱的独特理论结构。分析起来，它有下列几项独特之点：

其一，凯恩斯是从研究"投资引诱"问题这个角度，把利润和利息这两个经济范畴综合在一起去进行考察的。同马歇尔《经济学原理》关于利润与利息部分的主旨在于着重论述这两个经济范畴的基本原理不同，凯恩斯《就业通论》的第四篇却是着重论证利润与利息的相互关系，两者结合在一起去共同决定投资决策，从而决定总产量和就业量。

然则利润与利息两者的关系究竟如何呢？这种关系对就业问题的意义究竟如何呢？

凯恩斯把利润率改换为资本边际效率。他确认，资本边际效率与利率共同决定新投资量，在一定的消费倾向下，新投资量又决定就业量。资本边际效率因投资增加而有递减的趋势。而利率是"粘性"的，下降甚慢，降到一定极限就不再下降。投资将会增加到资本边际效率减低到与利率相等这一点，就不再继续增加。资本边际效率随利率进行调节，而不是利率随资本边际效率进行调节。这是因为投资量的变动直接影响资本边际效率而不影响利率，正是投资量的变动才使资本边际效率同利率相等。只要资本边际效率大于利率，投资就会继续进行，当资本边际效率大于利率的投资不复存在时，投资就停止了。在消费倾向保持不变的情况下，投资不增加，就业也就不能增加。而利息是"粘性"的，它对投资量和就业量的继续增长起着阻滞作用。这样，可以看出，资本边际效率同利率的这种独特关系对就业问题的重要性是具有极为重大意义的。

其二，凯恩斯编制了利润与利息的一套独特理论和新颖术语。他没有明确标出马歇尔的生产四要素说，也没有完全承袭"利润是管理才能的报酬"这一教义。但是，他实际上继承了马歇尔分配论的"四位一体的公式"，不过把利润改换成"资本边际效率"的新颖范畴而已。

第八章 投资引诱理论评论（上）

资本边际效率等于普通利润率，说得更精确些是预期利润率。"资本边际效率"一词所用的"效率"这个字是指一种资本财产的效能，或报酬超过成本率，或获利性。任何资本财产的报酬超过成本率，就是它的效率或赚钱能力。一特定种类资本财产的边际效率，是这类资产新增一个单位（边际单位）预期获得的最大报酬超过成本率。一切种类资本财产中最有利的新增单位所预期的最大报酬超过成本率，就是一般资本边际效率。从字义上来理解，凯恩斯是从一种资本资产的预期边际投资报酬这个角度去把利润改换为资本边际效率的。凯恩斯及其前辈经济学家在投资决策问题上，均信守一条假定：企业家力图使其投资报酬达到最大量。以这个假定为前提，他们均确信投资决策的一条基本原理，即只要是报酬超过成本率大于利率，凡是现在没有利用的任何投资机会都将实现，新投资将推进到利润率等于利率这一点。

凯恩斯是在这一共同确认的基本原理的基础上，增添一些新颖成色，形成他那独特的利润理论。就其利润理论本身而言，独特性主要在于：其一，在庸俗实质上继承马歇尔"利润是管理才能的报酬"这一教义，但在为什么要取得"报酬"的具体理由上却扬弃了"管理才能"的说法，索性改换为资本资产投资的盈利性：赚钱能力，定名为"资本边际效率"。这种辩护手法比他的老师马歇尔更要直截了当得多。其二，把资本边际效率规定为两个要素的比率或比例：(1) 从一种提供收入的资本资产获得的预期收益或预期报酬；(2) 该资产的供给价格或重置成本。这也就是，预期收益和成本进行比较所得的比率，即为资本边际效率。此中包含着：(1) 时间因素，强调预期收益；(2) 心理因素，强调边际观念。总之，单就资本边际效率这个范畴本身而言，比马歇尔的利润范畴要复杂而烦琐些。若把投资市场的整个环境一并列入考察范围，则投资引诱理论就更要复杂烦琐得多。这些细节有待以后另行论述。

至于凯恩斯的利息理论，同传统利息理论对比起来，也有其明显的独特新颖之处。

其一，他背离了"利息乃等待（节约）的报酬"这种传统教义，修正为"利息乃放弃流动偏好的报酬",也就是不窖藏货币的报酬,对使用货币支付的报酬。他认为,一个人对于收入的安排,要经过双重选择,首先是用于消费还是储蓄两者间的抉择,然后把储蓄起来的收入部分如何保存:保持现金还是购买股票、债券两者间的抉择。保持现金是基于人们的流动偏好。只有后一选择才涉及放弃流动偏好,索取利息作为报酬的问题。这样,凯恩斯继承了传统利息理论中的牺牲某种经济事由的"报酬"这一实质性论点,却改换了牺牲事由的具体内容,即由储蓄:牺牲现在的消费,改换为货币贷放:牺牲流动偏好。

其二,对利息的性质问题,他摆脱了利息同储蓄的直接联系,改换成为间接联系,而把利息同货币的需求、现金窖藏或放弃窖藏直接结合起来,于是他把利息看成一种纯粹货币作用。凯恩斯的解释是,货币在现行经济体系运行中的根本作用,是联系利息理论来说明的。依据有效需求原理,除非投资增加,否则就业就无法增加。利率对投资有着重大关系,而投资是就业量的关键性决定因素,于是货币理论通过它和利息理论的关系成为一般经济理论的主要部分,货币政策成为一般经济政策的重要部分。

其三,凯恩斯认为,货币数量与流动偏好状态共同决定利率的水平及其变动。利率决定于货币需求与满足需求之现有供给相均衡的一点。利息在利率决定于货币的供求这点意义上说,它是一种货币现象。由于利率是投资的两个共同决定因素之一,投资又是就业的主要因素,从而可以看出,金融政策调节货币数量,进而控制利率,再进而影响就业量,这就体现出凯恩斯利息理论和货币理论具有明显的实践意义。

总之,凯恩斯的投资引诱理论,从假定前提到理论思路,同传统投资理论有着重大分歧,因而构成一种独特、新颖而复杂的理论结构。这种新型理论,就当代资本主义经济运行的现象形态而言,确实要符合投资活动的现实情况一些,但在实质上说,它显得更是围绕着现象形态兜圈子,从而把投资活动的剩余价值剥削这种阶级实质隐蔽得更深。关于这一点,我们将在下面论述资本边际效率规律与流动偏好规律时，再行详加评议。

独特格调（三）　投资前景的不确定性和预期

如前所述，《就业通论》的主题思想是，在目前的社会结构下，如何使资本主义运行下去。在一个动态的社会化大生产过程中，在那惊涛骇浪的20世纪30年代空前经济大危机的险恶环境中，必须考虑未来经济变化对现在情势的影响。而根据经济危机，特别是1929—1933年经济大危机的经验，未来事态变化每每是难以预料确定的。所以，凯恩斯在《就业通论》全书中，自始至终以未来事态的不确定性为背景来展开其理论构思和政策制定。无怪乎琼·罗宾逊明确指出：凯恩斯的问题的本质是不确定性。

特别是决定投资引诱的两个规律：资本边际效率规律与流动偏好规律，使未来事态前景的不确定性占有更为重要的地位。凯恩斯认定，传统经济理论把人们对于未来的知识虚假地加以合理化，假定未来事态是具有确定性的，于是得出错误的投资理论。他确认，传统经济理论，特别是投资理论，错误在于其虚假的、同实际不相符合的假定。而不在于其逻辑推理本身。

资本边际效率的最重要特征——不稳定性，是来自预期收益的不确定性。投资波动是因为人们对于未来的现有知识缺乏可靠基础，因而对不确定的将来所作的决定，容易发生突然的、剧烈的修改。投资建造工厂等，直接联系到将来，这就取决于投资者对未来事态的预期。投资者必须依据他们的预期作出投资决策，而对将来事态知道得很少，他们的知识是模糊的、不确定的，所以预期就不可能具有合理的、科学的根据。因此，资本边际效率规律是以未来事态的不确定性为背景，以预期为依据的。

至于流动偏好，也同不确定性紧密相关。货币有三种职能：交易媒介、计算单位和储存价值。其中以储存价值对于说明凯恩斯的"货币经济"最为重要。人们有几种方式来保存自己的储蓄：包括窖藏货币、贷放货币和投资于某种资本财产。如果选取窖藏货币的方式，则得不到收入；如果贷放货币，则可得到利息；如果购买投资财产，则可预期取得利润，然则为什么人们会用不生利的窖藏货币形式来保存财富呢？凯恩斯的答案是，贷放货币或购买资本财产都具有不确定性，用保存货币的方式以储存财富，这是最安全的形式。所以，只有经济前景的极不确定的性质才能说明流动偏好。凯恩斯认为，用货币形式储存财富的愿望，是一只晴雨表，它显示出人们不信任自己关于将来的计算和常规的程度，持有实际货币就稳定了基于经济前景不确定性所引起的不安心情。放弃货币所要求的利息乃是衡量这种不安心情的尺度。

总之，凯恩斯投资引诱理论充分考虑到未来与现在的联系，明确承认投资前景的不确定性，高度强调预期的重要作用，同传统投资理论虚假地假定投资前景的确定性，两者适成明显的对比。这是凯恩斯投资引诱理论的独特基础。

独特格调（四） 资本边际效率的高度波动性与投资社会化

不稳定性是资本边际效率在短期内的显著特征，从历史时期来看，新投资的预期报酬率有上升运动，也有下降运动。投资率是波动不定的，从而造成总就业量和总产量的波动。私人投资量之所以很容易发生变化，这大部分是由于私人资本边际效率具有内在的不稳定性。投资决策主要是依据资本边际效率的预期来作出的。而预期、特别是长期预期所构成的条件很不可靠，结果是，这些预期是以高度不稳定性为其特性，因而经济生活是不稳定的。我们所不知道的未来事态对投资活动是有着强大影响的。我们对预期所抱的信心程度，要受到我们所不知道的未来事态的影响。正是由于对这些预期缺乏信心，才使投资决策十分容易发生突然的变化。

资本边际效率的另一特征是在长时期内的下降趋势。凯恩斯认为，从长期看，这种下降是由于资本财产数量不断增加所导致的预期收益减少而引起的。资本边际效率决定于供给价格和预期收益。它的下降可能是由于供给价格的上涨或预期收益的下跌。在短期内，供给价格上涨是更重要的因素。时间越长，供给价格上涨就越不重要，预期收益下降就越显得重要。

基于资本边际效率的上述两个特征：在短时间内的波动不定，在长时期内的递降趋势，通过投资引诱的极不稳定性和长期日趋弱小趋势，就业量和总产量处于衰退困境。凯恩斯为了挽救这种颓势，倡导"投资社会化"：认为要达到离充分就业不远的境界，唯一办法乃是把投资这件事情，由社会来总揽。总之，凯恩斯明确承认，在自由放任经济体制下，投资活动有极不稳定性与长期停滞趋势，并且毫不隐讳地提出"投资社会化"的解救纲领。这对传统经济学说是一严重的背离，对当时处于高度厄困境地的资本主义制度是一种抢救危症的猛药和改良主义的重大设想。这确实是凯恩斯投资引诱理论的独特格调之一，下面当再详加述评。

独特格调（五） 公共投资效果的计量：倍数原理

当失业问题严重时，凯恩斯主张通过公共投资进行救治。然则这种公共工程方案对失业问题的"疗效"究竟如何呢？他塑造了一个倍数原理，把这种"疗效"在计量上数理化、公式化。这就使他的公共投资救治失业方案增强了说服力。

通过倍数原理的建立，凯恩斯确信，新增加一笔投资，其所引起的效果是使国民收入和就业人数增加好多倍。据说，倍数原理能够证明，大量增加新投资可以有把握地解决经济危机和严重失业的难题。这就使凯恩斯对采取以扩大公共支出为主导的财政干预对策，解救经济危机与严重失业危症，在"疗效"上大大增强了信心。

独特格调（六） 储蓄与投资两者的新型关系

同通过公共投资解救失业困境这个方案直接关联的一个重要问题是，资金从何而来的问题，也就是投资同储蓄的关系问题。在这个问题上，传统经济学坚持"储蓄全部自动转化为投资"、"储蓄＝投资"、"储蓄支配投资"等论点。凯恩斯摒弃了这些传统教义，明确地认定：储蓄是一群人的积累，投资则完全是另一群人的行为，没有任何一种完善的市场机制能够使一群人的储蓄必然等于另一群人从事的自愿性投资。这种分离与矛盾导致下列几个重要论点：其一，没有一个市场机制能够促使储蓄全部自动转化为投资，则势必求助于市场机制以外的调节力量发挥作用，进行干预。其二，投资比储蓄重要，过多的储蓄甚至会使新投资所制造的商品销售发生困难，从而使进一步投资遭受阻滞。其三，在经济萧条的情况下，如果储蓄既不能转化为投资，又不用于消费，则节约便成了社会的一种罪愆。

这三个论点进一步形成了"投资支配储蓄"的新教义，并且确认，通过收入的变动，而不是通过利率的调节作用，促使储蓄与投资相等。储蓄与投资两者间的这种新型关系，构成"投资社会化"的政府干预方案和关于鼓励消费政策措施的理论依据。

独特格调（七）　食利阶级自然消亡、"乐观世界"的幻想

凯恩斯确认：投资增加，资本边际效率有递降的趋势，而利率是"粘性"的，下降比资本边际效率下降为慢，而且一旦下降到最低限度，就不再下降，于是他把利率看成投资的极限。这样，货币利率就对投资和就业的增加起着障碍作用。货币利率水平确立了一个限度，资本边际效率不能跌到这个限度以下。新财富的生产就停止在这个限度的极限点上。

他明确断言，货币利率设置了投资和就业增大的极限。然则如何打破这个极限，使投资和就业能够长期持续不断增加呢？他提出对策认定利息是基于资本稀缺、不劳而获的收入，应该逐渐降低到零，消灭食利阶级，从而消除投资和就业增加的极限，即使资本财富大大丰富，资本边际效率降低到零，投资和就业仍然能够毫无限制地继续增加下去。从此进入"乐观世界"，文明生活就此开始。这就不需要革命了。关于这个乌托邦幻想，将在下面第十章介述利息理论时再行评议。

综括上述，对凯恩斯投资引诱理论的这些独特格调，这里只是勾画了一个粗略轮廓，以后还要逐一详加评议。这里应该着重指出的是，这种独特的投资引诱理论，可以说，是他对资本主义投资市场活动在考察中的现实感与虚幻观两相融和的产物,也是他对资本主义制度前程在评价上的悲观情调和乐观幻觉两相混合的产物。

　　凯恩斯为什么能够把这些彼此矛盾的观点和事理融合在一起呢?此中理由是多方面的。最主要的缘由是,在坚决拥护资本主义制度的前提下,他把资本主义的两种体制:自由放任下的资本主义与政府干预下的资本主义两者截然区别开来。一方面,明确地承认:在前一种体制下,资本主义有收入分配极端不均、经济危机和失业严重等种种缺陷;另一方面,却虚幻地臆断:通过政府深思熟虑的干预和调节,能够把这些缺陷和弊端通通改正,使之臻于尽善尽美的"乐观世界"。这样,他对自由放任资本主义经济的病症,抱着相当客观的现实态度,至少在病象方面揭示得相当明确而踏实,满怀悲观情调。但与此同时,他把政府干预看成救治资本主义病症的万应灵丹,硬说只要把自由放任资本主义改换为"可调节的"资本主义,则病症可以得到救治,资本主义就会进入"乐观世界"。他对这种虚幻境界抱着极端乐观主义,充满信心。这就是凯恩斯《就业通论》型需求管理方案中的现实感与虚幻观、悲观情调与乐观幻觉两组矛盾观点交相掺和的真正缘由。就"就业通论"整个理论体系与政策措施而言,情由确是如此。就其中的投资引诱理论的独特格调而言,情由也确是如此。

　　《就业通论》出版50多年了。凯恩斯由"异端"变成正统,风靡整个西方各国,达到鼎盛高潮,对战后长达25年的持续经济增长,起了促进作用,这是成效显著的一面。但好景不长,凯恩斯主义的长期推行,使它走向反面,逐渐导致各种恶果,特别严重的是,20世纪70年代前期以后,不仅"乐观世界"没有实现,反而招致国际性的"滞胀"困境。从此凯恩斯主义转趋衰落。凯恩斯原先臆断,通过"投资社会化"及其他一些措施,维持30年左右的充分就业水平,就可进入"乐观世界"。半个世纪的历史事实证明,这是一种十足的垄断资产阶级乌托邦幻想,没有丝毫实际价值。

第二节　生产衰退、失业严重阶段中,不是投资不足,而是投资过多

凯恩斯认为"消费倾向与投资二者才决定就业量"[①]。他把经济危机和失业严重现象归因于有效需求不足:一方面消费品的需求不足,另一方面投资品的需求不足,也就是投资不足。

凯恩斯用他那一套独特词汇和逻辑思维,在事实上承认了相对于生产力的盲目发展,消费基础具有相对狭隘性。资本主义盲目发展生产力的条件下,消费基础相对狭隘的局限性,是资本主义生产发展之无法解开的死结。凯恩斯承认了这种无法否认的致命病象。问题在于他的"消费倾向基本心理规律"那一套理论解释完全是虚妄的、错误的。前章对之已经详细加以评议,这里不再重复。

现在,我们首先所要论究的问题是:经济周期下降阶段,恐慌和萧条阶段,工厂开工严重不足,原料堆积,商品充斥市场,失业问题严重,这时投资引诱不足,资本家对投资畏缩不前,这究竟是不是如凯恩斯所说的"投资不足"呢?相对于消费基础的相对狭隘性来说,这时究竟是投资太多了,还是太少了呢?我认为,凯恩斯把这个问题搞颠倒了。每次经济危机的具体经验证明:问题不是投资不足,刚好相反,而是相对于市场容量的投资过多。

马克思早就驳斥过投资不足的危机理论。他说:

> 在危机中,……由于再生产过程的停滞,已经投入的资本实际上大量地闲置不用。工厂停工,原料堆积,制成的产品充斥商品市场。因此,如果认为这种情况是由于生产资本的缺乏造成的,那就大错特错了。正好在这个时候,生产资本是过剩了,无论就正常的,但是暂时紧缩的再生产规模来说,还是就已经萎缩

---

① 凯恩斯:《就业通论》,徐毓枬译,商务印书馆1977年版,第31页。

的消费来说，都是如此。①

事实上经济周期下降阶段，一般来说，资本家面临的最迫切的问题是如何处理没有卖掉和卖不掉的存货，如何处理相对的生产过剩。在这种紧迫情势下，唯利是图的资本家对投资活动畏缩不前，对生产资料的需求确是减缩了，投资确是减少了。但是，这只是经济周期下降所表现出来的病象——经济痼疾的症象，实际上，问题则在于相对于市场容量相对狭窄的投资过多。

在投资是过多还是不足的这个问题上，凯恩斯只看到痼疾的症象，却完全忽视了这个痼疾的真正原因，把投资在经济危机和失业问题中的现象形态和实质关系搞混淆了，这是一个很大的错误。

第三节　投资理论在凯恩斯就业理论体系中的尴尬地位：投资增加的补差作用及其两难处境

凯恩斯承认经济危机和失业问题，把就业不足归源于有效需求不足，而有效需求不足的根源却在于消费倾向这个基本心理规律所导致的消费不足。资本主义条件下，由于消费倾向而引起的有效需求不足、就业不足，究竟如何对付呢？在消费倾向作为"既定"的情况下，凯恩斯转而乞灵于用增加投资的办法，去弥补由消费不足所形成的差距，下面引述他在这个问题上的几段原话：

> 就业量增加时，D_1 增加，但不若 D 增加之甚……解决实际问题之关键，就在于这个心理规律。由此规律，故就业量愈大，则 Z（相应产量之总供给价格）与 D_1（雇主们可以预期从消费者身上收回部分）之差距愈大。设消费倾向不变，则除非 D_2 逐

---

① 《马克思恩格斯全集》第 25 卷，人民出版社 1974 年版，第 547 页。

渐增加，以弥补 Z 与 D_1 间差距之逐渐扩大，否则就业量不能增大。①

不幸所得愈大，则所得与消费之间的差距亦愈大。设无新奇策略，问题将无法解决。②

消费者在就业增加时所支出的，既然比总供给价格更少，所以，除非有投资的增加来填补此中的差距，则增加的就业将无利可图。③

设我们所说消费倾向是既定了的，就业的均衡水平……是依存于当前的投资量。③

从凯恩斯这些论述中可以看出，他所主张的增加投资，归根结底，目的在于弥补因消费倾向所引起的所得同消费之间的差距。这就是说，在凯恩斯看来，消费不足是社会心理规律使然，是无可奈何的事情。而投资是一件可用人为方法去增进的，于是把注意力转移到投资增加方面，乞灵于增加投资去填补这个无可奈何的差距，希图缓和矛盾。这就是凯恩斯的"新奇策略"，这是他在投资理论上超出其资产阶级经济学庸俗前辈的一个"新奇"论点。

按经济学的常理说，增加投资起着扩大再生产的作用。本来，扩大再生产的规模应是一件好事情。为什么凯恩斯要提出这个"新奇"论点，把投资的作用降低到"填补差距"的水平呢？这是由于资本主义社会的阶级分野已经这样严酷，贫富悬殊已经这样严重，无产阶级贫困化及其消费的有限性已经这样使市场相对狭窄，消费无法再增加了，而生产社会化已经那样高度发展，进一步扩大再生产已经不是这种困窘经济的要求。于是转而乞灵于增加投资去"填补差距"，缓和矛盾。这种"新奇"论点确实足以反映凯恩斯面对"富裕中的贫

---

① 凯恩斯：《就业通论》，徐毓枬译，商务印书馆 1977 年版，第 31 页。
② 凯恩斯：《就业通论》，徐毓枬译，商务印书馆 1977 年版，第 86 页。
③ 凯恩斯：《就业通论》，徐毓枬译，商务印书馆 1977 年版，第 91 页。
③ 凯恩斯：《就业通论》，英文版，第 27 页。

困"之一种无可奈何的悲观情调。

凯恩斯提倡增加投资去弥补差距的"新奇策略",究竟对弥补日益扩大的"差距"有没有效果?有什么样的效果呢?

凯恩斯对这些问题作了颇为坦率的悲观回答。他说:

> 就业机会必受总需求量的限制,总需求只有两种来源:(a)现在消费;(b)现在准备消费。……已经预先准备好了的未来消费愈大,则愈难寻找更多的未来消费来先准备,而我们依靠现在消费以作需求之源的程度愈深。不幸所得愈大,则所得与消费之间的差距愈大,设无新奇策略,问题将无法解决。——除非让失业增加,社会贫穷到一种程度,使所得与消费之差,恰等于目前有利可图这个条件之下,为准备未来消费而生产的产物价值。
>
> 问题又可作如此观。……一切资本投资,迟早总要变成负投资,故如何使新的资本投资,常常超过资本负投资,以弥补净所得与消费之间的差距,乃成为一大问题。——而且此问题随资本之增加而愈来愈大。只有当人们预期未来消费支出会增加时,当前新投资才会超过原有资本的负投资。每次我们以增加投资来取得今天的均衡,便增加取得明天均衡的困难。①

凯恩斯在上述引语中,在事实上用他自己的词汇承认了增加投资的两难处境:

(1)在今天,所得与消费之间的差距已经存在着,非立即增加投资去填补这个差距,以期减少失业人数不可。

(2)在明天,由于今天增大投资的后果,所得与消费之间的差距比今天更大,弥补起来更加困难。

换句话说,这种两难处境是:

---

① 凯恩斯:《就业通论》,徐毓枬译,商务印书馆1977年版,第90~91页。着重点是引者加的。

(1) 今天，由于消费不足，有效需求不足，失业问题严重；如果当前不增加投资，则资本主义经济的日子过不下去，不得了。

(2) 今天增加投资，总算弥补了当前的差距，却使明天的差距愈大，日子愈难过下去，愈不得了。

这就是说：

(1) 当前不增加投资，今天该死。

(2) 当前增加投资了，明天该死。

在资本主义经济危机和失业问题愈来愈严重的困窘局势面前，凯恩斯承认了投资增加的两难处境，承认在消费倾向无法增大的前提下，用增加投资解救经济危机和失业问题愈来愈困难的经济现实情况。也就是说，凯恩斯对于资本主义生产的严重局限性这种病症现象，确实在事实上是承认了。这种承认，是基于当时经济情势的极端严重性，是具有现实感的。这种承认使凯恩斯对经济病态的看法比其庸俗前辈要合乎资本主义的现实窘况些，这是应当加以肯定的。

但是，资本主义条件下投资增加为什么会处于这种两难境地呢？他所作的解释却是完全错误的。他对这种病象的根源问题，有两种解释：

第一，他从流通领域的供求关系开始，然后归结到社会心理因素去进行解释。凯恩斯就业理论的中心论点是：(1) 就业量是由总供给函数与总需求函数的交叉点决定；(2) 在供给方面，就业增加，由于竞争的关系，供给价格有增长的趋势；(3) 在需求方面就业增加，由于消费倾向关系，需求价格有减少的趋势；(4) 就业量的增加，自然会有一种趋势：要减少就业量。他用消费倾向这个基本心理规律去说明为什么就业量增加时需求价格反而降低，从而为什么供给不能创造它自身的需求。也就是说，他用消费倾向这个基本心理规律为根源，论证流通领域内供给大于需求，解释资本主义高度发展阶段、富裕中的贫困这种矛盾病象，解释增加投资的上述两难困境。

第二，他用投资增加，资本边际效率有递减的倾向，而利率下降比资本边际效率的下降为慢去解释，他把利率看成投资增加的极限。

他的这些解释都是错误的。第二项解释，以后在第十一章第二节

评述他的利息理论时再行探究,现在先对他的第一项解说进行剖析:

一般地说,把国民所得的适当一部分加以储蓄,并转化为投资,这是扩大再生产的一个物质前提,这对社会生产力的进一步发展是有利的,是好事情。只有在资本主义高度发展,资本主义基本矛盾激化,不断爆发经济危机,而且愈来愈严重的条件下,才如凯恩斯所承认的那样,投资增加成为阻挠资本主义生产进一步发展的障碍。这种看来十分荒唐而奇怪的矛盾病态,其根源绝对不应从资本主义经济的流通领域中去找,更不应该从人类心理领域里去找,而必须从资本主义制度本身,特别从资本主义基本矛盾:生产社会化和生产成果的私人资本主义占有形式之间的矛盾中去找。

随着资本主义的日益发展,资本积累不断加强,一方面资本主义生产愈具有社会性质,生产规模不断扩大,社会分工和生产专业化广泛发展,生产本身变成了许多人协同进行的社会化大生产,产品也变成了社会性的产品;同时,统一的国内市场日益发展,并使国际市场随之迅速扩大起来。另一方面,随着资本积累的增长,社会财富日益集中到垄断资产阶级手里,而社会财富的直接创造者——工人阶级消费能力的增长日益相对下降,而工人阶级占总人口中的绝大多数,他们是基本消费者,这就必然导致市场增长的相对日益狭隘。

关于这种矛盾现象,马克思有过如下的科学论断:

> 生产力越发展,它就越和消费关系的狭隘基础发生冲突①。生产的扩大或缩小,……取决于利润以及这个利润和所使用的资本之比,即一定水平的利润率②。因此,当生产的扩大程度在另一个前提下还远为不足的时候,对资本主义生产的限制已经出现了。资本主义生产不是在需要的满足要求停顿时停顿,而是在利润的生产和实现要求停顿时停顿。③

---

① 《马克思恩格斯全集》第25卷,人民出版社1974年版,第271页。
② 《马克思恩格斯全集》第25卷,人民出版社1974年版,第273页。
③ 《马克思恩格斯全集》第25卷,人民出版社1974年版,第273页。

这种生产方式为它自身造成一种限制。①

资本主义生产的真正限制是资本自身。②

资本的垄断成了与这种垄断一起并在这种垄断之下繁盛起来的生产方式的桎梏。③

马克思的上述论断，深刻地阐明了资本主义制度下，生产日益发展与消费基础相对狭隘，两者间差距日益扩大这种对抗性矛盾。

资本主义条件下，凯恩斯所承认的关于投资增加的上述两难处境，是合乎现实情况的。但是，他对这种病态的根源，则完全诊断错了。根源绝不在于消费倾向基本心理规律，而在于资本主义制度本身，特别在于资本主义基本矛盾：生产社会化同生产成果的私人资本主义占有形式之间的矛盾。

第四节　投资社会化的阶级实质：国家垄断资本主义与保证高额垄断利润

上节评议了凯恩斯理论体系中投资增加的补差作用和两难处境，这引起三个问题，即对这种尴尬地位：（1）如何解释的问题；（2）如何评价的问题；（3）如何解救的问题。在上节中，我们对上述第一个问题——凯恩斯的错误解释，进行了分析评议。现在，我们简要地对第二个问题和第三个问题加以评论。

凯恩斯对由资本主义生产方式特有的限制所必然导致投资增加方面的两难处境，在上述第二、第三两问题上，有下列一些论述：

> 仅仅依赖银行政策对利率的影响，似乎还不足以达到最适度的投资量。故我觉得，要达到离充分就业不远的境界，其唯一办

---

① 《马克思恩格斯全集》第 25 卷，人民出版社 1974 年版，第 278 页。
② 《马克思恩格斯全集》第 25 卷，人民出版社 1974 年版，第 288 页。
③ 《马克思恩格斯全集》，第 23 卷，人民出版社 1972 年版，第 831 页。

法，乃是投资这件事情，由社会来综揽，但这也不是毫无妥协折衷余地，还有许多办法，可以让国家的权威同私人首创精神互相合作。除此以外，似乎没有强烈理由要实行国家社会主义，把社会上大部分经济生活包罗在内。要紧的倒不是生产工具国有，只有国家能够决定：(a) 资源之用于增加生产工具者，其总额应为若干；(b) 持有此种资源者，其基本报酬应为若干，则国家已尽其职责。而且，实行社会化之种种必要步骤，也可以慢慢引进而不必打断社会上的一般传统。①

因为要消费倾向与投资引诱二者互相适应，故政府职能不能不扩大，……我为之辩护，认为这是唯一切实办法，可以避免现行经济形态的全面毁灭；又是必要条件，可以让私人首创精神有适当运用。②

当然，为确保充分就业所必需的中央统治，已经把传统的政府机能扩大了许多。近代经典学派亦曾唤起注意，在几种情形之下，不能让经济力量自由运用，须由政府来约束或指导，但是还有很大一片园地可以由私人负责，由私人策动。在这个园地以内，个人主义之传统优点，还是继续存在。③

从上面各段引述中，可以看出，凯恩斯关于投资社会化这种"新奇策略"主要包含着如下的一些要领：

首先，在消费倾向既定的前提下，投资是就业之决定性的因素。资本边际效率的特性是：在短期是波动不定，在长期是随投资的增加而逐渐下降。企业家投资以资本边际效率为依归，从而投资波动不定，特别在经济周期下降阶段，企业家对投资裹足不前，使就业量猛

---

① 凯恩斯：《就业通论》，徐毓枬译，商务印书馆1977年版，第321~324页。
② 凯恩斯：《就业通论》，徐毓枬译，商务印书馆1977年版，第321~324页。
③ 凯恩斯：《就业通论》，徐毓枬译，商务印书馆1977年版，第323页。

降，失业问题严重。为救治这种病症，凯恩斯主张，不能把投资和就业这种关键性的事项委之于私人企业家之手，而须由政府来总揽。这就是通过投资社会化这种措施，对投资稳定起保证作用，消除私人投资波动不定的病态。他对这一决策极端重视，确信这是唯一切实可行的办法，可以避免现行经济形态之全部毁灭，又是必要条件，可以让私人策动力有适当运用。

其次，这种投资社会化是十分有限度的。凯恩斯明确指出：其一，它不是国家社会主义，把社会上大部分经济生活包罗在内；其二，它不是生产工具国有化。他规定，政府在这方面的职责只限于：（1）资源用于新资本设备的总额；（2）资源所有者所应得的报酬率。除此而外，概由私人资本家去经营。所以，仍然有很大一片园地由私人资本家负责策动，保留个人主义的传统。

最后，实行这种社会化不应操之过急，而应按照必要步骤，慢慢引进，务求不打断资本主义社会上的一般传统。

在凯恩斯的就业理论体系中，尽管就有效需求的组成部分而言，是把消费与投资两者并提，但考虑到消费倾向的相对稳定性，在短期内要大量增加殊为不易，就把重点转移到投资领域，希图通过政府调节投资的办法，实行投资社会化，力求投资的有效需求的稳定增长，保持充分就业，消除投资剧降的经济危机。这是一种投资领域的"吗啡"注射办法，对病情紧急的资本主义躯体，在一定时间内和一定程度上，能够起一些兴奋刺激作用，这是势所必然的。但历史事实证明，它绝不可能从根本上消除经济危机，而且长期推行将招致种种恶果。第二次世界大战以后，西方资本主义世界各国普遍推行凯恩斯主义，一方面确实收到了刺激经济增长的兴奋作用。但另一方面，好景不长，经济危机仍然不断爆发，而且一次比一次严重，1973—1975年经济危机，竟演化成为"滞胀"——生产剧降与物价猛涨：经济危机同通货膨胀两症并发的空前怪诞而穷于对付的困窘局面。这是凯恩斯主义的一项严重恶果。它终于走向了自己的反面，到20世纪70年代末、80年代初，声望大降，转趋衰败。

现在，我们进一步论证下面三个问题：（1）投资社会化的阶级实质：国家垄断资本主义与保证高额垄断利润。（2）用调节投资的办法来保证充分就业，从长一点的时间看，恰恰会促使资本主义基本矛盾愈益加深，经济更加严重失去均衡，愈益难于对付。（3）凯恩斯主义半个世纪的实践过程中，投资社会化这个处方究竟效验如何？它的"乐观世界"这个终极目标实现有无希望？

（一）投资社会化：哪个阶级受损，哪个阶级得利

凯恩斯把国家当做经济危机的救星，他的"可调节的资本主义"在实质上就是国家垄断资本主义，其任务就是用国家机器来干预整个经济生活。投资社会化的最本质之点在于，通过政府对投资和生产领域的干预和调节，保证高额垄断利润，提高投资引诱，进而带动整个国民经济的正常运行。

凯恩斯所倡导的国家垄断资本主义的经济干预和"调节"，在实质上，就是战时经济统制政策方式在和平时期经济危机中的一种应用。扩大政府机能去增加投资引诱，实行投资社会化，西方资本主义各国所采取的具体形式是多种多样的。但是，无论在表面上怎样说是为了促进整个国民经济的发展，使全体人民得到利益，而实质上，最根本的一条准则，就是保证高额垄断利润，首先满足垄断资产阶级的利益，使他们乐于加大开工，增加现有生产设备的利用率；同时勇于增加新投资，扩大生产规模，这就增加就业人数，使一部分失业工人得到就业机会，即原来失业，连受剥削的资格都被剥夺、生活十分悲惨的工人现在重新进入剥削圈，为企业主创造剩余价值，换取挣钱糊口的机会，如此而已，岂有他哉。

以美国为例，投资社会化最主要的形式是国民经济军事化。在第二次世界大战期间，美国政府动用国库资金修建大批军火工厂；垄断资本集团在战时以非常优惠的条件经营这些工厂；而到战后又以低廉价格由它们收购这些工厂。此外，政府向私营垄断企业订购军需物资，其条件也对垄断资本集团十分有利，保证它们获取高额垄断利润。

美国在第二次世界大战期间所实行的，在侵朝战争和越南战争期间又得到发展并在日后长期大量推行的军事订货制度，这无非是国库

津贴垄断集团的一种隐蔽的形式而已。

属于旨在鼓励垄断集团增加投资的政府"调节"形式，名目繁多，如国库直接津贴；如国家提供垄断企业以信贷；如减免赋税，并给予种种优待；如大规模地推行加速折旧；如物价和工资的管制；如使用国库资金去争夺国际市场等。

政府用来资助垄断资本私人集团的国库资金，主要来自增重租税，增发公债和滥发通货，归根到底，负担迟早会转嫁到无产阶级和劳动人民身上。这样，国库成了一个强有力的系统：一方面，从无产阶级和劳动人民身上进行压榨；另一方面，向垄断资本集团提供花样繁多的各种津贴和补助。也就是说，凯恩斯提倡的财政政策是扩大政府开支，加强垄断资本积累的一种改良主义企图。

在和平时期，由国家用"投资社会化"的各种形式，对垄断资本的投资活动进行"吗啡"注射，刺激投资引诱，保证高额垄断利润，并且有一套"理论"作为这种政策措施的依据，在《就业通论》出世以前，特别是在19世纪，在资产阶级经济学说史中从来没有出现过。投资社会化这种办法是凯恩斯在有效需求严重不足，企业家对投资裹足不前，整个经济濒临全部毁灭的危殆局势下，为适应垄断资本阶级的利益而编制出来的一种解救设计。这就是他所谓"新奇策略"的主要内容。

（二）投资社会化的后果：资本主义国民经济更加失去均衡

凯恩斯主张用投资社会化的调节投资办法来保持长期持续充分就业，这种治疗方案实际上只能起一种注射"吗啡"的短暂而有限的兴奋作用，而从稍长一点的时间看，后果只能是使病入膏肓的资本主义经济更加失去均衡，病情变本加厉。

试设想，这种政府增加投资的措施，如果要防止经济危机的爆发，不外下列两个途径：要么就要能够把经济周期无限期地保持在高涨阶段上，要么就要能够在经济周期的高涨阶段快要完结的时候，制止停滞的出现，并且把周期拉回到高涨阶段上去。

我们略微考察一下，便可以看出，这两种办法都终于会产生同凯恩斯许诺相反的结果。

第一个办法只会加剧周期高涨阶段一切导致危机的矛盾。资本主义生产以攫取高额利润为目的，离开消费、超过市场容量而独立发展，这种趋势会因为投资增加而更加厉害起来。因为投资增加所增加的就业和购买力赶不上生产的扩展，生产和消费之间的差距势必愈益增大，因而同社会购买力对照起来，生产过剩势将愈益严重。

第二个办法可能暂时减缓危机降临的速度。但是这也就会延缓生产同消费之间均衡关系之重新建立。危机的功能是用暴烈的方式来重建这种均衡关系。因为在周期的停滞阶段，注射新投资能够在某种限度内减少失业，提高购买力，延缓滞销存货的积累。但是，这还要事先有充分保证：使商品变成现金的困难能够克服，使同供给相应的有效需求能够很快上升，这样才能勉强收到上述短暂的、极为有限的"疗效"。

凯恩斯及其追随者们，把他们的理论抽象化、简单化，同资本主义的现实完全割裂开来，因而忽视了这样有决定性的因素——在资本主义制度中，投资、生产、实现（把商品卖掉）之间存在着的矛盾，商品生产了，并不等于商品的销售：价值和剩余价值的实现。

马克思对资本主义条件下，剩余价值的直接生产过程同其实现过程的分离和矛盾，作了极为深刻的下述科学论断：

> ……直接剥削的条件和实现这种剥削的条件，不是一回事。二者不仅在时间和空间上是分开的，而且在概念上也是分开的。前者只受社会生产力的限制，后者受不同生产部门的比例和社会消费力的限制。但是社会消费力既不是取决于绝对的生产力，也不是取决于绝对的消费力，而是取决于以对抗性的分配关系为基础的消费力；这种分配关系，使社会上大多数人的消费缩小到只能在相当狭小的界限以内变动的最低限度。这个消费力还受到追求积累的欲望的限制，受到扩大资本和扩大剩余价值生产规模的欲望的限制。这是资本主义生产的规律，……生产力越发展，它

就越和消费关系的狭隘基础发生冲突。在这个充满矛盾的基础上，资本过剩和日益增加的人口过剩结合在一起是完全不矛盾的。因为在二者结合在一起的时候，所生产的剩余价值的量虽然会增加，但是生产剩余价值的条件和实现这个剩余价值的条件之间的矛盾，正好因此而日益增长。①

马克思关于生产增长与消费增长之间的矛盾这段科学论断，好像正是针对凯恩斯关于通过投资社会化而增加投资这一"新奇策略"说的，在充满着矛盾的资本主义制度中，生产和销售是彼此分离、受各不相同的条件所决定的两个独立行为。基于资本主义生产关系及其相应的分配关系，投资增加并不把消费提高得像生产的扩大那样快、那样高，生产本身并不能带来其价值和剩余价值的全部实现。而且，如果投资增加而引起资本有机构成的显著提高，则还可能带来相对的（甚至绝对的）就业降低和有效需求下降。从根本上看来，只有生产和消费之间的矛盾得以解决，才能恢复暂时的经济均衡。

资本主义条件下，商品生产的条件和商品销售（价值与剩余价值的实现）的条件是矛盾的。投资增加了，商品生产量增加了，资本家必须把商品销售脱手，把商品资本转化为货币资本，把体现在商品里的剩余价值加以实现，才算增加了资本财富。如果剩余价值因市场狭隘而不能从商品资本转换成货币资本来实现（这是再生产的首要条件），这对资本家来说，那就简直等于资财的毁灭。

既然资本主义生产的条件和实现的条件是矛盾的，只要生产力是发展的，它就必然会同消费条件的狭窄基础相矛盾。凯恩斯的"新奇策略"——通过投资社会化而增加投资，正是马克思所说的过剩资本和过剩人口二者相结合，这种结合一旦成了事实，那么所生产的商品量和其中体现的剩余价值确实会增大，但是，同时必然会加深这

---

① 《马克思恩格斯全集》第 25 卷，人民出版社 1974 年版，第 272～273 页。

些剩余价值的生产条件和实现条件之间的矛盾,使市场商品更加充斥,资本主义经济更加失去均衡。

(三) 实践效验究竟如何?终极目标"乐观世界"有无实现的希望

凯恩斯倡导投资社会化这个"新奇策略"处方,借以救治资本边际效率在短期内波动不定、在长期内逐渐下降这些严重缺陷和障碍,并且进一步设想:通过这种深思熟虑的政府投资干预,保持充分就业长达30年左右,资本资产就不再稀少,资本边际效率可以下降到零,而仍可继续不断地增加投资,从此资本主义进入"乐观世界",就不再需要革命了。

由于对未来经济事态所作预期的基础甚为脆弱,不确定性必然伴随着工商界信任状态的突变性,原来希望在资本边际效率上能够实现的愿望,突然趋于幻灭;另一种幻灭的力量取而代之,又迅速成为评价惯例之新的基础。[1] 在经济周期的波动过程中,经济繁荣内部孕育着使它自身趋于毁灭的种子,充分暴露了资本主义自由放任经济运行的不确定性和突变性。投资活动的上下波动,变幻莫测,就成了这种不确定性和突变性的集中表现。这就是资本主义经济运行之无政府状态的生动写照。在现象形态的觉察上,凯恩斯对资本主义经济运行、特别是投资动态所表现的无政府状态,作了坦率的揭露,这是具有现实感的,值得加以肯定。

这种坦率揭露的中心旨趣在于,为了救治经济运行和投资动态的严重缺陷和障碍,于是用政府干预论新经济思潮取代自由经营论旧经济思潮,实行投资社会化:投资事项由政府来总揽,消除私人投资短期波动不定和长期逐渐下降的弊端,进而使资本主义进入"乐观世界",永葆青春。这是凯恩斯一厢情愿的虚幻情调。

战后西方各国广泛推行凯恩斯主义扩张、刺激政策,曾获得较长时间的经济增长,被誉为"凯恩斯时代"。这是不容否认的历史

---

[1] 凯恩斯:《就业的一般理论》,载 S. E. 哈里斯:《新经济学》,1947年英文版,第186页。

事实。但是，好景不长，这种政策推行过久，凯恩斯主义竟走向反面，产生了一系列恶果，特别是国际性的"滞胀"这种空前严重而怪诞的双重社会瘟疫。于是它备受责难，顿趋衰败。这种变化过程证明，由"不确定性"这种病象特征而推演出来的"投资社会化"处方，既不能长远保证充分就业的繁荣境界，更不能引导资本主义进入"乐观世界"，这只不过是只能治标、不能治本的改良主义幻想。

究竟为什么凯恩斯在这个问题上的主观救治企图和客观实践疗效两者相去如此悬殊呢？我认为，这主要是由于凯恩斯关于"不确定性"的觉察和投资社会化"处方"的倡导，只限于在现象形态和次要因素上看到了投资波动不定的病象，而完全没有触及资本主义制度所特有的基本矛盾：生产社会性与生产成果的资本主义私人占有形式之间的矛盾。这是资本主义经济危机的最终根源。投资前景的"不确定性"与工商界信任状态的变幻多端，只不过是由这个总的病根所派生出来的一项病态现象而已。这个病态现象的存在是确切不移的。凯恩斯能够把它觉察出来，并且坦率地加以承认，不像其庸俗前辈那样遮掩搪塞，这种现实态度是值得肯定的。但是，由于他的阶级局限性，他在诊断经济周期过程中投资波动不定这种病象的根源时，完全抹煞了资本主义制度及其内部矛盾，而停留在"不确定性"和信任状态这种现象形态上。这就注定，这样推导出来的投资引诱理论与投资社会化政策"处方"只能是肤浅的、治标的。在一定程度内，它可以使经济危机在程度上有所缓解，但绝不能从根本上消除经济危机，更不能实现资本主义"乐观世界"那种幻想境界。凯恩斯主义半个世纪以来的实践历史，已经确切不移地谱写了这种兴衰变幻的必然历程。

第五节　倍数原理述评

如上所述，凯恩斯认为，在短期内，消费倾向"比较稳定"，要大量增加殊为不易。在这种前提下，投资是决定就业的主要因素，于

第八章 投资引诱理论评论（上）

是他转而强调投资增加对促进就业和收入增加方面的重要作用。然则增加投资这种"吗啡"注射处方对增加就业（解救失业问题）和收入究竟"疗效"如何呢？新增投资究竟能对就业和收入引起多大程度的增加呢？他用数学公式推导：在新增投资与由此而引起的总就业增量（总收入增量）之间，得出一个确切的比例关系，后者是前者的许多倍，称为"倍数"。关于新增投资在"疗效"测算上的这种理论，就是倍数原理。在凯恩斯就业理论体系中，倍数原理甚为重要。如果说投资理论是凯恩斯理论的主轴的话，则倍数原理可以说是这个主轴理论的核心。

从上面第五章介述凯恩斯就业一般理论的思想形成过程中可以看出，他早在1929年支持英国自由党竞选纲领：通过财政拨款、主办公共工程、解救严重失业的投资方案，在投资效果的估算上，就粗略地提出了倍数思想。经过几年艰难而曲折的发展和演化，倍数原理逐渐趋于完备，趋向数理化、公式化，最后才正式建立起来。在这一思想形成过程中，倍数观念被提出的时机最早，花费的时间最长，经过的曲折、反复最多，并且在《就业通论》一书中高度强调其作用和威力，由此可见倍数原理在这一理论体系中确实具有极为重要的意义和地位。

倍数原理的要旨，可以大致概括如下：

（一）中心命题是，当失业严重时，政府新增投资最终可以导致投资、就业和收入总量的好多倍

从常识推理言，此中道理并不复杂。作为解救失业的新增投资，购买器材和增雇工人，这一原始投资直接导致第一轮新增就业量、收入量。这一轮新增收入必然导致第二轮新增消费量、收入量、就业量和投资量。由此类推，一轮又一轮地产生一系列的连锁反应：派生收入增加引起第三轮、第四轮……新增消费量。这样，原始投资引起一系列派生收入。投资刺激消费的增长，必然引起消费品生产的增加，从而引起消费品部门收入的增加，进而又可以引起消费需求的再度扩大。把它们统统加在一起，使投资增加所导致的总就业量比第一轮就业量大好多倍。凯恩斯据此得出结论说：在投资与收入、投资与就业

之间有一种倍数关系存在：投资与收入之间的比例关系叫"投资倍数"。

凯恩斯认为，投资的小额变动会在就业上引起巨大的变动，投资较小的增加量就会引起更大的就业量。投资由国家来总揽，政府投资对严重失业病症能够起到"药到病除"的作用。他说："投资只占国民所得中之较小部分，但当投资数量变动时，却能使总就业量与总所得量之变动程度，远远超过投资量本身的变动。这种现象，有了倍数原理以后，就得到了解释。"[①] 由此可见凯恩斯对投资由政府来总揽，动用政府投资解救严重失业，达到并保持充分就业这一强大威力，极端重视，寄予无限希望，并抱有坚定不移的信心。

（二）这个倍数的大小，依存于边际消费倾向

边际消费倾向越大，则这个倍数越大，一特定量投资变动所引起的就业变动也就越大。在消费倾向"比较稳定"的情况下，失业救济方策在于增加投资。新增投资会刺激消费品生产的增加，但它究竟会给予怎样大的刺激，究竟会引起多大的就业增加，那要看这一新增投资所引起的新增所得，会以怎样大的比例被用在消费上面。例如，假定边际消费倾向为80%，原始新增投资为100万元，首先使投资品（生产资料）的生产者及其他有关人员的收入增加100万元。这新增的100万收入有80万元用于消费，则第二轮派生收入为80万元。这80万元又有64万元用于消费，即构成第三轮派生收入。如此类推，总收入增量为：100+80+64+51.2+…=500万元，即总收入增加五倍。如果边际消费倾向小于80%，则总收入增量也就相应减少。反之，如果投资减少，也同样通过一系列连锁反应，一轮又一轮地引起收入递减，收入总减量也会为新减投资数量的好几倍。

凯恩斯正是根据倍数原理，用投资减少所引起的总投资加倍减少

[①] 凯恩斯：《就业通论》，徐毓枬译，商务印书馆1977年版，第104页。参照原文，译文略有更动。

这种剧烈波动,来解释经济危机时期的投资猛降、生产剧减、失业严重增加的病症。也正是根据倍数原理,用投资增加所引起的总投资量、总收入量、总就业量的加倍增长这种"新奇策略",企图"有效地"救治失业病症,消除经济危机,保持充分就业,经过30年左右的持续增长,使资本设备臻于丰裕境界,配合食利阶级的"无疾而终",资本主义社会就能永葆青春,进入"乐观世界"。前面说过,投资理论在凯恩斯就业一般理论体系中居于主轴地位,而倍数原理也就成为这个理论的核心,要害即在于此。

(三)凯恩斯进一步把倍数原理公式化

以 Y 代表收入,C 代表消费,I 代表投资,ΔY 代表收入增量,ΔC 代表消费增量,ΔI 代表投资增量,ΔS 代表储蓄增量,$\frac{\Delta C}{\Delta Y}$ 表示边际消费倾向,按:收入增量=投资增量(或储蓄增量)+消费增量,则 $\Delta Y = \Delta I + \Delta C$,即:

$$\Delta I = \Delta Y - \Delta C, \qquad \Delta Y = \Delta S + \Delta C$$

以 K 代表投资倍数——一定投资增量 ΔI 同由此而引起的总收入增量之比:

$$K = \frac{\Delta Y}{\Delta I} = \frac{\Delta Y}{\Delta Y - \Delta C} = \frac{\Delta Y / \Delta Y}{(\Delta Y - \Delta C) / \Delta Y}$$
$$= \frac{1}{\Delta Y / \Delta Y - \Delta C / \Delta Y} = \frac{1}{1 - \Delta C / \Delta Y} = \frac{1}{\Delta S / \Delta Y}$$

这就是说,倍数等于"1减边际消费倾向的倒数"。由此可以看出,倍数同边际消费倾向成正比例而变动,边际消费倾向愈大,倍数愈大;反之,倍数同边际储蓄倾向成反比例而变动,边际储蓄愈大,倍数愈小。因此,凯恩斯主张鼓励消费,限制储蓄。

综观倍数原理的上述要旨,现在应该对它作何评价呢?关于这个问题,我们力求抱着一分为二的分析态度。一方面,我们明确地肯定,在经济危机、失业问题严重的厄困局势中,政府投资确实能够收到成倍增加收入和就业,使经济危机有所缓解的救治效应;另一方面,我们也应该指出,凯恩斯企图通过消费与投资双管齐下的政府干预,特别是运用以倍数原理为核心的投资调节,要做到根本消除经济危机,长期(如凯恩斯所估计的以30年左右为期)保持充分就业,使资本主义永葆青春,进入他的所谓"乐观世界",那就完全是一种不切实际的痴心妄想。所以,一方面,在一定限度内,政府投资确实能够成倍地扩大救治影响,收到缓解经济危机的"疗效";但另一方面,它毕竟只是一帖治标处方,有很大的局限性,要做到完全消除经济危机,长期持续地保持充分就业,使资本主义经济进入所谓"乐观世界"的境域,战后西方世界长期推行凯恩斯主义的历史实践经验证明,这是根本无法实现的。

让我们从战后凯恩斯主义的实践纪录来检验吧。一方面,第二次世界大战以后,凯恩斯主义风靡西方各国,登上了政府经济学的宝座。通过长期的政府干预,确实在一定程度上促进了长达1/4世纪的持续经济增长。凯恩斯被誉为"战后繁荣之父"。这是实施凯恩斯需求管理方案的显著成效。但是,好景不长,凯恩斯主义经济政策的长期推行,使它走向自己的反面。虽然战后西方世界经济危机在深度上、在持续长度上,有所缓解,但并未从根本上加以消除,并且仍然不断爆发,一次比一次严重。到20世纪70年代前半期,1974—1975年经济危机竟陷入病象空前怪诞、病情空前复杂、对策空前困难的"滞胀"——生产剧降与物价猛涨两症同时并发的严重厄困局面。以这次经济危机为转折点,凯恩斯主义顿趋衰落。到20世纪70年代末、80年代初,凯恩斯主义在其发源地的英国,典型实验场的美国,正式从政府经济学的宝座上倒塌下来。这种衰败标志着凯恩斯主义方案对资本主义痼疾只能治标、不能治本这种根本缺陷的充分暴露,也标志着以投资理论为主轴、以倍数原理为核心的投资社会化处方的失灵,更标志着以投资理论为主要依据而确立的战略目标——"乐观世界"这一社会哲学思想的完全幻灭。凯恩斯嫡传弟子之一的琼·罗宾逊批评他那资本主义前程似锦的"乐观世界"为白昼梦①,这一评价是恰如其分的。

---

① 琼·罗宾逊:《经济理论的第二次危机》,转引自美国经济学会编:《经济学的最新进展》,1974年英文版,第35页。

现在，后凯恩斯主义者们对倍数原理及以它为核心的投资理论本身仍然信奉，有的还有所发展，如经济增长理论、加速原理等。但对由这种核心理论引导出来的资本主义美妙前景的"乐观世界"这一战略目标，则完全加以摒弃，有的甚至贬评为白昼梦。这在理论思路上是一种矛盾：按照凯恩斯投资理论及倍数原理本身的逻辑思路和数学推导，理应可以导向资本主义永葆青春的"乐观世界"美妙前景。但历史事实证明，结果大谬不然。这究竟是为什么呢？凯恩斯投资理论和倍数原理对资本主义病症只能治标——能够有限地收效于一时，而不能治本——永葆"乐观世界"的美好境界，这主要在于它的根本缺陷——庸俗性：在其理论构思和政策设计中，完全回避、抹煞资本主义生产关系及其相应的分配关系，从而只能在一些现象形态、次要因素方面兜圈子，因而不能深入到问题的实质。

因此，我认为，就倍数原理的逻辑结构与数学推导本身而言，虽属无懈可击，但是，问题在于其要害性的组成因素：消费增长的严重局限性。这绝不是一个单纯的逻辑和数学问题，只有认真解决资本主义基本矛盾，才谈得上根治经济危机和失业问题。倍数原理的错误恰恰在于完全抹煞这一根本矛盾。下面，就它的主要错误进一步简要加以分析。

一、边际消费倾向下降趋势：增加投资在"疗效"问题上的拦路虎

凯恩斯就业理论体系的思维线索，我们这样简要地加以表述：

（1）资本主义条件下，经济危机和失业严重表现为大量商品销售不掉，有效需求不足。尽管他也把投资不足列为有效需求不足的项目之一，但归根到底是由于消费品的有效需求不足，再进一步追溯，是由于消费倾向基本心理规律使然。

（2）既然消费倾向是比较稳定的，要大量增加殊为不易，于是转而乞灵于投资增加的补救办法，填补收入增长与消费增长二者之间所留下的差距。

（3）这种补差性投资增加，"疗效"究竟有多大呢？凯恩斯绕了一个大圈子，又回到原来的出发点：消费倾向这个使他无法解脱出来的死胡同。试看，他的救济性投资增加的"疗效"之大小，取决于倍数的大小，而倍数之大小，又取决于边际消费倾向之大小。这就使救济性投资增加在"疗效"问题上，碰上了消费倾向基本心理规律这只拦路虎。

（4）凯恩斯在对这种救济性投资增加的"疗效"作了夸张吹嘘以后，又哀叹说："边际消费倾向并不是不论就业在什么水平，都是一个常数。大概当就业量增加时，边际消费倾向有减少的趋势。"① 这就是说，他原来所夸大的失业救济"疗效"，又要大打折扣，而且随着就业量的增加，折扣也就愈益增大了。

总之，凯恩斯被迫承认了就业不足、富裕中的贫困这种十分严重的经济现实病态，特别重视有效需求不足中的消费不足问题。他企图把消费倾向这个所谓基本心理规律当作上述严重病态的根源。但是，在解救失业问题的"处方"方面，却把重心转移到投资这种"吗啡"注射上，并过分夸张它的"疗效"，而到头来，又回到消费倾向这个原来的出发点，碰上边际消费倾向下降趋势这只拦路虎。这就是说，凯恩斯的就业理论体系以有效需求原理为主轴，分析有效需求不足的各项因素，以消费不足为重心，并从此出发，找出消费倾向——收入增长大于消费增长这种致命病态，但解救办法却又转而乞灵于投资增加，而在"疗效"问题上，倍数原理却又以具有下降趋势的边际消费倾向这只拦路虎为依据。收入（就业、生产）增长大于消费（市场）增长这种病态，这是资本主义制度无法逃脱出来的死胡同。凯恩斯从这死胡同出发，绕了一个大圈子，又回到这条死胡同。为什么凯恩斯这样颠三倒四，"明知山有虎（上述拦路虎），偏向虎山行"呢？我看，这是由于凯恩斯的资产阶级偏见，使他无法认识资本主义经济危机和失业问题的真正根源。既然他对资本主义这种致命痼疾的病根作了错误的诊断，则他的"处方"——增加投资的长期持续推

---

① 凯恩斯：《就业通论》，徐毓枬译，商务印书馆1977年版，第103页。

行，配合扩张经济政策的其他措施，必然产生"滞胀"的恶果。

二、流通决定生产：对社会总资本扩大再生产规律的严重歪曲

凯恩斯的所谓倍数理论，实际上是投资增加所导致的扩大再生产的问题。凯恩斯在这个问题上的根本错误，在于从流通去决定生产，把投资增加所导致的所得和就业增加，说成是取决于边际消费倾向的大小。这是对资本主义扩大再生产规律的严重歪曲。在前面评议"消费倾向"一章中，已经论证了：资本主义条件下，居民消费有着明显而深刻的阶级差别，根本不存在一个统一的、超阶级性的、适用于全体居民的所谓"消费倾向"，从而否定了这个基本心理规律。消费倾向被否定掉了，由此而编制成的边际消费倾向也就不再适用了。

所以，凯恩斯倍数原理的根本错误，一方面，在于严重地歪曲了资本主义扩大再生产的规律，从流通去决定生产，把投资增加所导致的所得（就业）增加归因于流通过程中消费需求的增加（所谓边际消费倾向）；另一方面，这所谓边际消费倾向也就根本不能把它当作计量尺度去测算由投资增加所导致的扩大再生产的经济效果。

投资增加了，由此而能引起所得和就业的增加，这是经济常识。但是，所得和就业究竟能够增加多少？这就取决于社会总资本扩大再生产的诸种条件，其中主要是：（1）剩余价值资本化，资本总额的增加；（2）资本有机构成的变化；（3）第Ⅰ部类和第Ⅱ部类的相互供需的配合。

凯恩斯在估算投资增加的经济效果时，把社会总资本扩大再生产的这些基本条件完全抹煞，而突出地强调流通的条件：对消费品的货币需求的增加，这是本末倒置，完全歪曲了资本主义再生产的规律。

三、投资增加对失业救济的"疗效"不容夸大

投资增加对失业救济的"疗效"究竟有多大呢？换句话说，"倍数"数值究竟有多大呢？在就业理论的思想演变过程中，凯恩斯最

初对"倍数"数值的估计比较慎重，比较合乎现实情况，没有过分夸大。如他在 1933 年出版的《通向繁荣的途径》中确认：一笔投资使一部分人就业，这些新近就业者又通过花费他们的收入使另一部分人就业，如此循环下去，形成"支出—就业—再支出—再就业"的一系列连锁反应。他明确承认："这个总结果不是无限的"①。"因为在每一个阶段，存在着一定比例的漏损"②。他估计到了，在每一阶段的收入中，有一定比例投资（收入）没有流向增加就业。他把漏损概括为五种情况：③ 一是一部分收入被储蓄起来；二是一部分收入——支出增加使物价提高；三是一部分收入被花费在进口上；四是一部分收入只是替代原先来自失业救济金、私人施舍或个人储蓄的开支；五是一部分收入由于没有对等减轻纳税人的税赋而流入财政部。通过这种分析，他然后总结说："根据目前的环境，采非常保守的数字，我估计倍数至少是 2。"④ 这是就"就业倍数"而言。他在这书中还估计了在公共工程上的新投资同样会使国民收入增加若干倍。他说，"为了稳妥起见，让我们像以前一样，取倍数为 $1\frac{1}{2}$"⑤，即一笔新投资可以产生 $1\frac{1}{2}$ 倍的国民收入。

从上述引语中可以看出，凯恩斯在 1933 年初期对倍数在数值上的估计没有超过 2%，确实是比较稳妥而保守的。但是，他在 1936 年出版的《就业通论》中却对倍数数值大肆夸大。他说：

> 设边际消费倾向之值与 1 相差不多，则投资之小量变动可以引起就业量之大量变动，故只需投资量增加少许，便可达到充分

---

① 凯恩斯：《通向繁荣的途径》，1933 年伦敦英文版，第 5 页。
② 凯恩斯：《通向繁荣的途径》，1933 年伦敦英文版，第 9 页。
③ 凯恩斯：《通向繁荣的途径》，1933 年伦敦英文版，第 10~13 页。
④ 凯恩斯：《通向繁荣的途径》，1933 年伦敦英文版，第 10~13 页。
⑤ 凯恩斯：《通向繁荣的途径》，1933 年伦敦英文版，第 10~13 页。

就业。反之，设边际消费倾向之值比零大不了多少，则因投资之小量变动也只引起就业量之小量变动，故为达到充分就业计，投资须增加许多。……实际上边际消费倾向之值，似乎在此二极端之间，但接近一之程度大，接近零之程度小……①

按照凯恩斯的论断，"边际消费倾向愈大，倍数之值愈大。一特定量投资变动所引起的就业量变动亦愈大"②。他既然认为，在实际上边际消费倾向接近1的程度大，接近零的程度小，则边际消费倾向之值与1相差不多；而又"设社会之消费心理使社会消费其所得增量的9/10，则K等于10。据此，设别方面投资不减，而政府增加其公共投资，则由此引起的总就业量之增加，将10倍于该公共投资本身所提供的第一级就业量"③。那么，这简直把这种投资增加对失业解救的"疗效"夸张到了十分惊人的境界。

用凯恩斯的术语说话，"边际消费倾向之值与1相差不多"："9/10"，这就意味着人人基本上消费其全部所得增量，也就是，在这个范围内，基本上只能维持简单再生产，试问还能大量增加生产和就业吗？在只能基本上维持简单再生产的前提下，生产、所得和就业怎么能够"10倍地"增加呢？这种夸大，实在违背经济常识，严重脱离经济现实。

* * * *

总的评价

综括上述，我们现在对倍数原理应抱着实事求是、一分为二的态度，简要地试作一总的评价。

一方面这个原理在资本主义经济中，在一定程度内，是合乎现实情况的，是能够成立的。在失业严重的情况下，由政府拨款举办公共

---

① 凯恩斯：《就业通论》，徐毓枬译，商务印书馆1977年版，第101页。
② 凯恩斯：《就业通论》，徐毓枬译，商务印书馆1977年版，第106页。
③ 凯恩斯：《就业通论》，徐毓枬译，商务印书馆1977年版，第100页。

工程以缓解失业困境，在相当长期内，总的说来，能够收到就业成倍增加的"疗效"，这是毫无疑义的。凯恩斯从 1929 年上半年坚决支持劳合·乔治的竞选纲领，同汉德森合写《劳合·乔治能办到吗?》一本小册子，隐含地提出倍数思想开始，到 1933 年初期发表《通向繁荣的途径》另一本小册子，经过多年的探索，在公共工程投资的"疗效"问题上，正式创建了倍数原理，使公共投资这种解救失业的政策措施有了一个系统化、公式化的理论依据。在西方经济学说发展史上，对于由政府干预论新经济思潮取代自由经营论旧经济思潮这一重大转化，这是关系十分重大的一项突破。这是应该加以肯定的。

另一方面，倍数原理尽管在逻辑推导和数学演算本身上似乎无懈可击，但问题恰恰在于，经济危机和失业问题的病理诊断以及救治处方，绝不能只是一个单纯的逻辑和数理问题。正如凯恩斯整个就业理论体系完全抹煞资本主义制度及其基本矛盾实属致命的一项根本错误一样，他的投资理论、乃至倍数原理都完全抹煞资本主义生产关系及其相应的分配关系，完全忽视资本主义扩大再生产理论，它们只能是一种围绕着现象形态兜圈子的庸俗理论，只能是一种头痛医头、脚痛医脚的治标"处方"。因此，倍数的数值绝不能过分夸大。

当然，倍数原理："支出—就业—再支出—再就业"一系列连锁反应，这种有关变数关系之中，包含着技术因素的一个方面。只要我们善于利用，在我国"四化"建设中，估算一笔投资在相当长期内之总的经济效益时，倍数原理这种思路是能够起些参考和借鉴作用的。

第九章 投资引诱理论评论（中）
投资引诱的晴雨表：资本边际效率

资本主义经济是以利润动机为中心推动力量的高度发展的商品经济。市场机制十分错综复杂。在凯恩斯就业一般理论体系中，以预期利润率为实际内容的资本边际效率这一自变数最为具体，最为复杂，最为波动不定，对经济周期变化所产生的影响最为强烈。因此，资本边际效率规律及其所依据的"预期"和"不确定性"等具体内容，在就业一般理论中具有一种独特的重要地位。本章主旨在于扼要地介评凯恩斯利润理论的错综复杂图景：以投资市场前景的"不确定性"为总背景，概括出一系列"预期"心理判断作为投资决策的依据，把传统经济学中的现实利润率改换成为以预期利润率为实际内容的"资本边际效率"。他就这些复杂内容多层次地展开论证：一方面有着对资本主义自由放任情况下投资前程深具悲观情调的现实感；另一方面又有倡导"投资社会化"救治方策，对投资前程满怀信心——资本主义"乐观世界"的虚幻观。悲观情调的现实感与满怀信心的虚幻观两相矛盾。这一对矛盾思路两相交织而构成其独特的利润、投资学说。

第一节 资本边际效率的主要内容及其庸俗实质

凯恩斯在其投资理论中，把经济学著作里一般称为利润率的东西，改称为"资本边际效率"。他的说法如下：

> 设一资本资产之寿命为 n 年，在此 n 年中，该资产可以生产

产物，由此产物之价值中减去为取得此产物所付出的开支，则得一组年金……我们可称此组年金为投资的未来收益。①

与投资之未来收益相对立者，则为该资本资产之供给价格。所谓供给价格，并不是实际在市场上购买该资产所付之市场价格，而是适足引诱厂家增产该资产一新单位所需之价格……有时被称为该资产之重置成本。从一种资本资产之未来收益与其供给价格之关系，可得该类资本之资本边际效率。说得更精确些，我之所谓资本边际效率，乃等于一贴现率，用此贴现率将该资本资产的未来收益折为现值，则该现值恰等于该资本资产的供给价值。用同样方法，可得各类资本资产的边际效率，其中最大者，可视为一般资本边际效率。②

从上述关于凯恩斯对资本边际效率一词的解释，可以看出，它是从利润率转化出来，但增添了下列各项新的因素：

一是时间因素。因为有持久性资本设备的存在，所以未来与目前在经济上发生联系。凯恩斯认为，一项资本资产可以存续若干年份，企业家投资，购置新设备，取得一系列年金——未来收益，因而把"未来"这个时间因素突出起来，这是一方面。另一方面，投资决策是现在必须作出的，投资开销是现在必须支付的，因而必须运用贴现的方法，把未来收益贴现成现在价值，作为当前判明投资引诱的依据。这样，在投资实践过程中，未来收益的前景同当前投资决策紧密联系起来，使未来经济发展的前景对目前经济活动产生十分巨大的影响。因此，时间观念：明日同今日的差别与联系，是资本边际效率这个新经济范畴之一个带关键性的重要因素。

二是心理因素。凯恩斯的整个就业理论体系中，贯穿着心理因素

---

① 凯恩斯：《就业通论》，徐毓枬译，商务印书馆1977年版，第115页。着重点是原有的。

② 凯恩斯：《就业通论》，徐毓枬译，商务印书馆1977年版，第115页。着重点是原有的。

的作用。消费倾向和流动偏好是心理范畴。资本边际效率是以资本家对新增资本的未来预期收益所作的心理估计为基础的范畴。他特别强调预期，用大量篇幅分析长期预期状态，把资本家对未来市场情况的信心、信任状态的心理判断，列为资本家投资决策之最重要的依据。

三是边际观念。凯恩斯的预期利润率是特指边际投资的未来收益而言，而非泛指一般投资的收益。他说："资本边际效率乃以钱投资于新增资产，所可预期取得的报酬率，而与历史陈迹（即在该资产寿命告终以后，回顾既往，原投资成本所得之报酬率）无关。"① 在任何一时期中，设对某类资本的投资增加，则其边际效率随之递减。由此可得一总表：投资需求表（或资本边际效率表），指示二者的关系：其一为总投资量；其二为与该总投资量相应并由其建立的一般资本边际效率。

由此可见，基于上述三项新的因素，凯恩斯的资本边际效率同阿·马歇尔的利润率概念相比，既有所相同，又有所不同。相同的是，两人都明确地把利润和利息两者区别开来，把利润说成是企业营运的收益或报酬率。不同的是，马歇尔泛指现实利润率，而凯恩斯着眼于持久性资本资产的存在，一来着重时间因素，二来强调预期判断，三来结合边际概念，把利润率规定为以新增投资之未来收益为中心内容的预期利润率，使未来经济前景的预期对当前的现实经济活动水平产生巨大影响，并且在名称上把它改换为"资本边际效率"。凯恩斯强调"历史观"：时间的存在——昨天、明天同今天的（过去、现在和将来）联系和差异，强调投资市场情势的预期，强调不确定性，强调未来前景预测对今天现实投资决策的重要作用。他的利润理论包含着这些新的特定含义，都暗含地体现在"资本边际效率"这一新的经济范畴里。

所以，凯恩斯的利润理论较马歇尔者更为复杂而细密，从现象形态的概括而论，作为投资决策的主要依据和指针，预期利润率也就比

---

① 凯恩斯：《就业通论》，徐毓枬译，商务印书馆1977年版，第116页。

现实利润率更为切合经济现实情势一些。凯恩斯自己承认："关于信任状态，必须从观察实际市场以及商业心理得来。"① 这样，资本边际效率虽然比马歇尔的利润率要显得新颖一些，但实际上只不过是资本市场中投资心理活动之一种较为细致的概括而已。马克思指出，"庸俗经济学家所做的实际上只是把那些为竞争所束缚的资本家的奇特观念，翻译成表面上更理论化、更一般化的语言，并且煞费苦心地论证这些观念是正确的。"② 从资本边际效率这个新颖范畴的具体内容来看，确实含有如马克思所批判的庸俗实质。这里应特别指出的是，凯恩斯的庸俗境界，比其前辈滑得更远些，名目定得更新奇些，这是这个经济范畴的特点。

凯恩斯对资本边际效率这个范畴聚精会神地进行论证，把它作为就业一般理论体系中的三个自变数之一，再三强调其对调节投资的重要性。但是，他唯独完全回避了一个要害性的问题：它的性质是什么？这是必须揭露清楚的，绝不能有半点含糊。

资本主义是以剩余价值剥削为中心内容的一种生产方式，利润是剩余价值的转化形态。这样，凯恩斯把这种转化再进了一步，使之更加复杂化，形式是：

利润是剩余价值之第一步的转化形态；

资本边际效率是利润率的转化形态，是剩余价值之进一步的转化形态。

如前所述，在思想渊源上，凯恩斯的资本边际效率这一新的经济范畴，一方面，在实际上继承着马歇尔生产论之生产四要素说中的"组织"或"管理才能"和分配论之"四位一体的公式"中的"利润是管理才能的报酬"这种传统教义；另一方面，却适应了现代经济营运势态的日益复杂，于是在利润率的具体表述形式上有所更新，使之复杂烦琐，艰涩难懂。所以，由于当代资本主义的投资市场机制

---

① 凯恩斯：《就业通论》，徐毓枬译，商务印书馆1977年版，第126~127页。
② 《马克思恩格斯全集》第25卷，人民出版社1974年版，第257页。

比前些阶段更为复杂而变幻莫测,凯恩斯把利润率改换为资本边际效率,其作用具有二重性:一方面,有必要在利润率的表述形式上赋予新的特点;另一方面,更重要的是把其中包含的剩余价值这个核心实体掩盖得更为隐蔽。

第二节 资本边际效率的具体特点

凯恩斯对资本边际效率的具体特点也作了明确的论证和论断。他把这些特点归纳为下列两个方面:

第一,就短期而论,资本边际效率波动不定。他指出,"各种资本品的资本边际效率,在市场估计办法之下,可以变动很大"①。"我认为商业循环之主要原因,还是资本边际效率之变动。"② 他又说:"我认为,一个典型的(常常是最普通的)恐慌,其起因往往不是利率的上涨,而是资本边际效率的突然崩溃"③。由此可见,凯恩斯对资本边际效率的波动不定,特别在经济衰退时刻,它变成"极为低微,甚至是负数"④,极为重视,认定这不仅直接导致投资的剧烈波动,而且对消费倾向也产生不利影响。⑤

然则资本边际效率究竟为什么会这样剧烈地波动不定呢?关键在于,"决定资本边际效率者,乃是不受控制、无法管理的市场心理"⑥。再则,市场心理又为什么不受控制、无法管理而变化莫测呢?此中理由有两个方面:

其一,正如凯恩斯指出的那样,在客观因素方面,"有一件事实

---

① 凯恩斯:《就业通论》,徐毓枬译,商务印书馆1977年版,第139页。
② 凯恩斯:《就业通论》,徐毓枬译,商务印书馆1977年版,第267页。
③ 凯恩斯:《就业通论》,徐毓枬译,商务印书馆1977年版,第269~270页。
④ 凯恩斯:《就业通论》,徐毓枬译,商务印书馆1977年版,第272页。
⑤ 凯恩斯:《就业通论》,徐毓枬译,商务印书馆1977年版,第272页。
⑥ 凯恩斯:《就业通论》徐毓枬译,商务印书馆1977年版,第127页。

很明显：我们据以推测未来收益的一点知识，其基础异常脆弱。若干年以后，何种因素决定投资之收益，我们实在知道得很少，——少到微不足道。打开天窗说亮话，我们不能不承认，如果我们要估计几年以后，一条铁路、一座铜矿、一个纺织厂、一件专利药品的商誉、一艘大西洋邮船、一所伦敦市中心区之建筑物的收益是什么，我们所根据的知识，实在太少，有时完全没有。即使把时间缩短为五年以后，情形亦复如此。"① 这就是说，投资者预测未来收益所根据的知识，其基础既不充分，也不确切。

其二，在主观因素方面，投机心理与投资者的心理状态也起重要作用。凯恩斯指出，"投资市场的组织愈进步，则投机支配企业之危险性愈大。"② 他又说："除了投机以外，还有其他不稳定因素起因于人性特征。我人之积极行为（指积极投资而言——引者注），有一大部分，与其说是决定于冷静计算……不如说是决定于一种油然自发的乐观情绪……大多数决定做此事者，大概只是受一时血气之冲动——一种油然自发的驱策，想动不想静。"③ 再则对资本边际效率的预期容易出现错觉：过度乐观和过度悲观，引起投资过度波动。凯恩斯认为，繁荣时期的一个重要特点乃是有许多投资，实在只能产生年息两厘，但人们预期以为可以产生年息六厘，便贸然根据此错误预期而下手。一旦真相大白时，代之而起者乃过度悲观，于是有许多投资实在可以产生年息两厘，但人们预期还要赔本，结果新投资崩溃，果真趋于赔本。④

总之，基于客观依据的不充分、不确切，主观判断的不理智、不周全，使预期难以准确，变幻莫测，甚至有时过度乐观，有时过度悲观，导致资本边际效率的波动不定，大起大落，甚至剧烈下跌，有如

---

① 凯恩斯：《就业通论》徐毓枬译，商务印书馆1977年版，第134页。
② 凯恩斯：《就业通论》徐毓枬译，商务印书馆1977年版，第137页。
③ 凯恩斯：《就业通论》徐毓枬译，商务印书馆1977年版，第134、272页。
④ 凯恩斯：《就业通论》徐毓枬译，商务印书馆1977年版，第274页。

暴风骤雨，投资市场急剧崩溃，使整个国民经济陷于停滞衰败状态。

凯恩斯高度重视资本边际效率在短时期内波动不定这个特点，认为这是引起经济周期（商业循环）的主要原因，必须大力加以救治。他由此得出结论："我们不能把决定当前投资的职责放在私人手中。"① 他倡议："把投资这件事情，由社会来综揽……只要国家能够决定：（a）资源之用于增加生产工具者，其总额应为若干；（b）持有此种资源者，其基本报酬率应为若干，则国家已尽其职责。"② 他认为"国家可以向远处看，从社会福利着眼，计算资本品的边际效率"③，所以他"希望国家多负起直接投资的责任"④。

这就是凯恩斯以解救失业、消除经济危机为战略目标的"投资社会化"这一重大对策的基本设想。至于这一对策的可行性及其实质，前面已作评议，不再重复。

第二，就长期而论，资本边际效率的特点乃是随投资增加而逐渐下降。凯恩斯指出："在任何一个时期中，设对某类资本之投资增加，则该类资本的边际效率，因投资之增加而减少。其故，一部分是因为该类资本之供给增加时，其未来收益下降；一部分则因为该类资本的产量增大时，其生产设备所受的压力加大，故其供给价格提高。短时期内之所以能达到均衡，主要是靠第二类因素，但时间愈长，则第一类因素之重要性愈大。"⑤ 这里可以看出，凯恩斯认为，在长期中，资本资产的投资增加，其未来收益下降，因而资本边际效率也就递减。

关于资本边际效率在长期中因资本日趋丰裕而不断下降的这一特点，凯恩斯更有颇为独特的进一步论述。他说：

---

① 凯恩斯：《就业通论》，徐毓枬译，商务印书馆1977年版，第110页。
② 凯恩斯：《就业通论》，徐毓枬译，商务印书馆1977年版，第139页。
③ 凯恩斯：《就业通论》，徐毓枬译，商务印书馆1977年版，第272页。
④ 凯恩斯：《就业通论》，徐毓枬译，商务印书馆1977年版，第321页。
⑤ 凯恩斯：《就业通论》，徐毓枬译，商务印书馆1977年版，第322页。

我们最好说，资本在其寿命中，会产生一个收益，超过其原来成本，而不说资本是生产的。盖资产在其寿命中，所以会产生劳役，且此劳役之总价值大于其原来供给价格者，唯一理由，只是因为资本稀少，资本之所以稀少，因为有货币利率与之竞争。设资本之稀少性减少，则收益超过原成本之数渐减。但资本之生产力，至少就物质意义而论，未必减低。①

我同情经典学派以前的学说：其说以为一切皆由劳动产生，帮助劳动者，乃（a）古之所谓工艺，今之所谓技术；（b）天然资源，若天然资源丰富，则使用无代价，若稀少则付地租；以及（c）过去劳动之具形于资产者，其价格亦视其稀少性或丰富性而定。我们最好把劳动……看作唯一的生产要素，在一特定的生产技术、天然资源、资本设备以及有效需求等环境之下工作。②

……一个正确的学说应当是两面可用的，即不论资本边际效率是正或负，都可以包括在内。我想只有在以所述的稀少说，可以办到这点。

在长时期中，资本必须保持着一种稀少程度，使其边际效率至少等于长期……利率……。今设有一个社会，资本设备已经很丰富，若投资再增加，则资本边际效率将为零或负数。

我们很容易让资本丰富到一种程度，使得资本边际效率等于零。

第二次世界大战后英美两国之经验……因为积累下来的财富已经很多，故资本边际效率下降甚速，但利率……不能下降如此之速，于是……在自由放任情形之下，就业量与生活程度都不能

---

① 凯恩斯：《就业通论》，徐毓枬译，商务印书馆1977年版，第179页。
② 凯恩斯：《就业通论》，徐毓枬译，商务印书馆1977年版，第180～183页，译文原来把"Labour"译为"劳力"，现根据原文改为"劳动"。着重点是引者加的。

达到一个合理的水平。①

综合上面引述凯恩斯关于资本边际效率在长期中逐渐下降的这些独特论断,其要旨可概括如下:

第一,资本边际效率是有弹性的,它在新增投资的影响下将会下跌。随着投资的增加,资本资产日趋丰裕,资本边际效率逐渐下降。凯恩斯断言,"我们很容易让资本边际效率下降到零。"

第二,利率却是"粘性的"②。资本边际效率下降的速度快,而货币利率下降速度慢,而且下降到一定境界(如2%)后就不再继续下降。这样,在自由放任的情况下,这两个变量趋于相等的水平,是更多地取决于利率而非资本边际效率。这就是说,企业家们将会生产新资本财产直到它们的边际效率降低到货币利率水平为止。在自由放任的情况下,当资本边际效率下降到同货币利率水平相等时,投资不能继续增加,顿告停止,失业产生,这就是货币利率造成了障碍——货币利率为投资增加设置了极限,这使资本财产造成了人为的稀缺。

第三,凯恩斯在这里摒弃了资本生产性的观念,同意劳动价值学说,即一切都是劳动创造的。他采用"稀缺说"去解释资本财产的边际效率,认为资本财产在其寿命期间提供的收益大于其原来成本,只因它们是稀缺的。随着资本稀缺性的减少,财富持有人的报酬率将会下降。

第四,在投资理论方面,凯恩斯关于利息与资本边际效率的上述见解,暗含着对资本主义社会秩序不能充分发挥物质生产潜力这一重大缺陷的揭示和批评。他明确认定,在经济周期变化过程中,尽管资本的生产力,就物质意义而论,自始至终未减低,但是,在自由放任的情况下,由于货币利率给新投资的继续增长设置了障碍,使资本不

---

① 凯恩斯:《就业通论》,徐毓枬译,商务印书馆1977年版,第180~183页。
② 利率为什么是"粘性的",在下章利息理论中再行述评。

能充分发挥作用,从而就业量和生产水平不能达到,并长期保持充分就业的高度水平。

然则如何克服这一严重缺陷呢？凯恩斯设计了一个方策：首先,针对资本边际效率在短期内波动不定的上述第一特点,采取投资社会化——投资由国家来总揽的政府干预对策,使投资达到并经常保持着充分就业水平。其次,针对资本边际效率在长期中不断下降的第二个特点,在投资社会化的政府干预下,维持充分就业水平达30年左右的长期内,资本资产就会大大丰裕,资本不再稀缺,利息率就会逐渐地自然而然地降到零,食利阶级就无疾而终,无痛苦地趋于消亡。

这样,凯恩斯把投资领域乃至整个资本主义经济的主要矛盾归结为金融资本阶层与产业资本阶层之间的矛盾,通过投资社会化这种政府干预对策,妨碍投资在自由放任情况下继续增加的"极限"消除了,资本边际效率尽管下降到零,投资仍然能够持续地不受限制地继续增加下去,资本资产极度丰裕,从此进入"乐观世界",文明生活就会开始,这就不需要革命了。① 狄拉德称这种设想为"小革命"②,琼·罗宾逊称它为"一个乐观世界的幻想"③。关于这一设想的虚幻性及其主要错误,将在下面评述利息理论之末,另辟专节进行评议。

综括上述凯恩斯关于资本边际效率在具体特点上的论断,应当扼要作出下列几点评议：

第一,凯恩斯概括投资活动在自由放任情况下引起资本边际效率的两个特点：在短期间的波动不定,在长期间的逐渐下降,并且把它

---

① 凯恩斯：《就业通论》,徐毓枬译,商务印书馆1977年版,第184~185页。

② [美]狄拉德：《凯恩斯经济学》,陈彪如译,上海人民出版社1963年版,第145页。

③ 琼·罗宾逊：《经济理论的第二次革命》,胡代光译,载《现代国外经济学论文选》第1辑,商务印书馆1979年版,第11页。

们看成自由放任资本主义经济的重大缺陷,一方面引起经济周期波动的病态,另一方面为资本主义经济的长足进展设置障碍和极限。他把资本资产在物质意义上的生产效率和在预期收益上的生产效率两者截然分开,明确承认,只因资本边际效率波动不定和下降而使新投资不能继续增加,使生产力不能充分发挥作用,而这时它们在物质意义上的生产力并未丝毫减低,认为这是自由放任资本主义的严重缺陷。他对这种重大缺陷深感焦虑,亟思加以救治。对这种缺陷的揭示,暗含着对资本主义自由放任生产秩序的批评和指责。我认为,凯恩斯这种论断和揭示是具有现实感的,应当加以肯定。服膺自由经营论经济思潮的经济学家们,深信萨伊定律以及市场机制的完善性、协调性等教义,把资本主义自由放任体制歌颂成尽善尽美,而凯恩斯却能揭示它的一些重大缺陷,两相对比,这不能不说是他的一种相对优势。

但是,凯恩斯关于资本边际效率这两个特点问题的一系列论证和论断,毕竟只是从现象形态进行考察的一种肤浅见解,很不深刻,没有切中问题的要害。例如,他觉察到了资本边际效率上下波动不定的危害性,这是值得肯定的,但把它视为经济周期变化的原因,这是不正确的。实则经济周期的根源在于资本主义基本矛盾:生产社会性与生产成果资本主义私人占有形式之间的矛盾。关于这个问题,将在下面经济周期理论一章中详加论述。又例如,他觉察到了资本边际效率在长期中不断下降而使资本主义发展前程所遭受的障碍和极限,这是值得肯定的,但把根源归结为资产阶级内部各个集团——金融资本家集团与产业资本家集团之间的矛盾则完全错了,实则此中根源在于资本自身,在于资本主义生产关系。马克思明确指出,"资本主义生产的唯一祸害就是资本本身"①。关于这一科学论断,下面评议经济周期理论时还要详加论述。在这个问题上,凯恩斯把资本主义阶级关系

---

① 《马克思恩格斯全集》第 23 卷,人民出版社 1972 年版,第 618 页。

的主次颠倒了。

第二，在理论上，凯恩斯自称倾向于相信劳动价值论，认为一切都是劳动创造的，利息是一种不劳而获的收入，并且摒弃资本生产性的观点。这种论点也是值得肯定的。但是，他的这种论断是混杂不清的。他认为投资取得未来收益大于原来成本，只是由于资本财产的稀缺性。在实质上，利润是剩余价值的转化形态，是资本主义生产关系的产物，绝不只是由于资本财产的稀缺性所形成的；而是一方面资产阶级垄断着具有稀少性的生产资料，变成资本财产，另一方面无产阶级除劳动力外一无所有，两者结合，形成雇用、被雇用的关系，进行剩余价值的生产，并转化为利润，凯恩斯把它再转化为资本边际效率。生产资料具有稀少性，这是事实。但只有把这种具有稀少性的生产资料纳入资本主义生产关系的结构之中，才构成剥削无产阶级剩余劳动的资本资产。凯恩斯单纯用资本资产的稀少性来解释资本边际效率，而抹煞其中具有实质意义的资本关系，这是似是而非，是完全错误的。

第三节　利润理论的经济基础：未来经济事态的不确定性

资本边际效率的最重要特征是不确定性。这主要是来自预期的不确定性，凯恩斯在投资和利润理论方面十分强调这种不确定性的作用。在凯恩斯《就业通论》问世以前，新古典学派信奉萨伊定律和市场机制的完善性和协调性，强调市场调节机制能够自动调节臻于充分就业均衡的美妙境界，是以投资前景乃至整个经济运行的确定性为假定前提的。凯恩斯则背离了这种传统教义，十分强调经济运行中的不确定性，特别是投资市场前景的不确定性。这种不确定性，对凯恩斯"革命"关系至为重要。唯其资本主义自由放任经济在运行上具有"不确定性"这一特征，凯恩斯才有可能去否定自由放任与市场调节自动导致充分就业均衡这一传统教义，从而在整个国民经济方面强调政府干预，把自由放任资本主义转化为"可调节的"资本主义。特别在投资领域内强调"投资社会化"：投资这件事情由社会来集中管理，让国家之权威与私人之策动力量互相结合，① 克服私人投资在自由放任体制下的缺陷和障碍。因此，不确定性这个基本观点在就业一般理论中，不论在理论体系的塑造上，还是在政策措施的制定上，都居于极端重要的地位。也可以说，经济前景的不确定性是凯恩斯就业一般理论体系中关系至关重要的一个基本观念，换句话说，未来经济事态的不确定性是就业一般理论的经济基础。凯恩斯这种不确定性同以马歇尔为主体的传统经济学所假定的确定性存在着明显的差别。这是新旧两种经济学说在这一基本观点上的分水岭。正是在这个意义上，琼·罗宾逊明确地认定："凯恩斯学说论证的问题之真正本质是不确定性。"②

凯恩斯在《经济学季刊》1937年2月号上发表的《就业一般理论》一文中，首先简要地对该刊前期发表的四篇书评进行答辩，然后着重阐述了他同传统经济学家之间在基本观点上的一些重大分歧。其中，他特别强调了未来经济事态的不确定性，尤其是投资前景的不确定性。这是凯恩斯利润理论、投资引诱理论的经济基础，值得详加述评，借以显示其理论体系和政策旨趣的独特格调。

一、对传统经济学之一个最明显的背离

凯恩斯明确指出，③ 李嘉图的分析关系到我们现在所称的长期均衡；马歇尔的主要贡献是在此基础上对一些有关长期均衡如何从一个均衡点通向另一个均衡点的探讨。他们假定使用中的生产要素总量是既定的，问题在于如何决定使用它们的方法以及相应的报酬。后来的

---

① 凯恩斯：《就业通论》，徐毓枬译，商务印书馆1977年版，第321页。
② 琼·罗宾逊：《对现代经济学的贡献》，1979年英文版，第5页。着重点是引者加的。
③ 凯恩斯：《就业一般理论》，载 S. E. 哈里斯主编：《新经济学》，1947年英文版，第183~184页。

经济学家对这一理论加以丰富和充实,但仍然如其前辈一样,是在研究一个视使用的生产要素为既定量的体系,其他有关论据也或多或少被看作确定的。当然,这并不意味着他们涉及的是一个不考虑变化的体系,甚至是一个不存在预计失误的体系。然而,他们认定,在任何特定的时间,证据和预计是用固定和可以计算的形式确立的,风险虽然也被予以承认,但并未给予更多的重视,并且它被假定可以用准确的保险统计学来计算。概率微积分虽然作为理论基础而被提到,但却被视为可以使其不确定性减少到像确定性本身那样的准确程度。

但是,凯恩斯认为,事实上我们通常对于我们最直接接触以外的任何事物,只有极其模糊的概念。有时候,我们不太关心它们遥远的后果,甚至只关心眼前的结果。在受到未来的偏见所影响的全部人类活动中,最重要的活动之一正是具有经济特性的"财富"。"财富"积累的总体目标是要在较远的将来或者在不定的未来岁月,产生结果或产生潜在的结果。而我们有关未来事态的知识是波动的、含糊的和不确定的。因此,对传统经济理论的方法而言,"财富"就成了特别不适宜的课题。在产品必须在产后的短期内消费掉的世界里,这种理论可能十分有效。然而,如果将它应用于另一世界,那里,财富的积累无限期地延续到未来,则他建议,对它进行重大修正,财富积累所占比例越大,这种修正就越重要。

由此可见,凯恩斯认为,李嘉图、马歇尔及其后继经济学家的研究主题是商品生产及其在随后短期内的消费,着重研究均衡,是以假定经济前景的确定性为前提和背景的。而在财富积累成为新的研究课题的另一世界里,经济活动延续到较远的未来才能产生结果。我们有关未来的知识是不确定的。他建议,对它进行重大修正,用不确定性去取代确定性。这确实是凯恩斯在基本观点上对传统经济理论一个最明显的背离。

二、独特而确切的含义

关于"不确定性"这个基本观点,凯恩斯在《就业通论》中几乎章章都有触及。但在1937年2月发表的《就业一般理论》一文中,却特别集中地对不确定性作了明确的论述。现在,引述他的原话如下:

> 关于"不确定性"的知识,依我的解释,意思并不只是把确定性事物同仅属或然性的事物区分开来。在这个意义上,轮盘赌并非不确定性的课题,对胜利债券的预期同样也不是。再则,对寿命的预计仅仅是微小的不确定性。甚至天气的预测也仅是中度的不确定性。我使用这个词的意思是,对欧洲大战的预测是不确定的,或者20年后铜的价格和利率,或者新发明项目的变旧过时,或者私人财富所有者在1970年的社会制度中的地位,等等,都是不确定的。对于这些事物都没有任何赖以构成其可供计算的概率的科学基础,我们只是完全无知。①

由此可知,凯恩斯关于"不确定性"有着独特而确切的含义:第一,完全不只是把确定性和或然性两者区分开来,如轮盘赌之类不属于这个基本观念的范畴。第二,"不确定性"乃指在那些较远的未来,无法确知其动向的事物。第三,它也包括一些程度较轻、属于中度不确定性的事物。

三、现实行动的准则

既然社会进程和经济前景充满着不确定性,而行动和决策的需要却又迫使人们作为现实的人尽最大努力正视这些棘手的问题。凯恩斯在《就业通论》中,对企业家的现实行动概括出一条成规(Convention):除非有特殊理由预测未来会有改变,否则我们假定现

---

① 凯恩斯:《就业一般通论》,载 S. E. 哈里斯:《新经济学》,1947年英文版,第185~186页。

存状况将无定期继续下去。① 他指出："只要我们信赖这条成规会维持下去，则上述因循办法倒使我们经济体系有了相当连续性和稳定性。"②

凯恩斯在《就业一般理论》一文中对上述因循办法进一步展开论证。他说：③

> 在这种情况下，我们究竟如何行动以保全我们作为合理的经济人的面子呢？为此，我们设想了一系列的技术，其中最重要的有三条：
>
> (1) 我们假定现在比过去经验是一个对未来更为有用的向导，过去经验的公正检验只不过显示迄今为止的情况。
>
> (2) 我们假设物价和现有产品特点表示的当前认识水平，是基于对未来展望的正确归纳，因而我们可以如实接受这一认识水平，除非或者直到有新的和更适当的事物闯入我们的视野。
>
> (3) 当获知我们个人的判断是无用的，便力图转到世界其他人们的判断，他们可能获得了较充分的信息。那就是，我们力图使判断符合大多数人或一般人的行为，一个力图仿效别人的社会心理学导致我们可以严格地称之为常规判断。

四、基础脆弱，经济恐慌突然爆发

企业家现实行动的因循三原则，没有考虑到未来事物的不确定性，基础极端脆弱，易遭经济恐慌突然而猛烈变化的冲击。凯恩斯对这些显著特点，毫不隐讳地指出：④

---

① ② ③ 凯恩斯：《就业通论》，徐毓枬译，商务印书馆1977年版，第31、129页。着重点是原有的。

④ 凯恩斯：《就业一般理论》，载 S.E. 哈里斯：《新经济学》，1947年英文版，第186页。

基于上述三原则的未来实用理论具有某些显著的特点。特别是，它基于如此脆弱的基础，易遭突然而猛烈的变化。平静和不变的惯例，确定和安全的惯例一下子破灭了。新的恐惧和希望，没有任何先兆便统治着人们的行动。幻灭的力量可能突然充作价值标准之新的常规基础。所有这些巧妙、斯文的技巧都服务于用镶板装潢的"董事会会议室"和精细管理的市场，但它们终将崩溃。那模糊而痛苦的经济恐慌，以及同样模糊而不合理的希望，并未真正平息，而只稍微隐伏下去而已。

这是凯恩斯关于经济恐慌那种惊涛骇浪的危急症状的坦率描述。在《就业通论》的"略论商业循环"一章中，凯恩斯以资本边际效率的突然崩溃为重心，论证预期的骤然而剧烈的变化。凯恩斯把经济前程，特别是投资前景的不确定性同这种暴风骤雨式的经济波动紧密联系起来，认为不确定性是经济波动的基本动因，这是凯恩斯投资引诱理论之一个独特格调的具体表现。

五、对传统经济理论的指责

凯恩斯在《就业通论》一书中到处都提示过对以马歇尔为主要代表的传统经济理论的背离。在《就业一般理论》一文中，他以不确定性这个基本观念为依据，对传统经济理论作了如下的明确指责:①

读者可能觉得，这个关于人类行为的一般哲学探索，同讨论中的经济理论相去颇远。但我不这样认为。虽然这是解说我们在市场中如何活动，但是为探讨我们在市场如何活动而设计的理论本身，不应该服从于市场偶像。我谴责古典经济理论，它本身就

---

① 凯恩斯:《就业一般理论》，载 S.E. 哈里斯主编:《新经济学》，1947年英文版，第186页。着重点是引者加的。

是这些巧妙的、斯文的技巧之一，它企图通过对未来知之极少这一事实的抽象方法，来研究现在。

我敢说，一位古典经济学家将容易承认这一见解。然而，即使如此，我认为他忽视了由于他的抽象法所造成的理论与实践之间在差别上的确切性质，并且忽视了他可能被导向错误的性质。

由此可知，凯恩斯强调历史观——时间因素：过去、现在、未来。他也重视预期：对未来事物变化动向的预测对现在的影响。而传统经济学家重视均衡观，企图通过对未来知之极少这一事实的抽象方法，来研究现在。这是新旧两种经济理论关系至为重大的差别。

关于凯恩斯"不确定性"这一基本观念及其对理论思路上的作用，现在简要地加以评议：

第一，在资产阶级经济学说史中，对不确定性这一基本观念这样明确地提出，充分加以强调，并且把它同经济波动，特别是经济恐慌紧密联系起来，凯恩斯确实是首创者。这对他的就业理论，特别投资引诱理论的创建，关系至为重大。这是在经济基础上对传统经济理论的一个重大背离。这里必须指出，按照凯恩斯自己的论述，以投资引诱理论为例，不确定性是基本概念，资本边际效率与流动偏好两个心理规律则是由这个基本概念引申出来的具体理论形式。前者支配后者，他特别重视并喜欢前者。所以，在评议投资引诱理论时，我们应该特别重视经济进程和投资前景的不确定性这个基本概念。

第二，资本主义社会中，未来事物发展的不确定性，确实是存在的。企业家凭预期和信任状态作出投资决策，这也是一种惯常的准则。到20世纪30年代，基于垄断资本统治的进一步加强，生产社会化日益进步，科学技术不断长足进展，投资活动依靠对市场前景的预期比过去更加密切。凯恩斯面对20世纪30年代经济大危机空前深重的危殆局势，一反传统经济理论以经济均衡作为主攻方向的研究方法，改弦更张，以经济波动作为研究的新课题，紧密联系不确定性，把这一独特的基本概念作为就业一般理论，特别是投资引诱理论的经济基础和背景。同传统经济学家们把未来事态变化假定为"确定性"

的那种虚妄抽象方法来研究现在相对比,他的这一基本概念确实要符合现行经济体系的运行情况一些,这可以说是一种相对优势,应当加以肯定。

第三,凯恩斯这种新颖的研究思路在资产阶级经济学说发展史中尽管有其独特之处,但实际上,毕竟"不过是对于局限在资产阶级生产关系中的生产当事人的观念,教条式地加以解释、系统化和辩护"①。换句话说,只是一种围绕着经济运行中的现象形态、次要因素兜圈子的肤浅见解。他的这种独特分析根本没有接触到经济危机的真正根源:生产社会性与生产成果私人资本占有形式之间的矛盾。这是一种根本性的错误。以后论述他的经济危机理论时将要再行详加评议。

第四节　预期的重要意义与明细分析

上节已经比较详细地论述了投资前景的不确定性。在凯恩斯就业一般理论体系中,"不确定性"这个特点是同雇主对投资前景的预期紧密结合的。本节主要在于对"预期"这个重要范畴加以述评。

一、预期的重要意义

凯恩斯十分强调预期对企业主从事投资和生产在决策上的极端重要性。他说:

> 雇主不从事生产则已,假若要从事生产,而此生产又占据时间,则雇主除以此预期为依据外,别无他法。②

这就是说,对有关市场前景的预测构成雇主从事投资和生产在决

---

① 《马克思恩格斯全集》第 25 卷,人民出版社 1974 年版,第 923 页。
② 凯恩斯:《就业通论》,徐毓枬译,商务印书馆 1977 年版,第 44 页。

策上的唯一依据。换句话说,在凯恩斯就业理论体系中,预期对企业投资与生产决策的重要性,不论如何夸大,也不过分。

然则为什么雇主要凭对有关市场的前景预测来作出这种决策呢?他指出:

> 一切生产之最后目的,都在满足消费者①。不过从生产者付出成本开销,一直到最后消费者购买此产品,其间经过一段时间——往往是很长的一段时间。经过这一段时间以后,等到生产者可以提供消费者时,那时消费者所愿付之代价如何,雇主(包括生产所占投资者)无从确知,只能尽其能力作若干预测而已。②

从上述论断可以看出,与前述"资本边际效率"一词所含各项因素相类似,"预期"这一经济范畴也包含着下列各种因素:

一是时间因素。资本资产是联系现在和不确定的将来的一根链条。资本资产的持久性和耐用性这种特性是投资决策在预期上的物质基础。这种持久性和耐用性使资本主义生产和投资从成本开支到销货收益两者之间相隔一段相当长的时间,有的甚至是很长一段时间。投资决策是现在作出的,销货收益却是未来才能实现的,而市场事态的未来发展和变化却充满着很大程度的不确定性。企业主作出投资、生产决策只能凭这些未来市场动态的预期行事。通过预期未来把同现在两者紧密联系起来,使企业主对未来前景的展望能够直接对现在投资决策发挥重大作用。凯恩斯以明天、今天和昨天在事态差异上时间因

---

① 凯恩斯此语容易引起误解。在实质上,企业主从事生产的最后目的,都在于从事剩余价值剥削,谋取利润。在这点意义上,这一论断是错误的。但是,据我的理解,此语的"最后目的"一词,意指"最后归宿"而言。如果把此语读作"一切生产的最后归宿,都在满足消费者",则它就合乎现实情况,没有语病了。

② 凯恩斯:《就业通论》,徐毓枬译,商务印书馆1977年版,第44页。

素为中心内容的"历史观",取代传统经济理论的"均衡观",并且强调预期在经济活动,特别在投资决策上的极端重要性,这是他的就业理论,特别是投资理论的一个独特格调。

二是心理因素。预期是对有关市场前景所作的主观判断:一方面根据市场的有关信息和动态,另一方面则凭企业主的观察能力、思维反应和认识素养。一方面市场前景的情势十分复杂,变幻莫测,有的甚至隐蔽难辨。这样,预测的客观依据确实具有十分明显的不确定性。另一方面企业主的认识能力和判断水平,每每包含着盲目性和局限性。这样,投资的主观决策每每难于完全符合客观实际,具有明显的不确定性。

三是预期收益。凯恩斯明确认定,投资决策是受预期收益支配的,而不是受现实收益支配的。预期收益是企业家预期出售其资本财产的产品所能得到的收益。预期的中心内容和最后归宿是预期收益。把投资的预期收益贴现成现值,同其供给价格或重置成本进行对比,得出资本边际效率。在资本主义制度下,经济生活的不稳定性大部分要归咎于资本边际效率的不稳定性,而资本边际效率的不稳定性又大部分要归咎于预期收益的不稳定性。再进一步追溯,预期收益的不稳定性主要归咎于预期的不确定性。在决定就业量中占有如此重要地位的收益是预期收益。在作出投资决策的时候,这些收益只不过是投资者的预期罢了。预期也许全然不能实现,企业家不会当真认为一切事态都正像他在投资时预期的那样变成现实,在经营过程中,随着时间的流逝,势必会发生各种有利的或不利的"意外事情",使预期收益难以全部成为现实,现实利润率每每大打折扣,而且波动频繁而强烈,有时利润率接近于零,甚至成为负数,遭受亏损。

总之,正由于以未来利润率为中心内容的预期包含着不能全部实现的风险,投资信心:企业界对市场前景的信任状态就成了投资活动的晴雨表。凯恩斯在其就业一般理论体系,特别是投资引诱理论中,十分强调投资信心的极端重要性,而且这种信心又是以整个市场动态,特别是投资前景的高度不确定性为客观背景的。在资产阶级经济学说发展史中，凯恩斯在其整个就业理论体系，特别是投资理论中，把预期及其不确定性强调到了前所未有的高度，这种独特格调是十分突出的。在凯恩斯的前辈和同辈经济学家中，有不少人提示过这种论点：企业生产和投资活动的兴旺和衰退取决于市场信心的强弱。例如，A. 马歇尔的经济学说中就接触过预期、远期收益、预期价格、投资信心等概念。① 在预期及其有关论点上，凯恩斯对马歇尔的观点虽然有所继承，但毕竟存在着重大的背离。而且，这种背离在经济思潮的发展和转变过程中居于主流的地位，远比其继承关系更为重要。马歇尔信奉萨伊定律，根本否定普遍意义的生产过剩经济危机。他坚信市场机制的确定性、完善性和协调性，以均衡观为其经济学说的中心脊柱，通过供求自动调节，能够导致充分就业的尽善尽美境界。而凯恩斯呢，则背离了这种传统教义。他以 1929—1933 年经济大危机那种空前浩劫为时代背景，面对现实，改弦更张，否定萨伊定律，摒弃市场机制的完善性、协调性，自动调节导致充分就业的传统教义，明确承认经济危机和"非自愿失业"的极端严重性。他坚定不移地确认市场前景和投资环境的不确定性，并以此为经济运行的客观前提，演化成以有效需求不足为基本病症的就业理论体系和以财政政策为主药的需求管理救治处方。这里应该着重指出，经济前景和投资环境的预期及其不确定性，构成凯恩斯型政府干预论新经济思潮的一个极为重要的客观前提条件。凯恩斯用经济前景的不确定性这种客观现实特性，取代了作为传统自由放任经济教义的臆断前提：经济前景的确定性、市场机制的完善性和协调性。更进一步，用政府干预论新经济思潮取代了自由经营论旧经济思潮。他对预期强调到这样高的境地，在资产阶级经济学说史中，这确实是一个重大突破。

---

① A. 马歇尔：《经济学原理》，英文第 8 版，第 343、352、377、388 等页。

二、预期的明细分析

如上所述,企业家生产决策的唯一依据是预期。它包含着不能全部实现的风险,而风险有的大、有的小,内容复杂,变幻莫测。凯恩斯把企业业务决策所恃以为依据的预期分为两类。① 某部分人、某部分工厂专门作第一类预期;另一部分则专门作第二类预期。第一类是对于价格的预期,也就是短期预期;第二类是关于未来报酬的预期,可称为长期预期。现在分别介述如下:

(一) 短期预期

即制造者用现有设备生产某种产品,在开始一日②,在生产过程开始之前,预测待此产品制成时,其售价为多少?所谓"制成"者,乃指该产品已经通过生产过程变成成品,达到了可供使用或出售的完成状态。

企业在决定一日的产量时,其营运行为定于它的短期预期,即预期在不同生产规模之下,产品的成本与售价将为若何。

设该产品售给他人作增加资本设备之用,或售给中间商人,则此处所谓短期预期,大部分定于他人的长期(或中期)预期。这种种预期,决定雇主提供的就业量。

雇主在每次决策时,固然必须参酌当时所有的设备与存货,但决策是依据当时对于未来成本与售价之预期作成的。

同时,凯恩斯又认为过去某段时间以内的许多预期状态,对就业量也有影响。他指出,在任何一特定时间,经济机构中有许多错综复杂的活动存在,都是以往各种预期状态之产物。由此可见,任何时间的就业量,在某种意义上,不仅决定于现在的预期状态,还决定于过去某段时间以内的预期状态。因此,在事实上,以影响就业量一点而

---

① 凯恩斯:《就业通论》,徐毓枬译,商务印书馆 1977 年版,第 44~45 页。

② 此处所谓"一日",乃代表最短的时间,亦即经济生活中时间之最小有效单位。

论，当前产量之预期售价，大致就是最近过去的实得售价。生产者常常根据实得结果而逐渐改变其预测。所以，就业量与产量，固然决定于生产者的短期预期，而非决定于过去结果，但最近过去的实际结果，往往有支配力量，可以决定这些短期预期。

总之，雇主今日利用现有设备生产某种产品，在开始其生产过程时预测：待此产品制成时所能得到的售价，构成短期预期。它不仅决定于现在的预期状态，而且还决定于过去某阶段内的许多预期状态，也就是最近过去产量的实得售价。

（二）长期预期

如前所述，投资量之大小，取决于利率与资本边际效率两者的关系，而资本边际效率又取决于资本资产的供给价格与其未来收益两者的关系。凯恩斯把雇主作出投资决策，购买（或自己制造）并添置资本设备时所作关于未来收益的预期，称为长期预期。这样，他把资本边际效率同长期预期直接联系起来：基于后者的变幻多端，使前者波动不定。

雇主用以推测未来收益者，一部分为现有事实，这大概多少知道得相当确定；另一部分为未来发展，包括未来资本的类型与数量、消费者的嗜好、有效需求的强度、工资单位的大小等，这种种因素，在目前考虑中的新增资本资产之寿命这段时间以内，可能有哪些变化。把这些心理预期状态总称为长期预期状态。

这就是工商界的信任状态。这是从观察实际市场及商业心理得来。但工商界据以推测未来收益的一点知识，其基础异常脆弱。若干年以后，何种因素决定投资的未来收益，所知甚少，有的甚至完全无知。因此，凯恩斯认定，企业家是玩一种既靠本领又凭运气的游戏，局终以后，全体总平均结果如何，参加者无从得悉。他把投资活动比作"抢占座位"、"选美竞赛"等消遣游戏。他认为，设人性不喜欢碰运气，或对建设一厂、一矿本身（即除了利润以外）不感兴趣，而仅靠冷静盘算，则恐怕不会有多少投资。

工商界信任状态因下列因素而更变幻多端：例如，有些业主并不自己经理其业务，对企业目前或未来的情况并不特别熟悉，投资者估

第九章 投资引诱理论评论（中）

计其投资的未来价值时，真知实学所占的成分非常狭小。例如，现有投资的利润常有变动，这对市场却有过渡影响，有时过渡得甚至荒谬。又例如，市价只是群众心理的反应，因群众意向的骤变而剧烈波动。市场一时受乐观情绪所支配，一时又为悲观情绪所弥漫，等等。因此，在现代投资市场上，根据真正的长期预期而作投资，实在太难，几乎不可能。

投机对企业的危险性，也是使企业投资正常发展受到干扰的一个因素。凯恩斯用"投机"一词代表预测市场心理这种活动，用"企业"一词代表预测资产在其整个寿命中之未来收益这种活动。前者未必常常支配后者。但投资市场的组织愈进步，则投机支配企业的危险性愈大。证券价格的崩溃，可以起因于投机心理的减弱，也可以起因于信任状态的逆转。有一于此，已足使证券价格崩溃，而对资本边际效率发生非常不利的影响，但要使证券价格回升，却非二者都复原不可。

除了投机以外，还有其他不稳定因素起因于人性特征。企业家的积极行为，有一大部分，与其说是决定于冷静计算，不如说是决定于一种油然自发的乐观情绪。设企业要靠私人举办，则须在冷静盘算以外，再有血气冲动来补充，来支持。故在估计未来投资之多寡时，必须顾及：那些想从事投资者的神经是否健全，甚至他们的消化是否良好，对于气候之反应如何，因为这种种都可以影响一人的情绪，而投资又一大部分定于这种油然自发的情绪，而这种油然自发的乐观情绪，非常脆弱，容易颠破。

基于这许多动乱和干扰因素，以信任状态为中心内容的长期预期是这样变幻多端，然则企业界究竟如何办事呢？凯恩斯指出了一条可供遵守的成规。① 其要旨是：除非我们有特殊理由预期未来会改变，

---

① 凯恩斯：《就业通论》，徐毓枬译，商务印书馆1977年版，第129、138、139页。着重点是原有的。

否则我们即假定现存状况将无定期继续下去。并且进一步认定：① 只要我们信赖这条成规会继续下去，则这种因循办法倒使我们的经济体系有了相当的连续性与稳定性。于是，他一反上述论点，明确断言：我们不应以为一切都受不讲理智的心理波动所支配。相反，长期预期状态往往很稳定，当其不稳定时，亦有其他因素发挥其稳定作用。

最后，面对长期预期的变幻多端，究竟如何设法进行矫正和补救呢？凯恩斯提示下列两点：② 一是操纵利率以继续鼓励适量投资的问题。他抱着一分为二的态度：一方面认定，利率的改变，至少在经常情况对于投资量仍有极大影响——虽然不是决定性影响；另一方面又说："我现在有点怀疑，仅仅用货币政策操纵利率到底会有多大成就"。二是投资社会化的问题。他确认国家可以向远处看，从社会福利着眼，计算资本资产的边际效率，故希望国家多负起直接投资的责任。

总之，凯恩斯以这种预期变化使投资需求发生变动，从而使均衡状态随之移动作为其就业理论的核心，这就是他的"移动均衡理论"。

第五节 现实感与虚幻观的矛盾及其庸俗实质

综括凯恩斯资本边际效率规律的上述介说，同马歇尔的利润学说相对比，既有共性的类似点，也具有其独特个性的分歧点。

关于它们之间的共同点或类似点，如前所述，主要如：其一，都把利润这一范畴明确地同利息截然区别开来，不再如过去一些资产阶级经济学家把两者混为一谈。其二，在生产论方面都坚持"生产四要素"说，从而在分配论方面相应地都主张"四位一体的公式"，硬

---

① 凯恩斯：《就业通论》，徐毓枬译，商务印书馆1977年版，第129、138、139页。着重点是原有的。
② 凯恩斯：《就业通论》，徐毓枬译，商务印书馆1977年版，第129、138、139页。着重点是原有的。

说利润是对资本主管理才能或其职能资本的报酬,天公地道。

至于它们之间的分歧点,比较复杂,并且甚为重要,由此可以窥见凯恩斯利润理论的独特风格及其庸俗实质的具体表现。它们主要是:

(一) 以预期利润为实际内容的资本边际效率,理论体系空前庞杂,计分五个层次展开论证

第一,在资本主义自由放任体制的框架内,确认投资前景与投资环境的不确定性,否定了萨伊定律和市场机制的完善性和协调性。

第二,十分强调地把以信任状态为中心环节的预期观念导入经济理论特别是投资理论之中,这在资产阶级利润学说中,具有十分重大的意义和影响。预期可分短期预期和长期预期。短期预期较为稳定,长期预期却变幻多端。

第三,随着预期的变化,资本边际效率发生上下波动,甚至突然而剧烈地变动。

第四,资本边际效率是投资市场的晴雨表,随着它的波动不定,使投资需求发生变动,从而投资最为波动不定。

第五,他倡导投资社会化,由政府增加投资,通过倍数原理扩大投资的总效应,使均衡状态随之向上移动,此即所谓"移动均衡理论"。这样,达到并保持充分就业水平长达30年左右的时间,资本资产不再稀少,资本边际效率可以下降到零,资本主义社会从此进入"乐观世界",永葆青春,就不再需要革命了。

总之,凯恩斯利润理论同马歇尔的理论相比,其庞杂性简直不可同日而语。他在这一理论上对马歇尔的背离十分重大,主要如:其一,马歇尔坚持充分就业的假定前提,利润理论主要在于详细论证"利润乃企业主管理才能的报酬"这一教义,对资本主义投资前程满怀信心。而凯恩斯把利润视为资本资产投资的预期收益,至于为什么雇主要收取这种收益,则简单地归结为资本资产的稀少性,并未进一步充分展开论证。其二,他以1929—1933年经济大危机中投资市场空前混乱与彻底崩溃为时代背景,把考察重点放在利润率与投资量严重波动的缘由及对策上面,论点前后矛盾:一方面,确认资本主义自由放任情况下投资波动的必然性,对投资前程深具悲观情调,这显然

是出自现实感;另一方面,倡导投资社会化的救治方策,对投资前景满怀乐观信心,这则属于十足的虚幻观。现实感与虚幻观这一对矛盾思路两者交织而构成独特而又怪诞的利润、投资学说,在资产阶级经济思想史中,不仅前无古人,而且也会是后无来者。①

(二)凯恩斯的利润、投资理论的另一特点是,特别重视工商界的信任状态,力求同企业投资市场的实际动向紧密结合,避免不切实际的空泛讨论

然则对工商界信任状态究竟为什么会这样加以重视呢?凯恩斯解释说:

> 信任状态之所以与经济问题发生关系者,是因为它对资本边际效率表有重大影响。信任状态不能和资本边际效率表并列,成为影响投资量之两个独立因素;反之,前者之所以有关,乃是因为前者是决定后者的重要因素之一,而后者乃投资的需求表。②

这就是说,工商界信任状态是决定资本边际效率表——投资需求表的一个重要因素,进而影响投资量、就业量,对经济稳定与发展关系至为重大。

因此,他明确指出,实际从事工商业者,对信任状态都密切注意。同时指责经济学家倒反而对此不作认真分析,大致只作空泛的讨论,塞责了事。③ 并且认定,经济学家尤其没有弄明白,信任状态之所以与经济问题发生关系者,乃因为它对资本边际效率表有着重大关

---

① 这特指关于投资社会化,不断增加政府投资,达到并维持充分就业水平30年左右,资本资产不再稀少,资本边际效率下降到零,从此进入永葆资本主义青春的"乐观世界"这种乌托邦幻想而言。对这一论点,连他的嫡传学生琼·罗宾逊都指责为"白昼梦",当然更不会被其他经济学家信奉、继承了。
② 凯恩斯:《就业通论》,徐毓枬译,商务印书馆1977年版,第126页。
③ 凯恩斯:《就业通论》,徐毓枬译,商务印书馆1977年版,第126页。

系。① 他坚持从投资市场的实际动态来进行理论概括，认为关于信任状态分析的结论，必须从观察实际市场及商业心理而来。于是，关于长期预期的各项论点，比较具体，不像《就业通论》其他部分那样抽象。②

总之，凯恩斯以利润率、投资量的波动，特别是在经济恐慌中的骤然而暴烈的波动及其缘由，作为其利润、投资理论的中心内容，确认工商业信任状态的实际动态为对投资的预期利润率有着重大影响的因素，对由它所导致的预期，特别是长期预期进行明细分析，进而建立其资本边际效率表及投资需求表，这种理论直接来自对投资市场动态及信任状态的观察和概括，因而其内容显得比较具体，不如《就业通论》其他理论那么抽象。这是凯恩斯投资、利润理论的另一重要特点，也是它对马歇尔有关理论之一个明显的背离。

（三）在三个阶级剥削社会中，资本主义剩余价值剥削机制最复杂

资本主义剩余价值剥削机制的复杂，表现为：部门最多、机构最多、层次最多、次要因素最多、现象形态最多。剩余价值被分割为地租、利息与利润，并且通过市场机制、价格机构一而再、再而三地重分配，剩余价值的剥削实质被种种外衣层层包裹着、掩盖着，使一般人难以察觉和理解。庸俗经济学家正是利用资本主义剥削机制的这种高度复杂性，完全抹煞资本主义剥削、被剥削关系，而把一些次要因素、现象形态等编制成形形色色的辩护性利润学说。在庸俗经济学说发展史中，马歇尔的利润学说把利润说成管理才能的报酬，在掩盖剩余价值剥削关系方面已经够复杂化，在当时算是尽了辩护的能事。但凯恩斯的利润、投资理论则更加复杂化：

第一，利润理论出现了重点转移：从论证利润的性质（为什么要取得利润）转移到考察利润率的波动动态并规划对策。至于利润的性质问题，他只简单地点出"对新增投资的预期收益或获利性，

---

① 凯恩斯：《就业通论》，徐毓枬译，商务印书馆1977年版，第126页。
② 凯恩斯：《就业通论》，徐毓枬译，商务印书馆1977年版，第126页。

而为什么要取得这预期收益，则没有如马歇尔那么反复论证。

第二，在资本边际效率的波动不定及其救治对策方面，如上所述，他却不厌其烦地分五个层次进行分析论证，其庞杂性可谓达到了一个新的高峰。这种极为庞杂的利润理论体系，在庸俗辩护的轨道上比马歇尔滑得更远，把剩余价值的实质关系包裹、掩盖得更厉害，更不易被一般人所察觉。

第十章 投资引诱理论评论（下）
投资增长的制约与障碍：独特的利息理论

　　凯恩斯认为企业家对投资品的需求，不只取决于以资本边际效率为名目的预期毛利润率，而更主要取决于资本边际效率扣除利息率以后的预期纯利润率。如果扣除利息率后还有剩余（即有纯利润率），企业家投资就有利，就会继续投资。如果没有剩余，企业家也就不再进行投资。所以资本边际效率愈大，市场利率愈低，企业家投资也就愈有利可图。这样，在凯恩斯就业一般理论体系中，利息率这个因素就同资本边际效率相结合，成为决定投资量，进而决定就业量的三个自变因素之一了。既然利率是决定投资的另一重要因素，那么，利息是什么？利率到底是由什么来决定的？利息的特性如何？它怎样对投资增长起着制约和阻滞作用？又如何克服这种不利影响，使资本主义经济长葆青春？这就需要凯恩斯编撰一套新的利息理论来进行辩解。

　　前面已经指出，凯恩斯认定，在一定的消费倾向下，新投资量决定就业量；投资倾向随利率下降或资本边际效率上升或两方面的同样变动而增加。他认为，资本边际效率所引起的失业趋势至少可以暂时由利率的相当下降来克服。因此，他主张金融当局应当是强有力的，它在萧条时期应当采取放松银根政策，降低利率并使之保持在一个低水平上，促使新投资增加，从而使就业增加，这是凯恩斯理论体系中的一个关键问题。这样，资本边际效率同利率的关系对就业问题的重要性，在凯恩斯理论体系中就具有十分重要的意义了。前章已经评议了投资决定于结合利率来看的资本边际效率。本章则着重述评结合资本边际效率的利息理论：流动偏好规律。

　　凯恩斯认定利息纯粹是一种货币现象，利息理论同货币理论两者紧密相关。在这个学说领域内，基于这种论点，凯恩斯一反其庸俗前辈的主要传统——把作为一个重要因素的货币从经济学原理的主体中排除出去，他的货币利息理论却把货币同整个经济的生产和就业理论重新结合起来，凯恩斯所以把他的书名标明为《就业利息和货币通论》，使利息、货币同就业问题关联起来，原因即在于此。

正如他的其他理论一样，凯恩斯的利息理论具有独特格调，同时就其主流来说，它比马歇尔的"时间偏好"利息理论显得更为庸俗。本章主旨拟从下列四个方面对它进行述评，这就是：（1）关于利息的来源和性质问题；（2）关于利息率的决定问题；（3）关于利息率成为生产和就业的障碍问题；（4）食利阶级的消亡问题。

第一节 关于利息的来源和性质问题：传统利息理论的进一步庸俗化

凯恩斯把在资本主义社会中货币的重要性归结为"主要是从货币乃现在与将来之联系这一特点产生的"①。他认定利息纯粹是货币现象；它是使用货币支付的报酬，是在特定时期以内放弃流动偏好的报酬。换言之，是不窖藏货币的报酬。现在引述他的几段原话如下：

> 在任何时间，利息既为放弃周转流通性的报酬，故利息所衡量者，乃持有货币者的不愿意程度——不愿意放弃对此货币的流通性控制权。②

"个人心理上的时间偏好，如果要全部完成，必须要有两组个别的决定，第一组决定就是我以上所谓消费倾向……消费倾向所决定者，乃个人将以其所得几分之几作消费之用，几分之几以

---

① 凯恩斯：《就业通论》，徐毓枬译，商务印书馆1977年版，第250页。
② 凯恩斯：《就业通论》，徐毓枬译，商务印书馆1977年版，第140~142页。

某种方式保留为对于未来消费的支配权。①

下了这个决定以后,还须下另一个决定。他到底以何种方式,持有它从当前所得或过去储蓄中保留下来的对未来消费之支配权。用即期的、流动的方式(例如货币或其相等品)呢?还是愿意把这即期支配权,放弃一个时候(定期或不定期),听任未来市场情况决定:他可依何种条件,把对于一类特定物品之延期支配权,变作对一般物品之即期支配权呢?换句话说,他的流动偏好之程度如何?一人的流动偏好:……在各种不同环境下,有多少资源(用货币或工资单位计算)该人愿意用货币形式来保持。②

这样,凯恩斯把利息的性质单纯归结为货币现象,归结为流动偏好的心理决策问题:用货币形式保持流通性,还是在一定时间内暂时放弃这种流动偏好?

换句话说,他认为,利息不是对于储蓄本身或等待本身的报酬,而是在一定时间内,放弃周转流动性的报酬。利率所衡量者,乃持有货币者不愿意放弃流动偏好③,用现金(货币)形式保持资产的偏好的程度。他创立了流动性偏好这个新奇观念。所谓流动性,就是指一种资产在不损害其原有价值的条件下,转换成现金的难易程度。现金本身就是流动性最大的资产。凯恩斯确信人们的心理都偏好流动性:欢喜保存现金,即以货币形式保持自己的一部分资产——尽管这样做会牺牲利息或其他收益。人们既然在心理上有保存现金的偏好;

---

①② 凯恩斯:《就业通论》,徐毓枬译,商务印书馆1977年版,第140~142页。

③ 流动偏好(Liquidity Preference)。"流动性"一词,在经济学中,特别在会计学中,特指各种资产在转换成现金时的难易程度而言,难者,流动性小;易者,流动性大。现金的流动性最大,可以说具有100%的流动性。例如在会计学中资产负债表的各个项目,就是按其流动性之大小而顺序排列的。有人把它译为"灵活性",实不确切。"灵活性"一词是日常生活中的语言,不是经济学,特别不是会计学中的语言。

现在，要他放弃这种偏好，把现金贷给别人，则对放弃流动性这种偏好，就非支付利息，弥补他放弃流动性偏好这种特性不可。因此，他就首倡：利息是放弃流动偏好的报酬。

凯恩斯把利息的性质单纯归结为货币现象，归结为如何对待流动偏好的心理决策问题：用货币形式保持这种流动性，还是在一定时间内暂时放弃它，取得利息这份报酬？这是一种高度庸俗化的利息理论。

实质上，利息是利润的一部分，是职能资本家为了借进货币资本，不能装进自己腰包而必须支付给货币资本贷出者的那部分利润。它绝对不是什么放弃流动偏好的报酬。

凯恩斯在利息的性质这个问题上，主要有下列两方面的错误：

首先，他完全抹煞了作为纯粹货币的货币与作为资本的货币这两种范畴的本质差别，把两种货币混为一谈。凯恩斯所说的货币，实际上是指资本主义社会中作为资本的货币，也就是资本家获取剩余价值的货币资本，绝不是一般人们手中作为纯粹货币之用的货币。他自己明确承认："投资量之大小，乃定于利率与资本边际效率表的关系。"[①] 既然把投资、资本边际效率同利息联结在一起，则凯恩斯就业理论体系中的货币，必然是属于货币资本的范畴，不是作为纯粹货币的货币，这是毫无疑义的。

他把作为资本的货币所引起的利息，说成是一种纯粹的货币现象，即作为纯粹货币之用的货币，这就是把货币资本的资本主义剥削实质完全抹煞掉，妄自贴上纯粹货币的标签，实属张冠李戴，把利息的资本主义特性完全抹煞，实属十分错误。

其次，利息是利润的一部分，即这一部分利润的特别名称，特别项目。执行职能的资本家不能把这部分利润装进自己的腰包，而必须把它支付给资本的所有者，而不是什么放弃流动偏好的报酬。

马克思关于生息资本和利息的性质有过精辟的科学论断，值得在

---

① 凯恩斯：《就业通论》，徐毓枬译，商务印书馆1977年版，第125页。

这里加以引述。

生息资本的特别流通：起点是 A 贷给 B 的货币；货币在 B 手里实际转化为资本，完成 $G-W-G'$ 运动，然后作为 G'，作为 $G+\Delta G$ 回到 A 手中，在这里，ΔG 代表利息，$\Delta G'$ 代表留在职能资本家手中的利润。这样，运动就是：

$$G - G - W - G' - G + {\Delta G \atop \Delta G'}$$

在这里，ΔG 不等于利润的全部，而只是利润的一部分，即利息。

贷放者把他的货币作为资本贷放出去，预付的价值额要作为资本流回，就必须在运动中不仅保存自己，而且增值自己，增大自己的价值量，也就是必须带着一个剩余价值，作为 $G+\Delta G$ 流回。在这里，这个 ΔG 是利息，即平均利润中不是留在执行职能的资本家手中，而是落到货币资本家手中的部分。

货币资本家在借出期内让渡并出让给产业资本家（即债务人）的使用价值又是什么呢？是货币由于下面这一特点而取得的使用价值：它能够转化为资本，作为资本执行职能，因而在它的运动中，除了保存自己原有的价值量，还会生产一定的剩余价值，生产平均利润。

货币资本家在把借贷资本的支配权移交给产业资本家的时间内，就是把货币作为资本的这种使用价值——生产平均利润的能力，让渡给产业资本家。

贷出货币的使用价值是：能够作为资本执行职能，并且作为资本在中等条件下生产平均利润。

然则借入者（产业资本家）付给贷出者（货币资本家）的利息究竟是什么呢？关键在于：借入者是把货币作为资本，作为会自行增值的价值借来的。它要通过作为职能资本加以使用才自行增值，才作为资本来实现。借入者必须把它作为已经实现的资本，即作为价值加上剩余价值（利息）来偿还；而利息只能是他所实现的利润之一部分，只是一部分，不是全部。

借入者的产业资本家以这笔借贷资本去执行职能，赚取利润。贷出者的借贷资本家有权要求把利息（他的贷出资本所赚取的利润之一部分）收为己有。

生息资本运动所表现的特征在于：把货币贷出一定时期，然后把它连同利息（剩余价值一部分之转化形态）一起收回，这是生息资本本身所表现的运动的全部形式，这就取得了一个完全表面的，和资本执行职能的现实运动相分离的形态。这里所看到的只是货币的贷出和偿还，中间发生的一切（资本执行职能的全部运动——货币资本转化为生产资料，生产过程把它转化为含有剩余价值在内的商品资本，通过商品出售，它再转化为货币资本）都消失了。

这样，在生息资本的场合，一切都表现为表面的东西：把资本贷放出去，不过表现为资本由贷出者手中转移到借入者手中；已经实现的资本流回来，不过表现为借入者把资本连同利息偿还给贷出者。因此，在利息上，在利润的这个特殊形式上，资本的对立性质表现成这样：利息表现为两个资本家之间的关系，不是资本家和工人之间的关系；资本的对立性质（资本家同工人之间的对立）表现为完全消失，完全被掩蔽了。

在生息资本上，资本关系取得了最表面、最富有拜物教性质的形式。在这里，我们看到的只是 $G—G'$，是生产更多货币的货币，是没有在两极之间起中介作用的过程而自行增值的价值。这样，在生息资本上，这个自动的拜物教，即自行增值的价值，会生出货币的货币，就纯粹地表现出来了；并且在这个形式上再也看不到它的起源之任何痕迹了。

形形色色的资产阶级庸俗利息学说，都是资本关系在生息资本方面取得上述最表面、最富有拜物教性质的产物，不论是凯恩斯以前的经济学家把利息说成是"等待"、"储蓄"、"节欲"或"时间偏好"的报酬，还是凯恩斯把利息说成是放弃流动偏好的报酬，他们共同的一个基本错误，都是从生息资本的整个运动中，把它由借入者执行资本职能，剥削剩余价值的这一部分实质关系完全阉割掉，只剩下一个没有实质内容的形式，即 $G—G'$，创造更多货币的货币。这些利息理论只着眼于贷放者有权索取报酬，并编造关于这种索取的种种理由，如"节欲"、"等待"、放弃流动偏好之类的遁词；而完全抹煞了生息资本整个运动中之最本质的内容——作为借入者的职能资本家把这笔货币资本投入资本主义企业，从事剩余价值的剥削，赚取利润，生息资本的这种实质内容才是利息的真正来源。只有从这种真正来源上才能科学地认清利息的性质。凯恩斯及其庸俗前辈抹煞利息的真正来源，歪曲利息的性质，而把一些表面的、非本质的东西，如"等待"、"流动偏好"等，片面强调，编造一些似是而非的利息理论，主旨在于为资本主义剥削关系辩解，完全是庸俗的、错误的。

在关于利息的性质和来源问题上，凯恩斯除同其庸俗前辈犯了上述同样错误而外，他在编造利息理论的庸俗化境界方面，比其前辈滑得更远些。凯恩斯同其庸俗前辈一样，硬说利息是对贷放者的一种报酬；这是他们的共性。但重要的是他更有其独特的个性：在为什么要得到报酬这个问题上，他摒弃了前人的"节欲"、"等待"等名目，改用"流动偏好"这个更为庸俗的概念。他认为，在生息资本的供应方面，个人时间偏好的全部完成必须通过两个决策：一是消费倾向方面的抉择，即个人将以其所得的几分之几用于消费；二是流动偏好方面的抉择，即他究竟以什么方式保持这笔未来消费的支配权，于是凯恩斯编造流动偏好这个新的独特名目。然则人们究竟为什么会有流动偏好：宁愿保存现金呢？据说，这主要是由于未来经济事态的不确定性；至于经济社会之所以要有货币，有利息以及利率之高低，也是与将来的不确定性有密切关联。总之，把利息的性质与来源归结为纯粹的货币现象与心理决策，并且进一步把它同未来经济事态的不确定性联系起来，这就是凯恩斯利息理论的独特格调。

综括上述，凯恩斯在利息理论方面，创立了以"不确定性"为经济基础的"流动偏好"这个高度心理范畴的独特新名目，在现象形象上，似乎比原来的"时间偏好"那种旧名目，要合乎生息资本每每采取货币形态这一现实情况。但是，在资本主义条件下，对于利息的真正来源和利息的剥削实质这个问题来说，"流动偏好"

比"时间偏好"更加烦琐，更加晦涩难辨，使问题的实质关系被弄得更加模糊不清。所以，我们可以说，凯恩斯的流动偏好利息理论，是其前辈的时间偏好利息理论的进一步庸俗化。

第二节　关于利率的决定问题及其实践意义

流动偏好状态与货币数量两种因素共同决定利率，即利率决定于货币需求与满足这种需求之现有货币供应量相均衡的一点。利息在利率决定于货币的供求这个意义上说是货币现象。因为货币是唯一具有完全流动性的资产，人们需要保持它。凡是没有货币，但由于个人或业务关系而需要货币的人，愿意为了借得并使用货币而支付一定代价。流动偏好是指人们要以货币形式保持其一部分资产的愿望和偏爱。基于未来经济事态的不确定性，人们宁愿牺牲利息收入或其他收益，而偏好于保持现金。要货币持有人在一定时期内放弃这种流动偏好，就得给他一些报酬。凯恩斯认为，利息是放弃这种流动偏好或不窖藏现金的报酬。要支付多大的利率，这取决于流动偏好的强度，而流动偏好的强弱是相对满足流动偏好愿望的现有货币总量来说的。流动偏好愈强，利率就高；货币数量愈大，利率就低。流动偏好减弱，倾向于降低利率；货币数量减少，倾向于提高利率。这是凯恩斯关于利率决定问题的基本论点。

在货币需求方面，凯恩斯认定流动偏好是一种以货币现象为标志的心理决策，并且在具体动机上作了如下的明细分析：

第一，交易动机：即需要保持现金以备个人和业务上作购买原料、支付工资等交易之用。为满足交易动机引起的流动偏好所必需的货币数量，是同收入和就业量，也就是同企业活动的一般水平密切联系的。在任何一定的就业水平、产量和物价下，为了这个目的需要相对确定的货币数量。随着就业水平和产量的提高，交易数量自然增多，因而交易方面的货币数量也增加了。同样，物价和工资方面的普遍上涨，也会增加进行交易所必需的货币量。

第二，谨慎动机：是由于个人和企业都觉得，除交易必需外，多

第十章 投资引诱理论评论（下）

准备一些现金是个良好习惯所引起的。保持货币的谨慎动机是为了应付不可预料的紧急需要，这包括较通常预期交易为多的支出。为满足谨慎动机所持有的货币数量是因人、因企业而大不相同的。这要看他们在财务上所持的稳健态度、企业性质、同信用市场的联系，以及可把股票和债券迅速转换成现金之有组织市场的发展程度而定。但是，为满足这一动机所必需的货币数量是相对稳定的，是可以预料得到的。

第三，投机动机：即用货币储存财富的愿望。这同货币的储藏价值职能密切相关。为什么一个富裕的人不用货币购买债券等以取得收入，却要选择以货币的形式去储存财富，宁愿牺牲利息收入呢？在凯恩斯看来，这里有一个根本条件，即将来利率的不确定性。这就是说，人们不能确知将来通行的各种不同期限的债券利率是怎样的，财富持有人不知道将来他能依什么条件把债券换成现金，所以有理由认为推迟购买债券（保持现金）要比现在就买更好一些。

这就引起了现代货币理论的一个根本问题。如果将来利率的不确定性不存在，那么人们现在也知道不同期限的债券在将来要依什么利率换成货币，因而现在利率完全可以调节使之符合于将来价格。在这种情况下，持有生利的证券比保持现金（没有收益）总还可获取明显的经济利益。这样，投机动机引起的流动偏好就没有存在的基础了。这种为满足投机动机的流动偏好，同利率的变幻莫测具有密切的关系。当人们为这种动机而保持现金时，对利率变动特别敏感。因此，凯恩斯的利息理论特别着重这种投机动机所引起的货币需求。与此相反，在一般依据静态均衡假定建立的传统经济学说里，投机动机是不重要的。在传统静态理论中，利率变化是可能的，但它假定现在已经知道变化的方向和程度，将来变化依据合理的贴现过程结合到当前计算中了。因此这种理论排除了任何重大意义的不确定性。凯恩斯利息理论同传统利息理论的基本分歧即在于此。因为现实世界是甚为动态的，未来尤其是不确定的，财富持有人用货币形式来保存价值，这就消除了他们对未来的不安心情。不安心情的程度是用利率来衡量的。传统经济学说过分简单的假定，排除掉了投机动机引起的流动偏好,从而抽掉了利息理论的基础。凯恩斯指出:"'利息'实在不应当在马歇尔《原理》中出现,利息乃属于经济学之另一部门。"① 因此,凯恩斯认为,投机动机所引起的流动偏好可定义为"相信自己对未来的看法,较市场上一般人高明,想由此从中获利"②;如果预期利率上涨,则购买债券就要推迟了。

综括上述流动偏好的三种动机,尽管交易动机和谨慎动机引起的现金需求有很大的差异,但它们都不受利率变动的重大影响,凯恩斯认为可以看成一组;而投机动机所持的现金则对利率变化特别敏感,单列为另一组。于是就大体而言,可以把这两组现金持有量看作互不相关的两部分。设 M_1 代表前一组的现金量,M_2 为后一组的现金量。与此两部分现金相应,则有两个流动偏好的函数:L_1 与 L_2。L_1 主要决定于所得水平 (Y),L_2 主要决定于当前利率与当前预期状态的关系 (r)。

这有:③

$$M = M_1 + M_2 = L_1(Y) + L_2(r)$$

在货币数量方面,它同流动偏好共同决定利率。如果流动偏好保持不变,货币数量增加将会降低利率;减少货币数量将会提高利率。

货币供应总量包括银行存款、纸币和铸币。银行是靠创造银行信用,即靠客户增加对银行本身现金要求来增加货币总供给量的。银行放款总额的增加,代表周转流动性要求或银行信用的增加,它构成货币供给的一部分,而且是十分重要的一部分。各家银行对个人、企业或政府进行放款和投资活动而直接引起的存款叫作"派生"存款或转账存款。派生存款创造了额外银行存款,增加了经济体系现有的货币总供给量。所以,货币总供给量主要是因银行体系的放款和投资活动结合派生存款而发生变化的。

中央银行当局掌握着货币政策的几种控制武器。如运用贴现政

---

①②③ 凯恩斯:《就业通论》,徐毓枬译,商务印书馆1977年版,第144、160、168页。

第十章 投资引诱理论评论（下）

策，提高或降低贴现率，以紧缩借贷信用或扩大信用。如运用公共市场活动，卖出或收购证券，收缩或扩大现金数量。又如改变银行法定存款准备比例，放大或缩小银行提供放款和投资的能力。在这里，直接同利率变化相关联的只是关于中央银行对再贴现率的控制和调节。至于其他两种武器，则通过金融渠道调节资金的融通的能力，增减货币供给总量，进而间接地促使利率发生变化，再进而调节生产和就业水平。

总之，凯恩斯认定利息纯粹是货币现象，它是使用货币支付的报酬；这种利息见解同时说明货币在经济制度中的作用。凯恩斯的货币与利息理论是使货币同整个经济的生产和就业理论紧密结合起来。货币的根本作用是联系利息理论来说明的。利率对投资有重大关系，投资是就业量的关键性决定因素。依据有效需求原理，除非投资增加，否则就业无法增加。于是货币理论通过它同利息理论的关系成为一般经济理论的主要部分，货币政策成为一般经济政策的重要部分。

必须强调凯恩斯理论和他所主张的政策两者间的紧密联系。他的利息理论同时也是货币理论的一部分，对利率的控制和调节是通过控制、调节货币供给总量来实现的。他确信对货币的控制是控制生产和就业最有效、最不受人反对的方法之一。这就是凯恩斯利息理论和货币理论的实践意义。

在经济发展史中，银行政策多次产生这样的失误：当需要更多货币时，货币反而缺少，这就导致失业增加。当需要货币较少时，货币反而过多，这就引起通货膨胀。在20世纪20年代的英国、20世纪30年代的英美诸国，长期趋势是失业严重而不是通货膨胀，所以凯恩斯特别注意"放松银根"的必要性。他同时也认识到战时及战后通货膨胀的危险，提出建议加以对付。因此，凯恩斯的利息理论和货币理论的实践意义在于，银行体系控制货币供给总量，促使利率下降，促进生产和就业量的增长。凯恩斯货币、利息理论的主题即在于此；利率的意义和重要性也即在于此。至于具体作法，可分下列两种情况：

首先，当经济陷于萧条、失业严重的情况下，要求银行体系增加货币供应来刺激投资和就业。在这种情况下,放松银根政策能够刺激经济膨胀的论点是根据这样的理论:扩大货币供应总量(M),增加了可用于投机动机所需的货币数量(M_2),这将促使利率下跌,利率下降会增加投资,投资增加会使收入成倍地增长。随着收入的增长,交易所必需的货币数量(M_1)将会增加,于是货币(M)的总增量将依某种方式分配于 M_1 和 M_2。

其次,在经济周期的复苏阶段,生产正在扩张,就业量正在增加,如不采取充分增加货币供给的银行政策,将会引起利率上涨;这样,经济复苏可能会遭挫折,转趋衰退,半途而废,甚至复苏一开始就被扼杀。

总之,金融当局采取有力的政策能够起重大的作用,通过对货币供给总量的控制和调节,把利率降低到一个水平,以便刺激足够的投资,填补收入和消费间愈益增大的差额。凯恩斯利息理论和货币理论的实际意义即在于此;他所以把这本著作定名《就业、利息和货币的一般理论》,把"利息"和"货币"这两个经济范畴同"就业"并列,使货币、利息理论与一般经济理论融合为一体,旨意也即在于此。由此可见利率变化在凯恩斯就业一般理论体系中,确实具有独特的理论意义和实践意义。

第三节 关于利息率成为生产和就业增长的障碍问题

上面第八章第三节中评述凯恩斯投资理论中关于投资增加的两难处境时,指出他对这种病象的根源问题,有两种解释:一是从流通领域的供求关系着眼,认定就业量增加,在供给方面,由于竞争的关系,供给价格有增长的趋势;而在需求方面,由于消费倾向基本心理规律的关系,需求价格有减少的趋势;于是得出结论说:就业量的增加,自然会有一种趋势——要减少就业量。二是他用投资增加,资本边际效率有递降的倾向,而利率下降比资本边际效率下降为慢,他把利率看成投资增加的极限。

第十章　投资引诱理论评论（下）

上面第八章已经对上述第一种解释进行评议，不再重复。现在拟就资本主义条件下，究竟是什么东西构成投资增加的极限这个问题进行论证，对凯恩斯硬说利率是投资增长的极限这个论点，加以驳辩。

凯恩斯这个论点的原词如下：

> 战后英美两国的经验……因为积累下来的财富已经很大，资本边际效率下降很快；但利率则因为有制度的和心理的因素关系不能下降这样快；于是在……自由放任情形之下，就业量与生活程度都不能达到合理水平，虽然就生产技术而论，这个水平是应当可以达到的。①

> ……货币利率在限制就业水平这一点地位很特殊，因为货币利率定了一个标准，要有新资本资产的生产，则其边际效率必须达到这个标准。②

> 要有新资产的产生，则该等资产的经常供给价格必须小于其需求价格；亦即其边际效率……必须大于利率。……当这些资产的数量逐渐增加时，则初时其边际效率至少等于利率，以后则逐渐下降；故除非利率同时下降，否则总会达到一点，过此一点以后，即不值得再继续生产，若所有资产的边际效率都小于利率，则资本资产的生产即告终止。

然则为什么货币利率不能如其他一切资产的边际效率那样下跌呢？凯恩斯指出：货币具有一种奇异特性，即：（1）货币的生产弹性为零或是很小的；（2）其他因素替代货币的弹性为零或是很小的；（3）货币的保藏费很低甚至是微不足道的，作为储存价值的货币需求的弹性大。基于货币具有这些奇异特性，货币利率下降比其他一切资产的自身利率的下降要慢，也就是说，货币利率具有"粘性"，下降比其他一切资产的边际效率的下降要慢。长期利率不大容易下降，而且在下降过程中，每进一步减低一次，它所遭到的阻力就越大；到

---

①② 凯恩斯：《就业通论》，徐毓枏译，商务印书馆1977年版，第184、187页。

了一定水平,譬如说在约2%时,也许就不可能进一步降低了。

这样,货币利率就对投资和就业起着障碍作用,货币利率水平确立了一个限度,资本边际效率不能跌到这个限度以下。新财富的生产就停止在这一点上。

凯恩斯的基本论点是,货币的上述特性造成失业,在没有货币或具有货币特性的商品的情形下,资本边际效率由于投资不断增加的影响将会下降,直到实现充分就业为止。这就是说,如果具有货币特性的财富形式不存在的话,普通的市场力量将会促使经济体系自行调节到充分就业的境地。如果货币利率制造的障碍不存在的话,一切种类资本财产的边际效率将会自由跌落到一个水平,在这一水平下,投资量足以保证充分就业。

这样,货币利率比资本边际效率下降要慢,从而确定了投资增加的极限,货币的上述奇异特性促使货币利率具有"粘性",因此,货币的这些特性造成失业;就整个经济来说,用货币形式储存财富的强烈愿望意味着失业和萧条。

综括上述,凯恩斯把货币利率下降缓慢归源于货币的"奇异特性",并且推论:如果没有具有货币特性的财富形式作祟,则资本主义经济体系中的市场力量会自动调节而臻于充分就业的境地;从而进一步断言:货币的这些特性造成失业。这种说法真是十分片面而肤浅。

首先,资本主义经济必然是一种货币经济,如果不具备货币这种财富形式的话,则资本主义经济的运行势必阻滞重重,甚至会趋于停顿。经济发展史可以充分证明:远在资本主义以前,货币早已有之,如果没有货币,没有货币转化为资本,则根本不会有资本主义的发生和发展。如果"具有货币特性的财富形式不存在"的话,则连资本主义经济都难以存在,哪里还有市场力量自动调节去达到充分就业的境地呢?凯恩斯这种冥思苦想,完全脱离了资本主义现实,违反了资本主义经济的常识,实属完全错误。

其次,凯恩斯断言货币利率设置了投资和生产增加的极限,它对生产和就业起着障碍作用,这是一种肤浅的论断。实际上,"资本主义生产的真正限制是资本自身"①，而不是利率。利率之所以起着这种障碍作用，归根结底，还是由于资本主义这种生产方式为它的自身造成了一种限制。马克思早就对资本主义生产方式的限制作了精辟的科学论断。他说：

资本主义生产方式的限制表现在：
（1）劳动生产力的发展使利润率的下降成为一个规律，这个规律在某一点上和劳动生产力本身的发展发生最强烈的对抗，因而必须不断地通过危机来克服。
（2）生产的扩大或缩小，不是取决于生产和社会需要即社会地发展了的人的需要之间的关系，而是取决于无酬劳动的占有以及这个无酬劳动和物化劳动之比……即一定水平的利润率。因此，当生产的扩大程度在另一个前提下还远为不足的时候，对资本主义生产的限制已经出现了。资本主义生产不是在需要的满足要求停顿时停顿，而是在利润的生产和实现要求停顿时停顿。②

试看，马克思对资本主义生产和就业增长问题，确实指出了真正限制，找到了它的真正根源。这种论断是科学的，深刻的，抓住了问题的实质。关于经济危机的真正根源问题，关于资本主义生产与投资的极限问题，将在本书第十三章评论凯恩斯的经济周期理论时再行详加考察。而凯恩斯关于利率构成资本主义生产和就业增长的极限这个论点，只不过是对资本主义在增大投资、赚取利润的决策问题上所作精心盘算，加以概括，使之理论化，实际上，这只不过是对资本主义的这种生意经作一番理论化的描绘而已。它只是局限在资本主义经济

---

① 《马克思恩格斯全集》第25卷，人民出版社1974年版，第278页。着重点是原有的。
② 《马克思恩格斯全集》第25卷，人民出版社1974年版，第287~289页。

的表面现象上,是肤浅的,非本质的,没有抓住资本主义这种严重缺陷的要害。

当然,在经济危机中,具有"粘性"的货币利率下降较慢,当资本边际效率下降到与利率相等时,企业家必然不再继续投资。在这种情况下,利率对投资确实起着阻滞和障碍作用。但是,在经济危机最严重的阶段,企业的利润率可能降到零,甚至负数,以至大的负数,企业亏损累累,陷于破产。这时,企业利润率下降到比利息率为低,甚至低得很多,这种亏损、破产厄运势必另有原因,绝不应该单纯归咎于利率"粘性"特征。退一步说,在市场景气逆转阶段,即令货币利率"粘性"特征对生产和投资增加起着一定的阻滞作用,但相对于资本主义基本矛盾来说,这只不过是一种次要因素。

这里必须强调指出,一般生产过剩的经济危机是资本主义制度的产物,是资本主义基本矛盾——生产社会化和生产成果私人资本主义占有形式之间的矛盾的必然结果。资本主义经济按照资本主义经济周期的程序,由繁荣,而恐慌,而萧条,而复苏,周而复始地波动着。对于这种周期波动,资本主义基本矛盾是根本的原因;具有"粘性"特征的利率充其量只不过起些推波助澜的作用,无疑是次要因素。凯恩斯把这一次要因素尽量夸大,而把它说成投资增加的极限;对资本主义制度本身及其基本矛盾这个根本因素则完全加以抹煞,实属完全错误。这样,我们把凯恩斯这种似是而非的论点同马克思的科学论断加以对比,凯恩斯关于利率构成就业和生产的极限这个论点,其庸俗实质实属昭然若揭。

第四节 关于食利阶级的自然消亡问题

凯恩斯从利率设置了投资和生产增加的极限,对投资和生产增加起着障碍的作用这个论点,进一步引申出"食利阶级消亡的理论"。他说:

……坐收利息这个阶级的确会慢慢自然死亡,资本家也逐渐

第十章 投资引诱理论评论（下）

不能再利用资本的稀少性扩大其压迫力量，在今日情形之下，利息与地租之性质相同，并不是真正牺牲的代价。资本所有主之所以取得利息，乃是因为资本稀少……在长时期中，资本稀少的必要理由并不存在。

故我认为，资本主义体系中之有坐收利息阶级，乃是一种过渡时期现象，其任务完毕时即将消灭。坐收利息阶级一经消灭，资本主义便将大为改观。我的主张还有一极大好处：坐收利息阶级以及毫无用处的投资者之自然死亡，并不是骤然的，而只是把最近在英国已经可以看到的现象慢慢延长下去而已。故不需要革命。

故在实际施政时，不妨确立两个目标：第一，增加资本数量，使得资本不再有稀少性，毫无功能的投资者从此不能再坐收利益。第二，建立一个直接税体系，使得理财家、雇主以及诸如此类人物之智慧、决策、行政技能等，在合理报酬之下为社会服务。①

我们最好说，资本在其寿命中，会产生一个收益，超过其原来成本；而不说资本是生产的，因为资产在其寿命中，所以会产生劳役，且此劳役之总价值大于其原来供给价格者，唯一理由，只是因为资本稀少；资本之所以稀少，因为有货币利率之竞争。设资本之稀少性减少，则收益超过原成本之数渐减……

故我同情经典学派以前的学说：其说以为一切皆由劳动产生，帮助劳动者，乃（a）古之所谓工艺，今之所谓技术；（b）天然资源，若天然资源丰富，则使用无代价，若稀少则付地租；以及（c）过去劳动之具形于资产者，其价格亦视其稀少性或丰富性而定。我们最好把劳动（当然包括雇主及其助手之个人劳役在内）看作唯一的生产元素，在一特定的生产技术、天然资

---

① 凯恩斯：《就业通论》，徐毓枬译，商务印书馆1977年版，第179~180、319~320页。

源、资本设备以及有效需求等环境之下工作。①

综括上面凯恩斯关于消灭食利阶级的各段引文，其主要论点可分析如下：

(1) 理由：他摒弃了资本的生产性的观念，同情劳动价值学说，即一切都是劳动创造的，利息是单纯依靠财产的稀少性而取得的，是不劳而获的收入，并不是真正牺牲的代价，取得利息收入的人，并没有执行社会生产之必要的职能。

(2) 办法："充分就业"维持 30 年左右，资本财富大量积累到不再稀缺，利息率逐渐下降到零；这须和平地慢慢地实现。

(3) 结果：食利阶层一经消亡，资本主义便将大为改观，不再需要革命。这使阶级关系发生一次"小革命"②。它是他用来代替马克思主义的一种改良主义方案。

这种论点貌似新颖，而实际上却是十分肤浅而错误的一种痴心妄想，现在让我们试作如下的评议。

首先，在继续保存资本主义剩余价值剥削体制的条件下，要单独把利息降到极低，甚至到零，从而消灭食利阶层，这是绝对不可能实现的。现从下列两方面加以论证：

(1) 从借贷资本对资本主义发展所起的作用方面来看，在资本主义发展过程中，借贷资本和执行职能的资本（产业资本和商业资本）彼此密切结合，执行职能的产业资本和商业资本经常而迫切地需要从掌握大量货币资本的金融市场和资本市场取得资金的融通，才能维持其业务的顺利运行，资本主义愈发展，生产技术结构愈复杂；生产规模愈庞大，国际国内市场愈扩展，职能资本对借贷资本的依赖程度也愈密切而深沉。试设想，在当今资本主义高度发展阶段，假使

---

① 凯恩斯：《就业通论》，徐毓枬译，商务印书馆 1977 年版，第 179～180、319～320 页。

② 狄拉德在阐述凯恩斯就业一般理论时称此为"小革命"。见狄拉德：《凯恩斯经济学》，陈彪如译，上海人民出版社 1963 年版，第 145 页。

一旦把资本市场和金融市场加以关闭，则资本主义的生产和流通势必阻滞重重，甚至可能趋于停顿。

（2）从资产阶级内部结构方面来看，借贷资本家、产业资本家和商业资本家可以说是一种三位一体的紧密关系。三者存则共存，亡则共亡。资本主义愈发展，掌握着大量借贷资本的金融界对产业界、商业界愈居于一种控制和支配的地位。资本主义发展到垄断统治阶段，金融寡头对整个国民经济的统治更是日益强大而巩固。凯恩斯妄想要在保存资本主义制度的前提下，单独把融通借贷资本的这些巨大金融集团加以消灭。

其次，凯恩斯提出消灭食利阶级这样一个倡议的目的，在于消除投资增加的障碍，使资本边际效率降到很低的时候，资本仍有活力；即预期利润率很低时，投资仍会继续不断地增加，生产仍然蓬勃发展，整个经济仍很繁荣。他这种企图是完全违反资产阶级唯利是图的本性的。追求利润是资本家的中心目的。退一万步说，即使产业资本家和商业资本家完全没有支付利息的负担，当企业的资本边际效率极低时，他们肯定会缩减营业规模，甚至停业。凯恩斯完全没有认识到资本主义生产的真正限制在于资本自身，却把货币利率看成资本主义生产增加的极限，妄图用消除这个所谓"极限"的办法，求得资本家不管资本边际效率低落到何等境地，仍然将不断增加生产，永葆充分就业。这完全是一种不切实际的幻想。

最后，凯恩斯所面临的中心问题是就业不足（经济危机和失业严重），生产不能充分发展，生产资源得不到充分利用这种资本主义痼疾。他多方面地诊查这种痼疾的原因，并开具处方，讲究对策，试图解救这厄困病症。但他并不能得心应手，甚至连连碰壁。

凯恩斯在他《就业通论》一书中最初找出消费方面有效需求的不足，归因于消费倾向基本心理法则，并且特别强调它，说"解决实际问题的关键要从这个法则去找"，随后找出投资方面的有效需求不足；但又断定消费倾向在短期内是比较稳定的，难以大量增加，这就使就业愈增长，则消费与收入之间所形成的差距愈大，有效需求愈感不足。这是他在增加就业和生产这个问题上的第一次碰壁。

于是他把重点转移到投资方面，乞灵于改善投资引诱，增加投资去填补增大了的上述"消费与收入间的差距"，解救日益严重的失业问题。但他随后找出投资方面的有效需求不足，不得不承认投资和就业增加，就有一种趋势：资本边际效率会趋于下降，就业会趋于减少，这就使投资不能顺利增加。这是他在就业增加这个问题上的第二次碰壁。

然后他又断言：货币利率设置了投资和就业增大的极限。他找出货币的"奇异特性"，货币利率"粘性"使之下降比资本边际效率下降为慢，这就使货币利率对投资和就业的增加起着障碍作用。货币利率水平确立了一个限度，资本边际效率不能跌落到这个限度以下。新增财富的生产就停止在这个限度的极限点上。这是他在就业和投资增大这个问题上的第三次碰壁。

于是他提出对策：自称倾向于同情劳动价值学说，认定利息是基于资本稀缺、不劳而获的收入，应该逐渐降低到零，消灭食利阶层。从而消除投资和生产增加的极限，使资本财富大大丰富，资本边际效率降低到零，投资和生产能够毫无限制地继续增加下去，这是他在增大有效需求以达到充分就业这个使他头痛的问题上，连连碰壁以后，最后异想天开，编造出这样一个毫无实际意义的改良主义幻想，这反映他对资本主义前景的一种苦闷心态和盲目乐观情调。

总之，凯恩斯把资本主义社会的阶级关系完全弄颠倒了。如前所述，在无产阶级同资产阶级之间的斗争中，他毫不讳言，要站在"有教养的资产阶级"一边。资产阶级对无产阶级的剩余价值剥削这种生产关系及其相应的分配关系，使无产阶级和劳动群众的消费支付能力受到严格的限制，从而市场相对狭隘，这也就正是凯恩斯所标榜的"有效需求不足"的实质内情。"而实际情况却是，投在生产上的资本的补偿，在很大程度上依赖于那些非生产阶级的消费能力；工人的消费能力一方面受工资规律的限制，另一方面受以下事实的限制，就是他们只有在他们能够为资本家阶级带来利润的时候才能被雇用。"① 如

---

① 《马克思恩格斯全集》第 25 卷，人民出版社 1974 年版，第 547～548 页。

第十章 投资引诱理论评论（下）

前所述，商品生产的最终归宿点，在一般情况下①，不论是直接的，还是间接的，都在于消费。消费市场的相当狭隘，归根到底，必然制约着、阻碍着生产和就业量的增加。资本主义就业和生产增加的真正限制，正是在于这种资本关系自身。凯恩斯对这种真理完全不能理解，完全抹煞资本主义制度上的这一根本因素。他却节外生枝，在资产阶级内部，在金融资本家阶层与产业资本家阶层之间，寻找对立关系，并尽量加以夸大，妄图使金融资本家阶层自然趋于消亡，使资本主义经济进入他的所谓"乐观世界"。这是对资本主义社会阶级关系的严重歪曲，这无疑是垄断资产阶级的一种乌托邦幻想。如前所述，他的嫡传弟子琼·罗宾逊明确指出其为"白昼梦"（daily-dream），② 这种评价揭示其肤浅庸俗达到了无以复加的境界。

*　　　*　　　*　　　*

综括前面三章对凯恩斯投资引诱理论的介评，其中确实包含着忽视、抹煞资本主义生产关系这个实质性因素的根本错误及其他缺陷。但是，他对企业家投资决策生意经的具体动态所进行的观察和概括，从现象形态和次要因素的描述这个角度来判断和评价，除"乐观世界"远景幻想而外，大多是具有现实感的；同自由经营论经济思潮新老各流派的有关理论相对比，确实有其比较切合现实情况的相对优势。这是不可否认的，值得加以肯定。下面将在第十四章"论凯恩斯就业一般理论的历史地位"时对它们及其他相对优势进一步加以评论。

---

① 即除战争武器消耗和地震洪水等天灾人祸等的物资损耗而外。
② 参见本书第一章第四节："社会哲学与'乐观世界'的远景幻想"。

第十一章 工资理论与就业理论评论

资产阶级经济学家，不论是坚持自由经营论的保守派传统经济学家如庇古等，还是倡导政府干预论的自由派新经济学家如凯恩斯，都是把工资问题与失业问题两者紧密联结起来，主张用降低工资的对策去解救失业。这是两者在这个问题上的共性。他们之间的分歧在于：方法各异，前者明目张胆地主张降低货币工资，后者则隐蔽一些，采用迂回手法，增加通货，促使物价上涨，从而降低实际工资去解救失业。本章主旨在于对凯恩斯的工资理论与就业理论的内容及其实质，扼要地进行评论。

第一节 工资理论在凯恩斯就业一般理论体系中的重要地位和恶毒作用

传统的保守派经济学家如马歇尔等认为，在资本主义自由放任的条件下，通过市场机制的自动调节作用，能够达到充分就业，生产资源（人力与物力）能够得到充分利用。这种论点有着下列两根理论支柱：

首先，萨伊定律硬说"供给创造它自身的需求"。因而商品不愁没有销路。于是否定一般意义生产过剩的经济危机。

其次，把工资水平同就业理论作最简单的联系，建立两个基本前提：（1）工资等于劳动的边际生产物；（2）当就业量不变时，工资的效用等于该就业量的边际负效用。

然后辩解说：除摩擦性失业的例外情况而外，失业的病根是由于工人不让工资（货币工资）降低。这就是说：除摩擦性失业和自愿性失业而外，已经达到充分就业的境界了。①

凯恩斯就业理论体系的主旨是：摒弃充分就业的假定前提，另行建立就业不足的理论。为了建立他的"就业一般理论"，他对传统就业理论的上述两根支柱作了形式上（仅仅是形式上的）的修订。具体作法如下：

首先，他编造一个基本心理规律——消费倾向，否定并代替萨伊定律。用它来解释市场上供求不能自动趋于均衡，供大于求；解释就业不足（失业严重）和资本主义社会"富裕中的贫困"这种矛盾现象。②他对这个心理规律特别强调，认为"解决实际问题的关键就在于这个心理规律上"。③

其次，他承袭了上述关于工资同就业二者之间联系的基本论点，同意其第一个基本前提：工资等于劳动的边际生产物；同时却玩了一个花招，不同意其第二个基本前提，认为工资的效用（实际工资）大于该就业量的边际负效用，引导出"非自愿性失业"这个经济范畴。通俗地说，工资的效用乃指用工资购买物资和劳务所获取的生理、心理、文化娱乐等的享受和满足，故可概括为实际工资。就业的负效用乃指就业（劳动）中所感受到的损耗、劳累、厌倦情绪等。效用和负效用都是属于心理状态，前者可概括为满足与享受，后者为痛苦与厌倦。这可分三种情况进行分析：其一，如果说"工资的效用<劳动的负效用"，意即实际工资太低，由工资所获得的满足和享受小于劳动中感受到的痛苦与劳累，工人就会拒绝就业，也即工资的效用不足以诱致工人就业，不足以把工人（劳动）的供给诱致出来。其二，如果说"工资的效用=劳动（就业）的负效用"，意即"实际工资给予的满足和享受=劳动中的痛苦与劳累"，也即这种满足恰好等于劳苦，工资恰好足以把劳动的供给诱导出来，使劳动的供给与需求恰好相等。其三，如果说"工资的效用>就业的负效用"，即工资

---

①②③ 凯恩斯：《就业通论》，徐毓枬译，商务印书馆1977年版，第19~20、31、32页。

所给予的满足大于劳动中的劳苦,也就是实际工资较高,即使实际工资降低一些,工人也愿意就业,仍足以把劳动的供给诱导出来。凯恩斯就是从"实际工资高于边际负效用"这一工资水平演化出"非自愿失业"范畴的。他就进而硬说实际工资还可以降低,并提出通过增加通货,促使物价温和上涨,减低实际工资,企图解救"非自愿性失业"。

凯恩斯在《就业通论》一书中,一开始就从"就业—工资"联系方面大做文章。在它的第二章"经典学派的前提"方面,接受其第一个基本前提;同时否定并修正其第二个基本前提,这就确立了就业理论的中心课题:

(1)病象——非自愿性失业;

(2)病根——实际工资太高;

(3)处方——冻结货币工资,增加通货使物价温和地上涨,降低实际工资。

把消费倾向心理规律编造出来,这只承认:有效需求不足,就业不足(失业问题严重),但尚待把工资同就业两者联系起来,才可进一步把失业问题具体化,使就业理论体系的中心课题——"非自愿性失业"演化出来。

由此可见,凯恩斯对待其工资理论,虽然没有如对待消费倾向心理规律一样,列为整个就业一般理论体系的三个最后的"自变数"之一,但仍然有其特别重要性。

总的说来,A. 马歇尔以来的价值理论和分配理论,构成其工资理论的"理论基础",同时,也构成其整个就业理论体系的"理论基础"。也就是说,以价值理论为基础的工资理论,构成凯恩斯整个就业理论体系的理论基础。

具体分析起来,它的特别重要性可从下列论点看出来:

(1)把货币工资和实际工资区别开来,就演化出"非自愿失业"这个范畴。而"非自愿失业"是其就业不足的具体内容。同时,就业理论所要解救的失业问题,也就是指这种失业而言。所以,非自愿失业问题构成凯恩斯就业理论的中心研究课题。

（2）把这种失业的原因归咎于实际工资太高。他说：

> 设消费倾向与新投资量所产生的有效需求不足，则实际就业量将小于现行实际工资率之下所可能有的劳动供给量，而均衡实际工资率将大于均衡就业量之边际负效用。①

这就是说，有效需求不足，就业需求量小于劳动供给量，引起失业；而这时实际工资率大于均衡就业量的边际负效用。这种失业的原因就在于实际工资太高。

（3）既然实际工资太高了，那就还可以降低一些，一直降低到劳动的边际负效用为止。

因此，凯恩斯把降低实际工资看成增加就业的唯一途径。他说：

> 设组织、设备、技术不变，则在实际工资与产量之间（亦即实际工资与就业量之间）存在着一种独一无二的相互关联性。这样，在一般情况下，唯有实际工资下降，就业量才能有所增加。②

这样，凯恩斯主张，在一般情况下，降低实际工资是解救"非自愿失业"，达到"充分就业"的唯一手段。

（4）怎样去降低实际工资呢？他利用货币工资同实际工资两者变动的差距，设置下列一套计谋：

①主张刚性货币工资。他说：

> ……在权衡得失以后，最好还是维持一个稳定的一般货币工

---

①② 凯恩斯：《就业通论》，徐毓枏译，商务印书馆1977年版，第20、31~32页。着重点是引者加的。

资水平。①

②实行温和的通货膨胀：通货贬值，物价上涨，他说：

  假使我们所需要的，只是适度的通货贬值。则我们今日一定可以找出一条出路。②

③通过温和的通货膨胀，促使物价上涨，从而降低实际工资。

（5）用政府"调节"的办法，实行上述计谋。

他认为，只有在没有政府"调节"的资本主义条件下，才可能有"非自愿失业"存在，其原因在于实际工资由于没有政府调节而过高。在有政府调节的资本主义条件下，可以通过上述措施，消除"非自愿失业"，达到充分就业。

总之，凯恩斯的工资理论是为现代国家垄断资本主义的"政府调节"：一方面，冻结货币工资；另一方面，提高物价水平，降低实际工资，保障高额垄断利润，从而为增加就业（解救失业）作辩解。

凯恩斯的工资理论，在理论上是错误的，在政策上对垄断资产阶级大大有利，对无产阶级十分有害，必须彻底加以驳辩。

第二节　传统庸俗经济学对 D. 李嘉图价值理论和工资理论的歪曲和庸俗化

价值理论是工资理论，以至整个分配理论的理论基础。有什么样的价值理论，就会相应地有什么样的分配理论，以至什么样的工资理论。

---

①② 凯恩斯：《就业通论》，徐毓枬译，商务印书馆1977年版，第228、263页。

古典经济学派的主要代表 D. 李嘉图在价值理论上基本上坚持劳动价值学说,在分配理论上也就主张,不仅工资是由劳动创造的,而且利润也是由劳动创造出来的。

李嘉图的价值理论是:商品的价值由其生产上必要的劳动量决定。它虽然没有明白说明价值的实体,而直接去讨论价值量的决定,但在这种决定上,李嘉图的光辉成就仍然是不能忽视的。

由劳动价值论的这个根本原理出发,李嘉图在分配理论上得出了如下的结论:不仅工资是由劳动生产出来的,从而要由劳动去测量,而且利润也是由劳动创造出来的,从而同样要由劳动去测量。

李嘉图说,工资不下落,利润即不可能上涨。他的这个论断把上述分配结论(工资、利润都是劳动的产物)最明白地(虽然不是最精确地)表述出来了。

李嘉图虽然没有充分地说明剩余价值(利润不过是它的转化形态)的性质和来源,但不可否认,他已经有了这种感觉了。

凯恩斯对"古典经济学家"一词作了严重的混淆和歪曲。马克思对古典派经济学的含义和范围规定得很明确、很严格,只包括到李嘉图为止的资产阶级经济学家,从 W. 配第开始,中经亚当·斯密等,到李嘉图发展到顶峰。他们的经济学说有着科学成分——尽管有其不精确、不全面、不深入的缺陷,甚至有着庸俗的成分。到李嘉图以后,无产阶级同资产阶级之间的阶级斗争激化了,资产阶级需要为之进行辩护。从此资产阶级政治经济学进入庸俗阶段。

自从 J. 穆勒以后,经典学派资产阶级经济学的科学成分被阉割、被歪曲了。他们的含混,甚至庸俗成分被片面夸大、突出了。从此,资产阶级经济学成了旨在为资本主义剥削制度辩护的庸俗经济学。凯恩斯把资产阶级经济学发展史中有着实质差异的前后两个发展阶段混为一谈,把约翰·斯图亚特·穆勒、马歇尔、庇古等都包括在"古典经济学家"这一范畴之内。这是一种严重的混淆,实属完全错误。这里,为了表述的方便,权且把这些资产阶级庸俗经济学家称为"传统经济学家",以便同凯恩斯本人区别开来。

这些资产阶级传统经济学家,如马歇尔和庇古等对资产阶级古典经济学、特别是李嘉图的价值理论和分配理论究竟作了哪些歪曲和否定呢？他们为资本主义制度辩护的中心企图是：否定商品价值与劳动之间的关联，从而否定资本利润与劳动之间的关联。这正是对资产阶级古典经济学派之科学论点的粗暴歪曲和篡改。他们进行这种歪曲和篡改的具体手法如下：

其一，在价值理论方面，他们否定了劳动时间决定商品价值量的科学原理。他们一步步后退，一步步庸俗化。

第一步，他们用生产成本（或生产费用）代替了劳动。在生产成本中，当作价值的决定因素的，不是劳动，而是劳动方面的工资了。同时，资本利润，也当作忍欲的报酬、等待的报酬（或别的名目），成为生产成本的构成因素了。

第二步，由流通领域中的供给与需求的市场作用，来规定商品价值的量。虽然古典经济学派明明白白地告诉了：随供给与需求的状态而变动的，只是商品市场价格或市场价值。但他们还是说：只有供求关系规定的价格，即市场价格是现实价格。

第三步，当他们说到需求的性质时，逃向主观的心理领域，那就是逃向"杰文斯、门格尔的殿堂"。他们捏造这样的庸俗公式：价值不是依存于商品的客观价值，必须是依存于人们对它的主观效用。

马歇尔的剪刀两股式的价值论大折衷，按照时间长短把商品价值分成三种类型，最短时间的市场价格（价值）、短时期的价值、长时期的价值，就完全把上述三步庸俗化了的因素分别包罗进去，构成一个庸俗透顶的价值理论。完全把价值和价格混为一谈，这个庸俗价格论成为当代资产阶级经济学说中占统治地位的主轴。

其二，在分配理论方面，他们完全否定了工资和利润都是由劳动创造出来的这个科学原理，全部加以庸俗化。

关于利润，他们否定利润来自对劳动的剥削，而说成资本家忍欲或管理的报酬。

关于工资，他们把古典经济学家说过的关于劳动的边际生产物决定工资这个命题，片面加以强调；并且把李嘉图原来只是用来说明地租的土地报酬递减率，加以一般化，使之适用一般工业生产，编造一个所谓劳动边际生产率递减律,作为庸俗工资理论的一个重要前提,硬说工资由劳动生产率决定,工资等于劳动边际生产物。

他们把李嘉图关于利润是由劳动创造出来的这个科学原理完全阉割,认为工资是劳动的价值或价格。这就是说,工人以工资的形式获得了由劳动创造出来的全部价值,即资本家对于工人完全没有什么剥削。

第三节 关于凯恩斯工资理论的进一步庸俗化

凯恩斯在他所概述的关于"经典学派"就业理论的两个基本前提中,同意了第一个前提——工资等于劳动的边际生产物;否定与修正了第二个前提——当就业量不变时,工资的效用适等于该就业量的边际负效用。本节主旨在于把前后两种有关工资的庸俗论点进行对比,指出二者间的共同点和分歧点;更着重揭露凯恩斯这种新论点具有比其前辈更为险恶的企图:通过通货膨胀、物价上涨,促使实际工资下降,向无产阶级和劳动人民的生活水平进攻。

关于这个论点,李嘉图究竟是怎样说的呢?

李嘉图说劳动的自然价格或自然工资是"劳动者能够维持他自身并延续其种族平均必要的价格"。

李嘉图的这个论断是正确的,因为劳动力的价值,即他的必要工资在他一天劳动中所占的部分,要由这种必要的生活资料的量和价值去决定。但是,与此同时,他的论述是不够充分、不够精确的,因为他没有把工资或劳动力的价格,还原为他所劳动之一部分。

李嘉图的这个正确论断,到资产阶级庸俗经济学家手里就变了质,正如李嘉图的价值理论,一到他们手里就被大肆歪曲而变了质一样。

李嘉图这个科学论断,在事实上,表述了:劳动力的价值要由生产(再生产)劳动力(维持他自己的劳动力并延续其种族)所必需的劳动时间去决定。但是,他是用迂回曲折的、容易引起误解的方式去表述这个科学论断的。庸俗经济学家却把它歪曲为:工人的实际工资必须恰好把现实所使用的劳动量诱导出来。

这就是说,李嘉图所要解决的问题,是劳动力自然价格的决定。而庸俗经济学家却歪曲为:劳动的自然价格,将保证劳动的供给与需求的均衡;即劳动的自然价格必须定于这一点。因为只有在这一点上,劳动的供给与需求才会达到均衡。

凯恩斯把这个庸俗论点表述为:"在一定量的劳动被雇用时,工资的效用,适等于该就业量的边际负效用。"① 这就是凯恩斯概括的上述就业理论的第二个基本前提。凯恩斯对它作了两种解释:

(1) "这就是说,一个被雇用的工人之实际工资,会恰好足够(依被雇用者自己估计) 把现实上被雇用者的劳动量诱导出来。"②

(2) 因为工资等于边际生产物,于是把上述命题转换为:"就业量会确定于这一点上:边际生产物的效用会与边际就业的负效用相均等。"③

这些经济学家用劳动的供给和需求二者间的均衡去决定工资,在实质上,包藏着一种意图,目的在于辩解:在没有暂时失调性的原因足以引起失业时(即所谓摩擦性失业),一切失业的责任都要由劳动者自己承担。按照他们的说法,一来当劳动的供给超过需求时,工资是必须减低的;二来当就业增加时,劳动边际生产物势必减低,工资也应该降低,当工资应该减低时,如果工人竟拒绝减低工资,因而引起失业,就是工人自己愿意失业,咎由自取。传统经济学称之为"自愿性失业"。

凯恩斯抓住上述第二个基本前提,大肆发挥,然后加以反对和修正。他以庇古的《失业理论》一书的论点为例,作如下的推断性

---

① 凯恩斯:《就业通论》,徐毓枏译,商务印书馆1977年版,第11~12页。

② 凯恩斯:《就业通论》,徐毓枏译,商务印书馆1977年版,第11~12页。

③ 凯恩斯:《就业通论》,徐毓枏译,商务印书馆1977年版,第11~12页。

第十一章 工资理论与就业理论评论

发挥：

> 这个前提与所谓摩擦性失业并不冲突。因为把这个前提应用到实际生活上，总要顾虑到适应之未能尽臻完善，因之不能有连续的充分就业。……除摩擦性失业外，尚有"自愿性失业"，亦与此第二假定前提不相冲突。……但"摩擦性的"与"自愿性的"两个范畴，概括一切失业。在经典学派基本前提下，不可能再有第三个范畴——即我下文所谓"非自愿性失业"。①

综合上述，李嘉图关于如何决定劳动力的自然价格这个问题的科学论点，由于表述得不够确切，容易引起误解，上述传统经济学家们就大肆歪曲，完全变了质，成为他们为资本主义失业问题辩护的说教，细分起来，这些歪曲主要有下列各点：

其一，工人的实际工资必须恰好把现实上被雇用的劳动量诱导出来。

其二，劳动的自然价格必须定于这一点：保证劳动的供给与需求的均衡。

其三，当一定劳动量被雇用时，工资的效用（即实际工资）恰好等于该劳动量的边际负效用。

其四，工资应该随着劳动的供给与需求之间的市场作用而自动调节。当劳动市场供过于求，工人应该同意降低工资。工人拒绝降低工资因而失业，这是咎由自取。

其五，只有降低工资才可增加就业；降低工资是增加就业的唯一办法。

试把这些论点同李嘉图原来关于劳动力自然价格的决定问题那个科学论断加以对比，可以看出他们对李嘉图的这个论点，歪曲到何种

---

① 凯恩斯：《就业通论》，徐毓枏译，商务印书馆1977年版，第11～12页。

严重的境地!

但是,凯恩斯对上述歪曲和庸俗化还不以为满足;作为对其上述第二个基本前提表示反对的进一步理由,他还要作进一步的下列两种实际观察:

第一种观察,涉及工人对实际工资与货币工资的态度问题。他认为,在某种范围内,劳工所要求的乃是一最低限度的货币工资,而不是最低限度的实际工资;工人虽然常常抵抗货币工资的减低,但并不是每次当工资品价格上涨时,他们就不肯工作。

第二种观察,不同意这个假定——工资议价决定实际工资的一般水平。他认为,劳工们全体并没有办法,可以使得工资之一般水平所能获得的工资品,与目前就业量之边际负效用相等;决定实际工资之一般水平者,主要是几种别的力量。他说:

> 实际工资减低,而相对货币工资不改变,可以使总就业量增加,因之不加抵抗——除非减低程度太大,使实际工资低于目前就业量之边际负效用,在这一点上劳工们自己的经济学,倒是不知不觉中,比经典学派经济学更为到家,幸亏是如此。①

凯恩斯根据上述两种观察,反对上述第二个基本前提——当就业量不变时,工资的效用恰好等于该就业量的边际负效用,而主张:

> 设消费倾向与新就业量所产生的有效需求不足,则实际就业量将小于现行实际工资率之下,即可能有的劳力供给量,而均衡实际工资率,将大于均衡就业量的边际负效用。②

---

① 凯恩斯:《就业通论》,徐毓枬译,商务印书馆1977年版,第18、31~32页。着重点是引者加的。

② 凯恩斯:《就业通论》,徐毓枬译,商务印书馆1977年版,第18、31~32页。

第十一章　工资理论与就业理论评论

上述这段引文的意思是：当有效需求不足时，出现下列两种情况：

（1）实际就业量小于现行实际工资下所可能的劳动供给量，即有失业问题存在。

（2）均衡实际工资率大于均衡就业量的边际负效用。这就是说，这时实际工资太高了，还可以降低一些，一直降到劳动边际负效用这个最低点为止。

这就导致凯恩斯特别编制的"非自愿失业"定义如下：

> 设当工资品之价格（相对于货币工资而言）上涨少许时，现行货币工资下之劳动总需求量与总供给量皆形增大，则称之为有非自愿性失业存在。①

这就是说，即使工资品价格上涨，实际工资下降，但劳工仍然愿意接受现行货币工资而就业时，常常还比现在实际就业人数多。在这种工资条件（实际工资降低）下愿意就业，而又无业可就，凯恩斯称之为"非自愿失业"。

这就是凯恩斯就业理论和政策所要解决的中心课题：企图"诊断"并"医治"这种非自愿失业。凯恩斯夸口说，他的就业一般理论将要"摧毁马克思主义的李嘉图基础"。这究竟具体指的是什么呢？到这里，我们可以比较清楚地看出，他所说的李嘉图基础，是指马克思所继承的李嘉图经济学说的科学论断。具体地说，在广义方面，指的是李嘉图关于价值理论和分配理论中的科学论断；在狭义方面，指的是他关于工资理论，特别是关于劳动力的自然价格（价值）问题的科学论断。他怎样去摧毁呢？手法就是钻李嘉图经济学说有着不够确切、容易引起误解，甚至存在某些庸俗成分这种缺陷的空子，在对其庸俗前辈大肆阉割、歪曲的基础上，把他的有关论点进一步庸

---

① 凯恩斯：《就业通论》，徐毓枬译，商务印书馆1977年版，第31页。

俗化。实际上，凯恩斯这些进一步歪曲和庸俗化，丝毫也无损于李嘉图上述科学论断的光辉业绩。恰恰相反，这正显示出凯恩斯工资理论和就业理论比其庸俗前辈更加庸俗。

第四节 凯恩斯工资理论和就业理论的主要错误

如前所述，凯恩斯的工资理论和就业理论，同其庸俗前辈相比，是对李嘉图工资理论作进一步歪曲和庸俗化，对无产阶级的生活水平进行更为恶毒的进攻；在理论上是错误的，在政策上是有害的，现把其主要错误分项简要地揭示如后。

一、工资的实质

马克思指出："工资不是它表面上呈现的那种东西，不是劳动的价值或价格，而只是劳动力的价值或价格的掩蔽形式。"①

马克思把劳动力同劳动二者严格地区别开来，工人出卖给资本家的，只是他的劳动力。劳动力是蕴藏在工人身体内的一种能力，而劳动则是劳动力所发挥的作用。工人出卖劳动力，就把一定时期内的使用权转让给资本家，由资本家去消费，而劳动力的消费过程即劳动。

在资本主义的经济生活中，常常有各种假象阻碍人们去认识资本主义剥削关系的实质，其中最迷惑人的是工资形态所产生的假象，在资本主义制度下，工人给资本家做工，资本家付给工人工资。劳动一天，得一天的工资；劳动一月，得一月工资。因此，从表面上看，工资就好像是"劳动的报酬"或"劳动的价格"。这就完全是一种假象。

实际上，工人出卖给资本家的，并不是劳动，而只是劳动力。因此，资本家向工人支付的本来是劳动力的价值或价格。但因为采取了

---

① 马克思：《哥达纲领批判》，人民出版社1970年版，第19页。

第十一章 工资理论与就业理论评论

"工资"的形式,所以表现为劳动的价值或价格,把资本家对工人的剥削完全掩盖起来了。只要我们把资本主义剥削同以前两个阶级社会的剥削形式加以简单类比,就可以更加清楚地看出这一点。在奴隶社会中,奴隶的劳动分为必要劳动和剩余劳动,但因为奴隶的人身属于奴隶主所有,所以乍看起来,奴隶为自己进行的必要劳动也好像是为奴隶主进行的无偿劳动,奴隶的全部劳动好像都是没有报酬似的。在封建制度下,农奴的劳动也分为必要劳动和剩余劳动是十分明显的,因为无论在哪一种地租形式下,农奴交给封建主的部分和留给自己的部分,都是明显地分开的。可是,资本主义的情况就完全不同了。在工资形式下,工人的全部劳动仿佛都成了有偿劳动。好像对全部劳动都付了报酬,因而也掩盖了资本主义的剥削。

马克思指出:

> 因此可以懂得,为什么劳动力的价值和价格转化为工资形式,即转化为劳动本身的价值和价格,会具有决定性的重要意义。这种表现形式掩盖了现实关系,正好显示出它的反面。工人和资本家的一切法权观念,资本主义生产方式的一切神秘性,这一生产方式所产生的一切自由幻想,庸俗经济学的一切辩护遁词,都是以这个表现形式为依据的。①

工资是劳动的价格和价值这一庸俗论点,是对工资的性质这个问题的歪曲,由此否定资本家对工人的剥削。这是资产阶级庸俗经济学家在工资问题方面所玩弄的种种辩护的总纲。在这个总纲方面,凯恩斯同其庸俗前辈完全是一致的。以这个总纲为基础,捏造劳动边际生产率和劳动边际负效用等一系列庸俗概念,用来辩解关于确定工资率之高低的问题。在这个问题上,凯恩斯否定了其庸俗前辈关于实际工资等于现行就业量的边际负效用这一庸俗公式,硬说实际工资大于现

---

① 《马克思恩格斯全集》第23卷,人民出版社1972年版,第591页。

行就业量的边际负效用,说实际工资还可以而且应该再降低一些,这是凯恩斯同其庸俗前辈之间的分歧点。这种分歧表明,绝不是凯恩斯"摧毁了"马克思的什么李嘉图基础,而是他在歪曲李嘉图的有关科学论断,并使之在庸俗化的道路上,比其庸俗前辈滑得更远,对工人阶级危害更大。

二、资本主义制度中失业问题的根本原因

凯恩斯的庸俗前辈早就把工资率的高低问题同失业问题关联起来,把失业问题归咎于工人拒绝降低工资水平。在这一点上,凯恩斯同其庸俗前辈是一致的。分歧点只在于:他把货币工资同实际工资区别开来,硬说只要工资品价格上涨一些,现行货币工资下的劳动总需求量和总供给量,都会比现有的就业量增大,① 则称之为有"非自愿失业"的存在。这样,他把工资理论和就业理论作进一步的联结,认为非自愿失业之所以存在,只不过是因为实际工资嫌高了些;或者说,只是因为工资品价格嫌低了些。他从实际工资率之高低问题去找失业存在的原因和解决失业问题的对策,完全没有触及资本主义社会中失业大量而经常存在的根本原因。

资本主义社会中失业之所以经常而大量存在,根本原因在于资本主义制度本身。具体说来,主要有下列两个方面:(1)相对过剩人口是资本主义发展所特有的资本积累法则的必然产物,是资本主义所固有的人口规律。(2)相对过剩人口同时也是资本主义生产方式本身存在和发展之一个重要的必要条件。

首先,谈第一个方面。失业人口的经常而大量存在,是资本主义资本积累法则的必然产物。

马克思揭示了资本主义人口法则的实质。他对于资本主义积累过程的分析,揭露了资本主义生产方式的内在机制。这个机制不可避免地要引起失业人口(相对过剩人口)的形成。资本主义发展的内在

---

① 凯恩斯:《就业通论》,徐毓枬译,商务印书馆1977年版,第19页。

第十一章 工资理论与就业理论评论

法则是这样的：资本主义再生产的特点是扩大再生产，资本积累不断扩大必然伴随而来的是资本有机构成的不断提高。资本有机构成的提高是劳动技术装备的增长，劳动生产率的增长是在资本主义下所特有的表现形式。

资本有机构成的不断提高，表明在资本总额中不变资本部分日益增多，而可变资本部分则相对地日益减少。资本对于劳动力的需要，不是取决于资本总额的大小，而是取决于可变资本的大小。随着资本积累的增长和资本总额的增加，可变资本的绝对量虽然也会增加，但由于资本有机构成的提高，可变资本的相对量，即它在资本总额中所占的比重却日益下降。因此，在每个工人的工资不变的情况下，资本对劳动力的需要也就日益相对地减少。

不仅如此，随着资本积累的增长和劳动生产率的提高，资本对劳动力的需要不仅会相对地减少，而且，在某些部门和企业中，有时还会绝对地减少。

在另一方面。劳动力的供给却随着资本的剥削和统治的不断加强而日益增多。

这样，在资本主义社会中，随着资本积累的增长和资本有机构成的提高，必然要出现两种完全对立的趋势：一方面，资本对劳动力的需求，日益相对地减少；在某些部门或企业中有的甚至绝对地减少。另一方面，劳动力对资本的供给，却在不断地增长。结果，就不可避免地要造成大批工人失业，即造成资本主义制度所特有的相对人口过剩。

这就是资本主义社会中失业问题严重的根本原因。凯恩斯完全回避了这个根本原因，另从工资水平高低去找失业的原因和解救对策，这实在是文不对题。这不仅在理论上是错误的，在政策上是有害的，而且这种庸俗论点是完全经不起资本主义经济现实生活的检验的。例如，美国战后第六次经济危机中，经济危机（生产猛降）与通货膨胀（物价大涨）两症并发。按照凯恩斯的工资理论与就业理论，物价上涨，实际工资下降。这时应该是就业增加，失业人数减少。但结果完全相反，物价上涨同失业人数大增两者交织在一起。这不仅是美国如此,整个西方资本主义各国都是如此。这次危机波及西方资本主义各国,几乎无一例外,都是生产下降、物价大涨,而同时失业人数大增。这无可否认地表明:凯恩斯的工资理论与就业理论是不符合资本主义的经济现实情况的。

其次,让我们来考察上述第二个方面:相对过剩人口是资本主义生产方式存在和发展的必要条件,理由主要如下:

(1) 相对过剩人口可以保证有经常的劳动后备军,供资本随时需要,随时利用。资本主义社会中,为了生产周期循环的变化和产业结构变动的调节,像银行需要有一个充分的库存一样,需要有一个充分的失业队伍,作为储备,以供应资本家随时发生的对劳工的需要。这种失业人口,为产业资本家形成一支庞大的产业后备军。

(2) 相对过剩人口又是保证对在业劳动人口加紧剥削的一个必不可少的重要因素。资本主义劳动市场,为了保证廉价劳动力的供应,也需要有一个庞大的失业人口,作为机制调节的制动器。有了失业大军的存在,劳动市场的竞争,才有利于资本家压低工资,增大劳动强度,加紧剥削在业工人。

总之,劳动现役军是资本家的直接剥削对象,固然是资产阶级所必需的;而失业大军是劳动后备力量,也是资产阶级所必需的。企业主对充分就业抱着一种害怕的态度。因为充分就业了,失业人数减少了,工人要求增加工资和改善劳动条件,斗争力量增强了。这对企业主压低工资、加强剥削实属不利。

凯恩斯本人正是这样。他并没有主张消除全部失业。他只妄图消除他的所谓"非自愿失业";而对其庸俗前辈所承认的"摩擦失业"和"自愿失业",则主张任其照常存在。凯恩斯就业理论体系的中心课题:就业问题,在于承认其庸俗前辈所确认的"摩擦失业"和"自愿失业"之后,编造一个"新"的失业范畴——非自愿失业;于是,围绕着所谓"非自愿失业"这个中心课题,就其发生的原因和"医治"的处方等方面,展开一套比其庸俗前辈更加庸俗的理论体系。换句话说,凯恩斯所谓"充分就业",不能用"充分"一词的普通含义去理解,而须按照他那套特有的论点去理解。那就是,所谓"充分就业"只限于消除"非自愿失业",而让"摩擦失业"和"自愿失业"继续存在着。在凯恩斯的心目中,后两种失业是"天公地道"的,完全不成其为问题的,根本不列为其就业理论体系的考察对象。所以,"充分就业"这个范畴,就其实质而言,具有很大的欺骗性:用这样一个字面上漂亮而实际上却大打折扣的术语,来模糊失业规模,混淆视听,欺骗工人阶级,松懈他们的斗争意志。

失业对工人是一种深沉的苦难。事实上,任何工人都不愿意失业,不论在什么情况下的失业都是非自愿失业。在生产资料私有制的条件下,无产阶级除劳动力外一无所有。工人以出卖劳动力为唯一的主要生活来源,只有二者必居其一的下列悲苦处境:

(1) 就业:替资本家干活、忍受剥削,借以维持生活。

(2) 失业:连受剥削的资格都被剥夺,劳动收入来源立即断绝,过着极为困苦的生活。

所以,工人是绝对没有自己愿意失业的。凯恩斯及其庸俗前辈捏造所谓"自愿失业",这对失业工人是一种十足的诬蔑和嘲弄。

至于"摩擦失业",诡称是失调性的、过渡性的临时失业。资本主义制度下,生产处于无政府状态,市场供求作用的盲目调节,在各种行业中,这种失业经常出现,它是长期存在着,而且每时每刻都存在着。它构成资本主义失业的一个组成部分。这也是任何工人都不愿意遭遇的一种失业。

* * * *

总之,资本主义制度下的失业,全部都是非自愿性失业。我们必须揭露被凯恩斯划分为二种失业范畴的骗局,打破他那"非自愿性失业"的狭隘界限,把全部失业都包括在一般意义下的失业这个范畴之内。

第十二章 货币理论评论

第一节 社会总产量货币理论体系的创立

凯恩斯在他学术生涯的早期阶段,主要是货币理论和货币政策的经济学家。他在其各主要专业著作中,一方面始终坚持十足的名目主义货币本质观和以购买力为内容的货币价值论;在这种理论基础上,坚决主张货币管理本位制。另一方面自始至终认为货币对经济发展所起的作用很重要;尽管在各个时期对待货币这个因素,在考察的角度上,在理论思路的说法上,在强调的程度上,在政策运用的种类和方式上,彼此各有不同,但货币在其各"方案"中始终居于重要地位,起着重要作用。在《就业通论》发表以前,他的巨著是两卷集的《货币论》。从后一著作导向前一著作,他的货币理论发生了一个十分突出的转化:从比较狭隘的货币理论领域转向比较广阔的一般经济理论领域,使它在决定整个经济体系的就业和生产中占有重要的地位。他把这种分析叫作货币经济理论。①

关于凯恩斯如何从传统的"二分法"货币理论逐步转化为"一个关于货币的全盘理论",即"生产的货币理论",在本书第五章曾作过比较细致的介述,这里不再重复。

具体来说,他把"古典学派的两分法"改造成为一个完整的总产量货币分析系统。在"古典学派"的经济模式中,货币市场上资

---

① 凯恩斯:《就业通论》,徐毓枬译,商务印书馆1977年版,第250页。

本的边际生产力与节约（延期消费）决定利率；而利率的变动促使着储蓄与投资、总需求与总供给趋于相等；劳动市场上劳动的边际生产力与边际负效用相等时，决定均衡的实际工资与就业水平；在货币市场上，货币的供求关系就只能决定价格水平，而与总产量与就业水平无关。这样，货币只是作为实物交易的一个中性的媒介物，对各种经济动机和决策不发生影响。凯恩斯大大背离了这种传统"二分法"的货币理论，认为货币市场上投资与储蓄的相互作用决定总收入与就业的均衡水平，货币市场上的供给与需求之间的关系决定均衡利率；而利率又决定投资量的最后边界，亦即当资本边际效率等于市场利率时，投资即告停止。同时，在劳动市场上，坚持工资的效用大于劳动的负效用，可以用增加通货数量促使物价温和上涨，降低实际工资，从而增加就业和产量。因此，凯恩斯摒弃以"中性货币观"的"二分法"，确认只有货物与货币两个市场上的供求力量共同作用，才能决定总收入量和就业量，从而把上述三个彼此独立的市场拼凑起来的"古典派"模式，改造成为由三个互相联系的市场有机地组成货币经济体系。货币市场的变动必然牵动着其他两个市场，引起整个宏观经济的波动；反之亦然。

凯恩斯在货币同实物经济的关系方面，勇于摒弃传统经济学"二分法"的旧教条，创立货币同实物经济紧密结合的产量货币经济学宏观新体系；这使货币这个非常独特而重要的"辅助角色"，贯穿在就业一般理论整个体系中，成为必不可缺的一个范畴和一条线索，特别在资本边际效率理论、流动偏好理论、工资与就业理论、经济危机理论、物价一般理论等领域，居于更为突出的重要地位。因此，本章关于货币理论所述评的内容须同上述有关各章的理论密切结合，才能理解得更为明确。

第二节　货币理论在就业一般理论体系中的重要地位

凯恩斯的就业理论一书是以就业、利息和货币三项为研究对象的

"一般理论"定名的,把货币同就业与利息并列,究竟含义何在?货币同就业究竟处于何种关系?货币在就业增长(即解救失业)中究竟起着何种作用?凯恩斯的货币经济理论在其就业一般理论体系中究竟处于何种重要地位?这是本节所要介评的主题。

本书着重研究何种力量去决定总产量和总就业量的改变;同时发现,货币以重要而特殊的方式进入经济结构而发挥作用。至于货币技术细节则存而不论。①

当我们进而讨论何者决定社会全体之产量和就业量时,我们就需要一个关于货币经济(Monetary Economy)之全盘理论。②

他自述该书同其《货币论》的关系时说:

当我开始写《货币论》时,我还遵循着传统路线,把货币看成是供求的一般理论之外的一种力量。当该书完成时,我已有若干进步,倾向于把货币理论推回去,使之成为一种社会总产量理论。③

他在该书第三章概述有效需求原理时指出:

消费倾向的分析,资本边际效率的定义,以及利率理论,是我们现有知识中的三大缺陷,必须加以弥补。这步做到以后,我们将看到价格理论就获得它的特有地位:它是我们这一般理论的辅助成分。我们将发现,在利率理论中,货币占有重要位置;我们将设法弄清楚,货币之所以异于他物者,其特征

---

① ② ③ 凯恩斯:《就业通论》,徐毓枬译,商务印书馆1977年版,第4、250页。译文参照原文有所更改。着重点是引者加的。

何在。①

从上面几段引文，可以归结出下列几点：

（1）就业一般理论主要是研究消费倾向，资本边际效率和利率这三种力量如何去决定总产量和总就业量的变动；货币理论只是这种研究工作完成以后的辅助成分。

（2）它究竟成为怎样的辅助成分呢？他认为，货币不是供给与需求二者之一般理论以外的一种力量，它是在供给与需求二者交互作用这种经济结构中发挥作用的一种力量。货币理论应当成为一种社会总产量的理论。

（3）虽然它是上述三种决定因素所构成的理论体系的一种辅助成分，但是，货币却扮演着一种重要而特殊的角色。

（4）在该书中，他只论证货币经济的一般理论，至于货币的技术性细节都存而不论。

现在，我们要进一步追问：在凯恩斯的就业一般理论体系中，货币在资本主义经济结构中究竟发挥什么样的作用呢？货币理论究竟怎样成为社会总产量理论的一个组成部分呢？它的重要性和特殊性究竟何在呢？一句话，凯恩斯就业理论体系中的货币一般理论究竟包含着何种独特内容呢？

对这些问题，凯恩斯作了下列三个方面的回答：

第一方面，关于货币经济的特征——巧妙地把未来同现在联系起来。凯恩斯确认，在适用移动均衡理论的经济体系中，对于未来的预期可以影响今日的经济行为；货币之最主要属性既在于巧妙地联系现在与未来，则我们除非利用货币，否则对移动均衡理论简直无法讨论。因此，他明确认定，货币之重要性主要是从货币乃现在与未来之

---

① 凯恩斯：《就业通论》，徐毓枬译，商务印书馆1977年版，第32～33页。译文参照全文有所更改。着重点是引者加的。

联系这一点产生的。① 这就是说，企业主对未来物价和利率等在变动上的预期，影响到投资引诱和投资决策，进而影响新资本资产的产量，再进而影响就业量。关于货币这种属性问题，将在下面第三节中进一步加以介评。

第二方面，他对货币数量说再一次②进行修正，编制出"半通货膨胀"(Semi-inflation) 的价格一般理论。他以就业不足为假定前提，增加货币数量，从而增加有效需求，效果有两方面：一部分用在增加就业量，另一部分用在提高物价水平。他把所谓"半通货膨胀"同绝对的、真正的通货膨胀区别开来。这就是他利用"半通货膨胀"（增加货币数量）这种"吗啡"注射来刺激生产和就业，解救失业问题严重这种痼疾的理论依据。这种价格理论，在理论上和在政策上的利弊得失，我们将在下面第四、五节中加以分析评议。

第三方面，关于货币同利息理论的关联。他说：

> 我们将发现，在利率理论中，货币占有重要位置；我们将设法弄清楚：货币之所以异于他物者，其特征何在。③

在论证其利息理论时，凯恩斯又给货币增添了一些特征。这也是他所说的关于"货币以重要而特殊的形式进入经济结构而发挥作用"的具体内容之一。

---

① 凯恩斯：《就业通论》，徐毓枬译，商务印书馆1977年版，第250页。着重点是原有的。

② 凯恩斯在1923年出版的《货币改革论》中信奉传统货币数量论。后来，在1930年的《货币论》中对它作第一次修正。传统货币数量论把全部流通中的货币数量同全部商品相对比，而凯恩斯在此书中把商品分成消费品和生产资料两大类。又把全社会中的货币支出也分成对消费品的支出和对生产资料的支出两大项，然后把相应的商品和相应的货币数量对比。同时把传统货币数量论所忽略的一些因素，重新编排，改换成为"货币价值的基本方程式"。

③ 凯恩斯：《就业通论》，徐毓枬译，商务印书馆1977年版，第32～33页。

综括以上三方面，按照凯恩斯就业理论的逻辑结构来说，确实需要货币以他所说的"重要而特殊的形式进入经济结构而发挥作用"。

具体分析起来，可以看出：

第一，以资本边际效率为主要内容之一的投资理论，需要货币把资本家的未来预期同现在投资决策相联系。

第二，以提高物价水平从而降低实际工资为中心内容的工资理论和就业理论，需要货币去提供"半通货膨胀"政策的筹码。

第三，以流动偏好为主体的利息理论，需要增加货币流通数量去降低利率，提高投资引诱。

总之，试设想，如果没有货币这个东西供凯恩斯使唤和摆弄，则他的就业一般理论体系势必难以编制起来；即使编制成了，也势必会完全是另外一个模样。因此，我们可以看出他的货币经济理论在其整个理论体系中是居于何等重要的地位了。我认为，不论从他的整个就业理论体系来看，还是单从他的货币理论来看，在结局上，他是集中地着眼于以"半通货膨胀"为主轴的价格一般理论，要用增加通货的方法，一方面，促使物价水平上升，降低实际工资，降低生产成本，提高资本边际效率；另一方面，促使利率下降，改善投资引诱。这样就可以增加生产，解救失业。在经济不景气、生产停滞、失业问题严重的情况下，采用增加通货这种"吗啡"注射的刺激"疗法"，在解救失业方面能够收到一定程度的"疗效"，这是无可否认的。但是，这种"疗效"毕竟有其限度，充其量只能对经济危机在程度上有所缓解，绝不能从根本上消除经济危机。而凯恩斯对增加通货、扩张信用这种"吗啡"刺激"疗法"寄予无限的希望，在《就业通论》一书中极力夸大它的"疗效"，从而特别强调货币在这个理论体系和政策措施中的重大作用。凯恩斯的利息理论和货币理论的实践意义，在于控制货币供给的银行系统支配着就业扩充这一主题。他在《就业通论》的书名中，把货币同就业、利息并列，确认货币以一种重要而特殊的风格进入经济结构而发挥作用，使货币融合成总产量理论的一个重要组成部分，其要害即在于此。

最后，必须明确指出，这种增加通货以增加就业、救治失业的方法，在实质上，就是用加大对在业工人剥削的深度，引诱资本家增大产量或增加新投资，使一部分失业工人得到就业机会，进入剥削圈，扩大剥削的广度。在资本主义经济发展史中，通货膨胀早已有之，特别在战争时期算是家常便饭，这不是凯恩斯的什么新发明。在资本主义经济危机史中，通过中央银行的货币金融政策，放松银根，用来"解救"或缓和经济危机，早已屡见不鲜，这也不是凯恩斯的什么新发明。唯独给货币编造上述特点，用"半通货膨胀"的价格一般理论为指导思想，在和平时期明目张胆地在实际上为"半通货膨胀"开绿灯，凯恩斯算是始作俑者。这种计谋对工人的根本利益是有害的。从长一点的时间看，它对整个资本主义经济的运行和发展也是很不利的。战后西方世界各国广泛而持久地推行通货膨胀的"吗啡"注射刺激政策，到头来，1974—1975年即第二次世界大战后最怪诞而严重的经济危机中，涌现"滞胀"双重的社会瘟疫：经济危机同通货膨胀两症并发。这无疑是凯恩斯就业理论与政策，特别是"半通货膨胀"价格理论与政策的一项严重恶果。

第三节　关于"货币之最主要的属性在于巧妙地联系现在与未来"这一论点的评议

凯恩斯就业理论体系中在构成其有效需求的两大支柱之一的投资引诱方面，以预期为心理基础的资本边际效率，起着十分重要的作用，而他把货币经济的特性同资本家的这种预期及资本边际效率联系起来。这就是他所说的关于"货币以重要而特殊的形式进入经济结构而发挥作用"的具体内容之一。

他对这个问题有下列一些自述：

> 货币经济的特征，乃是在此经济体系中，人们对于未来看法

之改变，不仅可以影响就业的方向，而且还可以改变就业的数量。①

或者我们还可以把界线如此划分：一方面是静态均衡理论，另一方面是移动均衡理论。在适用后一种理论之经济体系中，对于未来之种种不同看法，足以影响目前情况。我们之所以作如此分法，乃是因为货币之重要性主要是从货币乃现在与将来之联系这一点产生的……今天对未来之预期又可以影响今日之行动。当我们从前一种讨论进入第二种讨论时，货币是现在与将来之联系这个特性就进来了。移动均衡虽必须以货币经济为依据，但还是一个价值论或分配论，而不是一个单独的货币论。货币之最主要属性，即在巧妙地联系现在与未来，则我们除非利用货币，否则简直无法讨论。当预期改变时，当前活动所受影响如何？即使不把金银以及法偿工具取消，我们也摆脱不了货币。只要有任何持久性资产之存在，这种资产就会有货币属性，就会引起货币经济所特有的许多问题。②

资本之边际效率表非常重要，主要通过这个因素，人们对未来预期才能影响现在。

因为有持久性设备之存在，所以未来与目前在经济上发生联系。人们对未来之预期，亦先影响持久性设备之需求价格，再影响现在。③

从上述各段论点可以看出，他把所谓"货币乃现在与未来之联系"这一特性同他的投资引诱理论，特别是资本边际效率联系起来。他的移动均衡理论，就是以具有这种特性的货币经济为依据的。说得更具体些，就是以资本家依据未来币值（未来物价水平）变动趋势

---

① 凯恩斯：《就业通论》，徐毓枬译，商务印书馆1977年版，第4页。参照原文，译文有所更动。
②③ 凯恩斯：《就业通论》，徐毓枬译，商务印书馆1977年版，第124、250~251页。

的预期，调整其对现有资产的价格估计，影响资本边际效率，进而影响新资本资产的生产，影响总生产量和总就业量。他所强调的关于"货币以重要而特殊的形式进入经济结构而发挥作用"，确切含义之一即在于此。

试看，在就业一般理论体系中，凯恩斯确认，货币进入以供给与需求交互作用这个流通领域为中心内容的经济结构而发挥作用，所采取的形式十分"巧妙"而"神奇"，所发挥的作用十分"重要而特殊"！在资本主义经济运行中，以资本资产的持久性为物质基础，以货币这个经济范畴为契机，而把未来经济势态的预测同现在投资决策联系起来，这是经济现实运行动态的一种概括。这也就是对资产阶级生产当事人在投资活动方面的思维和语言进行概括而得出来的论点和理论。就现象形态的描述而言，这是合乎现实情势的。凯恩斯在就业一般理论，特别是投资引诱理论的构思中，摒弃静态均衡观，着重采用历史观——过去、现在与未来的关联，改采移动均衡分析的观点，同传统静态均衡理论相对比，这是他所具有的一种相对优势，应当加以肯定。

但是，关于货币具有联系未来同现在的特点，企业家依靠这种特点，对未来经济动态的预测能够影响现在的投资决策，这只在资本主义经济动态中才会如此。正因为他忽视、抹煞了资本主义经济背景这种根本因素，才错误地把"作为货币的货币"（money as money only）同"作为资本的货币"（money as capital）两者混淆起来。他把货币的特性说得那样神乎其神，这应当只是特指作为资本的货币而言。

实际上，单纯的货币本身，作为货币的货币，既不具有如凯恩斯所赋予的这种特性，也没有如他所夸张的那种重要而特殊的形式进入经济结构而发挥作用。

只有货币转化成了资本，变成资本主义性质的货币经济，变成作为资本的货币，才可以说具有这种特性，发挥这种作用。凯恩斯在上述各段论述中，完全是指作为资本的货币、以资本主义性质为实质内容的货币经济而言，同单纯的货币、货币本身、作为货币的货币完全没有关系。

凯恩斯错误的关键在于，没有理解资本主义经济中货币的两种范畴："作为货币的货币"同"作为资本的货币"两者之间的本质差别。他把货币的两种范畴混淆起来，把资本主义社会中货币一般化，不按照其性质及发挥作用之不同而加以区分，从而把属于作为资本的货币方面的东西，强加在作为货币的货币——单纯的货币身上。这是错误的。

第四节 "半通货膨胀"的价格一般理论：内容、实质与"疗效"评价

"半通货膨胀"的价格一般理论，在凯恩斯就业理论整个体系中，起着一种独特而重要的辅助作用。这种理论的具体内容如何？它的阶级实质如何？它在政策实践中的"疗效"又如何？现在分别扼要加以介评。

一、辅助作用的具体内容

资产阶级传统货币数量论，一般地说，表述为：假定其他事项不变，货币数量增加，一般物价水平成正比例地上涨。凯恩斯把"其他事项不变"这一假定的内容，解释为"产量不变"。他说：

> 达到这种情况，则粗陋的货币数量说……完全适用：盖产量不变，而物价上涨恰与 MV 成正比例。[①]

但他认为：把这个结论应用到实际情况，则势必有若干修正。他认为：

[①] 凯恩斯：《就业通论》，徐毓枬译，商务印书馆1977年版，第246、252页。

我们必须首先考虑，货币数量之改变对于有效需求量所发生的影响。一般地说，有效需求的这种增加，一部分将用在增加产量，一部分将用在提高物价水平。①

还须指出，凯恩斯在《就业通论》中始终贯穿着就业不足——有大量的非自愿失业和大量未被利用的资源和设备等的存在这个假定前提。因此，关于货币数量增加的上述效果，也是以就业不足为前提的。基于这个前提及对于货币数量论的上述修正，他在资产阶级经济学说史中，第一次创立了他的所谓"半通货膨胀"价格理论。他的论点是：

充分就业固然是一个最后分界点，到达此点以后，若有效需求（用货币计算）再增，则货币工资必须随工资品价格之上涨而同比例的提高。但在这点以前，还有一组半分界点，在这许多点上，有效需求增加时，货币工资也提高，只是不及工资品价格之上涨比例而已。……在这一点上，有效需求（用货币计算）若再增，便将引起工资单位作不连续的上涨，故从某种观点看来，这些点可称之为半通货膨胀，有些和以下所谓绝对通货膨胀相似。……所谓绝对通货膨胀，乃是在充分就业之下，再增加有效需求时所产生的情况。②

设当有效需求再增加时，已无增加产量的作用，仅使成本单位随有效需求作同比例上涨。此种情况，可称之为真正的通货膨胀。到这点为止，货币膨胀之效果，只是程度问题。在该点以前，我们找不出一点可以划一条清楚界线，宣称现在已到通货膨胀之境界。因为在该点以前，货币数量每增加一次，有效需求尚

---

① 凯恩斯：《就业通论》，徐毓枬译，商务印书馆1977年版，第246、252页。
② 凯恩斯：《就业通论》，徐毓枬译，商务印书馆1977年版，第238、257页。

能增加,故其作用为:一部分在提高成本单位,一部分在增加产量。①

从上面几段引述中可以看出,凯恩斯把"半通货膨胀"同"真正的通货膨胀"区别开来。他把就业理论体系的基本前提——就业不足同"半通货膨胀"联系起来,认为:(1)在这种前提条件下,增加货币数量能促使有效需求增加,其效果只会引起"半通货膨胀":即一部分引起物价水平上涨,另一部分促使产量(就业量)增加。(2)只有达到充分就业的境界以后,再增加货币数量,才不会再促使产量、就业量增加,而引起物价水平无限制上涨,形成真正的、绝对的通货膨胀。

凯恩斯自称:在消费倾向、资本边际效率和利率三项理论的缺陷得到弥补以后,价格理论在就业理论体系中的辅助地位就告确立。就《就业通论》一书的逻辑结构和论述程序而言,他先论述消费倾向,然后讨论资本边际效率,再后考察利息问题;在这三项缺陷得到"弥补"以后,才建立以"半通货膨胀"为中心内容的、处于辅助地位的价格一般理论。

然则它究竟怎样起辅助作用,又究竟起着什么样的辅助作用呢?我们对于这些所谓"辅助作用"应该怎样评价呢?

在凯恩斯《就业通论》问世以前,传统的资产阶级经济学界是反对通货膨胀、坚持币值稳定的。他们对通货膨胀几乎是谈虎色变。他们在货币金融领域内,主张由中央银行严格控制纸币发行数量,并用贴现政策和公开市场活动调节信用,坚决做到不触犯通货膨胀这条戒律。因此,与此密切相关的,在财政领域内,量入为出、收支平衡为主要内容的健全财政原则被认定为理财家不可逾越的基本规范。除战争期间外,他们反对大量发行公债。在生产和投资领域内,他们都遵循自由放任的传统观点,任凭私人资本自由活动,政府绝不参加干

---

① 凯恩斯:《就业通论》,徐毓枬译,商务印书馆1977年版,第238、257页。

预和"调节"。

但是,凯恩斯《就业通论》问世以后,理论和政策大大改变了。

首先,单从货币金融领域来看理论的改变。自由放任的旧教条让位给政府干预和"调节"的新教义了。通货膨胀这个一贯使人望而生畏的经济妖魔,改装成为具有善恶两种性能的"半通货膨胀"和"真正的(绝对的)通货膨胀"两面神妖:"半通货膨胀"被判定为具有增加产量和就业量的"神效",明目张胆地供奉为"救治"经济危机和失业问题的"圣药"了。从此,"半通货膨胀"这种价格一般理论,在事实上成为大量增发通货,创造有效需求的理论依据了。

其次,关于政策措施方面,同过去相比,必然相应地有很大的改变。在货币金融领域内,他要说服大众:纸币也是货币;并且鼓吹由政府控制中央银行这个钞票印刷工厂,增发钞票,借以避免或减少不景气。他说:

> 失业问题之所以发展,就是因为人们需要月亮(moon)——当人们渴望的这个东西(即货币)即不能产生出来,而对这个东西的需求又不容易加以压制,劳动者就无法就业。唯一补救之道,只有说服公众相信:纸币实际上也同样是货币,并且要有一个由政府控制的纸币工厂(即中央银行)。①

> ……如果货币可以像谷物一样生长,或像汽车一样制造,则不景气可以避免或缓和;因为在这种情况下,当其他资产的价格(用货币计算)下降时,就可以将较多的劳动去生产货币……②

> 资本边际效率不变,流动偏好不变,则唯一救济办法,只有

---

①② 凯恩斯:《就业通论》,徐毓枬译,商务印书馆1977年版,第194、197、198页。

增加货币数量……①

从上面几段引述看来，尽管凯恩斯用了一些离奇的比喻，把事情说得那么隐晦而转弯抹角，他的实际主张极为明显，那就是：由政府控制发钞的中央银行，随意增发钞票，借以消除或缓和经济危机和失业问题。这在实质上就是用金融扩张的方法，人为地增加有效需求，去解救经济危机和失业问题。

这种方法必然要牵涉财政领域，由过去量入为出，收支平衡的原则，改换为扩大支出，赤字预算和大量举债的新做法。

这种庞大的政府财政开支如何使用呢？那就是把政府干预推广到整个经济结构，特别是投资领域。凯恩斯提倡"大胆行动"②，扩大政府的机能，使消费倾向与投资引诱二者相适应。③他主张由中央政府管理消费倾向和投资引诱。④特别是投资社会化，把投资的事情由社会来综揽。⑤

总之，凯恩斯以"半通货膨胀"的价格理论为理论依据，乞灵于金融扩张政策，用新增通货去填补有效需求的严重不足，以此来刺激经济活动，特别是投资活动，解救经济危机和失业问题。这样，新增加的通货就被当成了试图使垂危病人得以苟延残喘的"吗啡"针剂了。货币就是这样地被摆弄着，承担一种起着"吗啡"刺激作用的辅助角色。

二、阶级实质：对垄断资产阶级十分有利，对工人阶级却严重有害

现在我们必须对这种辅助作用的阶级实质加以分析：它对垄断资产阶级十分有利，而对无产阶级却严重有害。

首先，关于通货数量增加促使物价上涨的方面，凯恩斯承认，增

---

① 凯恩斯：《就业通论》，徐毓枬译，商务印书馆1977年版，第194、197、198页。

②③④⑤ 凯恩斯：《就业通论》，徐毓枬译，商务印书馆1977年版，第318～323页。

加通货数量会引起物价上涨——逐渐上涨。他也承认：

> 物价上涨，必然引起财富（所得）重分配，这种所得重分配有利于雇主而不利于固定收入者，消费倾向势必受到影响。①

关于物价上涨对固定收入者十分不利的分析：资本主义社会中，雇用工人占固定收入者中的绝大多数；物价不断上涨对工人阶级起着降低实际收入的危害作用，可细分为下列诸项：

（1）一般来说，工资是由合同规定的，每隔若干期间才调整一次。在未调整以前，物价不断上涨，就使实际工资不断地打着折扣，等到合同期满，通过同资本家进行斗争，工资提高了，但就物价上涨与工资调整提高的时机来说，前后两者变动上的时间差距，使工人的实际工资蒙受着损失。此其一。同时，就一般情况而言，工资提高在程度上每每低于物价上涨，这也使工人的实际工资有所降低。此其二。

（2）工人的年老退休金、失业保险金以及其他各种救济"福利"等项，都是属于有关工人的固定收入。物价不断上涨，也使这些收入的实际购买力相应地打着折扣，蒙受损失。当物价上涨程度太厉害时，这些收益也被迫作些调整，但这些调整在时差上、在程度上，每每仍使收益者蒙受损失。

（3）某些工资较高、家庭人口较少的工人，在就业期间，节衣缩食，苦积若干储蓄，作日后年老、疾病、失业等意外事件的准备。随着物价的不断上涨，这点微小储蓄的实际购买力也就相应地打了折扣。同时，由这点小量储蓄而得到的利息收入，也是属于固定收入之列的。随着物价不断上涨，这项收入的实际购买力也相应地打着折扣。

其次，关于通货数量增加促使物价上涨，引起所得重分配有利于

---

① 凯恩斯：《就业通论》，徐毓枬译，商务印书馆1977年版，第247页。

雇主的方面，以及刺激产量和就业量的增加方面。

现在，我们把增加通货数量对于雇主方面两个互有关联的"辅助作用"结合起来考察。

物价上涨引起财富重分配，这对雇主十分有利。上述关于工人阶级在物价上涨中所受的损失，很大部分直接变成了雇主们的实际收益。例如，物价上涨而使实际工资降低，利润率增加。因而诱致雇主去扩大生产规模，增加产量。这是凯恩斯在工资理论和就业理论方面同其庸俗前辈喋喋不休地进行争辩的一个要害性的论点。

此外，物价上涨使雇主们所负债务的实际负担，不论是本金或利息，都相应地有所减轻，使资本边际效率提高，这也有利于增大利润。

所以，凯恩斯把增加通货数量直接看成是有效需求的增加。关于通货数量增加刺激产量、就业量增加的"辅助作用"，他说：

> 当失业普遍之际，若有效需求作温和的增加，则用以提高物价者甚少，主要都是在增加就业量；若增加较大，而又出人意料，以致暂时引起"瓶颈"现象，则有效需求之用于提高物价者（以别于就业量）在初期要比以后大。[①]

总之，货币理论的主要着眼点，在于利用货币作为杠杆，以"半通货膨胀"价格理论为依据，采取增加通货政策，促使物价上涨，降低工人的实际收益，加强对在业工人的剥削深度；这样，顺应垄断资产阶级的要求，增大资本边际效率，提高投资引诱，促使资本家增大投资，增大产量，增雇工人，使一部分失业工人得到就业机会，扩大剥削的广度。这就是说，凯恩斯货币理论对解救经济危机和失业问题所起的"辅助作用"，归根结底就是：明目张胆地实行"半通货膨胀"政策，促使物价不断上涨，用加强剩余价值剥削的深度

---

① 凯恩斯：《就业通论》，徐毓枬译，商务印书馆 1977 年版，第 256 页。

为手段，增雇工人——扩大剥削面；扩大剩余价值剥削的广度。凯恩斯货币理论和政策的实质，其要害即在于此。

凯恩斯的庸俗前辈在这个问题上还没有恶毒到如此境地。他们虽然也说工人拒绝降低工资是导致"自愿失业"的原因，但是，他们认定实际工资已达最低限度（工资的效用等于该就业量的劳动边际负效用），不能再行降低。此其一。同时更没有编制"半通货膨胀"价格理论，明目张胆地主张采取增加通货，降低实际工资的诡计，用加强对在业工人的剥削深度，换取资本家多雇若干失业工人，扩大剥削广度，企图解救失业问题。此其二。因此，这样"半通货膨胀"一般物价理论的阶级实质，不过是以加强对在业工人的剥削深度为手段，从而增强对企业的投资引诱，扩大投资与就业，去达到扩大对工人阶级的剥削广度、解救失业的目的。

在资产阶级经济学说史中，采取这种迂回而隐蔽的手法，倡导"半通货膨胀"理论，促使物价温和上涨，损害工人阶级的实际收益，维护垄断资产阶级利益的"反危机"措施，凯恩斯实属始作俑者。这样，他的货币理论的阶级实质也就昭然若揭了。

三、"疗效"的评价

半个世纪以来，凯恩斯主义经济政策的实践证明，这种以"半通货膨胀"价格理论为依据，增加通货数量的"反危机"处方，在一定限度内，是能够促进生产、增加就业总量的。但与此同时，它也会产生种种有害的副作用。

这需要认真进行分析：

第一，在经济危机深沉，失业普遍而严重的困窘情况下，温和地增加通货数量，增大有效需求，在一定限度内，是能够做到物价温和上涨与产量（就业）增加两者并举，缓解经济危机和失业问题的。这种"疗效"是不容怀疑的。在第二次世界大战以后，各国长期推行凯恩斯主义财政金融的膨胀政策，持续地对经济加以刺激，再刺激，西方世界各国收到了长达25年（1948—1973年）的高速经济增长的成果。尽管这种长期持续的经济增长还有其他的促成因素，但凯恩斯主义"半通货膨胀"政策的"吗啡"注射起了重大的刺激作用，这是无可否认的历史事实。关于这一点，同古典—新古典传统经济学说以及当代新型自由经营论各个流派的经济学说相对比，我们可以断言，凯恩斯的就业一般理论，以至货币理论确实具有不容置疑的相对优势。我们应该适当加以肯定。

第二，对经济危机这种资本主义不治之症来说，财政金融扩张政策这种"吗啡"注射疗法毕竟只是一种治标的救急处理；而且"疗效"是有限的，充其量只能对经济危机起一定的缓解作用，并不能从根本上加以消除。第二次世界大战后的1948—1973年期间，西方各国长期而持续地推行这种扩张刺激政策，但经济危机仍然不断爆发，只是在程度上比较缓和，没有把长期经济增长趋势完全冲击掉而已。同时，这期间内，各次经济危机一次比一次严重，到最后，凯恩斯主义经济政策完全走向反面，1974—1975年竟破天荒地爆发最怪诞而最难对付的"滞胀"型经济危机：经济危机与通货膨胀两症并发的双重社会瘟疫。从此，凯恩斯主义开始走下坡路，在英美最终从"政府经济学"宝座倒塌下来。这段历史证明，凯恩斯的就业理论，包括他的货币理论，具有极为严峻的局限性，绝不是根治经济危机的万应灵丹。而凯恩斯把它的"疗效"无限夸大，如前所述，甚至说："设货币可以像农作物一样生长，或像汽车一样制造，则不景气可以避免或减少。"把增加货币的作用说得这样神乎其神，这实在太夸张了。这种论点在本质上是错误的，在政策实践上是有害的。凯恩斯主义战后风靡于西方各国，长期推行，终致恶果累累，由鼎盛转趋衰败，缘由就在于此。

第五节　从"半通货膨胀"导向"真正（绝对）通货膨胀"

凯恩斯明确地把"半通货膨胀"与"真正（绝对）通货膨胀"两种范畴区别开来，足见他所倡导的只是严格地限于为了弥补有效需求不足的金融扩张政策，而不是漫无限制地推行爬行的真正通货膨胀政策。此外，从另外一些文献也可以判明，凯恩斯本人并不是"真正通货膨胀"论者。这一点是相当清楚的。但是，为什么继承他这种教义的"后凯恩斯主义"者，不论是英国的，还是美国的，几乎都是"真正通货膨胀"论者呢？我认为，在政策实践过程中，"半通货膨胀"是容易越过自己的界线，进入"真正通货膨胀"的险境的。

首先，推行财政金融扩充政策时，在就业严重不足（失业严重）与充分就业两种背景之间，界限分明，容易判明：前者属于"半通货膨胀"范畴，后者属于"真正通货膨胀"范畴。但是，在"近似充分就业"(near-full-employment)与"充分就业"之间，两种通货膨胀范畴很难有不可逾越的鸿沟，就很容易从"半通货膨胀"向前跨一步，进入"真正通货膨胀"了。例如，在经济周期过程中，从经济衰退到经济复苏，财政金融扩充政策必须持续不断，甚至剂量越来越大地进行着，直到经济复苏的势头已经达到近乎经济高涨的阶段，仍然需要大量"吗啡"注射，而绝对不能改采金融紧缩政策；否则，势将导致前功尽弃，使经济转趋恶化。所以，从"半通货膨胀"开始，随着经济周期变化的向前推演，继续投放新增通货，势必会跨入"真正通货膨胀"的境域而不能自拔。

其次，凯恩斯倡导着温和的物价上涨，假定一般物价水平上涨年率为2%~3%，而财政金融扩张政策是持续地长期推行的。凯恩斯主义在战后西方各国推行几十年，这种温和的物价上涨年率长期逐年累计，最后就必然会形成货币严重贬值的危险局面。凯恩斯主义在战后美国推行最为彻底。特别是20世纪60年代肯尼迪—约翰逊期间，凯恩斯主义者设计出一套"增长性赤字财政"政策，企图以刺激经济增长为目标，把连年不断而且剂量越来越大的赤字财政当作常规手段。如1961—1968年美国联邦财政每年都有赤字，而且数字越来越大，在20世纪60年代前半期，确实相当有效地促进了经济增长。但好景不长，到20世纪60年代后半期，则走向了它的反面，逐渐转化为经济停滞和物价上涨，到20世纪70年代则形成"滞胀"这种双重荒唐的社会瘟疫，然后逐步转趋衰败。

第十二章 货币理论评论

* * * *

总之,凯恩斯就业理论出世后的半个世纪期间,西方各国不同程度地推行着财政金融扩张政策,从凯恩斯本人倡导"半通货膨胀"理论开始,到后凯恩斯主义者厉行真正通货膨胀政策告终。这种兴衰过程,不论在西方经济发展史中,还是在资产阶级经济学说史中,都是十分独特的。此中利弊得失雄辩地证明:财政金融扩张这帖刺激药方,有如吗啡注射,如果有限制而适量地服用,可以收到减少痛苦的镇定作用;但如果长期、持续而大量地使用,就会产生经济机能错乱、结构失常的种种恶果,特别是"滞胀"这种空前怪诞的疑难病症。凯恩斯本人及后凯恩斯主义者对货币的"辅助"作用的本质及其局限性缺乏正确的认识,妄图以此来消除经济危机,结果反而落到转趋衰败的困境,这是势所必然,毫不足怪的。本书第十四章"凯恩斯主义半个多世纪来的兴衰演变",将以其需求管理方案的主药——"半通货膨胀"赤字财政政策在正、反两面的双重效应为基本线索,论证它的兴起、鼎盛而转趋衰落的演变过程,请参阅。

第十三章　经济危机理论评论

　　经济周期（商业循环）的纯粹理论，从未成为凯恩斯主要关切的研究对象。他的主要兴趣在于，以20世纪30年代经济大危机为背景，研究何种因素决定总生产量和国民收入这个实际问题，并对失业严重、"富裕中的贫困"的矛盾现象作出解释，寻求解救对策。他明确承认，他的就业一般理论是关于"经济繁荣内部何以会孕育着使其自身趋于毁灭的种子"的理论①。这在实际上讲，就业理论整个体系就是他的经济危机理论。这样，前面各章对其各个理论的评论，也就是对其经济危机理论的评论。但是，他在该书第六篇第二十二章"略论商业循环"一章中，却单独对经济周期作了补充解释。因此有必要对他的经济危机理论单独进行述评。本章主旨在于，结合前面各章的评论内容，扼要述评下列三方面的问题：

　　第一，凯恩斯对经济危机的态度：既承认其确实存在，但又不承认其为资本主义制度的必然产物，硬说它是能够通过政府干预的对策加以消除的。

　　第二，寻求经济危机的根源，认为在于消费倾向基本心理规律：基于人性爱好储蓄，消费增量小于所得增量，从而总供给大于总需

---

① 《就业通论》出版后，《政治经济学季刊》于1936年11月号刊登莱昂节夫等四位经济学家的四篇书评。凯恩斯旋即在该刊1937年2月号发表《就业一般理论》一文进行解答。他在此文中，把他的就业一般理论归结为关于"繁荣内部何以会孕育着使其自身趋于毁灭的种子"（My theory of why booms carry within them the seeds of their own destruction）的理论。参见凯恩斯：《就业一般理论》，载S. E. 哈里斯主编：《新经济学》，1947年英文版，第182页。

求，有效需求不足。

第三，对经济周期波动的规律性、波动的转折形象及经济周期的时间长度进行论证。

第一节 凯恩斯对经济危机的基本态度

凯恩斯的资产阶级经济学家前辈和同辈，从 J. B. 萨伊直到 A. C. 庇古，都是以流通领域的市场自动调节作用，而使供求趋于均衡为论据，否认普遍性生产过剩的经济危机。特别是萨伊定律："供给会创造它自己的需求"，认为生产本身自动提供同其全部价值相等的需求或购买力。一件产品制造出来，同时就提供了相当于它自身全部价值的别的产品的市场。这就完全否认了普遍性生产过剩的经济危机。

但是，经济波动过程：由繁荣，而恐慌，而萧条，而复苏，有规律性地、周而复始地进行着，这是无可否认的病态，那又如何解释呢？古典—新古典传统经济学家们的解答可以归结为下列两个方面：

第一，在这种病症的性质上，他们认为这是一种局部失衡的，由均衡失调而趋于均衡之过渡性的暂时现象。他们坚信资本主义经济的完善性与协调性，通过市场机制的调节，可以自动恢复均衡，经济运行重新趋于正常。这样，他们主张自由放任，用不着政府进行干预，这种经济失衡可以自己重新回到均衡。这就对经济危机的性质严重加以歪曲，使它的严重性大大减轻，乃至一笔勾销。

第二，在它的根源或原因方面，他们大多坚持外因论，从外部因素去寻找原因：有的归因于太阳黑子的周期变化而影响气象；有的归因于心理因素：乐观情绪与悲观情绪的交替变化；有的归因于缺乏信息，非理性的悲观情绪引起货币窖藏和消费不足；有的归因于近代货币金融组织内在地倾向于波动不定；有的强调技术创新对经济运行的冲击；还有的归因于工会、战争、政府干预对经济进程的干扰；等等，不一而足。如果说一方面在资本主义经济发展史中，最规则有序的经济现象，要算经济危机和周期波动；而另一方面在资产阶级经济学说史中，正好相反，最混淆不清、议论纷纭的却是经济危机和周期理论。可以说，这些经济学家们凡是坚持古典—新古典传统经济学越彻底，其经济危机和周期理论就越肤浅庸俗。当然，也有极少数几位非正统经济学家试图从资本主义内部因素去解释危机，但被视为不入流的"异端"，不受重视。

第三，以研究重点和方法而论，以 20 世纪 20 年代英国为例，一方面经济学家们花了大量时间讨论经济周期波动，试图去猜测并判断国民经济正处在当时周期的哪个阶段；另一方面那时却没有宏观经济学一类的东西，从来不用宏观经济思路去思考问题，因而毫不迟疑地认定：单个经济部门自我调节、矫正的特点也适合于所有部门的总体。

凯恩斯面对 20 世纪 30 年代空前严重的经济大危机，深切地关心着失业问题，而当时传统的经济危机理论却呈现着上述那样可怜的混乱状态，忧心忡忡，不得不改弦更张，背离其庸俗前辈和同辈，独特地确立其对待经济危机的基本态度，主要可概括为下列三个方面：

第一，摒弃萨伊定律，确认资本主义自由放任经济不能通过市场机制调节促使供求自动趋于均衡，承认普遍意义的生产过剩经济危机和失业问题严重。并且如实地认识到 20 世纪 30 年代经济大危机的极端严重性，承认情势严重到了这种境地：如不设法挽救，势将爆发革命①，导致现行经济形态的"全部毁灭"②。不仅这样，而且他还承认，19 世纪以内就业的平均水平可以说是相当令人满意，但平均就业量要比充分就业低得多，不过也没有低到令人不能容忍，以致引起革命的程度。这就意味着，承认就业不足是资本主义自由经济的常态，"非自愿失业"几乎是经常存在的。

马克思早就对萨伊以及后继者的这种错误论点进行了深刻的科学批判。但资产阶级庸俗经济学界仍旧继续承袭萨伊定律，作为否定经济危机的理论依据。在近代资产阶级经济学界中，凯恩斯第一个站出

---

① 凯恩斯：《就业通论》，徐毓枬译，商务印书馆 1977 年版，第 262 页。
② "全部毁灭"是凯恩斯原词。见《就业通论》，徐毓枬译，商务印书馆 1977 年版，第 323 页。

来否定萨伊定律。这种业绩是应当加以肯定的。他在摒弃萨伊定律的基础上，明确承认普遍意义的生产过剩经济危机及其严重性，并且进而承认资本主义发展史中经济危机定期爆发和"非自愿失业"的经常存在。在资产阶级经济危机学说史中，否定论长期居于统治地位，而凯恩斯能够对之加以背离，毫不含糊地转入肯定论，实属难能可贵，这是一项重大的相对优势。应当加以肯定。

第二，在经济危机的根源或原因方面，凯恩斯的研究重点从古典—新古典传统的外因论：寻求有规律的外部冲突，转移到内因论：寻求经济不稳定的内在结构，解释"繁荣内部何以孕育着使它自身趋于毁灭的种子"（凯恩斯原话），即经济高涨何以必然会要转趋萧条的内在因素。他确认"有效需求不足"为痼疾的中心病象，从考察生产、就业和收入的决定因素入手，编制有效需求原理以及消费倾向、资本边际效率和流动偏好三个基本心理规律，进而分析消费与投资两方面有效需求不足的内在结构。

这样，凯恩斯革命的内涵之一：经济危机理论发展史中，在病原探索方面实现了由外因论向内因论的转变；于是，包含在就业一般理论体系中的一个统一的综合性内因型经济危机理论，由凯恩斯创制出来了。一方面，提供了一个以"$\Delta C < \Delta Y$"为核心的综合的国民收入决定模型，包括消费、投资、货币、利息、政府等因素，其中任何一个因素的变动均会引起国民收入的变化。因此，它把古典—新古典经济学家各种外因型经济危机学说所包含的差不多所有的因素，以这样或那样的方式都纳入这一独特的庞大统一体系之中。另一方面，随着乘数—加速数模型的建立，以及"不确定性"和预期的强调和确认，引起周期波动的内因论和外因论也就可以统一了。乘数—加速数模型、不确定性—预期机制提供了一组内在不稳定因素，而启动这个不稳定结构的最初冲击可以是任何一种冲击，包括外在冲击，均可通过这一系列内在不稳定因素，转化为有规律的经济波动。

总之，凯恩斯在确切地肯定普遍性生产过剩经济危机和周期性波动的存在这一前提下，在这种病症的病因探索问题上，背离了其前辈和同辈们的外因论，把研究重点转向内因论，从寻求有规律的外部冲突转移到了寻求不稳定的内部结构,这是资产阶级经济危机理论发展史中的一次重大突破。经济危机这种社会瘟疫的病根在于资本主义经济制度机体本身,这是千真万确的;凯恩斯受到 20 世纪 30 年代空前大危机这种极大的冲击和震动,从抢救资本主义制度的忧伤情调出发,头脑转趋清醒一些,从长期传统的外因论转向当时被视为"异端"的内因论,这使病源探索在方向上从错误转向正确,对此种转向本身应当给予较高的评价。

至于他所探究出来的内在不稳定因素,在具体内容上,有两个重要论断值得着重指出:

其一,在消费领域内的论断是:消费增长<所得增长;社会愈富裕,则所得增长同消费增长之间的差距愈大,消费有效需求愈感不足,有待投资增长去填补这种差距的数额愈大。"就业机会必受总需求量之限制,总需求量只有两种来源:①现在消费。②现在准备未来消费。……已经预先准备好了的未来消费愈大,则愈难找寻更多的未来消费来预先准备,而我们依赖现在消费以作需求之源的程度愈深。不幸所得愈大,则所得与消费之差亦愈大。设无新奇策略,问题将无法解决。"①

其二,在投资领域内的论断是:必须增加投资以弥补所得与消费之间的差距。但是,"弥补净所得与消费之间差距,乃成为一大问题。而且此问题随资本之增加而愈来愈大……每次我们以增加投资取得今日之均衡,便增加取得明天均衡之困难"。②

关于经济危机归源于资本主义经济之内在不稳定因素的这个内因论本身,无疑是正确的,应当加以肯定。但是,这种内在不稳定因素的具体内容究竟是什么?导致他这种论断在具体论证上的思路,则须另当别论。如作为前一论断之理论基础的消费倾向基本心理规律,完

---

① 凯恩斯:《就业通论》,徐毓枬译,商务印书馆 1977 年版,第 90~91 页。译文参照原文略有更动。

② 凯恩斯:《就业通论》,徐毓枬译,商务印书馆 1977 年版,第 91 页。译文参照原文略有更动。

第十三章 经济危机理论评论

全抹煞消费倾向的阶级实质，实属似是而非，根本不能成立。又如作为后一论断之理论基础的资本边际效率规律和流动偏好规律，只是资产阶级生意经的概括，貌似新颖，实则肤浅庸俗。前面有关章节已详加评论，不再赘述。一言以蔽之，凯恩斯经济危机理论的要害问题在于，他根本不承认经济危机是资本主义制度的必然产物，因而无法从资本主义生产关系及其相应的分配关系这种关键性机制中去找到内在不稳定因素。他的上述两项论断，相对于"太阳黑子说"、"技术创新说"等外因论来说，确实已经把研究重心转移到了内因论的领域；这无疑是一大进步。但是，相对于作为经济危机之真正根源：资本主义基本矛盾——生产社会性与生产成果的私人资本主义占有形式之间的矛盾来说，却仍然是属于现象形态的肤浅概括，并未深入到问题的实质核心。关于这个根本性缺陷和错误，将于下节另行论证分析。

其三，凯恩斯确信：通过政府明智、积极而主动的经济政策，自由放任的资本主义能够转化成"可调节的资本主义"，就可以消除经济危机。古典—新古典传统教义相信资本主义具有内在的稳定性，不稳定性的根源来自外部因素，从而依靠内在稳定性市场机制的调节能够促使经济自动恢复均衡，这就是没有政府干预：稳定性经济政策的必要性。凯恩斯则承认经济危机，进而考察资本主义自由放任经济内在的不稳定因素，然后设计出一套以财政政策为主导的需求管理经济政策，消除这种内在不稳定性因素，消除经济危机，使资本主义永葆青春。

凯恩斯承认经济危机与企图消除经济危机，两者是紧密结合的。承认这种病症，进而对它进行"诊断"，再进而开具"处方"加以救治，并且夸下海口，硬说能够根治此病，假以时日，就能够使资本主义臻于"乐观世界"，开始"文明生活"，这就不再需要革命了。凯恩斯对待经济危机和失业问题在基本态度上的要害即在于此。凯恩斯主义在西方各国半个多世纪实践之铁的历史事实证明，经济危机仍然继续不断爆发；凯恩斯主义充其量只能对它起些有限的缓解作用，长期根治是根本不可能的，"乐观世界"更是一种十足的幻想。

第二节 对待萨伊定律：既背离，又继承

前节已经肯定，凯恩斯是近代资产阶级经济学界第一个站出来明确地背离萨伊定律的"功臣"。这种背离是他从传统的经济危机"外因论"，把重点转移到"内因论"的一个关键性环节，关系十分重大。

然而凯恩斯究竟是怎样否定萨伊定律的呢？我认为，此中具有两重性：既有背离的一面，又有继承的另一面。这确实是一个值得进一步深入分析的问题。

按照萨伊的说法，生产总量同从一定数量生产得到的总收入所消费的总量①是永远完全相等的。因为需求本身就是供给（生产）所产生的，生产总量和消费总量总是相等的。供给同需求总是相等的。这样，生产过剩这个概念就没有意义，由此，否定普遍意义的生产过剩经济危机。

凯恩斯仍然是从流通领域的供求关系去否定萨伊定律的。他并且进一步从经济活动的流通领域逃进了人类"天性"的心理领域。在所得（生产、就业、供给）与消费（需求、市场）之间，虚构了一个最简单、最抽象的、超阶级性的经济联系，定名为消费倾向：一个基本心理法则，说当总实际收入增加时，人们的消费也会增加，但消费增长不如所得增长那么大。说得详细一点，他的就业一般理论的中心论点就是：

（1）就业量是由总供给函数和总需求函数二者的相交点决定；

（2）在供给方面，就业增加（生产增加、所得增加），供给价格有增加的趋势（基于竞争）；

（3）在需求方面，就业增加，需求价格有减少的趋势（基于消

---

① 这是从"消费乃生产的最后归宿"这个角度来说的。消费品固然直接进入消费进程，而为消费品生产作准备的投资品也是间接地、最终地与消费相关联的。

费倾向的心理法则）；

（4）就业量的增加，基于社会心理的消费倾向规律，自然有一种趋势：要减少就业量。

凯恩斯用这个所谓人类"天性"的消费倾向心理规律来否定萨伊定律，从而确立"所得增长大于消费增长"，"供给（生产）增长大于需求（市场）增长"的中心命题，进一步承认了：有效需求不足，市场上商品充斥，生产过剩的经济危机这种病象。

萨伊定律既然认为需求总会同供给相均衡，生产出来的产品不愁没有销路，那就进一步肯定：生产资源总会得到充分利用，生产可以无限制地扩大，因而工人也可以得到充分就业。至于"自愿失业"是工人"自取其咎"；"摩擦性失业"是由于各产业部门的暂时失调所引起。这并不同充分就业相矛盾。

凯恩斯既然确立了消费增长比生产增长慢，需求增长比供给增长慢的论点，承认了生产过剩的经济危机，于是进一步承认了就业不足——失业问题严重这个无可否认的病态现象。在这个问题上，他在其庸俗前辈所承认的"自愿失业"和"摩擦失业"两个范畴之外，添加"非自愿性失业"这个范畴。这就是他所谓"就业不足"的具体内容。

总之，否定萨伊定律，承认在资本主义自由放任经济中供求不能通过市场作用自动调节趋于均衡，承认经济危机和失业问题严重，这是凯恩斯对经济危机所抱基本态度的一种表现：形式上的表现。

另外，在他对经济危机的基本态度这个问题上，还有更重要的、富有实质性的另一种表现，那就是认为经济危机是能够消除的。只要对资本主义的缺点进行一些修补，把自由放任的自动均衡，改成政府对经济活动进行干预和"调节"的移动均衡，使资本主义成为"可调节的"资本主义，就可以消除危机，保持充分就业。

综括起来，凯恩斯承认经济危机和失业问题，目的是要通过政府干预和"调节"去消除经济危机，解救失业问题，从而保存资本主义，使它免于"全面毁灭"。这就是他对待经济危机和失业问题在基本态度方面的实质。

关于究竟如何调节的具体措施，以后另行评述。现在，试将凯恩斯同萨伊对待经济危机的基本态度加以对比分析，找出他们之间的分歧点和共同点。确实，他们之间存在着分歧。凯恩斯对萨伊定律确实作了某些修改。但是，分歧只是形式上的，不是实质性的；恰好相反，他们之间存在着许多共同点，而这倒是实质性的东西。试看：

（1）他们的阶级立场完全相同，都坚决拥护资本主义，一口咬定资本主义制度是可以长久生存下去的终极制度，但彼此所处资本主义的发展阶段不同：萨伊（1767—1832年）处于资本主义上升阶段，资本主义基本矛盾虽已激化到爆发经济危机，但在程度上不如资本主义垄断统治阶段那样厉害，资产阶级及其政府采取自由放任的经济政策，资产阶级经济学家对生产过剩的经济危机抱否定态度，还能勉强混得下去。而凯恩斯（1883—1946年）处于资本主义垄断统治阶段，资本主义基本矛盾激化到了十分严重的境地，经历过第一次世界大战的人间浩劫，遭逢着1929—1933年世界经济大危机空前深沉的社会瘟疫。这次灾难空前深重的经济大危机宣告了市场供求自动调节作用可使产业周期自动复苏回升和自由放任政策的破产。对经济危机再也无法否认，辩解手法非加以改变不可了。否认经济危机的萨伊旧教条根本站不住脚了。于是改变方式，承认经济危机而又同时硬说经济危机可以设法消除的凯恩斯新教条，适应垄断资本主义的需要应运而生。前者否认经济危机，后者承认经济危机而又坚信危机可以消除，两者存在着实质性的共同点：资本主义能够永恒生存下去，能够消除产业周期的波动，长期保持充分就业的水平。至于彼此间的分歧点：前者通过市场供求调节的自动恢复均衡，后者通过政府调节的移动均衡，这只是保持和达到均衡在方式、方法上的不同。

（2）不论萨伊定律还是凯恩斯就业理论都根本否认阶级剥削和阶级矛盾，都抹煞资本主义制度的内在矛盾，而大谈统一。如萨伊否认矛盾，大谈买与卖的统一。凯恩斯在寻求经济危机的根源：在所得

（生产、就业）增长大于消费市场增长（供大于求）问题上，抹煞消费的阶级差别，杜撰一个统一的、超阶级性的消费倾向心理规律。

（3）不论是萨伊定律还是凯恩斯就业理论，都着眼于流通领域的供求关系，抓住资本主义经济的一些现象形态去加以描述、概括、分类；都对资本主义的内在联系加以抹煞或回避。他们都把供求均衡当作其庸俗理论体系的中心思想。他们的整个理论体系都采取流通决定生产这种本末倒置、主次颠倒的庸俗方法。

总之，凯恩斯对萨伊定律，虽然在形式上作了否定，但同时却把萨伊定律这个旧教条中一些带实质性的基本观点、基本态度都承袭下来。萨伊定律的要害是供求均衡观念。两人的分歧点只在于达到和保持均衡的方式、方法有所不同而已。说得具体些，那就是：

（1）凯恩斯用消费倾向基本心理法则，承认"供大于求"，否定以自动均衡为中心内容的萨伊定律。

（2）然后通过政府干预，用投资社会化——增加投资的"吗啡"注射，填补上述供求之间的差距，达到移动均衡，供求相等。

（3）萨伊旧式定律的供求均衡在形式上被否定了。通过改装，构成了凯恩斯供求相等新型定律的移动均衡。

（4）由供求不均衡，而恢复供求均衡。凯恩斯就这样继承了萨伊教条的实质。

马克思早已对萨伊定律及其后继者在这个问题上的错误论点作了科学的深刻批判。凯恩斯对这些批判全部抹煞，视而不见；而以1929—1933年经济大危机为背景，只从一些现象形态上，方法方式上对萨伊定律进行某些修补和改装，构成贴有凯恩斯标签的新型"萨伊定律"。这样，凯恩斯通过他的消费理论，否定自动均衡，把萨伊定律从前门踢出去；然后又通过他的投资理论，达到移动均衡，把萨伊定律从后门带进来。所以，凯恩斯新教条只不过是对萨伊旧教条形式上否定，实质上继承，用他所特有的理论和政策加以修补和改装的新型"萨伊定律"。凯恩斯对待经济危机的基本态度，要害即在于此。

第三节　关于经济危机的根源问题：资本主义社会中消费增长比生产增长缓慢的真正根源

凯恩斯在《就业通论》第二十二章"略论商业循环"中没有特别论及经济危机和失业的根源问题，但在整个就业一般理论体系中确实是讨论了这个问题的。

他把就业不足归结为有效需求不足；而有效需求不足，则又追溯为对消费品需求不足和对投资品需求不足。这两方面需求不足中，首先强调消费不足。他虚构了消费倾向基本心理规律来解释"消费增长小于生产增长"、"富裕中的贫困"、"社会愈富裕，则其实际产量同生产潜力之间的差距愈大"这种矛盾现象的根源。关于消费倾向基本心理规律，在第七章中已详加分析评议，不再重复。在凯恩斯关于经济危机的根源问题方面，这里只扼要指出下列各点：

（1）凯恩斯承认消费（市场）增长比所得（生产、就业）增长慢，即生产增长与消费增长之间的矛盾现象这种病态。相对于其庸俗前辈来说，他对经济危机这种资本主义痼疾在症状上的观察和论述，要比较合乎现实情况一些。我们应当肯定这一点。

（2）在这种病症的根源问题上，他从流通领域出发，进而编造出人类有爱好储蓄的心理的天性，从而虚构一个统一的、超阶级性的适用于全体消费居民的消费倾向基本心理法则，去解释资本主义条件下，相对于生产不断扩大之消费基础的相对狭隘性，这就完全错了。在前面第七章评论消费倾向这种唯心主义规律时，已经论证了：在资本主义生产关系及其相应的分配关系这种前提下，贫富悬殊，消费能力和消费习性有着严酷而深刻的阶级差别，根本不存在这样一个超阶级性的普遍心理规律。他把经济危机的根源归结为这种所谓人类"天性"。这同资本主义条件下的经济现实完全不相符合。

（3）凯恩斯又用储蓄倾向——消费倾向的反面去解释就业不足这种病态。他完全抹煞资本主义条件下储蓄的阶级性，抽象地用

"人们"关于生活达到舒适界限以后的储蓄，概括为一个储蓄倾向。这样，从消费倾向幻变成这个概念；停留在货币形态上的储蓄，即"人们"愿把货币储藏起来；既不用于消费，也不用于投资。于是，这种储蓄就成了凯恩斯新教义中的"原始罪恶"（"原罪"），也就是凯恩斯就业一般理论体系中关于就业不足这种灾难的根源。① 资本主义条件下，占总人口绝大多数的无产阶级和劳动人民处于各种程度的贫困状态，离"生活达到舒适界限"境域很远，大多没有储蓄，即使某些在业工人节衣缩食，苦积小量储蓄，也是防备日后失业、年老退休、疾病等困窘景况之用。这同资产阶级的资本积累有着本质的不同。凯恩斯用储蓄动机去解释经济危机的根源，实属完全错误。

（4）经济危机和失业问题是资本主义制度的必然产物，其根源在于资本主义基本矛盾。凯恩斯完全抹煞资本主义生产关系及其相应的分配关系，完全抹煞资本主义条件下生产盲目扩大与消费基础的相对狭隘两者之间的矛盾，而编造一个消费倾向基本心理规律（储蓄倾向）去解释经济危机和失业问题的根源，完全是错误的。

现在，我们试把凯恩斯消费倾向这个心理规律的心理因素抽象掉、把论点缩小到这两个增量在相应变动中所出现的差距上，则可以看出：他用自己的独特词汇，在实际上承认：资本主义条件下，市场（消费）扩展小于生产（所得）扩展这种矛盾病象。马克思早就科学地确认了经济危机的这种致命病象。在这一点上（也仅仅在这一点上），凯恩斯同马克思有类似之处，但是，分歧却在于彼此对此种矛盾现象在解释上和评价上的根本对立。这种根本分歧是不容混淆的。

凯恩斯在承认消费（市场）扩展增长比所得（生产）扩展（增

---

① 传统经济学说把是否会有普遍性生产过剩经济危机的问题归结为：供求是否相等的问题，进一步归结为：人们花不花钱的问题。它认为，人总要花钱，只是花钱途径不同而已，因而否认普遍意义的生产过剩经济危机。凯恩斯用消费倾向规律否定并代替萨伊定律，认为所得增加，消费增加较少，一部分钱没有花掉，而又不用于投资，用货币的形态加以储藏起来，从而有效需求不足。这就是灾祸的根源。

长）缓慢这种病象时，他把根源归结到人性：心理倾向。上面第七章已经证明：基于阶级分野，各类贫困居民与富裕居民根本不存在一个统一的、适用于全体居民的消费心理倾向。这样，他所归结出来的根源，根本不能成立。这就宣布了他的消费倾向基本心理规律的破产。

消费（市场）增长比所得（生产）增长缓慢，在商品流通领域内有效需求不足，商品生产过剩，找不到买主，发展到严重境界时就爆发经济危机，这是资本主义的一种致命病象。正如一个病人发寒发热只是病象而不是病症的根源一样，这也只是病象，而不是病症的真正根源。

然则这种病症的真正根源是什么呢？我们试以凯恩斯所承认的上述病象（这也是马克思早已科学地确认的病象）为出发点，提问一系列的"为什么"，一层层地进行追溯，清查出它的真正根源，这就是本节的主旨。下面，我们试分四个层次进行这种追溯工作：

第一层 资本主义条件下，市场（消费）和生产（所得）是两个独立的因素，彼此各自独立行动，前者同后者不相适应，形成矛盾。

资本主义生产是高度发展的商品生产。商品生产在资本主义社会中占统治地位，在资本主义制度下，整个国民财富表现为一个惊人庞大的商品堆积，而一个一个的商品则表现为它的元素形式。商品生产的特点是：生产不是为了自给自足，而是为了进行交换，商品资本——构成资本的物品，本来就是为市场而生产的，必须卖掉，转化为货币；如果卖不掉，或卖掉时大削价，则资本家就不能全部实现商品中所包含的价值和剩余价值，就没有达到经营资本主义商品生产的目的。

资本主义条件下，商品的生产和消费是既相互联系而又彼此独立的两个过程。这里，特别侧重两个过程彼此独立的这一特点。彼此由不同的人，根据完全不同的动机和心理倾向去完成：前者由资本家根据追求利润（剩余价值的转化形态）的动机，把形成商品之人的因素和物的因素结合起来，制成商品，完成资本主义商品生产过程。后者①，由各类消费居民根据各自的收入水平、购买能力以及独特的心理倾向，购买成交，也就是使商品得以出卖，完成资本主义商品的流通过程，使商品中包含的价值和剩余价值得以实现，转化成货币资本。

既然市场和生产是两个彼此独立的因素，二者扩大的幅度可能不一致，市场范围对生产来说可能扩大得不够快，新的市场（市场的不断扩大）可能很快被生产超过，因而扩大的市场现在表现为一个界限，正如原来比较狭窄的市场曾表现为一个界限一样。

第二层 资本主义条件下，市场扩大与生产扩大的步伐不一致，形成矛盾。为什么呢？因为彼此各自的界限截然不同。

资本主义生产竭力追求的只是获取尽可能多的剩余劳动，进行大规模生产即大量生产。因此，在资本主义生产的本质中就包含着不顾市场的限制而生产。

整个积累过程首先归结为这样的追加生产，扩大生产。这种追加生产的尺度，是资本自身，是生产条件的现有规模和资本家发财致富、扩大自己资本的无限欲望。

资本主义生产只以资本作为自己的尺度。资本家进行生产是不考虑消费的现有界限的，生产只受资本的限制。那就是说，它是以资本的一般生产规模为条件：按照生产力的发展程度，也就按照用一定量资本剥削最大量劳动的可能性，进行生产，而不考虑市场的现有界限或有支付能力的需要的现有界限。

另外，资本主义条件下，市场扩大却受广大消费者有效需求的限

---

① 这里，专指消费资财而言，至于生产资财的商品，其销路归根结底也受消费商品销路的制约。

制；而广大工人和其他劳动人民的消费需求，却被限制在低水平，并且根据资本主义生产的性质，必须尽量限制在需求的低水平。那就是说，商品的出售，商品资本的实现，从而剩余价值的实现，不是受一般社会的消费需求的限制，而是受大多数人总是处于不同程度的贫困状态，而且必然总是处于贫困状态的那种社会总消费需求的限制。

这样，市场扩大比生产扩大慢，形成生产过剩，存货堆积，最后矛盾激化，爆发成经济危机。所以，构成现代生产过剩的基础的，正是生产力的不可遏止的发展和由此产生的大规模生产，而这种大规模生产却是在这样的条件下进行的：一方面，广大群众的消费被限制在狭窄的范围；另一方面，资本家的利润成为生产的界限。

第三层 谈消费，首先就要谈占总人口中绝大多数的工人阶级和劳动人民的消费——受剥削，失业中贫困度日的消费。他们的消费早已被破坏了。

资本主义条件下，人口中的最大部分，即工人人口及其他劳动人民，只能在非常狭窄的范围内扩大自己的消费。生产者的最大部分，即工人，只有在他们能够生产剩余价值，或剩余产品时，才有可能受雇用。他们始终必须是剩余价值的生产者；他们生产的东西必须超过自己的（有支付能力的）需求，才能在自己的这些需求的范围内成为消费者或购买者。

资本主义生产方式的矛盾：一方面，工人作为商品的购买者，对于市场来说是十分重要的。工人的工资低，收入低，购买力低，商品滞销，这就影响商品生产的规模和增长速度。另一方面，工人作为其特种商品（劳动力）的出卖者，资本主义社会的趋势却是尽可能地把它的价格（工资）压低些，甚至压到最低限度，以求不断地提供最大限度的剩余劳动。经过工人阶级的不断斗争，工资也可能增大一些，但这种工资增大至多也不过说明工人必须提供的无偿劳动有所减少。这种减少永远也不会达到威胁资本主义制度本身的程度。所以，基于资本主义的生产关系，工人始终必须提供可能的最大数额的剩余价值，工资必须只占其劳动所创造出来的价值之一部分，甚至一小部分。这样，在生产过程中，工人的消费能力就已受到克扣，遭到破坏，这就已经确定了工人消费增长的狭窄范围。

总之，市场（消费）扩展比生产（所得）扩展缓慢，商品滞销，存货充斥，然后爆发成经济危机。这种病态首先发生在流通领域，但病根却深藏在生产领域，消费早已被破坏了。

第四层 生产过剩的经济危机的真正根源，在于生产的社会性和生产成果的资本主义占有形式之间的矛盾，在于资本主义经济制度本身。

资本主义生产从开始就是社会性的。以后随着生产力的发展，特别是机器大工业和科学技术的不断地发展，这种社会性达到了空前的程度。首先，在每个资本主义企业里，都集中着大批劳动者，一起共同进行劳动；劳动产品变成了社会劳动的产品。其次，与企业内部的生产社会化相联系，资本主义的社会分工和生产专业化也有了广泛的发展，各个企业、各个部门之间互相联系和互相依赖的程度大大加强；生产已经变成了一个全社会的行动，整个社会生产已经联结成为一个统一的整体。再次，随着资本主义世界市场的形成，资本主义生产的社会化已经从一国的范围扩大到世界的范围。总之，生产社会化不断促进商品生产的增长和发展。

尽管资本主义生产是高度社会化的，但是这里的占有方式却完全是资本主义私人性的。一小撮资本家占有了社会生产资料，他们凭借对生产资料的私有权，控制着整个社会生产，无情地剥削广大工人群众，将他们的生产成果掠为己有。这就必然使工人阶级和其他劳动人民处于不同程度的贫困境地。第七章所述严重贫困户和一般贫困户就是这种生产成果之资本主义私人占有形式的必然产物。生产社会化不断促进生产的增长和发展，而生产成果的资本主义私人占有形式却又束缚着消费能力的相应增长，凯恩斯所承认的"$\Delta Y > \Delta C$"① 这个资本主义致命病象，真正根源就在这里。

综括上述四层分析，我们已经替凯恩斯所承认的"$\Delta Y > \Delta C$"这种资本主义致命病象找出了真正根源，即在于生产社会化和生产成果的资本主义私人占有形式之间的矛盾：生产社会化促进生产的增长与发展，资本主义生产有一种无限扩大的趋势；而同时由于生产成果的资本主义私人占有形式，使无产阶级和其他劳动人民支付能力的消费需求（即凯恩斯的"有效需求"的主要部分）却有相对缩小的趋势。这一点，是导致经济危机爆发的最重要、最根本的原因。

资本家为了追求最大限度的利润，总是力图增加资本积累，同时，竞争迫使他们经常改进生产技术，不断扩大生产规模，增加产量。如果不是生产成果的资本主义私人占有形式作祟，把广大工人阶级和其他劳动人民的消费能力束缚在一个狭窄的范围，如果广大群众的消费能够随着生产的发展而能相应地作同样幅度的提高，那么，增加的商品是会很容易找到销路的。但是，资本主义生产关系注定了：资本家是为高额利润而从事生产的，一则必然要不断对在业工人加强剥削，压低他们的工资水平和消费能力；二则资本主义制度必然使一大批工人失业；同时，成千上万的农民和手工业者遭到排挤和破产，他们的生活陷入困苦的境地，消费"有效需求"也就更加低微，第七章所指出的严重贫困户和一般贫困户就是资本主义这种剥削制度所造成的。

这样，一方面是商品生产无限扩大的趋势，另一方面却是占社会总人口绝大多数的广大工人阶级和劳动人民在消费增长上的相对狭窄。生产和消费之间的对抗性矛盾越来越尖锐，到达激化程度时就必然爆发成为生产过剩的经济危机。马克思明确指出："一切真正的危机的最根本的原因，总不外乎群众的贫困和他们有限的消费，资本主义生产却不顾这种情况而力图发展生产力，好像只有社会的绝对的消

---

① Y 代表所得，C 代表消费，消费增长比所得增长缓慢。

费能力才是生产力发展的界限。"① 由此可见，经济危机的根源在于资本主义制度本身。经济危机是资本主义制度下社会生产力和生产关系矛盾尖锐化的必然表现，只要存在着资本主义制度，经济危机就会不可避免地不断爆发。

凯恩斯的前辈和同辈资产阶级经济学家，如 A. 马歇尔、A. C. 庇古之流闭眼不看资本主义经济危机的不断爆发和大量失业的经常存在这种铁的经济现实，坚持供给会创造它自身的需求：供给会同需求相均衡的老教条，矢口否定经济危机。凯恩斯面对1929—1933年经济大危机及随后的严重萧条，承认经济危机的存在，并且承认"所得（生产、就业）增长大于消费（市场）增长"这一病象，用它来解释"富裕中贫困"这一矛盾现象。两相比较，凯恩斯比其庸俗前辈较接近经济现实。这无疑是一种相对优势，应当加以肯定。但是，他对"$\Delta Y > \Delta C$"这种病象用"人性"（心理倾向）去解释，企图把这种病象的根源归结为人们储蓄偏好的天性，虚构一个强加于全体消费居民的所谓"消费倾向基本心理规律"，这就完全错了。我们从他所承认的病象出发，分四个层次进行追溯，找出了这种危险病象的真正根源，是生产的社会性和生产成果的资本主义私人占有形式之间的矛盾；而绝对不是同资本主义社会阶级分野完全不相符合的所谓消费倾向基本心理规律。

第四节　关于经济循环波动的主要成因

凯恩斯着重论证了经济循环波动的主要成因问题，特别描述经济从向上趋势转为向下趋势的剧烈变化，而从向下趋势变为向上趋势时却无尖锐转折点，并进而追溯其成因。下面引述他在这个问题上的原话：

设以任何一商业循环实例详加考察，则必发现其异常复杂。

---

① 《马克思恩格斯全集》第25卷，人民出版社1974年版，第548页。

欲完全解释之，则以上分析中之每个因素都有用途，其尤著者，当推消费倾向、流动偏好以及资本边际效率此三者之变化，在经济周期中各有用处。但我认为经济周期之所以称为周期，尤其是时间先后上及期限长短上之所以有规则性，主要是从资本边际效率之变动上产生的……我认为，经济周期之主要原因，还是资本边际效率的循环变动。①

要充分解释经济周期，则还有一个特征，不容忽略——这就是恐慌现象。换言之，我们要解释：为什么从向上趋势变为向下趋势时，转变得非常骤然、剧烈；但从向下趋势转变为向上趋势时，却一般说来，并无尖锐转折点。

资本边际效率的变动确有循环性。②

预期之基础非常脆弱，其物证亦变幻不可靠，故预期有骤然而剧烈变化。

一个典型的（常常是最普通的）恐慌，其起因往往不是利率上涨，而是资本边际效率突然崩溃。

繁荣后期之特征，乃一般人对资本品的预期收益作乐观的预期……当失望来临时，来势骤而奇特。③

……决定资本边际效率者，乃是不受控制、无法管理的市场心理。用平常话来说，在个人主义的资本主义经济体系中，信任心最难操纵，最不易恢复。

繁荣期之一个重要特征，乃是有许多投资，在充分就业情况之下，实在只能产生年息两厘。但在人们预期之中，以为可以产生年利六厘，使贸易根据此错误预期而下手。一旦真相大白时，

---

①② 凯恩斯：《就业通论》，徐毓枬译，商务印书馆1977年版，第267~268页。

③④ 凯恩斯：《就业通论》，徐毓枬译，商务印书馆1977年版，第269~274页。

代之而起者,乃是过度悲观。①

要解释商业循环中的时间因素,要解释为什么一定要经过某种长短的一段时间以后,才会开始复苏,必先追索在何种势力之下,资本边际效率才会复苏。有两种理由(其一为持久性资产之寿命,以及某一时代中人口之增加速度……其二是从过剩存货之保藏费产生的),使得向下运动之期限,有某种长短,不是一次是1年,下次是10年,而是颇呈规则性,总在3~5年之间变动。②

经过一段时间以后,因为使用、腐蚀或折旧等原因,资本品又显得稀少,于是边际效率又提高。这段时间之长短,也许是一时代资本品之平均寿命的函数,而且这函数关系很稳定。③

第二个稳定的时间因素,起于过剩存货的保藏费……必须把过剩存货在某一时间内吸收完毕,这个时期既不甚短,亦不甚长……在3~5年之内,把此存货吸收完毕……要等吸收完毕以后,就业量才会有显著改善。④

从上面各段引述可见,凯恩斯着重确认了经济周期在上下波动次序上存在着明显的规律性,并对波动的转折点和周期长度作了明确的解释。这可概括为下列主要论点:

(1) 把资本边际效率的波动,看作经济周期波动的主要原因。而在凯恩斯体系中决定资本边际效率之大小的一个主要因素,又是资本家的心情,即资本家对投资之未来收益的预期。

(2) 他认为,企业家的心情从过度乐观、骤然而剧烈地转变为过度悲观的时候,便是恐慌来临的时机。繁荣后期的特征,在于企业家对投资的未来收益作过度乐观的预期,因而投资过度。而决定投资边际效率者,乃是不受控制、无法管理的市场心理。当市场情势出现

---

① ② ③ 凯恩斯:《就业通论》,徐毓枬译,商务印书馆1977年版,第269~274页。着重点是原有的。

④ 凯恩斯:《就业通论》,徐毓枬译,商务印书馆1977年版,第271页。

不利情况，怀疑心理一经开始，传播非常迅速，来势急骤而剧烈，资本边际效率突然崩溃，这就爆发了经济恐慌。这就是说，凯恩斯用企业家对投资未来收益预期从过度乐观转到过度悲观的市场心理骤然剧烈变化，来解释经济从向上趋势转为向下趋势的恐慌现象。

（3）经过一段时间，因为使用、腐蚀或折旧等原因，资本品又显得稀少，于是资本边际效率又告提高；加上过剩存货被吸收完毕，就业量又会显著改善。这就促使产业周期转入复苏阶段。这使周期的向下运动的期限颇呈规则性。

（4）他认为，总的来说，资本边际效率之变动确有循环性，因而决定产业波动的循环性。具体分析起来，他用投资之未来收益预期骤然逆转的心理因素来解释经济恐慌在转折形象上的突然剧烈爆发；用固定资本更新和过剩存货吸收的物质因素去解释经济复苏在转折形象上的逐渐缓慢上升。

（5）关于经济周期的时间因素，也就是萧条时间的长度问题，凯恩斯用两个因素来解释：一是固定资本的更新——耐用资产的生命长度；二是存货吸收——告罄剩余存货所需的时间。

* * * *

总之，凯恩斯对经济周期在循环性上、在波动的转折形象上和周期的长度上，作了比其前辈和同辈较为确切、较为合乎经济现实态势的解释。从现象形态的描绘这个角度的评价上来看，这是一种值得肯定的相对优势。但是，它毕竟存在着若干根本性的缺陷。现试作如下的评议分析：

（1）经济危机和失业问题的根源和经济周期波动的形式，不论从理论上说，还是从逻辑上说，这两个问题是密切相关的。但是，凯恩斯对这两个问题的解释，前后矛盾：对前一问题特别强调消费倾向和储蓄倾向，认为这是供给增长大于需求增长（即有效需求不足）的根源。对后一问题却特别强调资本边际效率的变化。这就是说，对前一个问题，把重点放在消费者的心理活动上，对后一问题，却把重点转移到投资者（产业资本家）的心理活动上。凯恩斯的就业理论整个体系是以解释经济危机和失业问题为中心课题的。他用所谓消费倾向基本心理规律否定萨伊定律,承认供给大于需求,承认经济危机的存在,这就是他对经济危机之根源这个关键性问题的解释。这个庸俗论点在他的就业理论体系中居于十分重要的地位,可以说是它的主轴。而在对经济周期变动进行解释时,却把资本边际效率的作用特别强调。这就使其理论结构前后矛盾,逻辑思维混乱。我们可以说,论点矛盾,逻辑混乱到如此程度,在资产阶级经济危机各派庸俗学说中,确实是罕见的。

(2) 凯恩斯的经济周期波动理论,可以说是资本家投资生意经之心理变幻周期的理论。他把企业主关于投资预期的心理变幻强调到十分荒唐的地步。他甚至说:"油然自发的乐观情绪,非常脆弱,容易颠破。故在估计未来投资之多寡时,我们必须顾及,那些想从事投资者之神经是否健全,甚至他们的消化是否良好,对于气候之反应如何,因为这种种都可影响一人之情绪,而投资又大部分决定于油然自发的情绪。"①

凯恩斯对经济周期变化的心理解释,甚至把企业主神经是否健全、消化是否良好、对气候变化的反应都包括进去。在资产阶级各派庸俗经济危机理论中,这种"解释"把资本主的心理状态的威力强调到了登峰造极的地步。实际上,这种解释只是关于企业主投资生意经的市场心理这种现象形态之一种肤浅描绘。

(3) 凯恩斯把资本边际效率的周期变化说成是经济周期变化的主要原因,把决定是否继续投资的企业主说成是经济周期变化的主宰者。这只是描述企业主生意经市场心理的现象形态,完全抹煞了经济危机及经济周期波动的实质根由。凯恩斯所津津乐道的关于企业主的投资心理变化,是市场客观实际情势的反映,绝不是凭空涌现出来的。而市场经济情况的变化,归根到底,总可以一步步深入,追溯到最后的依据和根源:资本主义生产关系及其相应的分配关系、资本主

---

① 凯恩斯:《就业通论》,徐毓枬译,商务印书馆1977年版,第137~138页。

义条件下生产盲目扩大与消费（市场）相对缩小之间的矛盾。例如，经济周期上升阶段企业的盲目乐观因而投资过多。实质内容是什么呢？最后的依据和根源是资本主义的基本矛盾及由此而派生出来的一系列矛盾，特别是资本家的利润追逐狂，资本主义生产不顾群众贫困和市场相对狭隘基础而力图发展生产力，好像只有社会的绝对消费能力才是生产发展的界限似的。又例如，经济周期由上升转变为下降，爆发经济恐慌；资本家由过度乐观转变为过度悲观，实质内容是什么呢？这是由于资本主义条件下，生产盲目扩大与市场消费基础相对狭隘性之间的矛盾十分激化，使包含着剩余价值的大量商品找不到销路，达不到利润追逐狂的目的，市场存货充斥，定货量急剧下降，终于爆发经济危机。归根到底，凯恩斯所说关于资本边际效率的心理变化，是资产阶级对资本主义基本矛盾（及其所派生的一系列的矛盾）所表露出来的市场经济情势倏忽变化的思想反映，是一种派生现象。凯恩斯经济周期理论的要害在于只抓住这些现象形态特别加以强调；而把这些现象形态所依据的资本主义内在矛盾，加以回避或抹煞，把企业主在利润追逐狂这一中心旨趣下关于投资经营的决策心理活动，同资本主义内在矛盾完全割裂开来。总之，单纯强调企业主关于资本边际效率的心理变化，完全抹煞其所依据的资本主义经济客观实质关系，这是凯恩斯经济周期理论的严重错误。

第十四章　凯恩斯主义半个多世纪来的兴衰演变

凯恩斯以20世纪30年代世界经济大危机为背景，创建就业一般理论；《就业利息和货币通论》于1936年出版，引起当时经济学界很大反响，旋即在《政治经济学季刊》1936年涌现出四篇书评。为了对这些书评进行诠释与商榷，凯恩斯在该刊1937年2月号发表《就业一般理论》一文，将他的就业一般理论归结为探究"经济繁荣内部为什么会孕育着使其自身趋于毁灭的种子"的理论①。凯恩斯自己对其理论核心作出这样高度概括性的归结，确实十分准确而深刻。

回顾凯恩斯主义近半个多世纪来的兴衰演变，即由兴起、"异端"变正统，进而臻于鼎盛高潮，然后转趋衰落，最近又徐图复兴的过程，现在，试将凯恩斯主义这种兴衰过程同经济周期演变过程进行类比，探究"凯恩斯主义兴盛内部为什么会孕育着使其自身趋于衰落的种子"；并且要进一步把这个"种子"发掘出来，论证它为什么既能促使凯恩斯主义日臻鼎盛于前，又会使之陷入衰落于后；从而把凯恩斯主义兴衰演变的来龙去脉，作一次深入细致的探究。

本章的主旨在于，对凯恩斯主义兴衰演变过程中的内在不稳定因素进行发掘、清理和论证。这将有助于对其历史地位、利弊得失、是

---

① 凯恩斯：《就业一般理论》，载 S. E. 哈里斯主编：《新经济学》，1947年英文版，第182页。

非功过的进一步了解和确认。

第一节 生产的货币理论和"半通货膨胀" 价格一般理论的实质

"生产的货币理论"是凯恩斯在他的《货币论》出版以后,以 20 世纪 30 年代世界经济大危机为背景而创建的一个新的货币理论。凯恩斯最初打算撰写的新书,不是《就业通论》,而是《生产的货币理论》(*Monetary Theory of Production*)①。他在 1932 年已经开始撰写这本新的著作,是年 9 月已经写了全稿的三分之一。这本新著的主要成果是在把货币理论与生产理论两者结合方面取得重要进展。

凯恩斯为什么要创建"生产的货币理论"呢?他写道:"为什么危机问题没有解决,或无论如何为什么这个理论(指传统理论——引者)不能令人满意?在我看来,主要理由在于缺少一种我称之为的生产的货币理论。"② 他认为,"繁荣和萧条是一种经济所特有的现象,在这种经济中……货币不是中性的"③。在货币经济中,货币影响交易的实质,参与修改当事人的动机和决策,从而刺激或抑制生产活动。他撰写这部新著的主旨在于,打破货币理论与生产理论的两分法,从把货币看作与供求一般理论无关的传统教义,转变为"把货币理论推展为社会总产量理论"④。

这部新著的写作计划后来改变了。1933 年 10 月前后,凯恩斯把《生产的货币理论》改名为《就业的货币理论》,突出了就业问题。不久又改名为《就业一般理论》(*The General Theory of Employment*),

---

① 关于《生产的货币理论》的创建、撰写,后来经过一再改名,最后确定为《就业一般理论》这个过程,参见英国皇家经济学会编:《凯恩斯全集》第 13 卷,1973 年英文版,第 380~421 页。又可参见本书第五章,第四至五节。
②③ 凯恩斯:《凯恩斯全集》第 13 卷,1973 年英文版,第 408、411 页。
④ 凯恩斯:《就业利息和货币通论》,商务印书馆 1977 年版,"原序"。参照原文,译文略有更改。

最后确定为"就业利息和货币通论"。新著名称一变再变,但货币在经济运行中的特殊重要作用仍然继续保存着。凯恩斯归结这部新著的主旨为:"本书着重研究何种力量去决定总产量和总就业量的改变;同时发现,货币以重要而特殊的方式进入经济结构而发挥作用。"①他进一步归结成下列两点:第一,消费倾向的分析、资本边际效率的定义和利率理论三者构成有效需求原理以后,价格理论就获得它的特殊地位:它是就业一般理论的辅助成分。②第二,编制出"半通货膨胀"(Semi-inflation)的价格一般理论。他以就业不足为假定前提,增加货币数量,从而增加有效需求,效果有两方面:一部分用在增加就业量(产量),另一部分用在提高物价水平。③他把所谓"半通货膨胀"同绝对的、真正的通货膨胀区别开来。

综上所述,生产的货币理论与"半通货膨胀"价格一般理论两者紧密结合,前者是后者的理论基础,后者是前者的具体应用。凯恩斯在其就业一般理论整个体系中,以20世纪30年代经济大萧条为背景,赋予货币以"半通货膨胀"价格一般理论的独特方式而进入经济结构,发挥"吗啡"注射刺激效应、促进产量、增加就业、解救萧条的重要"辅助作用"。这样,凯恩斯就把货币理论塑造成为一种社会总产量理论:货币数量的增加就被确认为有效需求的增加,具有解救就业不足(失业)的生产效应。

然则作为"生产的货币理论"之具体应用形式的"半通货膨胀"价格一般理论,在就业一般理论整个体系中究竟有哪些实质性的含义呢?我认为主要有下列三项:

第一,以拯救20世纪30年代经济大萧条为主旨的凯恩斯就业一般理论型需求管理方案,计有彼此有机结合的两个组成部分:一是以消费倾向、资本边际效率和流通偏好三个基本心理规律为基本内容的有效需求原理,这是诊察病情的诊断书,确认有效需求不足这种病症

---

①②③ 凯恩斯《就业通论》,徐毓枬译,商务印书馆1977年版,第4、32、252页。参照原文,译文有所更动。着重点是引者加的。

及其缘由；二是以国家干预、赤字财政政策、"半通货膨胀"价格理论为主药的政策措施，治重病、用猛药，这是一帖空前强烈的处方。正因为有效需求不足是这一痼疾的致命伤，以"半通货膨胀"价格理论为依据的赤字财政政策，即增加货币数量以填补有效需求之不足，则是这个救危扶倾方案中具有关键性的一味主药。这就表明，"半通货膨胀"地增加货币数量、增加有效需求这种"吗啡"注射刺激疗法是凯恩斯主义解救危机、确保充分就业的主要杠杆。试设想，如果没有货币这个东西在数量增加上供凯恩斯使唤和摆弄，则他的就业一般理论体系势必难以编制起来；即使编制成了，也势必完全是另外一个模样。因此，我们可以看出他的这种货币经济独特设计在其以赤字财政政策为主的需求管理方案中是居于何等重要的地位了。

第二，资产阶级货币数量论，一般表述为：假定其他事项不变，货币数量增加，一般物价水平成正比例而上涨。凯恩斯把"其他事项不变"这一假定的内容解释为"产量不变"。他认为，把这个假定和结局应用到实际情况，则势必有若干修正。而经过修正的货币数量论就变成了"半通货膨胀"价格一般理论。

他以1929—1933年世界经济大危机为时代背景，把"产量不变"这个假定加以摒弃，改成产量能够增加的假定前提。为什么货币数量增加后，产量就能有所增长呢？因为在经济大萧条中，大量劳工失业，大量生产设备和原材料闲置而未被充分利用。同时，物价水平日益下降，企业界最害怕物价不断下跌而使利润下降甚至亏损，导致企业破产。所以，在这种严重萧条经济中，采用赤字财政政策，增加货币数量，就可以增加有效需求，进而促使产量增加和物价水平上涨两种效应同时实现。凯恩斯《就业通论》中始终贯穿着就业不足这个前提，货币数量增加能够促进产量增加，也是以就业不足为前提的。这就是凯恩斯创建"生产的货币理论"所依据的萧条经济现实基础。基于就业不足这种前提而对于货币数量论作出上述修正，他在资产阶级经济学说史中，第一次创立了他的"半通货膨胀"价格一般理论，并把这种前提作为分界线，使它同"真正（绝对）的通货膨胀"区分开来。

第十四章 凯恩斯主义半个多世纪来的兴衰演变

他把就业一般理论整个体系的基本前提——就业不足，同"半通货膨胀"联系起来，认为：（1）在这种前提条件下，增加货币数量能够促进有效需求增加，其效果只会引起"半通货膨胀"：一部分引起物价上涨，另一部分促使产量（就业量）增加。（2）只有达到充分就业的境界以后，再增加货币数量，才不会再促使产量和就业量增加，而引起物价无限制上涨，形成真正的、绝对的通货膨胀。

这种"半通货膨胀"政策的阶级实质是：对垄断资产阶级十分有利，而对工人阶级却危害甚大。采用"半通货膨胀"政策，增加货币数量，促使物价温和地上涨。物价上涨势必引起财富（收入）重分配，导致下列两方面的影响：其一，利润增大，刺激企业增加生产，增雇工人，缓解失业的严重程度；同时对企业所负债务也起减轻负担的作用。其二，这对工人及其他固定收入者则十分有害：他们的实际工资和薪金打了折扣，同时使他们的储蓄、退休金、失业保险金等的实际购买力蒙受损失。这些损失的很大部分直接或间接变成了企业主的实际收益。

这样，凯恩斯货币理论的主要着眼点，在于利用货币作为杠杆，以"半通货膨胀"价格一般理论为依据，采取通货扩张政策，削减工人的实际收益，加强对在业工人的剥削深度；同时，顺应垄断资产阶级的要求，增大资本边际效率，提高投资引诱，促使资本家增大投资，增雇工人，增大产量，使一部分失业工人得到就业机会，扩大剥削广度。这就是说，凯恩斯的货币理论对其就业一般理论整个体系所起的"辅助作用"，归根到底就是：明目张胆地实行"半通货膨胀"政策，促使物价温和上涨，用加深剩余价值剥削的深度为手段，增雇工人，扩大剥削面，扩大剩余价值剥削的广度。凯恩斯通过增加货币数量这种计谋和摆弄，物价温和地上涨了，市场景气趋势看好，企业主利润动机得到满足，部分失业工人重新就业。归结起来，这种缓解危机的效应得以实现，关键的促成因素有二：一是以资本边际效率（预期利润率）呈上升趋势为前提，迎合了资本主的利润动机；二是羊毛出在羊身上，物价上涨促使财富（收入）重分配，以增大剥削深度为代价。这种生产的货币理论与"半通货膨胀"物价理论及其政策的实质，要害即在于此。

第三，"半通货膨胀"政策的"疗效"究竟如何呢？正如"吗啡"注射对人体具有正、反两面的双重效应——既能兴奋精神、又会损害体质一样，"半通货膨胀"刺激政策也具有正、反两面的双重效应：既对萧条经济能起短暂的兴奋作用，又会导致整个国民经济机能混乱。

凯恩斯这种"吗啡"式注射政策的长期实践表明，在经济危机深沉、失业普遍而严重的情况下，采用信用扩张政策，温和地增加通货数量，增大有效需求，在一定程度上，确实是能够做到物价温和上涨和产量（就业量）增加两者并举，缓解经济危机和失业问题。在第二次世界大战以后，西方各发达国家长期推行凯恩斯主义财政金融的膨胀政策，持续地对经济进行刺激、再刺激，收到了长达25年（1948—1973年）的经济持续增长的效果。尽管这种经济成就还有其他因素的影响，但凯恩斯主义通货膨胀政策的刺激作用确实起了作用。关于缓解经济危机的效应方面，同古典—新古典传统经济学说以及当代新型的自由经营论各个流派的经济学说相对比，我们可以断言，凯恩斯的就业一般理论（当然包括其货币学说）具有毋庸置疑的相对优势。

但是，对于资本主义来说，财政金融扩张政策毕竟只是一种治标的救急处方，"疗效"是有限的，充其量只能对经济危机起到一定的缓解作用，并不能从根本上加以消除。1948—1973年期间，西方各国长期而持续地推行这种扩张刺激政策，但经济危机仍然不断爆发，只是在程度上比较温和，没有把长期经济增长趋势完全冲消掉而已。事实上，这期间内，各次经济危机仍然不断爆发，并且一次比一次严重。更有甚者，由于长期推行赤字财政与货币金融扩张政策，通货膨胀恶果逐渐滋生、积累，最后，经济情势急剧恶化，凯恩斯经济政策完全走向反面。1974—1975年竟破天荒地爆发出形象最怪诞、病情最复杂、对策最困难的"滞胀"型经济危机：经济危机与通货膨胀两症同时并发的双重社会瘟疫。从此，凯恩斯主义开始走下坡路，备受责难，到20世纪70年代末、80年代初，最终在其发源地的英国和典型实验场的美国从"政府经济学"宝座上倒塌下来，由新型自由经营论的供给学派、现代货币主义等流派取而代之。

第二节 后凯恩斯主义的失误："半通货膨胀"最后转化成严重的"滞胀"型经济危机

凯恩斯明确地把"半通货膨胀"与"真正的、绝对的通货膨胀"两个范畴区别开来，足见他所倡导的只是严格地（至少理论上如此）限于为了弥补有效需求不足的财政金融扩张政策，而绝不是漫无限制地推行真正的通货膨胀。但是，为什么继承这种教义的后凯恩斯主义者，不论是英国的，还是美国的，许多都是"真正通货膨胀"论者呢？尽管凯恩斯本人把"半通货膨胀"同"真正的通货膨胀"在理论上区分开来，但在政策实践过程中，前者是很容易越过自己的界限而成为后者的。

首先，推行财政金融扩张政策时，在就业严重不足（失业严重）与充分就业的两种背景之间，在理论上界限相当分明，判定比较容易：前者属于"半通货膨胀"范畴，后者属于"真正通货膨胀"范畴。但是，在"近似充分就业"(Near-full-employment)与"充分就业"之间却很难严格地分辨，两种通货膨胀范畴并无不可逾越的鸿沟，从而就很容易，甚至势所必然地从"半通货膨胀"向前跨一步，进入"真正通货膨胀"了。例如，在经济周期（商业循环）过程中，从经济衰退到经济复苏，财政金融扩张政策持续不断，甚至剂量需要越来越大，才能刺激经济，使其走出谷底而趋向好转；直到经济复苏的势头已经达到近乎经济高涨的阶段，仍然需要大量"吗啡"注射，而绝不能顿然改采金融紧缩政策，否则将使经济转趋恶化，政策效应前功尽弃。所以，从"半通货膨胀"开始，随着经济周期的向前演化，剂量越来越大地持续投放新增通货，势必跨进"真正通货膨胀"的险境。

其次，凯恩斯倡导温和的物价上涨，假如一般物价水平上涨年率为3%～5%。而财政金融扩张政策是持续地长期推行的，5年、10

年、15年、20年积累起来，物价上涨率累计就是巨大的两位数，货币贬值就相当严重了。凯恩斯主义在战后美国推行最为彻底，特别是20世纪60年代肯尼迪—约翰逊期间，凯恩斯主义者海勒（W. Heller）等设计出一套"增长性赤字财政"政策，企图以刺激高度而持续的经济增长为目标，把财政赤字当作常规手段，如1961—1968年美国联邦财政每年都有赤字，而且数字越来越大。① 毫无疑问，这绝不再是什么"半通货膨胀"，而是货真价实的"真正的、绝对的通货膨胀"了。效果呢？在20世纪60年代前半期，确实相当有效地促进了高速经济增长。但好景不长，到20世纪60年代后半期和70年代前半期，通货膨胀的反面效应陆续出现：其一，经济增长速度明显转慢，而且某些物品（特别是原料）价格出现上涨的苗头。其二，美元对外信用严重动摇，美元对外价值贬低，以欧洲和日本等地的金融市场为舞台，连续不断地爆发"欧洲美元危机"——抛售美元、抢购黄金和原联邦德国马克等信用较强的通货，而且一次比一次严重，最后使以美元为中心、以"双挂钩"为主体的战后国际金融体系完全瓦解，美元信誉受到严重损伤。其三，最严重的后遗症——1974—1975年"滞胀"型经济危机这种双重社会瘟疫，1973年12月首先在美国爆发，然后波及西方世界各国；而且哪个国家受凯恩斯主义影响最深，也就受害最烈。这种空前荒诞、严重而难以救治的双重社会瘟疫，是凯恩斯主义长期推行通货膨胀政策最严重的恶果之一。

由"半通货膨胀"转化为"真正通货膨胀"，最后爆发成"滞胀"型怪症——伴随着通货膨胀的经济危机。这种怪诞病症，凯恩斯本人没有经历过，也没有预料到。后凯恩斯主义者原来也没有预料到。这种空前怪诞的双重社会瘟疫使资本主义经济陷入救治极度困难的厄运。为了对凯恩斯主义这种"吗啡"注射刺激疗法最终给西方

---

① 这两届总统任期的八年中，各财政年度的赤字（单位：亿美元）纪录如下：1961年，34；1962年，47；1963年，47；1964年，59；1965年，15；1966年，38；1967年，87；1968年，251。

各国经济造成空前严重的危害作用有一个清醒的了解，这里有必要对"滞胀"型经济危机的独特格调进一步加以剖析。

在资本主义经济危机史中，自从1825年英国首次爆发经济危机以来，常常是指普遍意义的生产过剩经济危机，其常规病象是：商品充斥、物价不断下跌、生产萧条、失业问题严重。此中没有通货膨胀——超经济滥增通货数量这种扰乱因素掺杂在内。1929—1933年世界经济大危机尽管空前严重，使资本主义制度陷入"全面毁灭"（凯恩斯原语）的边缘，但病情还是单纯地局限在商品供求的市场作用范围以内，没有受到通货膨胀这种货币因素的干扰。而1974—1975年"滞胀"型经济危机，既有商品供求矛盾引起的"滞"症，又有受财政金融领域通货膨胀干扰因素导致的"胀"症——生产停滞与物价猛涨两症并发。救治单纯的经济危机，对策比较简单，那就是采用财政金融扩张政策，增加通货数量，创造有效需求，缓解经济危机。凯恩斯主义正是这样：面对20世纪30年代大萧条那种严峻局势，治重病，用猛药，创建"半通货膨胀"理论，动用赤字财政与增加通货这根强有力的杠杆，最大限度地进行"吗啡"注射疗法，而且长期持续服用。正由于"滞症"病情比较单纯，凯恩斯主义救治对策也就比较单一化："吗啡"注射刺激疗法，充分发挥其"正效应"的兴奋作用，确实收到了一定"疗效"。

但是，这帖猛烈"处方"在战后长达20~30年的时期内反复服用，它在发挥"正效应"那种兴奋作用的同时，却潜在地滋生、积累其"反效应"的破坏作用——物价猛涨，使资本主义机体功能错乱，"滞"症与"胀"症交织在一起，最后爆发出一场病象空前怪诞、病情空前复杂、救治空前困难的1974—1975年"滞胀"型危机那种双重社会瘟疫。从此资本主义经济危机一反常态，进入了一个灾难更为深重的新阶段。

在治理对策方面，治理"滞胀"型经济危机比治理过去那种单纯"滞"症经济危机要更加困难得多。"滞"与"胀"两个病症，是彼此克制的。一方面，治"滞"需要采取货币金融扩张政策，但这种扩张政策会使"胀"火上加油，"胀"势会变本加厉；另一方面，治"胀"需要紧缩政策，但紧缩又必会使"滞"雪上加霜。"滞"、"胀"交织于一体，这种顽症使后凯恩斯主义者陷入进退两难的困境。面对这种疑难怪症，他们在理论上不能作出具有说服力的解释，在对策上一筹莫展，绞尽脑汁也找不出行之有效的克服方案。而其他经济学流派，无论左、中、右哪一派，都对凯恩斯主义群起而攻之。凯恩斯主义终至衰落。

第三节　通货膨胀：凯恩斯主义兴衰演变的关键要素

凯恩斯主义的诞生、兴盛及日后转趋衰落，整个兴衰演变过程始终同资本主义经济危机紧密联结在一起。资本主义经济危机史中，有两次最突出的经济危机：一是在深度、广度和持续长度上空前严重的1929—1933年世界经济大危机，二是形象最怪诞、病情最复杂、治理最困难的1974—1975年"滞胀"型经济危机。凯恩斯主义从前一危机中脱颖而出，逐渐臻于鼎盛高峰，却在后一危机中一筹莫展，陷入困境，转趋衰落。

究竟为什么凯恩斯主义会趁前一经济危机而兴起，却又因后一经济危机而衰落呢？我认为，赤字财政通货膨胀政策是这一兴衰演变过程的关键因素。这种膨胀政策是凯恩斯主义"就业通论"型需求管理方案的主药，它的兴衰变化过程自始至终紧密地结合着。如前所述，赤字财政的通货膨胀政策，有如"吗啡"注射，具有正、反两面的双重效应：其一，对经济危机确实能够具有短暂的兴奋刺激作用；其二，对经济机体发生危害作用，特别是长期大量使用必然会使经济机能趋于衰弱，功能发生错乱。现在，让我们对这种"双重效应"进一步加以论证。

首先，如前所述，类似"吗啡"注射的膨胀政策对经济具有兴奋刺激效应，在一定时间内和一定程度上，确实能够缓解经济危机，促进经济增长，这就使凯恩斯主义发挥救危扶倾的积极效应，信誉日高，由兴起而臻于鼎盛。以战后美国经济发展情势为例，在20世纪

第十四章 凯恩斯主义半个多世纪来的兴衰演变

50 年代"补偿性"赤字财政阶段，它对经济危机起了一定的缓解作用；在 20 世纪 60 年代"增长性"赤字财政政策阶段，它在前半期对高速经济增长起了促进作用。西方国家战后长达 25 年的持续高速经济增长，促成的因素是多方面的，但凯恩斯主义膨胀政策的兴奋刺激效应，无疑是起了重要作用的。正因为这种"正效应"的积极作用，经济发展良好，凯恩斯被誉为"战后繁荣之父"；这一历史阶段被誉为"凯恩斯时代"。凯恩斯主义由此而从兴起、"异端"变为正统，进而臻于鼎盛高峰，这是不容否认的历史事实。但是，这里必须强调指出，这长达 1/4 世纪的时期中，经济危机并未完全消除，而是仍然不断爆发，只是因为凯恩斯主义这种缓解效应，使各次经济危机稍见温和，总的经济增长势头没有受到强大的冲击而遭中断而已。

其次，在膨胀政策这种"吗啡"注射疗法发挥正效应的同时，反效应也在潜在地起作用，只是由来已久，日积月累，由量变到质变，到一定时期以后，恶果也逐渐爆发出来。这种膨胀政策长期推行，通货（纸币）流通规律必然使货币价值（对外价值和对内价值）下降，这是不以人的意志为转移的。通货膨胀政策的恶果在多年积累中最终总要爆发出来。这样，好景不长，凯恩斯主义也就走向了它的反面。当时，凯恩斯主义风靡西方世界各国，通货膨胀这种恶果也就必然是国际性的。而且，哪一国受凯恩斯主义这种政策的影响最深，哪一国就受害最烈。试看，美国是凯恩斯主义的典型实验场，通货膨胀的危害也就最严重，如前所述，严重恶果一而再、再而三地不断爆发出来。如早在 20 世纪 60 年代末、70 年代初，美元对外信用严重削弱，"欧洲美元"危机不断爆发，越来越严重，竟使战后国际货币金融体制受到连累而完全瓦解，美元一再贬值，整个国际金融陷于混乱状态。又如经济危机史中破天荒的 1974—1975 年"滞胀"型经济危机，1973 年 12 月首先在美国爆发，然后扩散到整个西方其他各国，无一幸免。更如危机过后，20 世纪 70 年代后半期，美国国民经济受"滞胀"顽症的困扰，当时奉行凯恩斯主义教义的美国卡特政府，绞尽脑汁，一筹莫展，弄得焦头烂额，备受责难和反对。最后，在 1980 年大选中，人心思变，原来奉行凯恩斯主义经济政策的卡特竞选惨败，从此，政府干预论经济思潮退出了"政府经济学"的宝座，让位给里根总统奉行的新型自由经营论经济思潮，去收拾凯恩斯主义遗留下来的经济烂摊子。从此，美国进入了20世纪80年代苦战通货膨胀的艰难历程。

由此可见，凯恩斯主义因赤字财政通货膨胀政策的"正效应"——兴奋刺激作用而兴起、日趋鼎盛的上升过程，也就是因同一政策的"负效应"——破坏危害作用而走向衰落的加速恶化过程。这就是在凯恩斯主义鼎盛内部孕育着使其自身趋于衰落的种子。

第四节 新凯恩斯主义者对通货膨胀的态度转变

凯恩斯主义受了重大挫折，但这些年来它并未认输，而且对新自由经营论流派在经济政策上的一些失误，针锋相对地进行严厉的指责和批评，影响日益增大，新凯恩斯主义正在酝酿、形成过程中，在理论上、政策上，均有改变和发展。经济危机是资本主义制度的产物，只要资本主义制度继续存在，资本主义基本矛盾就会发挥作用而使经济危机不断爆发。这样，以解救经济危机和失业问题为主旨的凯恩斯主义就会有继续发挥"救治"效应的需要。因此，最近正在形成过程中的新凯恩斯主义，将会适应新的形势需要，在理论和政策上作出修正和发展，以新的姿态，重整旗鼓，作为一个重要的经济学流派而继续存在下去。这是可以断言的。

在这里，我们特别要弄清楚的是，它究竟如何处理赤字财政的通货膨胀政策呢？十多年来，后凯恩斯主义者在备受各方责难的困境中，已经开始觉察到通货膨胀这种"吗啡"注射刺激政策的弊害甚为严重，不得人心，试图加以摒弃，改采新方法去克服经济危机和失业问题。现举下列三个实例，以资印证：

其一，1976年美国大选，时值1974—1975年"滞胀"型经济危机之后，信奉凯恩斯主义教义的民主党总统候选人卡特为了缓解当时对赤字财政通货膨胀政策的严厉指责，在其竞选纲领中承诺：要努力减少预算赤字，逐步做到1980年联邦预算财政收支平衡。"财政收支平衡",这不是凯恩斯主义的固有语言,却在竞选纲领中作为一个执政纲领而明确加以承诺,确实是一个重大的转变。由此可见,在尝到1974—1975年"滞胀"型经济危机这个苦头之后不久,后凯恩斯主义者早就开始了对赤字财政通货膨胀政策的修正工作;而且,这是改弦更张的大改,甚至打算根本加以摒弃了。

其二,美国著名的后凯恩斯主义者保罗·萨缪尔森原来对采用赤字财政的通货膨胀政策去保持充分就业,备加歌颂,信心十足。但是,他后来对通货膨胀的观点逐渐改变了。如他在题为《令人担忧的几个经济问题》一文①中,关于通货膨胀的问题,他说:"在对过去的历史进行令人沮丧的回顾后,关于通货膨胀的坏消息正在到来……"试看,他现在用"令人担忧的"、"对过去历史进行令人沮丧的回顾"、"通货膨胀的坏消息"等一些贬词对通货膨胀进行描述,同其过去的态度相比,真是前后判若两人。

其三,《美国新闻与世界报导》刊登的题为《看,谁的理论又在流行起来》一文②指出:"现代货币主义和供给学派两种经济学说效微力乏,既无法避免,也无法解释目前的动乱。在某种程度上,凯恩斯主义几乎只是在其他理论证明失效的情况下重新受重视的。""凯恩斯主义的'第二次流行'应归功于一批能说会道的年轻学者。"布鲁金斯学会经济学家罗伯特·利坦承认:"目前仍然有许多斗争,但是从事决策经济学研究的人几乎全都接受凯恩斯理论,投身于新的凯恩斯浪潮。这些人包括大多数有希望的民主党总统候选人,他们指望新凯恩斯主义者得出有关经济问题的新思想。""今日凯恩斯主义不是老理论的复述,而是'老调新曲',有应付当前经济问题的新方法。例如,解决联邦赤字问题的任何办法大概都会包括增加税收和增加就业机会。"

*　　　*　　　*　　　*

---

① 萨缪尔森:《令人担忧的几个经济问题:信贷、通货、膨胀、美元、市场》,见[美]《基督教科学箴言报》1990年5月8日。
② 《美国新闻与世界报导》1988年2月1日,第43~45页。

从上述报道可以看出,"新的凯恩斯浪潮"具有如下新动向:第一,凯恩斯理论又在美国流行起来,新凯恩斯主义正在形成过程中,酝酿着新理论和新方法。第二,解决联邦预算赤字的方法大概会包括增加税收和增加就业机会。这里特别应该着重指出的是,他们应付美国当前经济问题的新方法包括增加税收和增加就业机会,而没有如过去那样强调赤字财政通货膨胀的"处方"了。这无疑是一个重大转变。

现在看来,新凯恩斯主义者已经开始从上述"滞胀"困境中吸取教训,改弦更张,将会把通货膨胀这味"吗啡"注射刺激"主药"进行修订。至于具体怎样修订,不仅关系到新凯恩斯主义在理论上和政策上的发展模式,而且也将影响到美国经济机制的运行态势,值得我们密切注意和认真研究。

第十五章　凯恩斯主义的历史地位

凯恩斯《就业通论》出版到现在已经超过半个世纪。凯恩斯主义在这半个多世纪中的纪录，既有发挥较好成效的一面，也有遭受重大挫败的另一面。它的发展、变换过程，是由"异端"变成"正统"，进而迈向鼎盛高峰，然后转趋衰败，再又徐图复兴的过程。但是，它的影响是十分巨大而深远的。资本主义制度存在期间，始终会伴随着经济危机与失业问题。凯恩斯主义以救治经济衰退与失业病症为主攻方向。只要这种病症继续作祟，凯恩斯主义教义就会以这样那样的方式和格调，在一定程度上，被用来发挥救危扶倾的效应。本章主旨在于，对它的历史地位作一个简要的初步总结。

第一节　严酷挑战与剧烈反应

20世纪30年代经济大危机是资本主义经济危机发展史中的一个重大转折点。这次经济大萧条，在深度上、广度上和在持续时间上都是空前的。当时，整个资本主义世界风雨飘摇，惶惶不可终日，陷于极端危急的悲惨境界。原来占统治地位的新古典派经济学不再能够自圆其说，传统的自由放任经济对策也就一筹莫展。整个资产阶级经济学界陷入可怜的混乱状态。垄断资产阶级朝野广大人士对资本主义制度前途的信心发生动摇。处此危急存亡之秋，他们非常殷切地期待着能有一种新的经济学说：在理论上能够对空前大萧条重新作出解释，在对策上能够制定一套救危扶倾的处方。不仅在资本主义的前途问题上，这是一个空前严酷的挑战，而且在资产阶级经济学的前程问题上，这也是一个空前严酷的挑战。

面对这一严酷挑战,凯恩斯本着他对大英帝国(后来是大英联邦),乃至资本主义制度的无限忠诚和赤诚拥护,激发了特别剧烈的反应,自告奋勇,挺身而出应战。《就业通论》一书就是这种剧烈反应的独特成果。

如前所述,凯恩斯一生中对经济发展的障碍何在及如何解救这个重大问题,进行探索,探索,再探索,撰写了大量短文、一些小册子和三部主要专业著作。这三部专业著作是他对当时严重局势不断探索救治方案的"三部曲":

第一步"探索":《货币改革论》(1923年出版)型货币调节方案;

第二步"探索":《货币论》(1930年出版)型货币调节方案;

第三步"再探索":《就业通论》(1936年出版)型以财政干预为主导的需求管理方案。

这三个救治方案是随着英国,乃至资本主义世界萧条痼疾不断恶化、逐步演化而成的。以英国而论,20世纪30年代大萧条是20年代长期慢性萧条的继续和发展。因此,《就业通论》型需求管理方案也就是前两个调节方案的继续和发展。

治重病,用猛药。在资本主义和平时期经济体制的框架内,《就业通论》型需求管理方案的剧烈凶猛确实达到了登峰造极的境界。它以达到并保持充分就业为战略目标,不仅背离了自由放任经济学的传统教义,改采政府干预的方针,而且改变了前两个货币调节方案的温和格调,动用财政赤字政策那种强有力的杠杆。这个剧烈的救治方案,从其整个体系来说,在资产阶级经济学说史中,确实是一个重大突破。

第二节 从"异端"到正统

在编制上述三个救治方案的全过程中,凯恩斯始终处于"异端者"的地位。1936年《就业通论》一书出版,其内容最初还是不大为当时经济学界所理解,引起了许多批评和争论。但信奉者逐渐增

第十五章 凯恩斯主义的历史地位

多。随后,第二次世界大战爆发,战争动员和经济管制,确切不移地证明了:政府干预和大量财政开支能够达到并且保持充分就业。原来,整个20世纪30年代从大危机到随后的"特种萧条",失业问题始终很严重,陷于无法对付的困境。可是,第二次世界大战一爆发,情势马上改观:政府管制和大量财政开支使原来长期束手无策的失业问题,立即得到圆满解决。这不仅使凯恩斯欣喜若狂,而且对原来一些反对凯恩斯就业理论的人士也有了说服力,信徒急剧增加。

到第二次世界大战后期,英美胜利在望,资产阶级朝野预料一旦战争结束,经济复原,势将重蹈20世纪30年代经济大萧条的覆辙。他们对大萧条的悲惨情景记忆犹新,谈虎色变,对战后经济的阴暗前景存在着沉重的恐惧感和紧迫感。1944年5月,英国战时联合政府发表了一个提出战后就业具体计划的《就业政策白皮书》,表明《就业通论》已被大家所接受,成了英国政府制定战后"充分就业"政策的指导思想。1945年9月8日美国参议院通过对"芒内充分就业法案"的塔夫脱—拉特克利夫修正案,第一次由法律公开宣告:应付萧条和失业的不平衡预算并不违背正确的财政政策——这确实是一个必需的政策。1946年,美国国会通过了就业法——"1946年就业法",国会在"序文"中宣称:采取一切措施使那些能够、愿意而且正在谋求工作的人都能获得有益的工作,这是联邦继续执行的政策和责任。这表明,由美国国会通过法案,确定联邦政府负有扩大就业、稳定经济周期、促进经济增长的官方责任。此外,在澳大利亚、加拿大等国,也先后制定了"充分就业"的官方文献。这些事态能够如此顺利地展现出来,确实是20世纪30年代英美各国所不可想象的。但是,这时凯恩斯确实胜利了,在他的"新经济学"出生后的十年左右,它毕竟确立了正统地位,正式登上了"政府经济学"的宝座。从此以后,在长达二三十年的岁月里,凯恩斯主义风靡整个资本主义世界,成为各国政府制定经济政策的主要依据,臻于鼎盛高峰。

对凯恩斯主义的发源地的英国而言,第二次世界大战使英国的经济实力严重削弱,帝国在加速解体之中。这就使英国政府把凯恩斯所设计的一套国内外经济政策措施当作"医治"英国"病症"的法宝。

凯恩斯经济学也就成为资产阶级经济学的正宗。第二次世界大战结束后，英国国内经济政策的基本目标是防止重演30年代的大萧条，维持经济稳定和低失业率，恢复和发展经济，防止英国国际经济地位的进一步削弱。英国战后奉行"充分就业"政策，就是从这些考虑出发而制定的。

至于凯恩斯主义典型实验场的战后美国，"充分就业"政策推行也很广泛而深入。战后美国20～30年间，不论是共和党执政，还是民主党执政，都在不同程度上、不同形式上，推行膨胀性的赤字财政政策。如20世纪50年代艾森豪威尔政府实行补偿性财政政策，20世纪60年代肯尼迪、约翰逊政府执行增长性赤字财政政策，都是把凯恩斯经济学说奉为圭臬。

西方各国在第二次世界大战后长期推行凯恩斯主义刺激经济增长的扩张政策是有成效的。第二次世界大战后西方世界尽管经济危机仍然不断爆发，但大多比较温和，并未妨碍经济增长，在1948—1973年这1/4个世纪里，西方世界工业生产大约增长了三倍多，年平均增长率为6.1%。而两次世界大战之间的20年经济增长不到两倍，年平均增长率仅为2%强。第二次世界大战后日本经济增长最快，几乎增长32倍，年平均增长率竟高达15%。原联邦德国次之，增长8倍，年平均增长率超过9%。这期间内，其他发达国家的年平均经济增长率分别为：意大利7.4%，法国6%，加拿大5.9%，美国4.6%，英国最慢，仅为3.2%。① 当然，战后主要资本主义国家经济的高速增长，因素是多方面的，但大力推行凯恩斯主义的膨胀性经济刺激政策起了重要作用，这是不可否认的。因此，许多凯恩斯信徒把这一段岁月称为"凯恩斯时代"，把凯恩斯说成是"资本主义的救星"和"战后繁荣之父"，真是盛况空前，凯恩斯主义政府干预论的地位确实达到了鼎盛高潮。

---

① 资料来源：《联合国统计年鉴》、《联合国统计月报》和欧洲经济合作与发展组织编：《主要经济指标》。

第三节 相对优势

凯恩斯《就业通论》型需求管理方案出世后，在长达30～40年的岁月里，在整个西方世界逐渐达到鼎盛高潮，这绝不是偶然的；除了当时的历史背景和科技革命等因素而外，这同他的经济学说在资产阶级经济学各个流派之间具有相对优势是密切相关的。我认为，凯恩斯新经济学对资本主义经济病症，在病象确认、病情诊断、对症处方等方面，相对来说，确有胜过其他资产阶级经济学新老流派的优势。这就是它在这一阶段内取得成效、获取胜利的一个重要原因。这些相对优势主要如下：

一、它对当时资本主义经济的病象看得比较准确

凯恩斯明确承认资本主义患着经济萧条和失业严重这种痼疾，而且病势深沉，失业问题严重到"令人不能容忍"，有引起革命，从而全面毁灭的危险。于是要对之作"一个更基本的诊断"，编制一套理论，并且开具"处方"，提出政策措施，拯救资本主义制度。它的战略目标是，消除经济危机，达到并维持充分就业，使资本主义经济永葆安康。就业是失业的反面，失业严重意味着百业萧条，生产资源（物力与人力）没有得到充分利用。它把救治失业病症作为中心课题，并且对当时病症的极端严重性作了十分充分的确认，这是其他流派未能切实做到的，此其一。它确认，失业问题不仅存在于20世纪30年代大萧条期间，而且在整个资本主义发展过程中，平时也都经常存在；只是有的时期（如19世纪）失业问题在程度上比较温和一些而已。这部著作定名为《就业一般理论》，"一般"就是表明：这个救治方案不仅适用于当时失业问题非常严重的病情，而且也适用于平时失业问题经常存在但不那么严重的病情。它确认平时也经常存在失业现象，并且划入它的救治范围，这是其他资产阶级经济学流派都不肯这样尝试的，此其二。它把战略目标定为：达到并维持充分就业，就是要做到生产资源的充分利用。这个目标定得很高，而且十分

具体而明确，既符合20世纪20年代英国、20世纪30年代整个西方各国经济的病症实情，而在第二次世界大战的战争经济中又确切不移地实现了这个设想。这个目标是具有很大诱惑力的，其他资产阶级经济学流派从来不曾提出过这个目标，此其三。总之，它把资本主义病症的病象看得准确，把病症的严重性估计得准确，而且把救治的目标定得明确而具有诱惑力。这就是这个救治方案的逻辑起点。在编制方案的出发点上，这是一个具有决定意义的相对优势。

二、它明确承认资本主义制度有缺点：一为失业问题，二为收入分配极为不均，有加以改进的必要

它对资本主义制度在歌颂的方式上，既承认其缺点，又吹嘘其优点，这与其他资产阶级经济学流派，特别是老的剑桥学派，新的现代货币主义派等把资本主义奉为十全十美相比，无疑是一个重要的相对优势，此其一。与此同时，它否定了资本主义的体制上的完善性和协调性，否定了自由放任：市场机制自动调节导致充分就业均衡的传统论调，否定了萨伊定律的教义。这就必然使它的救治方案在对策上、方式上，同其他新老经济学流派相比，大相径庭，此其二。总之，它在一定程度上承认资本主义在制度上、体制上的若干重大缺陷，这是一个相当大的相对优势。

三、在理论上，它把"有效需求不足"作为病症的焦点，紧紧地围绕这个焦点而展开其独特理论体系的构思和塑造

"有效需求不足"意即商品的供给大于商品的需求，这同马克思所论断的生产无限扩大与市场相对狭隘之间的矛盾，有类似之处。在确认"有效需求不足"这种病象方面，它比其他资产阶级流派的经济学说要切合病症实情得多，此其一。在病情诊断方面，先考察消费需求的不足，然后考察投资需求的不足，并涉及利息与货币两种因素，进而确认投资是就业的重要决定因素。在剖析就业（产量、收入）的决定因素方面，比其他流派，特别是现代货币主义派单纯强调货币因素，供给学派主要抓减税以刺激供给，要显得全面得多，此其二。同时，它承认在短期内消费倾向是稳定的，这就意味着：消费增加是有限的；它又承认，在消费增加有限的前提下，投资增加的前景也是不容乐观的。它看到了消费与投资二者增加的局限性；看到了在自由放任的前提下，市场机制的自动调节不可能保证"供给创造它自身的需求"而导致"充分就业"均衡；也看到了资本主义在自由放任情况下经济增长的局限性。这是其他资产阶级经济学流派，特别是现代货币主义学派和供给学派，绝对不肯承认的，此其三。总之，在资本主义经济病情诊断方面，它确实具有其相对优势。

四、强调政府干预，由国家调节经济，弥补私人经济的有效需求不足

如上所述，既然资本主义在自由放任条件下存在着这样、那样的缺陷和不足，唯一切实可行的办法就是采用政府干预的办法来加以弥补。凯恩斯坚决主张，扩大政府职能来调节经济，是"唯一切实办法，可以避免现行经济形态之全部毁灭；又是可以让私人策动力得以适当运用的必要条件"。所以，在他的经济理论体系中，最本质之点是鼓吹国家调节经济，把资本主义变成"可调节的资本主义"，即发展和加强国家垄断资本主义，此其一。至于政府干预在调节经济中的中心内容，是采取种种措施，增加社会的货币总支出，即扩大全社会（包括私人和政府）对消费资料和生产资料的有效需求。按照凯恩斯的说法，资本主义的经济萧条和失业问题的根源，在于有效需求不足，即消费不足和投资不足。主要药方是用扩大支出来弥补私人消费和投资的不足。其中最重要的救治措施是膨胀性的赤字财政政策，对消费和投资进行双管齐下的刺激；至于货币政策则退居辅助性的次要地位了。在第二次世界大战的经济动员过程中，推行类似的这一套强烈政策，在救治20世纪30年代失业顽症方面取得十分惊人的成效，这对心怀"大萧条重演"恐惧症的垄断资产阶级是具有说服力的。同当时早已居于衰弱地位的剑桥学派经济学说相比，它确实处于强有力的相对优势地位，此其二。再则，战后各国大力推行凯恩斯主义经济政策，在长达20～30年的岁月里，在缓和经济危机和失业问题、促进经济增长方面，确实收到了相当好的效果，此其三。总之，在经济政策的实践验证方面，不论是在战时还是在战后和平时期，同其他经济学流派相比，它是具有相对优势的。

五、在观察和分析问题的方法上有所创新

凯恩斯认为，以萨伊定律为理论基础、以均衡价格为中心课题的微观经济分析，不足以解释经济危机和失业问题，必须加以摒弃；必须改采总量分析的宏观经济方法。这种经济分析的研究对象是资本主义整个社会中经济活动的总图景，以及相应的经济变量的全社会总数、平均数或比率等之间的相互关系。它着重研究决定全国的总产量、总就业量和国民收入的水平及其波动的这些力量。它把国民收入和就业总量联系起来作为中心课题而进行综合分析。凯恩斯就业理论的宏观经济学以新的面貌出现，标志着它同微观经济学，从内容到形式都有着显著的分野。它包含着一整套新的经济范畴，如消费倾向、资本边际效率和流动偏好等，并且把它们贯穿起来成为一套理论体系。同传统经济学说相比，对以经济危机和失业问题为主要内容的经济波动进行解释，确实要显得方便而适合一些，这也是一项比较重要的优势。

综括上述，凯恩斯主义的这些优势只是相对于资产阶级其他流派经济学说而言。关于这一点，我们不应有丝毫含糊。实际上，凯恩斯的需求管理方案，不论在理论上还是政策上，缺陷和错误是带根本性的。正因为这样，它在长期推行中涌现出种种恶果，终致由旺盛转趋衰败。

第四节 从鼎盛到衰败

美国是凯恩斯主义的典型实验场。凯恩斯主义在美国的兴衰过程是颇具典型性的。现以美国为实例，来说明它在美国从鼎盛到衰败的变化态势。

在 20 世纪 50 年代，美国政府实行补偿性的赤字财政政策，企图

最大限度地缓和经济周期的波动。这种政策尽管使50年代的经济危机比较缓和，但是美国经济增长的速度则大大落后于西欧（特别是前联邦德国）和日本，美国在资本主义世界的经济地位则趋于下降。

在20世纪60年代初期，肯尼迪总统执政以后，为了保持美国的霸主地位，他在1961年2月的国情咨文中提出了一个旨在恢复美国经济冲力的计划。它指出，联邦预算应该成为促进繁荣和稳定的工具，而不能阻碍繁荣；又认为，即使经济衰退已经结束，经济活动开始扩张，而潜在的、未被利用的生产能力仍然存在。

肯尼迪政府认为，为了刺激经济增长，政府财政预算既不应追求每年收支平衡，也不应追求经济周期的预算平衡，而应以充分就业下的预算平衡为目标。对于赤字来说，有两种赤字必须加以区别：为了挽救衰退所造成的赤字是软弱的赤字，为了刺激经济增长而积累的赤字才是强有力的赤字。又认为，必须摒弃以缓和经济周期为目标的间断的补偿性财政赤字政策，而改采以刺激经济增长为目标的连续的增长性赤字财政政策。

肯尼迪总统的经济顾问委员会主席海勒（W. W. Heller）认为，美国的力量就在于美国经济的生产能力相当大，而美国的软弱就在于不能充分利用生产能力，因而实际产量与潜在产量之间有一个很大的差距。造成这个差距的原因是因为消费和投资需求不足。因此，海勒主张减少税收以扩大个人消费需求和投资需求，增加政府开支以扩大政府需求，才能使实际产量与潜在产量之间的差距缩小，使失业人员有事可干，过剩的资源得到利用，生产能力得以充分发挥作用，使经济得到较快的增长。

肯尼迪总统指责前任艾森豪威尔时期的经济为"艾森豪威尔停滞"，指责前届政府把经济繁荣和经济增长混为一谈。认为当经济达到繁荣阶段，并不能说明生产能力已经被充分利用。而正在这时，艾森豪威尔政府就止步不前，停止了对经济的刺激，并反而增加政府收入，扩大盈余财政以补偿衰退阶段的赤字，这就必然会使经济增长中断，生产能力不能充分发挥作用。

海勒为肯尼迪政府设计了一个所谓"增长性赤字财政政策"，认为 1955 年失业率降低到 4% 以下,就算达到了充分就业水平,于是把这一年的实际国民生产总值当作潜在国民生产总值的基准;认为这一年的生产能力充分发挥了作用,使实际国民生产总值和潜在国民生产总值完全相等,二者之间的差距已被消除。于是以 1955 年经济增长率作为标准,以 1955 年国民生产总值为基础,再按 3.5% 的增长率就可以推算出 1961 年以后各年的潜在国民生产总值,只要实际国民生产总值小于这个推算出来的潜在国民生产总值,那么即使在经济上升时期也要继续实行赤字财政政策以扩大总的需求。这就是说,为了刺激经济增长,赤字财政应当成为常规手段,连年不断地实行。

总之,同其前任以消除经济周期为目标的补偿性赤字财政政策相对比,肯尼迪与约翰逊两届政府以刺激经济增长为战略目标,整个 20 世纪 60 年代,以连年不断的赤字财政为常规手段,毫无顾虑地推行着规模越来越大的赤字财政政策。如 1961—1968 年每年都是赤字财政,而且数字越来越大。①

然则效果如何呢?在 20 世纪 60 年代前半期,确实相当有效地促进了经济增长。但好景不长,到 20 世纪 60 年代后半期,则走向它的反面,涌现出了种种恶果,其中最严重的就是通货膨胀问题日趋严重,美元不断贬值。具体表现如下:

一是美元对外价值不断下跌,集中表现为"欧洲美元"危机。战后初期,西欧和日本经济尚未恢复,物资缺乏,都争着向美国要物资和贷款,曾闹过"美元荒"。1949 年,美国的金元地位曾达到顶峰,美国黄金储备增至 246 亿美元,占资本主义世界黄金储备总量的 70%。但是,从 1950 年开始,美国国际收支便由顺差转为逆差,美元从此开始了由强变弱的转化过程。以后,美元的地位不断走下坡路,黄金储备不断外流。随着美元购买力的不断下降,美元的对外信用也发生动摇。美元对外价值(1 盎司黄金=35 美元)同其对内价值

---

① 这两届总统任期的八年中,各财政年度的赤字(单位:亿美元)纪录如下:1961 年,34;1962 年,47;1963 年,47;1964 年,59;1965 年,15;1966 年,38;1967 年,87;1968 年,251。

第十五章 凯恩斯主义的历史地位

脱节到再也维持不下去的境地。20世纪60年代后期，以欧洲和日本金融市场为舞台的"欧洲美元危机"不断爆发，而且一次比一次严重；1971年8月的黄金风潮中，尼克松宣布"新的经济政策"，公然赖账，停止外国按"官价"用美元兑换黄金。1971年12月和1973年2月，美元先后两次贬值。从此以后，各国货币对美元采取浮动汇率，这就使凯恩斯1944年亲自参加制定的、以"双挂钩"为主体的战后国际货币金融体制完全崩溃。

这种金融危机一反常态，既不是挤兑，也不是挤提，而是抛售"欧洲美元"，抢购黄金或其他国家货币；并且不在美国本国爆发，而主要以欧洲金融市场为舞台。这是资本主义货币金融史中从来不曾有过的怪诞现象。

二是经济危机同通货膨胀、物价猛涨两症并发。自从1825年英国第一次经济危机以来，一个多世纪内，经济危机的常规病象是生产剧降，同时伴随着物价水平猛跌。1929—1933年经济大危机也是如此。但是战后的经济危机却逐渐背离了这个常规，特别是1974—1975年经济危机表现尤为突出，呈现出双重荒唐的社会瘟疫：一方面，商品市场上供给严重地超过有效需求，库存猛增，生产下降；另一方面，通货膨胀严重，货币流通规律使物价水平不仅不下跌，而且大涨。1974年美国消费品物价指数上涨11%，达到空前的两位数字。

经济危机与通货膨胀两症是互相克制的：如果用老办法——通货膨胀去解救经济危机，则势必使通货膨胀、物价上涨火上加油，愈难救治。如果用紧缩政策抑制通货膨胀，则势必使经济危机更加深重。所以，同通货膨胀并发的战后美国第六次经济危机，比过去那种单纯的以"滞"症为内容的经济危机，在病象上更加怪诞，在病情上更加复杂，在对策上更加困难。从此以后，信奉凯恩斯主义的政府当局和经济学界为这种双重荒唐的"社会瘟疫"顽症伤透了脑筋，而且始终找不出真正有效的救治良方。最后，在左右夹攻、备受责难的困境中，奉行凯恩斯主义经济政策的卡特在1980年的美国大选中遭到惨败，这种政府干预论经济思潮退出了官方经济学宝座，让位给信奉新型自由经营论经济思潮的里根，来收拾凯恩斯主义留下的经济烂摊子。

　　以上是凯恩斯主义在美国这个典型实验场由鼎盛转趋衰败的演化过程。凯恩斯主义在其他西方国家的境况也大体相类似，也大多是以带着"滞胀"这种双重荒唐病态特征的1974—1975年经济危机为转折，进而转趋衰败地位的。1973年、1974年以后，整个西方世界陷入"滞胀"困境，原来被称为"经济奇迹"的日本和原联邦德国，情景尤为突出，凯恩斯主义再也不能继续下去了。到1979年英国大选，保守党获胜，撒切尔政府改以现代货币主义为制定经济政策的主要依据。1980年美国大选，共和党获胜，里根政府自称以供给经济学作为其"经济复兴纲领"的中心思想。从此，凯恩斯主义在其发源地的英国、典型实验场的美国，正式从"政府经济学"的宝座上倒塌下来了。它在其他西方各国也大多类似，先后退居衰败地位。

　　总之，20世纪西方世界曾经爆发过空前严重而独特的两次经济危机：一是灾害空前深沉的30年代经济大危机，一是病情空前复杂、病象空前奇特的1974—1975年经济危机。这是资本主义经济危机发展史中最难对付的两次危机。以前一次经济危机为转折点，凯恩斯主义脱颖而出，迅速迈向鼎盛高峰，凯恩斯被崇奉为"资本主义救星"。但好景不长，以后一次经济危机为另一转折点，凯恩斯主义备受责难，顿趋衰败。在大约半个世纪里，它由兴起而鼎盛，然后转趋衰败。在这过程中，变化在时间上这样迅速，转折在界限上这样明显，升降在幅度上这样巨大，鼎盛优势这样压倒一切，而衰败颓势又这样势不可挡，这不能不说是凯恩斯主义在这段时间内兴衰演变的独特格调。在资产阶级经济学说发展史中，这实在是罕见的。

第五节　根本性的缺陷和错误

　　凯恩斯主义由盛极一时而顿趋衰败，正如它由"异端"而迈向鼎盛高峰绝不是偶然的一样，这也绝不是偶然的。关键在于：就是这个以政府干预论经济思潮为核心的需求管理方案，不论在政策措施上，还是在理论基础上，都包含着一些根本性的缺陷和错误。它们主

第十五章 凯恩斯主义的历史地位

要是：

一、凯恩斯对经济危机这种病象及其极端严重性虽然有所觉察，但进一步对病根所作的诊断则完全文不对题，没有抓住要害

经济危机是资本主义制度所特有的产物，其根源在于资本主义基本矛盾：生产社会性与生产成果的私人资本主义占有形式之间的矛盾。具体地说，在于生产无限扩大与市场相对狭隘之间的矛盾。凯恩斯始终不承认这一科学真理，而只在一些次要因素、现象形态上面兜圈子，编制成一整套貌似艰深奥妙、实则肤浅庸俗的庞杂体系。他完全撇开资本主义制度这个根本因素，而仅仅从某些经济政策的不正确性，甚至沉浸到先验的心理因素，去寻求经济危机与失业问题严重的根源。他承认资本主义有收入分配极为不均与失业问题严重的缺陷，但硬说：以短期分析而言，只要实行被认为"正确"的经济政策，这些缺陷就可获得救治，资本主义制度就能臻于充分就业的完美无缺的境界。在资本主义的长期前景方面，他的社会哲学认为，通过30年左右的充分就业顺境，资本财货大大丰裕，利率会逐渐下降到零，食利阶级自然消亡，利率对投资增加的阻碍作用就告消除，资本主义就将大大改观，从此进入"乐观世界"，文明生活就告开始。

现在，从凯恩斯主义的需求管理方案半个世纪来的实施纪录来检验。从短期看，它经历了一个盛极一时的高潮，确实对战后高速经济增长起过促进作用，但是此中却同时孕育着强烈的灾难性副作用因素：西方在第二次世界大战后的20～30年中，资本主义基本矛盾仍然照常发挥作用，经济危机不断爆发；只因通过凯恩斯主义膨胀性政策的持久而日益强烈的"吗啡"刺激作用，使经济危机在程度上有所缓和，在持续时间上有所缩短，从而在整个阶段内，经济仍然保持着持续增长的势头。但这种经济增长毕竟不能持续得很长久。正因为这样，第二次世界大战后西方经济繁荣到20世纪60年代后期就露出破绽，从20世纪70年代前期、特别是从1974—1975年经济危机开始，就转入"滞胀"的经济恶化阶段。从长期看，既然作为战略目

标的"充分就业"难以维持长久,他的"乐观世界"注定要变成泡影,他的社会哲学也就是一种永远无法实现的资产阶级"乌托邦"幻想。

二、凯恩斯主义确认资本主义经济危机的病象为"有效需求不足",这是承袭马尔萨斯的"有效需求不足论"而来的

20世纪30年代大萧条中,当时有少数的经济学家确曾觉察到了"购买力不足"这种病象,罗斯福总统的"新政"就是紧紧围绕着"购买力不足"这一中心病象而推行的一整套救急措施。这一病象是显而易见的,对它加以确认并不困难。真正的困难则在于对隐藏在病象背后的病根进行科学的诊断。诚然,凯恩斯并未满足于确认这种病象的初步发现,而曾花费极大气力去进一步对病根进行"更基本的诊断"。他那以"有效需求原理"为核心的"就业一般理论"整套庞杂体系,就是这种进一步诊断的成果。但是,他完全没有诊断出"有效需求不足"这种病象的真正病根。基于其根深蒂固的资产阶级偏见的局限,他根本不可能科学地确诊出这一病根,这绝不是偶然的,丝毫不足为怪。

经济危机所表现的商品滞销,存货充斥,这种病态首先爆发在流通领域,但病根却深藏在生产领域,特别在资本主义剥削、被剥削的特定生产关系之中。这就是经济危机在根源问题上的要害。凯恩斯完全回避、抹煞了这个要害,他从经济危机在流通领域所表现的病态出发,另行搜罗一些次要因素、现象形态,甚至逃进心理领域,牵强附会地编制以"有效需求不足"为中心病态的"有效需求原理",用以解释经济危机的根源。在追寻经济危机的根源这个关键问题上,他完全误入歧途了。因此,作为凯恩斯就业一般理论之实体的有效需求原理貌似新颖、独特而自成完整体系,实则对经济危机与失业严重这种病症的真正根源,并没有作出科学的解释。我们可以断定:凯恩斯用来解释经济危机与失业严重这种病症之根源的"有效需求原理"绝不是科学真理,而只是一种"文不对题"的肤浅庸俗理论体系。

第十五章 凯恩斯主义的历史地位

三、凯恩斯用他的所谓"三个心理规律":消费倾向规律、资本边际效率规律和流动偏好规律,解释有效需求不足,即预期的总购买力不足,因而导致失业

消费倾向基本心理规律被视为就业理论体系的一个基石。凯恩斯认为,人们消费量之多少,主要取决于收入的大小。一般而论,当收入增加时,人们将增加其消费;但消费的增加不若其收入增加之甚,不论从先验的人性看,还是从经验中的具体事实看,都遵循这样一个"基本心理规律"。由此得出下列结论:一来随着收入的增加,消费需求相对说来愈来愈不足,从而消费品部门的生产和就业都受到阻滞;二来随着收入的增长,在收入(社会总产量)与消费之间造成一个愈来愈大的缺口;这个缺口必须用增加投资去加以填补;收入、产量愈大,填补这个缺口的投资也须愈来愈大,如果不相应地用增加投资量来填补这个缺口,那么有效需求就会降低,从而使企业家缩减生产,增大失业。凯恩斯对消费倾向这个基本心理规律十分强调,明确指出这是解决实际问题的关键。他用它来解释资本主义社会这种荒唐现象:社会愈富裕,则收入(生产)同消费之间的差距程度愈大;同时,今天用增加投资的办法去弥补这种差距,取得今天的均衡,这就会使明天达到均衡更加困难。

据此,凯恩斯在这里确认了"收入(产量)增量>消费增量",形成两者间的差距,必须用增加投资去加以弥补;而投资增加尽管取得今天的均衡,却又促使明天达到均衡更加困难这种矛盾现象和两难处境的产生。他承认这种病象,这比其他西方经济学者略胜一筹,应该加以肯定。但是,他用"消费倾向基本心理规律"去解释这种病象,则属似是而非,同资本主义经济现实确实格格不入。他在这个问题上的要害性错误在于:他编制这项规律时,完全抹煞资本主义社会中消费居民的阶级结构,采取他惯用的总量分析方法,把消费不足归结为一个笼统的、对全体消费居民都适用的、超阶级性的社会心理倾向。

资本主义社会中的阶级结构是:资产阶级和土地所有者占全体居

民中的最少数,工人阶级和其他劳动者占绝大多数。基于资本主义生产关系及其相应的分配关系,国民收入在各个阶级中的分配极不平等。在全体居民中,因阶级成分不同,贫困和富裕相差极为悬殊,消费水平与消费习性大体上可分下列四类:严重贫困户、一般贫困户、一般富裕户和特种富豪户。他们贫富悬殊,消费倾向和习性各异。凯恩斯的"消费倾向规律"对两类贫困户完全不能适用,对特种富豪户也是毫不相干的。只对一般富裕户才算是适用的。前面第七章对各类居民的消费习性和消费倾向进行过阶级分析,认定这个超阶级性"规律"不能成立。这里不再重复。

总之,在资本主义社会中,由于资本主义的生产关系及其相应的分配关系,贫富悬殊,无产阶级和资产阶级的收入水平和消费心理动态有着本质的不同,确实不存在消费倾向这么一个笼统的、适用于全体消费居民、超阶级性的心理经济规律。他的这个所谓消费倾向基本心理规律,根本不能成立。他在论述消费倾向这一虚妄概念时,加以种种界说,如用"一般而论"、"平均说来"、"总的实际所得"、"总的消费"等,把这个抽象的、超阶级性的唯心主义的所谓"规律"装扮成"科学真理"的假象。

这里必须严正指出,谈资本主义社会的消费习惯性和消费动态,首先应当深入考察消费的阶级结构和阶级差别,并进一步追溯到生产关系及其相应的分配关系,确认收入分配极端不均对消费不足所起的决定性作用,然后对消费倾向细加阶级分析,才能得出与现实生活相吻合的正确的科学结论。但凯恩斯完全不是这样,坚持宏观总量分析,对消费习性的阶级分野根本加以抹煞,这样演化出来的"规律"必然是同经济实际情况不相符合的,也是必然会找不到消费不足之真正根源的。因此,我们有充分理由确认,凯恩斯的消费倾向基本心理规律不是科学真理,是根本不能成立的,确实不能用它来解释资本主义社会消费不足的真正根源。

凯恩斯主义者把消费倾向基本心理规律看成就业一般理论结构的一个基石。既然这个"基石"不能成立,那么,建立在"基石"之上的就业理论体系也就势必破产。

四、在投资引诱理论方面，凯恩斯是从利润与利息二者的关系来展开论述的。他在利润方面编制了资本边际效率规律，在利息方面编制了流动偏好规律。资本边际效率与利率共同决定新投资率

凯恩斯在继承 A. 马歇尔"四要素说"的生产论、供求均衡的价值论和"四位一体"的分配论的基础上，添加一些花花絮絮，把利润修饰为具有时间因素和市场预期心理因素的"资本边际效率"，实际上就是"预期利润率"，也就是资产阶级市场心理预期收益盘算的一种概括。凯恩斯对资本边际效率这个范畴聚精会神地进行论证，再三强调其对投资引诱的重要性，但他却回避了这个要害性的本质问题：它的性质是什么？这种回避是不可容忍的。资本主义制度是以剩余价值剥削为中心内容的一种生产方式，利润是剩余价值的转化形态，凯恩斯把这种转化形态再进了一步，形成：资本边际效率是利润之进一步的转化形态。

至于利息，凯恩斯说成是放弃流动偏好的报酬，是其庸俗前辈的时间偏好利息理论的进一步庸俗化。形形色色的资产阶级庸俗利息学说，都是资本关系取得了最表面、最富有拜物教性质的形式。在这里，人们看到的只是 $G—G'$，是产生更多货币的货币，是没有看到在两极之间起中介作用的过程而自行增值的价值。不论是凯恩斯以前的经济学家把利息说成"等待"、"储蓄"、"节欲"或"时间偏好"的报酬，还是凯恩斯把利息说成是放弃"流动偏好"的报酬，他们共同的一个基本错误，都是从生息资本的整个运动中，把它从借入者执行资本职能，剥削剩余价值的这一部分实质关系完全阉割掉，只剩下一个没有实质内容、徒具借贷形式的 $G—G'$，"创造"更多货币的货币。这些利息理论只着眼于贷放者有权索取报酬；并编造关于这种"索取权"的种种理由，形成种种利息理论。实际上它们完全抹煞了生息资本整个运动中之最本质的内容——作为借入者的职能资本家把这笔货币资本投入资本主义企业，从事剩余价值的剥削，赚取利润，生息资本的这种实质内容才是利息的真正来源。只有从这种真正来源上才能科学地认清利息的实质。凯恩斯及其庸俗前辈抹煞利息的真正来源，歪曲利息的性质，而把一些表面的、非本质的东西，如节欲、流动偏好等，片面强调，编造一些似是而非的利息理论，主旨在于为生息资本的剥削实质关系辩解，这完全是错误的。凯恩斯利息理论的庸俗特点在于：一来同其前辈一样，硬说利息是对贷放者的一种报酬；二来在为什么要得到报酬这个问题上，他摒弃了前人的"等待"、"节欲"等名目，改用"流动偏好"这个更为庸俗的概念。在资本主义条件下，对于利息的真正来源和剥削实质这个问题来说，"流动偏好"比"时间偏好"更加烦琐，更加晦涩难辨，使问题的实质被摆弄得更加模糊不清。所以，我们可以说，凯恩斯的流动偏好利息理论是其前辈的时间偏好理论的进一步庸俗化。

五、以上述具有根本性缺陷和错误的理论为依据，凯恩斯主义的需求管理方案必然只能是对付萧条和失业问题的一个头痛医头、脚痛医脚的治标方案，而且也势必是一个容易产生灾难性副作用的治标方案

凯恩斯救治方案中最本质之点是实行国家调节经济，发展和加强国家垄断资本主义，主要药方是采取赤字财政政策，扩大政府支出以弥补私人消费与投资之不足。这是一帖由政府明目张胆、持续而大胆地进行"半通货膨胀"，增大全社会的货币总支出，对衰疲经济进行"吗啡"注射式的强烈刺激性猛药。在不长的时间内，在适当控制的限度内，推行这种"刺激疗法"，对经济萧条和失业问题严重的病症是能够收到一定"疗效"的。第二次世界大战后的 20~30 年间，西方各国经济危机得到相当程度的缓和，同时，经济增长相当明显，这同广泛推行凯恩斯主义的扩张性经济政策是分不开的。凯恩斯主义经济政策在特定的经济条件下能够发挥刺激经济的有利效益，这是经得起战后西方各国经济增长这一历史事实之验证的。但是，如果这种"吗啡"刺激疗法持续太久，剂量太大，则势必引起种种恶果，特别是严重的通货膨胀，物价普遍大涨。这是货币流通规律发挥作用的必然结果。西方各国长期厉行凯恩斯主义的赤字财政政策，引起国际性的"滞胀"奇特恶果，这绝不是偶然的。

第六节　再论"没有凯恩斯主义的凯恩斯效应"

20世纪80年代是自由经营论传统经济思潮在西方各国的昌盛时期。当时，凯恩斯主义退出了"政府经济学"宝座，不再掌管财经大政方针，但它在西方经济生活中的影响并未完全消失，有的甚至仍然发挥相当大的作用。我在本书初版《凯恩斯就业一般理论评议》第十四章第七节中曾经把这种情况名之为"没有凯恩斯主义的凯恩斯效应"。但原来写得十分简要，现在增订，再作翔实论证。这些"效应"的景况甚为特殊：既没有标明"凯恩斯主义"的牌号，又呈现着混杂状态，甚至隐蔽难辨。只有通过仔细发掘和认真清理，才能把它们明细地揭示出来。如果把它们定名为"隐性的"凯恩斯效应，那么，当凯恩斯主义作为"政府经济学"而推行其政策措施所获取的效果，就可名之为"显性的"凯恩斯效应。我们早已确认，凯恩斯革命在当代西方经济史和经济思想史中的影响巨大而深远。这一论断的含义应该包括上述两种效应："显性的效应"和"隐性的效应"。只有这样全面而实事求是地进行"效应"评估，我们才能对凯恩斯主义的历史地位作出正确无误的评价。本节主旨在于，对这种"隐性的凯恩斯效应"，大致从两方面进行发掘和清理。

一、以英美为例，在新型自由经营论经济思潮昌盛的阶段，凯恩斯主义事实上仍然有着一定的影响

先让我们简要介述这种新型自由经营论传统经济思潮各派的理论内涵和财经政策实践中的利弊得失。现代货币主义和供给学派都是从反对凯恩斯主义起家的。它们的理论观点有着很大程度的共性：都是从古典学派和新古典学派那里捡来的，如萨伊定律、市场机制自动调节经济均衡、货币数量论和轻税观点等，都是古董翻新，老调重弹。它们的经济政策都把通货膨胀作为首要敌人，供给经济学派则另加减税、扩大政府开支与收支平衡三者并存的教义。它们都反对政府干预，认定只要平抑通货膨胀，稳定物价水平；在美国则加上大量减税、鼓励储蓄与投资，就会通过市场机制的自动调节，使国民经济臻于尽善尽美的均衡境界，生产自然会达到繁荣高潮，失业问题自然会得到解决。英美两国的实践证明，不仅这种美妙算盘未能如愿以偿，而且在艰难支撑中饱尝了苦头。此外，两国经济政策都厉行劫贫济富，导致贫者愈贫，富者愈富。这种弊端甚为明显。这对工人阶级和劳动大众是一种灾难。

综观英美两国 20 世纪 80 年代的经济形势，可以判明两国推行自由经营论保守思潮的经济政策在效果上的两重性：一方面，在救治"胀"——平抑通货膨胀方面收到了相当明显的良好效果，通货膨胀率保持在较低水平；另一方面，在救治"滞"——降低失业率、促进经济增长方面则效果不能令人满意，甚至可以说是基本上失败的。两国低通货膨胀率的保持，都是付出了十分高昂代价的。英国所付代价是持续的产业不振和高失业率，甚至几度爆发社会动乱，整个国民经济在 20 世纪 80 年代停留在差强人意的低经济增长水平。美国所付代价是高赤字、高利率、高国债限额、高美元汇率、高外贸逆差、高外资流入，以致长期以来一直保持着的债权国地位降为净债务国，甚至国会被迫运用立法程序来强行限期消除赤字预算病态。在 20 世纪 80 年代后期的几年逐步调低利率与美元汇率，以期改善外贸逆境。美国国民经济停留在捉襟见肘、步履维艰的困窘状态。英美病态经济的那种局势难以长期继续下去。

英美两国政府在 20 世纪 80 年代大力推行其自由经营论保守经济思潮的政策措施，旋即爆发经济危机。在美国，20 世纪 80 年代的初期，经济危机迅速转趋复苏，凯恩斯主义的"隐性效应"在事实上帮了大忙，起了有利的促进作用。

例如，英美两国在 20 世纪 80 年代都是采用最大的政府干预来推行它们的经济紧缩政策。它们的利率定得那么高，持续得那么长，英格兰银行和美国联邦储备银行系统的这种金融措施是政府战略决策中一个关键性的组成部分。"政府干预"是凯恩斯主义的教义。严格意义的自由放任方针是："管事最少的政府就是最好的政府。"当时的

第十五章 凯恩斯主义的历史地位

撒切尔政府和里根政府实际上背离了这个传统方针。这一背离实际上掺杂了凯恩斯主义政府干预论这种经济思潮的色彩。

例如，凯恩斯主义者为了要维持贫苦大众的最低生活，有助于提高消费方面的有效需求，实行了相当多的社会保障等福利设施。英美当时政府大砍这些福利项目，确实削减了不少。但是，一来它们毕竟不敢冒天下之大不韪，把福利项目全部砍掉；二来英国议会和美国国会的牵制作用，对政府提出的这种削减在程度上打些折扣。这样，原来由凯恩斯主义者所设置的福利事项至少还保留了相当一部分。尽管凯恩斯主义不再是"官方经济学"，但这些残存的福利开支对消费市场需求仍然起着一定的支撑作用。

最后，也是最重要的，例如，美国20世纪80年代初爆发经济危机，在1982年底迅速获得强劲复苏，确实得益于减税和赤字预算甚大。减税增加了居民的可支配收入，同时庞大的赤字开支对经济也起了刺激作用。这些措施导致了1983年的消费需求高潮，汽车、住房建筑业率先恢复。这次经济回升系由消费高潮带动，使凯恩斯学说在事实上得到印证。美国经济的那次复苏同战后历次经济危机后的复苏并无不同之处。正好相反，这种事态却从反面证明了供给学派理论的失败。供给学派鼓吹：政府因减税而少得的收入，将由减税引起生产和供给的增加而得到弥补，进而消除赤字。1984年2月《总统经济报告》中承认：减税并未引起投资、储蓄和人们工作积极性的加强。事实证明：减税无助于消灭赤字。因此，美国这次迅速而强劲的经济复苏，并不是供给学派经济政策的功劳，而是靠凯恩斯主义刺激消费需求的结果，这是里根总统及其供给学派谋士们始料未及的"奇特"事态。这种事态证明，在经济危机的情况下，采取大量减税和巨额赤字开支双管齐下地对经济进行"吗啡"注射式的刺激，这种凯恩斯主义救治措施是能够在一定程度上缓和经济危机，并促使其较早复苏的。里根及其供给学派谋士们口头上摒弃了凯恩斯主义，而他们的经济措施在事实上却收到了凯恩斯主义的有利效果。这确实是一种典型的"没有凯恩斯主义的凯恩斯效应"。

至于英国，推行紧缩政策比美国更为彻底，付出的代价也就更为高昂。到 20 世纪 80 年代中期，失业问题极端严重，撒切尔夫人被迫转而把对付失业问题放在施政方针的优先地位。说来奇怪，也不奇怪，她竟戏剧性地改变了对货币主义教义的铁的信念，改弦更张，转而部署出一个更具典型性的"没有凯恩斯主义的凯恩斯效应"实例。这个实例，对我们评价凯恩斯主义在西方经济思想发展史中的历史地位颇具教育意义，值得翔实介述。

英国撒切尔夫人 1979 年 5 月上台以后，以救治通货膨胀为主要目标，坚定不移地奉行一套完整的现代货币主义的经济"双紧"的紧缩政策：一方面是"货币紧"，紧缩信贷，控制货币供应量的增长率；另一方面是"财政紧"，不断削减公共开支，特别是大量削减对穷苦大众的社会福利支出。这种"双紧"的经济政策对医治英国"滞胀"经济的"胀"症收到一定"疗效"，主要是：一来通货膨胀率逐渐下降。撒切尔夫人上台以后，通货膨胀率从 1980 年下半年起开始出现下降趋势，从 1980 年 7 月的 21.9%，逐渐下降到 1982 年 7 月的 8.7%。1983 年 5 月下降到 3.7%。直到 20 世纪 80 年代后期，始终保持在低水平，成为西欧诸国中通货膨胀率最低的国家。二来 1979 年国际贸易有不少逆差，后来扭亏为盈。三来财政状况有所改善，赤字预算在程度上有所下降。

但是，这种"疗效"是付出了高昂代价的。它对"滞"症则势同雪上加霜，反而变本加厉。其一，撒切尔政府推行经济紧缩政策后，英国不久就爆发了经济危机。在经济危机过程中，政府仍然坚持这种经济紧缩政策，致使危机持续四个年头，到 1982 年第三季度到达谷底，1983 年进入复苏。而且，复苏是缓慢的、曲折的、无力的。1983 年以后，英国经济增长率始终是低水平的。其二，失业率有增无减，失业问题仍然是英国经济中最严重的痼疾。1979 年失业率为 5.4%，1980 年增为 6.9%，1981 年上升到 12%，随后几年一直保持在 13% 以上。如 1985 年底，失业人数为 340 多万，失业率高达 14.3%。在失业问题上，黑人，尤其是黑人青年更是受害最深的。其三,富者愈富,贫者愈贫,阶级斗争越来越尖锐,引起严重的社会问题。例如,1984年春季煤矿工人因抗议政府关闭矿井,不顾工人失业而罢工,持续长达一整年,这是英国罢工史上最长的一次。又例如,1982年7月,爆发了一次包括首都伦敦在内的近20个城镇,持续四天之久的城市暴乱。1985年9~10月间,在首都伦敦南部的布里克斯顿地区和北部托吞哈姆地区先后爆发暴乱事件,暴乱者使用了枪支。又在伯明翰和利物浦等城市相继发生大规模的暴力事件。在这些事件中,警察采用全部防暴装备,与群众对峙,砖石飞舞,大火冲天,形同战场。双方伤亡很大。这在英国近代历史上是没有前例的。每次事件都有特殊的细节起因,但最主要的原因则在于严重的失业问题。如伯明翰发生暴乱的汉英沃斯地区,1985年6月失业率高达29.4%;伯明翰市16~25岁的中学毕业生,6个月后能找到工作的可能性平均是1/6,而黑人青年却是1/20。又如1985年10月6日晚发生暴乱的伦敦街区黑人居民约占一半,那里的成年人失业率是25%,而青年失业率则是60%。由此可见,失业问题的极端严重性,已经到了不能容忍的地步。伦敦暴力事件后,当地一位妇女说,"这是因为平时他们没有办法表示自己的愤怒",此语可谓切中要害。

1985年下半年,撒切尔夫人面对国内失业问题、社会动乱和人民不满的十分严重局势,开始意识到非改弦更张,改变她那6~7年专治"胀"症,不顾"滞"病之"铁"的坚定意志不可,转而把对付失业问题列为施政方针的优先地位了。1985年9月2日,她宣布对内阁进行重大改组,以对付失业问题和为下一次大选作准备。这是她1979年5月执政以来最大的一次内阁改组。她在9月2日晚电视讲话中指出,这次改组的目的是要明确地显示出政府十分重视解决失业问题,新内阁将能使保守党赢得下次大选。这次内阁改组中,令人注目的是任命戴维·杨勋爵为就业大臣,扩大就业部的职能,负有协调其他有关部门共同对付失业问题的责任,并形成一个共同解决失业问题的班子。这表明她已把就业问题放在优先地位。这在她执政六年中还是第一次。

经济形势紧迫，失业问题严重，撒切尔夫人被迫背离了弗里德曼的"单一规则"和"自然失业率"等教义，改而把解救失业问题放在优先地位：从以治"胀"为主攻方向，转变为以治"滞"为主攻方向，这是经济政策在战略目标上的转移。这确实是一个十分重大的转变。弗里德曼的"单一规则"在英国多年来的经济实践中所导致的"自然失业率"，是一种灾难性的高失业率，非另筹对策不可，这一点却是毫无疑义的。当时英国政府经济政策在战略目标上的那种转变，标志着现代货币主义在救治效应上的效微力乏，迫使撒切尔夫人转而乞灵于凯恩斯主义的失业救治对策，这确实体现着一个更具典型性的"没有凯恩斯主义的凯恩斯效应"。

二、新型政府干预论诸模式的崛起

凯恩斯主义属于西方经济营运机制上的政府干预论经济思潮的范畴，具体运用起来，演化成新型政府干预论多种模式：刺激的力度有强有弱，干预的范围有广有狭，着眼的时间有长有短，等等。它们同自由经营论传统经济思潮各派是对立的，但在理论体系上不属于凯恩斯主义者，如 M.I.T. 派已登上美国克林顿总统的"政府经济学"宝座，即为一例。它们在 20 世纪 80 年代及 20 世纪 90 年代前半期西方经济动荡多艰的阶段，对缓解经济衰退、刺激复苏、解救失业等方面发挥了一些效应。这无疑是属于政府干预论经济思潮的范畴，可以归结为"没有凯恩斯主义的凯恩斯效应"的多种类型，大体上可分为两类：首先，20 世纪 80 年代末及 20 世纪 90 年代初，东欧和原苏联发生了空前急剧转变，这并未给西方国家带来经济繁荣。恰好相反，它们却都不同程度地爆发经济危机，陷入经济衰退困境。度过衰退低谷后，转向经济复苏，但却经济回升乏力。20 世纪 90 年代前半期，经济增长呈现着一种低沉而捉摸不定的动荡态势。现列举美英等五国这一时期的经济增长率如表 15-1 所示：

表 15-1　英美等五国 20 世纪 90 年代前半期经济增长率（%）

	1990 年	1991 年	1992 年	1993 年	1994 年	1995 年
美　国	0.8	-1.2	2.6	2.7	0.7	1.9①
日　本	4.8	4.1	1.3	0.1	0.3	1.9
德　国	4.9	3.6	0.8	-2.1	2.3	2.8
英　国	0.4	-2.2	-0.6	2.0	3.3	3.0
法　国	2.5	0.8	1.2	-1.0	1.9	3.0

资料来源：根据国家统计局编制的有关公开出版物中的数据整理而得，1995 年为预计数。

由于西方国家上述期间经济增长处于动荡不定的态势，故失业问题甚为严峻。在经济衰退年份，失业率不断升高，这是常情。而在步入经济复苏的轨道以后，失业率仍然居高不下，有的甚至继续上升。企业为了增强竞争力而不断裁员，越来越多的蓝领和白领工人加入到失业者行列。这种现象被经济学家称为"无就业的经济增长"、"没有就业机会的复苏"，这就不能不特别引起不安。1994 年经合组织 25 国失业数已达 3 500 万人，失业率为 8.5%，如果把那些失去希望不再登记的人计算在内，实际失业率在 10% 以上。欧洲失业问题更为严重。20 世纪 90 年代头 5 年，德国失业率从 1990 年的 4.8% 升至 9.3%，法国相应为 9% 和 11.3%，英国为 7% 和 9.9%。整个欧盟 1995 年失业率预计为 10.9%。仅为失业救济，德国 1993 年就支出 1 319 亿马克，占去了国内生产总值的 4%。

首先，失业问题这样严峻，各国政府都设法进行救治。如 1994 年西方首脑会议增添了一个新的主题词：失业。又如欧洲联盟为缓和失业拟定了专门的报告。欧盟执委会主席雅克·桑特说，失业正成为

---

① 国家统计局预计数为 2.5%。新华社华盛顿 1995 年 7 月 31 日电：美国白宫……说：1995 年美国经济增长率在剔除通货膨胀因素后将达 1.9%，而原先预测为 2.4%（《人民日报》1995 年 8 月 2 日）。

"侵害我们社会的一种癌症"。为了缓和失业问题，西方国家大体上在三个领域努力采取行动：一是制定促进劳动力，特别是失业人员流动的劳动市场政策；二是制定缓和因周期性行情波动引起的暂时性失业的行情政策；三是推行促进经济增长和提高竞争力的政策，缓和结构性的中长期失业，等等。所有这些政策措施对解决失业顽症难以取得根本突破。但不论其实践效应如何，有一点却确切无疑，那就是，这种事态本身呈现着一个明显的倾向：一方面，有关政府确认，失业问题病情严重，已经到了非积极救治不可的险恶境界；另一方面，由政府首脑会议制订救治方案，交有关政府部门执行。这就表明，救治失业危症的责任明确地落在政府肩上，而没有依靠市场机制的自动调节去恢复均衡。这就是说，救治失业的艰巨任务中，在经济营运机制方面，政府干预论新经济思潮占上风，自由经营论传统经济思潮居于低弱态势。当然，以凯恩斯为主要代表的政府干预论那种经济思潮所演化出来的具体模式可以是多种多样的。这次失业救治的浪潮中，不论欧洲各国还是美国，大多采用比较温和的刺激处方。如欧盟启动的"就业行动计划"，又如美国克林顿总统采用 M.I.T. 派的短期刺激方案，都没有袭用"半通货膨胀"一般价格理论的"吗啡"注射疗法。这算是吸取了凯恩斯主义惹发"滞胀"后遗症的教训。这种新动向，值得我们特别注意。毫无疑问，这是属于涌现"没有凯恩斯主义的凯恩斯效应"的新型政府干预论的一种模式。

其次，我们确认，任何一个当代西方经济学派的学说对经济病症开具的都是属于头痛医头、脚痛医脚的治标方案。同时，在三个剥削社会形态中，资本主义经济本来是最复杂的；处于高度资本垄断统治的西方经济，病情更为复杂而深沉，任何一个经济学派的救治方案，都难单独奏效，药到病除。基于这种理由，日本政府在国民经济处于困境时另辟蹊径，独树一帜，从20世纪80年代起，直到最近，前后多次由内阁阁僚会议通过，制订综合治理方案，刺激经济，促进经济健康增长。如1986年4月制定的一次综合经济对策①，其主要内容是：在金融方面采取灵活政策，第三次降低官方贴现率；提前进行本

---

① 《人民日报》记者东京专电，载《人民日报》1986年4月8日第7版。

年度公共事业投资,以刺激国内设备投资,并刺激消费;同时克服日元升值对出口企业的不利影响。既然标明为"综合经济政策",那就不是单独根据某一特定经济学派的教义,而是博采各家的观点,进行综合治理,因而政府干预与市场调节双管齐下,并进一步降低贴现率,对金融有所放松。这种政策由日本政府的阁僚会议作出决策,具有政府干预的性质。此中在事实上包含着凯恩斯主义的重要组成成分。它是"没有凯恩斯主义的凯恩斯效应"的又一种模式,而且也是日本政府多年来用以解救经济困境的模式。

第七节 新凯恩斯主义的崛起

凯恩斯主义的现况与前景如何呢?基于它在资本主义病症确认与救治对策上具有某些相对优势,在资本主义存续期间,失业问题和经济衰退继续存在,它总会以这样或那样的方式、直接地或间接地、完整地或局部地、有意识地或无意识地、用凯恩斯主义的名义或不用凯恩斯主义的名义,来作为救危扶倾的对策。三十年河东,四十年河西。前半个世纪如此,以后也势将如此。随着时间推移,经济形势日益恶化,人心思变,政局更迭,各个经济学流派相互势力的消长不免将会发生新的变化。届时,凯恩斯主义可能以某种新的姿态和格调,卷土重来。20世纪80年代,凯恩斯主义经济学家并未认输,一方面,对保守派经济政策的失误不断提出严厉的批评和指责;另一方面,在理论上和政策上有所更新和调整。它仍然确认就业问题为经济政策的主攻方向,并且仍然以政府干预论经济思潮作为救危扶倾的行动指南,至于运用的作法和方式将依据具体形势而灵活地作些适应性的变更。

20世纪80年代后期,《美国新闻与世界报导》刊登题为《看,谁的理论又在流行起来》[①] 一文,首先指出,如果经济学家死后升天的话,那么英国富于想象的约翰·梅纳德·凯恩斯近来大概会从九天之上喜洋洋地俯视大地。它确认,现代货币主义和供给学派两种经济

---

① 《美国新闻与世界报导》1988年2月1日,第43~45页。

学说效微力乏，既无法避免也无法解释目前的动乱。在某种程度上，凯恩斯主义几乎只是在其他理论证明无效的情况下重新受重视的。凯恩斯理论的"第二次流行"应归功于一批能说会道的年轻学者。布鲁金斯学会经济学家罗伯特·利坦承认："目前仍然有许多斗争，但是从事决策经济学研究的人几乎全都接受凯恩斯理论，投身于新的凯恩斯浪潮。"这些人包括大多数有希望的民主党总统候选人，他们指望新凯恩斯主义者提出有关经济问题的新思想。即使民主党人进不了椭圆形办公室，主张采取有力行动的处方肯定会在全国议事日程中占主要地位。今日凯恩斯主义不是老理论的复述，而是"老调新曲"，有应付当前经济问题的新方法。例如，解决联邦预算赤字问题的任何办法大概都会包括增加税收和增加就业机会，这些向来是凯恩斯主义优先考虑的问题。又如，另一个经济蓝图要求增加税收的补偿，主张老的补救办法：降低利率和增加对公共部门的开支，以提高生产率和创造就业机会，等等。这确实是一个值得注意的新动向。

*　　*　　*　　*

从 20 世纪 80 年代到 90 年代前半期，凯恩斯主义不论在理论上还是在政策上不断地进行修订和发展。它近来正在形成新的体系，并以"新凯恩斯主义"的面目确切无疑地涌现在地平线上。"新凯恩斯主义"的崛起，标志着凯恩斯主义经过一段衰落低潮以后，正在重振旗鼓，转趋复兴。它的复兴，在西方经济学说发展史中，不论在理论塑造上，还是在政策规划上，都具有重大意义，值得我们大力研究。我们把《新凯恩斯主义经济学》列为本丛书的第三卷，对这一发展新动态，进行比较细致深入的介评。

结尾：关于参考、借鉴和利用问题

在改革开放方针的指导下，随着对外交往的频繁发展，我国既引进了外国的先进科学技术和管理方法，也引进了各种各样的经济思潮和理论。究竟在我国经济建设中如何参考、借鉴、利用西方经济理论，早已成为学术界经常谈论的重要问题。但实际情况表明，这个问题在我国经济学界并没有真正解决好。如今，对西方经济理论持一概排斥否定态度者大概已为数甚少，但持一概肯定态度者却大有人在。有的同志自觉或不自觉地患有食"洋"不化的病症，持有一些不切实际的想法或不正确的观点。例如，有人被西方经济理论中各种各样的公式、模型、曲线所迷惑，觉得很新奇、很实用，误认为战后西方经济的较快增长应当归功于凯恩斯主义，因此有人就认为凯恩斯主义应成为我国制定经济社会发展战略的指导思想，甚至认为发达资本主义国家经济增长的道路、增长的模式对我国也是适用的，企图照搬凯恩斯理论来解决我国的经济发展问题。其中，有的人态度比较隐晦，有的则公开发表文章，毫不掩饰地说："我国近几年一直存在着总需求不足的问题"，"对凯恩斯主义采取否定的态度是一个历史性的错误"，"应该抛弃一切偏见，大胆地引进凯恩斯主义来解决中国的经济发展问题"①。显然，这种观点是极不正确的。产生这种错误认识的原因，主要是这些同志并不熟悉资本主义工业化的历史，不了解凯恩斯主义产生的时代背景、理论实质、社会哲学及其实践后果，也不甚了解我国的具体国情。由于部分同志对凯恩斯主义存在一些模糊的

---

① 《十年回顾》，载于陕西《社会科学杂志》，1988年第6期。

或错误的认识,以致一度在理论宣传上造成混乱局面,给客观实践带来了严重的后果。对此,我们特作如下的简要回顾与分析。

借鉴凯恩斯主义教义的两大失误

现在检查起来,我们认为,在改革开放中借鉴凯恩斯主义教义方面,主要有过两项重大失误:一是盲目鼓吹"高消费",导致严重的奢侈浪费,危害极大;二是胡乱引进"温和的通货膨胀理论",认为实行温和的通货膨胀政策有益无害,以致导致我国出现严重的通货膨胀局面,阻挠了改革开放的顺利进行,对我国经济的健康发展产生了很坏影响。

一、高消费

改革开放促进了商品生产的发展,无论在产品品种数量上,还是在质量上,同"十年动乱"中那种商品严重短缺情况相比,确有天壤之别。当整个国民经济呈现出一派繁荣兴旺的喜人景象之时,大约在1984年前后,有些人头脑发热,盲目推崇凯恩斯需求管理方案中用各种政策提高消费倾向、解救经济危机的主张,鼓吹将这种教义在我国经济改革中加以借鉴利用,公然提倡"高消费",试图用提高消费需求的办法来刺激生产,促进我国国民经济的高速增长。这种观点散布后,影响所及,危害甚大,流毒很广。

我们知道,凯恩斯的就业一般理论确认,有效需求不足是资本主义经济经常持续存在的重大缺陷;有效需求尽管由消费和投资两方面所构成,但归根结底,消费方面的有效需求是根本的、最重要的。因此,他把用来解释消费需求不足的消费倾向基本心理规律看成至为重要的,确认"解决实际问题的关键就在于这个心理规律上",并由此规律得出一个颇有悲观情调的论断:"不幸所得愈大,则所得与消费的差距愈大;这就要用投资去填补这一差距所需的数额也愈大;而增加投资取得今天的均衡,却增加明天取得均衡的困难。"为此,凯恩斯特别强调提高消费支出率,认为提高消费倾向有助于提高有效需求,有利于解救失业。凯恩斯的这种高消费教义是在高度发达的资本主义经济处于20世纪30年代初期的大危机中,针对资本主义基本矛盾空前激化、生产过剩、商品充斥、"富裕中的贫困"空前深沉这种特大社会瘟疫而提出的救治对策。在资本主义经济危机中,这一对策对缓解萧条困境、促进经济复苏,确实能收到一定"疗效"。

至于我国,尚处在社会主义初级阶段,生产资源不足,生产力水平低下,属于一种短缺型经济,与西方发达国家所面临的问题完全不同。凯恩斯的这种提高消费倾向的教义怎能运用于我国呢?在现阶段的我国鼓吹高消费,恰恰是误解和滥用了凯恩斯的提高消费倾向的教义。

由于理论宣传工作上的错误导向,对凯恩斯教义的一知半解,盲目借鉴,在实践中造成了极其严重的后果。当农村经济通过改革,使农民收入有所增加之时,很快就出现了占耕地盖新房热以及婚丧大操大办等不良风气。改革进入城市后,不切实际地鼓吹高消费,使许多人,特别是年轻人在衣食住行诸方面互相攀比,崇尚豪华,追求洋货,奢侈浪费之风蔓延全国,令人愕然侧目。实际情况表明,改革给人们带来了愈来愈多的实惠,人们手中钱多了,生活稍宽裕了些,但西方生活方式的影响和不切实际的高消费宣传,使艰苦奋斗、勤俭持家的传统观念在人们头脑中淡化了。从俭朴为本转向虚荣摆阔气,从实用为主转向高档享受,从节制消费变成能挣会花,人们在消费观念方面发生了急剧的变化。

经过纠偏,现在提倡"高消费"的字眼在报刊上已告绝迹,但超前消费、奢侈浪费的余毒仍在流行。一些人滋长了"未富先豪"的心理,养成了花钱大手大脚、今朝有酒今朝醉、讲享受而不思进取、图舒适而不愿出力的惰性,既坑害了自己,又败坏了社会风气。针对我国的高消费热,英籍华裔女作家韩素音坦诚直言,她说:"在曼谷世界第一流的东方饭店里,找不到一盒外国烟,那儿出售的都是泰国烟;印度街上很少有外国车,商店里也看不到外国的香皂和化妆品";"现在,外国车塞满了中国街道,日本电器已在众多家庭落户,中国的消费发展太快了。更令人费解的是,现在连肥皂、化妆品都是

'洋'的了……这不叫开放,这是走破产的道路。"① 外籍华裔人士的这些直言,难道还不值得我们警觉,引以为戒吗?

我们认为,随着改革开放的不断发展,人们收入的增加,必然刺激消费的增长。人们渴望改善自己的生活,美化生活环境,拓宽新的生活领域,是自然而然的事。问题在于我国还处在社会主义初级阶段,在生产力发展水平还不高的情况下,怎能照搬凯恩斯的提高消费倾向的观点,用来指导我国的经济实践呢?实践证明,消费膨胀必然会阻碍改革的进程,破坏国民经济的持续、协调、稳定发展。这个教训,我们必须切实记取。

二、温和的通货膨胀有益论

借鉴凯恩斯主义教义的另一重大失误是鼓吹"温和的通货膨胀有益论",主张用温和的通货膨胀政策来刺激经济高速增长,推动国民经济的发展。持这种观点的同志,对凯恩斯主义可以说是一知半解。

首先必须明确指出,凯恩斯本人并不主张"真正的通货膨胀"政策。20世纪初期,他在《货币改革论》及其他有关论著中,对通货膨胀的严重危害性及其恶劣影响就作过全面论断和深刻分析。后来,面对20世纪30年代大经济危机的极端严重局面:生产猛烈下降,物价不断下跌,失业问题非常严重,他才治重病用猛药,采用赤字财政的"半通货膨胀"药方来刺激经济,促使复苏。这时在就业严重不足、生产资源大量闲置的条件下,增加货币数量,可以产生两重效应:一是提高物价水平,降低工人实际工资,促使资本边际效率提高;二是促使利率下降,改善投资引诱,刺激经济增长,使就业量增加。这时"货币以重要而特殊的形式进入经济结构而发挥作用",增加货币只会引起"半通货膨胀";只有达到充分就业以后,再增加货币数量,才会形成"真正的(绝对的)通货膨胀"。

---

① 转引自《报刊文摘》1989年2月21日。

尽管凯恩斯本人曾明确地将"半通货膨胀"与"真正的通货膨胀"加以区分，但战后西方各国长期推行凯恩斯主义的财政金融膨胀政策，最终陷入"滞胀"困境。凯恩斯主义备受责难，到20世纪70年代末、80年代初，从"政府经济学"宝座上倒塌下来，趋于衰落。从此，新自由主义各学派起而代之，各国政府视通货膨胀为"头号敌人"，多年奋战，才把通货膨胀率抑制下来。赤字财政通货膨胀政策是凯恩斯主义需求管理方案的主药。它有如"吗啡"注射药剂，具有正负两面的双重效应："正效应"——兴奋刺激作用，使凯恩斯主义由兴起、日趋鼎盛的上升过程，也就是因同一政策的"负效应"——破坏危害作用，使之走向衰落的加速恶化过程。通货膨胀政策是凯恩斯主义几十年来兴衰演变过程的关键要素；也就是说，在凯恩斯主义鼎盛时期内部孕育着使其自身趋于衰落的种子。本书第十四章"凯恩斯主义半个多世纪来的兴衰演变"对此中情由作了细致深入的论证，兹不重述。

值得我们深思的是，在凯恩斯主义失灵，西方国家饱尝通货膨胀的苦头以后，不仅凯恩斯主义的反对派如现代货币主义、供给学派等坚决反对通货膨胀，而且正在崛起的新凯恩斯主义者也吸取教训，放弃了通货膨胀的政策主张。在这种情况下，我国经济学界竟有人认为通货膨胀有调整资源配置、有益资金积累、调整分配关系、促进经济增长的作用，公开宣扬"温和通货膨胀有益论"，主张在我国推行凯恩斯"温和通货膨胀"那种废旧政策。实际上，通货膨胀是一种灾害性的特别租税，搅浑一塘水，使整个经济机能混乱不堪，有百害而无一利。1988年下半年我国爆发那次抢购商品、挤提存款的全国性风潮，表明通货膨胀是一种祸国殃民的政策，再也不能继续下去了。经过几年的治理整顿，对通货膨胀的危害性的认识越来越明确，采用综合治理以遏制物价上涨的力度越来越强劲。现在，中国人民银行法作为中央银行法这个我国货币金融根本大法已经公布并正式生效，规定货币政策以稳定货币为目标，并以此促进经济发展。这条规定标志着我国货币金融体制已经在法律上纳入现代化的轨道，完全摒弃了过去那种用温和通货膨胀去刺激经济增长的错误方针，意义十分重大。

市场经济在实质上就是价格经济。市场经济的健康、正常运行，是以货币稳定：货币对外、对内价值的稳定为前提的。在货币稳定的前提下，商品经济中价格机制的市场调节，各种商品间的相对价格（Relative Prices），在健康、正常的幅度以内，随着商品供需变化而上下波动，导向生产资源配置的最优境界，对生产发展和经济增长发挥着良好的促进作用。但是，通货膨胀在物价方面主要有两大危害影响：一是物价一般水平的持续上涨，货币价值不断贬低，导致财富重分配的严重灾害性后果：对固定收入者最不利，如工薪阶层的收入、投资者和债权人的本金和利息、养老金和年金领取者等都受到损失；而商人、投机者、债务人等则获得意外收益。二是通货膨胀对价格结构诱发出一种扰乱作用，各种商品价格在对比上的相互关系发生错乱，如工农商品价格结构出现严重的"剪刀差"，挫伤广大农民的生产积极性，如此等等。

综括上述，关于通货膨胀对市场机制的正常营运，对广大职工的生活安定，对亿万农民的生产积极性，以及对国民经济的稳定增长等方面所产生的扰乱作用与危害影响，直接的和间接的，确实十分广泛、深沉而长远。

近年来，我国政府抑制通货膨胀的态度日益坚定，措施也日益强而有力，物价涨幅有所回落，这是一项较为明显的效应。1996年1月全国金融会议制订：1996年金融宏观调控任务把抑制通货膨胀作为首要任务，继续执行适度从紧的货币政策，促使物价增长控制在10%左右，"九五"时期要把全国平均物价上涨率控制在比经济增长率低一、二个百分点。

以上这些坚决抑制通货膨胀的法令和措施，对我国经济持续、协调、健康发展是必要的、正确的，这就从反面充分证明"温和通货膨胀有益论"的严重错误，也就进一步证明我国借鉴凯恩斯主义教义应对它的实质内涵学懂弄通，并切实结合我国国情，审慎采择，绝对不容胡乱生搬硬套，造成灾难恶果。

现在，我郑重地发出这个深具战略意义的呼吁和建议：

市场经济在实质上就是货币—价格经济。西方市场经济的正常、健康运行是以货币稳定为前提的。我国社会主义市场经济的建立和完善，也必须以货币稳定为基础、前提和关键。原联邦德国1948年的货币改革确立"从稳定（货币）中求增长（经济）"的战略方针，经过大约两年的准备过程，货币改革成功，结束了德国前此恶性通货膨胀的苦难历史。我确认，原联邦德国社会市场经济模式关于确保货币稳定以促进经济增长的理论构思与实践经历，实在值得我国借鉴。在我国，近几年来财政、金融、市场、物价等领域的大力改革，在抑制通货膨胀、控制物价涨幅方面已取得较好成效；也可以说，这些措施都是日后货币改革的准备部署。只要继续努力，逐步达到货币稳定，前景是可以乐观的。

我国建设四个现代化，社会主义市场经济的建立和完善，必须以货币—物价体系的稳定为前提、基础和关键。因此，正如原联邦德国1948年的货币改革势在必行一样，我国通过货币改革以根除通货膨胀也必然势在必行。我国应积极创造条件，尽早实行货币改革，彻底杜绝通货膨胀这个社会瘟疫。我衷心希望，在改革的现有基础上，再继续奋斗五年，即以2000年为时限，力争货币改革成功，到2001年达到人民币价值稳定。这样，正如战后原联邦德国真正做到了"保卫马克"一样，我国真正实现了"保卫人民币"这个战略目标，让通货膨胀这个灾害在中华大地上永告绝迹。

事在人为，只要具有雄心壮志和远大眼光，只要指导思想正确，决策和措施坚强有力，这个战略目标是能够逐步、圆满实现的。

只要这个战略目标逐步、切实实现了，利在当前，功垂后世，幸莫大焉！

正确对待的基本准则

在我国建设有中国特色的社会主义，实行改革开放，新旧体制转轨，建立并完善社会主义市场经济，促进持续、健康、快速的经济增长，实现四个现代化这一宏伟事业中，适当地参考、借鉴、利用外国经济理论和政策是十分必要的。但是根本的一条是，必须从我国的实际出发，绝不可食"洋"不化，生吞活剥地照搬外国的东西。列宁在《非批判的批判》一文中曾经说过："睁开眼睛来看资产阶级科学，注意它，利用它，批判地对待它。不放弃自己完整的和确定的世界观。"① 列宁的这段话，对于我们当今建设有中国特色的社会主义，实现四个现代化，建立和完善社会主义市场经济，科学地对待西方经济学术成果，繁荣和发展社会主义科学文化事业，从理论上和实践上都仍然具有十分深刻的意义。因此，应成为我们正确对待凯恩斯主义经济学说的基本准则。

然则我们究竟应当如何运用这个基本准则呢？让我们将我国国情同凯恩斯经济学说的时代背景、主要旨趣进行对比分析，首先确定一个"洋为中用"的总原则，然后再对各个论点和方策进行深入细致的分析，才能确定哪些论点完全不能适用，哪些论点可以适当参考、借鉴和利用。

如前所述，凯恩斯是以 20 世纪 30 年代经济大危机为背景，救危扶倾，脱颖而出的。它所面临的经济形势是：一方面，生产力高度发达，商品严重充斥；另一方面，消费需求不足，市场相对狭隘。两者间的矛盾空前激化，就爆发了那次空前严重的经济大危机，整个西方经济陷入"全面毁灭"的险恶困境。这表明，西方经济是一种需求约束型经济，凯恩斯主义是对这种经济病症在病理诊断（理论体系）和医疗处方（政策措施）上的救治方案。至于我国，当前经济情势同凯恩斯所面临的西方经济状况大不相同。其一，我国是发展中国家，生产力水平低，人民生活水平低，有一部分人尚未摆脱贫困，改革开放以来，商品生产有所发展，但基本仍属于短缺经济。其二，我国原属中央计划经济，产品经济居于主导地位，市场价格机制严重扭曲，社会主义市场经济的建立和完善需要一个较长时间的转轨过程。我国是一个属于资源约束型经济。因此，在整体上，凯恩斯的《就业通论》型需求管理这个救治方案，从其时代背景、社会哲学、主

---

① 《列宁全集》第 3 卷，人民出版社 1959 年版，第 581 页。

要旨趣、理论体系到政策措施，都是与马克思主义经济学根本对立，同我国建立并完善社会主义市场经济的国情格格不入的。基于这种缘由，我们绝不应该把凯恩斯经济学说作为我国制定经济发展战略、经济规划和政策纲领的主要理论依据。如果食"洋"不化，硬要生搬硬套地胡乱引进，势必会发生重大失误，给经济建设带来严重的危害。这是我们必须首先明确认识、高度警惕的。但是，我们对待凯恩斯主义也应一分为二地抱着实事求是的科学分析态度，绝不能全盘排斥，一棍子打死。尽管我们不应照搬凯恩斯主义整个经济学说体系，但我们应该明确承认：其中某些具体论点和方法对我们还是有用的，可供参考、借鉴和利用。现在，列举若干实例，并简要加以说明。

例如，关于政府干预论新经济思潮。具体运用形式是加强政府机能对国民经济的宏观调控。凯恩斯十分强调政府干预，他说："因为要使消费倾向与投资引诱二者互相适应，故政府机能不能不扩大……我认为这是唯一切实办法，可以避免现行经济形态之全部毁灭；又是必要条件，可以让私人策动力有适当运用。"① 试看，凯恩斯把国家干预对经济营运方面的效应强调到了无以复加的高度。当然，他仍然主张国家干预与市场调节"双管齐下"，也就是说，国民经济运行尽管应通过市场机制那只"看不见的手"来自动调节，但仅仅这个还很不够，还应由国家这只"看得见的手"在必要的时候适当进行干预，杜绝弊端，促使经济持续、健康、快速发展。

至于我国，在建设有中国特色的社会主义、实行社会主义市场经济、实现四个现代化的宏伟事业中，一方面，应努力建立和完善社会主义市场经济的竞争机制和调节功能；另一方面，也应适当借鉴凯恩斯主义的政府干预措施，防范和纠正市场竞争机制可能出现的各种弊端。总之，在我国当前建立和完善社会主义市场经济的全过程中，国家的必要的、适当的干预是不可或缺的，我们应该妥善、审慎而积极

---

① 凯恩斯：《就业通论》，徐毓㛃译，商务印书馆1977年版，第323~324页。

地借鉴凯恩斯主义这一有用的思路。

例如，宏观经济分析方法以及"总供给＝总需求"的宏观调控模式，对我国进行宏观调控管理，协调宏观运行机制，无疑是可供利用的。在市场经济条件下，市场机制虽然能在资源配置中发挥作用，但它并非是万能的，并且有其明显的各种弊端和缺陷，这就是所谓"市场失灵"问题。这些"市场失灵"问题，在社会主义市场经济条件下也同样存在。因此，充分发挥政府的作用，纠正"市场失灵"是政府宏观经济调控的必要职责。宏观经济调控的核心（或主要目标）就是力求实现社会总供给与社会总需求的基本平衡。政府应密切注意宏观经济运行态势，具体分析其变动原因，综合运用各项调控措施。当然，宏观调控还有其他重要目标，如经济结构优化，物价稳定，经济持续适度快速增长，充分就业——应在生产要素优化配置的前提下将失业率降低到最低限度，收入公平分配，以及国际收支平衡等。

总之，单凭市场机制的自动调节绝不可能自发实现这些社会目标。只有在建立并完善社会主义市场经济机制的同时，理直气壮而审慎周密地抓宏观经济调控，"双管齐下"，"看不见的手"与"看得见的手"密切配合，才能确保国民经济持续、稳定、快速、健康、协调发展。

例如，凯恩斯称颂资本主义有"高效率"与"主动策动性"的优点，对我"四化"建设可资借鉴。我们确认，效率低下，管理混乱，消极松懈，这是我们建设有中国特色的社会主义事业的大敌；粗放经营是我国"四化"建设的致命伤。这些缺陷一定要大力切实改正。

我国改革开放取得了举世瞩目的成就。但是，同建立和完善社会主义市场经济体系的要求相比，同强调高效益的集约型经济增长方式的要求相比，还有很大差距。党的十四届五中全会通过的《中共中央关于制定国民经济及社会发展"九五"计划和2010年远景目标的建议》的一个鲜明特点，是突出地强调了实行两个具有全局意义的根本性转变：一是实行经济体制从传统的计划经济体制向社会主义市场经济体制的转变;二是实行经济增长方式从粗放型向集约型的转变。关于社会主义市场经济体制的建立和完善方面,特别要强调加速现代企业制度的建设,其中,国有企业的改革尤为艰巨而迫切;其他方面如市场体制、财税、货币金融体制等也须全面配套进行改革。至于转变经济增长方式的基本要求是,从主要依靠增加投入、铺新摊子、追求数量,转到以重视质量、提高效益为中心的轨道上来,转到主要依靠科技进步和提高劳动者素质的轨道上来。总之,切实实行这两个根本性转变,这是实现五年和十五年奋斗目标的关键。国际竞争是激烈的,我们只有继续深化改革,按期完成这两大转变,在微观经济营运和宏观经济调控方面真正做到了高效率与高主动策动性,才能使我国经济保持持续、健康、协调、快速的发展。

又如,凯恩斯投资理论的"倍数原理",尽管有它的局限性,但只要我国善于利用,对我国评估投资总体效益可供参考和借鉴。如兴办一个大的建设项目,在论证它的可行性和获利性方面,必须对它的总体效益(直接的和间接的效益总和)作出比较切实的评估,力求增大自觉性,减少盲目性。

这些仅是几个例证。实际上,只要善于运用,对我国建设事业可供参考、借鉴和利用的论点还有不少,这里不再一一列举。